拿破仑全传

黄伟芳 编著

中国华侨出版社

北京

图书在版编目(CIP)数据

拿破仑全传/黄伟芳编著. —北京:中国华侨出版社,2014.2(2019.6重印)
ISBN 978-7-5113-4447-2

Ⅰ.①拿… Ⅱ.①黄… Ⅲ.①拿破仑,B.(1769~1821)—传记
Ⅳ.①K835.655.2

中国版本图书馆 CIP 数据核字(2014)第 031338 号

拿破仑全传

编　　著:黄伟芳
责任编辑:羽　子
封面设计:韩立强
文字编辑:李　鹏　贾　娟
图文制作:北京东方视点数据技术有限公司
经　　销:新华书店
开　　本:720mm×1020mm　1/16　印张:35　字数:802 千字
印　　刷:北京德富泰印务有限公司
版　　次:2014 年 4 月第 1 版　2019 年 6 月第 5 次印刷
书　　号:ISBN 978-7-5113-4447-2
定　　价:68.00 元

中国华侨出版社　北京市朝阳区静安里 26 号通成达大厦 3 层　邮编:100028
法律顾问:陈鹰律师事务所
发 行 部:(010)58815874　　　传　真:(010)58815857
网　　址:www.oveaschin.com　　E-mail:oveaschin@sina.com

如果发现印装质量问题,影响阅读,请与印刷厂联系调换。

前言
Preface

拿破仑，一生戎马，千古英雄。

在血雨腥风的历史时期，矮小的科西嘉少年横空出世，以少尉头衔赚尽世人钦羡。他受命于危难之际，屡次平定内乱，对外抵御强敌，开疆拓土，被誉为一代"战神"。他统领法军百万，决胜千里之外，先后7次反击以英国、奥地利、普鲁士等欧洲强国组成的反法联盟。

这位军事天才亲自指挥战役60多次，比历史上著名的军事统帅亚历山大、汉尼拔和恺撒指挥的战役总和还要多；他指挥的意大利、马伦哥、奥斯特里茨、耶拿、弗里德兰、阿斯佩恩和瓦格拉姆、博罗季诺、莱比锡、滑铁卢之战等系列战役，无一不是世界战争史上的名战；他以战争手段撼动了欧洲国家的封建制度，为资本主义在欧洲的发展创造了条件，推动着历史的车轮滚滚向前；他将军事战略战术发展到一个新的高峰，多次创造出以少胜多、出奇制胜的著名战例，至今仍被各国军校奉为经典教例，世界各国对其军事实践的研究文字可谓汗牛充栋。

拿破仑，半世帝业，二登皇座。

经受炮火的洗礼后，一个君王应运而生。他策动政变，推翻旧政府，建立皇权统治。从法兰西第一执政，变成终生执政，最后跃居皇帝宝座，他一手创建起法兰西第一帝国，以超群绝伦的政治才能打造了泱泱帝国。他用火与剑维持帝国大厦，又以战争与野心毁弃了一切。莱比锡之战后，他蛰伏厄尔巴岛，不到一年，王者归来，他再登帝王宝座。滑铁卢一役，败马号鸣向天悲，前无古人、后无来者的辉煌和传奇终于落幕。

他结束了混乱和动荡，保卫了法国革命的胜利果实，将共和国的自由思想传遍全球；他颁布的法典是资产阶级国家最早的一部《民法典》，成为后世资产阶级法典的蓝本，因为这部法典，他创造了穿越历史的成功；他统治的帝国在时代里称雄，万邦臣服，最后终被时代湮没，定格成历史上一座矗立不倒的丰碑。

拿破仑，两次婚姻，无数风流。

在爱情的战场上，他是一位胜者，也是一名败将。他初涉爱河的故事纯真浪漫，虽然最后爱不在，却情犹存，始终对初恋灌注柔情的关怀。他对前后两任妻子都痴迷成狂，感情如同火山爆发般炽热狂烈，他写给她们的情书成为后世之经典。但两个妻子却都背弃了他，成为别人的情妇。然而他在弥留之际，仍声声呼唤爱妻的名字，情深意长，令人扼腕而叹。

他猎取了无数美人的芳心，其中有投怀送抱者，也有他主动追求者，红颜粉黛终伴君侧。可当权势的光环黯淡消逝时，千古风流也随之在大西洋的孤寂小岛上如云烟散。英雄魂归之时，孑然一身，一抔净土掩却了帝王身边的脂浓粉香。

拿破仑，历史霸主，一代伟人。

一个籍籍无名的小卒，凭借个人的天才和勤奋、激情和幻想、意志和勇气，成就了雄图霸业，赢得生前身后名。他在历史的长河中掀起惊涛狂澜，以矮小身材撑起浩荡皇朝，以过人的精力树立了不朽功勋。

时势造英雄。如今，时代瞬息万变，前程诡谲莫测。热血青年难以找到比拿破仑更伟大的榜样！拿破仑不信奉任何宗教，不相信任何显灵奇迹，他说："我只有一个忠告给你——做你自己的主人！"此书将带你回到200年前，去明晓一个天才军事家横扫千钧的神奇卓越；去领略一个野心政治家力挽狂澜的无畏气魄；去体验一个雄杰帝王高踞万邦的非凡荣耀；去感受一个伟大男人爱恨情仇的荡气回肠。

目 录

Contents

人物表 ………………………………………………………………… 1

第一章　科西嘉的"荒野雄狮" ………………………………… 19
不凡的降生 ……………………………………………………… 19
少年的自强 ……………………………………………………… 23
军校里的"科西嘉蛮子" ……………………………………… 26
巴黎的新生活 …………………………………………………… 33

第二章　初露峥嵘 ……………………………………………… 38
炮兵团里的孤独时光 …………………………………………… 38
重回科西嘉 ……………………………………………………… 43
奥松的斯巴达式生活 …………………………………………… 47
法国大革命前夜 ………………………………………………… 50
科西嘉的抗战 …………………………………………………… 53
土伦之战,一举成名 …………………………………………… 63

第三章　从热月到葡月的沉浮 ………………………………… 68
初涉爱河 ………………………………………………………… 68
热月政变的虚惊 ………………………………………………… 73
海战失利 ………………………………………………………… 75
困顿在巴黎 ……………………………………………………… 79
临危受命的"葡月将军" ……………………………………… 83

第四章　灼热的丘比特之箭 …………………………………… 90
与约瑟芬的初遇 ………………………………………………… 90
约瑟芬的魔力 …………………………………………………… 93
只见新人笑,谁闻旧人哭 …………………………………… 98
新婚之夜的不祥预兆 …………………………………………… 104

第五章　亚平宁的狂欢 ………………………………………… 108
意大利,天堂还是地狱? ……………………………………… 108
亚平宁的闪电战 ………………………………………………… 110

米兰城的胜利 ·· 116

第六章　曼图亚拉锯战 ································· 120
乘胜追击 ··· 120
沼泽地里的神话 ·· 125
利沃里的决战 ··· 129
意大利的"城下之盟" ································· 134
战场得意，情场失意 ··································· 138
相聚的快乐时光 ·· 145

第七章　凯旋巴黎的英雄 ··························· 152
果月政变 ··· 152
与督政府的龃龉 ·· 156
巴黎人的偶像 ··· 161

第八章　雾月的崛起 ································· 165
约瑟芬的眼泪 ··· 165
雾月政变 ··· 177
晋身第一执政 ··· 186
入主杜伊勒里宫 ·· 190
家族的烦心事 ··· 194

第九章　意大利硝烟再起 ··························· 203
与反法同盟的"宫心计" ······························ 203
马伦哥殊死之战 ·· 209
胜利之后 ··· 220
瓦解反法同盟 ··· 223

第十章　终身执政梦圆 ····························· 228
重建法兰西 ·· 228
元老院的献礼 ··· 235
约瑟芬的担忧 ··· 236
波拿巴一家的好运 ······································· 244

第十一章　反对派的阴谋 ··························· 249
雅各宾派的刺杀计划 ···································· 249
雪月三日爆炸案 ·· 253
拿破仑的反击 ··· 264
阴谋之中的阴谋 ·· 268

第十二章　加冕称帝 ································· 279
黄袍加身 ··· 279
继承人风波 ·· 281

加冕礼上的闹剧 ···································· 287

迪夏泰尔夫人的威胁 ······························ 294

第十三章　战争风云再起 ······················ 298

欧洲大陆的兼并计划 ······························ 298

海峡两岸的笔墨官司 ······························ 302

海峡的堂吉诃德 ·································· 306

渡海远征计划 ···································· 308

第十四章　进军奥地利 ························ 312

来自后院的敌人 ·································· 312

乌尔姆激战 ······································ 316

奥斯特里茨战役的胜利 ···························· 321

神圣罗马帝国的覆灭 ······························ 329

第十五章　普鲁士哀鸣 ························ 332

耶拿大战 ·· 332

攻占柏林 ·· 340

弗里德兰大捷 ···································· 343

瓜分欧洲的密谋 ·································· 348

拿破仑的"波兰夫人" ···························· 350

第十六章　半岛上的烽火狼烟 ·················· 361

霸占里斯本 ······································ 361

西班牙的闹剧 ···································· 363

与亚历山大的两次握手 ···························· 367

深陷西班牙泥潭 ·································· 369

第十七章　后院起火 ·························· 371

卡罗利娜的野心 ·································· 371

玛丽的喜事 ······································ 372

与约瑟芬离婚 ···································· 374

纳瓦尔的生活 ···································· 379

第十八章　第二次婚姻 ························ 383

物色新皇后 ······································ 383

迎娶奥地利公主 ·································· 389

皇帝的"第二春" ································ 392

喜得贵子 ·· 396

第十九章　帝国的顶峰 ························ 406

最辉煌的时代 ···································· 406

祸起萧墙之内 ···································· 408

　　突如其来的王冠 ·· 413

第二十章　兵败俄国 ·· 420

　　挑战亚历山大 ·· 420

　　欧洲外交战 ·· 422

　　博罗迪诺的生死决战 ·· 427

第二十一章　莫斯科的挣扎 ·· 434

　　莫斯科大火 ·· 434

　　死亡大撤退 ·· 440

　　战争中的温情 ·· 447

第二十二章　欧洲风云突起 ·· 455

　　情敌的仇恨 ·· 455

　　普鲁士的复仇 ·· 458

　　摇摆不定的维也纳 ·· 462

　　吕岑大会战 ·· 464

　　包岑之役 ·· 469

第二十三章　生死攸关的六十天 ······································ 472

　　"西班牙脓疮" ·· 472

　　停战六十天 ·· 474

　　德累斯顿拉锯战 ·· 479

　　旺达姆的惨败 ·· 482

第二十四章　穷途末路的抗争 ·· 484

　　莱比锡之战 ·· 484

　　最后一根稻草 ·· 488

　　法国保卫战 ·· 492

第二十五章　第一次退位 ·· 496

　　英雄末路的悲怆 ·· 496

　　绝地求生 ·· 499

　　再见法兰西 ·· 504

第二十六章　流放厄尔巴岛 ·· 506

　　流放之路 ·· 506

　　厄尔巴岛的国王 ·· 509

　　路易丝的变节 ·· 511

　　约瑟芬之死 ·· 514

第二十七章　复辟 ·· 517

　　波旁王朝复辟 ·· 517

逃离厄尔巴岛 ·················· 520

不可阻挡的拿破仑狂飙 ·················· 522

百日王朝 ·················· 524

第二十八章 滑铁卢之殇 ·················· 528

最后的战役 ·················· 528

滑铁卢惨败 ·················· 532

第二次退位 ·················· 535

第二十九章 孤岛挽歌 ·················· 538

圣赫勒拿岛的囚徒 ·················· 538

天国的召唤 ·················· 539

荣耀终将到来 ·················· 544

参考文献 ·················· 546

人物表

拿破仑·波拿巴：出生于 1769 年，法兰西第一共和国执政、法兰西第一帝国皇帝，出生在法国科西嘉岛，是一位卓越的军事天才。他曾经多次击败保王党的反扑和反法同盟的入侵，捍卫了法国大革命的成果。他颁布的《民法典》更是成为后世资本主义国家的立法蓝本。他执政期间多次对外扩张，形成了庞大的帝国体系，创造了一系列军事奇迹。1812 年兵败俄国，元气大伤。1814 年被反法联军赶下台。1815 年复辟，随后在滑铁卢之战中失败，被流放到圣赫勒拿岛。1821 年病逝，1840 年尸骨被迎回巴黎隆重安葬在塞纳河畔。

约瑟芬·德·博阿尔内：拿破仑·波拿巴的第一任妻子，法兰西第一帝国的皇后。在法国大革命恐怖统治时期的 1794 年，她的第一任丈夫亚历山大被控叛国罪判处死刑。她因丈夫的原因受到牵连，也被拘禁，后来被释放。约瑟芬获释以后经常出入巴黎上层人士的沙龙，在当时的社交界很出名。1795 年拿破仑平定保王党叛乱后，成为国内军总司令。他在社交场合上认识了约瑟芬，并对她很青睐。但是约瑟芬开始看不起这个比自己小六岁的矮个子司令。拿破仑不断地追求，终于在 1796 年与她结婚。1804 年 12 月 2 日，拿破仑加冕称帝，约瑟芬在巴黎圣母院加冕为皇后，并且是拿破仑亲自加冕的。由于她已失去生育能力，于 1809 年和拿破仑离婚。

玛利亚·路易丝：拿破仑的第二位妻子，法兰西帝国皇后，是玛丽·安托瓦内特之侄孙女、罗马王拿破仑二世之母。1810 年，与拿破仑结婚，1811 年为拿破仑生下一位皇子——弗朗索瓦·约瑟夫·夏尔·波拿巴（罗马王、莱希斯塔德公爵）。当拿破仑离开法国作战时，玛利亚·路易丝曾二度担任法国摄政王。1814 年，拿破仑被迫退位，流放到厄尔巴岛。玛利亚·路易丝回到奥地利，两人从此没再见面。1814 年 4 月，拿破仑皇位被废，玛利亚·路易丝带儿子从巴黎布洛瓦逃到维也纳。1821 年，拿破仑死后四个月，她下嫁她的情人奈珀克伯爵。

弗朗索瓦·约瑟夫·夏尔·波拿巴：拿破仑二世，拿破仑与玛利亚·路易丝的儿子。1811 年 3 月 20 日生于杜伊勒里宫。他出世后就被封作"罗马王"，为拿破仑一世法兰西第一帝国皇位的继承人。由于身患肺结核，拿破仑二世身体状况一直很差，于 1832 年在维也纳去世。

约瑟夫·波拿巴：拿破仑的大哥，生于科西嘉。1797 年任巴马宫廷公使，后改任驻罗马公使。雾月政变后，他成为国务会议和立法团成员。1804 年，拿破仑一世加冕成为法兰西第一帝国皇帝后，约瑟夫·波拿巴成为法国共济会总导师。拿破仑远征德意志期间，他代理国政一年。1806 年被册封为那不勒斯国王，他努力清扫封建制度的遗迹，整顿议会，改革司法、财政和教育制度。但拿破仑对他日益不满，所以1808年调任西班牙国王，直到1813年法军撤退西班牙为止。1813年3月盟军攻入巴黎，他跑到美国，住在新泽西的伯登敦。1830年他呼吁拿破仑的儿子继位，但没有结果。之后去了英国、热那亚，最终死在了佛罗伦萨。

吕西安·波拿巴：拿破仑的弟弟，法国科学家、政治家。吕西安帮他的哥哥合法夺取了政权，在雾月政变中有过出色的表现。1814年被庇护七世封为卡尼诺亲王，1824年被利奥十二世封为穆西格纳诺亲王。1840年病逝于意大利维泰博。

路易·波拿巴：拿破仑的弟弟，荷兰国王，被称为路德维克一世，妻子是拿破仑的继女，约瑟芬和前夫博阿尔内所生的女儿奥坦丝。两人共有三个儿子，其中幼子就是后来的拿破仑三世。路易早年参军，并随拿破仑远征埃及，年仅二十五岁就担任将军。拿破仑征服荷兰后，于1806年任命路易担任荷兰国王。不过路易反对拿破仑的大陆封锁政策，并拒绝派军支援拿破仑入侵俄国。1810年，拿破仑逼路易退位，荷兰并入法国。路易退位后仍留在荷兰，三年后回到法国度过晚年。

热罗姆·波拿巴：拿破仑最小的弟弟。曾在法国海军服役，并访问美国，于1803年娶了巴尔的摩的伊丽莎白·帕特森为妻。拿破仑宣布这段婚姻无效，并令热罗姆·波拿巴与符腾堡的凯瑟琳公主结婚。1807～1813年间，热罗姆·波拿巴受封为德国境内的一个诸侯国——威斯特伐利亚国王。在拿破仑的最后一役——1815年的滑铁卢战役中，热罗姆·波拿巴表现出色。热罗姆·波拿巴1847年返回法国。路易·波拿巴在位期间，他先后担任法国元帅（1850年）和上院主席（1852年）。

夏尔·波拿巴：拿破仑的父亲。1746年出生，在比萨大学就读法律。早年为科西嘉独立领袖保利的副官。后投靠法国，法王路易十六给了个贵族头衔。好打官司（旷日持久的法律争端占据了他的全部余生），死于胃癌。

莱蒂齐亚·拉莫利诺：拿破仑的母亲。1750年出生于科西嘉的一个贵族家庭。没有受过正规教育，但是为人精明。

德茜蕾·克拉里：马赛绸缎商之女，曾是拿破仑的未婚妻，拿破仑一生都叫她的乳名欧仁妮。当年正是她的九十八枚金币帮助拿破仑及时赶到巴黎，使他从此踏上成为乱世枭雄之路。她的姐姐朱莉嫁给了约瑟夫，是拿破仑的嫂子。拿破仑与约瑟芬结婚之后，德茜蕾于1798年嫁给了贝尔纳多特，生有一子名字为奥斯卡。1810年贝尔纳多特当选为瑞典王储，1818年加冕为瑞典国王。德茜蕾于1829年加冕为瑞典王后。

奥斯卡·贝尔纳多特：瑞典和挪威国王（1844～1859年在位）。他是拿破仑麾下大将贝纳多特唯一的儿子，生于巴黎。1810年，他的父亲当选瑞典国王。奥斯卡·贝尔纳多特在1853～1856年的克里米亚战争中支持土耳其，反对俄国。从1857年起，奥斯卡一世因病实际上不问政事，而由其子卡尔亲王（即卡尔十五世）摄政。1859年奥斯卡病逝于斯德哥尔摩，享年六十九岁。

朱莉·克拉里：马赛绸缎商之女，约瑟夫·波拿巴的妻子，拿破仑的嫂子，德茜蕾的姐姐。

埃莉莎·波拿巴：拿破仑的大妹。1777年出生，1797年5月与科西嘉贵族巴西奥克希（费利克斯·巴希奥奇）结婚，有四个孩子。1805年拿破仑授予她卢卡和皮翁比诺公主称号。1809年3月3日他给予托斯卡尼女大公荣誉称号。1814年2月1日托斯卡尼大公费迪南三世恢复王位，她在退隐度过晚年生活，卒于的里雅斯特。

卡罗利娜·波拿巴：出生于1782年，拿破仑最小的妹妹，1799年12月嫁给后来的贝格大公、那不勒斯国王缪拉，1804年成为元帅夫人，1805年成为亲王夫人，1815年缪拉被枪决后寡居。在拿破仑的妹妹中，卡罗利娜是最具有独立性的一个，而且是政治欲望最高的，她是拿破仑和他的王朝的极大障碍，她不惜用自己的私房钱甚至她丈夫的钱在政治上公开反对哥哥拿破仑。在拿破仑加冕典礼的时候，她已经是拿破仑的公开对手了，在一定程度上左右着丈夫缪拉的决定。法兰西第一帝国的覆灭与丈夫的死使得她的政治追求永远也不可能实现了。

波利娜·波拿巴：拿破仑最宠爱的妹妹，1805年受封法国公主和瓜斯塔拉公爵夫人，波利娜是拿破仑倒台后待他最好的亲戚，曾经跟随拿破仑到厄尔巴岛。她相貌美丽，素有"欧洲第一美人"之称。

欧仁·德·博阿尔内：出生于1781年，是亚历山大·德·博阿尔内与约瑟芬的儿子，1806年起，为拿破仑一世的养子。1804年，欧仁被封为亲王，出任国务大臣。1805年，当拿破仑自立为意大利国王时，派他任意大利总督。他整顿财政和民政、修筑公路，并引进法国的司法制度。在1809年对奥地利作战时，作为意大利军司令，在拉布赢得重大的胜利，在瓦格拉姆打了漂亮仗。1809年，在元老院致词表示赞同约瑟芬皇后同拿破仑离婚的人就是他。1812年在俄国作战，次年在德意志作战，他都立下重大功劳。1814年他尽可能长期抵抗奥地利和那不勒斯的军队，但最后被迫于1814年4月16日缔结《斯基亚里诺—里齐诺停战协定》。然后，他退隐慕尼黑，因为在1806年他已与巴伐利亚国王马克西米利安一世的女儿阿梅里亚·奥古斯塔结婚，并获得洛伊希滕贝公爵的称号。1824年去世。

奥坦丝·德·博阿尔内：出生于1783年，是亚历山大·德·博阿尔内与约瑟芬的女儿，后与路易·波拿巴结婚，生下小拿破仑。

路易·拿破仑·波拿巴：拿破仑三世，法兰西第二共和国总统，法兰西第二帝国皇帝。拿破仑一世之侄，荷兰国王路易·波拿巴和奥坦丝·德·博阿尔内王后（约瑟芬皇后与前夫之女）的次子。1808年生于法国首都巴黎。法兰西第一帝国崩溃后，随其母长期流亡德意志和瑞士。1848年法国二月革命爆发后，回到法国。9月当选制宪议会议员。12月凭借其伯父拿破仑的名望和农民选票当选为共和国总统。1849年远征罗马，协助教皇绞杀罗马共和国。1852年，路易·波拿巴黄袍加身，称拿破仑三世，建立法兰西第二帝国。1870年普法战争中亲临前线，同年9月在色当战败投降，被俘于威廉堡大牢。《法兰克福条约》签订后被释放，随即流亡英国，仍坚持其复辟帝制活动。1873年1月病故于英国肯特郡的奇泽尔斯特。

杰拉德·米歇尔·迪罗克：出身于一个传统的法国贵族家庭，在土伦之战中与拿破仑结识，因为在普里莫拉诺、柯沃洛等战役中的突出表现而引起了拿破仑的注意和赏识，后来成为他的副官。在之后的伊松佐河、勃伦塔运河、格拉迪斯卡战役中迪罗克依旧表现出色。马伦哥战役后，拿破仑任命他做外交官，并派他出使斯图加特和维也纳。1805年的时候他被任命为宫廷大元帅，并收获了他的荣誉军团大鹰级勋章，以及一枚黑鹰绶章。迪罗克伴随着拿破仑参与了整个1805年的战役。在法军取得弗里得兰大捷的胜利之后，他被任命为外交使节出使俄国，给沙皇带去了法国的停战书。1808年被封为弗留利公爵。在包岑战役中被飞弹击中身亡。

朱诺：法国大革命时期将领。土伦之战中与拿破仑结识，以勇敢和忠诚著称，1807年任葡萄牙军团司令，攻入里斯本，但不久被韦尔斯利赶出葡萄牙，1812年率领以威斯特法利亚人为主的第八军参加征俄战役，因为头部有伤有时会出现精神不正常的情况，1813年自杀。

邦雅曼·贡斯当：出身于瑞士洛桑一个法裔贵族家庭。1795年，贡斯当来到巴黎，从1796年开始，他相继发表了一系列政治论著，极力鼓吹"结束革命"。拿破仑执政初期，被任命为立法院的委员。然而，随着拿破仑日益抛弃自由主义的外衣，走向专制独裁的道路，贡斯当变成了拿破仑的反对派。1802年，他被拿破仑赶出立法院。1814年，贡斯当随着波旁王朝的复辟回到巴黎，成为一个很有影响的政治人物。他赞成复辟，并为争取建立君主立宪制而努力。1815年拿破仑的百日王朝时，他先出逃，然后又应拿破仑的邀请担任议员，为拿破仑草拟了一部宪法。从1815年至1830年逝世，他一直是法国自由派的领袖人物。他曾当选为议员，利用议会讲坛抨击波旁王朝的反动政策。1830年11月，贡斯当逝世。法国为他举行了隆重的国葬。

让·维克多·莫罗：1763年生于法国布列塔尼半岛的海滨小镇莫兰，1791年参军，在土尔库万战役中，一战成名。1795年他担任莱茵——摩泽尔军团司令，率部渡过莱茵河进入德国作战，打了好几个胜仗。拿破仑当政时期，由于受老战友兼老上司皮什格鲁的牵连，被解职。1812年，英美战争爆发，在贝尔纳多特的劝说之下，莫罗再次出山，反戈攻打拿破仑。但是莫罗没能看到拿破仑的退位。1813年8月，莫罗在德累斯顿战役中被一发炮弹打断了双腿。在艰难支撑了几天后，9月咽下了最后一口气。

简·克莱贝尔：生于斯特拉斯堡，1792年，克莱贝尔加入上莱茵省志愿军。由于军事知识丰富，作战能力强，克莱贝尔很快晋升为中校。曾跟随拿破仑远征埃及，1799年参加进攻叙利亚的战事，作为部队前锋，连克阿里什、加沙和雅法作战，并在1799年4月的塔波尔山战役中取得胜利。1799年底，拿破仑潜回法国，任命克莱贝尔全权指挥埃及法军。1800年，遇刺身亡。

让·拉纳：1769年出生于加斯克尼。法兰西帝国元帅，"军中三杰"之一，法国军人和政治人物，法国元帅。1796年被升为准将，拿破仑远征埃及时任军需总监。雾月政变中拿破仑任命他为执政卫队督察总长。1800年5月被确认为正式少将，随拿破仑远征意大利，在芒泰贝洛和马伦哥之战中取得卓越战绩，得到拿破仑的称赞。1802 年任驻葡萄牙大使，1804 年 5 月，被授予法国元帅头衔。1805 年第二次法奥战争中和 1806 年的法普战争中战功卓著，击毙普鲁士霍恩洛厄军团指挥官路易·费迪南亲王。1808 年，拉纳被封为芒泰贝洛公爵，跟随拿破仑皇帝远征西班牙。第三次法奥战争中两腿被炮弹击中，截肢后受感染，1809 年 5 月去世，安葬于先贤祠。

让·巴普蒂斯·贝尔纳多特：法国将领，德茜蕾·克拉里的丈夫。1780 年参加陆军，1797 年 11 月至 1799 年 6 月出任莱茵军团司令，参加对奥地利的进攻。1798 年与德茜蕾·克拉里结婚，因德茜蕾是拿破仑的初恋恋人，所以拿破仑将贝尔纳多特视为家族成员般地"照顾"，这让他日后在法兰西帝国飞黄腾达。1800 年 1 月，贝尔纳多特被任命为参议员。1804 年拿破仑将其任命为汉诺威总督。1805 年又被授予帝国元帅称号。1806 年封为蓬特—科沃亲王。1810 年 5 月，他被选为瑞典国王卡尔十三世的继承人。11 月，他接受了议会的拜谒，并被卡尔十三世国王收为养子，改名"卡尔约翰"，并放弃法国蓬特—科沃亲王的头衔。他努力使瑞典保持中立，与反对大陆封锁政策，由此惹得拿破仑十分不满，并派布律纳元帅于 1812 年 1 月占领了瑞典的波美拉尼亚，导致贝尔纳多特加入反法联盟。但百日王朝期间，他拒绝加入第七次反法同盟。他在 1844 年 3 月逝世，由儿子奥斯卡一世继位。时至今日，瑞典依然在贝尔纳多特王朝的统治下。

奥古斯特·德·马尔蒙：法国将军和贵族。1798 年参加拿破仑的埃及远征军，升为准将，任埃及亚历山大总督。马伦哥战役中晋升为少将。1800 年任意大利军团炮兵司令，次年出任炮兵总监。1803 年至 1805 年，他担任驻勃罗杰尼炮兵总司令。1805 年任第二军团指挥官，晋升为上将。在马伦哥、乌尔姆等重大战役中均立下战功。1808 年受封为拉古萨公爵，次年晋升为帝国元帅。1811 年任入侵葡萄牙、西班牙的葡萄牙军团司令，在萨拉曼卡战役中被英国威灵顿公爵打败。1813 年 3 月，他出任第六军团军长，1814 年负责巴黎城防，向反法联军投降，投靠路易十八，担任皇家卫队的四名元帅之一。1817 年被任命为大臣和议员。1821~1830 年任巴黎总督和第一军区司令。1830 年流亡，1852 年 3 月，马尔蒙在威尼斯去世。

安德烈·马塞纳：里沃利公爵，埃斯林亲王，拿破仑时代杰出的军事家，拿破仑称赞他是帝国中最响当当的人。1775 年加入法国王家意大利兵团，1793 年升为少将，1799 年调任瑞士军团司令和多瑙河军团司令，开始三次苏黎世战役。雾月政变以后，马塞纳担任意大利军团司令。1804 年被授予法国元帅，1808 年由于里沃利战役中的功劳被封为里沃利公爵，在一次打猎意外中一只眼睛被拿破仑射瞎。1810 年 1 月因在阿斯派因—埃斯林战役中的战功被封为埃斯林亲王。1815 年"百日王朝"期间曾担任马赛军区司令。1817 年去世。

若阿尚·缪拉：法国军事家，拿破仑时期法国元帅。法国大革命爆发后，他加入了第一共和国的骑兵部队。1792 年成为军官。缪拉在镇压 1795 年王党暴动中表现突出，因此获得拿破仑的重视。他追随拿破仑在意大利和埃及作战，于 1799 年晋升为少将。雾月十八日政变中，时任掷弹兵指挥官的缪拉坚决支持拿破仑夺权。1800年，他在意大利西北部马伦戈战役中指挥骑兵部队，是役拿破仑大败奥地利军队。同年，缪拉与拿破仑的妹妹卡罗琳娜·波拿巴结婚。1804年，拿破仑授予若阿尚·缪拉法国元帅军衔。之后先后成为贝尔格和克莱沃公爵以及那不勒斯国王。1815年若阿尚·缪拉在获得拿破仑逃离厄尔巴岛的消息后，与奥地利开战。百日王朝时期他是为拿破仑作战的老帅之一。然而他在费拉拉和托伦丁诺先后被击败。在拿破仑最终失败之后，缪拉逃亡到科西嘉岛，从那里集结了一支主要由其支持者组成的不大的军队。但是他很快被击败并俘获，在受到一个奥地利军事法庭的审判之后，于1815年10月在皮佐被枪决。

路易斯·亚历山大·贝尔蒂埃：1753年2月出生在凡尔赛，大革命时期被任命为上校，指挥凡尔赛的国民自卫军。1796年拿破仑出任意大利军团司令后，主动请求追随，3月份出任意大利军团参谋长，1797年12月接任意大利军团司令，指挥对罗马的占领。1798年4月出任拿破仑指挥的东方军团参谋长，1799年8月24日陪同拿破仑回国。11月10日担任拿破仑第一执政政府的陆军部长，1800年4月2日改任预备军团司令，1804年5月晋封法国元帅，1805～1808年出任大军团参谋长，1808年担任西班牙军团的参谋长，1809年4月短暂兼任德意志军团副司令，代理指挥权几天，结果造成局面被动，很快被拿破仑解除指挥权。1809年12月再度出任西班牙军团参谋长，1812年担任新建大军团参谋长，1813年初生病离职，3月底病愈后被任命为重建的大军团参谋长。1815年3月拿破仑从厄尔巴岛回到法国后，他拒绝效忠拿破仑，护送路易十八出国，避居巴伐利亚。4月被拿破仑从元帅名单上除名。不久，他突然发狂，跳楼而亡。

邦·阿德里安·让诺·德·蒙塞：出生于1754年。1778年参军，1791年当他是上尉时，接受了法国革命的原则。蒙塞晋升为莱茵军团的军长。1804年5月拿破仑晋封他为法国元帅。1807年蒙塞入侵西班牙。1808年初出任西班牙军团第三军长，3月封为孔内利阿诺公爵。1814年他支持路易十八并被任命为法国的贵族。他在拿破仑回归期间保留了中立，退役后曾经担任荣军院院长，并以该身份于1840年在巴黎迎接由圣赫勒拿岛运回来的拿破仑灵柩。迎灵前已经病魔缠身，但是要求大夫无论如何让他活着看到皇帝的灵柩，安葬后，说："我可以回家等死了。"

让·巴普蒂斯·儒尔当：他1776年入伍，作为志愿军赴美参加美国独立战争。法国大革命开始他加入国民自卫队。1791年任自卫队中校，1793年5月晋升准将，7月晋升少将。雾月政变中，他反对拿破仑，被赦免后任命他为步兵和炮兵总监。1800年被任命为皮埃蒙特总督。1802年任意大利军团司令。1804年被封为法国元帅，1806年任那不勒斯国王约瑟夫·波拿巴参谋长。1811年任马德里总督。此后拿破仑退位他支持路易十八，拿破仑上台他支持拿破仑，反反复复，1830年7月出任外交大臣。1833年11月23日在巴黎去世。

皮埃尔·奥热罗：1757年10月出生于巴黎，1774年参军，1795年奥热罗转入意大利军团任少将师长，并随拿破仑远征皮埃蒙特和伦巴第，1797 年 7 月成为巴黎第十七军区司令。为了推翻由保王党控制的议会，督政府任命有强烈雅各宾派色彩的奥热罗为军事司令来发动政变，政变后被任命为莱茵军团司令，雾月政变中，时为五百人院议员的奥热罗坚决反对政变，因此在拿破仑掌权后，被派遣从事外交领事，1800 年在德国、1801 年在荷兰任低职，又被迫于 1801 年 10 月退休。1803 年 9 月，奥热罗被重召入伍，指挥在大西洋港口贝央和布列斯特的战斗。1804 年 5 月被授予元帅称号。波旁王朝复辟后，他归附王朝，任第十九军区司令，并成为法国贵族。1815 年拒绝效忠拿破仑，4 月被拿破仑从元帅名单上除名。1815 年，由于在军事法庭上投票认为米歇尔·内伊元帅无罪，被削去爵位并撤职。退役回到沙托城堡的庄园。并于 1816 年 6 月去世，享年五十九岁。

纪尧姆·玛丽·安内·布律纳：1773 年 3 月 13 日出生于布里夫拉贾亚尔德，1789 年参加了国民自卫队并被选举为上尉。1793 年在北方军团服役期间，被提升为准将。雾月政变以后，拿破仑委任布律纳为新成立的国务会议委员。1801 年当选国会议员。1802 年至 1804 年任驻土耳其大使。1804 年 5 月，被任命为荣誉军团官员。1805 年任海防陆军总司令，统帅由奥地利前线各团第三营组成的佯攻部队，以牵制和阻遏英军。1806 年任汉塞蒂克城的总督。1814 年布律纳向参议院的法令宣誓，并且从路易十八那里获得圣路易十字勋章。1815 年百日王朝期间，被任命为比利牛斯军团司令。得知拿破仑在滑铁卢战败退位的消息，在土伦向联军投降，随后赴巴黎。于 8 月 2 日到达阿维尼翁，在那里被认出后惨遭虐杀。

尼古拉斯·让·苏尔特：法国军事首领和政治人物，绰号铁手，以作战英勇和政治投机而闻名。1799 年 6 月的第一次苏黎世之战和 9 月的第三次苏黎世之战，使他赢得声名。1802 年他被任命为执政卫队四上将之一，1803 年拿破仑任命他为圣奥默尔驻军总司令，1804 年 5 月被授予法国元帅衔。

爱德华·阿道夫·莫蒂埃：法国将领。1789 年加入敦刻尔克的国民自卫队，1791 年进入北方军团任一名上尉，后在多瑙河军团、赫尔维蒂军团中服役，1799 年提升为准将、少将，1800 年被任命为巴黎第十七军军长，1803 年英国对法宣战，领兵占领汉诺威。1804 年晋升为中将，5 月被授予法国元帅称号。1805 年 12 月任第五军团军长，1806 年 10 月至 1807 年 6 月转任第八军团军长。1808 年，被授予特里维索公爵爵位。1807 年任第十军团指挥官，1812 年入侵俄国时任青年近卫军军长，攻占莫斯科后，任莫斯科总督。拿破仑退位后，被路易十八封为法国贵族，并被授予圣路易勋章。任第十六军区总督。百日王朝期间，拿破仑一世任命他为自卫队骑兵司令。1825 年被授予王国的最高荣誉圣灵勋章。1835 年 7 月 28 日陪同路易—菲利普国王检阅国民自卫队，被炸弹炸死。

米歇尔·内伊：1769 年 1 月 10 日出生于阿尔萨斯的萨尔路易斯，1787 年 12 月参加了第五骑兵团，1799 年 5 月 4 日转入马塞纳将军的多瑙河—瑞士军团，指挥轻骑兵。5 月 27 日在温特瑟尔之战中三次负伤。后转入莫罗将军的莱茵军团。1800 年 12 月在霍恩林登战役中大显身手。1802 年，得到拿破仑的器重，担任全法国骑兵总督察长，9 月任驻瑞士军队总司令兼大使。1814 年的法国战役中，内伊作为青年近卫军军长，参加了所有重要战斗，最后，他作为元帅的代言人，于 1814 年 4 月要求拿破仑一世退位。归顺路易十八后，内伊任第六军区司令官兼贝萨坎总督，被封为法国贵族，授予圣路易勋章。1815 年 3 月，拿破仑一世在法国登陆后，内伊受命阻止他，但后来却再次投奔到皇帝的麾下。6 月的滑铁卢之战，内伊任战场指挥。战争失败后，他返回法国退役。8 月被波旁王朝逮捕，押送巴黎，12 月接受审讯。12 月被判有罪。12 月在卢森堡戈登附近被枪杀，为了元帅的尊严，允许由他自己下令开火。

路易·尼古拉·达武：1770 年出生于安诺克斯，贵族出身，1798 年受德赛将军的推荐，进入拿破仑的埃及远征军。1800 年 6 月马伦哥战役在拿破仑指挥下，7 月晋升少将，受命指挥意大利军团的骑兵。拿破仑登基后，达武被晋升为法国元帅和近卫军司令，指挥大兵团的第三军团。此后身经耶拿、埃劳、埃克米尔和瓦格拉姆诸战役，屡建奇功。1807 年 7 月达武被封为华沙大公国军政总督，1808 年 3 月又被封为奥尔施塔特公爵。1809 年第四次对奥地利战争瓦格拉姆战役中担任右翼，击败奥军，8 月 15 日被拿破仑封为埃克米尔亲王。1814 年拿破仑皇帝退位后引退。在拿破仑百日统治期间，他出任陆军大臣兼巴黎防卫总司令，他对拿破仑忠心耿耿，波旁王朝复辟之后，他要求联军不追究皇帝以及追随他的将领们，但路易十八并未遵守诺言，达武被剥夺贵族称号，监管流放到卢维耶。1819 年 3 月，由于乌迪诺元帅求情，他才被恢复了贵族的称号。

让·巴普蒂斯·贝西埃尔：1768 年 8 月出生于法国南部卡赫尔斯地区，1796 年任拿破仑远征意大利时的警卫队长。1798 年 4 月升任上校，参加拿破仑的埃及远征军，在阿克雷包围战和阿布基尔战役作战十分英勇，赢得荣誉。和拿破仑回到欧洲，作为近卫团骑兵第二指挥官参加了马伦哥之战。1802 年 9 月升少将。1804 年被授予法国元帅，任命为最有名的帝国骑兵卫队上将。1809 年获封伊斯特利亚公爵，荣誉世袭（1856 年废除）。1813 年 5 月被炮弹击中身亡。

弗朗索瓦·克里斯多夫·凯勒曼：法国大革命时期的将领。1788 年晋升为少将。1790 年担任阿尔萨斯省指挥官，其高效的边境防御准备使他得以晋升中将，并在 1792 年被委以诺伊柯克部队总司令之职。1799 年，当拿破仑掌权后，1800 年凯勒曼被任命为元老院议员。1801 年 8 月当选为元老院议长，1803 年任莱茵后备军团第三军军长，1804 年 5 月被授予荣誉法国元帅，并成为第一批元帅中的四议员之一。1812 年，负责将国民自卫队改编为正规军。1813 年，任莱茵预备军军长，后任斯特拉斯堡总督。1814 年，他投票赞成拿破仑皇帝退位，波旁王朝复辟之后，被路易十八册封为法国贵族。而在 1815 年，卷土重来的拿破仑一世册封其为贵族。于 1820 年 9 月在巴黎去世。

弗朗索瓦·约瑟夫·勒费弗尔：1755 年 10 月出生于阿尔萨斯的罗菲赫。1773 年加入巴黎近卫军。经过十五年的漫长军旅生涯，他终于在 1788 年被提升为准尉。在雾月政变中起到了关键性的作用，次年被任命为参议员，接着任参议院议长。1804 年 5

月，他代表元老院宣布拿破仑为皇帝，随后被皇帝授予帝国元帅称号。拿破仑退位以后，波旁王朝将其指定为法国议员。拿破仑返回后，他再次被指定为议员。1820 年 9 月，勒费弗尔在巴黎病逝，享年六十五岁。

多米尼克·凯瑟林·德·佩里尼翁：1754 年出生于图卢兹附近的格勒纳德。他支持法国革命，并且获得了一个立法议会席位。1798 年，转入意大利军团，在儒贝尔将军手下任职。在 1799 年 8 月的诺维之战中，负责指挥军团左翼，头部受伤后被俄军俘虏。1800 年获释回到法国。佩里尼翁是拿破仑·波拿巴的支持者，1801 年被拿破仑任命为元老院议员。1802 年任元老院副议长。1804 年 5 月，被授予帝国元帅称号，1805 年，他获得了荣誉军团勋章。波旁王朝路易十八复辟时，他宣布效忠路易十八。拿破仑百日王朝期间被剔除出元帅名单。路易十八复辟后，于 1816 年 1 月出任第一军区总督。1817 年，被封为格勒纳德侯爵。1818 年 12 月病死在巴黎。

让·马蒂厄·菲利贝尔·塞律里埃：法国军人和政治人物，法国元帅。1755 年，年仅十三岁就被授予拉翁民兵中尉，然后进入法国皇家军队。法国大革命开始后，他因忠于新政权被晋升为中校。1796 年 3 月随拿破仑参加意大利半岛的维科、蒙多维、卡斯蒂格利昂战役和曼图亚围困战。雾月政变后，被拿破仑任命为上院议员。1802 年当选为上院副议长。1804 年 4 月被任命为荣军院院长。5 月，受封为帝国元帅。1808 年，受封为塞律里埃伯爵。1809 年，担任巴黎国民自卫军司令。后复任荣军院院长。波旁王朝复辟，他被路易十八册封为贵族，百日王朝时期，他又加入拿破仑的阵营，又被拿破仑一世册封为贵族。塞律里埃退休后，1819 年 12 月病逝于巴黎。

亚历山大·麦克唐纳：法国大革命时期将领。1785 年麦克唐纳进入法军爱尔兰军团，1793 年晋升为准将，1794 年晋升为少将，随后在圣布雷—梅塞军团（1795 年）、意大利军团（1798 年）服役。1799 年任意大利军团司令，击败奥地利的马克·冯·莱贝里希将军。6 月被俄国亚历山大·苏沃洛夫元帅的俄奥联军击败，退到热那亚。1801 年，他率军征服丹麦。1804 年任元老院议员。1809 年 7 月他被拿破仑授予元帅权杖。12 月被封为塔兰托公爵（名义上世袭荣誉，1912 年废除）。拿破仑退位以后，路易十八任命麦克唐纳为法国议员、第二十一军区司令，授予圣路易骑士勋章。1815 年 7 月，任元老院大臣、枢密院成员。1825 年，被晋升为四名大元帅之一，并指挥皇家卫队。

尼古拉·夏尔·乌迪诺：法国革命和拿破仑战争期间法国军人和政治家，法国元帅和公爵。1794 年 6 月因军功显赫升任准将，1799 年升少将。1808 年被任命为德国埃尔福特总督和帝国公爵，1809 年 7 月授法国元帅，1810 年 4 月被封为那不勒斯王国里杰沃公爵爵位。拿破仑退位以后，被路易十八任命为皇家掷弹兵军长。1816 年任巴黎国民自卫队司令兼皇家卫队司令。1823 年指挥第一军攻入西班牙马德里，被任命马德里总督。1842 年任因瓦里德斯总督。1847 年任上去世，葬于巴黎荣军院。

路易·加布里埃尔·絮歇：法国元帅。1792 年在里昂自愿加入国民警卫队，1793 年 9 月，他参加了土伦之战，与拿破仑结识。1801 年，絮歇被任命为巴杜亚总督兼步兵总监，1804 年絮歇荣获大戈登荣誉勋章。他先后参加了乌尔姆、霍拉布伦、奥斯特利茨等战役，表现出色。1808 年 3 月，絮歇获得伯爵爵位。1810 年 7 月被授予法国元帅权杖。1812 年，获得瓦伦西亚的阿尔布费拉公爵的头衔。拿破仑退位后，他被波旁王朝封为法国贵族，授予圣路易勋章，任腾思兼第十五军区总督。拿破仑卷土重来之后，他再次为拿破仑效力，1815 年 7 月，路易十八取消了他的贵族资格。1819 年，他的贵族地位才得以重新恢复。1826 年 1 月，他在马赛附近的圣约瑟夫城堡去世。

洛朗·古维翁·圣西尔： 1764 年生于图尔，1792 年他投身法国革命军，1796 年参加在莱茵河的三次战役，从巴伐利亚退到莱茵河。1803 年他被任命指挥一个意大利那不勒斯军团，1804 年升上将，1805 年在马塞纳手下任职，任预备第一军军长。1808 年他被封为伯爵。1812 年远征俄国战役开始，圣西尔接到命令指挥第六军团，波洛茨克之战中大胜俄国，被授予法国元帅权杖。1814 年 6 月投靠波旁王朝，1815 年 4 月被拿破仑从元帅名单上除名。1817 年他被封为侯爵，1819 年退役。1830 年 3 月在法国东南的小镇耶尔去世。

埃曼努尔·格鲁希： 法国拿破仑战争期间法国军人和世袭侯爵，法国元帅。百日王朝期间，1815 年 4 月 15 日，因镇压保王党叛乱有功，被授予法国元帅权杖，指挥北方军团的骑兵军，波旁王朝复辟以后，他流亡美国，1821 年大赦回国。1831 年恢复元帅军阶，1832 年进入贵族院。

乔伯特·儒贝尔： 法国大革命期间的将军，曾在里昂和第戎学法律，1791 年加入安省义勇兵，1793 年在意大利作战，1796 年底任少将。他在里沃利战役中负责牵制奥地利的军队。后来因与民政当局争吵，辞职回法国后立即被召去意大利前线接替莫罗。他力劝他的前任留在前线，并主要按他的指点行事。由于 1799 年战役遭受惨败，法军情况极为不利，他和莫罗被苏沃洛夫逼迫出战在诺维战役中不幸阵亡。

夏尔·莫里斯·塔列朗： 法国大革命时期的政治人物。贵族出身，曾当过神甫，后来参加政治活动，他从 18 世纪末到 19 世纪 30 年代，曾在连续六届法国政府中，担任了外交部长、外交大臣，甚至总理大臣的职务。他圆滑机警，老谋深算，权变多诈，云谲波诡。有人称道他是热忱的"爱国者"。可更多的人把他视为危险的"阴谋家"和"叛变者"。

约瑟夫·富歇： 法兰西第一帝国警务大臣。法国警察组织的建立者。由于工作勤恳和善于随机应变，能在 1792～1815 年的各界政府中供职。法国大革命时当选为国民公会议员，在审判路易十六世时，他投票赞成判处国王死刑。1793 年到里昂镇压反国民公会的叛乱，大肆屠杀叛乱分子。1794 年 4 月被召回国民大会，同年 6 月任雅各宾俱乐部主席，后联合一帮人推翻了罗伯斯庇尔。他热烈支持拿破仑的雾月政变，其后组织秘密警察。他自 1807 年起即阴谋反对拿破仑。1808 年封帝国伯爵，1809 年封奥特朗特公爵。1809 年因擅自下令在全国招募国民自卫军而触怒拿破仑，被免职。拿破仑倒台后，他于 1814 年 4 月回到法国，但受到路易十八的冷遇。拿破仑从厄尔巴岛返回以后，他再度任警务部长。滑铁卢战役后，他劝拿破仑同意第二次退位。后当选为临时政府主席，路易十八任命他为警务大臣，但极端保王党不久就强迫他辞职，出任驻德累斯顿全权公使，1816 年《弑君者法》颁布后，流寓布拉格、林茨等地。

让·巴蒂斯特·贝西埃尔：出生于法国南部卡赫尔斯地区附近，他曾担任过一段时间路易十六的宪政警卫队上尉和参加对西班牙战争，在东比利牛斯军团和摩泽尔军团服役时表现勇敢。1796 年任拿破仑远征意大利时的警卫队长。1798 年 4 月升任上校，参加拿破仑的埃及远征军。与拿破仑一同回到欧洲，作为近卫团骑兵第二指挥官参加了马伦哥之战。1802 年 9 月升少将。1804 年被授予法国元帅，任命为最有名的帝国骑兵卫队上将。1805 年获大鹰荣誉勋位。1809 年获封伊斯特利亚公爵，荣誉世袭。1813 年 5 月 1 日被炮弹击中身亡。

让·路易·埃伯纳泽·雷尼埃：1771 年出生于瑞士，曾参加过埃及远征军，在后来的服役过程中，其能力获得了充分肯定。1812 年率领以萨克森人为主的第七军团参加征俄战役，与奥地利军队协同保护大军团南翼。1813 年继续指挥萨克森军，莱比锡战役中被俘，虽然沙俄因其为瑞士人而劝其投效联军，但被拒绝，1814 年在战俘交换中回法国，但是不久后因病去世，拿破仑在给一位将军的信中说："他（雷尼埃）的去世对于我和法国来说都是一个损失。"

保罗·巴拉斯：1755 年出生于一个普罗旺斯贵族家庭，法国大革命期间督政府中最有权势的人物。参加过 1789 年 7 月的攻克巴士底狱行动，1792 年 9 月当选国民公会议员。1794 年夏天他在推翻罗伯斯庇尔政权中扮演关键角色，成为三个主要人物之一，并升任军警总司令。1794 年夏到 1795 年秋，他在国民公会和救国委员会担任许多要职，葡月 13 日（1795 年 10 月 5 日）任军长，镇压王党叛乱。成立督政府后，巴拉斯为五个督政官之首。雾月政变（1799 年 11 月 9 日）后权势下降，以阴谋恢复君主制被逐出巴黎，任驻布鲁塞尔大使并处于受监视状态，1805 年拿破仑称帝后他被允许回到法国。定居于马赛。在获知他秘密会见西班牙废王卡洛斯四世后，又于 1813 年派他去罗马。1815 年波旁王朝第二次复辟以后获准退隐沙约庄园，完全脱离政治，1829 年去世。

拉扎雷·卡尔诺：法国大革命时期政治活动家，军事家。1753 年生于一个法官家庭，1823 年卒于马格德堡。1793 年 8 月进入救国委员会，负责军事行政工作，在瓦蒂尼战役中为拯救共和国作出重大贡献。他较早接受共和主义思想，主张处死国王。1795 年 11 月成为 5 名督政官之一，负责军事工作。1797 年果月政变时因反对违宪行动，流亡德意志和瑞士等地。雾月政变后重返法国，任军事部长和保民院成员。1802年和 1804 年投票反对拿破仑一世任终身执政和称帝。1807 年保民院解散后离开政界，从事数学和军事研究。莱比锡会战后，被委任驻守安特卫普。百日王朝时期任内政大臣，被封为帝国伯爵。复辟王朝时期，因曾赞成处死国王流亡马格德堡。

基恩·雅克·康巴塞雷斯：法国杰出的法律职业工作者和政治实务家。大革命前为蒙彼利埃地方法官，1791 年担任刑事法庭庭长。第一共和国建立时当选为国民议会议员和立法委员会主席。在处决路易十六的问题上投了赞同票，但同时认为非紧急情况下不能执行。1793 年和另一立法议员梅兰共同起草并提出了有 695 条的《民法典》

草案，以后又先后提交了第 2、3 稿草案，然而均未能通过。1794 年曾任救国委员会委员，主掌外交事务，1795 年共和国三年宪法颁布后，任五百人院议员，两年后落选。1799 年曾任司法部长，协助拿破仑实现了雾月政变，并在后来的执政府中担任第二执政和拿破仑的高级法律顾问。在拿破仑的一系列立法，特别是民法典的编纂活动中起了重要作用。1804 年被任命为大法官，四年后又被封为巴马公爵。在政治上颇得拿破仑信任，在拿破仑统治时期是权力地位仅次于拿破仑的政治家之一。

埃马纽尔·西哀耶斯：法国资产阶级革命时期政治活动家。出身于弗莱儒斯市的一个资产阶级家庭，自幼接受教会教育，后在教界任职，当过随军神甫，1784 年任夏尔特尔副主教。1788 年迁居巴黎。1792 年被选进国民公会，是平原派的代表人物。在革命时期，政治态度较为保守温和，很少卷入党派纷争的旋涡，故在恐怖时期得以幸免。1794 年"热月政变"后，任救国委员会委员，负责外交事务，曾主持签订 1795 年对荷兰的拉赫伊和约。后被选入五百人院，1798 年出使柏林，以争取普鲁士中立。第二年回国任督政官，与拿破仑等人一起策动了"雾月政变"。此后担任第二临时执政，不久被排挤出执政府，拿破仑委任其为元老院议长，1808 年又晋封伯爵爵位。1815 年到 1830 年波旁王朝复辟时期在比利时布鲁塞尔去世。直到 1830 年"七月革命"后才重归巴黎。

路易十六：法国国王（1774～1792 年在位），路易十五之孙，法兰西波旁王朝复辟前最后一任国王，也是法国历史中唯一一个被处死的国王。路易十六性格优柔寡断，即位后多次更换首相和部长，任由内阁内讧，从激进的改革到保守的节俭措施，政策变化无常。18 世纪 80 年代法国陷入财政危机后，经常借打猎等活动逃避复杂的国事。法国大革命爆发以后，路易十六被迫组织立宪派拥立资产阶级掌握实权、表面上接受君主立宪政体，暗地里想借助国外势力绞杀革命。由于奥地利等国的威胁，1792 年法国被迫对奥地利宣战。此后，法国长达 20 多年的对外战争开始了。起初，路易十六暗地与欧洲其他君主国联合共同镇压国内革命党人。1792 年法国民众组成的义勇军打退了他国的侵略者，成立法兰西第一共和国，波旁王朝被推翻。人民迫切要求处死路易十六，后于 1793 年在巴黎革命广场路易十六终被推上断头台。

路易十八：法国国王，路易十六的弟弟。出生时已被封为普罗旺斯伯爵，1791 年逃亡到布鲁塞尔，发表反对革命的宣言，组织流亡贵族团体，请求其他国家的君主同大革命做斗争。1795～1814 年间，游历欧洲，在普鲁士、英国、俄国推动保皇事业。1804 年，拿破仑称帝时，他感到复辟的希望渺茫。1814 年，联军进入巴黎，他马上于同年的 5 月回到巴黎，并正式宣布要实行君主立宪制。1815 年拿破仑从厄尔巴岛回到巴黎，路易十八逃亡比利时根特。1815 年，拿破仑在滑铁卢战败，宣布退位。路易十八在英普联军护送下，于 7 月回到巴黎，复辟波旁王朝。

查理十世：法国波旁王朝复辟后的第二个国王（1824～1830 年在位）。1824 年路易十八去世，他登上王位，称查理十世。即位以后推行一系列反民主的政策，路易十八推行的君主立宪制的努力都被他推翻，引起人民的强烈敌意。1830 年 7 月，革命爆发。查理十世仓皇逃往凡尔赛。8月，任奥尔良公爵路易·菲利普为摄政，翌日宣布逊位，让位给孙子波尔多公爵亨利五世。查理十世被迫逃亡英国，后去意大利。终老国外。

路易·菲利普：法国国王（1830～1848年）。1785年其父继承奥尔良公爵的称号，他就成为夏尔特尔公爵。1789年法国大革命爆发，他参加支持革命政府的进步贵族团体，次年参加雅各宾派俱乐部和国民自卫军，并任北路军少将指挥官，曾参加瓦尔密和热马普等战役。1830年七月革命后，被资产阶级自由派等拥上王位。在位期间，镇压巴黎共和派起义，1831年和1834年里昂工人起义，平定波旁王朝残余和路易·波拿巴所策划的叛乱，1848年二月革命中，在无产阶级和中产阶级起义的压力下于2月24日逊位，后逃往英国。隐居和老死于英格兰的萨里。

霍雷肖·纳尔逊：第一代纳尔逊子爵，英国18世纪末及19世纪初的著名海军将领及军事家，他的行为准则、英勇品格和高超的航海技术直到今天还是海军军官学习的楷模。纳尔逊有统领世界上最庞大和经过最好训练的海军的优势，率领这支海军一直以出色的谋略智取敌人并取得了一系列历史性的重大胜利，在1798年尼罗河战役及1801年哥本哈根战役等重大战役中带领皇家海军胜出，他在1805年的特拉法加战役击溃法国及西班牙组成的联合舰队，但自己在战事进行期间中弹阵亡。

乔治三世：全名乔治·威廉·腓特烈，是英国及爱尔兰的国王，汉诺威选帝侯，英国汉诺威王朝的第三任君主。乔治二世的孙子，1760年即位，直到1820年去世，终年八十二岁。在他当政期间，经过与大革命后的法国的战争，使英国跃居首屈一指的世界强国，成为世界工厂。

保罗一世：保罗一世·彼得罗维奇，俄国皇帝，在位时间1796～1801年。叶卡捷琳娜二世之子。保罗一世即位后的所作所为以全面维持专制权力为目标。他被认为有精神疾病，自认是救世主的化身，希望重新统一天主教和东正教，并为此在圣彼得堡建设了与罗马圣伯多禄大教堂相似的喀山大教堂。由于他在位期间，战事频繁，俄国贵族、军队和社会各阶层的不满呼声越来越高，最后军队的高级军官和朝中大臣们联合起来，阴谋推翻保罗一世，让皇储亚历山大继位。1801年3月夜间，保罗一世死于米哈伊洛夫城堡的寝宫。

亚历山大一世：亚历山大一世·帕夫洛维奇，罗曼诺夫王朝第十四任沙皇、第十任俄国帝国皇帝（1801年3月～1825年12月在位），保罗一世之子。由于亚历山大一世于拿破仑战争中击败法兰西第一帝国的拿破仑一世复兴欧洲各国王室，因此被欧洲各国和俄国贵族尊为神圣王、欧洲的救世主。他在位期间改革俄国兵制，设立军团制，改变了从伊凡四世一直沿用二百余年的贵族统兵制。他的统治前期主要在战争时期度过，后半生则沉迷于与宫廷仕女游玩，以及神秘主义的研究上，渐渐不理政事。1825年9月，亚历山大一世离开圣彼得堡，到气候适宜但是位置比较偏僻的亚速海上小镇塔甘罗格疗养。11月，俄国皇宫突然宣布，亚历山大一世在疗养地驾崩。

达格伯特·西蒙德·冯·维尔姆泽：法国大革命时期奥地利陆军元帅，生于法国斯特拉斯堡。七年战争时期在法国骑兵部队中服役。战后转为奥军效力，参加了巴伐利亚王位继承战争。法国革命战争期间，维尔姆泽在莱茵河前线作战。使维尔姆泽出名的却是因为他1796年意大利战役与拿破仑对垒时吃的一系列败仗。

约瑟夫·阿尔文齐：法国大革命时期奥地利将领。1792年，法国大革命战争爆发，在这次战争中，阿尔文齐开始奠定他作为一位当世名将的盛誉。在纳尔温登战役中，他在科堡麾下指挥一个师，在会战中发挥了极其重要的作用，最后夺取纳尔温登小镇的也是他。1796年，他受命奔赴意大利战场，帮助曼图亚守军解围，但遭遇失败。后来，阿尔文齐被任命为匈牙利军事总督。1808年又被封为元帅。1810年病逝。

格布哈德·冯·布吕歇尔：普鲁士元帅，在数次重大战役中名声远扬。他积极进攻的指挥风格为他赢得了"前进元帅"的称号。1806年，第四次反法同盟结成，布吕歇尔率军参与耶拿战役，不幸落败，向法国投降。1813年，普鲁士重新对法宣战，布吕歇尔率领普军参加多次战役，后来在拉洛提埃尔附近战胜拿破仑，然而不久又在其他地点败给拿破仑。布吕歇尔并不气馁，于3月在劳恩取得了重大胜利，率军开往巴黎。拿破仑被逼退位，与他有很大关系。

米哈伊尔·库图佐夫：俄国元帅、大军事家。出身于军事工程师家庭。在炮兵工程学校毕业。曾指挥独立支队，参加过对土耳其的战争，战功卓著，受伤后到外国治疗。回国后晋升极快。写过专门的军事训练指南，制定出一套新的战术方法。1792年曾任驻土耳其大使。1805年在奥斯特里茨与拿破仑作战失败被沙皇免职。拿破仑于1812年发动对俄战争时，重任俄军总司令，指挥博罗迪诺战役和塔鲁丁诺战役。1813年率领俄军参加欧洲国家反对拿破仑的战争。不久病死。

阿瑟·韦尔斯利：英国军事家、政治家，19世纪军事、政治领导人物之一，又被称为"威灵顿公爵"。在1787年，他成了不列颠陆军的一名少尉。他在爱尔兰作为两位爱尔兰总督的侍从官服役，也被选为爱尔兰下议院议员。在1796年他成为上尉，并在荷兰和之后的印度参加战斗。在印度他参加了第四次英迈战争中的斯里伦格伯特纳之战。之后他被升为斯里伦格伯特纳和迈索尔地方长官。他在拿破仑战争中的半岛战争中升为上将，以少胜多击败了拿破仑的六个元帅，并在指挥联军在1813年维多利亚之战中击败法军、取得胜利后被授予陆军元帅军衔。1814年拿破仑退位之后，他成为英国驻法大使并被授予公爵爵位。在1815年拿破仑的"百日王朝"期间，他在滑铁卢之战中决定性地击败了拿破仑指挥下的法军。他获得了法国、沙俄、普鲁士、西班牙、葡萄牙和荷兰六国授予的元帅军衔，是世界历史上唯一获得七国元帅军衔的人。

卡尔大公：奥地利帝国大元帅，军事理论家，切申大公爵。全名卡尔·路德维希·约翰·洛伦茨，史称卡尔大公或卡尔大元帅。是资产阶级军事科学早期的代表人物之一。卡尔是神圣罗马帝国皇帝利奥波德二世第三子。出生在父亲任大公的意大利托斯卡纳大公国（也就是现在的佛罗伦萨），年轻时就过继给了姨父切申公爵阿尔贝特·卡西米尔，1790年进入军队，在战事频繁的18世纪末和19世纪初，作为奥地利的军事统帅而活跃于欧洲战场，并曾成为使拿破仑一世首次受挫的抗法名将。

弗朗茨·斐迪南大公：奥匈帝国皇储，弗兰茨·约瑟夫一世皇帝之弟卡尔·路德维希大公之子。皇帝独子皇太子鲁道夫于1889年精神病自杀后成为皇位继承人。因他主张通过兼并塞尔维亚王国将奥匈帝国由奥地利、匈牙利组成的二元帝国扩展为由奥地利、匈牙利与南斯拉夫组成的三元帝国，所以1914年与其庶妻"霍恩贝格女公爵苏菲"视察奥匈帝国波黑省首府萨拉热窝时，被塞尔维亚民族主义者普林西普刺杀身亡。"萨拉热窝事件"成为第一次世界大战的导火线。

弗里德里希·威廉三世：普鲁士国王，1797～1840年在位。1790年生于波茨坦，弗里德里希·威廉二世之子。即位后，初遵守父王与拿破仑缔结的《巴塞尔和约》，保持中立。1806年汉诺威丧失之后组织第四次反法联盟对法宣战，耶拿—奥尔施泰特战役中战败屈服，1807年签订《提尔西特和约》，国土被瓜分，国家处于法国附庸地位。1807～1814年期间，被迫同意斯坦因和哈登贝格的政治、经济改革以及沙恩霍斯特和格奈森瑙的军事改革。拿破仑一世势力衰落后，他将普鲁士的版图扩展到莱茵河两岸。

小威廉·皮特：小威廉·皮特是英国历史上最年轻的首相（任期1784～1801年，1803～1806年），更被公认为英国首相中的"第一智者"。他是查塔姆伯爵老威廉·皮特的次子，于1781年进入政坛，他是一位出色的演讲家，担任首相前，他和查尔斯·福克斯一起倡导与美国和解。1784年，在英王乔治三世的全力支持下就任首相，并于数月后的议会选举中击败福克斯—诺斯联盟。1788年，英王乔治三世精神病发作，议会提出要立威尔士王子为摄政王。威尔士王子偏向福克斯，皮特的首相宝座眼看危在旦夕。幸而最终乔治三世神经恢复正常，小皮特得以继续担任首相。1803年，首相亨利·阿丁顿在反法战争中受挫辞职，小皮特再次担任首相。在第二任上，他全力投入对法战争。1805年，英国在特拉法加海战中大败法国舰队。但就在同年底，反法联盟在奥斯特里茨战役中遭受重创。1806年1月他含恨去世，死时仅四十七岁。

弗里德里希·卡尔·霍恩洛厄：1752年2月出生在德意志西南的英格尔芬根，1772年进入奥地利骑兵部队服役。1799年11月霍恩洛厄获得了骑士十字级玛丽亚·特蕾西亚勋章。1801年霍恩洛厄成了第七龙骑兵团的所有者。1805年战役中他在斐迪南大公手下任职，不过之后的乌尔姆战役中他和斐迪南大公一起逃脱了法军的包围。之后的杜伦斯坦战役中，霍恩洛厄负责指挥一个奥军骑兵纵队，12月2日他又率领一支奥地利骑兵部队参加了奥斯特里茨战役。霍恩洛厄并没有参加1809年的多瑙河战役，他于这一年的12月离开现役。1815年6月，霍恩洛厄在匈牙利卡绍去世。

威廉·温德汉姆·格伦维尔：第一代格伦维尔男爵，出身于辉格党世家，是乔治三世时期的英国首相。他是前首相乔治·格伦维尔的儿子，同时是另一位首相老威廉·皮特的外甥。他从小在政治温床中长大，二十二岁就当选为白金汉选区的议员。他的堂兄小威廉·皮特成为首相后，他被任命为主计大臣。在1806年小皮特去世之后，格伦维尔组成了所谓的荟萃内阁（1806～1807年）。最初他不愿担任首相职务，因为放弃会计检察官之职会减少他的收入。后来，在福克斯的劝说之下，他担任了首相。

然而，这个内阁维持了十四个月。因为，天主教徒解放问题，他与乔治三世产生了矛盾，最后因为他的信仰，他不得不辞职。他在 1834 年死于中风。

莱昂蒂·本尼格森：生于布伦瑞克一个古老的德国贵族家庭。1773 年以中校军衔加入俄军。在两次俄土战争中表现出色，成为一名勇敢、沉着、有魄力的骑兵军官。1802 年本尼格森晋升骑兵上将，1806 年参加反法战争，被任命为军团司令。后来又被推举为俄军总参谋长并接管了所有俄军。在弗里德兰战役中，他遭遇了一场惨败。1808 年他被解除职务，并被迫退役，赋闲在家。直到 1812 年拿破仑侵略俄国再度被起用。1813 年他率领波兰军（俄国原先在波兰的驻军）先后参加了吕岑、包岑、莱比锡等战役。战后，本尼格森在俄军中一直服役到 1818 年。之后他被解职，回到汉诺威度完了自己的余生。

亚历山大·德·博阿尔内：法国贵族，子爵，是约瑟芬·德·博阿尔内的第一任丈夫，他对约瑟芬要求严格，但是自己却酷爱拈花惹草，所以两个人之间并没有深厚的感情。在法国大革命恐怖统治时期的 1794 年，亚历山大被雅各宾派拘禁了，此后不久被控叛国罪，还被判处了死刑，最后死在了法国革命政府的断头台下。

玛丽·瓦莱夫斯卡：波兰女贵族，拿破仑的情人。当初她是为了自己的国家波兰才来到拿破仑身边的，最初和拿破仑在一起是一种政治需要，但后来却爱上了拿破仑。她与拿破仑在精神上的交流是其他女人所不能比的，但她从来没要过拿破仑的一分财产，当所有的人都背叛了拿破仑时，只有瓦莱夫斯卡还站在拿破仑身边，只有她去了厄尔巴岛去安慰、体谅他。1810 年，两人爱的结晶——亚历山大·瓦莱斯基伯爵出生，出于政治上的保护，他作为私生子并没有随拿破仑姓而是采用了波兰老伯爵的姓。1816 年，在拿破仑再次遭流放圣赫勒那岛以后，瓦莱夫斯卡嫁给了德奥尔那诺伯爵。第二年因为难产而死。

约瑟夫·波尼亚托夫斯基：波兰亲王，1763 年生于维也纳。他是有很强军事背景的一位波兰贵族的后裔。1778 年被任命为奥地利军队中尉。1788 年，升任龙骑兵上校兼任奥地利皇帝约瑟夫二世的侍从副官。1806 年接受了由普鲁士国王任命的华沙总督一职及波兰临时政府中的陆军部长职务。1807 年早期，拿破仑一世任命他为在法国服役的第一波兰荣誉军团司令。华沙大公国建立后，被任命为大公国总司令。1813 年参加德国战役，在埃尔斯特河被淹死。

曼努埃尔·戈多伊：西班牙首相（1792～1798 年，1801～1808 年）。1767 年 5 月 12 日生于巴达霍斯省卡斯图埃拉，1784 年入王家近卫军。1792 年查理四世任命戈多伊为首相，封为公爵。戈多伊在任期间，1795 年西班牙同法国作战，失败后，在巴塞尔与法国签订和约，查理四世授予戈多伊和平王子的称号。1797 年与法国结成反英同盟。1798 年去职。1801 年重任首相。1804 年与法国联合向英国宣战，西班牙战败。1808 年，法军进入西班牙，戈多伊同查理四世出走法国。

查理四世：法国大革命动荡时期的西班牙国王（1788～1808 年）。西班牙语作卡洛斯四世。作为查理三世之子，他缺乏领导才干并将朝政交给戈多伊管理。1794 年法国军队入侵后，西班牙降为法国的附庸国。当拿破仑于 1807 年重新占领西班牙北部时，查理被迫退位，在流亡中度过余生。西班牙著名画家弗朗西斯科·戈雅有一幅名画《查理四世一家》就是画的这位国王。

阿芒·奥古斯丁·科兰古： 1773 年 12 月出生在他们家世袭的侯爵领土上，1802 年被拿破仑任命为自己的副官，1803 年又被擢升为准将。拿破仑称帝后，科兰古被任命为了御厩大臣，1805 年他晋升为少将并被授予大鹰级荣誉军团勋章。作为副官以及御厩大臣的身份陪同拿破仑参加了乌尔姆、奥斯特里茨、耶拿、埃劳和弗里德兰等战役，1808 年他又被册封为维琴察公爵。1813 年，科兰古代表法国参加了多次外交谈判，后来成为宫廷大总管。1814 年科兰古被任命为外交大臣，在波旁王朝复辟之前他一直奔走在联军和拿破仑之间。复辟后的波旁王朝将科兰古解职。拿破仑从厄尔巴岛回来后科兰古又回到了他身边，并继续被任命为外交大臣。百日王朝结束后，波旁王朝本打算报复再次为拿破仑服务的科兰古，不过他在任驻俄大使时同沙皇建立的友谊使他免于迫害。退休的科兰古回到了自己的庄园，并从此从公共视野中消失。

玛丽·安托瓦内特： 原奥地利帝国公主，生于维也纳，是神圣罗马帝国皇帝弗朗西斯·斯蒂芬与奥地利女王玛丽亚·特蕾西亚的第十五个孩子（最小的女儿，她还有一个弟弟）。1755 年 11 月 2 日出生在维也纳霍夫堡皇宫。1770 年，为政治上的需求，玛丽·安托瓦内特与法国王储路易·奥古斯特·德·波旁（也就是日后的路易十六）结婚，成为王太子妃。1774 年，路易十五驾崩，路易十六即位。玛丽·安托瓦内特成为法国王后。1789 年法国大革命爆发之后，她和丈夫处于革命群众的监视之下。1791 年 6 月，与国王一同秘密出逃，至边境城市瓦伦时被发现，外逃未遂。1792 年 8 月巴黎人民起义，彻底推翻了君主制。她和国王一起被囚禁在当普尔堡。次年 10 月，被交付给革命法庭审判，判处死刑，送上断头台。

卡尔十三世： 出生后数天就封为海军上将，1772 年支持兄长古斯塔夫三世夺取议会权力，获封为南曼兰公爵。1792 年，古斯塔夫三世被刺杀后，古斯塔夫四世·阿道夫继位后，由他摄政，直至新国王成年。1809 年，古斯塔夫四世被将领软禁，其后宣布退位，议会随即选举卡尔王子为国王，是为卡尔十三世。他的儿子查尔斯死后，卡尔另立储君之际，深感拿破仑对欧洲各国的影响力，于是派出大臣卡尔·奥托·莫尔奈前往法国询问拿破仑的意愿。但莫尔奈独自行事，把王位出卖了给法国元帅让·巴蒂斯特·贝尔纳多特。贝尔纳多特后来获议会选举为储君；他来到瑞典后，获卡尔十三世收为义子，改名"卡尔·约翰"。

古斯塔夫三世： 1771～1792 年间的瑞典国王。他是卡尔十三世之兄、普鲁士国王腓特烈二世的外甥，也是俄国女皇叶卡捷琳娜二世之表哥。他利用派系斗争加强王权，终结了瑞典史上的"自由时代"，并进行财政、司法和行政改革；另外，他热心发展瑞典艺术和文化，成立了瑞典学院和瑞典王家歌剧院。1792 年，他被瑞典贵族刺杀死亡。

古斯塔夫四世： 瑞典国王，1800～1809 年在位，古斯塔夫三世之子。1792 年即位。初由叔父南曼兰的公爵查尔斯（后为卡尔十三世）摄政。1805年他使瑞典加入反对拿破仑的欧洲反法联盟。1807年俄法联合时，他仍继续对法国作战，不过他知道这意味着俄国会进攻芬兰。同年，丹麦和挪威对瑞典宣战，使瑞典丢失更多领土。1809年被推翻，并宣布他的后裔不得继承王位。后举家流亡国外，最后定居于瑞士。

第一章

科西嘉的"荒野雄狮"

不凡的降生

在碧波无垠的地中海上，有一个叫作科西嘉的岛屿。科西嘉的名字来源于一个流传已久的传说——特洛伊王子科尔与提洛王后的孙女西嘉相爱了，这两个陷入爱河的年轻人的名字，用意大利语拼读起来，就是"科西嘉"。

如果你有幸来到科西嘉，会发现这里有世上难得一见的美丽风景：峻峭的高山从湛蓝的海水中拔地而起，湍急的水流呼啸着流过大地，长长的、细软的沙滩在阳光的照射下，散发着银白色的光芒，被百年栗树覆盖着的塔维尼阿诺山谷，终年郁郁葱葱。而通往科西嘉海角的路上，放眼望去，全是一望无际的、布满了柠檬树、橘树和橄榄树的绿色原野……

科西嘉是地中海第四大岛，仅次于西西里岛、萨丁尼亚岛和塞浦路斯岛，这个岛距离法国一百七十多公里，距离意大利不过九十公里，与意大利的萨丁尼亚岛隔海相望。由此可见，它的地理位置非常险要。

正因为这样，这颗地中海上的明珠，就成了兵家必争之地。很多人都把它当作是一块"肥肉"，想要把它纳入自己的囊中。罗马人、比萨人、阿拉贡人……都曾经成为科西嘉的统治者。

由于长期处于异族的残酷统治之下，科西嘉人渐渐形成了英勇善战、强悍不服输的性格。他们就像盘旋在悬崖边上的老鹰一样，顽强地守卫着自己的家乡，随时准备拿出武器，来与入侵者一决生死。

18世纪初期，科西嘉岛的统治权转移到了热那亚商业国的手中。在科西嘉的历史上，热那亚人的统治虽然算不上是最为酷烈的，但是其行政管理的腐败却已是臭名昭著，因为，反对热那亚人的斗争一次比一次激烈。1755 年，岛民们在民族主义领袖保利的领导之下，纷纷投身到反对热那亚政府统治的民族独立运动中。经过了持之以恒的斗争，科西嘉人赶走了热那亚人，组织建立了科西嘉独立政府。

然而，被赶出科西嘉岛的热那亚政府并不善罢甘休，虽然他们已经失去了对科西嘉的统治权，却在暗地里一直密谋着一个不可告人的计划。1768 年 5 月 15 日，无耻的热那亚政府与法国签订了一个秘密协议，把实际上已经不再拥有的对科西嘉的"统治权"转让给了法国。

当时法国的统治者是路易十五，路易十五是波旁家族的延续者，早在他两岁的时候，麻疹就夺去了他的父母和兄长的性命，他虽然也被感染，但却被医术高明的御医从死神手里拉了回来。如此一来，路易十五就成了波旁王室的唯一嫡系继承人。他的曾祖父路易十四临终之前，曾经把他叫到床前，对他说了那段著名的话："我的孩子，你将成为一位了不起的国王。不要像我一样喜欢建筑和战争。相反，设法与你的邻居和平相处，给上帝你所应该给的，总是遵循好的建议，设法免除人民的痛苦，而这正是我所没能做到的。"

然而，曾祖父的临终劝告对路易十五似乎并没有起到什么作用。等到他成年以后，他就成了一个酷爱战争、喜欢到处大动干戈的君主。路易十五早就对科西嘉岛垂涎欲滴，所以，热那亚政府"出售"科西嘉统治权的做法对于他来说，就像是瞌睡的时候有人送枕头一样，来得恰是时候。没过多长时间，强大的法国远征军就蜂拥来到了科西嘉岛。

面对着新的侵略者，刚刚获得解放的科西嘉人，再度燃起了熊熊怒火，每个人的心里都嘶吼着同一个声音——斗争！绝不允许别人践踏科西嘉人的自由权利！他们再次团结在一起，在保利的指挥之下，开始了与法国侵略者不屈不挠的斗争。

保利有一个得力助手，叫作夏尔·波拿巴，他是科西嘉岛阿雅克修城的一个贵族。战争爆发的时候，他正在比萨大学攻读法律。当他听说了法国入侵的消息之后，这个性格激进的年轻人当即做了一个决定：投笔从戎！他扔下了书本，带着自己的妻子莱蒂齐亚·拉莫利诺来到了军营里。

夏尔·波拿巴就是拿破仑·波拿巴的父亲，从他的身上，我们也可以看到这个家族的性格——反叛、激进而又强悍。其实，这种性格对于波拿巴家族来说，就是一种潜在的、无法磨灭的基因。

说起波拿巴家族的来源，还要从乌戈·波拿巴开始说起。根据一些历史文献的记录，乌戈·波拿巴一度曾经成为士瓦本公爵的心腹，当时，神圣罗马皇帝与教皇之间存在着一些冲突，乌戈·波拿巴一心效忠于神圣罗马皇帝。后来，因为在激烈的权力斗争中失败，乌戈仓皇逃到了萨尔扎纳海港。到了 16 世纪初期，他的后代弗朗西斯科·波拿巴离开了萨尔扎纳海港，迁到了科西嘉岛上。

一开始，波拿巴家族并不太适应在科西嘉岛的新生活，就像我们刚才提到的那样，科西嘉人的性格实在是太刚硬了。在这里，如果你和邻居发生了纠纷，对方根本不会与你争吵，他们会一言不发地拿出匕首来与你决斗。

这种决斗继续恶化，就会发展成为家族之间的流血斗争。对于科西嘉人来说，政府几乎没有任何作用，因为它代表的是外国侵略者的统治。他们善于抱团，家族就是他们的后盾，在家族内部，科西嘉人自有一套不成文，但是却至高无上的规矩，即使这些规矩与法律相抵触。因为在这些规矩面前，法律也会变成一堆废纸。

科西嘉人奉家族荣誉为圭臬，谁要是敢侵犯他们的家族利益，就会成为他们不共戴天的敌人，必须要给敌人迎头痛击，决不能手软。科西嘉人最瞧不起的人，就是那些在为维护家族荣誉而战的时候畏缩不前的人。这种人是科西嘉人眼里的懦夫，会受到大家的一致鄙视。

可以想象，对于外来者波拿巴家族来说，科西嘉岛的生活方式是多么严酷。但是，令人惊奇的是，波拿巴家族竟然渐渐融合到了科西嘉人的群体之中。凭借着顽强的性格和多年兢兢业业的经营，波拿巴家族在科西嘉的地位越来越显赫，有好几位成员曾经当过阿雅克修长老会议员。

从波拿巴家族的发展历史，我们也能够看出，后来拿破仑所表现出的野蛮而又非理性的力量，其实从某种意义上来说，是继承他的家族基因。

战火连天的科西嘉战场上，轰隆隆的炮声不停地响着，炮火遮蔽了整个天空，科西嘉人始终顽强地抗击着法国部队，这场战争一直延续到了第二年。

那时候，拿破仑已经被孕育在母亲莱蒂齐亚的腹中。在他还是一个小小的胎儿的时候，就已经出现在了战场上，以一种独特的方式参与了战争。不知道这是不是冥冥之中的一种暗示，多年以后，当拿破仑的名字与一场场著名的战役相连的时候，似乎也就不足为奇了。

1769 年春天，由于法军的增援部队登陆了，势力弱小、寡不敌众的科西嘉人不得不向后方撤退。最后，在敌人强大炮火的威逼之下，科西嘉人无奈地向征服者屈服了。仓皇之下，保利带着自己的一些忠诚的老兵夺路而逃。

最初，夏尔一直追随着保利，但是，当他清醒地意识到自己已经无路可走的时候，就顺从了法国人的统治。夏尔带着莱蒂齐亚回到了自己的家乡阿雅克修城，成为当地的一名律师。

历经百般磨难回到阿雅克修城的时候，莱蒂齐亚肚子里的胎儿已经足月了。经历了战争的洗礼，重新回归安宁生活的夏尔和莱蒂齐亚，每天都在期待着这个新生命的降临。

时间的脚步很快就走到了 1769 年 8 月 15 日，这一天是圣母升天节。节日，无论对于哪个国家、哪个民族的人们来说，都是一个值得庆祝、值得欢呼的好日子，科西嘉人也不例外。虽然大部分人还无法摆脱家国被侵的悲痛，但到了圣母升天节，人们还是愿意暂时放下伤心的情绪，以愉悦的心情来度过这个节日。因为这一天，是圣母玛利亚结束在人间的生命，回归天堂的日子，是喜庆的日子。

为了庆祝节日，勤劳的人们特意把阿雅克修城装点了一番，所有的道路都被精心地清扫过，几乎连一片落叶都看不到。正值夏天，路两侧的花圃里开满了五颜六色的鲜花，花香伴随着阳光弥散在空气中，又不知不觉地潜入了人们的鼻子里。

身怀六甲的莱蒂齐亚在表姐热尔特吕达·帕拉维西尼的陪伴下，像其他虔诚的科西嘉人一样，一大早就走向了教堂，去做弥撒。

刚走进教堂，人们就突然发现，刚才还热烈、刺眼的阳光，一下子消失无踪了，晴朗的天空中传来一声令人震颤的巨响。人们纷纷抬起头来望向天空，他们惊讶地发现，乌云正争先恐后地向阿雅克修城涌来，一道道闪电在天空中不停地闪烁着，没过一会儿，霹雳一般的雷声就接二连三地在人们头顶上炸响。

就在这时，莱蒂齐亚的脸色忽然变得惨白。这并不是因为她被雷声吓到了，要知道，这个勇敢的女子，在炮声隆隆的军营里，都能够安之如素。她和夏尔的第一个孩子约瑟夫就是在战场上生下来的，那时候，条件可比现在艰苦多了。但是，虽然她不怕炮声，也不怕雷鸣，腹部传来的一阵阵疼痛却使得她不由得倒抽了一口气。她知道，孩子马上就要出生了。

所幸的是，教堂距离夏尔家只有大约一分钟的路程，莱蒂齐亚在表姐的搀扶下，回到家中。

几乎就在她刚进家门的同一时间，一阵狂风就像一个顽皮而又脾气暴躁的孩子一样，呼啸着从远处跑了过来，原本静静地站在街道两边的树木们，也抵挡不住狂风的侵袭，开始"哗哗"地响动了起来，片片树叶被吹落到了地上，然后又被风猛烈地卷了起来，飘到了半空中。雨点们先是噼里啪啦地砸向了走在街上的人们，然后又变成了瓢泼大雨，仿佛有人正站在半空中，拿着盆子往下面不停地倒水一样。

都说六月的天像孩子的脸，说变就变，这都八月了，怎么天气还是这么反复无常？

"刚刚还晴空万里，怎么突然刮起大风下起大雨？真是奇怪！"

"是啊，这雨下得不寻常！"

正当人们为这场雨而感到惊讶的时候，在夏尔家中，一声婴儿的啼哭声响了起来。这声音是那么高亢、那么尖锐，仿佛足以响彻整个天地之间。

助产妇把这个刚出生的小婴儿放到一幅织有《伊利亚特》和《奥德赛》故事情节图案的毯子上。这个婴儿十分孱弱，双腿有些短小，但是却有一个令人称奇的硕大的脑袋。看到这个可爱的小家伙，夏尔非常高兴，他急匆匆地跑到教堂里，把神父请来，希望神父给他取一个名字。

当神父看到那个静静地躺在被褥上的小家伙时，立刻感到有些与众不同，因为他的大脑袋是那么引人注目，眼睛是那么明亮有神。

婴儿仿佛感受到了神父的到来，再一次大声啼哭了起来。那声音，比刚才他发出的第一声啼哭还要嘹亮。神父注视着他，说道："你听他的哭声，就像是一头雄狮一样！一头凝聚了所有力量、在大声疾呼呐喊的雄狮！就叫他拿破仑吧！还有比这个名字更适合他的名字吗？"

"拿破仑"在法语中是"荒野雄狮"的意思。的确，这个名字对于拿破仑·波拿巴来说，再合适不过了。而他，也用自己的一生证明了，他是当之无愧的"荒野雄狮"。

这时，街上的人们突然发出了一阵愉悦的吵闹声，夏尔望向窗外，发现外面已经雨过天晴了。太阳把厚厚的云层驱散得无影无踪，遥远的天空上，出现了一道绚丽斑斓的彩虹，把万丈光芒无私地洒向了阿雅克修城。

刚刚出世的拿破仑·波拿巴，停止了惊天动地的嚎哭，看着悬在高空中的太阳，忽然露出了一个不可思议的笑容。

后来，当拿破仑·波拿巴率领着自己的部队东征西战，征服了整个欧洲大陆，加冕称帝，在历史上留下千古奇谈的时候，人们不由自主地把这天的奇特现象与他不凡的降生联系在一起，并且演绎出了各种各样的传说。

少年的自强

当夏尔作为保利的副官，为保卫科西嘉与法国人浴血奋战的时候，他最常对妻子说的一句话就是："我们的儿女将不再是法国的奴隶！"

那时候，拿破仑的哥哥约瑟夫刚刚出生不久，莱蒂齐亚不得不带着他到处躲避敌人的搜捕和追击。当夏尔打完一场战役，筋疲力竭地回到自己的帐篷的时候，看到妻子疲惫却依然坚定的笑容，抚摸着儿子稚嫩的面孔，心中就会充满了战斗的勇气和力量。

然而，这已经是很久以前的事情了。

虽然夏尔永远也不会忘记自己曾经说过的这句话，而且，时不时地，这句话就会在他的心头翻滚，敲打着他愧疚的灵魂，但是，显而易见的是，他已经习惯了如今作为法国顺民的安稳生活。

作为投降者，法国人给他的待遇相当不错。1771 年 2 月，他当上了阿雅克修皇家法院陪审员，当时，科西嘉岛上只有十一个这样的陪审员。到了这一年 9 月，法国执政者又给予他一项新的权利——波拿巴一家被册封为贵族。虽然，在科西嘉岛上，贵族能够享受的优待并不多，几乎与其他的阶级没有什么明显的区别，既不具备什么特殊权利，也不能免除缴纳赋税的义务，但对于喜欢追名逐利的夏尔来说，只是"贵族"这个称号，就足以令他激动万分了。

1772 年，马尔波夫伯爵成为科西嘉的新一任军事总督。马尔波夫出生在古老的布列塔尼家族，是一个比较激进的改革家，也是当时不多见的创新派人物，他设定了一套从村、乡、省直到中央政府的严密行政等级机构，用这种方式来执政。他是法国国王路易十五的亲信，所以，路易十五才会放心地把科西嘉岛交给他来管理。

中国有句古话，叫作新官上任三把火，马尔波夫伯爵深谙这个道理。他上任以后，烧的第一把火，就是笼络人心。他把夏尔这样的当地官员都招揽到了自己的麾下，许给他们各种各样的好处，让他们心甘情愿地为自己效力。

在马尔波夫的提拔之下，夏尔在官场上的路走得越来越顺了。1777 年，马尔波夫安排夏尔做上贵族阶级的大员，并且让他代表科西嘉，长驻凡尔赛。

实际上，马尔波夫这么做，是别有用心的。他的目标是夏尔的妻子，莱蒂齐亚。作为科西嘉岛的实际统治者，马尔波夫拥有的权力是至高无上的。因此，在他周围，不光围绕着很多对他极尽阿谀奉承之能事、想靠着他步步青云的男人，还有一些每天打扮得花枝招展的漂亮女子。马尔波夫可不是坐怀不乱的"柳下惠"，对于这些蜂拥而来的莺莺燕燕们，他总是照单全收，从不推辞。

后来，通过一个偶然的机会，马尔波夫结识了莱蒂齐亚，他立即对这个端庄、美丽的女子一见倾心。为此，他甚至抛开了自己的情妇——"克里奥耳美女"瓦勒斯娜夫人，一心一意地来追求莱蒂齐亚。然而，莱蒂齐亚的心在自己的丈夫夏尔身上，始终不为所动。

夏尔被派到凡尔赛宫以后，马尔波夫的攻势就更加猛烈了。有一些史料表明，当夏尔远在凡尔赛宫的时候，马尔波夫和莱蒂齐亚确实坠入了爱河。后来，拿破仑的政敌们以及一些无聊的人们就根据这一点进行推断，说拿破仑其实是马尔波夫的儿子，并以此来攻击波拿巴家族。实际上，这完全是无稽之谈，因为，莱蒂齐亚怀上拿破仑的时候，是在战火连天的战场上，那时候，莱蒂齐亚根本就不认识马尔波夫，更别提与他有什么关联了。

无论如何，夏尔对于自己如今得来的荣华富贵非常满意，他开始死心塌地地顺从法国。如此一来，波拿巴家族的生活也变得好过了许多。

正当夏尔在官场上如鱼得水的时候，拿破仑也一天天地成长了起来。

拿破仑一共有七个兄弟姐妹，虽然他们骨子里流淌的是同样的血脉，但是性格却大相径庭，拿破仑是其中最特立独行的一个。

拿破仑从小性格孤僻、沉默寡言，在兄弟姐妹中，显得有些不合群。夏尔家的孩子们经常会围坐在草地上，兴奋地做游戏，时不时地，花园里就会传来一阵阵欢声笑语。但是，人们很少会在这群孩子中看到拿破仑的身影。他总是会一个人悄悄走到海边，来到一个孤零零的岩石洞里，这里是他的"秘密花园"。

拿破仑在这里一待就是一下午。他总是懒洋洋地靠在露着青绿色花纹的岩石上，沐浴着午后温暖的阳光，专注地凝望着地中海湛蓝的海水和头顶那片一望无际的天空。没有人知道，这个时候的他在想些什么。成年以后，拿破仑曾经说过："我最爱海浪，因为它蕴藏着无比的威力，可以吞掉无数细小的沙粒，可以用柔软的唇吻碎坚硬的岩石。我就要做那海浪，把世界踏在脚下！"

或许，这番豪言壮志，从他年少的时候凝视海浪时，就已经开始酝酿了。

有时候，拿破仑也会和自己的小伙伴们在一起玩耍，每当这个时候，最常见的场景就是，拿破仑带领着邻居家的孩子们玩打仗的游戏。这是拿破仑最喜欢玩的游戏，他总是乐此不疲。

每次，他都会"霸占"元帅的位置，只要有他在，别人无论如何都不可能成为元帅。他把小伙伴们分成两支队伍，开始打仗。令人奇怪的是，虽然他有选择权，但是他总是主动担任较弱一方的指挥。他指挥着自己的士兵们在山谷中埋伏起来、在沙滩上挖战壕，用一些出其不意的招数来对付敌人。每当两军交战的时候，拿破仑总是会一马当先，冲在最前面，而且他的拳脚也是最重的，经常会把小伙伴们打得满身都是伤痕。

这样的"战争"每次都是以他的胜利而告终。那时，拿破仑就已经逐渐形成了充足的自信心：我要做战胜者，我一定是战胜者！

有一次，老师安排孩子们一起玩罗马人与迦太基人战斗的游戏。老师让拿破仑当迦太基人。但是，拿破仑却不情愿，他希望扮演得胜的一方，于是，他就一直缠着老师不放，连哄带骗，直到老师把角色调换过来，由他当罗马人为止。

拿破仑的好胜心这么强，又这么好斗，自然而然地，很多小伙伴们都对他产生了一些不满。尤其是那些经常被他打得鼻青脸肿的孩子，对他就更加惧怕了。时间一长，大家都不爱跟拿破仑玩了。但是，有一个人，却始终摆脱不了拿破仑的作弄，那就是他的哥哥约瑟夫。

拿破仑后来曾经回忆道："那时候我对什么都无所谓，我最喜欢的是吵架、打架。什么人我都不会放在眼里，不管是谁，我都会打，或者抓。别人一看到我，就会害怕不已。当时最倒霉的，莫过于我的哥哥约瑟夫了。我经常打他、咬他，虽然他疼得哇哇直叫，但最后挨骂的人却是他，因为我在他还惊惧不安时，就已经抢先向母亲去告状了，把罪过全都推到了他的头上。我这样耍花招，是因为我妈妈如果知道我打架，就会狠狠地惩罚我。她经常警告我，决不能侵犯别人。最后，约瑟夫总是成了我的替罪羊。"

的确，莱蒂齐亚对孩子们的管教是异常严厉的。每当莱蒂齐亚得知拿破仑又欺负约瑟夫或者别的孩子的时候，她总会声色俱厉地呵斥他，有的时候甚至会对他动鞭子。

作为父亲，夏尔总是会对孩子们比较宽容，甚至比较溺爱。但是莱蒂齐亚却完全不一样，她一点儿也不想做慈母，相反，她严于家教。在孩子们眼中，莱蒂齐亚就像是一个不通情理的女监工，谁要是犯了什么错，她就会不留情面地对其施加惩罚。

对拿破仑这个调皮大王，莱蒂齐亚的管教更加严厉。莱蒂齐亚会逼迫他跟自己一起去做弥撒，如果他不愿意，就会招致母亲一顿责骂，甚至是拳脚相加。如果拿破仑偷吃了水果，或者在教堂里表现出了不规矩的行为，或是对跛足的老祖母横加嘲笑，那么，一顿皮肉之苦就会在所难免。

挨打的时候，拿破仑从来不哭。他的倔强往往会惹得莱蒂齐亚更加暴怒，但是，就算母亲的鞭子抽得再狠，也不会让拿破仑掉一滴眼泪。因为在他看来，眼泪是弱者的象征，作为一个强者，要永远把眼泪往心里流。

拿破仑肆无忌惮地调皮捣蛋一直到他七岁的时候，才告一段落。这并不是因为他突然转了性，而是因为他找到了一项新的挑战。

对于每个上学的孩子来说，学习都是头等大事，也是让很多孩子头疼不已的事情。最初，拿破仑一点儿也不爱学习，他经常把自己的作业本甩给约瑟夫，让约瑟夫来帮自己完成。约瑟夫是个勤奋的孩子，功课一直不错，做功课对于他来说不是什么难事。

有一次，兄弟俩走在放学回家的路上，约瑟夫忽然临时起意，考了拿破仑一道数学题。虽然这道题非常简单，但是对于一直把精力用于玩耍嬉闹的拿破仑来说，却显得有些困难。他想了又想，还是不知道答案是什么，只好恳请约瑟夫说出答案。

约瑟夫看了他一眼，得意地说出了答案，然后轻声说道："拿破仑，你不过比我勇敢一些罢了。"

虽然约瑟夫没有嘲笑他，但是他的话还是深深刺激了拿破仑。拿破仑感到了一种强烈的受挫感，他的自尊心受到了严重的伤害，他怎么会允许自己这样被轻视呢？

从那一天开始，拿破仑不再痴迷于打仗的游戏，而是一头扎进了数学的海洋。每天放学以后，他再也不到处乱跑了，而是一门心思地待在屋子里演算数学题。

很快，莱蒂齐亚就发现了拿破仑身上所产生的这种变化。因为孩子们告状的次数越来越少了，接着，约瑟夫和拿破仑之间也不再像以前那样斗气了。莱蒂齐亚意识到了这是一个引导拿破仑从善的好机会，于是，她也改变了原来的管教方式，不再动不动就扬起鞭子，而是不断地鼓励、赞扬拿破仑，她还会抓住机会把自己所知道的一些伟大人物的事迹讲给拿破仑听，用这种方式来打磨拿破仑暴躁的性子。

夏尔也意识到了拿破仑的改变，他从一开始就对拿破仑有所偏爱，看到拿破仑变得越来越痴迷于学习后，他的这种偏爱就更加明显了。他还特意在院子里给拿破仑盖了一间小房子，让拿破仑在里面安心学习，为他创造良好的学习环境。为了避免别人的打扰，还在屋子外面围上了篱笆。

拿破仑把这个小房子当成了自己的"领地"，他十分珍视自己的所有权，如果有其他孩子侵入到他的"领地"里，他就会毫不手软地把对方赶出去。

夏尔和莱蒂齐亚希望让自己的孩子们接受更好的教育，因此，当夏尔驻守凡尔赛的时候，一直有一个愿望，那就是把孩子们带出来，到凡尔赛来读书。

马尔波夫得知了他们的心愿后，为了捕获莱蒂齐亚的芳心，就向夏尔透露了一种巧妙但是却鲜为人知的好方法，通过这种方法，陷入贫困的法国贵族家庭的孩子可以免费接收教育。按理说，约瑟夫可以到艾克斯神学院接收培训，然后成为教士，拿破仑也可以迈入军事学校的大门，甚至连夏尔的长女也能在圣西尔曼特农夫人的学校找到一个位置，但是，出人意料的是，中途却出了一些纰漏：要上学，必须先由父母提交一份书面申请以及贵族证明、贫困证明，而且这三个地方在整个法国只招收六百个人，竞争的激烈程度可想而知了。

这个时候，马尔波夫的作用就凸显出来了，他请求陆军大臣孟伯雷亲王批准约瑟夫与拿破仑免费入学，并且附上了他们家境贫寒以及四代贵族身份的相关证明。收到了马尔波夫的信之后，孟伯雷很快就作出了一个答复，允许约瑟夫到艾克斯神学院就读，并且为拿破仑在布里埃纳军校保留一个位置，但是，这样做并不是无条件的：夏尔的两个儿子必须要知道他们不能谋求一样的职业。他们要顺利通过入学考试；等到凡尔赛皇家传令官发来新的贵族身份证明以后，才能正式被录取。

1778 年 12 月，拿破仑终于收到了陆军大臣签发的进入军事学校学习的正式通知。

军校里的"科西嘉蛮子"

1778 年年底的一天，夏尔带领着波拿巴家族的一些成员离开了科西嘉岛。虽然，他们的出发地都是生于斯长于斯的科西嘉岛，但是目的地却大不相同：

那时候，夏尔得到了一次新的提拔——他的运气不错，当上了科西嘉三级会议的贵族阶级代表，他此行是要去凡尔赛履职。

拿破仑和约瑟夫虽然已经获得批准，在未来的日子里，他们两个会分别到布里埃纳军校和艾克斯神学院就读，但是，在进入新的学校之前，他们必须首先克服一个难关——语言关。为了通过这个难关，他们要去一家叫作奥顿中学的学校学习法语。

与他们同行的，还有莱蒂齐亚的表兄弟瓦雷塞，他被任命为奥顿大教堂的副执事，要去奥顿上任。在与夏尔分开之后，瓦雷塞就承担起了护送两个孩子到奥顿中学的责任。

奥顿中学是一所管理严格的教会学校，刚进入这所学校的时候，拿破仑感觉有些不太适应。毕竟，那时候的他还不到十岁，在这么小的年纪就远离家乡、远离父母，要面对的困难实在是太多了。虽然拿破仑天生是个胆大、调皮的孩子，甚至在夏尔和莱蒂齐亚眼里，还有点顽劣，但第一次踏入一个陌生的社会，对他来说，也不是一件容易的事。所以，一开始，在学校里，拿破仑总是非常紧张，感觉束手束脚，不知如何是好。

更糟糕的是，由于他是土生土长的科西嘉人，法语基础非常薄弱，与同学们交流的时候，总是会受到各种各样的嘲笑。他们肆无忌惮地嘲讽他蹩脚的法语，甚至还有一些人故意模仿他的口音，用一些常识性的知识来考他，让他当众下不了台。拿破仑哪里遭遇过这样的情况？他既生气，又尴尬，但是也无可奈何。毕竟，自己的法语说得不好，是一个不争的事实。

要改变别人的看法，首先要改变自己。为了摆脱这样的羞辱，拿破仑暗暗下定了决心：一定要把法语学好！让那些嘲笑他的人看看，这个"科西嘉来的傻小子"，不是可以随意欺负的！

拿破仑拿出了百折不挠的精神，夜以继日地学习法语。那一本本厚厚的、像砖头一样的课本，被他接连征服了。经过了三个月的努力学习，拿破仑终于能够成功地驾驭法语了。虽然他说起话来，还是难免带有一些科西嘉口音，但是法语的基本知识，都已经能够纯熟地运用了。

1779 年 4 月，拿破仑如愿以偿地进入了布里埃纳军校。

说到拿破仑在布里埃纳军校的经历，我们首先要介绍一下这所学校。布里埃纳军校起初是一家坐落在山脚下的修道院，到了 1730 年，被改为神学院，1776 年，又改成军事学校，所以，它作为军校的历史并不久。

由于当时的法国一直处于内忧外患之中——反对派不断发起叛乱，其他欧洲国家则趁着这个机会联合起来对法国进行侵扰，法国几乎每时每刻都处于战争的威胁之中，所以，对于军事人才的需求非常大。在这样的需求之下，法国政府就建设了许多军事学校，其中就包括布里埃纳军校这样的少年军校。

当时，在法国各地，一共有十二所和布里埃纳军校一样的皇家军校，每所学校的名额并不多，只有一百个左右。这些学校可不是谁想进就能进的，这里的学员必须要有贵族血统的证明，最终录取哪些人，由陆军大臣来决定。所以，这些军校实际上是专门供贵族子弟接受预备教育的军校，学员毕业以后就可以获得军官委任状。在当时，到这样的军校就读，是法国贵族子弟进入军界的一条必经之路。

由此可见，以拿破仑的家庭背景，要上这样的军校，并不是一件容易的事。要不是马尔波夫从中斡旋，恐怕拿破仑根本不可能得到这样的好机会。

布里埃纳军校的管理非常严格。拿破仑所住的宿舍楼，每一层都有两个长长的走廊，在走廊的两边密密麻麻地分布着大约七十个小房间，每个房间的面积都很小，只有差不多六平方英尺。房间里的设施很简单，只有一张床、一个水壶以及一个洗脸盆。当时，在布里埃纳军校里，同性恋之风盛行。在当时那个年代，这种行为被视为洪水猛兽。为了杜绝这种现象的发生，学校规定，每天晚上十点钟以后，学员们只能待在自己的房间里，不准外出。如果有紧急情况，学员可以按动房间里的一个按钮，来通知走廊里的巡视人员。如此一来，学员们的活动空间就被大大限制了。

对于学员们来说，起床号恐怕是他们最不愿意听到的声音。每天早上六点钟，起床号会准时响起。听到这个号声以后，所有人都必须迅速起床，到公共食堂吃早饭。吃过早饭以后，他们就要开始一天的学习，布里埃纳军校的课程安排得非常紧张，一般来说，上午要学习拉丁文、数学、历史、地理、绘画以及德语。每天中午，他们都会得到两个小时的吃饭时间，相对只有水和面包以及少量水果的早餐来说，午餐已经算是丰盛的了，有高汤、清汤牛肉、烤肉、凉拌菜以及点心等，午餐后稍作休息，就要开始下午的课程，击剑、舞蹈、音乐以及书法等。

布里埃纳军校对学员的着装和外表有着非常严格的规定，比如：学员在上课的时候，必须要穿蓝色制服上衣，上衣必须以红色镶边，纽扣必须是白色金属质地的，上衣里要内搭蓝色背心，背心必须以白色贴边。裤子只能是蓝色和黑色的，其他颜色则不被允许。冬天的时候，可以在外套外面加一件大衣。学员的床褥每星期必须要换洗两次，床上只能铺一条毛毯，只有在生病的时候才能多铺一条。小于十二岁的学员，只能留短发，大于十二岁的学员则必须蓄辫子。只有周日或万圣节的时候，学员才被允许抹头粉。

更让孩子们感到头疼的是，他们基本没有假期。在布里埃纳军校，"放假的时间"是不存在的，只有每年8月到9月，学员们才能得到一次短假，但就是这每年一次的短假时间，有时也会被占用。有一年短假，学校没有安排上课，而是让学员们参加长途行军，希望通过这种方式来锻炼他们的意志力。这让对假期一直抱有期待的学员们纷纷叫苦连天。

这一切都说明，布里埃纳军校并不是一个轻松的地方。然而，这些对于拿破仑来说，却不是什么难事，令他感到在布里埃纳军校的生活万分艰难的，是人际环境。我们可以设想一下当时的情景，拿破仑不但其貌不扬，而且个子矮矮的，穿着打扮也非常土气，由于一直生活在科西嘉岛这个落后的小地方，对于同学们之间流行的一些时髦东西更是一窍不通，如何能融入学校的主流阶层中，又如何能赢得他人的尊重呢？所以，可以想象得到，拿破仑受到的待遇是怎样的糟糕。

像在奥顿中学一样，拿破仑成了布里埃纳军校里不受欢迎的人物。一提起他，同学们都会自然而然地流露出鄙夷的神色，有些人甚至还给他起了一个外号——"科西嘉蛮子"。

他们嘲笑他带有科西嘉口音的法语，嘲笑他被阳光晒得黝黑的皮肤，嘲笑他非常勉强的贵族出身，嘲笑他的贫穷和拮据，甚至连他的名字"拿破仑"——由于在法语里并不常见，也成为了同学们的一个笑料。

对于意志薄弱的孩子来说，这样的嘲笑或许会让他们恨不得像鸵鸟一样把头埋进地底下。事实上，在如今的社会中，仍然有很多孩子就是在这样的嘲笑声中被毁掉的，他们因为无法承受这样的难堪而自暴自弃，走向了万劫不复的深渊。

但是，拿破仑可不是一个意志薄弱的孩子！他从来都不是。十岁的他虽然还年幼，但是已经懂得如何维护自己的尊严。他被深深地惹怒了，为了教训一下那些经常嘲笑他、挑衅他的可恶的人，他狠狠地跟他们打了几架。每次打架，他都是以一敌多，虽然吃了不少苦头，但是他拼命三郎一样的狠劲却让那些从小娇生惯养的贵族子弟们大吃了一惊，这时，他们才发现，这个"科西嘉蛮子"虽然个头不大，但却绝不是个好惹的人。

从那以后，同学们不再随随便便地嘲笑他了，而是躲得远远的。拳脚虽然为他赢得了尊严，但是却无法赢得尊重。在布里埃纳军校，拿破仑成了一个不折不扣的孤家寡人，他没有一个朋友，也不愿意去主动接近别人，甚至过起了离群索居的生活。

后来布里埃纳军校的校长贝尔通神父想了一个非常别出心裁的主意：把校园里的一块田地划分为小园地，分给每个寄宿生，让他们在这里种植作物。于是，拿破仑也得到了一小块地，并把这里当作自己的乐园来经营。虽然其他孩子们对此并不感兴趣，但拿破仑却非常喜欢这种业余活动，他一直是在农村长大的，栽树种花这样的事对于他来说，就是一项有益身心的休闲活动。他还要求两个同学把地让给他，从而扩大自己的地盘。

这个小园地成了拿破仑的小天地。这个小天地是他心灵栖息的好地方，也是他的精神家园。课余的时间里，他经常躲在这个园子里，不是翻耕土地，就是潜心读书。

由于朋友很少，拿破仑时常会感受到一种强烈的孤独感。为了排解这种孤独感，他一头扎进了书海中。在自己的小园地里，在图书馆，拿破仑如饥似渴地阅读着各种各样的书，其中，他最为钟爱的一本书是普鲁塔克所著的《传记集》。

在《传记集》中，普鲁塔克用生动而又形象的笔触描述了古代名人和英雄们的传奇故事，他非常巧妙地把那些在历史河流中曾经真实发生过的事情与民间流传的种种传说交织在一起，让人读起来感觉既有趣，又发人深省。对于拿破仑来说，这本书就是他汲取营养的"食物"，从这些英雄故事里，他似乎对自己的命运有了某种预测与向往。

由于背井离乡，而且身处在傲慢的法国人之中，拿破仑的思乡之情日益严重。为了慰藉自己的这种思乡之情，他大量阅读了科西嘉的历史地理，尤其是弗里德里希大王、伏尔泰以及卢梭著的关于科西嘉的书。通过阅读这些书，他对自己的家乡有了更加深刻的认识，对于在那片土地上所发生的事情，也有了全新的认知。在他小小的心灵里，对保利领导着家乡人民保卫科西嘉岛的行为，开始有了与以往不同的理解。他崇拜保利，把他当成了自己的偶像，希望有一天能够成为他这样的英雄，甚至希望有一天能够与保利携手合作，解放科西嘉，尽全力整治这些傲慢的法国人。

每当想起保利的时候，拿破仑就不可避免地会想起自己的父亲。父亲的"变节"在拿破仑看来，是一个无法抹掉的污点。同时，这也是别人拿来攻击他的一个把柄。刚开学的时候，当一些同学得知他是夏尔的儿子后，就曾经毫不留情地嘲弄他："你父亲是一个叛徒！"

"叛徒"这个词深深地刺痛了拿破仑，他愤怒地举起了自己的拳头，把说这话的人狠狠地打了一顿。但是，当他一个人冷静下来的时候，心中却充满了一种悲哀：他说得并没错，父亲的确是一个叛徒，他背叛了保利，背叛了科西嘉。

在布里埃纳军校，学生们会被轮流得到邀请，与校长贝尔通神父一起共进晚餐。这天，轮到拿破仑来享受这个待遇了，他像其他同学一样，对于这样的机会十分珍视。然而，在餐桌上，有些教授故意说出了一些对保利十分不敬的言论，这让拿破仑感到非常不满，他不卑不亢地发表自己的看法："在我看来，保利是一个英雄，他热爱自己的家乡。我永远都不能原谅我的父亲，他曾经当过保利的副官，应该与保利同生共死，与他一起奋斗到底！然而他却同意科西嘉并入法国！"他的这番言论，让同桌的教授们都非常震惊。

对保利的崇拜、对科西嘉的思念以及对法国人的厌恶，在拿破仑的心中交织在一起，构成了一种非常复杂的情愫，在这种情愫的驱使之下，他经常会陷入对自身、对家乡、对未来命运的深刻思考之中，这使得他越来越沉默，越来越孤独。但是尽管如此，每天早上，当他一觉醒来，走进教室的时候，他还是要面对紧张的功课、严格的老师。毕竟，对于学生来说，功课才是第一要务。

我们前面已经提到，布里埃纳军校的课程是非常繁重的，数学、写作、历史、地理、法语、拉丁语、德语、剑术、绘画甚至舞蹈都是拿破仑的必修课。

布里埃纳军校一共有二十名老师，这些老师里，有一些人是教士，他们往往恪守校规，对于学生的要求非常高，有的时候甚至到了苛刻的程度。在他们的坚持之下，布里埃纳军校的校纪一直非常严格，学员们在校学习期间，除非有非常特殊的理由，比如父母亲病重或死亡等，否则一概不准请假。

拿破仑知道，能够进入布里埃纳军校，对于他这样的孩子来说，是非常不容易的，所以，他十分珍惜在这里的学习机会。他比一般的同学都要勤奋，虽然功课总是令人伤透脑筋，但拿破仑还是尽全力去学习，他像啃骨头一样，去努力攻克每一门课程。

但可惜的是，布里埃纳军校的老师，大部分水平都很低，有些人甚至根本就不能胜任教学工作。要是在现在，这样的老师早就被淘汰了。更糟糕的是，这些老师虽然不怎么擅长教学，在体罚学生方面，却总是"行家里手"。尽管布里埃纳军校明文禁止体罚学生，但这样的情况却总是屡禁不止，那些无能的老师们总是错误地以为，体罚才是最好的教育利器。

拿破仑经常会受到老师们的体罚。有一次，午餐时间，拿破仑无意中冒犯了一位老师，这位老师哪里容得下这样的触犯？他马上拽住拿破仑的衣领，把他拉到了食堂门口，对他怒气冲冲地大喊道：

"你竟然敢这样对我？你这个科西嘉来的穷小子，真是胆大妄为！你必须跪下向我道歉！"

拿破仑当然不会接受这样的羞辱，他大声争辩道："不！男儿膝下有黄金，我只会对上帝下跪！"

那位老师一看，拿破仑竟然敢把自己说的话当成耳旁风，愤怒就更加升级了。他像一头发怒的狮子一样向拿破仑冲了过去，对他进行拳打脚踢，还拎着他的衣领把他提了起来，强迫他跪在地下："你不是说只对上帝下跪吗？现在你不是跪下了吗？"

拿破仑奋力挣扎着，但始终没法摆脱那位老师的束缚。就是这样，那位老师的怒气依然没有平息。他又想出了一个坏主意——把拿破仑打扮成一个小丑的模样，在他的头上戴上了一顶高高的纸帽，让他在大庭广众之下，跪在食堂门口，任由过往的人们取笑。

自尊心很强的拿破仑哪里忍受得了这样的羞辱？他又气又急，竟然不由自主地呕吐了起来。那位老师看到他那困窘的模样，就开始哈哈大笑。

正在这时，数学课主任帕特劳特神父路过食堂，看到了这一幕，马上走过来制止了那位老师的过分行为，并且严厉地批评了他。这才给备受凌辱的拿破仑解了围。

我们常说，逆境出人才。拿破仑的经历也从侧面验证了这一点。正是因为受到了这样的羞辱，拿破仑才会更加发愤图强。他对学习更加上心了，他知道，只有努力学习、取得优异的成绩，才能使自己在未来不再遭受同样的羞辱，才能改变自己的命运。

他的努力用功很快就有了回报。因为他看的书多，在数学、历史等方面又有着出色的成绩，老师们很快就认为，他是那种具有天赋的好学生。每年八九月份的时候，布里埃纳军校都会有一个"公众开放日"，在这一天，公众可以自由地来到军校参观、考察。为了展示自己的教育成果，学校会当着教会以及政府官员的面，进行公开测验，参加这种测验的人，一般都是在学校里表现最为优异的学生。几乎每一年，拿破仑都会被选中，而且屡屡获得奖项。1781年，他一举斩获了数学奖，奥尔良公爵亲自为他颁奖。1782年，他同时参加数学和历史两门功课的测试。1783年，他轻松地做出了很多道颇有难度的数学题，让在场的老师和同学们都大为吃惊。

拿破仑刻苦好学的精神和坚强不屈的性格，渐渐地帮助他赢得了一些老师的赞赏。数学课主任帕特劳特神父十分欣赏他的真才实学，一直把他当成自己的得意门生。文学老师迪皮伊神父，不但给予他谆谆教诲，而且总是不厌其烦地帮助他。他还上过库尔塔隆先生的图画课，虽然他在绘画方面实在是缺乏天赋，但是他却懂得"勤能补拙"的道理，有时，为了画一幅画，他要花上比别人多好几倍的时间，这让库尔塔隆先生对他赞叹不已。

拿破仑是一个知恩图报的人，在他功成名就之后，这些老师中有很多人都曾经受到过他的照顾。迪皮伊神父曾经担任他的私人图书管理员，他住在马尔梅松堡内，拿破仑经常到那里去探望他，对他非常关切。

与此同时，同学们对他的嘲笑与讽刺，也像春天里的坚冰一样，被逐渐化解了。拿破仑和几个同学化敌为友，并且在以后的日子里，建立起了一种虽不亲密但也比较深厚的友谊，比如布尔里埃纳、居丹、南苏迪。这种友谊一直延续了很长时间，拿破仑发迹之后，还对他们进行了提拔。

严苛的规章制度、无能的老师、繁重的学业使得孩子们在布里埃纳军校的生活很少有欢乐。但是，聪明的人们总是会从黑暗的生活中寻找一丝色彩，拿破仑也是如此。每年，从9月到万圣节这段日子里，拿破仑每天只有一节课，剩余的时间都可以自由支配。于是，课余的时候，他就和几个朋友一起，到田野里散步。散步时，他们会交流彼此的看法，讨论一些当下比较热点的问题，每次拿破仑总能侃侃而谈，使朋友们对他刮目相看。在这样的交流中，拿破仑逐渐确立了他在朋友们之间的领导者地位。

但是他的领袖才能的进一步展露，却是在一次打雪仗的游戏中。1783年的冬天，有一段时间几乎每天都会大雪纷飞，厚厚的白雪覆盖了整个布里埃纳，拿破仑和他的朋友们就不能再像往常一样到外面散步了。活泼好动的年轻人们只能在学校的一个大厅里来回踱步，期待着大雪能够赶紧停下。

拿破仑看到同学们都闷得发慌，于是就想出了一个好主意：打雪仗！他指挥着大家到院子里，把积雪扫出一条狭长的通道，然后用雪堆出一个个碉堡，再挖掘壕沟。等到工程完成以后，拿破仑对同学们说："我们可以分成两组，以雪为武器，一组包围，另一组则反围攻，看看哪一组最后能赢。当然，这个游戏要由我来指挥！"

同学们听到这种玩法，感觉非常新奇，于是都兴高采烈地加入到了打雪仗的队伍之中。大家时而防御，时而进攻，战斗得异常激烈。拿破仑则站在一座高高筑起的雪塔上面，俯视着两支队伍，挥手令进、令退，那样子就像是一位主帅在指挥着千军万马冲锋陷阵一般。

打雪仗的游戏在军校里一直持续了半个月左右，直到积雪全部消融了，才告一段落。通过这个游戏，同学们认识到了一个不一样的拿破仑——他的才华令人不可小觑。

在布里埃纳军校，拿破仑度过了五年的时光。在这五年里，他一次都没有回家。不是因为不想念自己的父母，而是因为路途遥远，他实在支付不起昂贵的旅费。直到1784年7月，夏尔送女儿玛丽娜到圣西尔读书，才绕道布里埃纳，顺便来看了看拿破仑。

夏尔的探望使拿破仑非常意外，他高兴地接待了父亲。夏尔在布里埃纳待了几天，这几天里，他们父子俩谈论最多的，就是一家人的未来发展问题。夏尔非常惊奇地发现，自己的这个儿子竟然不像以前那样顽劣了，他变得稳重、老成，就像一个成年人一样，而且对于很多事情都有了自己的看法。

夏尔对儿子说出了自己的烦恼：约瑟夫竟然不想当牧师，而是想去当兵，而自己不知道应该怎样劝说他放弃这样的想法。约瑟夫竟然想当兵？拿破仑觉得非常不解，他知道自己的哥哥并不适合走当兵这条路，1784年6月，拿破仑给他的舅舅尼科洛·帕勒维希尼写了一封信，表达了自己对约瑟夫的不满，并详细阐述了自己的观点：

首先，我们都清楚，约瑟夫并不是一个勇敢果决的人，如果他去当兵，一旦在战场上遇到什么危险，他能应付得来吗？依我看，他比较适合做驻防军官。他看上去仪表堂堂，而且反应迅速，口才也好，以他的才能，如果去当驻防军官，倒是可以给当地的人们带来一种社会稳定、一切都在有序发展的良好印象。但是，到了战场上，他的这些优点就完全发挥不出来了。

其次，他现在想转行，实在是突发奇想。他马上就能成为牧师了，这样就可以得到一大笔丰厚的教士薪俸。我们家的生活已经非常拮据了，有了他的这笔俸禄，这种拮据的状况就能得到有效的缓解。而他要是去当兵，家里的经济情况就会雪上加霜。

即便是他可以去当兵，但是接下来的一个难题是：他可以学什么兵种呢？他的数学不太好，身体也很瘦弱，参加海军是不可能的。当炮兵？他能适应得了那么艰苦的工作吗？或许过不了几天，他就吃不消了。到时候再打退堂鼓，可就晚了。而且他还很粗心，当炮兵最怕的就是这一点。

当时的拿破仑只不过十五岁，但是经过了在军校的几年学习，他的目光却已经足够犀利了。他在给舅舅的这封信中描述的，几乎是约瑟夫的真实写照。他非常了解他的哥哥，知道他有哪些优点，也知道他的弱点是什么，所以，他清楚约瑟夫适合从事什么职业。正因为如此，他才会对哥哥突发奇想想去当兵感到愤怒不已。

在军校的五年时间很快就过去了，1784 年，拿破仑拿着一张漂亮的成绩单从布里埃纳军校毕业了。他在军校的表现，通过学校给出的评语就可以窥见一斑：

拿破仑·波拿巴，1769 年出生于科西嘉，高五英尺三英寸。该生身体素质良好，言行举止礼貌得当，性格直爽，思维敏捷。在数学上取得了绝佳的成绩，地理、历史也极为擅长，但音乐、绘画以及舞蹈等方面则表现欠佳。总体而言，该生表现优异，足可以成为一名优秀的军官。本校特向巴黎皇家军事学校推荐，希望录用该生。

因为在校期间的出色表现，他和其他三名同学一起，被布里埃纳军校推荐到了巴黎皇家军事学校，拿破仑被炮兵专业录取。

巴黎皇家军事学校是法国的一所名校，直属法国王室，学校师资阵容强大，拥有第一流的老师。但对于拿破仑来说，这所学校却不是很合他的心意。一直以来，他都有一个愿望，就是成为一名海军军官。为了实现这个愿望，他最初的打算是报考英国皇家海军，到那里去当一名士官生。除了这个愿望以外，他还有一个更加不可思议的愿望，那就是要与伟大的法国航海家拉普鲁兹一同出海航行。他应该庆幸自己的这个愿望没能实现，因为拉普鲁兹的船于 1785 年起航，三年后在西南太平洋的瓦尼科罗岛遇难，船上的人员全都失去了性命。要是拿破仑也追随他的话，恐怕也会悄无声息地葬身于大海之中，如此一来，欧洲乃至整个世界的历史都会被改写了。

巴黎的新生活

1784 年 10 月，十五岁的拿破仑与另外三名同学一起，背着行囊，离开了生活了五年的布里埃纳军校，踏上了去往巴黎的行程。值得一提的是，与拿破仑一起的三位同学，后来也都名垂青史，他们是蒙塔比·德·当皮埃尔、卡斯特里·德沃和洛日耶·德·贝勒库尔。

巴黎是一座繁华的城市，到处灯红酒绿、流光溢彩，这样的繁华令拿破仑感到非常新奇。那一幢幢拔地而起的高楼大厦，那些打扮时髦、在街道上摇摆着腰肢走过的艳丽女子，都给这个"科西嘉蛮子"带来了巨大的冲击。

到巴黎皇家军事学校报到之后，拿破仑又惊讶地发现，学校的奢华程度，超乎自己的想象。巴黎皇家军事学校是在十三年前，在加布里埃尔建筑师的主持之下修建的。这所学校的科林斯式圆柱以及陶立克式柱廊，高耸入云，气势宏伟，颇为自傲地俯视着马尔斯练兵场。在当时，巴黎皇家军事学校的建筑可谓是巴黎的一道亮丽的风景。

建筑物的内部，也是富丽堂皇，令人目不暇接的。天花板、门窗，以及壁炉架上，到处都装点着各式各样的花饰，与墙壁上悬挂着的军事英雄人物的雕塑、画像遥遥呼应。每间教室的墙壁上，都粘贴着蓝色的壁纸，门扇与窗户上，全都悬挂着垂帘。

与布里埃纳军校相比，巴黎皇家军事学校的住宿条件也要好得多。学员们住在一大间宿舍里，陶制的火炉不停地散发着热量，把整间屋子都烤得暖融融的。每个学员都有一个单独的小隔间，铁架床上铺着亚麻材质的床单，除此之外，房间里还有椅子、书架等设施。

拿破仑在这所学校就读时，学校里一共有二百多名学员，但教职员工的数量却比学员还要多。教员有三十名，图书管理员一名，除此之外，还配备了牧师、医务人员、园丁、厨师、门房、马夫、骑术教练、军械士、门卫，就连点灯的、修鞋的、做假发的，也应有尽有。为了伺候这些贵族子弟们，学校里还有不少于一百五十人的侍从。

拿破仑身边的同学们，大部分都来自法国各地的名门望族。他们大都花钱如流水，极尽奢侈之能事。有一些贵族公子哥们的身后，还跟着几个奴仆，随时照料他们的饮食起居。

过惯了俭朴生活的拿破仑，怎么可能赞成这种奢华的生活方式呢？他开始到处宣传自己的主张："作为一个军官，我们应该首先做到自食其力，要自己洗衣服，自己擦皮靴，这样才能更好地适应以后行军作战的生活。"

拿破仑的话当然是有道理的，作为一个未来的军官，如果连洗衣服、擦皮靴这样的事情自己都不能做、做不好，又怎么可能到战场上去保家卫国呢？如果把国家的命运交给这样的人，可想而知，后果会是怎样的。

但是，那些贵族公子哥们听到了拿破仑的话，只是轻蔑地一笑，他们甚至都不屑于反驳他。因为在他们眼中，作为真正的法国贵族，就是应该过着这样的安逸生活，怎么能干洗衣服、擦皮靴这样低贱的工作呢？他们要做的，是比洗衣服、擦皮靴更"重要"的事，比如聚会、喝酒、聊天、骑马，等等。

因此，在偌大的巴黎皇家军事学校里，只有拿破仑一个人坚持自己洗衣服、擦皮靴。这为他以后的军旅生涯打下了良好的基础。

在布里埃纳军校，虽然同学们因为拿破仑出身贫寒、身材矮小、有科西嘉口音而时时鄙视他，但至少有一点，还是为他赢得了所有人的钦佩，那就是优异的学习成绩。

但是，在巴黎皇家军事学校，拿破仑的这点成绩也变得微不足道了。

数学是拿破仑最擅长的一门功课，但他的书写太过潦草，而且拼写还经常会出现错误。在布里埃纳军校，他虽然学过拉丁文，但是水平却实在不敢令人恭维。他在骑术方面也很蹩脚，以至于他的德语老师博埃对他作出了这样的评价——"在骑术方面真是一个十足的笨蛋，几乎一窍不通"。

但拿破仑在巴黎皇家军事学校的表现，也不是一无是处的。他古怪浓烈的性格、冷酷无情的目光，使得一些教官为之折服。他的文学老师多梅龙说他的性格就像是"火山爆发的岩浆"一般。

在巴黎皇家军事学校，拿破仑结识了一个新朋友，一位叫作亚历山大·德·马齐斯的陆军老教官。这位陆军教官出身于法斯特拉斯堡一个军人家庭，是一名狂热的保王分子，比拿破仑早一年级，是一名高年级士官生，负责步枪射击训练。他对拿破仑十分关切，很快，他们就建立起了深厚的友谊。

但是，比起朋友，拿破仑更多的还是敌人。刚入学的时候，拿破仑就招惹上了一个叫李坡卡尔·德·菲力波的人。不管是在性格，还是在思想上，菲力波与拿破仑都是敌对的，但是他们在学习上却是棋逢对手，不分输赢。在学校里，他们有过无数次较量，后来，到了战场上，也曾有过对峙。法国大革命后，菲力波成为了一名流亡者，在阿卡与英国人联手对抗拿破仑。

拿破仑在布里埃纳军校的一位同学，与他同行来到巴黎皇家军事学校就读的洛日耶·德·贝勒库尔，一度与他的关系还算不错。在布里埃纳军校的时候，这位同学曾经整日与同性恋们混在一起，拿破仑对此十分反感，于是就警告他，如果他还继续这样的话，他们之间的友谊就结束了。洛日耶接受了拿破仑的劝解，远离了那些人。然而，到了巴黎以后，他又故技重演，再度与同性恋们混在一起。看到他这个样子，拿破仑忍无可忍，终于与他一刀两断。谁知道，这却惹恼了洛日耶，从那之后，他就成了拿破仑的攻击者，到处散布拿破仑的坏话。

拿破仑还和其他一些人产生过冲突，他桀骜不驯的性格总是难免会给他惹来一些麻烦。在军校里，持枪出操是必修课之一。有一天，拿破仑在出操的时候有些走神，不小心做错了一个动作，教官看到了以后，狠狠地用枪托打了他一下。拿破仑非常生气，毫不犹豫地用枪托回击了那位教官。在场的同学们全都惊呆了，以为拿破仑这下子一定会受到惩罚。

没想到，教官竟然没发作，只是指着一个学生，让他对拿破仑进行单独辅导。拿破仑与那位辅导他的同学性格相投，两个人竟然在操场一边聊起了天，至于那些操练要领，早就被忘到一边去了。

第二天早上，拿破仑像往常一样出操。教官要求学生们按照操练要领进行操练，学生们的动作都十分规范，只有拿破仑屡屡犯错。教官看到这种情景，自然对拿破仑十分不满。后来，拿破仑以倒数第二名的成绩被编入了炮兵班。

从布里埃纳到巴黎，拿破仑离自己的故土科西嘉越来越远，思乡之情也越来越浓厚。他的科西嘉情结，总是时不时地表露出来。

有一位教官就很不喜欢拿破仑经常不加掩饰的科西嘉情结。有一次，当拿破仑再次提起自己的家乡时，那位教官大声斥责他："你必须要牢记一点：你是法国国王的学生。不要再口口声声地说你的科西嘉了，真是令人厌恶。你要知道，科西嘉现在属于法国，你不仅是科西嘉人，还是一名法国人！"

　　听了这番言论，拿破仑握紧自己的佩剑，高声回答道："我的剑鞘的的确确是属于法国的，但是，这把剑，却完全掌握在我的手中，任何人也无法左右它！"

　　在巴黎皇家军事学校，每个月都有一次忏悔日。学生们轮流向神父们忏悔，反省自己这一个月来的所作所为。一次，在忏悔的时候，神父直言不讳地向拿破仑指出，他应该尽可能收敛他对科西嘉的感情，不要再肆意地向别人表露他的科西嘉情结。拿破仑听了之后，马上从椅子上跳了起来，对着那位神父大声喊道："你无权指责我，每个人对家乡的感情都是真挚的，是高尚的！"

　　军校的生活总是苦闷的，为了打发时间，拿破仑又有了一个新的兴趣，那就是写诗。他写的第一首诗，就是献给科西嘉的。他在诗里讲了一个梦：有一天他正在熟睡，科西嘉给了他一把刀，并且悲痛地对他说："请你一定要为我报仇！"在他的数学书的扉页上，也留下了他的诗，他写道："啊，我亲爱的科西嘉，如果你想从公平、公正的和平中赢得一个充满光明的命运，那么，你就打消这个白日梦一般的念头吧！"

　　1785年2月，拿破仑得到了一个不幸的消息：他的父亲夏尔因为胃癌去世了，那时夏尔只有三十九岁。在去世之前，夏尔曾经不停地呼唤着拿破仑的名字，希望能够见到他最后一面。遗憾的是，远在巴黎的拿破仑根本来不及赶回科西嘉。

　　当拿破仑听到父亲去世的消息时，一种非常奇怪的感觉涌上了他的心头：他一度非常鄙视父亲，总觉得他在活着的时候没有建立什么值得称道的成就，甚至还背叛了保利，成为了科西嘉的叛徒。但是如今父亲一死，他的心中又无法自抑地充满了悲伤，因为从那之后，他的生命里将会永远缺少一个角色。1802年，蒙彼利埃市政府议会曾经提出一个倡议：为拿破仑的父亲夏尔树立一块纪念碑。拿破仑得知这件事以后，果断地拒绝了这个提议，他说："算了，不要去做这样的事情，我的父亲已经去世了，再被提起，也有些不妥。我们不能打扰死者，就让他保持这样的安宁吧！"后来，拿破仑在回忆起自己的父亲时，曾经说过，从某种程度上来说，夏尔离世也算是一件好事，因为他是一位并不怎么坚定的政治风派人物，如果他赶上了1789年以后的社会动荡，在冲动性格的驱使之下，他说不定会做出什么错事。那样的话，可能拿破仑的事业还没开始，就已经断送在了他的手里。

　　但就目前来说，这都不是最重要的事情，现在摆在拿破仑面前的，是家庭的重担。父亲的去世让这个子女众多的家庭在经济上陷入了困境。为了早日完成学业，改善家里拮据的状况，拿破仑不得不加紧学习，恨不得用一个月的时间把一年的课程学完。

　　作为炮兵专业的学生，如果想被选进精锐的炮兵部队，必须要经过两个环节。第一个环节是通过《数学教程》第一卷考试。《数学教程》是蒂安·伯祖编写的，对于炮兵来说，这本教程无异于圣经。第一卷考试合格之后，再经过一年的学习，就可以进行第二个环节了——通过《数学教程》后三卷考试。如果成绩达标，学员就能被授予少尉军衔。如果哪个学员能够一次通过《数学教程》全部四卷考试，那就能直接授衔进入部队。一次通过全部考试是非常困难的，每年全校范围内能够通过这个巨大考验的人寥寥无几，但拿破仑就是其中之一。

每年夏天，都有一名考官来到巴黎皇家军事学校来对炮兵考试进行面试。1783年之前，来这里进行面试的一直是蒂安·伯祖本人，后来，拉普拉斯侯爵代替了他的职位。拉普拉斯侯爵是一位数学家，在天文方面也非常擅长。1785年9月，拉普拉斯侯爵对拿破仑进行了一场异常严格的测试，测试内容涵盖了微分方程、代数以及数学实际应用等方面的知识。拿破仑在这次测试中的表现可圈可点。1785年，法国所有院校加在一起一共有五十八名考生被录取进入了炮兵部队。巴黎皇家军事学校一共有十七名学生参加了考试，其中，有四人上榜。这四个人中有拿破仑，名列第四十二位。拿破仑的最强劲对手菲力波则排名四十一。

在五十八人当中排名第四十二位，乍一看，这个成绩似乎并不算多突出，也正因为这样，很多人认为，拿破仑的天赋其实并不怎么出众。但是我们必须要明确的一点是，与拿破仑一起参加考试的人，有的比他多上了两年学。而拿破仑只用了一年的时间，就完成了规定的三年必修的课程。

1785年9月，拿破仑十六岁的时候，被授予了少尉军衔，这是科西嘉岛第一位从专业军校毕业的正式军官。巴黎皇家军事学校给他的鉴定是这样的："拿破仑·波拿巴，为人勤奋、谨慎，兴趣广泛，博览群书，酷爱抽象科学，擅长数学、地理；沉默寡言，喜欢独处；任性、高傲、自私、善辩，自尊心强，雄心勃勃，求知欲强，有培养前途。"

没有任何家人与他一同分享这个时刻，拿破仑只能独自品尝这一刻的荣耀。许多年后，已经成为皇帝的拿破仑曾这样评价他生命中的这一刻，他说：

"我一生中最骄傲的那一刻，是被授予少尉军官的时候，因为今天的辉煌正是那一刻的点燃，才使我生命的航船渡入了腾达的航线。"

第二章

初露峥嵘

炮兵团里的孤独时光

1785年10月，拿破仑告别了生活了一年的巴黎皇家军事学校，他即将奔赴的目的地是位于瓦朗斯的拉斐尔炮兵团。当他高昂着头、踌躇满志地离开校门，走向自己未知的命运时，他的心中充满了对未来的希望、对成功的向往。

在去拉斐尔炮团任职之前，他先去拜访了一直为他提供帮助的马尔波夫。马尔波夫住在位于圣日耳曼—德普列斯一地的阿贝宫中，在这里，他盛情地招待了拿破仑，并且为他写了一封介绍信，让他在抵达瓦朗斯之后，去拜会当地的神职人员塔迪翁，这封信能够为他在瓦朗斯的生活提供一些便利，拿破仑欣然接受了。

当时的交通非常不便，拿破仑只能以到里昂的驿车为交通工具，一路南下。他先是经过了枫丹白露，这是位于巴黎市中心东南处的一个美丽的小市镇。它坐落在塞纳河的左岸，流水潺潺、森林茂密，可谓风景秀丽。枫丹白露宫以前曾经是法国王室的狩猎场，经过许多君王的扩建、改建以及修缮，最终成为了一座富丽堂皇、舒适宜居的行宫。

拿破仑路经这里的时候，枫丹白露宫已经日渐衰败。但外部的奢华与富丽依然令人赞叹。当拿破仑站在这座体现着权力、富贵与名望的建筑前的时候，他的心中顿时澎湃着一种激情：总有一天，我要拥有这一切！

后来，拿破仑登上帝位以后，选择以枫丹白露宫作为自己的帝制纪念物，并召集了许多建筑家、艺术家对其进行修复、装潢，使其恢复原来的富丽堂皇。此时的枫丹白露，见证了拿破仑鼎盛时期的辉煌与荣耀。然而，在几年之后，这个地方同样又见证了拿破仑的衰退——1814年，拿破仑在枫丹白露亲笔签署了退位声明，并对他的近卫军团发表了著名的告别演说。

离开枫丹白露之后，拿破仑又经过了桑斯、奥顿以及索恩河畔的沙隆等地，到了里昂之后，他换乘客船，继续南行，终于，在1785年11月抵达了目的地瓦朗斯。

拿破仑兴高采烈地换上了拉斐尔炮兵团的制服，"还有什么能够比拉斐尔炮兵团的军官制服更加漂亮呢！"他曾经这么兴奋地回忆道。的确，穿着以红色贴边、带有精美刺绣的蓝色上衣、蓝色马裤，佩戴着用金银两种颜色搭配而成的肩章的拿破仑，显得比以往任何时候都要神采奕奕，他的小个子似乎看起来也更加挺拔了。

整个拉斐尔部队是由七个炮兵团组成的，每个炮兵团里，又非常精细、专业地分为二十个连队，其中，有十四个连队承担瞄准任务，四个连队负责装炮，两个连队负责射击，除此之外，还有一些地雷以及工兵连。因为治军严格、官兵们勤于操练，所以，拉斐尔炮团在法国部队中一直属于精锐之师。拿破仑被编入了马松·德奥特弗莱上尉的炮连，他的军事生涯正式开始了。

拿破仑首先需要面对的，是三个月的军官见习期。在这三个月里，他需要接受基本训练，站岗放哨，执行一些列兵勤务。这使他初步熟悉了部队的生活，这些经历为他后来善于向法国士兵讲话打下了良好的基础。直到1786年1月，他的见习期才结束。这之后，他就下团任职了。

正式上任之后，拿破仑每年能够拿到一千一百多法郎的年俸，其中八百法郎是他的基本工资，两百法郎是法国王室的补助金，剩下的部分是住房津贴。这份收入并不高，尤其是拿破仑还要把自己的大部分收入寄回科西嘉，用来供养自己一无所有的大家庭。

拿破仑感觉有些失望，他没有想到，自己在成为一名军官以后，竟然还是不能摆脱贫困的侵扰，还要过着拮据的生活。

他在部队中的职责还算轻松，只需要上岗，看管士兵，上一些炮兵理论课程就可以了。于是，他有了大量的空闲时间。为了消磨时间，他开始进行一些娱乐活动，比如到蒙特洛什科隆比去爬山、溜冰，独自到罗芒斯与图尔农小镇游玩。

他还带着马尔波夫的介绍信去拜见了塔迪翁神父。塔迪翁是瓦朗斯圣·吕夫修道院的院长，在当地有着很高的名望。他看到了马尔波夫的信之后，热情地招待了拿破仑。通过与塔迪翁的关系，拿破仑顺利地融入了瓦朗斯的上流社会。

在这些社会名流中，德·科隆比埃夫人对他非常欣赏。她是一位非常有教养的里昂人，年纪差不多跟拿破仑的母亲一般大。德·科隆比埃夫人经常邀请拿破仑到自己的农庄里做客，并且时常劝他，要多休闲一下，不要对自己太过苛刻。拿破仑赞同她的说法，但是同时也表达了自己的无奈："夫人，您不了解我的情况，我的家庭负担实在是太重了，为了养活我们这一家子，我母亲付出了很多，我实在不忍心再增加什么开销，因为这会加重她的负担。"听了他的这番话，德·科隆比埃夫人被深深感动了。

德·科隆比埃夫人是一个慧眼识金的人，她一直认为，拿破仑以后一定会很有前途，并且时时激励拿破仑。后来，在法国大革命期间，她还曾经劝说拿破仑，不要逃往海外，因为"你或许知道怎么出去，但是却不知道怎么回来。"拿破仑听从了她的意见，并且对她表明了自己的心志："更应当掌握国家的元帅权杖，而不仰仗外国人的鼻息。"

德·科隆比埃夫人有一个女儿，叫作卡罗丽娜，是一个美丽大方又聪慧的女孩。当拿破仑第一次见到她的时候，就一下子被她迷上了。要知道，此时的拿破仑不过十六七岁，正处于青春期，虽然在这之前他与女性的接触并不多，但是内心里也渴望着来自异性的温暖与关怀。所以，卡罗丽娜的出现，正是时候。

卡罗丽娜的身影总是牵引着拿破仑的目光，看不到这个女孩的时候，他总会觉得时间是这么难熬。当拿破仑意识到了自己对卡罗丽娜的心意之后，就勇敢地向她打开了自己的心扉。他给卡罗丽娜写了一封情深意切的信，向她诉说了自己的深情，希望卡罗丽娜能够接受自己。

卡罗丽娜给了拿破仑积极的回应，从那以后，这对少男少女就经常约会，他们最喜欢的是，在黎明的晨光中，一起悠闲地信步走在田间的小路上。有一次，拿破仑和卡罗丽娜还爬到路边的樱桃树上摘樱桃吃，并且调皮地用樱桃核互相投掷对方，在树林间嬉闹不止。这个场景给拿破仑留下了深刻的印象，是他年少时为数不多的温情回忆之一。后来，他被流放到圣赫勒拿岛的时候，还会经常回忆起这段往事。

虽然拿破仑对卡罗丽娜一往情深，但是卡罗丽娜最终却没有选择他，而是嫁给了一个叫作布雷西奥的军官，并且追随他去了里昂。布雷西奥是卡罗丽娜的表兄，尽管拿破仑曾经轻轻叩响了她的心门，但是显然，卡罗丽娜对表兄的感情更深。

卡罗丽娜的这一举动，深深地刺伤了拿破仑，使得正在享受爱情甜蜜的他一下子感到如坠深渊。感到自尊心受到严重挫伤的拿破仑立刻提起笔来，给卡罗丽娜写了一封信，在信中他说："我对你的这片痴情，你一定感受得到，但是你对我的感情，却不一样。既然如此，我想我应该收回我的感情，就算这是一个错误吧。"他还要求卡罗丽娜退回自己写给她的四封信。

卡罗丽娜拒绝了拿破仑的请求，那些信，她一直保留着。

尽管卡罗丽娜辜负了他的深情，但是拿破仑却始终没有忘记自己的这段感情。后来，他当上皇帝之后，给了卡罗丽娜一家很多照顾。他任命卡罗丽娜做母亲宫中的女官，还提拔她的丈夫布雷西奥为林业局的总监，尽可能地帮助她，让她过上优渥的生活。

虽然拿破仑在德·科隆比埃夫人的邀请和卡罗丽娜的带动之下，经常参加瓦朗斯的名流们举办的各种舞会，但是，没过多长时间，他就发现，自己与这样的环境是格格不入的。他不擅长文艺，对于节奏韵律的把握也不准，所以跳舞的时候总是错误百出。而且，每当他置身在这种热闹的环境中时，感受到往往不是快乐与满足，而是一种刻骨的孤独。

这种孤独令他非常难受，更痛苦的是，这样的感受不能与任何人分享。如果他向卡罗丽娜或者别的什么人说出自己的体验时，他们总会瞪大眼睛，惊奇地说道："多么快乐的舞会啊！你怎么会感到孤独呢？来吧，我们来跳舞！"在他们看来，拿破仑的这种表现简直是不可思议的。

后来，拿破仑就渐渐远离了这样的场合，他到处寻找着排解孤独的途径，最后，他发现，只有一片净土能够抚慰他的心灵，那就是阅读。

值完班以后，当他的同事们纷纷走出军营，到外面去赌博或者找女人寻欢作乐的时候，拿破仑却总是会回到自己简陋的小屋中，如饥似渴地看书。他的收入大部分都寄回了家，必须要节约花钱才行。但是，只要还剩下一个法郎，他就会跑到书店里去买书或者是租书来看。

在炮兵团的这段时间里，他阅读了大量的书籍，英国史、贵族史和罗马贵族罪行的故事，柏拉图的《理想国》、腓特烈大帝的作战史、英国人对当代法国的著述、印度人的礼节和风俗习惯都在他的涉猎范围之内。

拿破仑看书并不像一般人那样，只是翻翻书，看过即可。他非常认真地研究这些书中的观点，还写了很多读书笔记。现在还有很多拿破仑的读书笔记留存于世，虽然字迹潦草难以辨认，但是密密麻麻的批注依然能够让我们看到，拿破仑读书有多么用心。在拿破仑的笔记中，有撒克逊七头政治的地图，跟这张地图在一起的，还有非常详尽的三个世纪中的帝王表，有大金字塔的大小，有古克利特岛的竞走，甚至还有婆罗门教各教派的名单。拿破仑还曾经摘抄了雷纳尔的一段话："鉴于埃及地跨两洋，位于东方与西方之间，亚历山大大帝曾设想，把世界帝国的首都建在埃及，使埃及成为世界贸易的中心。这位最开明的征服者意识到，如果有什么可行的办法，把所征服的国家联合为一个大国的话，那就是利用埃及来作为非洲、亚洲和欧洲的连接点。"很多年以后，拿破仑依然能非常清晰地背诵这些话。

在这些书中，他最为感兴趣的是卢梭的著作。拿破仑之所以会被卢梭这位思想家所吸引，而不是其他人，其实是有原因的。卢梭在他的《社会契约论》里，曾经有过关于科西嘉的描述，对于科西嘉在捍卫本土的自由权利时所表现出来的顽强，卢梭非常欣赏，他从这种顽强中，看到了他所主张的构成社会基础的那种"社会契约"的种种表现。他在书中一再提醒人们关注这个民族，而且，他还做了一个预言，认为科西嘉终有一天会使整个欧洲都为之震撼。

卢梭对科西嘉的这种偏爱与拿破仑心中根深蒂固的科西嘉情结恰好不谋而合。而卢梭对"社会契约"的观点，也引发了拿破仑的共鸣。在卢梭看来，在任何一个社会，政治制度都是发源于人与人之间的某种契约，氏族、部落乃至民族，都是由此而来的。人们把很多权力都赋予了统治者，这就是一种契约，一旦统治者对这些权力加以滥用，这种契约就被破坏了。人们就又回到了原始状态，也就是平等的人们之间的协议为基础的那种状态。

虽然卢梭的理论有其自身的局限性，但是对于当时社会中一些不满于社会现实的人们来说，这种理论却有着无限的魅力，因为他在人们心中燃起了一盏希望的灯火。

拿破仑深受这种理论的影响，他曾经写过一篇论证科西嘉应该摆脱法国的统治，重新赢得自由的文章，在这篇文章中，他写道：

"认真想一想吧，这是多么荒诞的事情！在他们眼中，上帝的法律竟然会禁止那些被束缚的人们去挣脱强加在他们身上的枷锁！如果果真如此的话，那么，那些篡位夺权的弑君者们，是不是都能得到上帝的保护？所以，任何一个国家的人民，都有权力来驱逐那些篡权的君主们！科西嘉所面临的情况不也正是如此吗？我们必须按照正义的法则来行事，既然科西嘉人已经成功地从热那亚的束缚中挣脱了出来，那么，毫无疑问，法国的枷锁不久之后也一定会被打破！"

关于统治权的根源，他还提出了自己的看法，认为这种权力的来源只可能有两种：一种是，人们制定了法律并且自愿接受君主的统治；在这种情况下，君主职权的性质就规定了他有义务履行契约。一种是，君主制定了法律。在这种情况下，法律可能会照顾民众的福利，也可能不照顾民众的福利，而民众福利则应是任何统治的宗旨。如果法律不照顾民众的福利，民众与君主之间的契约就会自行废止，因为民众又会回复到原始状态去。

他是如此热切地期盼着，有一天他的家乡科西嘉能够挣脱法国的枷锁，重新获得自由！

从1785年11月到1786年9月，拿破仑的大部分时间，都是在阅读中度过的。长期的孤独，使得他竟然产生了自杀的念头。他还曾写过一篇关于自杀的文章：

"世间有这么多人，熙熙攘攘，为什么我却总是一个人孤独无依？我回来是为什么？是为了做一些虚无缥缈的白日梦，是为了让自己投身到这片无法走出的愁云惨雾之中。现在，这片愁云惨雾已经带着我走向了哪里？走向了死亡……但是，我的人生才刚刚踏上征程，我还能活很多年，难道就要这样戛然而止吗？过去的几年里，我远离家乡，在外漂泊。现在，我是多么高兴能够再次看到自己熟悉的面孔！究竟是什么让我鬼迷心窍，引诱着我走向自我毁灭的无情道路？灾难和困苦一直紧紧地跟在我身后，我得不到一丝一毫的欢乐，为什么，为什么我要一直过着这样痛苦的生活？我的祖国，我的家乡，陷入了多么令人难以接受的困境之中啊！我的同胞们，被束缚在牢笼之中，却要做出一副真心实意的样子去亲吻胜利者的手……往日骄傲的科西嘉人，白天为了家乡而拼搏奋斗，到了晚上则尽情地享受人伦之乐，他们是何等欢乐！然而现在，失去了自由的科西嘉人，如何找到过去欢乐的时光！那些快乐的日子，就像是梦境一样，再也找不回来了！可恶的法国人！你们不但偷走了科西嘉的领土，而且还在极尽所能地败坏着我们的道德！现在，我的国家深陷在这样的绝境之中，我却无能为力，只能眼睁睁地看着它沦陷！我有足够的理由，离开这个必须对你所憎恶的人歌功颂德的世界！"

当意识到自己竟然有这么可怕的冲动时，拿破仑马上开始了自我反省："究竟是什么样的情绪，竟然会让我产生自我毁灭的念头？"

对拿破仑来说，前途渺茫是令他心灰意冷的原因之一，虽然他是一个贵族，但是却处于这个阶层的最下层，他深感自己在军队里的事业或许得不到什么好的发展。同时，科西嘉的被统治，也是他痛苦的根源之一。他想到他的同胞们在面对法国侵略者的时候，是多么卑躬屈膝，就连他的父亲，也背叛了自己的祖国，向敌人摇尾乞怜。既然"祖国"已经不复存在了，那么，忠贞的爱国者就应该与它一同死去！他下了这样的结论："我的同胞父老尚在异族枷锁之下……我有何面目返回故里？当一个人的祖国不复存在时，对于一个真正的爱国者来说只有一件事可做，那就是去死。"

最终，他当然放弃了自杀的念头，对于顽强而又充满生命力的拿破仑来说，只要还有一点希望，他就不会向命运投降。

对于科西嘉的热爱，使得拿破仑产生了另一种冲动，那就是写一部关于科西嘉历史的小说。拿破仑把这当成自己的一项事业，可惜的是，最后这篇小说并没有写成。

正当拿破仑与自己的情绪作战的时候，他收到了一封母亲写来的信。在信中，母亲沮丧地告诉他，她那有权势的保护人马尔波夫去世了。家中一下子失去了支援，约瑟夫也没有工作，经济几乎陷入了崩溃的状态。莱蒂齐亚希望自己的二儿子能够支援一下处于困顿中的家庭。

这封信把拿破仑的思绪拉回了遥远的故乡……

重回科西嘉

自从 1778 年年底，拿破仑离开科西嘉已经有差不多七年的时间了。孤身在外的日子里，他日夜思念着故乡，在他的心目中，科西嘉就如同自己的情人，它是那么美丽多姿、充满热情。

1786 年 8 月，机会终于来了。在里昂爆发了一次大规模的丝绸工人罢工活动，拉斐尔炮兵团被派往那里平息这场工人叛乱。拿破仑跟随着部队来到了里昂，他在那里驻扎了半个月，那段时间里，他看到了法国部队是如何以残酷的手段来镇压那些手无寸铁的工人，这让他想起了多年以前科西嘉的遭遇。

拿破仑对科西嘉的思念之情更加严重了，于是他向部队提出了申请。很快，他的探亲假就被批准了，他获得了为期半年的假期，除此之外，按照法国部队的规定，他还得到了一个月的路上往返时间。

一想到自己马上就要回到阔别已久的科西嘉了，拿破仑的兴奋之情简直无法用语言来形容。他立刻收拾行李，踏上了前往科西嘉的旅程。路过普罗旺斯地区的艾克斯时，他特意来到艾克斯神学院，他的舅舅费什是这所神学院的神父，而弟弟吕西安则在这里进修教士。拿破仑的探望让他的两位亲人非常惊喜。

与亲人的交流让拿破仑感到与家乡的距离再一次缩近了，离开艾克斯之后，他马不停蹄地赶往自己的终点。终于，1786 年 9 月，拿破仑回到了科西嘉，踏上了阿雅克修城的码头。

家乡的一切都让拿破仑感到无比熟悉，他大口大口地呼吸着阿雅克修城的空气，心情一下子舒畅了起来。他大步流星地走在家乡的马路上，激动地打量着周围的街道、房子，仿佛怎么也看不够。

没过多长时间，他就看到了自己家的老房子。莱蒂齐亚早就得到了他回来的消息，站在门口喜笑颜开地等待着他。他看到母亲脸上的皱纹似乎又多了一些，皮肤也变得比往日更加粗糙了，心中一下子百感交集。他知道，自从父亲去世以后，母亲一个人承担起整个家庭的重担，是多么不容易。这几年，她都过着什么样的生活？一想到这，他的鼻子就开始发酸，眼眶也忍不住润湿了起来。

　　莱蒂齐亚高兴地挽住了拿破仑的胳膊，抬起头来仔细地看着自己的二儿子，心里充满了欢喜。的确，这几年来，她的生活过得一点儿也不好。原先，丈夫在世的时候，生活虽然也不好过，但是家里毕竟有他做顶梁柱，莱蒂齐亚的主要任务是养育和教导子女，没太感受到生活的压力。丈夫去世之后，沉甸甸的担子全都落在了她的肩膀上。家里有一大家子人等着吃喝，几乎每天早上醒来后，她想到的第一个问题就是：今天吃什么？拮据的生活使得她每天愁眉不展。现在，二儿子拿破仑回来了，她感到自己的生活似乎又有了支撑，情不自禁地露出了久违的笑容。

　　家里的弟弟妹妹们看到拿破仑非常激动，一个个活蹦乱跳的，仿佛过节一样高兴。他挨个抱起波利娜、卡罗利娜、热罗姆，想法子逗他们玩，这三个孩子是他离开科西嘉以后才出生的，这还是他第一次见到他们。

　　拿破仑回家的消息很快就传到了亲朋好友那里，他们纷纷来到莱蒂齐亚家，拜访这个从远方归来的游子。拿破仑见到了奶奶，老人已经白发苍苍了，腰也弯得厉害，行动不便的她拄着一根拐杖，颤巍巍地走到拿破仑身边，拉着他的手，怎么也不肯放开。他还见到了姑姨舅母、他的好奶妈以及以前的一些朋友们，与他们畅叙旧情。

　　回到家乡的前几个星期，几乎每天都是以这样的形式度过的。拿破仑尽情地沉醉在与亲人、故友欢聚的喜悦之中，沉醉在与故乡久别重逢的快乐之中。

　　七年了，他很少有这样放松、自由的时刻。在外飘荡的日子里，他不得不忍受着法国人的傲慢，忍受着他人的嘲讽，忍受着孤独的侵蚀，他的心头，似乎总有一块沉甸甸的石头，压得他几乎喘不过气来。现在，他回到了家乡，终于可以一展笑颜了。

　　没事的时候，拿破仑会到阿雅克修城周边闲逛。再次走在自己童年时曾经走过的路，他有了完全不一样的心情。他时而抚摸着路边橡树上斑驳的刻痕，时而在结满丰硕果实的果园里流连，时而在遍布牛羊的牧场上奔跑，仿佛又回到了无忧无虑的童年时代。有的时候，夜幕降临的时候，他还没有走出草原，就在牧马人遗留的小棚子里过一夜。月亮的清辉透过棚顶的缝隙，洒在他的脸上，让他感受到了一种如水的温柔。

　　这样的闲逛与探险，让他重新认识了科西嘉。

　　然而，当思乡之情得到了充分的慰藉之后，笼罩在一家人头上的经济阴影，又重新浮上了他的心头。

　　自从夏尔去世以后，家里的经济状况就发生了极大的改变。莱蒂齐亚只能靠农场来维持一家人的生活，家里的全部家务杂活，都由她一力承担。拿破仑的哥哥约瑟夫放弃了从军的想法，到皮兹学习法律，准备继承父亲的衣钵，以后做一个法官。在外求学的他对家里的事情几乎帮不上什么忙。拿破仑给他写了一封信，希望他能够物色一位务实肯干的仆人回家，使他们的母亲摆脱日夜操劳的生活，这不仅是出于对母亲的体谅，同时也是为了维护家族的荣誉。约瑟夫赞成他的意见，几个月后，当他回到科西嘉时，带回了一个意大利家庭女佣萨韦里娅，她后来一直留在莱蒂齐亚身边，为她服务了整整四十年的时间。

　　后来，拿破仑和约瑟夫都待在了家里，这期间，两兄弟的关系变得非常亲密。他们经常就各种社会问题进行讨论，虽然免不了有一些分歧，但总体来说，两个人的交流还是非常愉快的。后来，约瑟夫在回忆起这段时光的时候，曾经非常感慨地说道："唉，这光荣的皇帝永远比不上我心爱的那个拿破仑，如果真能在天国福地碰上一面，我多么想再见到 1786 年自己所见到过的那个拿破仑。"

虽然这两个年轻人正愉快地享受着亲密的兄弟情，但是来自经济上的家庭的压力，还是为他们平添了很多忧愁。尤其是这个时候，家里又出现了桑树园问题。

桑树园是拿破仑家中的主要经济来源，除了种植桑树卖钱之外，法国政府还会给予桑树园主人一定的补助。但是，因为当时法国出现了财政紧缩的现象，所以，对桑树园的补助也就停止了，这直接影响到了拿破仑家中的收入。

约瑟夫马上就要返回皮兹继续上学了，所以，处理桑树园问题的任务就要由拿破仑来承担了。此时已经是 1787 年 4 月了，拿破仑的假期也即将结束，无奈之下，他只好写信给他在拉斐尔炮兵团的上司马松·德奥特弗莱上尉，请求延缓假期，理由是他不幸患上了一种叫作"三日疟"的病，随信他还附上了医生给他开的证明。

拿破仑的续假申请很快就得到了批准：1787 年 12 月之前，他不需要归队报到。

1787 年 9 月，拿破仑离开了科西嘉，动身前往巴黎，他此行的目的是到财政部门去索取桑树园的补助。他打定决心要为家里解决这个棘手的问题，甚至做好了不厌其烦登门拜访打通关系的准备。

在巴黎，他在福堡·圣翁诺尔大街找到了一个落脚点，这是一家叫作瑟堡的饭店。安顿下来以后，他就像他父亲以前那样，往凡尔赛跑。他竟然敢提出拜见首相洛梅尼·德·布里埃纳的请求，为此，他费尽心机向首相手下的大小官吏求情。

但是要想见首相大人，哪有那么容易？他的事情一直被搁置着，没人过问。这使得拿破仑有了大量的空闲时间，于是趁着这段时间在巴黎四处游览。

虽然他以前曾经在巴黎上学，但实际上，他在皇家军事学校里过的生活如同囚犯一样，被束缚在院墙之内，很少有机会能见识到外面的广阔天地。所以，从某种程度上来说，这是他第一次真正接触法国首都巴黎的繁华喧嚣。除了在街上闲逛，他最常做的是到处逛剧院，去听他喜欢的意大利歌剧。

在巴黎期间，对于拿破仑来说，最重要的事莫过于他失去了自己的童贞。

当时的拿破仑只有十八岁，正是青春澎湃的年纪。而巴黎这个到处都充斥着激情的城市，也为他的第一次艳遇提供了土壤。

1787 年 11 月，一个冷风瑟瑟的夜晚，拿破仑为了排解内心的抑郁独身一人来到巴黎街头散步，不知不觉中，他竟然走到了皇宫花园。皇宫花园位于距离卢浮宫和杜伊勒里宫不远的地方，以前它曾经是黎塞留红衣主教和奥尔良公爵的资产，到了 1776 年，沙特尔公爵接管了这里。沙特尔公爵是法国的一位出了名的浪荡贵公子，但是他在艺术上却颇具造诣。他特意请来了建筑师维克托·路易，让他来主持建筑一座剧院。在剧院外面，他还请人沿着花园搭建了一座长长的木头长廊。在维克托·路易的精心设计之下，皇宫花园成了一个富丽堂皇的胜地。然而，后来，这个繁华的地方却日益堕落，最终成了鱼龙混杂的闹市，娼妓和小偷随处可见。即使是警察也对这些混混们束手无策，因为皇宫花园是沙特尔公爵的私人财产，警察不能侵犯个人财产，只能任由他们在这里为非作歹。后来，皇宫花园竟然逐渐演变成为巴黎著名的红灯区。

正是在这个杂乱的地方，拿破仑遇到了一个"欢乐女郎"。这个女郎是布列塔尼人，身材纤瘦、性格温婉，她非常诚恳地对他讲述自己的身世，而且还坦承了自己为什么会沦落风尘的原因。拿破仑被她的诚恳打动了，把她带回了自己的住处，与她发生了关系。

对于十八岁的拿破仑来说，这段风流体验是一件值得回味的大事。于是，那位女郎离开他的房间之后，他就在昏暗的灯光下，记录了自己的这次冒险：

"我一个人在皇宫花园的小道上闲逛着，我走得非常快，而且步子迈得又大。很快，我就走到了长廊。穿过那段长长的走廊，我来到了大铁门口，一位异性正好从那里走了出来，我抬起眼来，悄悄打量了她几眼。她的腰身是那么迷人，看起来如此青春洋溢，让我怎么能相信，她竟然是一位妓女？我看着她，她注意到了我，渐渐停下了脚步，她的神态不算泼辣，形容却显得非常得体，这打动了我。

"她看上去并不像从事这一职业的女人一般风骚，相反，她的脸上充满了胆怯的神情。正是她的胆怯，让我的心中突然涌起了一股勇气。这股勇气使我产生了对她说话的冲动，并且我做到了这一点。事实上，对于这样一个女人，我比任何人都要厌恶。我一想到她的所作所为，就会打心眼里感觉到一阵恶心。哪怕只是看她一眼，我都会觉得自己遭受到了侮辱……但是，尽管如此，她那美丽的面孔、婀娜多姿的身体以及苍白的脸色却对我产生了巨大的吸引力，让我忍不住向她搭讪。我对她说：'这条小路上风很大，你穿得这么少，会冻着的。我觉得您应该多穿一点，尤其是在这样一个寒冷的夜晚。'

"她抬起头来看着我，回答说：'是啊，的确是这样。不过我并不感到冷，因为希望在鼓励着我，我的心里可充满了热情。'她说话时的神态看上去似乎对一切都满不在乎。正是这副无所谓的样子彻底征服了我，我的脚似乎不听使唤了，使我不由自主地向她靠拢了过去。我对她说：'你看上去很疲倦，而且虚弱，我想冒昧地问你一个问题，你为什么要干这一行呢？难道你不觉得累吗？'她惊讶地叫了起来，说道：'先生！不管怎样，我总得做点事吧。除了这个，我又能做什么呢？你也看到了，我的身体很差，干不了苦力活。'我好奇地说道：'难道你就找不到更好的工作了吗？'她摇摇头，说道：'我找不到，先生，我只能做这个了，要活下去，我就得做这一行。'我们之间的交流让我很高兴，至少，她愿意跟我说话，对我来说，这就算是成功了，虽然我还没有达到我的目的，但是，我想，她应该会同意的。"

在短暂的交流之后，那位妓女就提议，到拿破仑家里去。这个提议让拿破仑大吃了一惊。他知道面前这位女郎的用意，但是他始终过不了自己这一关。对于这样的事，他感到羞耻、紧张。但最后，他还是听从了那位妓女的话，与她度过了一夜。

拿破仑的第一次艳遇，并没有让他感到愉悦，相反，却给他留下了惆怅和反感。自从那一夜之后，他再也没有去找那位女郎。

拿破仑在巴黎的努力，并没有给桑树园的索赔一案带来什么进展。他的四处活动、求情，似乎一点作用也没起到。虽然财政部总审计长曾经认真听取过他的意见，但是也只是听听而已，并没有给拿破仑什么答复，更没着手去解决这件事。最终，拿破仑家的桑树园连一分钱的补偿也没有得到。

拿破仑的唯一收获，是他向拉斐尔炮兵团提出的再续假六个月的请求得到了批准。这一次，他续假的理由是，他要参加科西嘉三级会议的一次会议。

既然桑树园的事情得不到解决，而且在巴黎的花费也非常多，这样看来，拿破仑待在巴黎已经没有什么必要了。于是，他只好打道回府，于1788年元旦，回到了阿雅克修城。

尽管回到了老家，但拿破仑并没有放弃桑树园的索赔。他写了很多申诉状子，通过各种途径递交到了相关的管理部门，但是几乎所有的诉状，都像石沉大海一样，毫无音讯。

与此同时，拿破仑又把编写《科西嘉历史》一事重新提到了自己的日程表上。在科西嘉的那段时间里，他到处搜集资料，并且着手写作。在他那间简陋的房间里，他写下了很多关于科西嘉的片段。

生活的困顿使得拿破仑的科西嘉情结再一次发酵，虽然他现在还是法国的军官，为法国服役，但是他的抗法情绪却非常浓重，对于这一点，他甚至都不怎么隐瞒。有一天，在科西嘉的首府巴斯提亚，当地的军官们请他吃一起聚餐，他竟然当着大家的面讲起了"科西嘉民族"，而且还发表了对总司令德·巴兰先生的不满，认为他不应该推迟三级会议的召开时间。

那些军官们对他的言论都感到有些不满，有的军官甚至当场质问他："你是打算用你手中的剑来反对国王的代表吗？"

听了这句话，拿破仑无言以对。没过多长时间，他就借口有事先离开了，走的时候，大家对他都十分冷淡，几乎没人搭理他。

法国人对科西嘉的统治令他非常愤怒，于是，他就把自己的希望寄托到了英国人身上。在他的一封"从西奥多至沃尔波"信中，曾经表达了他对英国的敬意。然而，他怎么也没想到的是，正是他当时寄予厚望的英国人，后来成为了他的"掘墓人"，命运，就是如此地不可思议。

奥松的斯巴达式生活

尽管一拖再拖，但是假期的时间总有结束的时候。很快，又是半年的时间过去了，拿破仑必须要归队了。

拉斐尔炮兵团已经换防了，从瓦朗斯调到了奥松。拿破仑在那里与自己的战友们久别重逢。

在奥松，拿破仑重新过上了原来在军校时候的那种斯巴达式的生活。他住在离军营不远的市政楼酒店里，他的房间像以前住过的所有房间一样简陋，没有窗户，只有一个班房一样的小窗口，里面的设施更是简单地不能再简单了，只有一张床、一张桌子和一把椅子。

由于奥松位于索恩河的河畔，索恩河的湿气包围着它，使得这座城市无比潮湿。拿破仑刚到奥松，就被这潮湿的气候狠狠捉弄了一下。他开始不停地发烧，一直烧了好几天，才逐渐退烧。刚退烧，就再次发烧，如此周而复始。在病痛的折磨之下，拿破仑的身体越来越虚弱，原本壮实的身材一下子变得了消瘦了起来。

经过一段时间的调养之后，拿破仑的身体终于好转了一些。于是他就到炮兵学校去听课，在这里，他认识了校长泰伊将军。泰伊将军对拿破仑表露出来的才能十分欣赏，他主动向炮兵团要了他，让他来负责几个试炮场。按理说，拿破仑的军衔太低，不能承担要务，但泰伊将军却毫不计较这一点，还破格提拔他当研究委员会的委员。拿破仑感恩知报，临终时追加遗嘱："特赐予革命前奥松炮兵旅长泰伊将军之子或孙十万法郎，以感谢这位正直的将军对属下的悉心关照。"

除了校长泰伊将军的赏识之外，数学教员隆巴德教授对他也非常器重。隆巴德教授还曾经向统率奥松所有部队的指挥官让·皮埃尔·德泰尔男爵提到拿破仑，说他是一个"有望之才"。

等到身体完全好转以后，拿破仑就成了一个不折不扣的"工作狂"。在他简陋的小屋子里，他像海绵吸水一样阅读大量的图书，重点集中在历史、科西嘉岛的有关情况以及炮兵理论方面。对拿破仑影响最大的是雅克·德吉贝尔，他的著作强调胜利之师贵在神速，而且要时刻准备移师异地。另外对拿破仑产生影响的还有皮埃尔·布尔谢的著作，在书中作者专门论述如何将部队分散以实现迅速运动的目的，随后又论述了如何在投入战斗之前进行迅速集合。拿破仑投入地读书钻研，十五个月的时间里，他写了整整三十六本笔记。他后来常对人说："我一人常躲在寝室里与书本为伍。每当我省下两埃居的时候，就喜不自禁地奔向书店，贪婪地扫视柜台，你不知道，我为此盼望了多久！两埃居可以买六本书，这对我来说可是巨大的财富。我青年时的最大乐趣就在于此。"

在读书的同时，他还花了大量的时间写作。他先是写了一些与炮兵有关的观测和报告。并且还把自己撰写的一份关于炮弹射程的备忘录提交给了泰伊将军，文章所表现出来的逻辑性和计算的巧妙使得将军喜出望外。

除此之外，出于个人兴趣，他还写了一些论文和小说。他还在努力写那部筹谋已久的《科西嘉历史》，而且还决心写另外一部《论王权》，从批评君主制入手，完成他的科西嘉独立理论。

为了读书和写作，他把自己的睡眠时间都最大幅度地缩减了，每天晚上只睡五六个小时。早上四点钟，天还没亮的时候，他就起床了，为了省下一点钱，他一直挨到下午三点的时候才吃饭，这也是他一天中唯一的一顿饭。晚上一直到十点，他才上床休息。这样算来，他每天跟书本打交道的时间大概有十七八个小时。

虽然拿破仑把自己当成一个"铁人"，但实际上，这种苦行僧一般的生活，在很大程度上危害了他的身体健康。吃不好，又睡不好，再加上寒冷潮湿的气候，使得他的身体远不如以前结实了。

在奥松军营里，拿破仑的人际关系还算不错。他结识了几个真正的朋友，除了他在巴黎皇家军事学校的同学德·马齐之外，他和陆军军需官诺丹和加桑迪上尉的关系也还不错。诺丹曾经在科西嘉生活了十五年，所以拿破仑经常与他谈论起科西嘉。而加桑迪则在三个不同方面与拿破仑十分默契：他是一位文人，几何学相当优秀，爱慕科西嘉。后来，拿破仑发迹之后，给了诺丹、加桑迪很多照顾。

拿破仑与其他战友的关系也还算融洽，几乎在每个集会里，都能看到他的身影，就是恶作剧，也少不了他。有人也曾经对他搞一些恶作剧，比如在检阅前夕故意把他的大炮弄出一些故障，他及时发现了这一点，并且迅速排除了故障，对搞恶作剧的人只是一笑了之，并不曾动怒。他还为拉斐尔炮兵团起草了《卡洛特宪章》，卡洛特同学会是由年轻军官组成的一个小团体，《卡洛特宪章》就是它的章程，旨在坚持战斗精神，保持友爱与"诚实"的传统。

但拿破仑冲动易怒的性格使得他难免与别人产生冲突，他与一个叫作贝利·德比西的军官就曾经闹僵过。贝利·德比西住在拿破仑的楼上，是一个音乐爱好者，喜欢吹号。号声对于他自己来说，是一种享受，但是对于拿破仑而言，却是一种难以忍受的噪声，这种噪声经常吵得拿破仑无法静下心来看书。

对此，拿破仑非常生气。一天，他在下楼的时候恰好遇上了贝利·德比西，于是就向他委婉地提出了自己的意见，希望他以后能够到远一点的地方去吹号，不要闹得别人不得安宁。谁知道，贝利·德比西是个坏脾气的人，听了拿破仑的话以后，他非常强硬地拒绝了他的话，并且说自己是房间的主人，愿意干什么就可以干什么。

听了这番挑衅的话，拿破仑的血气一下子涌到了头上。既然对方不识好歹，他也不必再这么客气了，于是，他约贝利·德比西到操场上进行决斗。所幸的是，卡洛特同学会及时对这件事进行了裁决，否则，不知道会闹出多大的乱子来呢。

二十六年以后，也就是1814年，拿破仑率领着部队作战，到了一个小村子，他派人找来当地的村长当向导，谁知道，竟然遇到了当年的老对头贝利·德比西！

拿破仑戏谑地问他，是否还在吹号？贝利·德比西羞愧地回答说，还在吹，只是一直没有什么进步。于是拿破仑就让他为自己吹冲锋号。第二天，法国部队在克拉奥纳一举获得胜利，贝利·德比西作战有功，被提拔为上校，后来一直留在拿破仑身边，直到拿破仑第一次退位的时候才不得不离开。

除了与贝利·德比西的冲突之外，拿破仑还会因为一些各种各样的原因被关禁闭。他只能待在一间小小的牢房里，无所事事的他就在禁闭室里到处翻找，在一个落满灰尘的旧衣柜里，他竟然找到了一本泛黄的古罗马《国法大全》。他如获至宝，立刻阅读了起来。后来，拿破仑说，这次经历对他以后草拟《拿破仑法典》发挥了非常大的作用。后来，在元老院，人们在讨论《民法》条款的时候，拿破仑依然能够滴水不漏地、整段整段地背诵东罗马皇帝查士尼颁布的法典，这让在场的所有人都惊叹不已。

1788年8月，拿破仑因为才华特别出众，被擢升为示范连的指挥官，指挥这个连研究用普通火炮发射迫击炮弹的方法。这项工作具有非常高的危险性，只是因为可以运用他所中意的理论来指导试验，所以拿破仑心甘情愿地接受了这项任务。

这之后，拿破仑又奉命构筑了难度非常大的防御工事，并因此受到了旅长的嘉奖。

但是一系列表现却引发了很多人的嫉妒。拿破仑写信给他的舅舅费什，说："旅长对我的偏爱激怒了众上尉，他们认为这是对他们的侮辱；即使是同级的战友，也对我嫉妒万分。"

法国大革命前夜

众所周知，1789 年 7 月，法国发生了一件历史上的大事件——法国大革命。这是一场史无前例的资产阶级革命，法国人民用自己决心和手中的武器，使统治法国多个世纪的君主制封建制度在短短三年的时间里，如同危楼一样土崩瓦解。这一时期的法国，正在经历着一种史诗性的转变：以往的封建贵族和宗教特权不断受到自由主义政治组织及上街抗议的民众的冲击，旧的观念逐渐被全新的天赋人权、三权分立等民主思想所取代。

而在此之前的 1789 年春天，法国人民一直处于大革命前夜伸手不见五指的黑暗之中。当时的法国社会，财政危机愈演愈烈，这场危机的爆发使得法国人民的生活更加拮据，在贫穷与无望中苦苦挣扎却始终找不到出路的人们愤怒了，尤其是看到国王路易十六对此竟然漠不关心，更没有采取措施来改善社会现状的时候，激进的情绪就爆发了，与此同时，当时蓬勃发展的启蒙思想也助长了这种情绪。

一时间，几乎所有的矛盾都指向了同一个目标——法国国王，因为他是人民的统治者，是旧制度的最高象征。于是，各种各样的反抗活动在法国各个地方彼此起彼伏地掀起，人们不再听天由命，而是用暴力来表达自己的愤怒和需求。

当烈火熊熊燃起的时候，没有人能独善其身。在奥松过着军旅生活的拿破仑，也不可避免地卷入到了这场酝酿了很久终于发作的急风暴雨中。

1789 年 4 月初，奥松附近的瑟尔镇爆发了一场激烈的粮食骚乱，带头闹事的人还杀死了两个贩卖小麦的商人。得知这件事以后，拉斐尔炮兵团立即选派了一百多位官兵紧急赶到三十公里外的瑟尔镇，去平息骚乱，稳定秩序。拿破仑就是这一百多名官兵中的一员。

这是拿破仑第一次参与到这样的任务中。他亲眼看到了反抗者的愤怒，看到了无秩序的状态给无辜的人们带来的伤害。也许正是因为有了这样一次遭遇，在以后他当上统治者之后，才会具有那么强烈的专制与纪律的倾向。

在瑟尔镇，拿破仑并没有把自己当成是一个镇压者，年轻的他更希望用一种温和的方式来解决这件事情。他很少粗暴地对待那些闹事者，因为他清楚，人们之所以会有这样的选择，更多的是出于无奈。

拿破仑犹豫了片刻，然后从队伍中走了出来，来到了长官的面前，对他小声说了几句话。谁也不知道他说的是什么，但是长官似乎对他的意见很满意，不断地点着头。过了一会儿，拿破仑独身一人走到了闹事者前面。对峙双方的人们都感到惊讶不已，谁也摸不清，这个个子如此矮小瘦弱的年轻军官，想要做什么。难道他不知道，自己已经置身在危险之中了吗？竟然还会有如此镇定的步伐和咄咄逼人的气势！

拿破仑抬起头来，认真地看着面前的那些闹事者，铿锵有力地对他们说道：

"都给我听好了！是好人的话，就赶紧老老实实地回家去！你们都看到了我身后的这些大炮，它们只对坏蛋开火！"

拿破仑的话掷地有声，闹事的工人们听了这番话以后，全都安静了下来。大家你看看我，我看看你，似乎一下子变得迷茫了起来。看上去，他们完全被眼前的这位年轻的小个子军官所表现出来的气势给镇住了。

没过一会儿，有人离开了这支队伍。渐渐地，走的人越来越多，后来，大街上几乎一个人都看不到了。原本吵闹喧哗的瑟尔镇一下子安静了下来。

虽然大部分闹事者已经逃了个无影无踪，但拿破仑与他的战友们一直在瑟尔镇坚守了两个月的时间，因为他们担心，军队一旦离开，闹事者又会卷土重来，进而发生更大的暴动。在瑟尔镇，拿破仑结识了一位来自勃艮第的地方行政长官。这位行政长官对拿破仑非常赏识，等到拿破仑安顿下来之后，他就设宴款待了这位年轻的军官。晚宴之后，他还请拿破仑当他的私人护卫，骑马送他返回杜布河凡尔登。

瑟尔镇的局势稳定下来之后，拿破仑随部队一起回到了奥松。此时的奥松也已经不再安宁，到处都是一片乱哄哄的景象。在巴黎发生的那些事件，三级会议、第三等级对君主政体的愤然宣战、攻占巴士底狱……影响到了法国上下的每个人，有的人毫不犹豫地投身到了这场战斗之中，有的人抱着头到处躲避，有的人内心惶惶不知如何是好，有的人冷眼作壁上观，众生百态，各有不同。

这一切，令年轻的拿破仑感到热血沸腾，他本能地感觉到，社会将会发生巨大的变革。然而，到底会产生怎样翻天覆地的变动？谁也无法回答这个问题。他像大多数人一样，只是水中望月，看不清这场变革真正的面目。

置身于奥松的变革中，作为一名军人，拿破仑只能听命行事。然而，此时，在他的内心之中，最为关心的并不是奥松，而是那遥远而又美丽的家乡科西嘉。

科西嘉的局势现在怎样？他的同胞们是不是也受到了大革命的影响掀起了反抗热潮？他的兄弟姐妹们又会作出什么样的选择？拿破仑本能地意识到，对于他自己，对于自己的家族来说，这都是一个千载难逢的好机会！

他的这种复杂的情绪不能与身边的任何人交流，这让他备感苦恼。于是，他给保利写了一封信。在他心目中，保利如同他的父亲一般存在着，保利是他的榜样，是他的目标，而且对于科西嘉，保利有着与他一样的情感。这个时候，写信给保利，是再合适不过了。

在信中，拿破仑对保利表白了自己的心迹：

尊敬的将军，一直以来，您都是我心中的榜样，我对您敬仰万分。为了我们的祖国，多年来，您呕心沥血，付出了您所能付出的一切。您的这种高风亮节令我非常崇拜，在我眼中，您就是科西嘉的救世主。将军，我是在科西嘉沦亡的危急时刻出生的，当我来到这个世界之后，所看到的第一个景象就令人悲痛——那时，三万多名法国侵略者登上了科西嘉的海岸，他们夺走了科西嘉人的自由，让我们的同胞关在了沉重的枷锁之中。这是何等悲哀啊！这些年来，科西嘉人一直承受着法国士兵、法官和税官的三重压迫，他们受尽了冷眼和嘲讽，生活不堪重负。如今，科西嘉报仇的机会终于来临了。现在的法国，到处都是一片混乱的状况，正是我们举起大旗的好时候。我希望将军您能够重回科西嘉，领导着那些苦不堪言的科西嘉人为了祖国的独立、为了自身的自由而浴血奋战。如果您不嫌弃的话，我愿意投靠到您的阵营中，尽我所能为您效力。

拿破仑怀着无比期待的心情寄出了这封信，他希望能够得到保利的回应，追随着他一同回到科西嘉，借着大革命的机会重新策划科西嘉的独立运动，把法国人赶出科西嘉，建立一个自由的科西嘉王国。

但是，漫长的时间过去了，拿破仑寄给保利的信就像石沉大海一样，毫无音讯。拿破仑先是感觉惴惴不安，后来，就对保利的回信彻底失去了希望。

尽管得不到保利的回应，但是有一个声音却在拿破仑心中响起，那就是：他必须回到科西嘉！

混乱中的法国，一切都已经失去了章法。所以，拿破仑一提出请假的申请，就得到了批准。拿破仑立刻收拾好了自己的行李，还有一箱子书，踏上了回家的行程。

途径瓦朗斯的时候，拿破仑停留了一两天，来探访自己在这里的朋友。他拜会了德·圣吕夫教士，德·圣吕夫教士是在炮兵团期间德·科隆比埃夫人引荐给拿破仑认识的。拿破仑与德·圣吕夫教士算得上是比较谈得来的朋友。

德·圣吕夫教士热情地接待了拿破仑，还特意为他准备了丰盛的晚餐。吃过晚饭之后，两个人就开始谈论起了这场如火如荼的法国大革命。

德·圣吕夫教士关切地问道："拿破仑中尉，你应该听说了在巴黎发生的事情，不知道这件事对你有没有什么影响？"

拿破仑说道："巴黎的时间的确令人震惊，它就像一阵烈火一样，已经烧到了整个法国，部队又怎么能独善其身呢？不过，我并没有受到什么冲击。"

德·圣吕夫教士点点头，问道："那你是怎么看待这件事的呢？"

"先生，其实现在一切都已经非常明朗了。您一定也能看到，现在的政府正处于什么样的处境之中，用岌岌可危来形容都不为过了。政府现在唯一能做的，就是采取强硬的镇压手段，将这股潮流强行压制下去。否则的话，法国的局势就会变得更加混乱。国王必须制定更好地管理人民的法律，不然，他早晚会被赶下台，我们可以拭目以待。"

德·圣吕夫教士并不认同他的看法："中尉，我承认你说得有一定的道理。但是，要是按你说的话，以后谁来当国王呢？难道每个人都能成为国王？这实在是太荒诞了。"

告别了瓦朗斯，拿破仑到了马赛，在那里登上了前往科西嘉岛的轮船。

站在轮船的甲板上，望着眼前一望无际的大海，拿破仑感到心潮起伏，一股冲动涌上了他的心头："我一定要建功立业！"

科西嘉的抗战

经过了千里奔波之后，拿破仑终于回到了科西嘉。当他登上阿雅克修城的土地时，眼前的一切是这么的熟悉、亲切。

令拿破仑感到惊讶的是，虽然大革命的热潮已经席卷了法国各个地方，但是科西嘉竟然变成了一个"世外桃源"一般的地方。这里的人们对大革命发生的事件知之甚少，只有一小部分热衷于时事的知识分子对法国大革命有所耳闻，有时会互相讨论一下。这些事件也没有像其他地方那样，对科西嘉的行政机构产生冲击。

这种情形令拿破仑感觉踌躇满志，他下定决心，要干一番大事业，那就是，激发科西嘉岛民对法国人的反抗情绪，在这种情绪形成燎原之势时领导科西嘉进行民族独立运动，重新建立起一个美丽、富庶的科西嘉共和国。

一旦下定了决心，拿破仑就开始了马不停蹄地奔波。他先是到处走访朋友，与他们谈论起在巴黎爆发的大革命，让他们了解到这桩不同寻常的事件。这里的人们对于这位科西嘉岛上唯一一个从正规军校毕业的中尉军官都非常尊重，对于他所说的话也十分信服。听到拿破仑传递的信息，人们都有些震惊，在震惊之余，他们开始尝试着接受一些激进的民主思想。经过拿破仑的努力之后，阿雅克修城里的人们，不再满足于闭塞的现状，思想渐渐活跃了起来。

后来，在拿破仑的提议之下，科西嘉人还成立了一个俱乐部。理所当然地，拿破仑成了这个俱乐部的领导者。

拿破仑有两个左膀右臂，那就是他的哥哥约瑟夫和弟弟吕西安。现在，拿破仑已经成为了这个大家庭当之无愧的家长式人物。他的哥哥约瑟夫，虽然是家里的长子，但是他懒散、懦弱的性格，使得他根本不可能承担起经营整个家庭的重担。约瑟夫现在已经成为了一名律师，但是他接到的案子实在是太少了，迄今为止，只为一个案子当过辩护律师。正因为这样，他心甘情愿地把长子的权力拱手让给了自己的弟弟，由他来替自己履行这个义务。

拿破仑第一次回到阿雅克修城的时候，他的弟弟吕西安还是一个淘气的孩子，现在，他已经长成了一个风度翩翩的少年。这个年轻人跟拿破仑有一些相似之处，他总是像一团火焰一样在燃烧着，看上去充满了热情与活力。他在神学院读书的时候，表现出了聪颖的天资，成绩也相当优秀。从神学院毕业之后，他就变得有些好高骛远，比起拿破仑来，他的这种特质更加明显。

拿破仑带领着自己的两个兄弟，一起实施着自己的计划。他们鼓励科西嘉人追求民主，因为民主能够帮助科西嘉摆脱法国人的欺凌。拿破仑在大街上激情澎湃地演讲："科西嘉的同胞们，我们忍受法国统治者的折磨和蹂躏已经几十年了，为了摆脱这种残酷的统治，请张开嘴巴大声喊出来，告诉那些可恶的法国侵略者们，叫他们滚回巴黎去，科西嘉需要独立，我们不需要他们的统治……"

这番言论立刻引起了很多科西嘉人的响应，参加到这个俱乐部的人越来越多，于是，拿破仑给这个俱乐部起了一个名字，叫作国民自卫军。

每天，拿破仑都会带着国民自卫军的成员们到大街上游行、演讲，没过多长时间，国民自卫军就从刚成立时的寥寥几个人发展成了两千多个人的队伍。这个发展势头让拿破仑对自己的判断更加有信心了：在科西嘉岛进行独立运动是人心所向，现在，主动权已经从混乱无序、军心不稳的法国人的军队，转移到了人气高涨的国民自卫军一方。

在自己的眼皮子底下，竟然冒出了一个叫作国民自卫军的反动组织？住科西嘉岛的法国总督对此感到非常不可思议。眼看着国民自卫军的队伍越来越壮大，总督立刻采取了措施进行干涉。他任命手下的得力干将带领着五百骑兵队，迅速开赴阿雅克修城，驱散国民自卫军。

正在为国民自卫军的发展壮大而感到兴奋不已的拿破仑，对此感到十分无奈。毕竟，自己的手下全都是没有受过训练的普通人，如果与这些军人对抗的话，吃亏的恐怕只会是科西嘉人。这时的他才意识到，没有武器的部队，是不可能成功的。

最终，国民自卫军被强制解散了。

愤怒的拿破仑把自己关在了小屋子里，他努力让自己恢复了平静，然后，开始思考下一步的策略。他知道，这一次国民自卫军受到了这么严重的打击，要想再次组织起来已经变成了不可能的事。既然如此，就不能再硬碰硬，不如采取迂回的战略。于是，他决定对总督的专制行径发起一场激烈的抗议活动。

拿破仑很快就着手去做这件事，他向总督提交了一份措辞激烈的请愿书，抗议他的专制统治，并且呼吁法国国民议会给予公民自由权益一定的保障。在这份请愿书上，他毫不犹豫地第一个签上了自己的名字，对于一名正在休假中的法国中尉来说，这个举动实在可以称得上是胆大妄为。

为了进一步掀起科西嘉人的反抗热潮，拿破仑还决定离开阿雅克修城，到巴斯提亚去。巴斯提亚是科西嘉的首府，在这里展开斗争，意义重大。只有在这块土地上点燃烈火，反抗活动才能在整个科西嘉岛形成燎原之势。

来到巴斯提亚之后，拿破仑马上行动了起来，他先是参加了一个当地的秘密组织。由于他的激进与领导才干，他很快就成为了这个组织的领导者之一。

这个组织的一个目的，就是攻击总督府，活捉总督大人，让这些可恶的法国人滚回巴黎。要完成这个任务并不容易。这个组织一共有不到三百个成员，所拥有的武器是不到一百支火枪，以及铁片、锤子之类的威力实在是小得可怜的器具。

这个组织里的其他领导人都是一些没有接受过什么军事教育的人，而拿破仑是正规军校毕业的高材生，还是现役军人，所以，理所当然地，他就成了这次战斗的指挥官。怎么才能以这么微弱的力量围攻总督府呢？为此，拿破仑费尽了心思。最后，他终于根据总督所处的地理位置和地形，进行了一个相对合理的布局。

1789年11月的一个晚上，拿破仑率领着三百多个手下，在总督府不远处神不知鬼不觉地埋伏了下来。他仔细地观察着总督府，寻找攻打总督府的有利时机。终于，等到总督府里安静下来以后，他向着自己的手下一挥手，人们就争先恐后地冲向了总督府。

　　原以为自己的计划万无一失，然而，当人们愤怒地冲进总督府大门的时候，才赫然发现，敌人已经做好了准备，对面迎上的，是黑黝黝的枪管！

　　拿破仑这时才知道自己中了埋伏。还没等他回过神来，激烈的火枪声就响了起来，同时响起的，还有吵闹声、呐喊着、哭叫声以及痛苦的呻吟声……攻打总督府的行动最终以失败而告终，拿破仑还惨遭俘虏。

　　拿破仑一直被关押在监狱里，过了几天，总督才召见了他。总督一看到拿破仑，就怒气冲冲地指责他："拿破仑中尉，这些日子里，我反复翻阅着你的档案，越看越感到愤怒。通过这些档案，我看到了一个非常优秀的军官。而这位优秀的军官，得益于法国军队的培养。现在，我想问你一个问题：法国国王精心培养了你，是为了什么？"

　　拿破仑把头转向一边，什么也不说。

　　总督接着说道："你难道不会感到愧疚吗？现在，你竟然组织非法武装部队来反抗培养你的法国国王！你就是这样报答你的恩人吗？"

　　拿破仑抬起头来，直视着总督的眼睛，对他说道："总督大人，的确，法国国王培养了我，这是我不可否认的事实。然而，你也必须承认，他作为一个国王，是多么昏庸无能！睁开你的眼睛看看吧！现在的法国已经成了什么样子了？这难道不都是因为他的无能吗？事实上，我也并不想反抗他，我之所以这么做，只是为了拿回原本属于科西嘉人的自由与独立。"

　　总督听了拿破仑的话，摆了摆手，似乎表示这是一件不可能的事。然后，他告诉拿破仑，国王已经决定免去他的所有罪责，但是他必须回到阿雅克修城，不要再去干这样的事情了。

　　这让拿破仑感到有些吃惊，他没想到，法国人竟然对他这么宽容。其实，之所以没有对拿破仑进行处罚，原因是，当时的法国当局已经处于几乎完全无能为力的状态了。

　　回到阿雅克修城以后，拿破仑虽然安静了一段时间，但没过多长时间，他就又开始活跃起来，他在阿雅克修城重新建立了一支武装部队，继续自己的反抗活动。

　　就在这个时候，一件事情的发生使得拿破仑对法国的敌视态度有所缓和。

　　1789 年 12 月，出生在科西嘉的法国政治家米拉波，凭借他出色的辩才，说服法国当局颁布了一条法令，允许 1768 年以来一直逃亡在国外的科西嘉岛的爱国志士们回到科西嘉，并且全面享受法国公民的权利。

　　法国当局的这条法令很快就被传播到了科西嘉的各个城镇，人们兴奋地欢呼起来。就连拿破仑，在得知这个消息的当天，也在自己的日记中非常激动地写下了这样的语句："法国，我曾经在你的首都巴黎生活了将近十年，我热爱那个城市，但是我始终感觉自己只是一个外人，我无法真正融入其中，也感受不到一丝一毫的温暖。然而今天，你终于向科西嘉人敞开了你的怀抱，此时此刻，我真切地感受到了，从此之后，科西嘉与法国有了共同的利益，我们开始患难与共。科西嘉与法国之间隔着宽广无际的大海，但是现在，即使是大海，也无法将我们分开。"他还特意在自家门前挂起了一面旗帜，旗帜上写着："民族万岁！保利万岁！米拉波万岁！"

这条法令的颁布带来了令法国当局包括米拉波都未曾料到的影响，那就是，它不仅缓和了很多科西嘉人对法国的反抗情绪，也使得拿破仑的心在一定程度上被软化了。如果说在此之前，他一直认为法国人是敌人，那么，从这一刻起，他不再只认为自己是科西嘉人，也开始认同自己作为法国人的身份。

远在英国的保利听说了这个消息之后，也激动不已，他终于可以结束多年的逃亡生涯，回到自己魂牵梦萦的家乡。他当即决定动身回到科西嘉。

拿破仑听说自己的楷模保利要回到科西嘉的消息以后，非常兴奋。恰好这个时候，科西嘉正在举行国民议会议员候选人的选举。按照当地的法律规定，国会候选人必须年满二十五周岁。那时的拿破仑只有二十岁，远远达不到参选的资格。他的哥哥约瑟夫二十四岁，虽然也没有达到法律规定的年龄，但拿破仑还是尽自己的全力说服约瑟夫参加大选。因为他知道，保利将会出现在国民议会上，他希望能够借着这个理由来到巴斯提亚，见到自己心目中的英雄保利。

1790 年初的一天，科西嘉的国民议会议员大选如期举行。那是巴斯提亚最为热闹的一天，拿破仑骑马陪着哥哥约瑟夫一大早就来到了广场前，等待着选举会的开始。

过了一会儿，国会主席站在了广场前面的舞台上，宣布大选正式开始。就在这时，人群里突然响起了一阵喧哗，保利出现了！一看到保利的身影，人们纷纷激动地大喊起来："保利回来了！"

保利终于回到了科西嘉，他那高大挺拔的身躯、棱角分明的面孔以及已经有些花白的头发，让在场的人们无限唏嘘。人们冲着他挥手，热烈地欢迎着这位逃亡在外多年的英雄。

站在人群中的拿破仑，看到台上那位已经显出老态的科西嘉独立运动前领导人，心中不由得升起了一股敬仰之情。他也像周围其他人那样，举起了自己的双手，声嘶力竭地大声喊着："保利万岁！科西嘉万岁！"

保利的突然出现，为在场的科西嘉人打了一剂强心针，国会议员的大选也顺利地结束了。虽然约瑟夫的选举并没有成功，但拿破仑愉快的心情并没有受到什么影响。因为他崇拜的英雄终于回到了故土，他仿佛看到了科西嘉的未来。

当天下午，拿破仑就迫不及待地赶到了保利的住处，想拜会这位科西嘉的英雄。然而，很多科西嘉人都怀着与他一样的愿望，所以，当他赶到那里的时候，发现，保利的住处已经是人山人海了。拿破仑根本挤不进去，于是拿破仑只好垂头丧气地离开了那里，他一边埋怨自己为什么不早点来，一边想着什么时候能找到拜访保利的机会。

从巴斯提亚回到阿雅克修城以后，拿破仑把自己所写的科西嘉历史进行了整理，他想把自己写的这本书送给保利。一天，拿破仑带着那本手稿，来到了保利的住处，他希望向保利当面说出自己的志向，希望保利能接纳他，允许自己为他效力。

这一次，拿破仑顺利地见到了保利。保利对拿破仑的态度显得有些冷淡，这或许是因为他对拿破仑的父亲夏尔的复杂情绪导致的。夏尔原本追随着保利，是他的忠诚战士，他们并肩作战，一度建立起了深厚的情谊。然而后来，夏尔却背叛了他，投敌变节。从这个角度来说，保利是非常痛恨他的。所以，面对着夏尔的儿子，他怎么也热情不起来。

拿破仑是抱着虔诚的心来拜见保利的，虽然他感觉到了保利对自己的冷淡，但还是热情地向他袒露了自己的心迹："保利将军，如果您不嫌弃我的话，我希望一直追随在您的身边，为科西嘉的独立而战斗。"

拿破仑的话令保利不知如何应答，这个叛徒的儿子，而且还是在法国人的培养下成才的年轻人，现在居然想要投靠他，他本能地产生了一种不信任的感觉。他感到自己面前的这个人，是非常危险的。但是，他也不能直截了当地表示拒绝，最后，他委婉地说道："孩子，在我看来，你可是一点也没有现代派头嘛，你完全属于普鲁塔克笔下的人物。"

保利此言一出，拿破仑就明白了他的意思。普鲁塔克是拿破仑最喜欢的文学家之一，他所描写的人物，全都是心怀天下的大英雄，保利给他这样的评价，表面上是在赞扬他，实际上是一种拒绝，意思是你应该像普鲁塔克笔下的英雄人物一样，心怀天下，不要待在我保利身边。

如此一来，拿破仑当然是没有继续待在这里的必要了。除此之外，拿破仑也从自己与保利的交谈中，发现保利似乎也并不像自己想象地那么完美，对他的崇拜也消减了很多。

这次会面并不算愉快，后来，拿破仑虽然一如既往地支持保利，然而却再也不像以往那么恭敬了。后来，他们之间还因为一些事情产生了不快。当时，科西嘉决定选出一个城市作为新的首府，巴斯提亚与阿雅克修城都是候选的城市，两个城市的人们为此进行了激烈的争斗。保利支持将巴斯提亚作为正式首府的意见，这样就惹怒推举阿雅克修城的人，其中就包括拿破仑。这件事从一定程度上使得拿破仑与保利之间的裂痕进一步扩大了。

接下来的假期里，拿破仑的生活变得非常平静。随着时间的推移，他所申请的假期时间很快就要结束了。拿破仑打算动身归队，他知道现在是该回去的时候了。

这之后没几天，拿破仑就带着他的弟弟，只有十三岁的路易，乘船回到了奥松。

他把路易带在身边，是希望他能够受到更好的教导。兄弟两个住在奥松沃邦街的一间小房子里，过着清贫的生活。拿破仑对他的弟弟十分关心，亲自给他上课，教他很多知识。虽然有的时候他感到有些不耐烦，会甩给路易一巴掌，但大多数时候，他还是一个温和的好哥哥。他还给约瑟夫写信夸奖路易，信中充满了温情："他会成为德才兼备之人……本地的女人没有不喜欢他的。他说一口流利的法国语，小腔调地道而且轻巧，我早就看出，他比我们四个人有出息。的确，我们之中没有一个人像他这样有好的教养。"

1792年春天，法国大革命的规模日益扩大，法国全国上下都陷入了革命浪潮之中。

第一次离家这么长时间，路易非常想念远在科西嘉的母亲，这种情绪逐渐感染了拿破仑，于是他又请了一次假，带着弟弟回到了科西嘉。一路上，他经过了很多地方，无一例外地，革命在这些地方都获得了胜利。而且，他还敏锐地意识到，农民们几乎全都是拥护革命的，很多士兵也持有同样的态度。而军官们则大多拥护贵族统治。

此时，他是身在科西嘉，心却在法国。他终于明白，科西嘉的天空实在是太小了，对于他这样的雄鹰来说，根本伸展不开翅膀。他必须来到法国这个广阔的空间，只有在那里，才能自由地翱翔。从那时起，科西嘉情结在他心中就不复存在了。

拿破仑更加积极地投身到了法国的各种政治活动中，他希望能够推翻法国现在的政权，建立起一个符合新思想主张的新政权。他坚定地认为，这是让法国重获新生的唯一办法。他的这些想法，当然引起了那些守旧的军官的强烈不满，他们经常与拿破仑进行辩论，而且还时不时地刁难他。尽管如此，拿破仑一直坚持在部队中宣传自己的主张，他给他的士兵们读激进的报纸，向他们灌输新思想。

1792 年 4 月，拿破仑的好友加桑迪在尼伊城举行婚礼。作为一名军人，加桑迪的婚礼理所当然地邀请了很多军队里的高级军官，拿破仑就是其中之一。军官们凑在一起，情不自禁地讨论起来了国家大事。加桑迪的岳父认为国家应该进行改革，这种观点与拿破仑不谋而合，于是，两个人就兴奋地谈论起了这一观点。

他们讨论得热火朝天，很快，其他军官们也注意到了，并且加入其中。这场讨论把加桑迪的婚礼硬生生变成了一个三级议会！拿破仑的观点获得了很多军官的赞同，他成了婚礼上的主角。

没过多长时间，法国军事当局决定对炮兵进行改组。改组带来的好处是很多人会得到加官晋级。拿破仑得到了提拔，他从二等中尉被擢升为一等中尉。但令他感到有些遗憾的是，这使得他不得不离开拉斐尔炮兵团，前往格勒诺布尔炮兵团任职，这个团驻扎在拉斐尔炮兵团曾经驻守过的瓦朗斯。就这样，他离开了已经生活了很长时间的奥松，回到了瓦朗斯。

一到瓦朗斯，拿破仑就加入了当地的一个组织"宪法朋友会"。在这个朋友会上，他进行了一次演讲，让很多人都印象颇深。

法国国王被推翻下台之后逃到了瓦伦，后来又在那里被捕了。这之后，很多人都逃亡了，不愿意向取代国王的国民议会宣誓效忠，但拿破仑却是第一批签字的人中的一员。因为他反对逃亡，坚决要求处罚国王。

为了表达自己的观点，拿破仑还想到巴黎去参加雅各宾派会议。可惜的是，他没有钱。为了筹集到巴黎的路费，他甚至还参加了里昂的一次论文评比。但是他的论文落选了。

既然巴黎去不成，他又想起了科西嘉。这时，他听说科西嘉又要进行议会选举，于是他打算回到科西嘉，推动约瑟夫竞选，为他助威。

但是，这次选举，拿破仑一家却受到了保利的排斥。保利任命了自己的候选人，约瑟夫却像上一次一样落选了。

如此一来，保利与拿破仑的矛盾越来越大了。拿破仑意识到了这一点，但并没有做什么去化解这个矛盾。他有了新的想法——要使自己成为新成立的科西嘉国民自卫军的中校。为了达到这个目的，他的大多数时间都投入到了招揽那些愿意投他一票的国民自卫军新兵中。他还派人把一个为了维护保利的利益而四处奔走的人拘留在自己在阿雅克修城的家里。正因为有了这个举动，他的胜算就变得更大了。

这可以说是他对保利进行的第一个"政变"，接下来，他就开始计划着进行另一个真正的政变了。

一天，拿破仑的国民自卫军与守卫阿雅克修城的保王军队发生了一场激烈的冲突。拿破仑闻讯以后立刻赶来，但是，当他来到现场以后，才发现，冲突已经到了无法调和的程度，两方人马已经开始了激烈的火拼。

看到这种情形，拿破仑知道再说什么也没有用了，只能迅速加入战斗中，指挥自己的队伍与对手作战。虽然国民自卫军的武器很弱，只有十几支火枪，但是他们的战斗力却丝毫不逊于保王军队。尤其是拿破仑出色的指挥能力，更使得国民自卫军如虎添翼。

眼看着国民自卫军就要攻下阿雅克修城的城堡了，这时，从后方却突然冒出了一队装备精良的骑兵。骑兵们站在保王军队一方，向着国民自卫军发起了进攻，没过多长时间，拿破仑的队伍就在他们强大火力的攻击之下大举溃败。最后，拿破仑的队伍就被包围了起来，国民自卫军无奈之下只好缴械投降。

拿破仑正纳闷这支队伍是从哪里来的，为什么要针对自己？这时，保利走了过来。原来，这支骑兵是保利派来对他进行镇压的，拿破仑的心中立刻充满了怒火，此时，保利再也不是他心目中的英雄，而是彻底成了他的死对头。当他怀着崇拜之情写信给保利，希望追随他、成为他麾下一员的时候，何曾想过会有这么一天？

经过了这次对抗，拿破仑实际上把自己推向了一种非常险恶的处境。一方面，他那样对待保利，在科西嘉同胞们看来，是一种十分恶劣的行为，这很可能会引起他们的憎恶，使他失去民心。另一方面，他带着国民自卫军进攻保王军队，在法国陆军部看来，是一种谋反。另外，此时的他实际上已经犯了一个罪过，他的假期早就已经结束了，但他还没有归队，这在军纪上已经犯了擅自离队罪。

这种罪过实在是不小，要是放在平常，他是会被枪毙的。所幸的是，现在是到处动乱、国王都被推翻的非常时期，即使是这样的罪过，也没人会去追究。

这次战斗之后，拿破仑在家里待着消停了一段时间，利用这段时间，他想清楚了一个道理，那就是：在到处狼烟升起的此时，最大胆出格的行动，或许也是最审慎的行动，就是到巴黎去。

想明白了这一点之后，拿破仑一天也不想在家里待着了。但是离开阿雅克修城也没那么容易。自从那次与保王军队的战斗之后，保利就一直派人在暗处观察着他，他的任何风吹草动，都会被汇报给保利。所以，要想离开科西嘉，就必须要过保利这一关。

思前想后，他决定直接向保利提出申请。出乎他意料的是，保利竟然非常痛快地就同意了。实际上，对于拿破仑去巴黎，保利也是求之不得的，这个野心勃勃而又胡作非为的小子主动提出离开科西嘉，自己就少了一个心腹大患，何乐而不为呢？更何况，巴黎可不像科西嘉，那是个风起云涌的大地方，拿破仑到了那里就能混出名堂吗？恐怕不过是作茧自缚罢了。所以，保利非常高兴地批准了他的申请。

到了巴黎之后，拿破仑立刻到法国的各个军事部门进行活动，一方面是希望能尽可能消除阿雅克修事件给自己带来的影响，另一方面，也是为了重新恢复他在炮兵团的职务。因为他离队的时间实在是太久了，已经被炮兵团除名了。

完成了这两件事之后，拿破仑又一头扎进了政治活动中。此时，政治局势更加复杂，法国已经向奥地利宣战，吉伦特派政权被人们推翻了，议会处于风雨飘摇的状态之中，每天早上人们都以为议会即将发生一场无可挽回的大乱子。

他给约瑟夫写信："现在这个国家的处境已经万分艰难了，各个政党为了彼此的利益进行着你死我活的争夺，它们互相倾轧，不惜牺牲国家的利益。我们现在所看到的局势，已经是一团理也理不清的乱麻，谁能从中理出一个头绪来？依我看，谁也没有这个本事。我不知道接下来的事态会怎么发展，唯一可以肯定的是，它最终会转向革命。我们必须做好准备了。"

在巴黎，拿破仑还目睹了路易十六的遭遇。有一天他正在圣奥诺雷街一家饭店里与朋友吃饭，忽然看到一支五六千人的队伍从门口呼啸着走了过去。他们一个个穿得都非常破烂，脸上的表情都非常激愤，嘴里喊着造反的口号，向着法国王室的社伊勒里宫冲去。

拿破仑立即好奇地跟了过去。他跟着人群来到了杜伊勒里宫，看到路易十六出现在了王宫里的窗户前，对于这群人，竟然没有采取任何措施。对此，拿破仑感到非常愤怒，国王怎么能如此软弱？要是他，这些人根本不可能进入到自己的宫中！这样的统治者，怎么会不垮台呢？

身处乱哄哄的巴黎，拿破仑一直在寻找着进取的机会。但他的心中最为挂念的，还是遥远的科西嘉。

他给约瑟夫写信，让他与其他家人一直保持戒备状态，不要放松警惕。他担心弟弟吕西安会心血来潮地采取什么暴动，这个年轻人现在经常把自己当成是乱党的头目，总想暴动、屠杀，令拿破仑十分头疼。吕西安已经开始和拿破仑产生了分歧，他曾经给约瑟夫写信，批评拿破仑："我总觉得，拿破仑的身上有一种野心，不完全是自私自利的野心，但这野心在他身上超出了对公共福利的热爱。我深信，在一个自由的国家里，他是一个危险人物……我总感到他似乎要成为暴君。"

1792 年 8 月，拿破仑在杜伊勒里宫附近的一家小商店里探头往外看去的时候，又看到了一群又一群的造反者们向杜伊勒里宫冲去。这时的拿破仑对这些暴民们忽然产生了一种厌恶的情绪，相反，他倒是对路易十六产生了一些同情。因为这位君主只是要求他的部队进行消极防御，而不是用大炮来攻击这些手无寸铁的人。

过了一段时间，拿破仑意外地得到了一份由陆军部长塞尔旺代表国王签署的上尉委任状。这份委任状对于拿破仑来说，是一个巨大的惊喜。这意味着，法国军事当局不但对他的双重罪过既往不咎，而且还给予了他充分的信任。这种擢升，又让拿破仑看到了自己的美好前途。这个时候，他的感情与法国的事业，终于紧密地交织在了一起。

1792 年 9 月，雅各宾派控制的立法议会宣布废除国王的统治，成立法兰西第一共和国。

法兰西第一共和国的成立，使得动荡不安的法国终于结束了战乱不止的状态，获得了暂时的安宁。而拿破仑的心也得到了新的归属，他决定，要为这个新成立的民主共和国赴汤蹈火。

在经历了无政府大混乱状态之后，拿破仑希望能够从军队的纪律中，找回一些东西。此时，对于他来说，最好的方式就是走上前线，与自己的战友们一起作战，在战争中寻找机遇，从而获得晋级。

就在拿破仑迫不及待地想归队之时，一件家务事耽误了他的行程，使得他不得不回到科西嘉。

他的妹妹埃莉莎，现在在圣西尔神学院读书。如今时局这么乱，拿破仑实在是不放心她独身一人留在巴黎。于是，他打算先把妹妹送回科西嘉。

历经了千辛万苦，他们两个人终于回到了阿雅克修城。拿破仑的再度归来，使得家里人都高兴万分。但是其他的那些科西嘉同胞们，却似乎并不怎么欢迎他。他们看他的眼神中，总是隐含着一丝憎恶与警惕。

面对这样不友好的态度，拿破仑不可避免地感到一些失望，他尽自己的最大努力想为科西嘉做些什么，可是得到的又是什么呢？是家乡人对他的误解和憎恨！尽管如此，拿破仑的心还是向着科西嘉的，他想，总有一天，科西嘉的同胞们会明白他的良苦用心的。

拿破仑发现，此时科西嘉岛的局势又发生了新的变化。法国保王军队已经被雅各宾派的军队打了个落花流水，只剩下寥寥无几的残余势力还在做着无谓的挣扎。现在驻扎在科西嘉的法国军队，是新诞生的法兰西第一共和国的军队，因为纪律不严，这些军人经常与科西嘉人产生冲突，因此，在这里并没有得到民心。

因为法国国王的政权已经被彻底推翻了，保利认为，如此一来，当年热亚那人与法国国王签署的那份科西嘉归让给法国的协议，也就随之失效了，那么，此时的科西嘉也就不再属于法国了。他决定趁着这个机会与法国断绝关系，使科西嘉重新获得独立。

为了达到这个目的，保利开始了秘密的行动。他利用民众与法国军队之间的矛盾，对科西嘉人进行拉拢，把他们拉向自己这一方。保利的行动是非常有效的，没过多长时间，科西嘉人就团结在了他的周围。

对于保利想使科西嘉与法国断绝关系的举动，拿破仑并不赞同。虽然在很久之前他也一直抱着这样的期望，但是现在他已经清楚地了解到，如今的科西嘉与法国已经有了密切的关系，而且，以目前的局势，它已经无法离开法国的庇护。如果现在科西嘉获得了独立，那么，一直以来把科西嘉当成一块肥肉的奥地利帝国，就会毫不犹豫地把它吃下去。到那时候，势单力薄的科西嘉又该如何反抗？

为了阻止保利的这一疯狂举动，拿破仑赶到巴斯提亚，想当面说服他。没想到的是，保利根本不听他的意见，两个人大吵了一架。拿破仑与保利彻底决裂了。

因为法国对奥地利宣战了，巴黎方面决定派出军队远征撒丁岛，而且选择科西嘉作为根据地。

1792 年 10 月，法国的六千名志愿军登陆阿雅克修城，在这里休整，准备进军撒丁岛。拿破仑非常高兴地接待了这支队伍的领导者海军上将特吕盖，以及法兰西第一共和国派驻苏丹的大使、特吕盖的顾问谢蒙威尔。对于拿破仑的家族来说，这是一种荣耀。

虽然驻扎在这里的法国军队并没有得到科西嘉人的信任，但是，他们拥有完善的武器装备和出色的战斗力，这依然足以使这里的人们感到恐惧。保利虽然得到了很多人的支持，也不敢贸然行动，只能听从特吕盖的指挥行事。

为了以最快的速度攻下撒丁岛，特吕盖把自己的下属们全都召集了过来，开了一个军事会议。拿破仑和保利当然也出席了这次会议。

会上，特吕盖希望大家能畅所欲言，说说自己的意见和看法。保利却迟迟不发言，并且还推托自己没有海战经验，提不出什么好的见解。

对保利的消极表现，拿破仑感到有些不满。他知道，保利根本不愿意配合这次战斗，他甚至希望法国部队能够大败，这样，他的计划就可以得到更好地实施了。

他缓缓地站了起来，对特吕盖说："将军，我制订了一套对撒丁岛的作战计划，说出来给大家听听，看看是不是可行。"

特吕盖听了他的话，立刻示意他说。

拿破仑提出，在科西嘉岛与撒丁岛之间有一群叫作马达雷纳的群岛，这个群岛中有一个小岛距离撒丁岛只有几公里的距离，在这个岛上就能对撒丁岛进行火炮攻击。所以，只要能拿下马达雷纳群岛，就能对撒丁岛进行火力攻击，这样，攻下撒丁岛几乎就是易如反掌的事情了。并且，拿破仑还建议把攻打马拉雷纳群岛的任务交给科西嘉人，因为他们对马拉雷纳群岛最熟悉。

保利听了拿破仑的建议以后，脸上青一阵白一阵，很不好看。但是特吕盖将军对这个建议赞不绝口，他也不好拒绝，于是就同意承担这个任务，但是，他提出了一个条件：必须由自己来任命这次战斗的总指挥官。

保利的这个条件无疑是将了拿破仑一军。他知道拿破仑提出这个作战计划，无非是想获得指挥作战的机会，但是他偏偏不给他这个机会。保利任命了自己的侄子塞沙利·克罗纳做指挥官，只让拿破仑当副指挥官，协助、配合塞沙利·克罗纳。

对于这样的任命，拿破仑自然非常生气，但是却也无计可施。

由于保利与塞沙利·克罗纳已经形成了一种默契，那就是，要使这次远征以失败而告终。所以，在作战的时候，作为总指挥，塞沙利·克罗纳总是消极应对，拿破仑虽然意识到了这一点，并且竭尽所能地想扭转战局，但是也无济于事。可想而知，结果当然如他们所愿，法国军队最终输掉了撒丁岛战役。

1793 年 3 月，拿破仑回到了阿雅克修城，他发现，这里的情况比自己走的时候更加混乱。他的弟弟吕西安悄悄赶到位于土伦的法国当局，告发了保利，说他是叛徒和暴君。巴黎方面得知这件事以后，立刻派来了三个特派员，对保利进行调查，并且解散了科西嘉的国民自卫军。

一场政治上的明争暗斗由此展开了。

特派员们先是以讨论科西嘉防务的理由邀请保利到土伦去，保利意识到了他们心怀不轨，于是就假借自己年老体衰无法成行，拒绝了这个邀请。私底下，他却和自己的手下们秘密准备反抗并且占据阿雅克修城的城堡。此后，特派员们又对保利提出了各种各样的建议，但都被他推辞掉了。此时的拿破仑还不知道吕西安告密的事，于是也参与到了其中。

无可奈何之下，法国当局只好命令特派员们，不惜一切代价抓到保利，并且把他带到巴黎。

保利开始了公开的反抗。他带领自己的部下夺取阿雅克修城，拿破仑竭尽全力保卫自己的家乡，最终，保利没有成功。但相对保利，拿破仑的力量还是太过薄弱了，于是，他秘密出发，想到巴斯提亚去与法国特派员进行商讨。可惜的是，刚到波科尼亚诺村，他就被保利的人认了出来，他们把他抓了起来，囚禁在这个村子里。

所幸，拿破仑家在这个村子里有一个庄园，一些村民们与波拿巴家族有一些情谊，于是，趁着保利分子不备的时候，悄悄地放走了他。

拿破仑回到阿雅克修城以后，发现自己面临着一个巨大的危险——保利派的科西嘉爱国人士正在四处搜捕他，他只好又逃了出来。

经过了几次辗转以后，拿破仑终于来到了巴斯提亚，他要求特派员们组建一支队伍去解放阿雅克修城。特派员们同意了他的请求，但是，这支部队不但没能解放阿雅克修城，反而差点全军覆没。拿破仑只好带着自己的母亲和兄弟姐妹一起坐船离开了阿雅克修城，来到了法国。

坐在船上，拿破仑久久地凝视着越来越遥远的科西嘉岛，百感交集。他是这么热爱科西嘉，曾经发誓要为她夺回自由，但是现在，他竟然成为了科西嘉的弃子，被驱逐出家乡，流亡天涯。此时的他，何等唏嘘！

后来，拿破仑再也没有见到过保利。保利最终被迫离开了科西嘉，投靠了英国人，在英国度过了自己的余生。1799年，当拿破仑推翻热那亚共和国的时候，远在英国的保利也为他过去的老对头而欢呼，因为科西嘉人最终打败了曾经出卖自己的敌人。

土伦之战，一举成名

在法国普罗旺斯海岸，拿破仑和他的家人登陆了，结束了他们风雨飘摇的逃亡生涯。

此时，普罗旺斯的情况也好不到哪里去，这里也是一片动乱，并且没过多长时间就发生了反对巴黎革命政府的叛乱。但对于拿破仑一家来说，这里已经足够安宁了，回想起在科西嘉岛的种种不堪的经历，在普罗旺斯的生活是多么得难能可贵！

拿破仑安顿好了家人，又休息了一段时间之后，就离开了普罗旺斯，回到了他的炮兵团。这一次，他被安排到驻扎在尼斯城的第四炮兵团。

第四炮兵团的团长叫作让·德·泰伊，是拿破仑在拉斐尔炮兵团时候的老首长泰伊将军的弟弟。泰伊将军曾经多次对弟弟提起过自己的这个得力干将，说他具有超凡的军事才干，所以让·德·泰伊对拿破仑的印象非常好。他与拿破仑进行了一番交流之后，发现这个其貌不扬的年轻军官的确有着与众不同的才能，于是，他当即任命拿破仑做自己的副手，并委派给他第一项任务——负责构筑海岸炮台的防御工事。

拿破仑受到了重用，士气一下子高涨了起来。他全身心地投入到了自己的工作中，当时的尼斯城的海岸炮台的防御工事非常不健全，拿破仑接手此事之后，立刻大刀阔斧地进行了全面的整顿。

两个月后，尼斯城的整个海岸炮台的防御工事顺利地完工了。小泰伊对于拿破仑的办事效率非常赏识，于是就把另一项重要任务也交给他去做。第四炮兵团的火药不足了，小泰伊让拿破仑到阿维尼翁城去采购火药。

来到阿维尼翁城以后，拿破仑发现这里到处都是一片混乱，保王党的残余分子与雅各宾派的军队几乎每天都会大动干戈，有的时候走在大街上，忽然就会听到不远处响起的一阵枪声。

拿破仑目睹了阿维尼翁城是如何陷落的，但是他并没有请求介入到这些战斗中，因为眼下他还有自己的任务要去做。

拿破仑很快就找到了合适的火药供应商，并且商量好了一个双方都能接受的价格，支付了一部分定金。只用了三天的时间，他就把自己此行的主要任务完成了，第四天一大早，他就乘坐着马车离开了阿维尼翁城。

他们的马车刚刚走出阿维尼翁城不到一百米的时候，拿破仑就听到身后响起了猛烈的炮火声。他回头想看看到底发生了什么事情。这时，他看到有一批穿着破烂的保王党人拿着火枪冲向了阿维尼翁城，雅各宾派的军队奋力抵御着他们的攻击。但事实证明，这种抵御是微不足道的，最终，保王党冲进了城里，雅各宾派军队只能四散而逃。

看到了这样的场景，拿破仑的心情一下子低落了下来。回到炮团之后，他立刻来到了小泰伊的办公室，向他汇报自己的工作成果，并且向小泰伊请示，是否需要出兵把阿维尼翁城夺回来？

拿破仑带来的消息，令小泰伊感到非常吃惊，但是他也无能为力，只能向上级请示，然后再行事。

战争就像大火一样，很快就在法国各地蔓延起来。1793 年 7 月，土伦与南方的其他几个城市联合起来，公开宣布反对雅各宾派的专政。保王党乘虚而入，不费吹灰之力就占领了土伦城。

但是，保王党的力量毕竟是薄弱的，面对着法国国民公会的部队，他们简直如同螳臂当车。他们看到自己没有胜算，于是就打算借助外界的力量。土伦城的保王党人允许英国和西班牙的舰队驶入土伦港。土伦城发生的这一事件，一下子震惊了整个法国。

就在这个时候，拿破仑接到了巴黎军事部的调令，让他立刻到土伦西北奥利乌尔的法国共和国派的部队报道。拿破仑一刻也不敢耽误，马上收拾行李，踏上了前往奥利乌尔的旅程。

到了奥利乌尔城以后，拿破仑发现这支队伍从上到下都处于杂乱无章的状态。这里的指挥官卡尔托原来是一个画家，后来扔下了画架来参军。但在部队里，他也没有放弃自己画画的爱好。拿破仑第一次到他的办公室去报道的时候，卡尔托就在专心致志地画画，他完全沉浸在自己的创作中，一直过了一个多小时。要不是拿破仑装作不小心大声咳嗽了一声，卡尔托恐怕还要继续画下去。卡尔托对炮兵了解很少，对几门炮射程有多远，几乎一无所知。所以，可以想象，他在指挥作战的时候是怎样的表现了。

这个部队的炮兵指挥官叫作多马尔丹，他倒是对炮兵学有所了解，但是却不幸受伤残废了，所以指挥打仗的时候是心有余而力不足。

国民公会的特派员萨利切蒂，倒是拿破仑的老朋友。当初保利想要造反，拿破仑到巴黎请了三个特派员来调查他，其中之一就是萨利切蒂。萨利切蒂来这里是为了加强作战力量的，但是他来以后，发现自己根本施展不开手脚，既缺人又缺武器，即使是神仙，恐怕也救不了这支部队。对于拿破仑的到来，萨利切蒂由衷地感到高兴，他知道拿破仑是个不可多得的军事人才，让他接替炮兵指挥官多马尔但的职务。

就这样，拿破仑接管了奥利乌尔炮兵的指挥事宜。

拿破仑来到奥利乌尔之前，在这支队伍里一共只有十几个炮兵，就连这寥寥无几的炮兵，也不是专业的，他们对火炮的射程具体有多远都不太了解。相对于炮兵，这里的火炮装备更是可怜，只有几门野战炮、四门较大的炮和两门臼炮，既没有弹药，也没有什么维修工具。因为没有人知道怎么使用，所以这些火炮一直被闲置着。

拿破仑走马上任之后，立刻催促着那些懒散惯了的普罗旺斯人为自己工作。只用了几天的时间，拿破仑就已经聚集了十四门加农炮、四门臼炮，以及必要的弹药补给，这在当时，已经是非常体面的装备了。

萨利切蒂对拿破仑的工作非常满意，他立刻上报巴黎，让巴黎对拿破仑进行嘉奖。嘉奖令很快就下来了，由于他的出色表现，拿破仑被提拔为少校。

得到提升之后，拿破仑的工作更加卖力了，他给陆军部长汇报说："我已经精心挑选了一位非常出色的军官，委派他到里昂、布里昂松和格勒诺布尔，去搜集所有可能对我们有用的军械器材。我还派人去与意大利方面军进行联络，希望他们把守卫昂蒂布和摩纳哥中用着的大炮提供给我们，现在他们已经同意了这一要求。我还在奥利乌尔建立了一个大约有八十名工人的军工厂，让他们废寝忘食地生产军械。从尼斯直到瓦朗斯和蒙彼利埃一带的马匹全都被我征用了。"

此时的法国政府军从两个方面包围了土伦城。卡尔托率领部队驻扎在奥利乌尔，这支队伍大约有八千人。而拉波卜则指挥着一支三千多人的部队，从拉瓦莱特方面对土伦城进行着监视。在1793年9月，他们完成了对土伦的包围。

土伦守军的力量其实并不强大，只有两千多人的英国部队，四千多人的西班牙部队，以及一千五百人的法国保王党部队。英国部队的统帅格雷将军曾经向首相要求增派援军，在他看来，要想守住土伦，大概需要五万人的兵力。但是英国怎么可能会出动这么多人呢？就算英国陆军全体出动，也达不到这个数字。最后，英国首相只能给他们拨去奥地利的一个军以及几百名英国士兵。

围攻土伦的计划在按部就班地进行着，拿破仑几乎每天都在废寝忘食地工作着，没有什么必要的事情，他就不会离开他的工作岗位。

因为战争已经越来越迫在眉睫了，所以部队里的军官们对于无能的指挥官卡尔托越来越不满，他们不停地向巴黎方面申请，希望能给他们派来一位真正的军事指挥家。

于是巴黎方面派来了一个叫作多佩的指挥官来替代卡尔托。这位新任的指挥官确实有几分军事才干，他刚到部队，就进行了行之有效地整改，使得军纪有了大幅度的转变。军官们的怨言变得越来越少，渐渐地，还对这个新指挥官有了更大的期待。在工作之余，拿破仑还花心思去研究土伦的局势。很快，他就发现了，其实土伦之战的关键在于占领拉塞因半岛。拉塞因半岛控制着内外两港，如果法国政府军能够占领这个岛，那么就可以成功地把握内港的入口，并且使得英国军舰在内外两个港口都得不到立足之处。

但是，英国军队很快就发现了自己的这一弱点，于是他们迅速地在那里构筑了一个坚固的据点，并把它称为"马尔格雷夫堡"。

为了攻下这个马尔格雷夫堡，拿破仑立刻着手在英军防线的西南方向构筑攻城炮兵阵地。

1793 年 11 月，一场争夺马尔格雷夫堡的战役爆发了。

在拿破仑的带领下，士兵们向着险恶的堡垒发起了一次又一次的冲锋；反法同盟军的指挥官奥哈拉也不甘示弱，他命令英国部队进行猛烈攻击，以密集的火力一再击退了法军的进攻。拿破仑重新集结了一支冲锋队伍，向着马尔格雷夫堡背面的入口处直接插了过去。眼看着他们就要到达入口了，就在这个时候，多佩却突然下达了撤退的命令。

多佩的命令让浴血奋战、胜利在望的拿破仑和士兵们非常愤怒，这时的拿破仑已经是一副狼狈不堪的样子了，他的前额受了轻伤，不断地流着鲜血，把眼睛都给弄花了。他奋不顾身地冲到了多佩面前，指着他的鼻子用粗俗的语言大骂道："多佩，就是因为你他妈的下命令退却，我们对土伦的打击才变成了无用功！我们的那些兄弟才会冤死！你该怎样向那些冤死的勇士们交代！"

拿破仑对总指挥官面无惧色的责骂，获得了在场士兵们的一致拥护，他们纷纷为他鼓起了掌，并且喊着："多佩下台！我们要换掉指挥官！"

受到拿破仑这样的指责，多佩感到有些下不来台，火气也一下子涌上了心头，他命令着身边的士兵，让他们把拿破仑抓起来，对他进行军法处置。但是，大家都在为拿破仑鼓掌叫好，谁也没有听从他的指挥，最后，多佩不得不走开了。

萨利切蒂把这件事原原本本地向巴黎方面进行了汇报，没过多长时间，巴黎方面就派来了一名身材高大、很有几分军人气魄的新指挥官迪戈米埃，让多佩下台了。与此同时，增援的部队也迅速赶来，使得包围土伦城的法国兵力一下子增加到了三万七千人。

迪戈米埃让拿破仑全权指挥炮兵。如此一来，法军新建立的炮兵阵地就从大陆各个方面轰击马格雷夫堡。

新的战斗没过多长时间就打响了，迪戈米埃亲自率领着法国部队对马格雷夫堡进行猛烈进攻，战斗很快就进入了白热化阶段。反法同盟军总指挥官奥哈拉指挥着自己的部队对法军进行回击，但是却无力回天。最终，在迪戈米埃和拿破仑的共同率领下，法国士兵们勇猛地打败了英国军队，并且俘虏了反法同盟军的总指挥奥哈拉。

经此一役，法军士气大振。

主帅成了敌人的俘虏，对于反法同盟军来说，简直是一个灾难性的消息。更令他们绝望的是，奥地利政府以各种理由推托，不履行自己在九月份的时候作出的派出五千正规军来帮助反法同盟军保卫土伦的承诺。

1793 年 12 月，土伦的最后一战打响了。那天晚上，大雨突然不期而至，土伦城到处都是电闪雷鸣，更平添了这一战的紧张气氛。

法国部队刚刚踏过拉塞因堡的围墙，拿破仑的战马就被迎面飞来的流弹击中，倒在了血泊中。大雨滂沱，使得多支法国部队接连迷了路。所幸的是，第一支纵队的两千人马，成功地冲到了马格雷夫堡的外缘栅栏，一举将其捣毁，并且占领了那个堡垒。然而，在敌方的第二道防线前面，这支纵队的很多人都不幸阵亡了。第二个纵队迅速赶过来对他们进行支援，士兵们重新集结在一起，然而却又一次被敌方猛烈的火力压了下去。在这种绝望的情况之下，迪戈米埃紧急调来后备部队上阵。拿破仑就在这支后备部队中。

在拿破仑的带领之下，这支后备部队很快就涌进了马格雷夫堡的后门。法国的主力部队趁机蜂拥而上，死死压制住了英军和西班牙军，直到把他们消灭殆尽。就这样，经过十几天的艰苦奋战，拿破仑和他的部队终于成功地拿下了马格雷夫堡。

攻下马格雷夫堡，给了守卫土伦的反法同盟军致命的一击。他们不再恋战，纷纷准备逃跑。拿破仑命令炮手们把大炮转向了打算逃跑的英国舰队，对他们进行毫不留情地炮轰。同时，他还指挥手下向土伦城发射了无数炮弹。

第二天，法国部队开进了土伦城，雅各宾派重新把这里纳入了自己囊中。

望着土伦城，拿破仑感到，凭借着自己的努力，他已经成功地打开了一扇晋升之门。

土伦战役大获全胜的消息传到了巴黎。在凡尔赛宫宽阔的办公室里，雅各宾派首领罗伯斯庇尔收到了负责土伦港战役迪戈米埃将军的战功报告。迪戈米埃在报告中特别赞扬拿破仑卓越的功绩和军事才能："尊敬的首领陛下，我真诚地请您奖励并提升这位年轻人，他是我们法兰西共和国不可多得的军事人才，陛下，如果您不嘉奖他，我想他靠自己也会飞黄腾达的。"

罗伯斯庇尔对报告中提到的波拿巴·拿破仑感到有些熟悉，他仔细想了一会儿，终于想了起来，自己的弟弟小罗伯斯庇尔曾经向自己提起过这个年轻人，并且对他赞不绝口。

1794 年，国民公会任命拿破仑·波拿巴为炮兵准将，时年二十四岁。拿破仑成为了法国军界一颗冉冉升起的新星。

第三章

从热月到葡月的沉浮

初涉爱河

晋升为炮兵准将之后，拿破仑被派往法国的马赛城任职，在这里，他可以独当一面，主管马赛城的所有军事事务。

从一个默默无闻的小军官，一跃成为炮兵准将，对拿破仑来说，这几乎可以称作是命运的一次巨大转折。同样获益匪浅的，是他的家族。刚刚逃亡到法国的时候，他们一家人没有任何收入，只能靠政府发放给科西嘉难民的救济金艰难度日。但是救济金毕竟有限，要养活这一大家子人，根本不可能。所以母亲莱蒂齐亚就带着他的妹妹们到泉水边洗衣服，以此来换取微薄的报酬。

现在，拿破仑终于出人头地，可以俸养吃尽苦头的母亲了。到了马赛之后，他立刻把家人们接了过来。莱蒂齐亚看到自己的二儿子这么有出息，忍不住流下了眼泪，她认真地摩挲着拿破仑的将军肩章，情不自禁地说道："要是你的父亲能看到这一天就好了！"

所谓"一人得道，鸡犬升天"，对于拿破仑一家来说正是这样的。因为拿破仑的一战成名，他的哥哥约瑟夫也和萨利切蒂交上了朋友，萨利切蒂与雅各宾派领袖罗伯斯庇尔的弟弟小罗伯斯庇尔有着非常密切的关系，所以，约瑟夫与小罗伯斯庇尔也攀上了交情，后来还因此结了一段姻缘。拿破仑的弟弟路易，则被拿破仑任命为参谋部少尉军官，这是一个很多人梦寐以求，非常有发展前途的位置。

把家里人的生活都安排妥当之后，拿破仑就开始全身心投入到马赛的工作中。他日夜不休地督促着士兵们，对马赛城里被保王党人毁掉的建筑进行修缮。

特派员萨利切蒂常常会找到拿破仑，与他讨论一些要紧的事情。经过了土伦之战，萨利切蒂对拿破仑的才能更加赏识了，他还特意把这个他认为前途不可限量的年轻人引荐给了雅各宾派领袖罗伯斯庇尔。

罗伯斯庇尔是雅各宾派的绝对领导人，此时，他的政权已经基本稳定了下来。而弟弟小罗伯斯庇尔则是他的得力助手。小罗伯斯庇尔的主要任务是协助自己的哥哥坐稳宝座，现在，他把自己的目光投向了意大利方面的战事。他需要物色一个合适的人选来指挥意大利方面军作战，这个人，毫无疑问就是拿破仑。1794年2月，拿破仑又获得了一次提拔，这一次他被任命为法国意大利方面军指挥炮兵的将军。

这一段时间里，拿破仑与小罗伯斯庇尔的关系越来越密切。虽然罗伯斯庇尔兄弟现在已经开始推行革命恐怖政策，搞得人民怨声载道，但是拿破仑对于他们的这一做法，却并不反对。后来，拿破仑甚至还认为，罗伯斯庇尔不过是"革命的替罪羊"。他认同雅各宾派这样一种信念：即在荡涤旧政体的污垢一事上，恐怖时期虽然是令人非常痛苦的，但却是一个必要的阶段。他赞成古斯巴达立法者莱克古斯提出的严刑峻法的主张。

尽管拿破仑对小罗伯斯庇尔十分信服，但是对方似乎却并不是完全相信他的为人。小罗伯斯庇尔对拿破仑的军事才能十分欣赏，但同时却又认为他是一把"双刃剑"，所以一直对他怀有一种戒备之心，他给哥哥写信的时候，曾经说过自己的疑虑："他是一个科西嘉人。其所能提供的保证只是：他在科西嘉人中是一个拒绝了保利的拉拢，而且被叛徒保利搞得倾家荡产的人。"

不管他们之间是不是互相信任，有一件事是毋庸置疑的，那就是：因为和罗伯斯庇尔兄弟有了交情，拿破仑一家的生活变得更加富足起来，地位也提高了很多。在马赛，拿破仑的两个妹妹埃莉莎和波利娜成了彻头彻尾的贵族小姐，她们不必再为生活而担忧，只需要到处游山玩水就可以了。而约瑟夫和拿破仑不光在政治上如鱼得水，在感情上也有所收获。

马赛城里有一个叫作克拉里的商人，靠经营绸缎生意置办下了一些家业，让一家人过上了好生活。原本，这是和睦美满的一家，可惜的是，克拉里不幸染病去世了。家里一下子失去了顶梁柱，只剩下妻子和儿子艾迪安，女儿朱莉、德茜蕾相依为命。父亲去世之后，艾迪安就承担起了家庭的责任。在他的努力之下，虽然生活不像以前那么富足，但也差强人意。就在这个时候，警察局突然以"效忠王室"的罪名把艾迪安逮捕了。

艾迪安的被捕对于这个家庭无异于雪上加霜。好好的一个家一下子乱作了一团，女人们哪里经得起这样的惊吓，克拉里夫人一下子慌了手脚，不知道如何是好，除了和女儿朱莉抱头痛哭之外，她实在想不出还能做什么事情了。只有不到十六岁的小女儿德茜蕾仍然保持着平静，甚至连一滴眼泪也没有掉。

朱莉看到妹妹无动于衷的样子不由得生气起来，她皱起眉头，冲着德茜蕾喊道："德茜蕾，你真是太令人失望了！哥哥遭遇了这样的事情，你竟然还能像个没事人似的！你的心都长到哪里去了？"

德茜蕾走过来，伸出手来给妈妈擦了擦眼泪，说道："我心里当然也很难受，但是已经到这个时候了，哭又有什么用呢？现在我们应该做的是静下心来，想想有什么办法能够救哥哥。"

克拉里夫人叹了一口气，说："我们不过是一些女流之辈，又能想出什么办法呢？"

德茜蕾安慰母亲道："妈妈，你不用担心，我明天去见阿尔比特，希望他能帮我们的忙。"

朱莉好奇地问："阿尔比特？他是谁？你认识的朋友吗？"

德茜蕾回答道："他是国会议员，政府派他到马赛来当特派员，我听说他明天会在市政府就职。我和嫂嫂苏珊一起去找他，只要见到他，我们就有机会说服他，让他了解到艾迪安是被冤枉的。不然的话，不但艾迪安会被砍头，我们家恐怕也难逃被抄家的命运。"

听了德茜蕾的话，克拉里夫人和朱莉连连点头。她说的确实有道理，而且找特派员阿尔比特也是一个值得尝试的办法，然而，德茜蕾毕竟还是一个孩子，克拉里夫人怎么放心让她去做这样的事情呢？

克拉里夫人还想再劝说德茜蕾，但德茜蕾却已经顾不上这些了，她对母亲说道："现在我们也想不到更好的办法了，救哥哥是眼下最要紧的事情，您相信我吧，我知道应该怎么处理。"

此时，单纯的德茜蕾还不知道，明天的市政府之行会给她的一生带来多么巨大的转变。

第二天，天空万里无云，是一个晴朗的好日子。一大早，德茜蕾就起床了。她特意穿上了一件高雅而又迷人的礼服，还悄悄用了朱莉的口红，想尽可能把自己打扮得成熟一些。

德茜蕾和嫂嫂苏珊惴惴不安地来到了市政府大厅，刚一进门，迎面就走过来一个年轻男人，他和蔼地问她们："两位女士，请问有什么需要帮忙的地方吗？"

原本就十分惶恐的苏珊一下子张口结舌，一句话都说不出来了。德茜蕾赶紧往前走了一步，彬彬有礼地对那位先生道："您好，我是来拜访阿尔比特先生的。"

年轻男人回答说："真是不巧，阿尔比特先生刚刚到外面办事去了，我是他的助手约瑟夫·波拿巴。"

德茜蕾好不容易鼓足勇气来到这里，没想到却扑了个空，连人都没能见到，一下子焦急得哭了起来。

约瑟夫看到她如此失望，对她说道："女士，你可以把你的事情告诉我，等阿尔比特先生回来以后，我会转告给他的。"

约瑟夫的话对于德茜蕾来说就像是一根救命稻草，她立刻哽咽着把艾迪安的事情告诉了约瑟夫："我的哥哥只是一个纯粹的商人，他一直老老实实地经营着绸缎生意，从来都没有参与过什么政治活动。他被抓完全是被冤枉的！阿尔法特是马赛人，应该为正经的马赛商人做主，不能让无辜的人蒙受不白之冤。"

约瑟夫听了以后，说道："这个事情我也曾听说过，你的父亲以前向反动贵族出售过绸缎，那些贵族可是人民的敌人。现在你的父亲去世了，他们只好抓了你哥哥来抵罪。不过你不用担心，说不定我能帮你解决这件事。"

"你？"德茜蕾猛地抬起头来，有些难以置信地问道。

约瑟夫知道她对自己的能力有所怀疑，于是微微一笑，说："正是在下。你可不要小看我，要知道，在马赛，我们波拿巴家族说话也是有些威力的，你可能还不知道，我们家里还有一位将军呢！"

"将军？您的父亲是将军吗？"德茜蕾好奇地问道。

约瑟夫摇摇头，说道："不是！是我的弟弟，他今年才二十四岁。"

听到约瑟夫这么说，德茜蕾的心里又燃起了希望之光。她想，将军的哥哥说话肯定是管用的。这么一想，她感觉艾迪安有救了，心情顿时畅快了一些。

德茜蕾看着约瑟夫挺拔的身材和俊朗的面孔，不由得灵机一动：他跟姐姐朱莉多么相配啊！于是她对约瑟夫说："谢谢你，先生，为了表示我的谢意，我想请您到我家来做客，不知道您愿不愿意赏光呢？"

约瑟夫犹豫了一小会儿，说道："我知道你们家在马赛是很有名望的，不知道你母亲会欢迎我吗？"

德茜蕾说："那是肯定的了，如果您和您的将军兄弟能够同时来做客，那我们就会更加荣幸了。"

约瑟夫答应了她的邀请。

约瑟夫的话果然是管用的，当天下午，艾迪安就被释放了。德茜蕾一家对约瑟夫非常感激，为了迎接这个恩人，她和母亲、姐姐特意把庭院仔仔细细地清扫了一遍。朱莉还按照妹妹的指示精心梳洗了一番，把自己打扮得妩媚多姿。

临近傍晚的时候，约瑟夫和拿破仑如约来到了德茜蕾家。德茜蕾看到身材矮小、穿着皱皱巴巴的军装、头发像鸡窝一样蓬乱的年轻军官，感到非常怀疑：难道他就是将军吗？这实在是太不可思议了。

然而，拿破仑一开口说话，就表现出了强大的气场。

他随口说道："你们看到我身上穿的军装是非常破旧了吧？千万不要因此而感到失望。我们部队一直没有合适的军装，枪也非常老旧，但是现在我已经找到了解决这个问题的办法。"

他的话引起了艾迪安的兴趣，他好奇地问道："请问您找到了什么方法？"

拿破仑的唇边露出了一个笃定的笑容："把奥地利人从意大利赶出去。要知道，意大利可是一个富饶的国家，我们的军队如果驻扎在那里，就能得到充分的给养，哪里还用穿这些破破烂烂的军装呢？"

拿破仑的主意在艾迪安看来有些天马行空，他怀疑地问道："但是意大利人怎么会允许这种事情发生呢？他们怎么会心甘情愿地让自己的国家被法国占领？这是绝对不可能的。"

拿破仑摇摇头，说道："不，先生，你用错了一个词，这不是'占领'，而是'解放'。我是要解放他们，解放整个欧洲，我要把《人权宣言》带给所有被解放的国家。他们会欢迎我们的。"

尽管艾迪安虽然是一个老老实实的生意人，但是此时此刻听到了拿破仑的话，他也不由得感到振奋。他由衷地赞叹道："伟大的胸怀，将军，您的见解实在是太精妙了。"

约瑟夫对政治并不怎么感兴趣，更不爱听弟弟说这些事，他抬起头来，看了看窗外，对克拉里夫人说道："您家的花园真是百花齐放，不知道能不能让小姐带我们去参观一下？"

克拉里夫人笑着点点头，于是，朱莉陪着约瑟夫，德茜蕾陪着拿破仑，分别来到了花园里，尽情观赏起了那些美丽的花朵。

一边散步，拿破仑一边狡黠地问德茜蕾："美丽的小姐，如果我没猜错的话，你请我们到你家来做客，恐怕不只是为了致谢，应该是醉翁之意不在酒吧。"

德茜蕾知道，聪明的拿破仑早就已经识破了自己的小伎俩，不由得害羞了起来，脸上立刻飞起了两朵红云。她悄悄回过头去，看了看在远处花圃旁亲密地依偎在一起的约瑟夫和朱莉，羞赧地对着拿破仑笑了笑。

拿破仑看到她如此害羞，心中不由得对她产生了一些好感，他走上前去，握住德茜蕾的手，对她说道："抱歉，我不应该这么直率。然而，你要知道，作为一个军人，我不喜欢拐弯抹角。我看，朱莉和约瑟夫用了不了多久就会结婚吧？"

德茜蕾摇摇头，说道："他们才刚刚认识，怎么可能发展得那么快呢？"

拿破仑轻轻捧起德茜蕾的脸，凝视着她的眼睛，说道："爱情的火焰一旦燃烧起来，可就无法预料了。对于我，你不必隐瞒，我能够看透你的心。"

说完，他就深情地吻了吻德茜蕾的纤长的玉手，然后又说道："你们家是这么富有，但我们家却几乎一贫如洗。但是没关系，等我征服了意大利，我们的生活就会好的。"

拿破仑的话深深打动了德茜蕾，拿破仑对家庭的责任感为他平添了几分魅力。这个善良的姑娘抬起头来，认真地看着拿破仑，对他说道："我相信你，你一定会成功的，因为你说了，就一定能办到。"

拿破仑轻轻点点头："是的，我说过的，就一定能办到！"

一个声音在德茜蕾的心中悄悄响起："这不就是我心中的男人吗？"

约瑟夫和朱莉两个人互相吸引，心心相印，很快，就成就了一段姻缘。

对于约瑟夫的婚姻，拿破仑非常满意。因为朱莉家在马赛也算是名门望族，而且朱莉很漂亮，不论是家世，还是容貌，都配得上他的哥哥。更重要的是，拿破仑对德茜蕾已经悄悄萌生了爱情，约瑟夫和朱莉的结合也有利于他追求德茜蕾。

从那之后，拿破仑除了安排日常工作之外，就把大量的时间用于和德茜蕾约会。两个年轻人时常在街头漫步，谈论卢梭、伏尔泰，甚至有时还会谈起歌德的《少年维特的烦恼》。

一天晚上，趁着夜幕深沉之时，拿破仑与德茜蕾亲密地依偎在花丛中。拿破仑抬头看着星光灿烂的夜空，心中涌起了一股豪情壮志，他忍不住对自己的爱人说道："我相信我具有一种非凡的力量，我生下来就是为了建立和统治一个国家，一个世界的！"

德茜蕾当然也对这一点深信不疑，她激动地点了点头。

拿破仑紧紧地抱住了她，温柔地吻着她娇艳的红唇，喃喃地说道："欧仁妮，我心爱的人，你永远都不必害怕，你要相信，我有足够的能力保护你。我愿意把自己最美好的爱全都献给你，你愿意接受吗？"

欧仁妮是德茜蕾的乳名，拿破仑的一生都是这么称呼她的。

德茜蕾连连点着头，她抽泣着说道："拿破仑，我爱你，我永远爱你。不管你是伟人，还是一个平凡人，我都会一如既往地爱着你。"

两个沉浸在爱河中的年轻人，此时的眼里只有彼此。

热月政变的虚惊

拿破仑和德茜蕾订婚了，他们的爱情更加醇厚了。然而，尽管恋爱是一首甜蜜的舞曲，可是在这首舞曲中，时不时就会冒出一两个不和谐的音符。德茜蕾的母亲对于这桩婚事一直非常反对。除此之外，拿破仑的公务太过繁忙了，他不时地离开马赛，与德茜蕾分离两地。

1794 年 7 月，拿破仑又要出公差了。他被派到热那亚共和国执行一项任务。当时的热那亚共和国陷入了困境之中。英国军舰在热那亚的领海上突然袭击了法国快速舰"谦逊"号，奥地利的军队从北面对它们发起了进攻，西面也遭到了入侵，可以算作是四面楚歌。

虽然要想把热那亚共和国解救于水火之中并非易事，但拿破仑还是说服了热那亚政府首脑和元老院，让他们服从了他的意志。热那亚共和国成功解围，按理说，拿破仑又能得到法国当局的嘉奖了。但是，迎接他的却不是嘉奖，而是囚禁。

他刚到尼斯，就被扣留了，被囚禁在了昂蒂布附近的一个堡垒里。

后来拿破仑才知道究竟发生了什么事情。原来，1794 年 7 月 27 日，反雅各宾派分子精心策划了一场政变，这就是"热月政变"。雅各宾派领导人罗伯斯庇尔在这次政变中被杀害了，他的弟弟小罗伯斯庇尔也被送上了断头台。一时间，法国上空到处都弥漫着硝烟与阴云。

拿破仑与小罗伯斯庇尔一度过从甚密，所以，反雅各宾派分子理所当然地会把枪口对准这个他们眼中的政治嫌疑分子。更何况，在此之前，拿破仑还对小罗伯斯庇尔提出了一些战略建议，这些建议会使阿尔卑斯山区的法军地位降低。后来，这个部队在作战中接连以失败收场，将领们对失败原因进行调查之后，发现原因就在于拿破仑的建议。他们把对拿破仑的怀疑写成一封密信，报告给了救国委员会。信中还说，阿尔卑斯山方面的军队一直被小罗伯斯庇尔和里戈的阴谋弄得无所作为。

这条罪名并不大。再说了，欲加之罪，何患无辞？在这样的情势之下，即使是罪过不大，也照样有人会掉脑袋。

所以，在被囚禁期间，拿破仑一直胆战心惊，不知道自己会遭遇什么样的命运。在那个小小的牢狱里，他最为思念的，就是德茜蕾。他经常亲吻着一个装有德茜蕾青丝的颈饰，以此来表达对心爱的人的思念。

此时的德茜蕾，也正经历着前所未有的痛苦。她不知道自己的爱人现在正经受着什么情况，只能焦急地等待着。后来，她实在无法忍受等待的痛苦，就鼓起勇气，来到了拿破仑家探听消息。

拿破仑一家住在一座简陋而又低矮的小房子里，当约瑟夫打开门看到德茜蕾的时候，他非常震惊："你怎么来这儿了？"

德茜蕾顾不上回答他的话，说道："你们马上给拿破仑准备几件御寒的衣服，我要到牢里去探望他。"

德茜蕾的话令莱蒂齐亚和约瑟夫大吃一惊。莱蒂齐亚被这个姑娘的深情打动了，她走过去，紧紧地握住了德茜蕾的手，一边流泪，一边对她说道："你真是个好姑娘，谢谢你。拿破仑一直想征服世界，现在他出了事，我们能做的就是共同努力，把他从困境中救出来。"

德茜蕾点点头，坚毅地说道："然后让他去继续征服世界。"

虽然哥哥嫂嫂竭力劝她不要去趟这一趟浑水，然而德茜蕾还是拿着包裹独自一人来到了城防司令部。在那里，一位少校接待了她。

德茜蕾手里的包裹引起了少校的注意，他好奇地问道："小姐，这包裹是怎么回事？"

德茜蕾回答说："这是拿破仑·波拿巴的换洗衣物，希望您能把它转交给他。他是无辜的。"

少校立刻摇了摇头，说："这可不行，原谅我不能答应你的请求。告诉我，你叫什么？"

德茜蕾回答道："德茜蕾·克拉里。我哥哥不让我送来，我是偷偷跑来的。你们放了拿破仑吧，他真的是无辜的！"说着，她就忍不住哭了起来。

少校看到她哭得那么伤心，只好劝她："我认识你父亲。请别哭了。"

"不！我就要哭！"

"好了，好了，"少校简直一点办法都没有，只好说，"我一定给你送去，好吗？"

看到自己的目的达到了，德茜蕾终于破涕为笑了。

后来拿破仑回忆起这件事的时候，深切而又充满激情："当时欧仁妮的包裹送来的是柔情，是勇气，是力量，是我挣脱锁链的信念。"

在牢里，拿破仑一天都没有放弃过为重获自由而进行的努力。他向法国国民公会上书道："难道我不是一开始就信奉革命原则吗？难道我没有参加同国内敌人的斗争，并作为一位士兵向外国敌人斗争吗？难道你们可以不顾后果地抛弃一个对共和国效忠的军人吗？"

所幸的是，拿破仑还有一道护身符，那就是他出色的军事才能。特派员萨利切蒂和阿尔比特对他的各种材料进行了仔细研究之后，决定先释放他，因为"他的知识与才能也许今后对法兰西共和国有用"。

总的来说，拿破仑经历了一场虚惊。他的运气实在是太好了，要知道，如果派遣他到热那亚的命令早三个星期发出，那么，到热月政变的时候，他可能就已经完成任务到巴黎复命了。那时候，他就会被当成罗伯斯庇尔的追随者，遭到上断头台的待遇。如此一来，拿破仑的功绩也就到此为止了，我们也就看不到他后来是如何震惊世界的。

一天晚上，德茜蕾站在卧室的窗前，看着外面淅淅沥沥的小雨。她的心情比这阴雨天还要糟糕。她在为拿破仑担忧，不知道心爱的人收到包裹了吗？这么冷的天，他的衣服够吗？他会不会受到虐待呢？

妈妈在门外催促她赶紧上床休息，她答应了一声，然而，即使在床上，她也能感觉到外面的阴冷。

不知不觉中，德茜蕾睡着了。梦里，她看到拿破仑站在花园里，含笑看着自己。他还为她吹响了一曲悦耳动听的《马赛曲》。这曲子一下子把她从梦中唤醒了，她坐了起来，凝神一听，这是真的！在花园里飘荡着的，不正是那熟悉而亲切的《马赛曲》吗？

德茜蕾赶紧跑下床去，鞋子都顾不上穿，只穿着睡衣就冲到了花园里。在那里，她看到了自己日夜思念的心上人！她的眼泪顿时夺眶而出。

拿破仑向她伸出了有力的臂膀，紧紧地抱住了她，一边亲吻着她沾满泪水的脸颊，一边呼唤着她的名字："欧仁妮，我的宝贝，我的宝贝……"

刚刚重新获得自由的拿破仑，多么想第一时间就赶到恋人的身边。当他骑着马一路奔驰到德茜蕾家的时候，发现德茜蕾屋子里的灯已经熄灭了。他原打算明天再来，但是浓浓的思念之情使他无论如何也等不到第二天早上了。

如果说，在此之前，他对德茜蕾的爱一直是不断升腾的话，那么现在，他已经感到自己深深地爱上了她。

拿破仑用自己的军大衣把德茜蕾包裹了起来，深情地对她说："我的欧仁妮，我再也不能没有你，我们结婚吧。"

德茜蕾开心地露出了美丽的笑容，道："我还没满十六岁，你被捕的这段日子，哥哥一直不许我提起你。"

拿破仑说："你知道我是无辜的，所以他们放了我。"

他对着德茜蕾呢喃道："我的欧仁妮，等你到十六岁的时候，我们就马上结婚。我先征服我的世界，我还是一名将军，我还要去带领部队。"

德茜蕾凝视着他，说道："你去吧，我等你，一直等你回来接我。"

海战失利

拿破仑又要离开了，这一次，他要回到科西嘉，去解救自己身陷深渊中的同胞们。

科西嘉人把拿破仑一家从岛上驱逐了出去，但接下来的日子，他们也不好过。保利投靠了英国人，没过多长时间，英国部队就趾高气扬地开进了科西嘉，把科西嘉据为己有。保利原本想借助英国人的力量获得独立，但是他的如意算盘打错了。从英国人那里，他一点儿便宜也没有占到，反而还使自己身陷囹圄。英国女王找了一个理由，把保利召到了英国，然后把他圈禁了起来。从那之后，保利再也没能回过科西嘉，最后在英国过完了自己的残生。

拿破仑意外地收到了一个来自巴黎军部的委派状——委派他率领一支部队到科西嘉去，把这个岛上的人民从英国人的统治之下解救出来。

刚接到命令的时候，拿破仑感到既出乎意料又有些兴奋。他从来都没有想到，自己竟然会以这样的方式重返科西嘉。他立刻命令他的两位手下朱诺和马尔蒙进行作战准备。

朱诺和马尔蒙是拿破仑的左膀右臂，为拿破仑分担了很多军务。拿破仑与这两个人都是在土伦战役中结识的。马尔蒙在战斗中勇敢无畏的精神和坚强的性格，让拿破仑看到了自己的影子，因此对他非常赏识。

而朱诺吸引拿破仑的则是他的乐观积极。有一次拿破仑正冒着敌人的炮火构筑炮台，正在这紧要时刻，他突然想起自己有一份公文需要马上发出去，但此时公文还没有写完呢。于是他就问自己的士兵们："谁能帮我写份公文？"

朱诺站了出来，他靠在胸墙上记录下了拿破仑口述的话。刚写完最后一个字，一发炮弹就飞了过来，恰好落在了他的身边。只见周围的尘土一下子飞扬了起来，把朱诺完全笼罩住了。

就当拿破仑为朱诺的生死捏了一把汗的时候，朱诺突然开口说了一句话："这下子好了，我们能够省下不少沙子呢！"

拿破仑忍不住被他的乐观态度逗笑了。

战争结束以后，拿破仑就从指挥官那里把朱诺和马尔蒙要了过来，让他们担任自己的副手。有了朱诺和马尔蒙的协助，拿破仑感到自己肩上的担子一下子轻了很多。军中的一些事情，他都会交给他们两个去做，这次备战的工作也是如此。

朱诺和马尔蒙接到任务之后，立刻行动了起来，没过几天，他们就把出征所需要的军舰、物资、军队准备齐全了。

拿破仑带领着他的舰队从马赛港浩浩荡荡地向科西嘉岛的方向出发了。

此时，驻扎在科西嘉岛北部海域的英国舰队正在进行一年一度的大休整。到达科西嘉岛以后，英国舰队的统帅纳尔逊就给他的士兵们下了一个紧急命令，要求他们在科西嘉岛边的最高处建立了一个开阔的瞭望台，并且在瞭望台上配备了专业的望远镜，通过这个望远镜就能够观察到科西嘉岛周边的很多区域范围。不得不说，纳尔逊的做法实在是棋高一着。拿破仑的舰队距离科西嘉岛还有大约二十二公里的时候，纳尔逊的哨兵在瞭望台上就观察到了这支来意不善的队伍。

哨兵马上把这个情况汇报给了一名海军中尉，很快，纳尔逊就收到了消息。他迅速赶到了瞭望台，通过望远镜，他看到了远处果然有一批法国舰队正在向着自己这个方向驶来。他立刻命令各个舰队停止休整，马上出征，把这批法国舰队给拦截下来。

纳尔逊麾下一共有二十艘舰船，每一艘舰船上都装备着大口径的加农火炮，以及当时最为先进的武器，性能非常稳定。随着纳尔逊一声令下，舰船们迅速集结了起来。纳尔逊登上了自己最喜欢的一艘叫作"天眼号"的军舰，带领着舰队出战了。

狡猾的敌人已经包围了过来，但拿破仑却丝毫都没有察觉到。他专心致志地看着海图，现在距离科西嘉岛只有不到十八公里的路程了，他知道必须得加倍小心。

拿破仑虽然擅长陆地作战，但对海战却没有多少经验。事先他已经仔细思考了一下这次海战的作战方针，他知道，在距离目标非常近的时候，必须集中全部力量从不同的方位，对目标进行毫不留情的打击。于是，拿破仑命令他的舰队两艘为一个队列，从不同的方位向科西嘉岛进行围攻式的前进。而他自己所在的那艘军舰，则对准了他的家乡阿雅克修城的方向，他要亲手把那个城市从英国人的手里夺回来。

纳尔逊正带领着自己的舰队向着法国舰队靠近，忽然看到对方改变了舰队的布局，觉得有些纳闷。但久经沙场的他很快就意识到，法军要采取的是什么样的作战策略。

看穿了拿破仑的想法之后，纳尔逊一下子感觉胸有成竹了。他认为这场战役对自己来说，不过是小菜一碟，不费吹灰之力就能搞定。纳尔逊这么想也是可以理解的，毕竟，他曾经指挥过百余场海战，积攒下了丰富的作战经验。

纳尔逊命令舰队加快前进速度，并对舰队布局进行了调整，把二十艘舰船一分为五，四艘为一个队列，对拿破仑的舰船进行围攻拦截，一条也不能放过！

这时，拿着望远镜的朱诺终于发现了英国舰队的踪影，他立即向拿破仑汇报："将军，英国舰队似乎已经发现我们了，现在正向我们包抄过来。他们的舰队数量大约是我们的两倍！"

拿破仑拿过望远镜，看到英国舰队正在变换着布局，似乎是要对法国舰队进行包围式拦截。如果按照这个打法的话，自己的舰队肯定打不过对方，弄不好还会全军覆没！这可是拿破仑无法承受的结果。他立刻让朱诺和马尔蒙传令下去，让各舰船停止对科西嘉进行包围式的作战，集中在一起，直接面对英国舰队，与他们进行硬碰硬地火拼。虽然对方的兵力是自己的两倍，但现在，也只有这个办法可行了。

纳尔逊看到法国舰队又改变了布局，不由得感到有些奇怪，不知道拿破仑在搞什么名堂。

没过多长时间，英国舰队就进入了法国舰队的火炮射程之内。拿破仑马上命令火炮手们向着英国舰队开炮。轰隆隆的炮火声很快就炸响在了海平面上。

法国人的火炮击中了几艘英国舰船，其中之一就是纳尔逊所在的"天眼号"舰船。"天眼号"的船尾被炸出了一个巨大的窟窿，看上去就像裂开了嘴一样。伴随着巨响，纳尔逊被狠狠地甩在了甲板上。

被如此折腾了一番，纳尔逊恼羞成怒了。他站在甲板上，亲自指挥整个舰队进行战斗，誓要把法国人打个落花流水。

拿破仑当然也不会轻易示弱，他的火炮手们把一枚又一枚炮弹送向了英国舰队，把英国人炸了个七荤八素。

然而，尽管密集的炮轰在刚开始的时候使英国舰队有些摸不着北，可是等他们回过神来以后，局势就发生了变化。英国舰队摆脱了被动挨打的窘状，开始对法国舰队进行了迅猛的回击。没过多长时间，法国舰队中的几艘舰船就受到了严重的打击。更糟糕的是，这时英国舰队对法国舰队的包围之势已经初步形成了，接下来，拿破仑要面对的就是对方歼灭式的攻击。

拿破仑这时才认识到，英国海军的作战能力和应变能力果然是名不虚传的。继续缠斗下去，恐怕自己的损失会更加严重。于是，他立刻改变策略，命令朱诺和马尔蒙带领着三艘装备最好的舰船进行突围，然后趁着对方还没有把剩余的舰船包围之前，在外围对英国舰队进行炮轰。

而他自己，则坚持在第一线上指挥作战。一颗炮弹冲着他所在的舰船飞了过来，在离他不远处一下子爆炸了。拿破仑来不及躲闪，整个人被掀翻了，所幸的是，只是受了一点皮外伤。此时的他已经是视死如归了，他迅速站了起来，连伤口都没有察看一眼，就继续指挥着自己的士兵们战斗。

主帅的这种奋不顾身的精神使得士兵们大受鼓舞，原本有些低落的士气再度高涨了起来，他们对着敌人的舰船进行了更猛烈的攻击。

这时，朱诺和马尔蒙带领着三艘舰船费尽千辛万苦终于冲出了英国舰队的重重包围，来到了东北方向的外围区域。纳尔逊发现竟然有漏网之鱼，立刻调派了四艘舰船冲着他们包围了过去。

朱诺和马尔蒙作出了要逃跑的架势，引诱敌人进入了他们的火炮攻击范围之内。没过多长时间，纳尔逊派出的四艘舰船就赶了过来，迎接他们的，是猛烈的炮火。这时，英国人才知道自己中了拿破仑的圈套。冲在最前面的两艘舰船被炮火击个正着，大火一下子烧了起来。紧随其后的舰船看到这种情景，立刻调转船头，又向着拿破仑所在的舰船冲了过去。

此时，英国舰队的十八艘舰船正对着拿破仑的七艘舰船进行狂轰滥炸，大有赶尽杀绝之势。朱诺看到拿破仑已经陷入了敌军的重重包围之中，就率领着两艘舰船前去为他解围。朱诺很快就为拿破仑所在的舰船杀出了一条血路。拿破仑抓住了这个机会，命令手下马上撤退，终于冲出了英国舰队的火力范围。

拿破仑虽然侥幸捡回了一条性命，但是剩下的六艘舰船却被英国舰队围了个水泄不通，只能进行殊死挣扎。此时的拿破仑虽然空有一腔悲愤，却也无力回天。最终，这六艘舰船都被英国人击毁了。看着那熊熊的大火和滚滚的浓烟，拿破仑真是欲哭无泪。

还没有抵达科西嘉岛，十艘舰船就被歼灭了六艘，对于拿破仑来说，真是一次彻底的失败。

回到马赛以后，拿破仑的心情一直非常沉重。他到马赛军事部汇报工作，受到了军部司令官的冷嘲热讽，当时的他简直想找个地洞钻进去。司令官虽然对他不甚满意，但是却也没有作出什么处罚，只是让他等着巴黎方面的决定。

半个月以后，拿破仑才收到了来自巴黎方面的消息。巴黎方面委派他到旺代城去镇压保王党的叛乱。镇压叛乱，这是拿破仑最不愿意做的事情。在马赛军部司令官的办公室里，他一口回绝了这个任务。司令官对此非常生气，但拿破仑现在已经不在乎他的情绪了。

此时的拿破仑终于开窍了，他意识到，即使自己在部队里打成百上千次的仗，也得不到真正的权力，始终都要听从他人的命令行事，甚至稍有不慎就会惹来大麻烦。而那些远在巴黎的政治家们，只要动动嘴皮子，就能决定一个人的命运。

于是，一个念头涌上了他的心头：他要到巴黎去！到法国的权力中心去！

困顿在巴黎

1795 年 5 月，拿破仑带着马尔蒙、朱诺以及弟弟路易启程前往巴黎。

诗人利尔克曾经说过："巴黎是一座无与伦比的城市。"的确，早在"法兰西"这个国家还不存在的时候，就已经有了古代巴黎。只不过，那时候的巴黎只是一个位于塞纳河上的小渔村。公元 358 年，罗马人在这个小渔村建造了一座宫殿，这一年一直被认为是巴黎建城的元年。公元 5 世纪的时候，日耳曼法兰克族萨利克部落的首领克洛卫夺取了塞纳河流域的统治权，创立了一个叫作法兰西的王国，巴黎成为了这个王国的国都。后来，巴黎不断发展，最终成了现在这样一座繁华的大都市。

从古至今，无数年轻人从世界各地会集到巴黎，他们拥有各种各样的梦想和野心，在这里，他们曾实现梦想，也曾有过失望。如今，拿破仑也成了这些人中的一员。

大革命的浪潮疯狂席卷了全国上下的时候，巴黎成了革命的核心。雅各宾派当政期间，罗伯斯庇尔曾经在巴黎制定了很多规矩，比如不允许举办舞会等。这使得巴黎人一下子变得循规蹈矩起来。

然而，当拿破仑来到巴黎以后却发现，这里早已不是自己印象中的那个城市。罗伯斯庇尔所提倡的斯巴达式的生活方式伴随着他的倒台已经消失得无影无踪。没有人再去过那样的生活，巴黎人又开始了他们习惯的享乐生活。

在社会各个阶层，都流行起了赌博之风。不管是赌现金、股票还是证券，都有一大拨人蜂拥而上。一向人来人往的戏院，现在更是挤满了各种各样的人，欢声笑语时不时地哄然响起。富人们争先恐后地炫耀着自己的财富，生怕别人不知道自己是多么有钱。

现在的巴黎，仿佛又回到了大革命之前的旧制度之下，人们尽情地寻欢作乐，无所事事的状态，仿佛革命从来都没有发生过，人们的生活轨迹从来都没有改变过。

而且，人们现在变本加厉地玩乐了，在巴黎，还流行起了一种"牺牲者的舞会"，所有参加这个舞会的人，都要出示亲属的死刑执行令，只有这样，才会被允许入内。在这些舞会上，人们用各种令人讶异的手段来寻开心，比如穿戴上使人想起断头台的那些服饰，或者不时用模拟人头被砍落的动作，向舞伴点头打招呼。每当这个时候，人们就会哈哈大笑。

拿破仑冷眼旁观着这一切，渐渐地，他的思想开始出现了巨大的转变。他原本还算是个热情的年轻人，但是，从那之后，他就变得现实、冷酷起来。这一时期，他似乎已经放弃了自己的信念，而且也不再相信，如此放纵的人类还会有美好的前途。

但拿破仑并没有忘记，自己到巴黎的目的是什么。所以，尽管周围的环境令他感到厌恶，他也顾不上去批评谁了。他每天都会到处奔波，竭尽心思地寻找东山再起的机会。

皇天不负有心人，拿破仑终于探听到一个好消息：他在炮兵团时的老上尉奥布里，步步高升，现在已经当上了救国委员会的委员，国防部的事务都是由他来负责的。拿破仑决定先去找他碰碰运气，看看他是否能够给自己安排一些差事来做。

然而，在奥布里家他却吃到了一个软钉子。奥布里是一个心胸并不怎么宽广的人，他一直对拿破仑这么年轻就一路高升非常嫉妒，现在看到这个年轻人竟然向自己求助，当然不会向他伸出援手。他把拿破仑安排到了步兵团当营长，他知道拿破仑学的是炮兵专业，就职的部队也一直是炮兵团，所以他故意把他安排在不熟悉的步兵部队。而且，拿破仑现在的军衔是炮兵准将，他却让他到步兵营里去当一个小营长，这分明是在戏耍他。

拿破仑知道，从奥布里这里是不可能得到什么帮助了，于是他愤然离开了。

尽管遭到了奥布里的冷遇，但是拿破仑并没有放弃，他继续在巴黎到处奔走，后来他打算到上流社会寻找缺口。通过一个偶然的机会，他得知塔里昂夫人的宴会上层人物云集，是巴黎著名的社交场所。

说到这里，我们要先介绍一下这位塔里昂夫人，她在拿破仑的政治生涯中可是起到了举足轻重的作用。塔里昂夫人是巴黎的大红人。在巴黎的上层社会里，几乎没人不知道她的大名。

她的丈夫塔里昂伯爵是一个八面玲珑的人，他曾经参加过法国大革命，投票处死了路易十六，还曾与罗伯斯庇尔攀上交情，热月政变后，他立刻见风使舵，巴结上了国民公会主席巴拉斯。他在政治上的顺风顺水，在一定程度上要得益于塔里昂夫人的辅助。

塔里昂夫人热爱交游，又很有一番手段，她经常在家里举办一些高规格的宴会，通过这些宴会来结交权贵。凭借着自己的美丽和性感，塔里昂夫人吸引了很多男人的目光，只要是那些对她有利用价值的人，她都会施展浑身解数，把他勾引到自己的床上。巴黎的高官们，都想参加她的宴会，获得一亲芳泽的机会。

拿破仑想通过参加塔里昂夫人的宴会，与那些高官名流们有所接触，进而获得提升的机会。于是他一改自己以前那种沉默寡言、不善交际的作风，主动来到了塔里昂夫人的宴会。

当时的拿破仑经济拮据，生活贫困，穿着破旧的衣衫，神情也显得无比拘谨，所以，人们都觉得这不过是一个想费尽心思混到上流社会的小人物，根本没人来跟他打招呼。

一段舞曲终了的时候，拿破仑终于鼓足了勇气，走到了塔里昂夫人面前，说道："尊敬的夫人，我能否请您到花园一叙？"

塔里昂夫人看了一眼面前的这个个子矮小、其貌不扬的男人，刚想直截了当地拒绝他，却又被他深邃的眼神打动了，不由自主地点了一下头。

在花园里，拿破仑所说的话让塔里昂夫人转变了对他的印象。虽然拿破仑只是希望她能够帮他讲情，但他在交谈过程中所表现出来的对现在法国政局的犀利认识让塔里昂夫人刮目相看。塔里昂夫人并不是一个花瓶式的"交际花"，实际上，在政治上，她也颇有一些见识，所以，她欣赏拿破仑这样的人，并且对他留下了深刻的印象。然而，此时此刻，她也帮不上什么忙，拿破仑最后还是失望而归。

事情一直没有什么转机。拿破仑的心情糟透了，身体和精神遭受着双重的折磨。前途的无光令他感到越来越绝望，此时的他开始怀念起以前在部队里如鱼得水的日子。

所幸的是，马尔蒙到莱茵军走马上任了，拿破仑拜托这个自己从前的助手带走他的弟弟路易。很快，路易就在一个炮兵学校找到了一个职位，这让拿破仑的心稍感安慰。

现在，只有朱诺还待在他的身边了。朱诺对他一直忠心耿耿，即使是在如此困顿的时候，也愿意为他效劳。然而朱诺的家人却对此非常不满。朱诺的父亲非常生气地说："这是什么将军？在哪里服役？谁都不知道！"

但朱诺却坚定地认为拿破仑是个非常了不起的人物，虽然他现在得不到重任，但是终有一天，他一定会东山再起的。他努力说服了他的父亲，最后，老人家只好给了他一笔生活费，让他跟着拿破仑在巴黎闯荡。

朱诺带来的这笔生活费，暂时解决了拿破仑的燃眉之急。他的生活实在是太拮据了，为了填饱肚子，他经常到朋友家去蹭饭吃，去的最多的，是佩尔蒙家。

佩尔蒙是巴黎中央议员，已经上了年纪，但是他的妻子却很年轻，与拿破仑的年龄相仿。拿破仑到佩尔蒙家做客的次数一多，他们也就熟络了起来。

很长一段时间里，拿破仑都过着无所事事的生活，这对于他来说，简直是不可忍受的事情。更糟糕的是，他的口袋里没有钱，只能过着吃了上顿没下顿的拮据生活。渐渐地，他开始有些泄气，他给约瑟夫写信，向他倾诉了自己的痛苦："我的生活仿佛失去了一切希望，跟你说说我现在的精神状态吧，我好像每天都处在战斗的前夕，总是觉得马上就要大难临头。我很不安，这种情绪一直在折磨着我，让我快要到达崩溃的边缘了。一切都让我去玩命，要是这样继续下去，车子压过来了，我都不会低头。"当拿破仑在巴黎深受煎熬的时候，他的心上人德茜蕾在马赛也过着痛苦不堪的日子。这个刚刚品尝到了爱情是多么甜蜜的女孩，再一次陷入了剪不断、理还乱的思念之中。

她的哥哥艾迪安是一个彻头彻尾的商人，似乎任何事情到了他这里，都可以上秤过过磅，然后再定价。他以一个商人的世俗眼光来看待拿破仑与德茜蕾的关系。虽然拿破仑在马赛曾经创造过辉煌，但那不过是昙花一现，现在他在巴黎过着困窘的生活，早就已经不再是以前那个"大人物"了。而且，拿破仑家的贫穷也使他感到这门婚事实在是门不当户不对。于是他决定不惜一切代价剪断德茜蕾的情丝，他开始给妹妹介绍一些他认为合适的对象。

德茜蕾一再拒绝了哥哥的好意，她给远在巴黎的拿破仑写信：

亲爱的拿破仑，为什么你一直都没有给我来信呢？请你赶快给我来信吧！我已经等了很久了。我心爱的人，你一定要保证你的忠贞，你知道的，我们两个人的心早就已经亲密地合二为一了，什么也无法让它们分开。我希望收到你的只言片语，哪怕只是向我道一声平安。我们分别的时候，你的身体有些小毛病，不知道现在怎么样了？好了吗？

我亲爱的，你一定要保重自己，为你的欧仁妮而保重自己，她不能没有你啊！

每一分钟、每一秒钟，我都感到痛苦不已，我最亲爱的人，你为什么不在我身边呢……不过，就算你离我有千里之遥，我也一直把你放在我的心头。不管我在哪里，你的身影都在我的脑际盘旋着。我思念着你，一直思念着你，这种思念就像影子一样，一直紧随我，直至坟墓。啊！我亲爱的，你的誓言如同我的誓言一样真诚，是吗？希望你能像我爱你那样爱我。现在已经到了下午，外面的太阳刚刚好，要是以前，我们会结伴出游，在大自然中漫步，但是现在，你再也不会来找我了。啊！我只能暗自伤心，我是多么后悔啊，真不该让你离开我。但是，我又知道，我的恋人志向远大，要去奔赴他的前程，我怎么会束缚他呢？语言难以表达我有多么爱你……但愿能知道你永远忠实于我……你离开我已经很久了，在我看来，这段时间漫长地就像是已经过了几个世纪。只有你的来信，你爱我这一誓言一直支持我承受如此长久、如此痛苦的分离……

来自德茜蕾的每封信，字里行间都写满了深情。这是困顿中的拿破仑所能得到的唯一安慰。德茜蕾的信如同蜂蜜一样，使他在巴黎的日子似乎变得没那么悲苦了。当他如饥似渴地阅读着那一行行令人心动的情话时，心情就会变得愉悦一些。

一有空闲时间，他就给德茜蕾写信，告诉她他是多么得想念她：

今天终于收到了你的信，我高兴得简直要跳起来。我如饥似渴地读着你的信，它带给我很多温馨与欢乐。我真高兴，你说的每一句话都说出了我的感情、我的想法。我也在深深地思念着你，这种感情每时每刻都充满我的心。你的画像铭刻在我心中。我毫不怀疑你的爱情。我的欧仁妮，你怎么会想到我不再爱你了？快把你的这种想法从脑海中驱逐出去吧！这是不可能的事情。我这一生都是属于你的。我即将去塔拉斯孔，今晚我会在那里给你写信详谈。

我的欧仁妮，我是多么想让你知道，你的信对于我有多么重要。要是你能看到你的信在我心中激起的万种柔情，你就能体会到，你的怀疑对我来说是多么不公平……我心爱的人，我所有的欢乐都与你联系在一起，哪怕是在我的梦中，也经常会出现你的身影。"痴情女爱了薄情郎"，这句话实在是大错特错，这不会是你的由衷之言。你在写这句话的时候，心里肯定不是这样想的。

刚刚收到了你的两封信。它们就像春风一样，吹拂到了我的心中，让我感到如此舒爽。我的心里仿佛盛满了蜜，一想到你，我就觉得心头特别甜。一看到你的信，远离你，以及前途渺茫等尘虑杂念全都消失得无影无踪。我深深感到：有了恋人的爱，我不会苦恼。……我请求你，每天都要给我写信，最好每封信都保证：你永远爱我。

这些日子一直都没有收到你的信，我心爱的人。你怎么会一连十几天都不给我写一个字呢？已经过了这么长时间了，难道你竟然一点也不思念我？求你赶紧给我写一封信吧，让我知道，你还爱着我。你的连日缄默令我深感不安……

拿破仑与德茜蕾的信你来我往，如同鸿雁一般，非常频繁。然而有一次，一连十一天拿破仑都没有收到德茜蕾的来信。他开始感到不安，不知道发生了什么情况。无奈之下，他只好给约瑟夫写信，向他询问德茜蕾的状况："你的信总是那么干巴冷冰，为什么从不对我讲欧仁妮的事情呢？我非常不安，甚至不知道她今天是不是还活着。"

直到后来他才知道，克拉里夫人带着德茜蕾搬到了意大利的热那亚。他马上给德茜蕾写了一封信：

你竟然已经不在法国了，我心爱的欧仁妮，难道你觉得我们之间的距离还不够遥远吗？如今你竟然远渡重洋去了热那亚，现在，在我们之间竟然横亘着一条宽阔的大洋？我并不责备你。我知道你一定有你的苦衷。上封信中你生动地描述你的痛苦心情，我仿佛感同身受。温柔的欧仁妮，你还是太年轻了，你的感情终究是会淡薄、减弱的。可能用不了多长时间，你就会变心。这就是时间的奇妙作用，也是我们长期分离的必然结果。然而我知道，你仍然会关心着我，但那只不过是关心和尊重罢了。我们的爱情，终究有一天会被这样的感情所代替。不要以为我会责备你不公允。我不会的。你可以尽情地去寻找你的幸福。我理解你。一颗饱受感情风暴所摧残的成年人的心，是配不上你的。……无与伦比的朋友，我可无法接受你上封信中反复提到的信誓旦旦。我希望你能够对我始终坦诚。答应我，当你不再爱我时，请告诉我，好吗？我也保证会这样做。

在巴黎迟迟找不到一个好的职位，德茜蕾又很久没有给他写信，无奈之下，拿破仑只好把精力投入到钻研政治问题和战略问题上。他为意大利方面军草拟了一份作战方案，正是凭借着这个作战方案，他才得到了一个意外的机会——由于这个作战方案充分表现出了他对地理情况的了解，所以他被委派到救国委员会测绘局任职。

当拿破仑听到这个提升消息的时候，他的心头立刻涌上了一个念头：这个工作能帮助他到土耳其去，在那里，他可以帮助土耳其苏丹（土耳其统治者被称为"苏丹"）组建炮兵。

他刚一上任，就提出了到土耳其去的申请。然而，正当他满怀希望地期待着自己的东方之行时，厄运降临了。救国委员会正要批准他的申请时，有关部门对他最近的行为进行了调查，发现他没有到旺代的司令部报道，这说明他违背了军纪。于是，中央委员会把他从将领名册中除名了。

没能去成土耳其，军衔也被吊销了，对于拿破仑来说，这双重的打击实在是太致命了。我们姑且认为，这是命运之神别有用心的安排，只有让他多经受几次坎坷与波折，他的翅膀才会练得更硬，以后他才会飞得更远。

临危受命的"葡月将军"

正当拿破仑在巴黎四处奔波、苦苦寻找机会而不得的时候，一场疾风骤雨式的政治风暴正在法国各地酝酿着，巴黎，又成了理所当然的核心地带。几乎每个人都能感觉到这场突如其来的风暴是多么暴虐，于是大街小巷上，随处都能够看到充满戾气的人，他们愤怒、发泄、抱怨，整个巴黎都变得"山雨欲来风满楼，黑云压城城欲摧"。

从法国大革命爆发的那天起，保王党就不断地进行着抗争，他们采取各种各样的手段，想要使王室腐败，重新恢复旧制度下自己所拥有的荣光。雅各宾派在全国上下推行的恐怖政策并没有使他们放弃抗争，相反，还使法国的社会秩序变得更加混乱。

热月政变发生以后，在法国中产阶级中，一直流行着一种矫正革命的极端主义观念，在这种观念的主导之下，法国国民公会一直在为制定一部新的宪法而努力。但是，出乎他们意料的是，这部于1795年9月22日（革命历法共和四年葡月1日）所颁布的新宪法，反而引发了一场轰轰烈烈的大动乱。

当时的法国国民公会最为害怕的事情，莫过于普选。因为普选会使得一些不满分子或保王党分子在议会中取得多数派的地位，如此一来，国民公会的权力就会受到限制，对于国家的掌控也不再有力。为了避免这种情况的发生，国民公会在制定新宪法的时候，就规定：每年改选三分之一议员的规定，现在适用于本届国民公会，因此余下的三分之二就成为即将成立的"元老院"和"五百人院"的当然议员。

国民公会的这一无耻决策刚一颁布，就引发了全国上下的一致反对。当时，在巴黎街道上经常会响起"打倒三分之二！"的口号，这是人们愤怒的呐喊。

很多人之所以会如此愤怒，是因为当时正处于粮食危机之中，革命的结果竟然是连面包都吃不到，人民怎么能不愤怒呢？而保王党人和一些政治不满分子则恰到好处地利用了这种愤怒的情绪，他们把这场反对运动引向了自己所期望的目标——动摇国民公会的统治根基，进而把他们推下台，实现王室复辟。

这场运动在巴黎发展得如火如荼，巴黎人纷纷加入反抗者的队伍中，很快，这支队伍就扩大到了拥有三万名成员的规模。愤怒的人们咬牙切齿地想要把国民公会解决掉。因为当时陆军的部队都在远离巴黎的地方驻扎或者作战，所以，国民自卫军完全主宰了局势，巴黎陷入了岌岌可危的局面。

这场运动刚露出苗头的时候，拿破仑还没有意识到暗流已经在巴黎的大街小巷上肆意涌动，他还在为自己的怀才不遇而满腹牢骚。而巴黎上层社会的名流们，则更是对此毫无察觉，仍然过着花天酒地的奢靡生活。

一天下午，巴黎的近卫骑兵装备齐全地一字排列站在塞纳河桥头。每个士兵的表情都非常严肃，看样子，他们似乎正在执行着一项什么重大的任务。你要是这么以为的话，那可就大错特错了，其实，他们不过是在护送国民公会主席巴拉斯到美丽的博阿尔内夫人家中，参加博阿尔内夫人每个周末专门为他举行的晚宴。

博阿尔内夫人是何许人也？约瑟芬·德·博阿尔内，1763年出生，从小，她就出落得明艳动人，见过她的人无不被她的美丽所打动。十五岁的时候，她的姑妈把自己情人的儿子博阿尔内子爵介绍给了她，很快，两个人就结婚了。

博阿尔内子爵可不是一个正人君子，他是个喜欢流连在花丛中的多情汉。虽然自己的夫人娇俏动人，而且还给他孕育了两个孩子，但是他却始终不愿意收心，每天都会到外面去拈花惹草。他自己花心倒也罢了，对妻子的要求却非常严格，让她严守妇道，不要到外面去抛头露面，更不能太过招摇，恨不得让她过着修女的生活，真是"严于待人，宽以律己"！

雅各宾派当政时，博阿尔内夫妇都受到了清算，博阿尔内子爵被送上了断头台，但约瑟芬却因为出色的容貌而被放了出来。后来，约瑟芬在塔里昂伯爵的帮助下，辗转来到了巴黎。在巴黎，约瑟芬深知，作为一个妇道人家，要想在这个动荡的年代里活下去，一定要找到一个有力的靠山，于是，她就投入了国民公会主席巴拉斯的怀抱。

不一会儿，一辆装潢精美的马车就"哒哒"地驶了过来。然后，在巴黎人的注视之下，巴拉斯被近卫骑兵簇拥着，到达了约瑟芬的家门口。

约瑟芬早就已经在自家门口等候多时了。她穿着一身质地高档的绸裙，玲珑有致的身体在绸裙的包裹和修饰下，变得更加性感迷人。光洁的肩膀在一片镶缀着宝石的轻纱中时隐时现，让人忍不住想去抚摸一下。她的脸是如此明艳，鲜嫩的嘴唇微张着，似乎马上就要吐出几句温言软语，像大海一样湛蓝的双眸里，闪烁着令人沉醉的光芒，令人忍不住沉溺在那片海之中。

看到巴拉斯的马车渐渐驶近，她高兴地迎上前去，向着车厢里的国民公会主席伸出了自己的纤纤玉手："巴拉斯大人，我已经在这里等了很长时间了。看到您真高兴，这几日，我每天都在思念您。"

巴拉斯一看到她，马上迫不及待地从马车上跳了下来，一边热烈地亲吻着她的娇嫩红唇，一边向她倾诉自己的心声："宝贝，我的心和你是一样的，我也无时无刻不在思念你。因为你，那些烦人的公务我都扔到了一边儿！"

约瑟芬笑了，这迷人的笑就像小猫的爪子一样抓挠着巴拉斯的心，他更加激动了起来，一把将她抱到了怀里，献媚地对她说道："猜一猜，我给你带来什么好东西？"

其实哪里还用约瑟芬猜呢，就在他们亲热的时候，勤务兵们已经开始从马车里源源不断地搬出了美食、美酒，还有一大篮正在绽放着的鲜花。他们刚要抱起鲜花，巴拉斯惊叫了起来："不要动！"他走过去，亲自拿起那篮鲜花，送到了约瑟芬面前："亲爱的夫人，祝你永远像鲜花一样美丽！"约瑟芬深深地嗅了一下鲜花的清香，撒娇地对巴拉斯说："您总是那么用心，快到屋子里去吧，我也为您准备了一些好节目。"

约瑟芬是个细心的人，进屋之前，她特意交代管家，让他好生招待巴拉斯的马夫和勤务兵。她知道，跟巴拉斯的这些跟班们打好关系，对自己以后是大有用处的。

约瑟芬挽起了巴拉斯的胳膊，亲热地把他带到了屋子里。

巴拉斯刚一进客厅，另一位美丽多姿的夫人就婀娜多姿地向着他走了过来。约瑟芬喊道："塔里昂夫人，正好，你来帮我招待一下这位贵客。"说完，她走到外面去吩咐仆人开宴。那位夫人笑着对巴拉斯说："主席阁下，您终于来了！"

对眼前的这位美人儿，巴拉斯并不陌生。在这里竟然能够遇上她，巴拉斯感到有些惊讶。因为这位塔里昂夫人一般都是做主人的，很少会参加别人的宴会。今天，她怎么会出现在约瑟芬的宴会上呢？

其实，塔里昂夫人的用意并不难猜测。显然，她对这位手握大权的国民公会主席产生了兴趣，所以才会放下身段，来参加约瑟芬的宴会，目的就是要钓到这位举足轻重的大人物。

塔里昂夫人娇笑了一声，对巴拉斯说道："怎么？主席阁下，您的表情似乎说明您并不怎么欢迎我啊？"

巴拉斯立刻说道："哪里，我怎么会不欢迎你呢？哪怕只是看您一眼，都是我天大的荣幸！"

塔里昂夫人眼波流转、顾盼生辉的眼神、玲珑有致的曼妙身姿，深深地吸引了巴拉斯，他感到自己的半边身子都酥了。他一把抓住塔里昂夫人的手，把它拉到自己的嘴边亲吻着，急切地对她说："夫人，什么时候您能到我的家中来一聚？要知道，我期盼这一天已经很久了，不知道您肯不肯赏光？"塔里昂夫人眉头一挑，看了一眼正在远处对仆人吩咐事情的约瑟芬，笑着说道："不是我不肯赏光，我是怕有人会吃醋呢。"

巴拉斯顺着她的视线看去，心中一动，说道："原来如此！夫人不必担心，谁能阻止我对您的倾慕呢？您放心吧，我今天之所以来这里，就是为了向她辞别……"

塔里昂夫人一边妩媚地笑着，一边向他抛了一个眼神，暧昧地说道："既然如此，那我明天就是你的了。"

这时，约瑟芬回到了客厅，刚好看到两个人聊得不亦乐乎，她亲昵地坐到巴拉斯身边，问道："看来你们很投机呀，在聊什么呢？"

巴拉斯狡黠地回答道："当然是在说您的美丽！"塔里昂夫人也随口附和："是啊，您比以前更加美丽了，看来是得到了爱情的滋润！"

约瑟芬不是三岁小孩，也不是情窦初开的少女，她当然不会相信他们的这番鬼话。这段日子，她的心中时常会产生一种危机感，虽然巴拉斯经常来与她相会，但是从他的眼神中，她时不时地会看到他对自己的厌倦。她知道，巴拉斯不过是贪恋她的美色，根本不是真心爱她的，早晚有一天他会将她弃如敝屣。如今，她就已经很难再笼络住他的心了。此时，她看到巴拉斯和塔里昂夫人如此亲热地坐在一起，还聊得那么开心，不安的感觉再次涌上了心头。

女人的直觉总是敏锐的。当天晚上，约瑟芬和巴拉斯像往常一样度过了激情的一夜，然而第二天一大早，巴拉斯却像换了一个人一样，整个人开始变得冷冰冰的。

巴拉斯起床穿衣服时，约瑟芬妩媚地抱住了他。巴拉斯有些不耐烦地把她推开，说道："说吧，你需要多少？"

巴拉斯生硬的口气让约瑟芬感到有些不习惯。她缩到被子里，似乎想找到一丝温暖。但是她的贪欲又驱使着她说出自己的要求："我需要买几条裙子，大概一万法郎。"

巴拉斯把上衣的口子扣好，语气更加生硬地说道："晚上我会派人把钱送来。"

约瑟芬高兴地从床上跳了下来，抱住他，亲吻着他的脸。

巴拉斯躲闪着，说："这段时间公务太繁忙了，以后我不会再来了。"巴拉斯虽然被她的美丽面孔和性感身材所吸引，但是却不喜欢她日益表露出的对金钱的贪婪。巴拉斯曾对别人说，约瑟芬在床上总是佯装狂喜，实际上却是一只计算器，心中不停地在盘算着能获得多少法郎。更何况，现在马上就会有一个同样妩媚的美人投入到他的怀抱中，所以，抛弃约瑟芬简直成了必然的事情。

约瑟芬当然知道所谓的"公务繁忙"不过是一个借口，这位国民公会主席整日里过着寻欢作乐的生活，公务早就被他抛到了一边。真实的原因是，他已经玩腻了自己。

从今天开始，她变成了一个弃妇。泪水从她美丽的眼睛中涌了出来，她之所以哭，并不是因为舍不得巴拉斯，而是因为她不知道，失去这个强有力的靠山以后，自己的生活将会怎样？

连国民公会主席都过着这样的生活，更何况其他的高官呢？沉浸在玩乐、美色与金钱中的热月党人，根本没有意识到，一场大危机即将爆发。

趁着法国的政局处于日益动乱的局面，保王党人开始在里昂、马赛等法国南部地区闹事，在他们的控制范围内大肆围捕热月党人。不仅如此，路易十六在丹佛尔监狱病亡之后，他们还把路易十六的弟弟普罗旺斯伯爵立为路易十八，妄想着以他的名号来重建法国王权。保王党人在法国各地集结了起来，他们已经做好了准备，要把正在摇篮中的热月党政权扼杀掉。

叛乱此起彼伏，热月党政权的处境越来越艰难，这使得巴拉斯感到头疼不已。此时，他虽然坐在塔里昂夫人的客厅中，美色当前，却也难以开怀。

塔里昂夫人是一个颇有心计的女人，她看出巴拉斯正在因为何事而愁眉不展，但是她却故意装作一无所知的样子。她做出一副不满的样子，坐到了巴拉斯的怀里，有些埋怨地对他说道："亲爱的，你的眉头为什么一直紧皱着呢？难道是对我不满意吗？如果是这样的话，你可要告诉我。"

巴拉斯对塔里昂夫人这个新欢还新鲜着呢，哪里会有什么不满。他赶紧搂住她，一边摸她丰腴而白嫩的身体，一边温柔地安慰她道："亲爱的，你可不要胡思乱想。我怎么会对你不满意呢，我的美人儿！我现在满心满眼都是你！"

"那你为什么一直愁眉苦脸呢？"塔里昂夫人装作不解地问道，"难道……昨天晚上你还不够满足？"说着，她就挑逗起了巴拉斯。巴拉斯这个好色之徒哪里受得了她的挑逗呢，当即把她扔到了床上，与她再一次颠鸾倒凤了起来。

一番激情之后，塔里昂夫人与巴拉斯在床头依偎着，她俯到巴拉斯的耳边，说道："亲爱的，其实你不必这么忧愁，我一个小计策，可以为你排忧解难。"

疲惫不堪的巴拉斯摇摇头，说道："你？你有什么计策？难道就凭刚才的那些小把戏？我的宝贝，我可没有体力了。"

塔里昂夫人从床上坐了起来，认真地说道："我的主席大人，现在我可没有跟你开玩笑，我是认真地为你出谋划策。如今保王党到处乘风作乱，巴黎的局势越来越混乱，如果你不马上动手，等到保王党开始出击以后，督政府就会陷入被动的局面中。那时，你要遭受的指责就会从四面八方涌来，到时候，你的烦恼可就更多了。"

塔里昂夫人的这番话引起了巴拉斯的注意，他没想到，塔里昂夫人竟然颇有一番政治头脑，所说的话很有道理。他立刻打起了精神，急切地问道："那你有什么好办法呢？快，说来给我听一听。"

塔里昂夫人的脸上露出了得意的神情："我一个妇道人家也想不出什么好主意，不过，我倒是可以给你推荐一位能够掌控局面的军事天才，有了他的辅助，你的难关恐怕就能过去了。"

巴拉斯知道自己确实在指挥部队方面缺乏天赋，所以，塔里昂夫人一语中的，正好说到他的痛处，他不由得更加急迫了："谁？"

塔里昂夫人接着说道："拿破仑·波拿巴。"

塔里昂夫人与拿破仑虽然只有过一次交谈，但是后来，她却始终记得这个谈吐犀利、见识不凡的年轻军人。所以，今天她第一时间就想起了他，并把他推荐给了巴拉斯。

实际上，对于拿破仑，巴拉斯并不陌生。保罗·巴拉斯是一个普罗旺斯人，他曾经经历过无数次远征，土伦之战的时候，他是在场的。也是从那一场战役中，他看到了拿破仑出色的指挥作战能力。所以，当塔里昂夫人说出这个名字的时候，他立刻感觉眼前一亮。

一个难题迎刃而解，巴拉斯再也躺不住了，他立刻坐了起来，穿好衣服，匆匆离开了塔里昂夫人家。

后来，他与国民公会议员们谈论政局的时候，提出了拿破仑·波拿巴这个人。令他感到意外的是，议员们竟然一致表示赞同。于是，顺理成章地，一项任命拿破仑·波拿巴为军队副司令官的提案顺利通过了。

得知自己得到提拔的消息时，拿破仑正在法兰西戏剧院看歌剧。当时的他在巴黎一直郁郁不得志，心上人德茜蕾也搬到了热那亚，从此之后毫无音讯，沮丧与失望的情绪一直笼罩在他心头，恰好在这个时候，他认识了苏珊，这是个以绘图为生的女人。苏珊对拿破仑关怀备至，为他擦鞋、洗衣，做许多可口的饭菜。从苏珊的身上，拿破仑找到了一些慰藉，于是，他经常邀请她去法兰西戏剧院看歌剧解闷。

幕间休息的时候，一个朋友急匆匆地跑到了他们的包厢，对拿破仑说："我到处找你都找不到！快跟我走，巴拉斯要见你！"

"他找我干什么？"拿破仑不解地问道。

"他前不久当上了军队的统帅，要任命你当副统帅！"

拿破仑兴奋地简直要跳起来，他简直不敢相信自己的耳朵，自己的好运就这样降临了？他立刻跟着朋友走出了剧院，全然忘记身边的苏珊。

拿破仑火速走马上任，一场不可避免的冲突马上就要展开了。巴拉斯对他信任有加，让他全面负责一切军中事务。于是，他开始着手布置，首先要做的，是激发部队的士气。

保卫国民公会的队伍其实少得可怜，只有四五千的步兵，以及一两千名爱国志士、宪兵甚至残疾军人。而他们要面对的，是将近三万人的反抗者队伍。如此悬殊的对比，能有胜算吗？

但拿破仑似乎一点儿也不担心。他知道，只要他手上有大炮，就能打赢这场仗。于是，他先是派出了冲劲十足的骑兵军官缪拉，让他到附近的军营，去把大炮弄来。萨布龙军营在位于距离巴黎城不远的郊区，那里只有一百五十名守卫军，有二十门大炮，其余的二十门大炮在马利，有两百人守卫，默东的军用仓库根本无人警卫。斐扬只有几门四磅炮，没有炮手，仅有两万四千发炮弹。

缪拉非常能干，他很快率领着自己的精锐骑兵攻入了萨布龙军营，战马的嘶鸣声如同交响乐团一样，演奏出了一曲凯旋的声乐，缪拉率领他的骑兵连攻下萨布龙军营后，他吩咐小部队将已经得手的二十门火炮运回部队，他率领着骑兵连又马不停蹄地向马利军营疾奔而去，他又火速攻下了马利军营，顺利地得到了另一批火炮。

就这样，勇猛的缪拉把四十门大炮全都拉了回来。拿破仑又从第八十九营和宪兵营中征发炮手布置到杜伊勒里宫。

接下来要解决的就是弹药的问题了，他把马利的各仓库迁移到默东，征集弹药，并在默东设厂制造弹药。如此一来，几乎所有的问题都已经迎刃而解了。

1795年10月，拿破仑获得了一个密报：保王党徒决定在今天进攻巴黎，颠覆政权。

拿破仑迅速进行部署，他把大炮密集地布置在了各个交通要道上，对准了即将从这里通过的保王党人。在斐扬，他设置了野炮准备轰击圣奥诺雷街，街道两端各架设两门八磅炮，为防备万一，更布置后备炮多门，用以侧击可能强行通过的队伍。他在卡鲁塞尔广场留下三门八磅榴弹炮，对准那些可能被用来对国民公会纵火的房屋。叛军的指挥官是一个叫作丹尼肯的老将军，他还妄想跟拿破仑谈判，这正好为拿破仑的部队赢得了充分的时间。

四点的时候，叛军开始向着各个据点发起进攻，然而，迎接他们的，是猛烈的炮火。几乎在各个位置，叛军都遭到了血洗。

战斗刚一开始的时候，拿破仑的大炮就几乎击溃了各路叛军的先头队伍。保王派从他们的街垒后面，或者从附近的房屋上，拼命进行扫射，但是这样的攻击根本没有起到什么作用。最后，他们只能百般无奈地退回到那个筑有街垒防护的圣罗歇教堂，有的则顺着圣奥诺雷大街逃走了。与此同时，河对岸的另一股大约由五千人组成的叛军，正在过桥，向着社伊勒里宫冲来，然而，他们的正面和侧翼都在炮火的猛烈扫射下溃散了。到了下午，叛军已经大部分被击败了。战场上剩下的，是堆积如山的尸体，死者之中逃亡分子、老财主和贵族子孙随处可见。

在指挥作战的过程中，拿破仑始终镇定自若，身先士卒，他的战马曾经两次中弹，但是他却丝毫不当回事，一直面无惧色。第二天，当战争结束，他踏着叛军的尸体接受人们热烈无比的欢呼时，他已经骑在第三匹战马上了。

现在，拿破仑一下子成了巴黎人眼中的大英雄，巴黎人崇敬地称他为"葡月将军"，他的名字回响在巴黎的大街小巷。无论是在军界，还是在老百姓心目中，他都成了战神的化身，就连国民公会的人，也认为是他的出现拯救了共和国。

为了表示对拿破仑的奖励，巴拉斯主动辞掉了法国内防军总司令的职务，推荐拿破仑继任，他对同僚是这样说的："要晋升此人，否则他也会自己晋升自己，到时就由不得你们了。"虽然他的这一提议遭到了很多人的反对，但是拿破仑还是当上了新的总司令，还兼巴黎卫戍副司令，晋升为少将军衔。如此一来，他得到了每年四万八千法郎的俸禄，而且还具有实质上的巴黎市长地位，同时掌管警察与机要处两个重要部门。

毫无疑问，拿破仑的军事生涯，在经历了一次又一次的严重打击之后，终于走上了一条前景无限的光明大道。此时，他已经成功地打开了登上权力巅峰的命运之门。

然而，对于"葡月将军"这个名号，拿破仑却有一些排斥，因为它总会让他联想起巴黎街头上演的血腥屠杀以及到处堆积如山的叛军尸体，后来，他曾经说过："我宁愿减寿数年来撕掉个人经历上的这一页。"

第四章

灼热的丘比特之箭

与约瑟芬的初遇

在葡月之前，拿破仑还只是混迹在巴黎的一个默默无闻的穷小子，谁也不知道他的名字，而现在，他却已经成了家喻户晓的当红人物。镇压葡月暴动的胜利使得拿破仑一下子变得时来运转。晋升为少将之后，他搬到了位于诺夫·德·卡皮西纳街的内防军司令部总部大楼，生活上有了翻天覆地的变化。

然而，拿破仑对此并不太在意。他仍然过着从军校时就已经形成的斯巴达式生活，他已经习惯了这样的生活方式，也不想像其他高官那样过着奢华、糜烂的生活。

但是，他还是利用自己的权力谋了一些私利——他的家人和朋友，都得到了很多照顾。他给母亲莱蒂齐亚和妹妹们寄去了五六万法郎，让她们摆脱了贫穷拮据的束缚，从马赛的破烂小屋搬进了市区里最豪华的小区，住进了一幢豪华宅邸里最漂亮的套房，从此过上了体面的上流生活。在他的主张之下，约瑟夫当上了驻意大利领事，吕西安被任命为驻扎荷兰的北部方面军的军事专员，路易晋升为第四炮兵团的中尉，加入拿破仑的参谋部，任军事秘书与随从参谋，而他的舅舅费什则放弃了教士职务，到意大利方面军找到一个赚钱的军需官职位。就连莱蒂齐亚的一个叫作拉莫利诺的远房亲戚，都被提拔为军需总管。拿破仑这一大家子，都成了军界炙手可热的人物。

拿破仑给他的哥哥约瑟夫写了一封信，为自己的飞黄腾达而感到骄傲：

我要告诉你一个好消息，我刚刚给你领到了四十万法郎。我把这笔钱交给了费什，委托他将其打到你的账上。不久之后，我可能会把家搬到巴黎。请给我回信，告诉我你们过得怎么样以及有关德茜蕾的最新消息。再见了，好朋友，我永远不会忘记你的。想到你距我有千里之遥，不能与你待在一起，我就非常担心。如果不是你妻子怀孕了，我倒建议你到巴黎来待上一段时间。

拿破仑还不忘知恩图报。当他困顿在巴黎的时候，佩尔蒙经常接济他，还让他到家里去吃饭，为他改善生活。如今发达了的拿破仑想起来这一点，总感觉一股热流涌上了心头。现在佩尔蒙已经躺在病床上奄奄一息了，拿破仑经常去看望他，安慰他的妻子，帮他照顾孩子们，对他们就像是自己的孩子一样。

巴黎保卫战后，国民公会建立了义和政府，设了元老院、五百人院和督政府。巴拉斯理所当然地当上了督政府的统治者，但拿破仑实际上与他是平起平坐的。现在，拿破仑与巴拉斯已经有了不错的交情，他经常到巴拉斯家里做客，也时不时地与他一起出席一些宴会。

有的时候，拿破仑会在塔里昂夫人的宴会上露面，现在他知道，塔里昂夫人已经成了巴拉斯的情妇。塔里昂夫人每次都会热情欢迎他，把他当成最尊贵的客人来招待。但是拿破仑还是非常不习惯这种场合的氛围。这里的人形形色色，有穿着晚礼服的国民议会，有穿着军装的军官，有穿着各种华美服饰的女人，她们的长裙薄如蝉翼，开衩一直到大腿根部，修长的美腿不时地露出来。在激扬的乐曲声中，那些衣饰华丽、面容夸张的人们在他的周围摇摆着舞姿，放肆地大笑着。这一切都让拿破仑感到无比陌生。他希望自己能够善于交际，为此，他强迫自己去和别人交谈、跳舞，结果却发现，他把自己的短处暴露得更加淋漓尽致。

虽然拿破仑如此不适应这样的宴会，但这丝毫不妨碍他成为女人们青睐的对象，也不妨碍他得到男人们的追捧。

此时的舞会上，还有另一个得意的人，那就是塔里昂夫人。要知道，如果没有她的举荐，拿破仑怎么能成为现在人人敬畏的"葡月将军"呢？是她利用自己的媚功为拿破仑争取到了一个大展身手的机会。现在，她除了对自己的犀利眼光和政治才能而扬扬得意之外，还在策划着另一个针对拿破仑的圈套。

一天晚上，塔里昂夫人走到了拿破仑身边，主动邀请他与自己一同跳舞。对于这样的请求，拿破仑当然不会拒绝了。他们互相挽着手，走进了舞池里。

在灯光的照耀下，穿着一件天蓝色长裙的塔里昂夫人显得那么美，尤其是当她的双峰伴随着舞曲的节奏一起一伏的时候，是那么性感。拿破仑忍不住赞叹了起来："夫人，您的美实在是太动人了。"

塔里昂夫人已经习惯了这样的赞美，她笑了笑，撒娇似的问道："到底是哪里美？"

这句话中饱含着浓浓的挑逗意味，拿破仑察觉到了这一点，但是他却不能像其他男人那样想入非非。不仅因为眼前的这个女人是巴拉斯的情妇，更因为她曾经在自己郁郁不得志的时候给了他一些帮助，所以，他非常尊重她。

拿破仑认真地回答说："夫人，您的美根本无法形容，您的眼睛顾盼生辉，让人一见就难以忘怀。您的头发乌黑亮丽，就像瀑布一样。您身上的每一处都是那么动人……"

拿破仑还想恭维她，但塔里昂夫人却笑着打断了他："将军，您是在作诗吗？我可担不起这样的称赞。在巴黎，我可不是最美的人。"

"怎么可能？在巴黎，还有比夫人更美的人吗？这可是您的谦虚之辞，我绝不相信。"拿破仑装作惊讶地说道。

塔里昂夫人对他的这番话很是受用，不过她可没忘了自己的目的。她轻轻摇摇头，用手往不远处一指，说："看到了吗？在沙发上坐着的才是真正的美人呢，我来给您介绍一下，可好？"

拿破仑顺着她的指尖看去，果然，沙发上端坐着一个妖娆动人的女子，单看她的侧影，就足够令人心动了。

塔里昂夫人所说的那个女人，就是约瑟芬。她看拿破仑有些心动，于是就把他拉到了约瑟芬面前，说道："来，约瑟芬，我要给你介绍一个人。这就是我经常对你说起的葡月将军，他可是巴黎的大英雄啊。要是没有他，巴黎不知道会多乱呢！拿破仑·波拿巴将军，这位是约瑟芬·德·博阿尔内夫人。"

约瑟夫马上从沙发上站了起来，她抬起头来，娇羞地打量了一下拿破仑，向他伸出手，说道："将军，很早以前我就听说了您的大名，没想到今天能在这里见到您，这真是我的幸运。"

眼前这个尤物一般的女人，一下子触动了拿破仑的心弦。她的身材是那么纤美，裸露了半边的酥胸，纤细的腰肢，修长的美腿，令人一见难忘。她的脸庞是那么娇艳，两条如同月牙一样细长的秀眉，一双蓝得如同天空一般的明亮眼睛，两瓣鲜艳欲滴的红唇，还有腮边那一抹因为害羞而飞起的红晕，都是那么动人。拿破仑忍不住托起了她的手，吻了下去。

塔里昂夫人看到这种情形，知道两个人已经互相中意，于是就笑着说道："约瑟芬，我把这位将军交给你了，你可一定要招待好他呀！"

其实，这都是塔里昂夫人精心安排好的。

约瑟芬现在已经三十多岁了，对于一个女人来说，她已经不算年轻了。为了生活，为了照顾好孩子，也为了满足自己的虚荣心，继续过着优雅、奢华的生活，她心甘情愿地当了巴拉斯的情妇，以此来换取金钱的回报。巴拉斯对她并不薄，所以，她渐渐爱上了这样的生活。但是，巴拉斯并不是一个专情的人，在玩腻她以后，他就抛弃了她，勾搭上了她的好友塔里昂夫人。虽然塔里昂夫人横刀夺爱，但是约瑟芬也不能对她有所怨言，因为她的丈夫曾经救过自己，而她本人，也给予了自己很多帮助。所以，她只能一个人暗自垂泪。

有一次，她实在是觉得有些憋闷，于是就向塔里昂夫人倾诉了自己对未来生活的担忧："亲爱的，你看看我是不是已经老了，不再美丽了？"

塔里昂夫人摸摸她的脸，说道："不要胡思乱想了，你还是那么美丽。过段时间我要举办一个宴会，到时候，我给你介绍一位将军，如何？"

塔里昂夫人的安排可谓一箭双雕，如此一来，既能绝了巴拉斯对约瑟芬残留的一丝情意，使他全心全意地拜倒在自己的石榴裙下，又可以笼络拿破仑这颗政界新星。塔里昂夫人对拿破仑十分关注。她看到这个年轻人在身居要职之后，就开始频繁地出入各种上层社会的沙龙，于是就意识到，这个年轻人心中有着强烈地跻身到权贵阶层的愿望。然而，他的出身又深深地阻碍了他，使他无法实现这一点。如果把他和约瑟芬撮合到一起，这样，既能给他进入上流社会提供一个不可多得的台阶，又能使他感受到自己对他的关心与重视，何乐而不为呢？当塔里昂夫人把自己的这个小算盘告诉了巴拉斯之后，巴拉斯也非常高兴，因为如此一来，拿破仑与他的关系也会变得更加稳固。

所以，就有了今天这一幕。

到现在为止，似乎其他人都已经心知肚明，只有拿破仑自己被蒙在了鼓里。但他确确实实地被约瑟芬的美艳打动了。除此之外，约瑟芬混迹在上流社会多年所修炼出的优雅谈吐、得体举止，以及刻意伪装的欲说还休的羞涩与娇怯，也令拿破仑非常沉醉。

约瑟芬是拿破仑从来都没有接触过的一种女人，她的吸引力是无法抗拒的。整个舞会上，他的眼睛都一直跟随着那妩媚的身影。回到家以后，当他躺在床上闭上眼睛打算入睡时，约瑟芬的脸庞依然在他的眼前晃动着。

拿破仑开始满心期待着，什么时候能够再与约瑟芬一起起舞。此时，远在热那亚的德茜蕾在他的心中，与约瑟芬相比，已经变得那么渺小，那么寡淡。

拿破仑已经成熟了，德茜蕾那样的女孩已经不足以令他激情澎湃了。虽然他们两个人之间曾经有过温馨的回忆，然而，对拿破仑来说，那也只不过是回忆而已，现在只能被封锁在脑海深处了。现在的拿破仑需要的是一个同样成熟的女人，能够带给他异性的关怀与激情，这个人就是约瑟芬。

不知不觉中，拿破仑睡着了，梦里，约瑟芬的身影还在冲着他微笑。

约瑟芬的魔力

自从那次舞会之后，拿破仑就开始费尽心思追求约瑟芬。然而，他的这一腔热情，却没有得到什么回应。对于他的狂热，约瑟芬总是表现得不冷不热。

实际上，从舞会回来之后，约瑟芬如同拿破仑一样，也是彻夜难眠。她回想起了自己坎坷的经历。

约瑟芬出生在位于拉丁美洲的马提尼克岛，在那个不为人知的小岛上，她度过了无人管束、自在无比的童年。她的家庭显得有些畸形，在她的印象里，父亲总是欠债无数，家里经常入不敷出。姑姑勒诺丹是真正的主人，家里的事情，只有她说了算。后来，姑姑想办法钻进了殖民地总督博阿尔内先生的家，并且留在了那里，总督离开马提尼克岛的时候，她就跟着他来到了法国。

约瑟芬的父亲是卢瓦尔古老贵族的后裔，在她十八岁时，任职王室侍从的父亲离开了路易十六的宫廷，到加勒比海西印度群岛的赐封领地寻求发展。她的父亲既不很聪明也没有多大理财能力，加之飓风的侵袭和他对赌博、酗酒和美色的嗜好，他的庄园日益衰败。他最大的梦想是离开囚禁他的热带牢笼回到巴黎。约瑟芬的母亲独自经营庄园并扶养三个孩子——全是女孩，约瑟芬下面还有两个妹妹。

父母对此非常失望，他们需要儿子来管理庄园，也需要儿媳妇的嫁妆来恢复庄园、偿还债务。养育三个女儿不仅使这个家庭更加债台高筑，而且还得准备三份嫁妆而不是得到三份嫁妆。为此，约瑟芬的父亲终日酗酒，未老先衰。

在殖民地家庭里，一般对女孩子的教育并不注重；但为了家族的声望，到十岁还目不识丁的约瑟芬被送进了女修道会学校，那里舞蹈和音乐是主要课程。十四岁时，她回到家里。这个早熟的少女几乎像是一个妇人了，但是在知识方面却毫无长进，对数学、地理、历史、文学都一无所知。这个女孩是家庭的负担，务必要把她早早嫁出去。

这样，父亲和约瑟芬于 1777 年漂洋过海回到法国，在法国的姑姑同意照料这个孩子并为她找一个丈夫。约瑟芬和西印度群岛总督的儿子博阿尔内缔结了婚约——虽然博阿尔内最先看上的是她的大妹，但是由于大妹死于肺结核，所以由约瑟芬取而代之。1779 年 9 月，父亲带着大女儿来到布雷斯特，一辆马车将他们送到了巴黎博阿尔内宅邸。约瑟芬面前打开了一个新的世界，她异常兴奋。

经过数月的讨价还价，双方终于在婚约上签了字，约瑟芬的父亲同意筹备十万里弗赫（直到 1795 年法郎才取代里弗赫）的嫁妆，并承担她结婚礼服的费用。就和他对付赌债一样，虽然身无分文，仍然签字画押。1779 年 12 月，身材丰满的约瑟芬和自封的博阿尔内子爵结婚。

事实证明这不是一桩匹配的婚姻。博阿尔内给他胸无点墨的妻子列出了一份长长的读书清单，劝她补习功课，之后他便去了布里塔尼军团——那里有他的许多贵族情妇在迫不及待地等他回来。

约瑟芬只能一个人待在府邸里，孤独地熬过一个个漫长的夜晚。那时，她只能靠阅读丈夫的来信打发时间。虽然信中没有情话，也没有关怀，只有警告、建议和学究气，但她还是坚持读下去，并不是因为她爱自己的丈夫，而是为了驱散心中的寂寞。

在这段冷冰冰的婚姻关系中，唯一能够带给她快乐的，是两个孩子。大儿子叫欧仁，现在已经十五岁了。第二个孩子是个可爱的女儿，叫奥坦丝，现在十三岁。这两个孩子就像天使一样来到了她的世界，为她寂寞的生活带来了安慰与色彩。

约瑟芬和丈夫的关系越来越恶化，两人很少见面。她的丈夫最后给她寄去了几封尖刻甚至带威胁的信，骂她是"在我眼中最无价值的人"，指责她与人有染，并给他生了一个"私生女儿"奥坦丝，这一切都是莫须有的罪名。接着士兵拐骗了他的儿子并将他们所有的家具和他给约瑟芬的首饰全都卖掉了，留下约瑟芬不知所措，一文不名。博阿尔内受到起诉，他同意分居。他每年给妻子五千里弗赫，并撤回对她的所有指控。这段荒唐的姻缘到此算是告一段落。

突然剩下自己一人照看两个孩子，约瑟芬开始致力于读书和学习社交，这是她进入法国上层社会所必不可少的。她还结识了几个比她年纪大得多的和蔼可亲的绅士，给她做伴并提供经济上的帮助。

因为没有固定的经济来源，她的经济状况终于到了无法维持的地步。1787 年，她借了一笔钱回到了马提尼克，在那里待了两年，享受当地驻军军官和种植园主为她提供的一切社交机会。即使在那个无钱可花的海岛上，她也在当地商人那里欠下了一笔可观的债务。花钱无度是她一生无法克服的弱点。

同时，法国革命爆发，很快波及法国的殖民地。1790年9月的第一周，人们得到警告说，法国暴徒和反叛的人将要袭击他们的住地，约瑟芬感到有必要逃离。后来，事态越来越恶化，她不得不乘船回到了法国。

1790年的巴黎从感情上来说比她离开的城市更加难以忍受。大多数没有移民的贵族支持革命的改良。与她分居的丈夫也被选进制宪议会，而约瑟芬在政治上仍然摇摆不定。但是，事态发展很快，1791年，路易十六企图逃离未成而被押回。制宪议会改为立法议会，贵族的一切世袭特权均被剥夺。1792年4月，法国向奥地利宣战。

战时的法国的确与以往不同。1793年，约瑟芬的丈夫——现已被任命为莱茵军团的将军——被击溃逃离美因茨，为此被捕入狱，约瑟芬企图为他说情，结果也于1794年4月被捕。也许是因为她想救她的丈夫，也许是因为她也是个贵族，当时的群众对贵族是有偏见的。

她被监禁在卡摩修道院，发现她的丈夫博阿尔内也关在那里。他被送上了断头台，约瑟芬被告知她也要步其后尘、必死无疑。她在拥挤、恶臭、阴湿的牢房里等死。由于塔里昂的干预和1794年7月罗伯斯庇尔的倒台，她才获救出狱。

丈夫去世之后，约瑟芬虽然感到前所未有的自由，但是同时也感到了巨大的压力。她这时才发现，原来自己是这么渺小，怎么才能在这乱世之下生存下去呢？

在巴黎，约瑟芬变得放荡起来，她开始学习如何讨人喜欢，如何勾引男人，因为只有这样，才能更好地活下去。她经常出入巴拉斯家里，得到了这位权贵人物的喜欢，于是，她就接受了他的求爱。但是，现在巴拉斯已经抛弃了她，她必须为自己找到新的靠山，为孩子们找到生活保障。

今天晚上，在塔里昂夫人的舞会上，当她刚开始见到拿破仑的时候，并没有对这个矮个子的年轻将军产生太多的好感，但是，当他们交谈起来以后，她发现，自己面前站着的这个人，是一个不凡的人物。他很有见地，头脑睿智，与她以前所交往过的达官贵人们都很不同。

约瑟芬想了很久，最终决定在拿破仑身上赌一把，为了自己的后半生和孩子们的前途，无论如何，她都要尝试一下。

虽然爱情占据了拿破仑的头脑，但是他也没有忘记公务。他向督政府提出了一项建议，颁布一条法令，禁止市民们私藏武器，如有违背，格杀勿论。

这天，拿破仑正在自己的办公室里办公，忽然，一个少年闪电般地闯了进来。刚一进门，他就跪在地上，对拿破仑哀求道："波拿巴将军，我是博阿尔内子爵的儿子，叫作欧仁·德·博阿尔内。我的父亲已经死在雅各宾党的断头台上了。我还小，不会去做反对将军的事，只是希望您能把我父亲的剑还给我，我可以用它来纪念我的父亲。"

拿破仑立刻站了起来，双手把欧仁扶了起来。他知道这是约瑟芬的儿子，于是，就当场答应了他的请求。但是拿破仑不知道的是，这整件事都是约瑟芬的安排。

第二天一大早，拿破仑刚来到办公室，约瑟芬就前来拜访他。特意打扮了一番的约瑟芬令拿破仑感到心跳一下子加快了。

约瑟芬笑意盈盈地对着拿破仑施礼，说道："拿破仑先生，我的儿子欧仁对我说了昨天的事情，今天我是特意来对您表示感谢的。"

拿破仑立刻说道："哪里，不必客气。"

约瑟芬趁机邀请他到家里小坐，对于这样的请求，拿破仑当然是求之不得了。

直到约瑟芬离开之后，拿破仑还站在原地，嗅着约瑟芬留下的清香，脑海里浮想联翩。

第二天，拿破仑穿着崭新的军装，来到了约瑟芬家做客。约瑟芬家装潢非常精致，客厅里装饰着纯白色的护墙板，壁板上方饰有庞贝风格的半浮雕的框缘。只是家具显得有些不够协调：软座圈椅和老式安乐椅，这些椅子上的绒面已经磨损。近旁放置的却是新的柠檬木睡椅、豪华的穿衣镜和一架漂亮的雷诺竖琴。

在这里，拿破仑遇上了一些贵族人物，比如原驻俄国大使德·塞居尔先生、尼威努瓦公爵、德·科兰古侯爵，以及约瑟芬的姑姑勒诺丹夫人，他们都是约瑟芬的密友。这些过去王室中的人物令拿破仑感到既新奇，又有些敬畏。这些贵族们的态度总是有些傲慢，有的时候，他们甚至会忘了自己眼前站着的是一位新政权的将军，忍不住大声嚷嚷起来："咱们到凡尔赛去兜兜风吧！"全然忘了，现在凡尔赛已经不再属于他们。

道不同，不相为谋。拿破仑对这些人很快就产生了一些反感，后来的几天，他都没有再来过这里。直到约瑟芬给他写来几封语气暧昧的信，他才再次前来拜访。

拿破仑渐渐地爱上了约瑟芬。他的迷恋一日日变浓，后来，他的所有空闲时间几乎都与约瑟芬在一起，而约瑟芬总是聪明地把这些时间安排得非常充实，让拿破仑度过了一段段美好的时光。

虽然拿破仑在战场上冲锋陷阵的时候勇往直前，但是面对着约瑟芬，他却显得有些青涩。他失去了那种挥斥方遒、舍我其谁的霸气，相反，他总是在等待着约瑟芬的召唤。约瑟芬的一切对于他来说，仿佛有一种特殊的魔力，她的一句话、一个眼神、一个笑，都足以令他神魂颠倒。她的小狗"幸运儿"曾经咬过他，但拿破仑却不以为意，反而爱屋及乌，想尽办法讨好它，仿佛它能够在它的主人面前为他美言几句。

可以看出，拿破仑现在已经完全被约瑟芬迷住了，甚至失去了自己的理智和判断能力，更把德茜蕾忘到了脑后。毕竟，一个成熟女人所带来快乐要远远大于一个情窦初开、懵懂单纯的小女孩。

没过多长时间，拿破仑与约瑟芬就有了肌肤之亲。一天晚上，拿破仑在约瑟芬家里吃过晚餐后，两个人坐在沙发上忘情地拥抱、亲吻，仿佛这个世界只有他们两个人。直到房门被轻轻关上了，拿破仑终于采撷到了那娇艳的花朵。

第二天，拿破仑兴奋地给约瑟芬写信：

今天早上我一觉醒来，发现我正躺在你温暖的怀抱里，这真是我一生之中最美好的时刻了。昨晚的一切是那么令人销魂、那么美妙，直到现在我还忍不住去回味！经过这一晚，我有了一个巨大的发现：你的画像虽然美丽，但是真实的你却比那画像更加动人！

约瑟芬是个情场老手，她继续用一些动听的话来撩拨拿破仑，她在给他的信中写道：

将军，难道您已经忘了那个真心爱着您的朋友了吗？为什么这么久了，您还不来看望她？难道您只是逢场作戏吗？如果真是这样的话，那您就错了。因为她是那么温情地爱慕着您。如果您有时间的话，明天上午请来我家与我一起共进午餐吧。我需要见到您，更想和您谈一谈有关您的事情。晚安，我的朋友，给你热烈的拥抱。

初通人事的拿破仑哪里经得起这样的挑逗，他马上给约瑟芬回信：

这简直是太不可思议了，直到现在我还难以相信我的眼睛，你怎么会写出那样的信呢？请你一定要相信，没有任何一个人比我更渴望见到你，更没有任何一个人会像我这样随时寻找机会对你表示这种热切的渴望。如果不是公务缠身让我走不开的话，我会亲自把这封信送到你身边的。

他的信中充满着炽热的情话：

美丽的夫人，你可知道，在我心中，你拥有多么重要的地位吗？美丽、温柔、迷人又无与伦比的约瑟芬，你生我的气了吗？不要让我看到你忧伤的面孔，我一想到你正处于烦恼之中，就会感到心痛欲裂，再也不会安宁。但是，当我吮吸着你的甜蜜的红唇、沉醉在你的心窝时，我的心中也并不好过：爱情的火焰正在吞噬着我。我心爱的人，请接受我的热吻吧，吻你一百万次！不过，你可千万不要吻我，因为只要一个吻，就会使我的血液澎湃起来。

拿破仑的深情对于约瑟芬来说，其实并不算什么。在她看来，爱情不过是有利可图的游戏，并不是必需品。博阿尔内子爵把她当成是一个不谙世事的小女孩，总希望她能够成熟起来，像他的那些情妇一样妩媚多姿。她委身于巴拉斯，不过是为了得到依靠和金钱的援助。而她用尽手段挑逗拿破仑，只是因为，他能够把她从这种困窘的处境中拉出来，使她免遭蔑视，使她的孩子们能够得到一个光明的前途。她用她的爱情来交换她所需要的一切，这是她所拥有的最有效的武器。

但是，到现在为止，约瑟芬还没有想好，要与拿破仑建立怎样的一种关系？做情人，等到她年老色衰的时候，恐怕拿破仑就会像巴拉斯一样把她抛弃，投到更美丽的女人怀中。做夫妻的话，他又显得有些年轻。六岁的差距并不小，这样的结合能够相伴到老吗？更重要的是，这样的婚姻将会带给她什么呢？

然而，几乎全巴黎的人都说他前途无量，她身边的一些人曾经不止一次地对她说过，这个年轻的将军一定会成为一个伟大的人物。这让她在惊讶之余，开始认真地考虑两个人的关系。她想，如果自己需要的是一个强大的保护者，那么，拿破仑岂不就是最合适的人选？从那之后，她开始对拿破仑更加上心了。

巴拉斯也出乎意料地赞成他俩的结合，他甚至竭尽全力地促成约瑟芬与拿破仑的婚姻。如此一来，他就可以通过约瑟芬来控制拿破仑，使他保持对自己的忠心。他还曾对约瑟芬许愿，只要她听话，他就会给她一份丰厚的嫁妆——任命拿破仑当意大利方面军的总司令。当司令官，一直以来都是拿破仑梦寐以求而求之不得的事情。这支军队，正是两年来他为它起草作战计划并使之日臻成熟和完善的军队。

巴拉斯还以一个朋友的身份为拿破仑进行了分析，最终他得出了这样的结论：约瑟芬"依恋旧制度，也依靠新制度"，她能使拿破仑完全"法国化"。与她结合，拿破仑就能在社会等级中迈出一大步，因为原来被摧毁的社会等级制度在革命风暴过去之后又再度建立了起来。

拿破仑是一个有主见的人，他并不需要别人来帮他决定什么，尤其是婚姻大事。虽然他也承认，巴拉斯所分析的有一些道理，但是他也没有堕落到会因为政治利益而选择自己的生活伴侣。他对约瑟芬是有感情的，也是心甘情愿与她建立婚姻关系的。

一次，两个人依偎在一起，拿破仑向约瑟芬求婚了。但是，约瑟芬并没有答应他，她说自己还需要一段时间来考虑。

虽然约瑟芬已经估量出了这桩婚姻所带给她的好处，但是她还是有些犹豫，不知道是否接受拿破仑。

除此之外，约瑟芬还担心拿破仑的家庭会容不了她，因为她毕竟有过那么不清不白的历史。

的确，约瑟夫和吕西安曾经婉转地提醒过他们的兄弟，约瑟芬不是一个好的结婚对象，她与巴拉斯之间曾经有过一段暧昧关系。但是，拿破仑却不相信他的约瑟芬曾经干出过这样的事情。约瑟芬也懂得怎么哄骗他，让他以为巴拉斯与自己之间，除了事务来往和正当友谊之外，绝没有其他关系。拿破仑是那么相信她！他觉得她是那么天真单纯，怎么可能像塔里昂夫人那样，与其他男人眉来眼去呢？简直是胡说八道！

只见新人笑，谁闻旧人哭

当拿破仑沉迷在对约瑟芬的爱恋中时，他早就把曾经与他花前月下说尽甜言蜜语，当他身陷囹圄时为他日夜忧心的德茜蕾忘到了一边。虽然他曾经那么炽热地爱过德茜蕾，但是现在在约瑟芬的魔力之下，这个单纯女孩早就已经失去了对拿破仑的吸引力。

但是，拿破仑必须要处理他与德茜蕾的关系，毕竟，两个人曾经订过婚。他给德茜蕾写了一封信，信中的语句是那么无情："如果有一天，你遇到一个能打开你的心扉的人，在他面前，你禁不住怦然心跳，心旌摇荡。那就不要胆怯，勇敢地去爱他，追求你的幸福吧。"

这描述的，似乎是他面对约瑟芬时的感受。此时的拿破仑多么希望，德茜蕾能够和他有一样的感受，这样，他就可以毫无愧疚地离开她了。但拿破仑忘记了，德茜蕾是那么一个深情的好姑娘，又是那么爱他，怎么会做出这样的事情呢？

为了顺利地结束他与德茜蕾的感情，拿破仑还耍了一个花招。他知道德茜蕾的母亲一直不同意他们的婚事，艾迪安对他俩的关系也颇有意见，他恰好利用了这一点。他让约瑟夫对德茜蕾提出一个条件，除非她们家马上同意他们结婚，否则她就必须和拿破仑分手。

德茜蕾听了这样的条件之后，感到心都碎了。她不明白，心爱的人为什么要这么为难自己呢？难道他是想撕毁婚约吗？她给拿破仑写了一封信："该怎么描述你来信把我投入的困境？你究竟怀着怎样的居心？是想把我压垮，置我于死地？高明！你真是太成功了。是的，你这残忍的人，陷我于绝望和失意。你说'要中断一切来往'，令我战栗。我原以为你是值得我终生热爱的人，却远非如此！我不该再爱你，因为我实在想不出办法让我的家人立刻同意这一婚事。我决不能向家人开口提出此事……"

德茜蕾的痛苦跃然纸上，但是，此时的拿破仑已经不在乎了。收到这封信的当天晚上，他就来到约瑟芬家里，与她一起吃晚饭。吃完点心，他们就迫不及待地相拥着走进了卧室，拿破仑一把抱住约瑟芬，把她放倒在了床上，与她一起跳进了一个奇幻的梦境之中。

1796年2月，拿破仑与约瑟芬定下了婚期。这之后，拿破仑就开始为迎娶约瑟芬而整天忙碌奔波起来。

此时，毫不知情的德茜蕾也从热那亚回到了马赛。她早就已经从拿破仑的信中嗅到了一些不详的信号，她想，通过写信的方式来与拿破仑进行交流，既费时间，也不能清楚地表达自己的心迹，既然如此，不如到巴黎去寻找自己的爱人，与他当面沟通。而且，她实在是太思念拿破仑了，漫长的分离，使她的心备受煎熬和折磨。这个可怜的姑娘，还不知道在巴黎，她会经历什么样的痛苦呢。

关于德茜蕾在巴黎的遭遇，她在自己的日记中详细地记录了下来：

真是难以相信，我现在竟然在巴黎！我一个人从家里偷偷跑了出来，一直坐了整整四天的马车，终于来到了巴黎。仔细算来，我已经有整整一年的时间没有见到拿破仑了，我迫不及待地想找到他，我要告诉他，我是多么地思念他。

朱莉与约瑟夫举行婚礼后的第二天，拿破仑对我说："德茜蕾，我要告诉你一个坏消息，请你一定要谅解。我想去巴黎，我还是一名军人，必须时刻准备着战斗。但是，要是我不去见陆军部长的话，他们是不会给我统领军队的权力的。自从被逮捕以后，我就失去了薪俸，现在，我手头连一分钱都没有，所以我需要钱。你能帮帮我吗？只要一百法郎，我就能去巴黎了，这对我很重要。"

当时我大约攒了九十八个法郎，这笔钱我本来打算用来给他买一件像样的衣服，他总是穿得那么破旧。但是他这个时候需要钱，我有什么理由拒绝他呢？于是我全都拿了出来。他数了数，说道："这笔钱真是解了我的燃眉之急。欧仁妮，你放心，这笔钱我早晚会还给你的。"

虽然我舍不得他，但是我还是支持他到巴黎去，因为我知道，那对他具有非常重要的意义。我一再嘱咐他："到了巴黎一定要好好照顾自己，我会在这里等着你回来。"

他回答我说："我会的，但是如果他们让我带兵，恐怕我就不能很快回来了，因为我要先征服意大利。欧仁妮，你一定要时常给我写信，用陆军部长办公室的地址就可以，他们收到信以后会转给我的。你不必牵挂我，也要照顾好自己。"说到这里，他深情地望着我，接着说道："欧仁妮，你记住，总有一天，你会成为法国最伟大的人物的妻子！再见，我亲爱的。"他的眼神是那么深邃，还闪烁着一种我捉摸不透的光芒，这让我既陶醉，又感到有些恐惧。后来，他就骑上马，离开了马赛，去了遥远的巴黎。他会在那里遇到什么呢？我怎么想也想不出，只能为他每天祈祷。

到了巴黎以后，他写信告诉约瑟夫，陆军部的官僚们非常可恶，对他一直很冷漠，只给他安排了一个在意大利的无足轻重的职务。他不想去，恰好那时候又生了一场重病，不能继续工作，于是他放弃了军职，继续待在陌生的巴黎。没有工作，身上一分钱也没有，衣衫褴褛，就连仅有的一条裤子也补丁累累。我心爱的人，在巴黎就过着这样的生活。

他给我写信说："所以我到了塔里昂夫人那里，她丈夫在巴黎政府当官，是一个大红人。塔里昂夫人经常为丈夫的同僚们举行一些宴会、舞会，巴黎最重要人物和最漂亮的女子都来参加她的舞会，因此，她拥有很大的权势，她对将军们总有一种莫名的好感，所以对我也不错，她和朋友约瑟芬慷慨地赠送给我一些衣物，甚至可能请求政府给我军权。我需要她们的帮助，所以每天下午，我都会拜会她们。"

约瑟芬！这不是我第一次听说这个女人的名字了。就是在距离巴黎千里之外的马赛，人们也在谈论着这个女人。听他们说，她是巴黎最美丽的花，她的丈夫是一位贵族，因为大革命被砍头了，她也不幸被关到了监狱了，所幸的是，她有一张漂亮的脸蛋，这救了她的命，让她不必被送上断头台。

对这个女人我很好奇，我问约瑟夫："她现在嫁了谁？"

"现在她还没结婚呢！"约瑟夫回答，"她和巴拉斯有亲密关系，巴拉斯你知道吗？罗伯斯庇尔被杀以后，他与塔里昂、富歇一起掌握着巴黎政府的控制权。富歇可是个危险人物，他是罗伯斯庇尔的朋友，我认识他，他就像蛇一般残酷、阴险！巴拉斯和他混在一起，想必也不是什么好人！"

第二天，妈妈和哥哥嫂嫂都出去度假了，我没有跟他们一起去，我实在没有旅游的心情。家里只剩下我和玛丽，玛丽是我的贴身侍女。我对她说："玛丽，现在我已经十六岁了，我和拿破仑约好了，到我十六岁的时候他就会娶我。可是现在他在信里从来都没提起过结婚的事情，难道他变心了吗？我想去巴黎找他，在那里他满眼都是漂亮的女人，如果我再不去，恐怕他就会忘记我。"

玛丽理解我的心情，她对我说："我支持你去，你可以住在我妹妹家，她在巴黎、我告诉你她的地址。"

可是我又感到很苦恼，上次我把钱全都给了拿破仑，现在，我到哪里找路费呢？玛丽又帮了我一个忙："你妈妈走的时候留下三百法郎，你全都带去，这些钱足够你花的。"

然后，她又亲切地微笑着说，"明天，我给你定一辆出租马车。德茜蕾，祝你平安归来！"

就这样，现在我来到了巴黎。明天，我要去找拿破仑，我要去塔里昂夫人家里，他说过，他经常到这个女人家里。他见到我一定会大吃一惊的。

但我没有想到的是，那一天竟然是一场噩梦。

整整一天，巴黎的上空都弥漫着细密的雨丝。一大早，我就穿上了那件蓝色的丝绸外衣，这是我最喜欢的一件衣服，但是，刚一出门，它就被雨淋湿了。我感觉路上的行人似乎都在打量着我，因为巴黎的女子们早就已经不穿这种样式老旧而且过于正统的衣服了，她们穿的是领口开得非常低的上衣。所以，当我走在巴黎街头的时候，总会显得有些与众不同。

我很快就来到了塔里昂夫人的宅邸外面，那里站着很多人，她们怒目注视着透过窗户射出来的灯光，还有一些人在气愤地嘟囔着。看到这样的场景，我一点也不感到奇怪。这些都是穷苦的人们，他们连下一顿饭吃什么都不知道，而那些革命领袖们却灯红酒绿，过着奢侈浪费的生活。

我走进大门，一位穿着红制服的仆人迅速走了过来，将我拦住。他问我："你要干什么？小姐？塔里昂夫人邀请你了吗？"

我轻轻摇了摇头，说道："难道不是谁都可以进来吗？"

"谁都可以进来？你以为这里是公园吗？"他很无礼地说，"没有受到塔里昂夫人的邀请，任何人都不允许入内。这是夫人的命令。"说着，他就粗鲁地推搡我，一直把我推到门口的大街上。

我被大雨肆意地淋着，浑身上下都已经湿透了，简直就像一只落汤鸡一样。该怎么办呢？看来，只能请一位先生把我带进去，不然，我是进不去的。

我哆哆嗦嗦地在雨中等待着，这时，从远处驶过来一辆马车，从上面跳下一个穿着军装的男人，我一看到他，就感到十分亲切，因为他的军装和拿破仑是一模一样的。我向他走了过去，对他说道："对不起，先生，我想跟您进去。我没有收到邀请，看门的人说，得有一位绅士陪同才能进。"

那位军官惊讶地注视着我，轻轻摇了摇头。我想，大概他是不会同意我的请求的。于是，我转过身来，打算寻找下一个目标。就在这时，他把胳膊伸到了我的面前，示意我挽住他，并对我说道："走吧，这位小姐。"

看门的仆人认出了我，他的脸上马上露出了怒色，但是他也拿我没办法，因为现在我是那位军官的女伴，他没有理由再把我轰出去。他只好愤愤不平地向军官深深躬身行礼，接过他的大衣。

门房里有一面镜子，透过镜子，我看到了自己现在的样子——湿淋淋的头发耷拉在脸上，看上去我真是狼狈至极。我想停下来把头发梳理一下，但军官在等我。

"好了吗？小姐。记住，到了里面一定要大方一些，不然的话，我的脸面可都要丢光了。我还不知道你叫什么名字？"

我小声回答道："德茜蕾。"我只告诉了他我的名字，我不愿让人知道我的姓。

他接着问道："那你姓什么？"

我摇摇头，说道："你就叫我德茜蕾吧。"

看门的人把大门打开，军官向另一个仆人通报了自己的姓名，那位仆人就大声通报："让·贝尔纳多特将军和德茜蕾小姐到！"

一位穿着雍容华贵的贵夫人马上走了出来，她热情地向那位军官打招呼："大驾光临，受宠若惊，亲爱的将军。"

军官笑了笑，说道："您真是太客气了，塔里昂夫人，这是我的荣幸。"

我谨谨慎慎地向她施礼，但她似乎压根就没有注意到我。

她对那位军官说道："到书房来吧，将军，巴拉斯先生一定很高兴见到你。"

我随着那位军官一同来到了塔里昂夫人家的书房，书房里已经聚集了很多人，除了几个军官以外，就是一些穿着很考究的人，跟革命前的贵族没什么两样。他们或坐或站，聊得不亦乐乎。我在宽敞的房间里四处张望，但是却没有看到拿破仑的踪影。难道他今天不来吗？那我岂不是扑了一个空？

我开始打量起周围的人，那些女士们都穿着华丽的服饰，袒胸露背，连鞋子也都只有鞋底，露出粉嫩的脚，趾甲盖儿上还涂着五颜六色的油彩。在这些人里，我那过时的打扮看上去非常突兀，别人一看到我，肯定会在心里嘀咕：这是哪里来的乡下姑娘？

身边有两位绅士在交谈，其中一个人说道："巴黎人现在正在为物价的飞涨而恼火呢，要是继续涨下去的话，他们恐怕会掀起革命。"

另一个人回答说："亲爱的富歇，我们决不能让他们掀起革命。到了那一步，形势就无法控制了。要解决这个问题也不难，最有效的方法是镇压。我刚才见了贝尔纳多特将军，陆军部长会向他授意的。"

"贝尔纳多特将军？"富歇说，"你觉得他会同意你的看法吗？他是不可能向人民开枪的。但约瑟芬的新朋友却愿意这样做。"

就在这时，一个仆人大声喊道："请安静，先生们、女士们！"书房里顿时平静了下来，塔里昂夫人说道："我有一个令人意外的消息要向大家宣布，请大家围着沙发坐。"我跟着大家的脚步走向了沙发，这时，我发现了拿破仑。他和一个穿着粉红色绸缎裙子的漂亮女人紧靠着坐在一只小沙发上。

啊！这就是我最心爱的人！他已经不再穿那条打满补丁的裤子了，取而代之的是一身崭新的制服，只不过，他的脸色依然苍白而憔悴。我马上意识到，他旁边的那位漂亮女人就是约瑟芬。她半睁着眼睛，唇边挂着一丝奇异的微笑。

"先生们，女士们，我有一个激动人心的消息要宣布。"塔里昂夫人说道，"大家都有酒吧，来，快斟满你们的酒杯，一会儿我们要为这个好消息举杯畅饮！"

拿破仑从沙发上站了起来，他的脸色一下子变得红润了起来。塔里昂夫人看了他一眼，说道："我们亲爱的约瑟芬决定再次结婚，她的新夫是法兰西最勇猛的军官——拿破仑·波拿巴将军。""不！"我大声喊了起来。

人们都被这突如其来的尖叫吓呆了，热热闹闹的房间里一下子沉寂了下来，所有人都把目光投向了我。

我走上前去，直直地盯着拿破仑。他没想到我会出现在这里，脸上的神情一下子变得有些局促。但是他却不看我，就仿佛根本不认识我一样。

我又看了看那个女人，那个即将与他结婚的女人，她眼圈上涂着银灰的油彩，鲜红的嘴唇令人生厌。我气愤地把手中的酒杯摔在她脚下，酒杯碎了一地，杯里的香槟溅在了她的身上。她惊恐地叫了起来。

我转过身去，离开了那个地狱一般的地方。但我又能去哪里呢？我在细雨绵绵的街头狂奔，跑呀，跑呀，一直跑到了塞纳河边。

塞纳河，它是多么美丽，但是此时，又有谁愿意停下来欣赏它在雨中的盛景呢？我望着那静静流淌的河水，感觉到了彻骨的寒冷。我一想到拿破仑今天晚上就会给马赛写信，向他的母亲和哥哥报告他要与约瑟芬结婚的消息，就感到痛苦不已。

命运竟然如此残酷！我千里迢迢来寻找我的爱人，结果却亲耳听到了他要与别人结婚的消息！上帝，你为什么要这样对待我？我一边哭，一边向桥栏上爬。就在这时，一只有力的大手抓住了我的肩膀，把我拉了下来。

是谁阻止了我？为什么要阻止我？我挣扎着想从那只手里挣脱，但是却怎么也挣脱不了。

"哦，可怜的德茜蕾！不要害怕，德茜蕾，我在这里。"这声音是那么陌生，但是却又那么沉静。

这只强有力的手推着我走下桥，一直把我推进一辆马车。然后，我听到一个男人的声音对车夫说："走吧，现在不用跑了。一直往前走吧，我让你停的时候你再停下来。"——这时候的我已经什么都顾不上了，我的眼泪就像断了线的珠子一样，不停地沿着我的脸颊往下流。我又冷又怕，就像是一个被父母遗弃的孤儿一样。那只温暖的大手伸过来，握住了我的手。

我低声哀求："让我下去！"

那个声音回答："不行，德茜蕾小姐，你现在已经无法控制你的情绪了，我不知道你会做出什么危险的举动。刚才既然是我把你带进去的，那现在我也应该送你回家。"

"你是贝尔纳多特将军？"我认出了他，"我恨将军，他们总是那么残酷无情！"

他脱下军大衣，把它披在了我的肩上，说道："不，你错了，将军并非都是残酷无情的。至少，我不是那样的人。"他把我拉到了他身边，让我靠在他的怀里。

我再次失声痛哭了起来，一边哭，一边对他解释："对不起，贝尔纳多特先生，在夫人家里我举止失态，给您丢了脸。但是拿破仑确实曾答应与我结婚的，我们还订了婚，我没想到，今天他竟然会宣布与另一个女人结婚的消息。"

"小姐，请别哭泣了，我不会怪你的，相反，我为你难过，你不该承受这样的痛苦。但我也必须劝你一句，或许波拿巴将军本来就没打算要娶你，你应该了解他，他需要权力，巴拉斯的情人约瑟芬能够帮助他获得他想要的权力，你能做到这一点吗？你不能。所以，拿破仑的变心是早晚的事情，你又何必为这样一个人而痛苦流泪呢？他根本就不值得你这样做。"

我喊叫了起来："你怎么知道我不能帮他？"

贝尔纳多特拍了拍我的后背，说道："我当然知道，因为你是一个善良的小姑娘，根本不了解作为一个贵夫人应该具有什么样的仪态，你也不知道怎么搔首弄姿来迎合那些好色的男人。但沙发上那个金发女郎——约瑟芬却深谙这一点。你诚实、温柔……"说着说着，他的声音忽然变了，"哦，亲爱的德茜蕾，我喜欢你！"

"不！"我大喊了起来，"你跟拿破仑一样，都是残酷无情的人，我已经打定了主意，这辈子都不会嫁人了！车夫，停下来！"

但贝尔纳多特的声音比我还要高："别停，继续往前走！"然后又低声对我说："对不起，我从来没有跟你这样的姑娘打过交道，也从来没向别人这样请求过。请你相信我，我是真心想与你结婚。"

他的声音很温柔，一字一句地飘进了我的耳朵里，让我不能不听。"我家里很穷，十五岁的时候我参军了，大革命后才被提拔为军官。在部队里，我努力表现，现在当了将军。今年我三十一岁。"

"我马上就十六岁了。"我喃喃地说道。我曾经热切地盼望着十六岁的到来，但是现在又有什么用呢，"我厌倦了，我要回家。"

贝尔纳多特恍然大悟："噢，对，我把你回家的事给忘了，你住在哪里呢？"

我把地址告诉他，他吩咐车夫到那里去。

接着，他又劝说我，"请你再想一想吧，我想过结婚，想过孩子，但是，一直以来，我都在部队里过着紧张忙碌又枯燥的生活，根本得不到这样的机会。我需要马上作出决定，所以我不能按照常规向你求婚，但你要相信，我的心是真诚的。""上帝！"我懊恼地想到，"这个人怎么这么难缠呀！他真心要跟我结婚，我现在应该怎么办？我不能答应他，但也无法拒绝他……"

很快，马车就来到了我的住处，他打开车门，扶我下车。

"晚安！"我说，"非常感谢你，贝尔纳多特先生，多谢你救了我。别担心，现在我已经想开了，不会再投河。"

贝尔纳多特看着我，问道："勇敢的姑娘。我什么时间来讨你的答复？后天可以吗？"

我摇摇头："请你不要逼我，好吗？我们是不可能的，将军，我们之间没有未来。请你一定要理解我，现在的我还无法接受你。"说完，我就冲进了屋子里，把门关上。

那天晚上，我躺在床上怎么也睡不着。于是现在我坐在餐桌上写下了这篇日记。我不知道自己的未来在哪里，但是我知道，我不能一直在这里待下去。

德茜蕾的字里行间真实地反映了当时的场景，从她的日记里，我们可以看出，当这个姑娘听到自己的心上人即将和其他女人结婚的消息时，是多么地心痛！她怎么也没想到，自己愿意为之付出一切的爱人竟然在巴黎成了别人的新郎！拿破仑辜负了德茜蕾的一片深情，忘记了他曾经对德茜蕾说过的山盟海誓！

所幸的是，上帝并没有对德茜蕾的痛苦坐视不理，他给了这个善良而又单纯的姑娘最好的眷顾——他让德茜蕾遇上了贝尔纳多特将军。贝尔纳多特将军对她一见钟情，并且疯狂地追求她，后来，两个人终成眷属。

新婚之夜的不祥预兆

虽然德茜蕾的痛苦有目共睹，但是，这并不能改变拿破仑与约瑟芬马上就要结婚的事实。拿破仑与约瑟芬的婚礼还在按部就班地筹办着。

在巴黎，有一个约定俗成的规矩，那就是婚前男女双方要进行财产公证，拿破仑和约瑟芬只能遵守这个习俗。约瑟芬的公证人拉吉多先生对拿破仑抱有怀疑的态度，他竭力劝说约瑟芬，不要把自己的财产公证为他们的共同财产。这个所谓的将军是什么人？在巴黎有多少一夜成名的将军，很多人的荣耀不过是昙花一现，很快就会不知所踪。他们有什么前途可言？

实际上，约瑟芬在证明自己财产的公证书中并没有留下什么东西，更何况，她还欠了一些债。但是，她仍然没有忘记给自己留下一些虚幻的财产。正因为这样，拿破仑才有了一些幻想：自己不但能够娶到一个美丽优雅的妻子，而且她还非常富有。退一万步说，此时就算约瑟芬是娼妓，恐怕他也会毫不犹豫地与她结婚。

最后，拉吉多先生在公证书中给拿破仑写道："除了他的全部衣服和整装以外，没有任何不动产，也没任何动产。"这虽然是大实话，可也够让拿破仑尴尬的了。

约瑟芬还虚报了自己的年龄，因为她的家乡马提尼克岛已经被英国人占领了，所以她无法找到自己的出生洗礼证书，如此一来，就没有人知道她的真实年龄了。于是，她少报了四岁，而拿破仑为了与她匹配，则多报了十八个月。如此一来，至少他们在年龄上看起来没有什么不妥。

1796 年 3 月的某一天晚上，在当丹街的市政府里，拿破仑与约瑟芬举办了一场简单的婚礼，巴拉斯、塔里昂为他们做证婚人。然而，在婚礼之前，拿破仑却出人意料地迟到了。约瑟芬和证婚人们只能焦急地等待着他。

巴拉斯是最先感到不耐烦的，他频频地看着墙上的大钟，嘴里不停地嘟囔着。塔里昂则随口说着一些无伤大雅的笑话，想给大家解闷。作为新娘的约瑟芬倒是显得非常镇静。今天，她穿了一件束腰灰色大衣礼服，打扮得倒不像是一个新娘子。她觉得冷透了，把手和脚都放在火炉边上烤火，想得到一点温度。此刻的她，一点也没有结婚前应有的兴奋与期待，虽然她的眼睛经常扫向门口，但是她的思绪却似乎正在神游天外。

说实话，对于这个即将成为自己丈夫的男人，她并不十分中意。他的粗鲁、他的矮小、他的不通世故，都让约瑟芬感到有些难以接受。但是他却疯狂地爱上了她。为了生活，她妥协了，接受了他。但是她竟然要嫁给他，这让她自己都感到有些吃惊。现在，她就在结婚礼堂上等待着她的新郎，难道这不是一件喜事吗？为什么她的心中却丝毫没有热情？

已经十点钟了，正当大家快要失去耐心的时候，从门外的石阶上忽然传来了一阵叮叮当当的佩剑声。拿破仑出现了。他快步走到大厅中，对大家连声致歉，脸上露出了不好意思的笑容。至于他为什么迟到，却没有解释。

他看了一眼约瑟芬，然后走到市长勒克莱尔身边，对他说："市长先生，请您为我们主持婚礼吧！"

勒克莱尔立刻站起身来，先是朗读了相关的法律条文，然后要求夫妻双方交换结婚爱词。拿破仑的回答是那么坚定有力，约瑟芬的回答却仿佛是在自言自语，不仔细听简直不知道她在说什么。接着，新郎新娘和证婚人分别签了字。仪式结束后，约瑟芬以女公民的方式，与参加婚礼的客人们一一行了贴脸礼，向他们表示感谢。然后，拿破仑就带着他名正言顺的妻子乘坐着一辆马车离开了。

对于新婚之夜，拿破仑早就期待已久，当天晚上，当他怀着愉悦的心情为约瑟芬脱掉衣服，准备与她共度这美好的一晚时，他突然发现，床上竟然出现了一个搅局者！约瑟芬的那只叫作"幸运儿"的狗，此时竟然神态颇为安详地睡在了床尾的被子上。

他伸出手来，想把它赶下床，但是却遭到了约瑟芬的反对："别动它，就让它在那睡吧。你看它是多么善良啊，不要撵它。"

约瑟芬对这只狗有着非常深厚的感情，当她被雅各宾派投入大牢的时候，是这只小狗一直在监狱里陪伴着她，那些日子是多么凄惨，好像过了今天就没有明天。所以，她一直把这条狗当成是自己患难与共的朋友，对它比对亲人还要好。

但是拿破仑却对这只狗非常反感，当他第一次来到约瑟芬家的时候，就跟它结下了梁子。它并不欢迎这个不速之客，一看到这个陌生人走进家门，就立刻猛扑了过来，在他的大腿上狠狠地咬了一口。幸亏拿破仑穿的是长筒的军靴，不然的话，恐怕整条腿就会鲜血淋漓了。

虽然"幸运儿"犯了错，但约瑟芬并没有过多责骂它。她对拿破仑道了歉，然后就原谅了那只狗，就像什么事情都没有发生一样。

后来，在与约瑟芬交往过程中，为了获取她的芳心，拿破仑对这只狗非常客气，甚至还假装喜欢它，但实际上，他一点儿也不觉得它有什么可爱的地方。

今天这样一个重要的时刻，他更不希望它留在房间里。它怎么能和自己一起来分享约瑟芬呢？他美丽的妻子只属于他一个人，谁也不能跟他抢！拿破仑恨不得立刻就把这只不识趣的狗扔到窗外去，但是他又想，在这新婚之夜，如果它不知好歹地叫嚣了起来，岂不是太不祥了？于是，他索性就当看不见它了。

他迅速地钻进了被子里，紧紧地抱住约瑟芬，开始亲吻她的脸庞、脖子、胳膊以及胸脯……就在这个紧要关头，那只狗竟然醒了过来！当它看到被子里的情景时，以为拿破仑正在虐待它的主人，于是马上狂吠了起来。

拿破仑可不想听到这样的声音，他只好停下作乐，开始抚慰它。谁知道，它反而叫得更厉害了。最后，拿破仑忍无可忍了，就在它的肚子上踢了一脚。

哈巴狗猝不及防地摔到了地毯上，发出了一阵哀叫声。终于扫除了障碍，那对新婚夫妻又开始享受起了他们的洞房花烛夜。突然，拿破仑尖叫了一声，他又被咬了一口！

那只狗被踢了一脚以后，并不甘心，这次，它学乖了，不再吠叫，而是悄悄地爬上了床，钻进了被子里，趁着拿破仑不备的时候，在他的左腿肚上狠狠地咬了一口，作为对他的回报。

他们的新婚之夜就以这样的闹剧形式收场了。后来，约瑟芬进入了梦乡，而拿破仑却始终无法入睡，他突然感到，这一晚发生的这些事情，是不是他们婚姻的一种不祥之兆？

婚礼第二天，约瑟芬请求拿破仑陪自己到圣日耳曼寄宿学校去探望她的两个孩子，拿破仑当然想不出什么理由来拒绝妻子的这一要求。在学校，他见到了欧仁和奥坦丝，欧仁是一个高高瘦瘦、眉清目秀的少年，他们已经不是第一次见面了，拿破仑喜欢欧仁的温顺。但是奥坦丝却显得有些叛逆，她穿着大一号的校服，脸上的表情一直冷冰冰的，对拿破仑爱答不理的，看上去一点儿也不可爱。

兄妹两个人对拿破仑都非常冷淡，在他们心目中，母亲怎么能嫁给这样一个人呢？她原本可以得到更好的归宿。拿破仑早就预料到了他们的反应，但是他却没有当成一回事，只是感觉到了自己对这两个孩子的友爱之情，他愿意为他们的未来承担责任。

拿破仑与约瑟芬在一起又度过了一夜，他们尽情地享受着新婚的甜蜜。然而，第二天晚上，拿破仑不得不登上去往意大利的列车，就任他的新军职——意大利方面军总司令。他站在门前的台阶上，恋恋不舍地与妻子拥抱告别。约瑟芬答应他，只要他接管了部队，就立刻去找他。怀着这样美好的期待，拿破仑踏上了去往意大利的旅程。

第五章

亚平宁的狂欢

意大利，天堂还是地狱？

在拿破仑与约瑟芬结婚之前，巴拉斯向他们赠送了一份"结婚礼物"——将拿破仑提拔为意大利方面军的总司令。

实际上，巴拉斯的权力还没有大到能够直接任命法国一个方面军的司令官。在督政府，他只是五位督政之一，其他的四位督政是卡尔诺、勒图尔纳、勒贝尔、拉·雷韦利埃·勒博。政府的重大问题，必须要由五个人共同决定。巴拉斯向其他人推荐由拿破仑来担任意大利方面军的总司令，但是拿破仑有一个强有力的竞争对手，那就是当时正担任意大利方面军总司令的谢雷尔。

为了争夺权力，谢雷尔想尽一切方法对拿破仑进行诽谤，他跑到督政府，向督政们抱怨说，拿破仑的计划只是一种堂吉诃德式的空想罢了，根本不可能实施。为了逼迫督政府作出有利于自己的决定，他甚至还提出了辞职。谢雷尔原以为他的辞职会使督政府有所顾忌，但是，他显然错误地估计了拿破仑的能力。督政府非常痛快地同意了他的辞呈，如此一来，他可谓"赔了夫人又折兵"，真是搬起石头砸了自己的脚。

其实，拿破仑之所以能够在竞争中胜出，除了巴拉斯的举荐之外，一个重要的原因是，他得到了卡尔诺的支持。卡尔诺早就了解到，拿破仑曾经当过意大利军团的炮兵司令，对意大利的情况非常了解，还曾写出了一份切实可行的意大利作战方案。通过这个作战方案，拿破仑对意大利地形地貌的熟悉以及奇妙的军事构思展现得淋漓尽致，这使得卡尔诺对他的军事才能有了信心。

后来，督政府把拿破仑所提出的意大利作战方案转发给了谢雷尔。谢雷尔看了这个方案后，觉得自己的作战能力遭到了质疑，心中非常不爽，于是就高傲地回答说：

应该由制定这个作战方案的人亲自来前线实施这个方案！实际上，这正是督政府希望得到的回应，因为他们早就对谢雷尔的满腹牢骚和指挥不力心怀不满，趁着这个机会，恰好可以撤掉他。就这样，拿破仑就被派去了意大利接替他的职务。

与拿破仑同行的，是他过去的助手马尔蒙和朱诺，以及贝尔蒂埃、缪拉、迪罗克等军官，这都是曾经跟随他出生入死的兄弟，对于他们的能力，拿破仑是非常放心的。

意大利，位于欧洲南部地中海北岸，主要由是亚平宁半岛和两个位于地中海中的大岛——西西里岛和萨丁岛组成。亚平宁半岛占了意大利全部领土面积的百分之八十，就像一只巨大的长筒靴深入到了蔚蓝色的地中海之中。意大利陆界北部与法国、瑞士、奥地利毗邻，东部与斯洛文尼亚接壤。高大的阿尔卑斯山脉像一个弧形的屏障将意大利与上述国家隔开。

以前，整个欧洲都是罗马人纵情驰骋的战场，然而现在，意大利却成了波旁王朝与哈布斯堡王室竞相争夺的战场。两个王室之间的角逐与敌对，使得这个曾经为欧洲制定法律的国家，现在处于软弱无力的状态。

意大利的北部由奥地利的哈布斯堡王室长期统治着，美丽富饶的米兰公国和曼图亚这两个大要塞，都被他们收入了囊中。来自这个奥地利王室的一个统治者，坐镇佛罗伦萨，治理着繁华的托斯卡纳公国。摩德纳和卢卡，也是在奥地利维也纳宫廷的统辖之下。意大利的南部，以及西西里岛，则属于西班牙波旁王室，由费迪南四世统治。费迪南四世是一个严苛的君主，他采取各种手段，使他的臣民们一直保持着在中世纪的愚昧。他的王朝还控制着巴马公国。那些教皇属邦，也毫不例外地处于中世纪的死气沉沉的状态中。

但是，哪里有压迫，哪里就有反抗。在北部的波伦亚和费拉拉地区的居民们，首先举起了反抗的大旗。两个接受了法国革命新思想的年轻人，在 1794 年 11 月号召波伦亚的公民们起来反抗教皇特使，用武力重新赢回那久违了的自由。

统治者们怎么会允许有人挑战自己的权威呢？这次造反很快就遭到了镇压，领头的一些人被绞死了。然而，经过这一次造反，独立的火苗已经在意大利燃烧了起来，这正是那些死去的人们所创造的最大功绩。后来，当撒丁国王维克托·阿马迪厄斯三世向法国发动战争的时候，他费了九牛二虎之力，才使得都灵的人们没有起来造反。

一直以来，拿破仑都希望到意大利去，在与德茜蕾交往的过程中，他就曾不止一次地向她提起自己的这个愿望："我要解放意大利，把《人权宣言》带到意大利！"

拿破仑早就看透了，作为阿尔卑斯山脉以北十一个不同民族的君主，哈布斯堡王室怎么可能永远统治阿尔卑斯这个巍峨的天然屏障以南的一个没有任何共同点的异族呢？当看到革命在法国进行得如火如荼时，这些被压迫的意大利人难道就不想站起来争取民族自由、摆脱封建赋税吗？

拿破仑曾经说过："它的居民的生活习惯、语言、文学都是统一的。这种统一性，将来或迟或早地应当最终把它的居民团结在单一的政府之下……总有一天，意大利人无疑将会选择罗马作为首都的。"这是一段很有预见性的话。而拿破仑作为意大利的征服者和组织者，曾经把意大利人从几百年来的沉睡中唤醒，并且在一定程度上向意大利人灌输了他本人的那种不屈不挠的精神。

当拿破仑坐在前往意大利的列车上时，他的心中一直有一个信念：在意大利，他将会获得前所未有的辉煌。此时此刻，虽然他对统率运用骑兵、步兵之事除了少得可怜的书本知识之外，几乎一无所知，但是他却下定了决心要统率意大利方面军去向着胜利进发，要创造能够与古罗马的恺撒大帝相媲美的丰功伟业。拿破仑的意志力是那样坚毅，他的秉性又是那样热情奔放，难怪他的一位朋友曾经预言道：他是不会停止前进的，他会一直走下去，要么登上皇帝的宝座，要么登上断头台。

此时，谁也不知道，意大利对拿破仑来说，到底会是天堂，还是地狱呢？

亚平宁的闪电战

经历了几天的舟车劳顿，拿破仑终于抵达了目的地。但是他没有想到，此时迎接他的，是重重困难。

这段时间，意大利方面军与他们的敌人奥撒盟军陷入了对峙状态，而且，情况对法军非常不利。法国的意大利方面军一部分排成梯队，分布海岸沿线在从萨沃纳到洛阿诺，然后到尼斯的一段狭长地带。而另一部分则部署在内地，直到腾达山隘。他们的总兵力有大约四万两千人，然而，奥地利与撒丁王国组成的盟军却拥有五万两千人的兵力，比他们整整多了一万人。

在阿尔卑斯山滨海支脉的北坡和亚平宁山脉的北坡，奥撒盟军建立了一个坚固的阵地，所以，相对法军来说，他们能够更加迅速地集中兵力，把部署比较分散的法军赶到海岸边上，在那里，迎接法军的将会是英国军舰的猛烈炮火。

除了奥撒盟军的外患之外，拿破仑还面对着非常棘手的内忧。

谢雷尔弄巧成拙的辞职震惊了整个意大利方面军，官兵们纷纷猜测着，下一个总司令会是谁。在刚刚过去的两年时间里，意大利方面军换了无数个总司令，先是迪戈米埃，然后是迪莫宾，接着是谢雷尔，然后是克勒曼，后来谢雷尔又回到了这个职位上。但是，他们都是一样的年老体衰，一样的无能平庸。这些人不但没带领着意大利方面军立下什么战功，反而使得这个军团变得像他们一样孱弱不堪。所以，官兵们都希望，来接替谢雷尔的，是一个年轻有为、精力充沛的人。

拿破仑的出现，令他们感到惊喜，但是也有一些人对他表示质疑。所以，对于拿破仑来说，意大利方面军的总司令并不是那么好当的。

所谓"新官上任三把火"，拿破仑上任之后，烧的第一把火就是建立一个能够为自己所用的参谋团。他很快就选出了一个合适的参谋长人选，那就是曾经为克勒曼将军当参谋长的贝尔蒂埃。拿破仑之所以选中他，是因为他具有很多拿破仑所重视的性格特点。他虽然意志薄弱，但是却是一个很有活力的人，并且他对待工作非常勤勉，有的时候甚至可以连续工作八天八夜。对作战的一切细节，比如各个军的部队人数、宿营和指挥人员，他都了如指掌，并且牢记于心。他仔细认真，非常善于使用地图，能十分锐利地判断地形的特点，擅长以简明的语言报告最复杂的军事行动。他执行任务迅速，对他永远可以信赖。他经验丰富，十分机智，在战斗时知道应该向哪里下达命令，并且能够亲自监督执行这些命令。在战场上，他就如同是司令官的活电报，在司令部的办公桌旁，他是不知疲倦的自动打字机。他是总揽司令部一切高级职权的将领的一个模范参谋。总而言之，他具有一个优秀参谋长的所有素质。事实证明，拿破仑的选择是正确的，在接下来的十八年里，贝尔蒂埃与他配合默契、相得益彰，帮助他取得了一场又一场的胜利。

一直追随他的朱诺、马尔蒙，他的弟弟路易以及在镇压葡月暴动时表现出了过人胆气的骑兵军官缪拉，也理所当然地成了参谋团的成员。

参谋团组建完成后，拿破仑就开始烧"第二把火"——整顿军风军纪！

到了军营之后，他亲眼看到了这里的氛围是多么糟糕。士兵们自由散漫、纪律松散。几乎每天都会发生酗酒闹事的现象。而军官们则对这位矮个子的总司令非常不服气，总想挑战他的权威。

拿破仑当然不会放任这种习气继续侵扰自己的军队，他在寻找机会给他们一个下马威。

一天晚上，拿破仑与马塞纳、奥热罗、拉哈普几位将军正在讨论作战方案，他站在地图前，对几位将军说："现在，我们的军力部署不太好，过于分散。如果这个时候英国舰队袭击了南面，或者北面受到了奥地利和撒丁人的侵袭，我们能应付得了吗？所以，我认为，我们现在不能再犹豫了，趁着敌人还没回过神来，从北面进入意大利。"

对于拿破仑的看法，几位将军都有同感，然而，他们对这位年轻司令在说出这番话时所使用的坚定果决、不容置疑的口气却感到难以接受。在他们看来，拿破仑之所以能够凭借镇压葡月暴动飞上枝头，不过是运气好罢了，实际上能有多大的本事呢？

一阵沉默之后，奥热罗将军站了起来，拿破仑以为他要发表什么意见，却没想到他竟然问了他这样一个问题："拿破仑将军，您生病了吗？为什么在房间里也不肯把帽子脱下来呢？"

拿破仑的脑子里仍在想着作战方案，冷不丁听到这个问题，一下子愣住了。当他看到奥热罗脸上浮现出地带着几分嘲讽的笑意时，才清醒过来，原来，他是在嘲笑自己身材矮小！他的脸一下子涨红了，刚要发怒，房间外却突然传来了一阵喧哗声。

他立刻高喊道："什么事情？"一个副官从门外走了进来，报告说是一位中尉带着几位士兵，请总司令为他们主持公道。

事情并不复杂。这位中尉手下的几位士兵被另外几位士兵抢走了身上的财物，而且还惨遭殴打。看到自己的手下受了欺负，中尉怎么也咽不下这口气，一气之下，就带着他们来找拿破仑，让他来处理这件事。

了解了来龙去脉之后，拿破仑想到士兵们平时目无军纪的嚣张作风，又看了看仍然挂在奥热罗脸上的不怀好意的笑容，意识到，这正是一个杀一儆百的好机会。

他在桌子上狠狠地拍了一下，冲着副官喊道："现在你马上去调查是哪几个人参与了抢劫行动，查清楚以后，不管是贵族还是百姓，都要严格按照军法对他们进行处置。

不要放过一个漏网之鱼！谁也不能给他们说情，一定要严惩不贷！"除此之外，他还嘉奖了那位来访的中尉，把他提升为上尉。

军中这样的事情时有发生，并不罕见，但是从来没有人重视过，更别提这样严厉地对犯事的人进行处置了。看到拿破仑动了真格，几位将军一下子都震惊了，奥热罗将军也收起了他那讥诮的笑容，对这个小个子司令官开始刮目相看。

这时，拿破仑缓缓地走到了奥热罗前面，看了他一眼，然后把帽子脱了下来，对他说道："奥热罗将军，请你好好看看我，现在，您是不是比我高了一头？"奥热罗将军刚张开嘴，想要说些什么，拿破仑忽然脸色一变，声色俱厉地说道："但你千万给我记住，如果在战争中您也因此感到高我一头，那么，我会毫不犹豫地砍掉你的脑袋，以此来消除我们之间的一头之差！我说到做到！"

拿破仑的这番话吓得奥热罗将军几乎尿了裤子，他腿一哆嗦，一下子跌坐在了椅子上，现在，他只能抬起头来仰视拿破仑了。他颤抖着对拿破仑说："将军，我非常尊重你，不管是在什么时候，我都会服从于你！"

经过拿破仑的这一番整顿，部队里的军纪立刻有了极大的改观。原本松松散散的部队，变得雷厉风行起来，再也看不到士兵们自由散漫、无所事事的样子了，打架斗殴更是极为少见。几位将军对拿破仑彻底拜服了，再也不敢瞧不起这个年轻人了。

但是拿破仑也知道治军之道不能只严不宽，所以，他经常会走到部队中，对士兵们进行视察，并且对他们发表演讲，以此来调动士兵们的民族优越感，激励他们的士气。

在一次讲演中，拿破仑激情澎湃地说道："士兵们！我知道，你们远离家乡，忍受着巨大的痛苦和折磨，是非常不容易的！政府对你们是有愧的。你们经受了无数艰难的考验，但是，政府却没给予你们一丝嘉奖。不过，你们放心，你们终究会得到原本属于你们的一切荣誉。现在，我要带着你们到意大利去，那是一个美好的地方，在那里，你们会看到闪烁着光芒的金银珠宝，那都属于你们！但是，在此之前，我必须问你们，你们愿意为共和国而战吗？你们的决心是坚定的吗？"

士兵们被拿破仑所描述的场景深深吸引了，他们高声回答："是的！"

要是这样的演讲发生在两年前，那么拿破仑恐怕会被送上断头台。作为一个司令官，怎么能用如此赤裸裸的方法来激励士兵呢？然而，自从罗伯斯庇尔的雅各宾派专政被推翻之后，法国社会已经变得宽松了很多。

拿破仑的这种另类的激励方式，使很多官兵都对他产生了好感。

在走上前线指挥作战之前，还有很多工作等待着拿破仑，他必须要弥补由于谢雷尔的无能、懈怠以及巴黎各部的疏忽带来的恶果。拿破仑非常清楚，现在这支衣衫破旧、吃不饱、穿不暖的部队，战斗力实在是太弱了。他必须要解决这一系列问题，至少，不能再拖欠军饷了。

在这之后的一个星期里，拿破仑先后颁布了一系列加强前线各师的命令。把因为缺乏饲料而在罗纳河谷过冬的骑兵部队调了回来。组建了一个强有力的舟桥中队。用船把拉炮的骡马运到了瓦多港，为了保守秘密，让它们直到最后一刻才登陆。提高了部队的肉食配给量,保证士兵们能够吃饱。各弹药场都在加紧储运,并建立了一个高速度的运输分队。拿破仑必须把握住点滴时间,因为阿尔卑斯山滨海地区的积雪已经逐渐融化了,他们必须在四月中旬以前开始行动。

所幸的是,这一切都在井然有序地进行着,到了1796年4月,拿破仑把司令部搬到了阿尔班加并巡视了前线部队。

在拿破仑的种种努力之下,意大利军团已经从原先的四万两千人扩展到了六万三千人。这些人不能完全供野战使用。其中,由麦奎德和加尼尔指挥的两个师被部署在了位于左翼的阿尔卑斯山隘,这两个师虽然战斗力相对比较弱,但守卫这一关口已经足够了。三个海防旅负责保护脆弱的交通线。这条交通线沿里维埃拉海岸通往尼斯,因为一面临海,所以英国舰队随时都有可能前来袭击,必须要布置重兵进行把守。

如此一来,供野战使用的兵力就剩下了四万一千人。拿破仑的野战部队一共有五个师,各师的指挥官分别是马塞纳、拉阿尔普、奥热罗、塞律里埃以及梅尼尔。这些人全都是作战经验丰富的老将。

拿破仑把这五个师分成了三部分,一是前卫,拥有一万九千兵力,由马塞纳指挥,二是主力部队,拥有一万两千兵力,由奥热罗指挥,三是左侧卫,拥有一万兵力,由塞律里埃指挥。这种部署方法来自于拿破仑对吉贝尔军事思想的效仿。马塞纳率领的前卫需要越过卡蒂波纳山隘,驻守在瓦泰诺泰和代戈,从而挡住奥地利部队的步伐。奥热罗和塞律里埃则带领着主力部队以及左侧卫分别从西面和南面对切瓦进行围攻。这与督政府对拿破仑的指示也是不谋而合的,督政府希望他先击败皮埃蒙特,然而再集中全力对付奥地利军团。

此时,敌人的兵力和部署又是怎样的呢?

撒丁王国的皮埃蒙特拥有七万兵力,然而,在这七万人中,有一大部分士兵被部署在阿尔卑斯山隘以及科尼、切瓦、亚历山大里亚和托尔托纳等能够控制江河渡口和都灵入口的要塞。如此一来,野战机动兵力就只剩下了两万五千人。这些人由奥地利将领柯里指挥,需要向南在科尼—芒多维—切瓦—米勒斯摩一线展开部署,兵力就变得相当分散了。

再向东,是由博利厄指挥的奥地利部队,大约有两万八千人,司令部设在了阿奎,士兵们则松散地分布在亚历山大里亚、米勒斯摩和博凯塔山隘构成的三角地带。奥地利军队的后翼与位于博尔米达河谷上游米勒斯摩附近柯里的左翼相连接。

这么看来,奥撒帝国的兵力加起来有五万三千人,相对于拿破仑的四万一千兵力占有绝对优势。只要他们能够协调一致,那么拿破仑几乎没有胜算。因此,这一战对于拿破仑来说,艰难程度可想而知。

因此,拿破仑只能采取集中兵力,各个击破的作战部署,在敌人还没有联合起来击败他之前,瓦解两个方面的军力。但是,因为受到了地形的限制,所以,在战术上,拿破仑也处于劣势,他的部队必须等到大部队通过卡蒂波纳山隘的狭窄山谷后才能形成有效战斗力。而在山的另一边,因为他的敌人所处的地形都是丘陵和平原,所以更便于互相支援，到了那里，再发动进攻就不那么容易取胜了。

正当拿破仑在紧锣密鼓地进行着战前准备时，政局突然发生了一个微妙的变化，这个变化使得拿破仑的计划被全盘推翻，但是后来，却又给他带来了有利条件。

当时，法国政府的财政越来越拮据，为了缓解这种紧缺的状态，1796 年 3 月，政府委派意大利军团的特派员之一萨利切蒂到热那亚去，向热那亚元老院筹集资金。但是热那亚人想都没有想就拒绝了法国人的求助。萨利切蒂理所当然地想，要是对他们进行一下恐吓，或许会取得一些效果，于是，他就建议法国政府实施军事示威行动。

法国政府接受了萨利切蒂的建议，于是拿破仑命令马塞纳从自己的部队中抽调一部分兵力组成了一个小型的兵团，前往距离热那亚只有十一公里的沃尔特里。法国人原本只想对热那亚进行恫吓，没想到的是，却打草惊蛇惊动了奥地利军团。奥地利人以为法军还想把热那亚占为己有。

其实，这并不是拿破仑的本意，但是他很快就意识到，威胁热那亚会使战局变得对他有利。于是 1976 年 4 月，他又增派了一些部队去攻打沃尔特里。

奥地利在都灵和热那亚的使节获知这一消息后，立刻督促博利厄采取行动，阻止法军对热那亚的"进攻"。博利厄马上出兵了，由于准备仓促，最终大败而归。

拿破仑并没有直接指挥这次战斗，此时的他正在全力解决另一个问题——切断奥地利军团与撒丁王国的部队之间的联系。在他的部署之下，马塞纳的部队迂回前进，其他部队很快补上了这个缺口。然后，法军开始向着奥地利部队展开疾风骤雨般的打击，对方根本招架不住这样的进攻，很快就失去了反抗能力。他们指望盟军来解救自己，然而，撒丁王国的部队此时正在战场的西面，力图守卫通往都灵的那条大路，遥远的距离使他们鞭长莫及。

兵败之后的奥地利军队立刻沿着博尔米达河向东北方向的米兰撤退，这正中了拿破仑的下怀，如此一来，奥地利军队与撒丁王国的部队就会失去联系。

最后，奥地利军队退守在了一个叫作米莱齐莫的村庄。这个村子具有非常重要的战略位置，所以，盟军在这里进行了紧密的部署，因为如果这个村子也失守的话，盟军主力之间的联系就会被彻底切断。因此，奥地利军队拼尽全力希望守住这个战略要塞。

但是，此时法军的兵力已经占据了绝对优势，奥地利军队的挣扎已经失去了作用，很快，米莱齐莫村就成为了拿破仑的囊中之物。

这之后，拿破仑又指挥部队向西追击，攻打退守在切瓦的撒丁部队。撒丁部队并没有进行过多的抵抗，没过多长时间就开始了撤退。这其实是撒军司令的一个策略，他希望在撤退的过程中利用几处天险，阻挡住法军的进攻。然而，他并没有做到这一点。法军塞律里埃所率的师和多马尔但所率的师，从两个方向向他围拢过来，把他打得节节败退。

这场战役只用了短短十五天的时间，可谓是一次闪电战。此时拿破仑已经完全击退了奥撒盟军，获得了激动人心的战绩。他把这些战绩亲自写成战报：

将士们，在十五天之内，你们已经赢得了六次胜利，夺得了二十一面军旗，五十五门大炮和若干要塞，并征服了皮埃蒙特最富庶的地区！你们已经俘获了一万五千人，打死打伤一万多人。

他希望每个士兵都能分享他的喜悦。

征服皮埃蒙特，是拿破仑作为意大利方面军的总司令指挥的第一场战役，他用闪电战打法，集中优势兵力对敌人实施猛烈进攻，最终取得了辉煌的胜利，可以说，这是他一生之中最为光辉的一场战役。

现在，拿破仑要做的事情，就是把这场军事胜利推向一个好的结局。远在巴黎的督政们向拿破仑下达了命令，让他想办法诱使撒丁王国脱离奥撒联盟。在他们看来，只要向撒丁王国表示，因为他们在米兰地区已经失去了萨伏依和尼斯，所以法国可以对他们进行一定的补偿。此时撒丁王国已经尝到了法国部队的厉害，再稍微施加诱惑，他们就会顺应法国政府的要求，与奥地利解除联盟关系。

但是督政们并不希望拿破仑本人去和撒丁国王当面进行谈判，他们交给拿破仑的任务是，把撒丁国王所提出的一切关于求和的意见都原封不动地转给督政府，就连停战的事，拿破仑也无权擅自进行。也就是说，只让拿破仑做将军，绝不让他当谈判代表。

督政府的这一态度表明，他们对拿破仑其实并不是完全信任，反而是对他有着很深的猜忌。如此一来，拿破仑就陷入了非常尴尬的境地。

所幸的是，此时撒丁王国指示柯里向法军提出停战，并以此作为缔结和约的第一步。于是，拿破仑立刻进行了回复："缔结和约之类的权力，是由督政府行使的。至于停战，那只有在这样的条件下才有可能，即：都灵的朝廷得把科尼、托尔托纳、亚历山大里亚这三个要塞交给拿破仑。此外，还要保证法军得以通过皮埃蒙特地区，并保证法军能够在瓦兰察越过波河。"之后，拿破仑便调动部队向凯拉斯科挺进。

拿破仑接见撒丁王国的使者时，还发生了一段很有意思的故事。

撒丁王国的使者向拿破仑表示，他所提出的停战条件，对法国来说其实并没有什么价值。拿破仑笑了笑，回答说："法兰西共和国委任我做意大利方面军的统帅，就说明他们认为我已经具备了足够的判断能力，能够判断我们的军队需要什么，不需要你来指手画脚。"

在唇枪舌剑之中，会谈一直到了中午还没有什么进展。

拿破仑不想再与他们磨蹭下去，于是就看了看表，说道："先生们，有一件事我必须提醒你们，我已经下达了两点钟进行总攻击的命令。要是在这之前，你们还不能保证把科尼要塞交给我，那么，接下来的事情你们将会亲眼看见。当然，我或许会吃败仗，然而，你们也不会得到什么好处。"

拿破仑的这番话吓坏了撒丁王国的使者，撒丁国王对此也非常惊悸。于是当天，双方签订了凯拉斯科停战条约，条约的内容与拿破仑最初提出的条件几乎一模一样。

两周之后，法国又与撒丁王国签署了和约的初步条款，如督政们所愿，撒丁王国交出了米兰地区的萨伏依和尼斯，并且撤出了奥撒联盟。

此时，撒丁王国已经成为了拿破仑的手下败将，然而，这并不足以令拿破仑满足，他的目光早已经投向了波河对岸的奥地利部队。他要到米兰去，要把这个美丽而又富饶的城市变为自己的囊中之物！

米兰城的胜利

对于拿破仑来说，凯拉斯科停战协议的签订意味着，他已经顺利完成了督政官们在1796年3月给他下达的第一个任务——征服皮埃蒙特。

在法国政府与撒丁王国签订和约之前，拿破仑为了自己下一步计划的顺利实施，已经采取了很多行动，其中就是坚持要求撒丁王国交出科尼、亚历山大里亚和托尔托纳，如此一来，接下来进攻奥地利军队的时候他就有了一个跳板。

现在，他打算挥师东进了。他要一鼓作气把奥地利军队赶出伦巴第，完成督政府要求他完成的下一个目标——征服米兰。

奥地利军队此时的日子并不好过，因为撒丁王国退出了奥撒盟军，奥地利的战斗力大幅消减。在意大利，他们也遭到了人们的仇视，无法得到有力的支援。更糟糕的是，增援部队迟迟不来。

但是，伦巴第的平原地形，却给奥地利军队带来了好处，在那里，他们的骑兵能够尽情地施展自己的军事才能。因此，对于法国部队的进攻，奥地利人并不惧怕。在他们看来，法国人只擅长打游击战，到了打正规战的时候，就会束手无策。尤其到了平原地带，当骑兵们在战场上纵横驰骋时，法国人就会尝到前所未有的苦头。

但他们低估了拿破仑的实力。对拿破仑来说，平原未必就不如山区。伦巴第的平原使得他能够更自如地调动大部队。而且，平原上那些由融化的阿尔卑斯山积雪汇成的宽阔而湍急的溪流，以及纵横交错的灌溉渠，也有利于拿破仑出奇制胜。对于奥地利军队的固有缺陷，拿破仑也了如指掌。这个庞大的部队就像是一个笨拙而又体形巨大的生物，把一条容易被打断的肢体横着从阿尔卑斯山的一边伸了过来。对付这样的部队，只要一支短小精悍的队伍，就能够搞定。

此时，奥地利军队的总司令博利厄已经率领部队度过波河和提契诺河，他猜测，法国人会走那条人们最为常用的道路，也就是在帕维亚附近越过提契诺河，来向着米兰地区发起攻势。所以，博利厄在帕维亚城附近部署了两万六千人，在这里建立了一个牢固的阵地，等待着法国部队上门。除此之外，他还派出了一些小分队，向北沿着提契诺河两岸不停地巡逻，向朝瓦兰察方向沿着波河两岸巡逻，而在皮亚琴察，却只驻扎了五千人马。

拿破仑显然不想落入寰臼，他放弃了那条最为便捷的道路。他之所以会作出这样的选择，也是有一定道理的：这个季节，波河以北流淌着很多由阿尔卑斯山的融雪形成的溪流，太不适合行军，而波河以南相对则会好一些，那里虽然也有一些从亚平宁山流下来的溪流，但是相对波河以北却少了很多，而且流量也比较小。在那里，他可以经过托尔托纳要塞，直奔皮亚琴察，然后从那里渡过波河。如此一来，几乎都不用打仗，他就能顺利进入米兰地区了。

　　拿破仑对这一线路早就进行了周密的计划，在法国与撒丁王国的和约中，他还特意要求撒丁王国允许法军在瓦兰察越过波河，为他的计划提前扫清了障碍。

　　拿破仑先是派了一支部队朝着瓦兰察方向假意进攻，奥地利军队果然被迷惑了，博利厄以为自己的猜测是对的，于是就放松了警惕。他不知道的是，此时拿破仑的主力部队已经奔驰在了波河南岸。在拉纳将军的带领之下，法军的先锋军趁着奥地利骑兵不备的时候已经占领了皮亚琴察的渡口，并且在1796年5月把那些想把他们赶到河里去的骑兵们打了个落花流水。

　　拿下皮亚琴察，法军渡河也就成了易如反掌的事情。很快，拿破仑就指挥着士兵们用船只在波河上搭起了一座浮桥，为了保卫这个浮桥，他还特意建立了一个桥头堡。

　　原本驻守在皮亚琴察的奥地利军队只好向后撤退，他们先是退守在福米奥村，遭到法军的乘胜追击之后，只好放弃了这个村子。此时，博利厄带领着奥军主力正向福米奥村赶来，他原本打算解救被围困的部下，却没想到正好在这里与法军撞了个正着。一场激烈的混战之后，博利厄损失惨重，只能向着洛迪方向仓皇撤退。

　　博利厄的撤退，把整个米兰城暴露在了法军的视野之中，而且，伦巴第的大部分区域，都已经无人防守了。但此时的博利厄已经顾不上这么多了。

　　在如何渡过波河这件事上，拿破仑采取的策略虽然出奇制胜，但是从道义上却有些说不过去。当时的皮亚琴察属于巴马公国，是一个中立城市。拿破仑没有打过招呼就侵犯了巴马公国的中立，实际上是一件非常无耻的事情。更何况，他还在那里勒索了八万英镑的罚金以及没收了包括保罗米开朗基罗和葛雷基欧的名画在内的大量物品，这简直就是一种公开的抢劫行为。但是，他并没有因此得到什么指责，因为他做这些事，都是遵照督政府的命令。

　　在攻下皮亚琴察之后，拿破仑就集中兵力，向着洛迪大举进攻。一路上，他几乎没有遭到什么抵抗。很快，拿破仑的部队就到达了阿达河桥。

　　阿达河桥长约二十五米，是通往洛迪的要塞，易守难攻。洛迪城有着牢固的城墙，但可惜的是，这些城墙并不高，很快，法国士兵们就踩着梯子爬了上去。守卫阿达河桥的奥地利指挥官这时才心急火燎地把自己的部队调派到了阿达河东岸，希望能够保住这座桥。但法国人的炮火实在是太猛烈了，奥地利人很快就意识到，这座桥已经无法守住了，于是他们就有了新的主意：把桥毁掉！

　　这时，法国部队已经攻占了洛迪城，把火炮架设在了城墙上，对着奥地利士兵们猛轰。奥地利军队毁桥的计划也被破坏了。

　　经历了一次又一次的失败，奥地利人的士气可谓"一鼓作气，再而衰，三而竭"，而拿破仑的士兵们却信心充沛、干劲十足。这一战，最终的结果自然是法军获胜。

　　洛迪战役取胜的消息传回了法国，人们无不为之欢欣鼓舞。一些关于拿破仑作战勇猛的传说，开始在大街小巷上流传了起来，有人说，拿破仑在战场上总是冲在前头，而且还第一个冲到了阿达河桥对岸。实际上，这都是一些谣传罢了。但是，这却让拿破仑意识到，征服人心是多么重要。后来，当他被囚禁在圣赫勒拿岛的时候，曾经回忆道："只是在洛迪之战后，我才认识到我终归要在政治舞台上扮演一个决定性的角色。我的雄心壮志的第一颗火花就是那时产生的。"

此时的拿破仑，已经不再满足于战争的胜利，他有了更宏伟的目标，那就是要激发意大利民众追求自由的热情。在这个目标的驱使之下，他暂时放下了攻打曼图亚要塞，而是指挥着自己的队伍向着伦巴第的首府米兰开进。

在米兰城，作为一个解放者，拿破仑受到了前所未有的热烈欢迎。米兰城的人民纷纷走上街头，冲着这支来自法国的队伍欢呼。当他们看到那位年轻司令官瘦削而坚毅的面孔时，不由得心怀敬仰。

面对着这样的场景，拿破仑的心中不禁激情澎湃，他对自己的副官马尔蒙说道："我们今后取得的胜利将远比我们已取得的胜利更伟大……我们这个时代，尚无人构思伟业，要由我来开此先例了。"此时的拿破仑，俨然已经成了意大利的"皇帝"。

起初，米兰人与拿破仑相处得非常和谐。拿破仑先是废除了奥地利原来搞的那一套政府机构，只留下国务会议。他还批准组成临时市政委员会和一支国民自卫军。他还曾小心翼翼地向巴黎的督政们请示，看看是否能够把伦巴第改组为一个共和国。除了接见了米兰的主要政治人物之外，拿破仑还出人意料地接见了这里的艺术家和文学家，希望他们能够使米兰的文化更加活跃。他还鼓励政治俱乐部的建立。一时间，在米兰，几乎所有的报纸都在为这位解放者唱赞歌。米兰人之所以对拿破仑如此有好感，是因为他们相信，拿破仑会帮助他们赢得民族独立，使他们重新获得自由。

然而，拿破仑毕竟还要受到法国督政府的限制。对于他在米兰所做的这一切，督政府并不赞同。相反，他们希望拿破仑能够采取一些财政措施，对米兰人加紧压榨，并征收大量的特别税款、物资、艺术珍品，来弥补巴黎财政的缺口。因为他们并不打算长期占据伦巴第这个地方。

虽然拿破仑有些不情愿，他还是不得不听命行事。1796 年 5 月，他发布了一项公告，向伦巴第征收两千万法郎。并且，他还宣称，伦巴第是一个富庶的地方，拿出两千万并不是一件难事。拿破仑说这番话，完全是违心的。实际上，两天前，他还给督政府写了一份报告，报告中说，因为经历了五年的战争，伦巴第已经非常拮据了。

法国政府的压榨立刻引发了米兰人的强烈抗议。或许，他们还能够容忍法国人对艺术至宝的搜刮，比如，名诗人彼特拉克所珍藏的古罗马诗人维吉尔的手稿，以及拉斐尔和达·芬奇等大画家的杰作都被掠走用来充实法国博物馆。因为这些珍品虽然价值连城，但是普通老百姓显然还没有意识到他们的价值，而且这对他们的生活也没有太大的影响，所以只有少部分上层人士对此发出了抗议，但这很快就被法国的骑兵巡逻队镇压了下去。

然而，在农民阶层，这种抗议就完全不一样了。奥地利统治伦巴第时期，他们已经收到了严重劫掠，贫穷的生活令他们苦不堪言。如今，他们怎么能允许历史重演，再来接受法国人的"收割"呢？于是帕维亚一带的农民愤而造反，他们把城门关上，开始围攻法军的一支部队，直到大炮把城门轰垮了为止。

拿破仑对造反的农民进行了严厉清理，还要把帕维亚市政委员会的成员们处死，因为这项命令在执行上出现了延误，才使很多人免于死刑。

拿破仑并不想当一个"强盗"，实际上，他也不想为自己抢来一些什么。但是他却想尽办法使督政们以及那些有影响力的将领受到他的恩惠，因为这有利于他的权力提升。他给五位督政们送去了一百匹好马，用它们来替换"现在还为诸公拉车的那些可怜的牲口"。而对他手下的将领，他一般采取坐视不管的态度，因为这是他们浴血奋战所应得的报酬。正因为拿破仑的纵容，抢劫的现象才愈演愈烈。有的人趁这个机会大发了一笔横财，比如马塞纳将军，他在抢劫财富的时候，就像是战场上一样，总是冲在第一个。

拿破仑虽然对军官们的这种现象睁一只眼闭一只眼，但是对文官们却非常严格。他曾经给督政府写信，抱怨一些法国地方官员和其他文职人员大肆掠夺伦巴第，以此来大发横财。有些文职人员甚至被他关进了监狱里。从这里我们可以看出，他早就已经认识到，只有将领们和士兵们才能帮助他通向权力的顶峰。

但是，拿破仑的心中也有一个担忧：这样肆无忌惮的抢掠，难免会使意大利人怨声载道，继续这样下去，恐怕会影响他在意大利的根基。于是1796年5月，拿破仑发布了一份公告，叮嘱士兵们：虽然到现在为止我们已经完成了很多事情，但是不要忘记，还有一项更为伟大的任务在等待着我们，罗马还急切地等待着我们去拯救！我们应该让这座曾经创造了无数辉煌的古城重新获得青春，并再现出布鲁都斯、西皮奥等古代名人的美行。他还说，把罗马从侵略者手中解放出来以后，法国就会给欧洲以光荣的和平；那时，等到这支为自由而战的大军的每一个战士重返家园的时候，同胞们就会对他们大加赞美："瞧，他就是意大利方面军的一员！"

这一番令人激情澎湃的话，把士兵们对于军功的追求与对自由的热爱结合在了一起，但也正是这种对军功的追求，反过来又摧毁了法兰西的共和体制。

现在，意大利方面军这支衣衫褴褛、穷困潦倒的部队在拿破仑的领导之下，已经重新焕发了生机。他们从这个强有力的统帅那里，汲取到了信心、希望与财富。

而前一段时间还在为拿破仑欢呼的米兰，则认识到了这位解放者的另一面，这一面一点儿也不温情，反而令人望而生畏。

第六章

曼图亚拉锯战

乘胜追击

米兰城里的时光是令人愉快的，在这里，拿破仑得到了前所未有的荣耀。这个意大利的解放者，如同"皇帝"一样，对米兰城有着绝对的主宰权。

此时，他的敌人，奥地利军队正在不断向后撤退，一直退到了明乔河岸的后面以及这条河的要塞曼图亚城里。吸取了失败的教训，这一次，他们把阵地建设得异常牢固，就连一只苍蝇也别想飞进来。更重要的是，他们还有明乔河这个天然的屏障。加尔达湖里的水源源不断地流进明乔河，形成了一个狭长的地带，为曼图亚城提供着无懈可击的保护。

曼图亚城位于明乔河的下游，在这里，河道比上游更为宽广，两侧则密布着沼泽和死水潭。曼图亚城自古以来就是兵家必争之地，从古代开始，就有无数军队为了争夺这个要塞而拼抢厮杀。意大利北部最古老的三个民族曾经争夺这个重要据点；后来，当罗马帝国的势力渐渐衰退的时候，勇猛的匈奴酋长阿提拉在明乔河畔安营扎寨，并在这里接见了教皇利奥。因为教皇的一再恳求以及他所表现出的庄严态度，才使得罗马得以保全，没有受到这个游牧民族的践踏。可以说，曼图亚城见证了意大利的命运。

本来，拿破仑接下来的任务就是进攻曼图亚城，但是，占据米兰之后，他对巴黎督政府交给他的这个战略目标有了不同的看法。几年前，当拿破仑还在意大利军团当炮兵司令的时候，他对意大利的局势就有了清晰的了解，而且制定了一个初步的作战方案。后来，当他在测绘局谋得一个职位以后，借着工作之便，他开始继续完善自己的计划。在他的计划中，意大利方面军先是进攻蒂罗尔，然后在与莫罗指挥的莱茵—摩泽尔军团以及儒尔当指挥的默兹军团会合，形成一个拥有二十万兵力的法国大军团，共同进攻维也纳。

然而，拿破仑的野心却没有得到督政府的认同。作为五位督政之一，卡尔诺虽然对拿破仑的军事才能非常赏识，但是却认为他的这一计划不过是一种幻想，根本无法实现。督政府给拿破仑的指示里，提出了三个目标：一是征服皮埃蒙特，二是打败奥地利军队，三是占领米兰。因为法国政府接连出现财政危机，所以，占领米兰之后，督政府希望拿破仑尽可能压榨意大利的资源，用这些资源来弥补法国政府的缺口和亏空。如此一来，督政府怎么允许拿破仑去实施他那疯狂的计划呢？

正是因为督政府感觉拿破仑在米兰蠢蠢欲动，不能完全听命于自己，所以，督政府对拿破仑下达了一个命令，要求他把大部分兵力交给克勒曼，由克勒曼来接管米兰。而拿破仑则带领着剩下的兵力南下，占领托斯卡纳以及巴马，强制热那亚为法国提供贷款，进攻罗马以达到逼迫教皇上贡的目的，在完成这一切之后，再去解放那不勒斯和科西嘉。不仅如此，拿破仑之后的所有军事行动，都必须得到特派员萨利切蒂和加兰的批准之后才能进行。

督政府的这一招可谓是卸磨杀驴。1796 年 5 月，拿破仑收到了这些荒唐的指示，他当即勃然大怒。桀骜不驯的拿破仑怎么会允许他人抢夺自己的胜利果实呢？他果断地拒绝了这些命令，他对督政府回信说："要克勒曼在意大利与我联合指挥的打算是失策的。我不可能自愿地与一位以欧洲第一将才自居的人共事。此外，我认为即使用一位蹩脚的将军主事也比用两位优秀的将军同时主事要好。"然后，他就提出了辞职的请求。

督政官们没想到，拿破仑会用"破釜沉舟"的方式来回击他们。这使他们彻底为难了，毕竟，现在的意大利战场上还少不了拿破仑的指挥，如果拿破仑真的撂下担子不干了，那么，最后吃亏的还是督政府。于是，卡尔诺给拿破仑写了一封安慰信，对他说，克勒曼的阿尔卑斯军团将会继续做意大利军团的兵员补充站。如此一来，拿破仑心头郁结的愤怒才稍稍得到了纾缓。

正当督政府与拿破仑角力之时，奥地利的增援部队已经沿着阿迪杰河的河谷赶往曼图亚城。途中，他们经过了威尼斯共和国的国土，威尼斯在这次战争中一直保持着中立，但是这样的行军并不影响这一点，因为在这里，奥地利一直拥有通行权。

然而，拿破仑却以奥地利的一部分军队闯进了布里西亚以南的威尼斯共和国领土为由，于 1796 年发兵占领了布里西亚城，然后，他又命令奥热罗指挥着一个师向着加尔达湖的西岸进发，在那里，做出了要不惜一切代价强行渡过加尔达湖的样子。奥地利人看到这样的情景，就信以为真，于是急匆匆地占领了位于佩斯基耶腊城的威尼斯共和国的堡垒。如此一来，威尼斯共和国就被拖下了水，再也无法保持中立了。

拿破仑继续戏要着奥地利军队，他在加尔达湖进行了巧妙地排兵布阵，奥地利军队总司令博利厄被误导了，他以为拿破仑是想切断自己与提罗耳的联系，于是就赶紧调整战略部署。结果，阿迪杰河上的兵力被大幅度削减，博利厄只安排了两营部队和十个骑兵营，总共仅约两千兵力来守卫博尔盖托和瓦莱乔。

眼看着博利厄走进了自己精心挖好的陷阱，拿破仑扬扬得意地发起了进攻。1796

年 5 月，拉纳率领法军几乎不费吹灰之力就突破了奥地利军队的防线。博利厄见状不妙，只好命令部队撤退到阿迪杰河的上游。直到这时，他还有些沾沾自喜，因为他已经在曼图亚城储存了足够的弹药和粮食，即使法军长期围困这里，也足以应付很长时间。实际上，这点未雨绸缪的准备，可以算作是博利厄在意大利战役中唯一值得称赞的成就。这位原先战功卓著的老将军，在打了这一仗之后，身体和名声都被彻底摧毁了，最后，不得不辞去了总司令一职。但是，在历史上他却留下了自己的名字，这主要是因为，他的无能衬托出了拿破仑的作战能力，同时，他在意大利战役中的平庸表现，也使得意大利以及整个欧洲的命运走向了另一个方向。

接下来，拿破仑派马塞纳率领一个师，把退守在阿迪杰河上游的奥地利军队包围了起来，使他们进退不得，然后，又调派了其他人马，前去围攻曼图亚城。拿破仑早就已经预料到了，对曼图亚城的围攻将会是一件旷日持久的事情，对于他这样一个雷厉风行的人来说，做这样一件事，简直是一个巨大的折磨。于是，他留下了一部分兵力围困在这里，接着，就挥兵南下，继续对敌人穷追猛打。

1793 年，法国驻罗马的使节巴塞维尔在罗马遇到了刺杀，不幸失去了性命，从那之后，法兰西共和国与教皇之间的关系就被破坏了，一度甚至发展到了敌对的状态，教皇还曾经为第一次反法同盟的胜利而祈祷。那时，教皇没想到，自己的行为，会在以后给罗马带来致命的报复，而拿破仑，就是实施报复的那个复仇者。

拿破仑指挥着法国军队渡过了波河，占领了波伦亚。教廷官员们被拿破仑长驱直入的气势吓倒了，还没等他们采取下一步计划，就与他签订了停战协议，同意将会拒绝英国人进入整个教皇国，并且允许法国的一支卫戍部队进驻安科纳港。拿破仑按照老规矩对教皇进行了勒索，最后教皇不得不缴纳了一千五百多万法郎的赔款，并且交出了"将由法国特派员随意挑选的一百件油画、胸像、花瓶和雕像等艺术品，其中必须包括朱尼阿斯·布鲁都斯的青铜半身像和马尔卡斯·布鲁都斯的大理石半身像，外加五百件手稿"。

拿破仑的这次勒索，给法国带来了将近三千五百万法郎的进账。这次报复的收益，可谓丰盛至极。

在托斯卡纳，拿破仑也得到了丰厚的回报。自从 1795 年与法国签署了和约以来，托斯卡纳大公国一直在表面上保持着中立立场。但是暗地里，却允许英国的战舰和商人在里窝那享受着一些特权，这就惹恼了法国人。很快，拿破仑的一支部队就向着里窝那进发了，并且对住在那里的英国商人进行了抢掠。令法国人遗憾的是，这些商人不过是一些小鱼小虾，不够有钱，他们没能抓住最富有的一批抢劫目标，因为他们的行动过于高调，使得一些英国商人早早就得知了消息，乘着船离开了里窝那。而且，一艘英国巡洋舰还劫持了两艘法国船。

在得知这些消息之后，拿破仑并没有感到气愤，因为，这样的暴行恰好为他向里窝那以及附近地区进行勒索，提供了一个合理的理由。接下来，法国人就对里窝那进行了明目张胆地洗劫。

托斯卡纳大公对此非常不满，他向拿破仑发出了激烈的抗议。为了平息他的愤怒，拿破仑对佛罗伦萨进行了一次访问。通过这次访问，他巧妙地迫使佛罗伦萨政府接受了他的行为。

之后，拿破仑就马不停蹄地挥师回到了明乔河，一场令人胆战心惊的血战即将拉开帷幕。

此时，奥地利皇帝弗朗西斯二世为了保住他对意大利的控制，斩钉截铁地要求他的军队，无论付出什么样的代价，都要把曼图亚要塞从长期围困中解救出来。为此，弗朗西斯二世任命维尔姆泽将军接替博利厄的职位，维尔姆泽将军在几次莱茵战役中都取得了胜利，是奥地利的一位非常出色的将领。然后，弗朗西斯二世又从北方部队抽调了两万五千人马，补充奥地利军队在阿迪杰河的兵力。他让维尔姆泽立下了军令状，一定要带领着奥地利军队重新夺回意大利的统治权！弗朗西斯二世认为胜利是可以预见的，根据他得到的情报，法军在意大利到处进行抢掠，兵力被极大地分散在了各部。

弗朗西斯二世的决心将了拿破仑一军，此刻，如果拿破仑再不攻下曼图亚要塞，等到援军大量赶到的时候，敌人里应外合，法军就会陷入非常被动的局面。所以，他只能飞奔回到曼图亚城。

维尔姆泽带领着一支四万七千人的部队从提罗耳南下，向着意大利开进。这么一支庞大的队伍，要想通过蜿蜒穿过阿迪杰河狭窄的峡谷，几乎是不可能的。所以，维尔姆泽采取了一个不顾安全只求快速的行军方案。

维尔姆泽把自己的部队分成了三路，一路由科斯达诺维奇带领，前去占领加尔达湖的西岸，夺取位于布里西亚的法军军火库，并且把法军通往米兰和法国的交通线切断。

另一路由维尔姆泽亲自带领，这是奥地利军队的主力，包括两万四千人，他们将再分成两路沿着阿迪杰河两岸进军。其目标是，把法军从利沃里赶出去，并向曼图亚城挺进。

第三路由达维多维奇率领，从东面弗留利区开来，这支部队的目标是进攻维琴察和莱尼亚戈，从那一方面使法军受到牵制；而且如果其他两路兵马的进攻没能成功，那么这一路将会赶到曼图亚城，去支援他们。

虽然维尔姆泽的部署有着先天的缺陷，但是拿破仑仍然不敢掉以轻心。1796 年 7 月 29 日，当拿破仑在一个叫作芒泰基阿罗的村子稍作休息时，他得到了一个坏消息：奥地利军队在位于阿迪杰河上游的利沃里以北打败了马塞纳的先锋军，维罗纳和莱尼亚戈附近的阵地因此受到了威胁，现在，获胜的奥地利军队并正向布里西亚前进。

拿破仑迅速给他的部下们发出了十道紧急命令，要求他们在收到命令的第一时间向着加尔达湖的南端集结。正是这一果断的决策，使得法国部队避免了由于兵力分散而带来的失败。因为维尔姆泽的计划正是在加尔达湖南端集中两支主力纵队，然后一举击败法国人的各路小分队。

马塞纳和奥热罗的两个师火速回到了明乔河，形成了一支强有力的大部队，如此一来，法军虽然放弃了阿迪杰河的重要防线，但是却占领了一个北面以佩斯基耶腊的小堡和加尔达湖水域为屏障的基地。只要能够把明乔河上的几座桥牢牢把握在自己手里，不管奥地利人从哪里发起进攻，都会遭到法国人的狠狠打击。而且，曼图亚城的围困也得到了掩护。

布里西亚被奥地利军队攻下，这意味着，法国部队通往米兰的交通线已经被切断了。得知这一消息以后，拿破仑马上命令围困曼图亚城的塞律里埃进行最后一次猛烈进攻，拿下这一要塞。但是，如果进攻失败，也要确保向西的退路是畅通的。后来，思前想后，拿破仑决定放弃对曼图亚的围困，他命令塞律里埃把攻城部队调走，并把那些无法带走的武器、粮食都扔进了湖里，或者掩埋起来，坚决不能使他们落到奥地利人手中。

看上去，拿破仑作出放弃对曼图亚围困的决定似乎是被逼无奈的，实际上，这却是他采取的一个险招。在多年的战斗过程中，拿破仑早就已经认识到，占领堡垒固然重要，但是在野战中获得关键性的胜利，更为紧要。后来，这条真理在他的多次战役中都得到了验证。所以，此时他放弃曼图亚，是舍小取大，是为了趁各路奥军当时尚未会合之际，赢得宝贵而短暂的几天战场上的优势。

在得到拿破仑的命令之后，奥热罗迅速带领着自己的部队从明乔河向西进发，进攻布里西亚。他成功地收复了这一失地。在此之前的一天，奥地利军队的其他分遣部队也在激烈的战斗之后在萨洛和罗纳托附近被击败。然而，法军的情况依然非常混乱：虽然从阿迪杰河折回的马塞纳所率领的部队已经开始与拿破仑的主力会合，然而维尔姆泽所率各个纵队的前锋正从那一方面威胁着法军，而一直在萨洛和罗纳托附近徘徊的科斯达诺维奇的部队，则挣扎着想与明乔河上的友军会合。

此时，维尔姆泽原本应该迅速赶去解救处境堪忧的科斯达诺维奇，但是他所得到的战报使他误以为法军仍然在围困曼图亚城，于是就率领着部队赶去解曼图亚之围。

到了曼图亚之后，他才知道自己犯了一个大错。但胜利的喜悦麻痹了他，他把曼图亚的解围归为自己的功劳，兴奋地向弗朗西斯二世邀功，说自己在阵地上缴获了四十门法国大炮，在波河两岸又缴获了一百多门大炮。在他的幻想中，他似乎已经看到了法军从意大利全线撤退的美妙场景。

然而，他的幻想并没有持续多久，一个惊人的消息就把他从美梦中惊醒了过来：科斯达诺维奇率领的奥地利军队在布里西亚和萨洛严重受挫。维尔姆泽这才恍然大悟，知道自己上了拿破仑的当。

被挫败感击中的维尔姆泽下决心要在彻底失败之前扭转局势，他马上命令自己的先头部队火速赶到斯蒂维耶雷镇，并一鼓作气夺过了这个堡垒。

斯蒂维耶雷镇是法军的一个重要阵地，它的失守使拿破仑愤怒不已。当拿破仑见到镇守这个阵地的瓦莱特将军时，立刻对着他大吼了起来，并且把他降为了士兵。瓦莱特将军非常委屈，因为他是收到了撤退命令后才决定放弃斯蒂维耶雷镇的，然而，辩解是无用的。

现在形势对拿破仑似乎非常不利，法军看上去似乎要被围困在斯蒂维耶雷、布里西亚和萨洛之间的一个狭长地带了。

拿破仑清楚，此时向奥地利军队发起突袭是最为安全并且光荣的做法。但令他感到苦恼的是，他根本摸不清奥地利军队究竟有多少兵力以及阵地情况。为了搞清楚这一点，拿破仑召集了一批将领来进行讨论，有一些将领建议登上一个能够俯瞰整个平原的山头进行瞭望，但是，到了山顶上，他们还是看不到奥地利人的踪影。

　　拿破仑勃然大怒，说干脆撤退到阿达河去。对于一个司令官来说，说这样的话显然是不合适的，但是冲动与愤怒已经蒙蔽了拿破仑的理智。后来，奥热罗将军站了出来，他反对撤退，并且保证说，如果发动一次勇猛的冲锋，就一定能取胜。

　　这之后，奥热罗果然指挥了向斯蒂维那雷镇发动的第一次进攻，他实现了自己的诺言，把这个堡垒成功打下，使他重新回到法军手中。

　　奥热罗的勇敢和执着极大地鼓舞了法国士兵们的士气，也得到了拿破仑的赞许，后来，当有人指责奥热罗时，他总是会站在奥热罗一边，说："啊，我们不要忘记，他在斯蒂维耶雷救了我们哪！"

　　与此同时，在距离斯蒂维耶雷镇只有几公里远的罗纳托，混战也在进行着，奥地利军队费尽心思想要包围马塞纳所带来的法国部队，所幸，拿破仑及时赶到，与马塞纳前后夹击，对奥地利军队进行了一次火力十足的进攻。奥地利军队被打得将近崩溃，有的向加瓦多逃去，有的退回了加尔达湖。

　　在被击溃的奥地利军队中，有一支大约四千人的部队既没有与加瓦多及佩斯基耶腊两地的友军会合，也没有遭到法国人的追击，于是就在山里到处窜来窜去。第二天，他们在罗纳托与一支法国部队正面相遇。奥地利人大着胆子派了一个使者与他们进行会谈，要求法国指挥官投降。

　　这个使者被法国士兵蒙上了眼睛带到了法国指挥官面前，当他睁开眼睛时，发现站在自己面前的竟然是拿破仑！拿破仑冲着他大喊道："你好大的胆子！竟然敢来法国大军的指挥部里向军中主帅下招降书！你和你的军队必须投降！"

　　拿破仑那十足的气势吓得那位使者差点屁滚尿流，回到军营之后，他立刻说服了自己的指挥官向法国人投降了。实际上，这支法国部队只有一千二百人，要是奥地利人看清楚这一点，勇敢地向法国人进攻，恐怕就会改写欧洲的历史。

　　经过一周的混战，奥军全线溃退。拿破仑再度围困了曼图亚城，但是这一次，奥地利军队的防守更加坚固了。这让拿破仑非常懊恼，因为只要奥地利人守住了曼图亚城，法军在明乔河一带就会被死死拖住，不能在莱茵河及多瑙河实行闪电式的打击，而拿破仑一向认为，对这里的打击才是这一战的高潮。

　　于是，拿破仑又把目光重新投向了意大利。

沼泽地里的神话

　　奥地利皇帝弗朗西斯二世原本满怀信心地以为，胜利指日可待，尤其是当维尔姆泽进入曼图亚，写信向他邀功的时候，他更加确信这一点。结果，维尔姆泽给他带来的，却是兵败而归的晴天霹雳。

他的自尊心不允许他放弃意大利的失地，于是，出于哈布斯堡王室固执的本性，弗朗西斯二世决定不惜一切代价再次解曼图亚之围。在弗朗西斯二世的命令下，维尔姆泽从维也纳再次出发，前往威尼西亚。

这一次，他所带领的部队在屡次失败的打击下已经彻底丧失了信心。将领们总是在抱怨："我们干脆讲和吧，我们根本就不会打仗。"而士兵们则对将领们十分不满，他们觉得这些人会把自己领到屠宰场里接受屠戮。

在奥地利军队发动攻势之前，拿破仑就抢先下了手。马塞纳指挥部队很快就在巴萨诺将维尔姆泽的军队一举击败，侥幸留下性命的奥地利士兵们纷纷沿着布兰塔河谷逃窜而去。奥地利军队几乎丢掉了全部大炮，并且被分割为两股，如此一来，摆在他们面前的，似乎只有投降这一条道路了。

但维尔姆泽却不甘心得到这样的结局，不知是在什么勇气的鼓舞之下，他突然率领着自己的残部掉头冲向了紧追不舍的追兵，这只被逼急了的"兔子"咬起人来可是毫不留情，最终，他竟然杀出了一条血路，到了曼图亚。

在曼图亚，维尔姆泽还想对法国部队进行阻击，但是却没有达到效果。于是，他和他的援军也被法国人围困在了曼图亚城里。这对曼图亚的奥地利守军来说，可不是一个好消息。援军虽然赶到了，守卫部队的人数也的确增加了，但是守卫的力量却并没有得到加强。相反，城里原本就不多的粮食还要在拿来填饱这些人的肚子，一下子变得更加紧张了。更糟糕的是，这些新加入的守军，因为经历了无数战役而疲惫不堪，再加上明乔河中的沼泽地不停地散发瘴气，一场热病很快就在曼图亚的奥地利部队中流行了起来，很多人因此而病死。

士兵的不断减员以及粮食的紧缺使得维尔姆泽不得不暂时消停了下来，前线因此变得平静了下来。这时候，拿破仑把他的注意力开始投入到了意大利的事务上。

几个星期以前，当奥地利军队卷土重来的时候，意大利的局势变得有些微妙。奥地利将从法军手里重新夺回意大利的可能性，使得意大利人纷纷变得忧心忡忡，而一些反动分子们则为此欢呼雀跃。在罗马和那不勒斯两个地方，一些厌恶法国人的当地人开始公然对法国士兵们进行指责与唾弃，梵蒂冈也早已准备好了对亵渎神圣的掠夺者的严厉谴责。

当奥地利军队被一举打败之后，这些人接受处罚的时刻也随之而来。最先遭到指控的，是摩德纳公爵，有人向拿破仑举报他，说他曾经允许一支武装护送运输队通过他的国境去接济曼图亚驻防部队。

在拿破仑看来，这可是一个千载难逢的好机会。因为摩德纳公爵拒不缴纳罚款，拿破仑对他早就心生不满，现在，趁着这个机会，拿破仑可以好好整治一下他了。

拿破仑先向督政府进行了请示，但实际上，这种请示不过是例行公事，对于如何处置摩德纳公爵，他早就已经心里有数。在请示后的第二天，拿破仑就宣布，把摩德纳和勒佐两个城市置于法国保护之下。这样的举措，不管是在法国，还是在意大利，都是前所未有的。

拿破仑采取这样的做法，是为了逼迫督政府早点采取行动。在此之前，督政府曾经一再限制拿破仑，不让他过多参与最高决策方面的事务。拿破仑对此当然非常不满，所以，他适时将了督政府一军。当督政府指示他应该谨慎处事的公文被送上他的案头时，他假惺惺地向那些远在巴黎指手画脚的督政官们道歉说，公文到得太晚了。督政官们虽然知道他是故意而为，但是没有证据也只能干瞪眼。

实际上，把摩德纳和勒佐两城置于法国保护之下，意味着他已经建立了一个新的国家，对于这个国家，法国不得不承担起保护义务。如此一来，法国就能继续占领意大利北部，而拿破仑执掌军权的期限也就得到了延长。

摩德纳公国的独立，激励了其他受教皇直辖的城市。很快，波伦亚和费拉拉也宣布脱离教皇统治，建立自由共和政体。

拿破仑来到这些城市进行访问，对他们追求民主与民族独立的精神大加鼓励，他此行还有另一个目的，那就是警告那些反对派们，要小心他的报复。

拿破仑的访问起到了很大的推动作用，没过多长时间，这些独立的城市就组成了西斯佩代恩共和国。这个新成立的共和国，很快就颁布了公民平等的法令，废除了一切封建法律，并且在圣诞节的时候召开了民选议会。这些事件意味着意大利统一运动的开始。这也从侧面表明了，拿破仑在外交方面的能力绝不逊色于他的军事才能。

拿破仑向督政府申请了两万五千人的增援部队，但当他听说了法国部队在德国屡屡遭遇失败的消息之后，他知道自己的申请不可能被批准了。同时他还得到了另一个消息：因为近来不断失地赔款，教皇非常生气，正在到处活动，想复活第一次反法同盟。如此一来，拿破仑就不得不结束外交上的斡旋，面对战争中的举步维艰。

奥地利皇帝弗朗西斯二世意识到了这一点，于是收复意大利的决心更大了。现在，他的胜算似乎也更大了。在十月，奥地利派到德国的部队接连取得胜利，在维尔次堡，卡尔大公一鼓作气把儒尔当打了个落花流水，并且把他和莫罗两军逼得节节后退，只能据守莱茵河。

于是，奥地利集结了一支拥有六万兵力的大军。年近六十的阿尔文齐，原本指挥着三万五千人，驻扎在的里雅斯特港北面的弗留利区，保护这个港不受法国人的侵扰。现在弗朗西斯二世命令他率领这支部队向着布兰塔河挺进。达维多维奇则率领着其余两万五千人，沿着阿迪杰谷直奔提罗耳而去。这两支部队将在维甸纳附近进行会合。

在战争刚开始的时候，奥地利部队取得了一些胜利。尽管法国部队在布兰塔河上拼死守卫住了自己的阵地，然而，提罗耳的法军却被打败，仓皇之中，他们放弃了阵地，沿着阿迪杰河撤退。受到这支队伍的拖累，拿破仑不得不下令全军都向着维罗纳撤退。

之所以会选择维罗纳，是因为拿破仑看出从维罗纳这个中心位置，他既能够切断阿尔文齐的部队向西的道路，又能阻止他们与达维多维奇率领的奥地利部队会师。当时达维多维奇正努力把沃布瓦师从利沃里高原驱逐出去。

对于放弃阵地的懦夫行为，拿破仑绝不容忍。他特意来到驻扎在利沃里高原的法军军营进行视察，对那些意志不坚、有所动摇的人进行了不留情面地斥责。他命令放弃提罗耳阵地的两个团的士兵们站在他面前，并对他们进行训话，怒斥他们不应该在仓皇之中放弃了自己的阵地，并且命令参谋长在这两个团的团史上写下了"他们不再属于意大利方面军了"之类措辞激烈的话。

受到斥责的士兵们懊悔不已。他们痛哭流涕地请求司令官再相信他们一次，他们的勇气会洗脱这一耻辱。这样的反应早就在拿破仑的意料之中，于是，他顺水推舟地答应了他们的请求。果然，在后来的战斗中，这些士兵们无不奋勇杀敌，他们所创造的功绩，足以把团旗上的所有污点洗刷干净。

双军对战的时刻很快就到来了。阿尔文齐在维罗纳以东的卡尔迪埃罗一带丘陵上建立了一个坚固的阵地。这个阵地的位置非常巧妙，是阿尔卑斯山提罗耳支脉的几道横岭，可以为他的右翼提供保护，而延伸在阿尔蓬河及阿迪杰河之间的沼泽地带，则恰到好处地使他的左翼避免受到袭击。在正面，他又部署了很多大炮。马塞纳率领着部队对这个阵地发起了勇猛的进攻，但是，即使他拼尽全力，却没能把奥地利军队的右翼从阵地上赶出来。

1796年11月，法国部队退到了维罗纳，这次战斗的伤亡是异常惨重的，拿破仑失去了两千个作战勇猛的士兵。除此之外，还有七百五十人被俘。浴血奋战却打了个败仗，法国人的士气一下子低落了下来。

对于这样的结果，拿破仑自然难以接受，但是在军营里，他必须保持镇定，不然，原本低落的军心就会更加涣散。他向督政官们汇报战况，要求他们提供支援。为了得到更多的关注，他还特意少报自己的兵力，夸大了敌人的兵力。他向督政官们说，法国部队在维罗纳及利沃里两处只有一万八千人，而奥地利军队的兵力则超过了五万人。实际上，敌人的数量只有不到那个数字的一半。

为了挽回败局，拿破仑决定来一次大冒险，进行一次战场上非常少见的迂回运动。趁着奥地利军队在提罗耳的各个小分队还没有在利沃里击败布瓦部队，并来到维罗纳西部之前，不管付出什么样的代价，他都要把阿尔文齐从卡尔迪埃罗的高地赶走。但要实现这一点，他只能采用侧翼包抄战术。

除了拿破仑之外，几乎所有的指挥官都认为这是根本不可能完成的任务，但是拿破仑强于别人的一点正体现在这里，在最困难的时刻，他都能找到最冒险却也最有效的方法。

现在，拿破仑正把自己的目光投向位于卡尔迪埃罗高地的南面和东南面的一大片沼泽。这片沼泽一直沿着阿尔科拉村向西延绵数里。一条小路经过这个村庄，往北一直通到阿尔蓬河的东岸。它在阿尔科拉村越过该河，能够通到龙科村对面的阿迪杰河岸。在龙科村偏北一点，岔出另一条堤道，朝西北方向通往波尔奇尔。

拿破仑设计从龙科村沿着这两条堤道进兵，并且把阿尔科拉村占为己有，以此来包围奥地利军队的侧翼，引诱他们进入自己早已精心布置好的战场。在那里，勇猛善战的法国士兵们可以充分发挥个人作战能力，而人数多少也就无足轻重了。

一天晚上，奥热罗和马塞纳带领着两个师通过维罗纳撤退。士兵们都非常沮丧，以为司令官已经决定要放弃伦巴第。直到出城之后，他们才接到转向左方，沿着阿迪杰河西岸而下的命令。这时，他们迷茫了起来，不知道指挥官葫芦里卖的什么药。到了龙科村，这个迷局才被解开。在那里，居然出现了一座由船只搭成的横跨阿迪杰河的浮桥。

在过河的过程中，法国部队非常顺利，没有遭到任何抵抗。然后，奥热罗的部队就迅速沿着通向阿尔科拉的堤道前进，对奥地利部队的后方形成强有力的威胁。马塞纳的部队则向着西北方向纵列前进，以便攻击在卡尔迪埃罗的奥军侧翼。

突然遭到法国部队的袭击，奥地利部队一下子慌了神。他们对奥热罗部队进行了非常顽强的抵抗。他们用猛烈的炮火把冲在最前面的法国士兵打了下去。奥热罗率领部队打到了阿尔科拉村的桥边，但是却没有起到什么作用。在激烈的枪林弹雨中，法国人几乎寸步难行，只好撤退到了龙科村。

尽管在阿尔科拉村法国部队的进攻没有成功，但是在西边的战场上，马塞纳却站稳了脚。而且，法国部队的突袭也使得阿尔文齐不得不停止向维罗纳或曼图亚进军，并从卡尔迪埃罗的高地走下来。所以，从某种程度上来说，法军已经达到了预定的目标。

法国部队没有获得决定性的成功，拿破仑知道，接下来，还要运用自己的谋略和勇气来精心布局。第三天，他想了一个妙计，在奥军侧翼附近的一个树林后面，部署了一小队骑兵，让他们吹起号角，装出大队人马即将进行冲锋的样子。

号角声声声震耳，法国部队又从莱尼亚戈方向和阿尔科拉村后蜂拥而上，没有任何准备的奥地利人被吓了一大跳，纷纷溃散，向着维琴察仓皇而逃。

拿破仑又获得了一次关键性的胜利。虽然两支部队在战斗中都受到了严重的损失，然而，当奥地利人为功败垂成而懊恼不已的时候，法国人却在为司令官的神勇与智慧而欢呼。士兵们把拿破仑比作是古罗马的传奇英雄霍雷西斯。他们敬佩这位年轻主帅的才能，只有这种天才，才能为他那陷在沼泽和堤坝纵横交错的地区一再受挫的军队指出了安全和胜利的道路，才能在沼泽地里创造出一个军事神话。

利沃里的决战

在处理意大利问题上，拿破仑与远在巴黎的督政官们早有分歧。督政官们的胃口并不大，他们只想使哈布斯堡王朝成为法国的手下败将，然后从中捞取一些好处，不想彻底将其击败。但拿破仑显然不满足于此，他有自己的野心——要使这个高傲的王朝，臣服在他的佩剑之下。

正当拿破仑在沼泽地里排兵布将浴血奋战之时，督政府却打算派特使到维也纳去。之所以这样做，大概是因为如今的法国到处都是一种混乱的局势，国库空虚，无力再对驻扎在东部的军队提供支援，正在莱茵地区作战的各个部队被奥地利的卡尔大公打得落荒而逃，南方发生了叛乱，西部的不满情绪愈演愈烈……法国俨然已经成了一个烂摊子，让督政官们焦头烂额。

所以，督政府想派特使去维也纳，探一探对方的底线。他们也希望特使能够在维也纳打听到一些政治和军事动态，从而判断是否有可能以牺牲拿破仑所取得的部分胜利果实的代价，去换取和平。

被选中的特使叫作克拉尔克，是一个雄心勃勃的年轻人，前不久，他得到了卡尔诺的信任，所以，在物色合适的人选时，卡尔诺就想到了他。现在，他做好了一切准备，想在维也纳充分发挥自己的外交才能。

督政官们对克拉尔克作出了一些指示，从这些指示中，可以看出法国督政府对欧洲新格局的一些计划。根据他们的指示，在安排了一个有效期一直持续到第二年春天的停战协定后，克拉尔克就可以与哈布斯堡王朝商讨一个令双方都比较满意的和解协定。他可以谈判归还奥地利在意大利的所有属地，并且使萨尔斯堡主教管区和其他较小的德意志及施瓦本地区归属于他的问题。或者，如果奥地利不能收回米兰地区，法国将会给予它教皇国的北部作为补偿。除此之外，托斯卡纳大公——哈布斯堡王室的成员之一，可以拥有对罗马的统治权，而把他的大公国让给巴马公爵；同时，由于巴马公爵是西班牙波旁王室的成员，而法国要为他从中进行一些斡旋，所以自然应该从西班牙在美洲的属地里得到一些报酬。

在这些指示中，可以看出，法国督政府认为奥地利是一定要进行安抚的，为了达到这一目的，也为了谋取更多的好处，法国不惜牺牲一些小国的利益。这些督政们在教导别人的时候嘴里总是说着"自由""平等""博爱"，然而实际上他们所做的事情，却跟这些口号一点也不沾边儿。他们靠掠夺那些被解放的国家或者城市来充实自己的钱包，然后还要与那些他们曾经公开谴责为暴力专制统治的国家，一起来对弱小国家进行宰割。

督政府让克拉尔克务必要记住的一点是，他之所以与维也纳进行谈判，是为了使他们明确，如果直接、单独地与法国人打交道，而不去参加英国最近在巴黎举行的谈判，他们就能得到更好的回报。

但是，克拉尔克并没有被允许进入维也纳，奥地利方面指定维琴察作为双方协商的地点。

这次协商并没有持续多长时间，很快，拿破仑就用自己在阿尔科拉一战中的胜利，使督政官们费尽心思布置的罗网化为乌有。

在拿破仑对战况的预计中，曼图亚被攻下，不过是几星期之内的事情。但是，一旦克拉尔克的谈判取得成功，那么在停战期限里，曼图亚的给养就会得到充分的补充，到那时，拿破仑之前所做的一切都白费了，这是他坚决无法容忍的。所以，他想尽办法说服克拉尔克，让他认识到，督政府的指示是如何愚蠢。最终，因为奥地利皇帝弗朗西斯二世认为自己在意大利仍然有可能取胜，所以，克拉尔克在维琴察的谈判以失败告终。

还有一件事情，督政官们也失策了。因为担心拿破仑的巨大野心将会使他变成一匹脱缰的野马，不受督政府的控制，所以，督政官们还要求克拉尔克对拿破仑的行动进行秘密监视，一旦发现什么情况，就要立刻向巴黎汇报。但是，风声被泄露了，不知道是因为有人向拿破仑通风报信，还是因为他已经聪明地有所预料，所以拿破仑得知了这一安排。

在与克拉尔克交往的整个过程中，他运用了非常巧妙的方法，令克拉尔克看出他已经知道了内情。此时，克拉尔克知道，自己的监视行动已经失去了意义。拿破仑不但摆脱了被监视的尴尬境地，相反，他还从克拉尔克那里刺探出来，这位特使的能力究竟有多大以及他所肩负的任务是什么。然后，他对克拉尔克做出了这样的评价："他是个间谍，督政府叫他来搞我的。他是个无能之辈，不过自命不凡罢了。"

没过多长时间，拿破仑的声名以及处事雷厉风行而又节制有度的性格就赢得了这位特使的敬佩，到最后，他竟然成了自己的这位监视对象的忠实拥趸，心甘情愿地追随于他。

克拉尔克已打算向巴拉斯和卡尔诺撰写如下一份高度称许的报告：

我惊奇地发现，这里的人们都把拿破仑当作是天才性的人物……在意大利，我看到，几乎所有人都敬畏他、热爱他、尊敬他。根据我在这里的所见所闻，我有充足的理由给出这样的结论——拿破仑的心是向着共和国的，除了他要尽可能地保持自己已经赢得的声誉外，他没有其他的野心……当然，拿破仑也不是完全没有缺点，有的时候，他会表现出急躁的情绪，在处理某些事情的时候，他又会专制蛮横，听不进其他人的意见。而且，在遇到难题时，他常常对事情要求过急。他对政府特派员也不够尊重。我曾经就这一点向他提出意见，但是他却回答说，这些政府特派员们道德败坏，碌碌无为，人人都对他们非常鄙视。的确，我也认同他的部分看法，……萨利切蒂早就已经是臭名远扬了，在部队里，他就是一个无耻至极的流氓。而加罗一直表现得碌碌无为，是一个胆小怕事的懦夫，所以也不适合在意大利方面军里面工作。他们与拿破仑之间产生矛盾，几乎是必然的事情。

督政官们即便有太多的不放心，还是必须承认，他们决不能继续怀疑波拿巴了。他们决定全力支持他，并赋予他在意大利实际上的全部自主权等。

当拿破仑与督政府因为和战问题而暗地展开不动声色的较量之时，他忽然得到了一个消息：奥地利皇帝打算再次派部队前来解曼图亚之困。经历了两次失败，这位固执的皇帝还不死心，还想再作最后一次努力。

在维也纳召开的军事会议上，奥地利人制定了一个全新的作战方案。阿尔文齐在巴萨诺补充兵力、重整旗鼓之后，将迅速地在罗维雷多与提罗耳纵队进行会合，从而组成一支拥有两万八千兵力的大军，来利沃里阵地进行强攻，迫使法国部队向着曼图亚方向撤退。普罗韦拉领导九千人马，也将沿着布兰塔河向荣尼亚戈推进，他们的目的是迷惑法军，趁着对方不注意的时候，从阿迪杰河谷发起攻击。另外，在巴萨诺和其他地方的一万人，也会在各个不同的地点对法军战线发起进攻，牵制他们的力量，使其兵力无法集中。

从这个方案中，我们可以预料到，奥地利部队很有可能会第三次犯1796年7月和11月所犯过的错误。用来牵制法国部队力量的部队，不再是小股兵力，而是拥有大批人马的大部队。如此一来，虽然能够使法国部队受到一定的打击，但是自己的主力却也会因此受到削弱，从而缺乏作战成功所必需的冲击力。

虽然在战略部署上存在问题，但是一开始，奥地利还是尝到了一些胜利的果实。法国部队节节击退，伤亡惨重。拿破仑立刻北上前往维罗纳，路上，他时常会因为无法摸清敌人的实力和动向而冲自己发怒。到了某日晚上，他突然开窍了：普罗韦拉的进攻只不过是在迷惑自己罢了，他们真正打击的对象，是部署在巴尔多山和利沃里的一万法军。

想明白了这一点后，拿破仑立刻感到眼前豁然开朗。他火速赶往利沃里，他鼓励守军们，已经有一万三千名援军正星夜兼程赶来这里，帮助他们守卫利沃里的阵地。

在利沃里，拿破仑发现，这个高原居高临下，对于法国部队来说，这种地势易守难攻，非常有利。

阿迪杰河在这里向西拐了一个大弯，离加尔达湖只有不到十公里的距离。河峡的右岸，被很多群山环抱在其中，形成了一片开阔的、平整的天然战场。大约在这个天然战场的中心位置，有一片高原从中隆起，将从提罗耳南下的出口彻底控制住了。在高原北面高高耸立着俯瞰高原的是巴尔多山。这座山在河谷附近向南伸出一条倾斜山脊（称为圣马克）与高原相连。在这条山脊的脚下，就是引导人们从特伦特前往维罗纳的那条驿站的顶端。路过的人在利沃里附近的盘陀路的最高处停下来的时候，就能够看到蜿蜒而去的河谷，眺望北面则是巴尔多山的崇山峻岭。向村庄的西面望去，又可以俯视山洪冲刷所形成的一片天然洼地。

即使是毫无军事经验的人也能够看出，利沃里高原是一个非常有利的阵地，它简直就是一个群山环抱中的练兵场，哪怕只有一支小部队据守在那条蜿蜒而上的道路顶端，就足以"一夫当关，万夫莫开"。只不过，这个阵地也存在着一些天然的缺陷，那就是，它有可能会被勇敢的敌人从侧翼包抄。

如果敌人足够勇敢的话，可以沿着巴尔多山西部余脉的羊肠小道往上爬，然后在山脚下涉过溪流，向东挺进直接扑向那里的村庄。而这，恰好是阿尔文齐计划中的作战策略。他相信，以奥地利军队两万八千人的兵力，足以将法国部队的一万人包抄了。

事实证明，阿尔文齐的计划是非常成功的。当奥地利士兵们乌压压地出现在法军指挥官儒贝尔面前时，这位勇敢的将军一下子被惊得目瞪口呆。当他了解到敌人所拥有的兵力有多少时，他打算直接下令部队向南撤退。然而，就当他将要发布命令的时候，一名副官急匆匆赶来，这位副官带来的是拿破仑的命令——不惜一切代价，死守利沃里。

第二天早上四点，拿破仑到达这里以后，又亲自阐述了命令的具体内容。趁着天还没亮，法国部队发起了一次进攻，从奥地利人手里把位于圣马克山脊上的小教堂攻了下来。这条山脊能够直接对那盘陀小路上面的山坡进行控制。

奥地利部队的营火反射到了夜空中，拿破仑凭借这一点，辨认出了他们所在的大体位置。在那些毫无作战经验的人看来，这寒冬夜空中的火光，似乎预示着法国部队即将被击败。然而，在拿破仑的眼中，这样的景象却是生存的希望。因为他知道，他的老对手相对以前并没有什么改进，仍然采用了包抄的作战方案。他从隐藏在阿尔文齐身边的间谍那里得到的消息，也使他大为高兴，因为奥地利部队的兵力远远不是法军公报里的四万五千人之多。

此时，奥地利部队完全没有意识到，自己的计划已经被敌人一览无余。因为胜利，士兵们的士气一下子鼓舞了起来。更令他们振奋的是，六路纵队已经分别拔掉了法国部队的前哨，向着利沃里前进。其中一路由一些炮兵和骑兵组成的，沿着河的西岸向着因卡纳尔村以及通向利沃里的盘陀小路的山脚下缓慢前进。另一路被安排在阿迪杰河东岸，他们可以隔着狭长的河谷向法国部队开炮。其他三路走的是大炮无法通行的羊肠小路，他们要翻过巴尔多山。第六路，也就是最西南的纵队，沿着邻近加尔达湖的山脊迂回前进，它也同样缺少野战炮和骑兵，这使得这支队伍的攻击力量被严重削弱了。

地形的有利条件，从来没有像利沃里一战中那样，对战争的胜负发挥了那么关键而又有力的作用。

虽然如此，当时的奥地利部队还是在竭尽全力发起进攻。他们的努力最初发挥了一定的作用。法国部队被他们从圣马克山脊赶了下去，对方在巴尔多山和利沃里之间的中央阵地也受到了极大的威胁。而在西面，奥地利部队较远的右翼，已经开始张开血盆大口，妄想吞噬法军的后方。

1797年1月的某一天早上，当法国部队眼看着已经支撑不住的时候，马塞纳带领着部队犹如天降。援军的到来使得那些疲惫不堪的法国士兵们重新恢复了士气。接下来，儒贝尔在下临阿迪杰河的地面上、贝尔蒂埃居中、马塞纳在左翼，三支部队开始协同作战。

奥地利军队的一支小分队从巴尔多山的峡谷秘密窜到了马塞纳部队的一支先头部队侧翼，然后对他们发起了出其不意的猛烈进攻。这个团完全没预料到，突然会有敌人冒出来，措手不及的他们被打得惊慌而逃，差点就要波及他们所掩护的另一个团。部下的无能使得马塞纳，这个被称为"胜利宠儿"的老将大为恼火，他来到那个团的团长面前，对他进行了严厉的斥责，甚至还用自己的佩刀冲着他一通乱打。

然后，马塞纳又命令另外两个战斗经验丰富、作战能力很强的兵团，全力抵御住敌人的进攻。这两个团果然没有辜负马塞纳的期望，立刻把进攻的敌人打败了。但是，即便如此，法国部队也只是刚刚能够抵挡住奥地利士兵们潮水般的进攻罢了。

战况已经如此危急了，但拿破仑却一点儿也不担心，他对自己的中央阵地充满了信心，认为他们拥有打退敌人包抄猛打的绝对能力。

拿破仑对法国部队的信任没有被辜负，很快，战场上就出现了另外的场景。

因为长途行军，而且持续的进攻导致体力过度消耗，再加上饥饿的侵扰，奥地利的士兵们渐渐变得疲乏无力。很快，他们就失去了最初的优势。此时，法国人开始反扑，收复了很多被夺走的地方。

此时，拿破仑抓住这一时机，下令各部队全力给奥地利部队以致命一击。勒克莱尔的骑兵和儒贝尔的步兵合力发动了一次冲锋，彻底摧毁了奥地利部队的前锋。从高原上发射出来的一排接一排的炮弹和滑膛枪子弹，摧毁了奥地利部队的两侧。一辆装载军火的车辆出人意料地爆炸了，于是分布在它周围的奥地利部队立刻被炸得血肉横飞。

这场在利沃里高原进行的生死决战，最终以法国人的胜利而结束。奥地利部队伤亡一万五千人，剩余的人马丢掉了几乎所有大炮和军需品，仓皇逃回了提罗耳。

拿破仑命令诺贝尔向着特伦特方向继续追击奥地利残部，而他本人则率领部队直奔曼图亚。奥地利的普罗韦拉部队已经赶到了这里。最终，1797年1月，拿破仑在曼图亚附近的拉法沃里塔俘虏了普罗韦拉全军。

1797年2月，维尔姆泽终于交出了曼图亚。这个要塞总算被攻了下来。

为了守卫曼图亚要塞，奥地利皇帝先后投入了五支部队，然而，最后的结果无一不是失败。

接下来将要受到惩罚的是罗马教皇了，因为在这场战争中，他站在了法国的对立面。教皇的部队可不像奥地利军队那样顽强，当他们看到法国士兵们士气高涨地冲过来时，立刻四处逃窜。拿破仑几乎没有受到什么阻碍，就打下了安科纳，然后又直捣托伦蒂诺，在那里，教皇庇护六世向他求和了。

1797年2月，拿破仑与罗马教廷签订了和约，和约规定：罗马教廷不得向其他反法同盟国家，尤其是不得向英国，开放港口；承认法国兼并阿维尼翁；承认在波伦亚、费拉拉及其周围地区成立的西斯佩代恩共和国；向法国政府赔款三千万法郎，并献出一百件艺术品。

持续了长达一年时间的曼图亚拉锯战终于结束了，而拿破仑的声名，在一次又一次的胜利中，再一次远扬。

意大利的"城下之盟"

攻下曼图亚要塞，意味着拿破仑距离最终的胜利只有一步之遥了。他带领着部队立刻向着奥地利的首都维也纳前进，面对着法国部队的无情铁蹄，固执而又顽强的哈布斯堡王室，终于无奈地认输了。

1797年4月，趁着克拉尔克仍然在意大利而无法赶来的机会，拿破仑与奥地利皇帝弗朗西斯二世在雷欧本签订了和平协议。作为意大利方面军的司令官，督政府只给予了他缔结短期停战协定的权力，然而这位不按常理出牌的将军，竟然强迫奥地利皇帝与他签订了和约的初步条款。拿破仑的捷足先登，使得督政府及其特使一下子成为了他的配角。

拿破仑的越俎代庖，自然引发了督政府的强烈不满。但拿破仑可不怕那帮老头子，他狡猾地辩解道，克拉尔克不在场，自己采取这样的行动，是为了稳住奥地利人，以防生变。这不过是一种军事行动罢了，根本不算什么逾矩。

此时，拿破仑还不知道，法国部队在莱茵河也已经打败了奥地利人，如果他早知道这一点的话，一定不会浪费时间在谈判上，而是会继续挺进维也纳，迫使奥地利皇帝签下更加苛刻的城下之盟。如此一来，他在意大利战场上就可以画上一个圆满的句号：从萨沃纳开始，在维也纳结束。

直到1797年4月，莫罗在莱茵河地区获胜的消息才传到拿破仑的耳朵里。痛失了这样一个好机会，他非常懊悔。当时的他正从雷欧本赶回意大利，为了挽回局面，他甚至想立刻掉头回到雷欧本，找个借口与奥地利决裂。所幸的是，贝尔蒂埃阻止了他，否则，接下来发生的事情恐怕会无法掌控。

拿破仑给予奥地利的和平条件非常宽厚，法国的唯一收获是得到了奥属尼德兰，而奥地利教皇虽然失去了这块总是惹麻烦的领地，却能够从其他地方得到一些补偿。对于莱茵河西岸，和约上并没有进行什么具有约束力的规定，只是说奥地利承认法国"宪法规定的疆界"，但又重申了"帝国"的完整，这两句话实际上是互相矛盾的。因为法国早就已经宣布莱茵河是它的自然疆界，而那个老大"帝国"则包括比利时、特里尔和卢森堡。

为了解决这个矛盾，和约后面又附加了一些非常重要的秘密条款：虽然奥地利皇帝放弃了他在奥利奥河以西的意大利领地，但同时他将得到该河以东属于威尼斯共和国的大块领土，包括达尔马提亚及伊斯的利亚在内。威尼斯共和国也得把它在奥利奥河以西的领土割让给法国政府。作为对这些损失的补偿，它将得到罗马涅、费拉拉和波伦亚三个教皇领地，也就是拿破仑不久前合并入西斯佩代恩共和国的那些地方。除此之外，奥地利皇帝必须得承认拟议中将于米兰成立的共和国，还有已于摩德纳成立的共和国，由此而丧失领土的公爵将从别处得到"补偿"。

拿破仑出卖了意大利人！在这种出卖中，受到伤害最大的，就是威尼斯共和国。

在拿破仑第一次进入威尼斯共和国领土之前，他就已经向督政府汇报了他掠夺和瓜分这个共和国的打算。1796年6月，他曾经给督政府写了一封信，信中提到了威尼斯对法兰西共和国的不敬行为——曾接待普罗旺斯伯爵（后来的路易十八），他还说："假如你们的目的只是从威尼斯弄到五六百万法郎，那我已经准备好了为此而与他决裂的方法了。但是，如果你们有着更为明确的意图，在我看来，这一争端应该继续下去，如何？我一定会把握住机会，但这要看情况，因为我们不应该在同一时间对付所有人。"由此可见，拿破仑对颠覆威尼斯共和国早有预谋。

为了达到这个目的，在与奥地利皇帝签署和约两周前，也就是1797年4月，拿破仑特意收买了一个叫作萨尔瓦托利的家伙，让他发布了一个假冒威尼斯当局的布告，好找各地人们起来反抗法国人，对他们进行屠杀。布告上还特意把日期写成了1797年3月。

威尼斯的总督看到这个布告之后，立刻告诫自己的人民：这是一个伪造的文件，完全不可信。然而，还是有很多人相信这个布告是真的。恰在这时，1797年4月，在维罗纳又发生了一起法国士兵与当地人的斗殴事件，威尼斯人的不满情绪一下子找到了爆发的出口。

维罗纳人满怀愤怒地联合在一起，反抗驻扎在那里的法军。他们希望能趁这个机会报仇雪恨，因此，他们杀死了很多法国士兵，就连躺在医院里无法动弹的病员，也未能幸免于难。

拿破仑没想到，威尼斯人的愤怒这么强烈，最终竟然导致很多法国士兵成为刀下之鬼。但是，另外，他又感到有些庆幸，因为这恰好使他得到了一个合理的理由，凭借着这个理由，他可以把威尼斯这个独立国家彻底摧毁。

拿破仑很快就率领法国部队开进了意大利，在这里他能够更好地向对方施加压力，从而得到更有利的条件。他的下一步计划是向威尼斯宣战。就在这时，另一个突发事件使得拿破仑宣战的理由更加充足了——一条法国武装民船坚持要停泊在威尼斯海港的禁区，因而被排炮轰击，打穿多处，并被扣留。

威尼斯总督和元老院在获悉这件事之后，立刻表示，对于这一事件以及发生在维罗纳的暴行，他们愿意承担责任，并且充分赔偿损失。但拿破仑显然不希望这样，他看都没看"沾满了法国人鲜血的"威尼斯使节，傲慢地命令威尼斯从法国的大陆领地撤出去。

接下来，拿破仑又使用了一个阴险至极的诡计。他在威尼斯物色了一个叫作维尔他的人，让他在威尼斯民众中散布谣言，使他们相信，只有将现在的寡头统治推翻，并且组建一个民主的自治政府，那位法国将军的怒火才会被平息。

威尼斯人并不知道自己上了当，他们的愤怒使得那个古老的寡头统治机构彻底垮了台。新成立的自治政府完全听命于拿破仑，他们下令把军舰交给法国部队，甚至还用威尼斯船只帮助法国运送士兵。通过这个新政权，拿破仑可以尽情地抢夺这个国家的财富。

不久后，拿破仑和威尼斯新政府的使节还在米兰签订了一个同盟条约。条约的内容是，法兰西共和国与威尼斯共和国应就交换某些领土一事，达成谅解；威尼斯共和国应捐献一笔金钱和作战物资；应提供三条战舰及两艘快速舰来协助法国海军；并应交出油画二十幅及名家手稿五千份来充实威尼斯的恩人法国的博物馆。

这是拿破仑缔结的第四个重要条约，此时的他早就已经忘了，1796 年战役刚刚开始的时候，督政府曾经命令他，如果没有向萨利切蒂请示，即使是一个停战协定，也不允许他擅自签署。

把威尼斯共和国置于自己的控制之中后，拿破仑的下一个目标就是热那亚了。作为一个科西嘉人，他与热那亚有着不共戴天的仇恨。然而，在战争中，他对热那亚的处置却始终非常公正，这使得人们大为震惊，因为他从来都将那个国家当作是专制统治的典型案例。

现在，战争结束了，他要对这个"仇人"开刀了。摧毁热那亚的寡头统治其实不是一件难事。拿破仑所采用的，是与他在威尼斯如出一辙的阴谋活动。然而，就在他的阴谋活动即将收到成效的时候，亲法派们为了邀功，纷纷行动起来，打算亲自推翻热那亚政府。政府当然不会坐以待毙，他们把拒绝变革的山区居民和渔民的队伍武装起来，与亲法派在热那亚的狭窄街道上进行了一次长时间的激烈巷战，最后，亲法派被打败了。政府军对这些亲法派的住宅进行了搜捕，竟然搜出了他们原来准备要剥夺公权的名单，以及证明法国特务是这次暴动的阴谋者的种种文件。

亲法派的邀功行为最终使得拿破仑的整个计划都被破坏了。但是，在这次巷战中，也有少数的法国人和米兰人被杀死，于是，拿破仑就以此为借口，对热那亚政府进行声讨。

没过多长时间，在米兰附近的芒泰贝洛城堡，拿破仑与热那亚政府在经过了一阵协商之后，签订了一个秘密条约。这一条约使得热那亚共和国，也就是后来的利古里亚共和国，归于法国的保护之下，而且以温和的民主制度代替只限于少数特权贵族统治的制度。这是具有重大意义的。

解决了热那亚共和国的问题之后，拿破仑的下一个目标就成了伦巴第。这个城市的前途，一直是拿破仑非常关心的事情，他知道，在意大利，最容易适应宪政的，莫过于伦巴第，但它必须依赖于法国。如果让他们自己搞，最后的结果不一定是多么混乱的状态。

拿破仑之所以不相信意大利的民主派力量，是有原因的。1796 年底，他曾经写道："伦巴第有三派：一派接受法国指导。另一派很想获得自由甚至有点迫不及待的心情。还有一派则是亲奥地利的。我将会鼓励第一派，限制第二派，而压制第三派。"但是现在情况却完全不同了，他抱怨道，西斯佩代恩和西沙尔平两个共和国的选民在他不在时举行的第一次选举中，表现得很坏；因为他们竟受僧侣的影响而没有选出法国所属意的人物。

在米兰，拿破仑组建了四个委员会，由他们来拟定法律。经过一段漫长时间的努力，这四个委员会终于制定出了西沙尔平共和国的新宪法。拿破仑担心选举结果再出什么问题，于是就亲自挑选了五个督政以及其属下的部长们，这还不够，他还亲自指定了一百八十个元老院议员及平民院议员。

谁也不曾预料到，民主竟然会以这样的形式出现在意大利。它并不是靠人民的努力而得来的，竟然是一位天才组织者一手打造出来的。

拿破仑是一个颇有眼光的人，他选定的参与意大利政治建设工作的几乎全都是第一流的人才。他指定贵族塞贝隆尼担任西沙尔平共和国的第一任总统。著名的望族维斯孔蒂家族的一位后裔被派到巴黎去做驻法大使。许多在奥地利占领时期或者在前不久的几次战争中离开伦巴第的有才干的人，都被拿破仑的温和的政策吸引回来了。

1797 年 7 月，米兰举行了一场庆祝新政府成立的狂欢节，在这个饱经战争洗礼的国家，再次出现了举国欢庆的欢腾景象。人们载歌载舞，为自由而喝彩。

这股热潮很快就席卷各地，威尼斯共和国在大陆上的一些城市，纷纷请愿，要求加入西沙尔平共和国；出席参加狂欢节庆祝活动的西斯佩代恩共和国的代表们也强烈要求，让他们的那个小国也享受同样的优待。

他们的要求当然会得到充分的满足。没过多长时间，西斯佩代恩就和波河以北那个更加民主的西沙尔平共和国合并了，与它同时合并的，还有布里西亚、贝加摩、科摩、克雷马以及佩斯基耶腊等重要地区。如此一来，西沙尔平共和国的版图就得到了前所未有的拓展，北起阿尔卑斯山的主脉，南至里米尼，西迄提契诺河，东抵明乔河，都是它的领土。

如今，拿破仑终于实现了他的愿望——解放意大利，把《人权宣言》带到意大利。他曾经饱含激情地对德茜蕾说过这番话，现在，当他功成名就之时，他的德茜蕾却早就已经被他抛弃了。此时，他想起了约瑟芬，很久未见的妻子最近给他带来了一些无法言说的烦恼。

战场得意，情场失意

在意大利战场上，拿破仑挥斥方遒、叱咤风云，创造了一个又一个军事神话，然而，鲜为人知的是，当这个年轻将领尽情品尝着胜利果实的甜美滋味时，他的心中却同时也在忍受着痛苦的侵扰。而这痛苦的来源，竟然是他的新婚妻子。

新婚后的第三天，拿破仑就不得不离开约瑟芬，踏上了去往意大利的列车。当他站在列车上，看着车窗外一直注视着他的约瑟芬时，还未离开，他的心中就充满了浓浓的思念。他对约瑟芬说："亲爱的，你在家等我，我很快就会回来。如果你想我，就给我写信，你的信一定会给我带来安慰和快乐的。"

约瑟芬笑了笑，说道："你放心去吧，我会给你写信的。"

拿破仑一向都是自信的，即使是在感情上，他也受到了这种自信的影响，这使得他并没有看出来，为他送行的约瑟芬眼中，似乎少了一点儿对于新婚丈夫的依依不舍之情。他以为他的妻子和他一样，无法忍受这样的离别，实际上，恰恰相反，对于拿破仑在婚后就到意大利去打仗，约瑟芬不但不难受，还觉得有些如释重负。

对于这场婚姻，约瑟芬的出发点并不单纯。她不是出于对拿破仑的爱才决定与他结合的，如果拿破仑认为自己已经征服了她的心，那就彻底错了。相反，是利益驱使她向前迈出了这一步。在约瑟芬看来，爱情不过是一种交易，而婚姻就如同是这个交易的保证书。

所以，约瑟芬很难理解拿破仑在离别时的痛苦与不舍。对她来说，拿破仑的离开是一种暂时的解脱。她既不必再去奉承他、侍奉他，同时又可以享受到凭借他的权势而获得的优渥的经济条件，这是多么好的美事！而且一贯风流的她也不用担心寂寞的侵蚀，因为在巴黎，到处都是英俊潇洒的年轻小生，只要有钱有地位，就可以对他们召之即来挥之即去，怎么会寂寞呢？

就这样，拿破仑心中满怀着对一个并不在意他的女人的爱，走上了意大利战场。假如他不幸在战场上失去了性命，恐怕约瑟芬也只会为他掉一两滴眼泪，哀叹自己再次失去了靠山，然后拿着他的抚恤金继续过着逍遥自在的风流生活。

当时的拿破仑又怎么会意识到这一点呢？他还沉浸在自己深沉的爱中，在去往意大利的旅程中，每到一个驿站，他都会提起笔来给约瑟芬写信：

心爱的人，每时每刻，我都在走向距你更加遥远的地方。一想到这，我就感到痛苦万分，甚至没有勇气离开你。亲爱的，虽然我不能在你身边，但是你却时时刻刻在我心中。稍有闲暇的时候，我都会我冥思苦想现在的你在做些什么。如果你是忧伤的，那我的心也会被痛苦占据。如果你是快乐的，那我又要谴责你，竟然这么快就把我忘到了脑后。我们告别才三天啊，你竟然能欢笑，肯定是对我情意不专，没有任何真心实意。约瑟芬，请你原谅我，我之所以会这么想，都是因为，我的心中只有你，你完完全全占有了我全部心思。你要理解我的远行，我之所以像罗纳河急流那样匆匆离你远去，目的只有一个，那就是早日与你团聚。我之所以半夜还在工作，那也只是为了我的温柔的爱人能提前几天到来。

但是，令我无法接受的是，你在风月23日到26日间所写唯一一封信上，竟然用"您"来称呼我。你竟然如此生分地称我为"您"！真不应该！我的爱人，你怎么能写出那样的信来！它是多么冷淡啊，好像是给一个普通朋友所写的信一样。另外，从23日到26日，有整整四天，其间你在做什么呢，怎么只给我写了一封信……

我知道，你不那么爱我，或许现在你已经得到了安慰。我的爱人，我请求你，如果有一天你不再爱我了，那你一定要告诉我这个事实，至少，我还可以知道怎样去承受这种不幸。但如果你把我蒙在鼓里的话，我就会像个傻子一样空欢喜……再见了，我的妻子，我生命中的磨难、欢乐、希望和主宰。我爱你，但是却又对你有些惧怕。你总是能毫不费力地激起我最温存的情愫，你又唤醒我如雷鸣、如火山的感情风暴。我并不奢望你会一直爱着我，也不要求你的忠贞，我只要求你对我保持充分的坦诚。

如果有一天，你对我说："我不那么爱你了"，那一天就会成为我们之间爱情的末日，成为我生命的终结。如果我的爱竟然收不到一丝回报，那我宁愿把它像纸片一样撕掉，扔进大海里！约瑟芬！约瑟芬！你记得我们在一起时我曾经对你说过：大自然给了我坚强、果断意志，但是你却不一样，你是用花边和薄纱制成的，你是那么脆弱。告诉我，你已经不再爱我了吗？原谅我，我生命的主宰，我的脑子已经完全被紧张的筹划搅乱了，而装满了你的这颗心却时时刻刻承受着恐惧的折磨，我苦恼，无法称呼你"波拿巴"这个姓。我在等你写信给我。再见！啊，如果你不再那么爱我，说明你从来就没有爱过我，那我实在是太可怜了。

拿破仑每天至少给约瑟芬写一封信，连续四个月从未中断过！但约瑟芬有时候甚至连看也不想看一眼他的信。当她看信时，常常给她的男的或女的朋友大声朗读他信中最热情亲昵的段落，把这当成是一桩可笑的事。她一周或两周才回一封信，有时两周也不写一封。

在战场上，拿破仑对胜利的渴望，或许一部分原因是因为他迫切地想让约瑟芬见证并分享他的荣耀。他希望约瑟芬能够因为拥有这样一个丈夫而感到自豪与骄傲。所以，他指挥千军万马马不停蹄地冲向敌人，他竭尽所能努力作战，他身先士卒总是冲在最前面，他要胜利，胜利！

只用了短短十七天的时间，他就打下了蒙特诺特、米勒西莫、德高、蒙多威，把奥地利人与皮埃蒙特人分割开来，使得撒丁王国的国王向着他摇尾乞怜。然而，这种高强度的作战也损害着他的身体，在军营里，他发烧了，在病痛的折磨下，他消瘦了很多，每天晚上咳嗽不止。这个时候，他多么希望妻子温暖的手能够抚摸他的额头，如果能得到这样的抚摸，他的高烧说不定马上就会退。

他对妻子的这份爱，就连身边的人也备受感动。有的手下为了缓解他的思念之痛，还为他找来一些女子，希望她们的美貌与柔情能够使拿破仑把约瑟芬暂时忘到一边。在凯罗，有一个军官自作主张地把一位皮埃蒙特美人儿送进了拿破仑的帐篷，但是拿破仑却拒绝了这样的诱惑。虽然那位女子的歌声令全军都为之倾倒，但是拿破仑还是把她打发走了。他对自己的妻子是忠贞不渝的，只有约瑟芬，才能带给他想要的安慰，其他人都不行。

此时此刻，正在被拿破仑日夜思念着的约瑟芬，是不是也与他一样，无奈地忍受着离别之痛、思念之苦呢？

当然没有。

拿破仑走后没多久，约瑟芬就又像婚前那样，过上了放荡而又淫靡的生活。只不过这一次，她不必再委曲求全用尽心思讨好她的"金主"了，因为拜拿破仑所赐，现在的她已经不再被生活的拮据所困，可以尽情地享受生活了，她看上了谁，就可以让谁做自己的欢愉对象。要是她觉得不满意，就可以一脚踢开。约瑟芬还是经常在家举办各种宴会，现在，出入她家的人更多了。约瑟芬与巴拉斯的关系仍然十分密切，她经常会出现在巴拉斯家的各种宴会，与那些达官显贵们肆意地说笑、聊天，全然不关心此时拿破仑正过着怎样的生活。

为了把约瑟芬带到意大利，同时也为了要弄清楚她为何拖延不来的原因，拿破仑把三名重要使节派遣回国。

第一位是约瑟夫，约瑟夫与1796年4月启程，随身携带了给督政府的各种信件以及一封拿破仑写给约瑟芬的信。约瑟夫与约瑟芬两人名字虽然听起来非常相似，但是这两个人却基本上没有什么共同语言。

第二位是朱诺。朱诺于4月回到巴黎，他将要给约瑟芬传达一项明确的命令，要她前去会见她的丈夫。

最后一位是缪拉。缪拉携带给卡尔诺和巴拉斯的信件，经皮埃蒙特和塞尼山赶往巴黎。他随身还带了一份约瑟芬将来南行的详细旅程表。

然而，尽管拿破仑如此大费周章，约瑟芬却根本不愿意随军。意大利军营里的生活怎么会比得上巴黎呢？在巴黎，她能够享受到由于拿破仑在战场上一鸣惊人而带来的所有荣华富贵，即使是拿破仑本人，现在还享受不到这一点呢！

水性杨花的约瑟芬甚至还勾搭上了从前线回来为她送信的缪拉。这位拿破仑手下的得力干将，在面对约瑟芬火热的勾引时，一下子失去了他在战场上的定力。虽然他知道这是对自己所尊敬的上司的一种不可饶恕的冒犯，但是作为一个血气方刚的男子，又怎么能经受得住约瑟芬那婉转的眼波、妩媚的笑容和窈窕的身姿呢？这两个人，一个干柴，一个烈火，很快就燃做了一团。

约瑟芬对缪拉，不过是暂时的寻欢作乐罢了。实际上，真正讨她欢心的，是意大利方面军的一个叫作哈尔的年轻中尉。哈尔是勒克莱尔派回来执行任务的，一回到巴黎，他就找各种借口迟迟不归队。一个偶然的机会，哈尔认识了约瑟芬。这个仪表堂堂、说话幽默风趣甚至有些油嘴滑舌、脑子非常好使的小伙子自告奋勇成了约瑟芬家的总管家，为她东跑西颠，求人办货，他经常会说一些花言巧语，或者做出一些滑稽可笑的动作，约瑟芬经常说他是自己的小丑，被他逗得忍俊不禁。

毫不意外地，女主人对年轻仆人的欢心很快就延续到了床上，这位年轻中尉给她带来了无穷的乐趣，情深意切之时，约瑟芬甚至还动过离开拿破仑的念头。

在约瑟芬整日寻欢作乐的生活中，如果说还有什么阴影的话，那恐怕就是来自丈夫的情书了。拿破仑每天都给她写信，然后通过邮差、特别信使，或者其他任何可以托付的人，把信带到巴黎，带给他的妻子。即使是在烽火连天的战场上，拿破仑也会抓住每一个难得的空闲时间，来给约瑟芬写信：

……约瑟芬，你肯定了解我，知道我这个人是很难满足的。不过，我心爱的妻子，当我担心你的健康可能出了什么问题，或是你有什么烦心事却不愿意告诉我的时候，那就是另一回事了。现在，我只能自怨自艾地哀叹，你竟然这么早、这么快地将我忘到一边。你是一个善良的人，但你的善良已经不再向我倾注，此时，只有我确切地知道，你并没有遇到什么不顺心的事，我才能满足。现在，如果有人问我睡得好不好，我觉得在回答这个问题之前，我必须先接到你的来信，向我保证你得到充足的休息，那我再能对这个问题作出肯定的回答。人们的疾病和焦急之所以令我这么担忧，有一个最重要的原因是，它们可能会落在你身上，我亲爱的。我不希望你受到任何一点痛苦的折磨。如果我的守护神，那一直在危险之际将我妥善地进行保护的守护神，能够伴随你、保佑你的话，那么我愿意将它让给你，我自己宁愿没有任何保护。但是我又不希望你一直嬉笑欢乐，还是略带一些哀愁的好。最为重要的是，但愿你心中没有任何烦恼，美丽的身躯不受到病痛的侵扰。温柔的爱人，请来信详细告诉我你在巴黎的一切，并请接受我一千零一个吻，你最最忠诚的爱人的吻。

约瑟芬，我唯一可以肯定的一件事是，我的全部心思都系在了你的身上，每当我为一切乱七八糟的事情而感到不快，为战争的胜负而忧心忡忡，对我的人生感到失望的时候，我就会不由自主地用手捂在胸口。那里，你美丽的画像正随着我的心一起跳动。只要看了你的画像，你的爱情就会将我温暖，帮助驱逐掉那些烦恼与忧愁。一切都会变得无比美好。可是越是这样，我越是感到无法承受久离爱妻独居的思念之苦。

以前，我曾经多次对自己说，没有遗憾地死去是了却人间不幸的一大解脱。但是此时此刻，想到死而不确知你是否依然爱我，我就会像置身于地狱中一样备受煎熬，在我眼前就会马上展现出一幅全盘灭绝的悲惨景象。我尽善尽美的伴侣，命运安排你随我一同去走这痛苦的生命旅程，真是我的一大幸事。

亲爱的，请不要为我担忧，就像爱你的眼睛一样爱我吧！不，就算是这样也还不够。我需要你像爱你自己那样爱我。不只是你自己，还要加上你全部思想、你的感情、你的生命，你的一切。我心爱的人，请你原谅我，我知道我在胡言乱语。大自然酬答不了我这满腹情爱，也难以回报你所爱的这个人。

拿破仑的情话是如此炙热，然而，在约瑟芬读来，却倍觉烦恼。这些信在提醒着她，她是一个有夫之妇，怎么能过着这么淫荡、风流的生活呢？她是如此不忠……

对于巴黎发生的一切，拿破仑一无所知。他仍在热烈地思念着他的妻子，并且渴望着她能来意大利与自己相聚，分享他的成功与喜悦。

没过多长时间，他又给妻子写来一封信，派缪拉——他当然不知道自己的这个手下竟然与妻子暗地勾搭成奸——给她送信，要求她到意大利来。

而他的好妻子，在读完这封信后，却脱光了衣服，袒露出了美丽的胸脯，与缪拉一同在床上颠鸾倒凤。

拿破仑在米兰急切地等待着妻子的到来，然而，他等来的却是约瑟芬一次又一次的谎言。约瑟芬想了各种各样的理由，来推迟行期，这些理由让拿破仑失落又沮丧，只有一次，令他高兴得简直要跳起来。约瑟芬告诉他，自己恐怕是怀孕了，所以现在无法动身前往意大利。为了使拿破仑对这个理由确信不疑，约瑟芬还让缪拉给拿破仑写信的时候提到这一点。

这对拿破仑来说，可是一个天大的喜讯。激动万分的将军当着一些下级军官的面哭得无法自抑，他甚至还想伸出手来——与他们拥抱。但他很快就意识到，这是一个严肃的场合，不适合做出这样的举动。他当即给约瑟芬写了一封信：

亲爱的，告诉我，你真的怀孕了吗？缪拉来信告诉了我。这个消息实在是令我欣喜若狂。不过，他在信中又说，怀孕使你很不舒服，你的身体状况现在不适合长途旅行。看来，我只能继续等了，一时半会又不能把你搂在我怀里了。啊！我还要等上好几个月才行！我是多么想看看你现在的样子，腹部隆起，你那样子一定非常有意思。我还从来没有看过这样的你呢！上次你给我写信，说我的样子变了很多。你的信写得非常简短，字里行间透露出来的情绪也很低沉，就连字写得也有些发颤。到底是怎么回事，我的爱人？什么事让你那么忧心？亲爱的，你不要待在乡下了，多到市里来，那里有很多可供消遣解闷的地方。亲爱的，我这颗心最最受不了的，就是你生病或忧虑的消息。我原本以为我是在妒忌。但是，我发誓，我没有。看到你这么忧愁，我都几乎宁愿为你找一个情夫，希望有人能够代替我，让你开心起来。亲爱的，请你一定要欢乐、愉快，记住，我的幸福是建立在你的幸福之上的。如果约瑟芬不幸福，让自己陷于痛苦、哀伤、不高兴的情绪中，那说明，她并不爱我。我真是太高兴了，不久之后，你将会给人间带来一个小生命，它将跟我一样地爱你——不，这不可能，谁也不会像我这样爱你的。不过，你的子女和我都会永远围绕你，倾注我们的爱和关怀。你不会感到厌烦的，对吧？你可不要发脾气！逗乐，开个玩笑可以。你可能会嘟着嘴，那样子真美！吻你，什么不快都烟消云散了。

拿破仑沉浸在即将为人父的喜悦之中，然而，好景不长，没过多长时间，他就收到了缪拉的另一封信，信中缪拉对他说，约瑟芬病了，非常痛苦。

此时的拿破仑已经到了托尔卡纳，在那里，他马上写信安慰约瑟芬：

缪拉写信告诉我，说你生病了，而且有三个医生在你身边……这个消息真是糟糕透顶，我的心一下子难受地就像刀绞一般。我该怎么形容那种滋味呢？恐怕所有的语言都无法把它表达清楚！……

亲爱的，我首先希望获得你的谅解，我给你写了那么些疯狂的丧失理智的信，这一定惹你不开心了……我的爱人，你一定要保养好你的身体，一定要注意休息。你就像一朵娇嫩的花，体弱多病，现在又正好赶上大热天，旅途很长，我跪下求你，一定要爱惜一个如此贵重的生命。人生实在是太短促了，眼看着，三个月就要过去……又是我们相距千里之遥的三个月……

　　作为一个丈夫，拿破仑是如此体贴、关怀自己的妻子，可惜的是，他遇人不淑。他的这种强烈的感情不但没有让约瑟芬感动，反而令她感觉有些厌烦。约瑟芬曾感慨地说："我知道拿破仑是一个英勇无比的人，但是我怎么也无法理解他。"

　　拿破仑写来的一封封发自肺腑的信，一封封忠贞体贴的情书，带给约瑟芬的，只有厌恶。她甚至想，这个讨厌鬼，为什么一定要让她去意大利呢？难道就不能让她在巴黎过过好日子，享受下生活吗？

　　当约瑟芬这样想的时候，她完全没意识到，自己现在的荣华富贵，那些人对她的奉承巴结，完全都是从这个令她厌恶的人身上得来的。而这个人，现在正在伦巴第平原上指挥着部队浴血奋战，随时都有可能被枪炮击中。

　　可怜的拿破仑啊，他怎么也没想到，他给这个女人冠上了波拿巴的姓，但是她却辜负了这个姓的尊严！她根本不值得他的爱。

　　当然，约瑟芬实际上也不是一点儿也不在乎拿破仑，虽然她对拿破仑没有什么爱，却非常重视他的名誉。当然这也是因为，拿破仑的名誉是她奢华生活的保障，同时也能给她带来满足感。当她的马车走在大街上的时候，当她走进剧院的包厢里时，人们看到她，都会向着她欢呼。她被称为"胜利圣母"，就像以前称塔里安夫人"热月圣母"一样。这样的场景，怎么会不令她激动呢？

　　约瑟芬一直不肯来意大利，使得拿破仑对此终于感到有些不安了。以前，约瑟芬给他的回信总是三言两语，语气冷冰冰的，拿破仑虽然因此感到不快，但他以为这是因为约瑟芬那高贵的身份和含蓄的美德使得她有些束手束脚，所以他还曾写信给她，让她不要那么可爱，那么优雅大方，那么善良，好让自己不必对她爱得那么疯狂。但现在，她一而再拒绝来意大利，终于使这个在感情上有些傻乎乎的大兵认识到，或许事情并不像他想象的那么简单。

　　在一封信中，他含蓄地对约瑟芬表达了自己的担忧，他开玩笑地说，她对自己这么冷酷无情，是不是已经把一位年轻漂亮的小伙子拉上了床？他假意威胁道："当心奥赛罗的拳头。"

　　拿破仑对约瑟芬的信任终于动摇了。种种迹象，终于唤醒了拿破仑的疑心：约瑟芬把自己忘了，她根本就不想念她的丈夫，她或许是一个轻浮的女人，她热爱上流社会超过热爱她的丈夫……

　　怀疑与苦恼让拿破仑的情绪越来越激动，他动不动就生气，一旦发现部队中出现了什么小错，就会责骂自己的手下。为了缓解这种痛苦，他还全身心投入到了工作中，他要求他的部队拼尽所有力气，让他的军官们忙得简直连喘气的时间都没有。

　　然而，什么方法都没有用，嫉妒就像是一只蚂蚁，不停地噬咬着他的心，让他难受地无法自拔。于是他打算把他的个人苦恼告诉督政府。1796 年 6 月 11 日，拿破仑写信给巴拉斯："我憎恶所有的女人。我深深感到绝望。我妻子一直没到我身边来，一定有情人把她拴在了巴黎。"

他向巴拉斯诉说的对这个女人的这份怨恨，在他给约瑟芬的一封少有的带怒气的信中也有所流露，他在这封信中指责她爱任何一个人都甚于爱她的丈夫，就连小狗在他眼里也比他强。他对约瑟芬那只笨头笨脑的爱犬的这番评价，倒是非常中肯的。

在向巴拉斯进行了一番发泄以后，拿破仑决定不顾一切跑回巴黎，去看看自己的妻子到底在做什么。怒火摧毁了他的理智，此时，什么军队、战役、功名全都不重要了，全都可以被抛在一边。

督政府的五位大人们对此非常担心，他们怎么会允许他这么做呢？一旦这位气急败坏的将军真的不管不顾地孤身回巴黎来找他妻子，随身带来一支战无不胜的军队，极有可能就会给他们算一次政治总账。那么，不管是对督政府，还是对法国刚刚在意大利取得的胜利，都是一场灾难。于是他们就对约瑟芬施加了最大压力，要求她去会见丈夫。

巴拉斯赶紧去说服约瑟芬，当他来到约瑟芬家的时候，发现在那张他曾经睡过无数次的床上，正躺着约瑟芬和她的情人哈尔。

巴拉斯对约瑟芬说："督政府刚刚决定发给你去意大利的护照，你明天必须动身。"

这个消息对约瑟芬来说，简直是个晴天霹雳，她当即放声大哭了起来："你是知道拿破仑的，他曾经问过无数次我为什么不去意大利。一旦他发怒，后果不堪设想。尤其是如果他知道了我其实并没有怀孕的时候，我该怎么对他解释呢？你一定要替我证明一下，我之所以不去与他相聚，是因为你们阻止我去。"

巴拉斯答应了，当天晚上，他就派人给约瑟芬送去了一份非常奇怪的证明：

"由于担心波拿巴因为爱抚妻子而忘却了祖国的荣誉和战场上的事务，所以督政府一直反对她动身前往军营去与拿破仑相聚，为了弥补我们的过错，督政府现同意她在米兰被攻克以后起程。我们希望您重视祖国的荣耀，不要沉迷于爱情之中，请您一定要牢记，祖国给予您的重任。"

有了这样一张官方证明，约瑟芬可以堂而皇之地拒绝拿破仑结束两地分居的请求了。

巴拉斯发来的证明虽然破绽百出，但是拿破仑却相信了。他安慰自己：不要再去猜疑约瑟芬了，她是一个好女人！她之所以不来，是有苦衷的，实际上，她一定也期待着来意大利！

拿破仑对约瑟芬的怀疑烟消云散了，接下来，他的思念更加强烈了。为了排解这种思念，他只有努力作战，争取早日把奥地利人赶出意大利，然后回到法国，与爱妻团聚。

他给约瑟芬写信，倾诉衷肠：

我已经离开你那么久了。现在的我就像是置身于黑暗的包围之中一样。亲爱的，你一定知道，这都是你造成的，一切都是因为你不在我的身边。我需要向敌人打雷闪电，我想用闪电的寒光来打破这个黑暗的包围，不然，我就快要窒息了。心爱的约瑟芬，我们马上就要动手了。我的爱人，我们分离的时候，你哭了，你！一想起当时的场景，一想起你的眼泪，我就感觉暴躁不安。但是，亲爱的，你哭吧！你的眼泪不会白流的，我一定会让维尔姆泽付出极高的代价，只有这样，才能偿还你对着我流的眼泪的。

对拿破仑来说，这种炙热的情感虽然令他感到痛苦，但是也有利于激发他身上所隐藏的惊人的精力。在这种情感的激励之下，他的战绩令人惊讶，敌人先后换了好几次统帅，但都被拿破仑打败了，无论是博利厄、维尔姆泽还是阿尔文齐，都成了他的手下败将。

约瑟芬死活都不愿意去意大利，但是却打算跟塔里昂夫人到西班牙去旅行，听到这个消息以后，拿破仑简直要疯狂了。

虽然约瑟芬想尽一切办法拖延到意大利的行程，但是，她也不可能永远拒绝她的丈夫。1796年6月，她终于登上了一辆四轮马车。在马车上，她哭得非常伤心，仿佛她不是前去与丈夫团聚，而是要被送上刑场一样。与她同行的是约瑟夫、朱诺、她的贴身仆人路易丝以及她的年轻情人哈尔。

虽然约瑟夫就在马车上，但是约瑟芬与她的情人却毫无顾忌，每到一个地方，他们就什么也不顾，直冲卧室冲去，在那里尽情地享乐。而在遥远的米兰，拿破仑却毅然决然地拒绝了所有想要诱惑他的意大利美人儿。

相聚的快乐时光

拿破仑日思夜盼，终于等来了约瑟芬。曾经有过的怀疑、嫉妒在拿破仑心中一下子消失得无影无踪。

拿破仑在心里为约瑟芬辩解着：她终于来了，这说明她是多么爱他！现在，他怎么还能去指责她的热情呢？这对她实在是有些不公正！要知道，她可是一个高贵的人啊，她的感情怎么可能像他这样奔放呢？

为了迎接约瑟芬的到来，拿破仑还特意将马尔蒙派往都灵，让他通知撒丁国王：拿破仑的妻子马上要来到米兰，如果她能够受到特别优待，那么他会无比感激。在通往米兰的路上，拿破仑还特意设置了两个中间站。他摆出的完全是一副迎接女皇的架势！

那几天，拿破仑的心情愉快极了。士兵们都看到，在这个严肃而又郁郁寡欢的统帅脸上，竟然一直挂着久违的笑容。这时，拿破仑又想到，那只叫作"幸运儿"的小狗，是不是也跟着约瑟芬来到了意大利？

那只小狗是那么令人厌恶，虽然在给约瑟芬的信中，拿破仑总是会略带谄媚地向那只小狗献吻，但他却知道，自己不可能得到那只畜生的敬意，它对拿破仑似乎总有一种说不清的敌意，从他第一次拜访约瑟芬家就是如此。后来，它还对拿破仑进行过两次袭击，一次是在他刚认识约瑟芬，正准备向她射出丘比特之箭的时候，第二次则是在新婚之夜。后来，他曾经跟他的亲信们说起过那一次经历，他说：

那时候，摆在我面前的可是一个难题——我必须在与这个畜生同床，或者不和我心爱的妻子共枕这两者之间做出选择。我只能选择其中之一。这是多么可怕的选择啊。

后来，我上了床，那条狗看起来非常高兴，最后，它果然用行动表示了自己的不满。我的腿上有一道深深的疤痕，那就是它给我留下的纪念。

现在，约瑟芬来了，那只小狗也会来吗？拿破仑的心中不由自主地想起了新婚之夜的不祥预兆……

1796 年 7 月，经过了长途跋涉，约瑟芬的马车终于来到了米兰。

刚一下马车，约瑟芬就被眼前的场景震惊了：一万多名士兵站在她的马车前，向着这位将军夫人发出了一阵阵欢呼声。

约瑟芬哪里见过这样的阵势，她有些做贼心虚地问哈尔："他们要对我做什么？"因为害怕，她还抓住了哈尔的手。

对于约瑟芬的反应，朱诺非常吃惊，他说道："夫人，这是对您的欢迎！"

朱诺的话终于使约瑟芬反应了过来，她终于把悬着的心放了下来，冲着士兵们挥手致意，并且对哈尔说道："他们可真是可爱！"而她的那位年轻情人，以为这一部分欢呼声是为自己而发出的，也挥起了手，但是士兵们连看都没看他一眼。

他毫无羞耻之心，紧紧跟在约瑟芬身后，陪着她一同走进了塞尔白洛尼宫。

拿破仑并没有出现在这次欢迎会上，因为当时的他正在战场上无法脱身，直到四天之后，他才抽了一个空，飞奔回米兰。

他一下马，就立刻把约瑟芬拥进了自己的怀抱里，这种热情，使得在场的人都备受感动。为了表示对妻子的热烈欢迎，他还特意举行了一个声势浩大的宴会。出席这次宴会的，都是当地的名流，军官、外交官、著名的艺术家和身着豪华衣裙的夫人，全都争相向约瑟芬敬酒，向她表示自己的敬意。拿破仑得意地对约瑟芬说："你瞧，你应该感到骄傲，这些人全都是你的赞美者！"

此时此刻，约瑟芬应该明白，这里的人们之所以向她表示如此崇高的敬意和赞美，并不是因为她是一个一般的将军夫人，如今她的丈夫，已经握有重权。正是出于对她丈夫的崇高敬意，人们才会以最高的礼仪来对待她。可惜的是，聪明的她竟然始终没有看透这一点，她只是觉得，这些人都是为自己而来的，真是太棒了，看来自己还是很有魅力的，即使是在陌生的地方，也能受到热烈的欢迎。

想到自己在这里竟然能享受到比巴黎更加荣耀的生活，而且仍然可以与哈尔继续着那种无耻的苟合，约瑟芬高兴地笑了。

拿破仑——为她介绍参加宴会的人，其中有撒丁国王的使节，有罗马教皇的使者，有威尼斯总督的代表，有托斯纳大公爵、帕尔默公爵和莫德纳公爵的代表，还有沃尔塔物理学家，她笑着向他们点头致意，心中却在想，这里竟然也有不少英俊的男人，她愿意让他们成为自己的裙下客。

晚宴终于结束了，在卧室里，拿破仑一把抱住了思念已久的妻子，把她一直抱到了床上。三个月的禁欲生活使得拿破仑此时激情澎湃，他的这种激情一直持续了两天。

直到第三天，拿破仑才心满意足地走下床去，穿上制服，下楼去吃早餐了。走之前，他微笑着亲吻了一下妻子的嘴唇，她好像还在睡梦中，睡得那么香……然而，拿破仑不知道的是，他刚下楼，约瑟芬就起床了，虽然这两天里她已经充分享受到了床第之欢，但她还是叫来了哈尔，与他投入到了火热的激情中。

拿破仑并不迟钝，虽然他深深热爱着约瑟芬，但是他也察觉到了一些情况。特别是当他的哥哥约瑟夫含蓄地应付着他的询问时，他的疑心就不由得更重了。然而，尽管如此，他对约瑟芬的迷恋却丝毫未减。

两天之后，拿破仑再次离开了约瑟芬，战场离不开统帅，他必须回到战场，指挥他的军队去作战，去夺取胜利。

战争已经到了关键性的时刻，为了把曼图亚从围困中解救出来，奥地利军队拼了命，而此时的形势对法国部队并不利，马塞纳在卡斯特尔尼奥沃败北，一个抉择摆在拿破仑面前：是否转移米兰的市民，但是，如果不经过战斗就这样做，他始终觉得有些不甘心。

即使是在这生死紧要关头，拿破仑依然没有忘记给约瑟芬写信："啊，我心爱的人，我请求你，让我看看你身上的那些缺点吧，你怎么能那么漂亮，那么温柔，那么迷人呢？在我眼里，你是那么美好，一丝瑕疵都没有！我的约瑟芬，永远不要嫉妒，不要哭泣，你要知道，你的眼泪会使我丧失理智……"

那两天的快乐时光，虽然给拿破仑带来的无与伦比的身心享受，但是他的内心也不可避免地曾经泛起了一些涟漪。那只小狗的确跟着约瑟芬一起来到了意大利，也许是它已经熟悉了这位男主人，所以并没有再像以前那样对拿破仑用充满敌意的眼睛注视着他。但是，这种敌意并没有彻底消失，从约瑟芬那位年轻漂亮的随从哈尔眼里，拿破仑感受到了同样的敌意。

拿破仑在斯蒂维那雷给约瑟芬的信中，曾经旁敲侧击地说起过那位年轻人：

亲爱的，我给你寄了一些绸缎，你可以用它们做一条佛罗伦萨塔夫绸裙子，节日的时候你可以穿上它，那时，所有人都会被你的美丽所倾倒。还有呢，我想再给你寄一条漂亮的长裙……我想，现在你已经适应了米兰的生活了吧。或许，也许你来米兰要找的那位情夫也已经找到了吧……有人曾经告诉我，说我认识这位先生，而且与他有过一些来往，你还曾经向我推荐过这位先生，说他是个有才能的人，完全能够成就一番事业。如果真的是这样的话，那你就是一个妖精了。

告诉我，亲爱的，现在你正在干什么？你已经入睡了吗？但是我却不在你的身边，不能与你共呼吸。我多么想尽情地欣赏你的风韵，让我尽情地爱抚你吧！远离你的夜晚是如此漫长、枯燥……再见了，我的爱人，我天下无双的、神圣不可侵犯的约瑟芬！我要给你成千上万个热吻，吻你，吻你，浑身上下，浑身上下。

1796 年 8 月，拿破仑在斯蒂维那雷，一举打败了维尔姆泽，征服了维罗纳，这之后，他就把司令部设在了布里西亚。安顿下来之后，他马上要求约瑟芬从米兰来到布里西亚，虽然约瑟芬并不愿意，但是她还是无法拒绝拿破仑的坚持，尤其是在他已经对她与哈尔的关系产生怀疑的时候。

约瑟芬在布里西亚只待了一天，虽然拿破仑还沉迷在温柔乡中不可自拔，但是战况却不允许他这么做。维尔姆泽重整旗鼓，率领着一支新的军团再次从阿尔卑斯山下来。

获知这一消息后，拿破仑立刻派一队骑兵护送约瑟芬回米兰。约瑟芬被吓得心惊肉跳，拿破仑不得不把她扶上马车。看着妻子战战兢兢的样子，拿破仑把她紧紧搂在怀里。

约瑟芬的惊吓到此还没有结束，在回米兰的路上，她遇到了一队奥地利骑兵，遭到了突如其来的袭击，她的两匹马都被打死了。无奈之下，她只好走乡村小路逃到佩斯基腊。经历了一番千辛万苦之后，她才回到了塞尔贝洛尼宫。

这次险象环生的逃亡经历在约瑟芬的心中留下了一个阴影。此时的她才意识到，战争是多么残酷无情。她对拿破仑的前途也产生了一些担忧：虽然现在拿破仑走到哪里都所向披靡，但是他也随时都有可能会遭遇挫折和失败。她已经不再年轻了，不想再冒险了，只想过平安、奢华的生活。她开始埋怨，觉得拿破仑不过是一个运气还算可以的统帅，或许明天，就成了到处颠沛流离的逃兵。而自己，现在还是众人羡慕的将军夫人，或许到了明天，就成了一个人人不屑一顾的穷妇人了。

这番思想到最后，就被约瑟芬总结为一句话：人生苦短，不如及时行乐。于是，在米兰，她重新打开了她的沙龙，招待那些达官贵人们来参加她的宴会。在那里，她卖弄风骚，随意与人说笑，一点儿也不顾忌拿破仑的面子。

此时，她的丈夫正在前线为法国卖命。按照约瑟芬的说法，他的运气非常好，他再一次打败了维尔姆泽，把他和曼图亚的守军们围困在了一起。但是，军事上的胜利并没有使他收获多少喜悦，他希望早一些与约瑟芬相见。"亲爱的，也许用不了多久，我们就可以见面了，"他草草地给她写了一封信，"我是多么盼望那一天的到来啊，相聚就是对我的劳累和痛苦的最丰厚的补偿，只要能见到你，所有的痛苦就会一扫而空……""心爱的约瑟芬，或许几天之后，你的房门会被突然打开，我会像疯了一样，投进你的怀抱……"

但是约瑟芬的回应却一如既往地冷淡，拿破仑开始不安起来："你一整天都干什么呢？我的夫人？难道你竟然一点儿也不想念我吗？为什么对我这么冷淡？"如果他知道他的夫人正打扮得千娇百媚，与那些举止轻浮的年轻人在舞会中央旋转，恐怕他会彻底崩溃的。

这段时间，拿破仑并不顺利，他先后遭遇了几次失败，兵力也损失严重，只剩下一小部分疲乏不堪、士气低落的士兵了。很多人都认为他已经失去了重新翻身的底牌，就连他自己，一度也失去了信心。在维罗纳，他经常在寒风呼啸的夜晚一个人面对着地图，盘算着督政府什么时候能把援军派出来，心情糟糕的时候他还会对软弱无能的政府破口大骂，有时他又会为自己战死沙场的士兵们而神伤不已……那时，他的痛苦无人分享。

最终，他凭借着自己的军事才能化险为夷，把阿尔文齐率领的奥地利部队消灭在马尔科尔的沼泽地里。在这次生死决战中，拿破仑连连遇险，差点就死在了疆场之上，多亏了他的朋友米隆用自己的身体为他挡子弹，才使他侥幸活了下来。

历尽艰险，拿破仑终于摘取了胜利的果实。他立刻骑上马，飞奔回了米兰。

然而，在米兰，等待着他的却是空空如也的宫殿。热那亚邀请约瑟芬到那里去参加一次盛会，于是，她带着哈尔一起到热那亚去了。约瑟芬早就收到了拿破仑即将回来的消息，但是她可不想像一个毫无见识的农妇那样，老老实实地在家里等待着丈夫的归来。她根本不屑于做这样的事情，更不想因此而失去一次到处玩乐、享受他人恭维的机会。

　　站在空荡荡的宫殿里，拿破仑的心中充满了悲伤。他终于明白，约瑟芬以前是否曾经爱过他，已经无从探寻了，但是现在，她确实已经不再爱他了。他们的结合，只是自己一厢情愿的结果罢了。为了娶这个女人，他牺牲了那个真心爱着他的善良姑娘德茜蕾，现在他才明白，这种牺牲是多么不值得。

　　他环顾了一下四周，凌乱的屋子令他的心情越发憋闷。最后，苦命的将军骑上战马，回到了战场上。

　　法国部队在意大利战场上已经形成了摧枯拉朽之势，似乎不费吹灰之力就能捡拾到胜利的果实。拿破仑先是在利沃里打败了阿尔文齐，然而又攻下了曼图亚要塞，最后，他来到托伦蒂诺与教皇进行谈判。此时的他，不只是一个在战场上挥戈跃马的军事家了，而是摇身一变成了一个外交家。经过了一场又一场的战役，拿破仑的思想忽然发展了，他的内心仿佛长出了巨大的翅膀，他曾经形容自己的这次转变为"已经看见世界在他脚下飞逝，自己仿佛在空中升腾"。

　　对于约瑟芬的轻浮举动，拿破仑并没有揭穿，而是假装视而不见。即使是对她竭力掩藏的那些更为严重的过错，他也不想去追究。更何况，约瑟芬非常善于撒娇，她时不时地会装出一副楚楚可怜的模样，博取拿破仑的同情。

　　但是，这并不意味着，拿破仑就能允许这样的事情继续发生。因为哈尔在军需给养上耍了一些手段，拿破仑下令将其逮捕。对于这种偷鸡摸狗的行为，拿破仑本就非常痛恨，所以，他决定趁着这个机会杀一儆百。哈尔差点就被行刑队带走了，但约瑟芬却用了一些小手段把他救下。哈尔被赶出了军队，遣送回了巴黎，但是没过多长时间，他就回来了。

　　现在，拿破仑率领着部队已经向着维也纳逼近了。在雷欧本，他与奥地利皇帝草签了一个和约。拿破仑住进了距离米兰大约四法里的芒泰贝洛城堡，等待着和约的正式签订，他把母亲和弟弟妹妹们从马赛接到了这里，约瑟芬第一次与他的全家住在一起。

　　莱蒂齐亚曾经尝遍了清贫的苦滋味，如今又享受到了荣华富贵，但是，对于这样的转变，她始终宠辱不惊。她习惯穿着一身黑色的衣袍，很少说话，脸上总带着一股凛然的傲气。对于约瑟芬这个儿媳妇，看在拿破仑的面子上，她表面上还是表现得非常客气的。然而，在内心里，莱蒂齐亚却非常瞧不起她。这或许是出于一个母亲的本能，又或许是因为她阅人无数已经看透了约瑟芬的本质，但无论如何，莱蒂齐亚看人的眼光似乎比拿破仑要略胜一等。

　　如今，拿破仑一家已经有了巨大的变化。拿破仑不光要自己平步青云，而且要带着他的全家扶摇直上。英国人慑于意大利战事中法国的节节胜利而放弃科西嘉岛以后，约瑟夫回到了阿雅克修，卷土重来后的他俨然成了阿雅克修城的市长，还如愿以偿地进入了五百人院。但这样的地位还不足以使拿破仑感到满足，在他的要求下，督政府给约瑟夫封了一个要职，使他成为了驻罗马大使。

路易一直跟在拿破仑身边，但是他可不像他的哥哥那样意志顽强。在米兰，他到处寻欢作乐，以至于把身体都给搞坏了。这使得他整日里郁郁寡欢，为了让他散散心，拿破仑派他去向督政府送和谈消息。

心比天高、总爱自作主张的吕西安，曾经对拿破仑落井下石。但是拿破仑原谅了他的荒唐行为。现在，他已经成为了北方军的特派员，在拿破仑的提携之下，他被调到了莱茵方面军，然后又调到了科西嘉。因为他以前的种种行为，拿破仑对他还有一些不信任，所以没有把他留在意大利，而是给他在巴斯提亚弄到一个充分施展的可靠地位，并答应他为他创作条件重登政坛。吕西安非常自信地认为，自己一定能够在政界破土而出，节节高升，名列前茅。

拿破仑的妹妹埃利莎，在马赛嫁给了一个三十五岁的科西嘉上尉，这是一个非常愚蠢的人，所以拿破仑不同意这门亲事。但埃莉莎却非常坚持，最后，拿破仑也拗不过她，只能随她自己去了。

至于他的另一个妹妹波利娜，他原本打算把她许配给他的副参谋长勒克莱尔。从土伦战争开始，勒克莱尔就一直追随着他，是他最忠诚的手下之一。拿破仑对他非常器重，经常提携他。所以，在考虑妹妹的婚事时，他第一时间就想到了勒克莱尔。当时的波利娜只有十六岁，在波拿巴家族的女人里里，她是最为漂亮动人的一个，她的追求者不计其数。然而这位漂亮的姑娘却自作主张，想嫁给费雷隆。费雷隆曾经当过国民公会特派员，虽然他曾经给过拿破仑很多帮助，然而，要娶他的妹妹，拿破仑却不太愿意。因为有人指控他犯了贪污罪，他怎么允许他美若天仙的妹妹嫁给这样一个人呢？尽管波利娜苦苦哀求，他还是对这桩婚事表示了强烈的反对，最终，波利娜只能屈服了，同意与那位英俊的年轻军官结婚。

拿破仑最小的妹妹卡罗利娜，如今刚刚十五岁，但是却已经发育得非常成熟了。她娇艳得就像是一朵含苞待放的玫瑰花，可以想象，等到她到了适婚年龄以后，拿破仑一定会给她物色一个合适的新郎。

热罗姆是波拿巴家族最小的孩子，现在还在上学，他生性活泼，非常调皮。为了与家人们相聚，他特意从寄宿学校请假回来几个月，他与拿破仑的继子欧仁·德·博阿尔内脾气相投，他们两个人在一起总是说说笑笑，打打闹闹，再加上爱说爱玩的波利娜，使芒泰贝洛城堡每天都洋溢着欢乐。

每天晚上，夕阳刚刚落山的时候，拿破仑一家就在公园里搭建的一个大帐篷底下开始用餐。酒菜非常简单，有汤，有白煮肉，有正菜，还有色拉和水果，只有一种酒，而且是劣质酒。餐具很俭朴，没有一件银器，更找不到什么彩釉陶器。周围的农民们经常会站在门口好奇地往里看，甚至有一些人还壮着胆子走到了大厅里。

如果不是军乐队演奏的《一切都会好》这首乐曲不停地在耳朵回响，昔日的德·博阿尔内子爵夫人，恐怕会以为自己正在凡尔赛参加国王的晚宴呢。

这位自认为来自上流社会的女人在这里扮演着女主人的角色。自从哈尔被赶走之后，她变得本分了许多，不再像以前那样水性杨花，到处留情了。她知道拿破仑一家都不太喜欢她，也知道拿破仑永远都不可能与他的家庭分离，所以，至少在表面上，她还是对这一家人表现出了关爱与友善的态度。

在芒泰贝洛堡，约瑟芬体贴入微地照顾着拿破仑，把家里的事务安排得井井有条，精心地安排每一顿晚餐，彬彬有礼地招待着前来拜访的客人们，她说出的那些漂亮话，使得每个人都以为主人是在专门等待着他们的到访。她很有分寸地在家里营造出了一种令拿破仑感到非常舒适的和谐、温馨的氛围。因为这一点，拿破仑更加依恋于她了。

约瑟芬的那条叫作"幸运儿"的小狗这时也不再惹拿破仑讨厌了，虽然它还是有些凶恶，但是拿破仑依然对它非常亲热。有一天，"幸运儿"惹恼了厨师的大猎狗，猎狗发怒了，恶狠狠地把它给咬死了。约瑟芬悲伤地哭了，拿破仑似乎也有些伤心。

不久后，有一次拿破仑在花园里散步的时候，远远看见厨师走了过来，他刚要跟他打招呼，却看到厨师匆匆忙忙地躲进了一旁的树林里。他好奇地跟了过去，问他："怎么？为什么看到我就躲了起来？我很可怕吗？"

厨师看到拿破仑竟然过来质问他，被吓得胆战心惊，他战战兢兢地回答说："将军，真是抱歉，我的狗竟然害死了夫人的狗，我一直感到非常不安，所以才躲着你，生怕你看到我会怪罪于我。"

拿破仑哈哈一笑，说道："那你的狗呢？怎么再没看见过它？"

厨师连连摆手，说："原谅我吧，将军，我已经把它关了起来，以后它不会在花园里出现了！"

拿破仑不满地说："谁让你把它关起来的！把它带到花园里，这里就是它的小天地，让它在这里到处跑，没有人会阻拦它！要是它聪明的话，最好帮我把另一条讨厌的狗也除掉！"那条叫"幸运儿"的小狗被咬死之后，约瑟芬又新养了一条狗，拿破仑对它也十分厌恶。

在夏天晴朗的日子里，芒泰贝洛堡的主人们曾经多次到科姆湖畔或马热湖畔漫步。用过伊索拉·贝拉式的晚餐之后，他们听着拉·格拉西尼次女低音在清新纯净的空气中四处飘荡着，内心感到无比愉悦。此时的拿破仑，感到自己的身上仿佛插上了幸运的翅膀。虽然他还没有确切的计划，但是他却相信自己在未来一定会前途光明。

在芒泰贝洛的两个月，无疑是拿破仑与约瑟芬在婚后度过的最美好的一段时光。但美好的时光总是短暂的，现在，巴黎已经向着这一对爱侣发出了召唤。

第七章

凯旋巴黎的英雄

果月政变

在遥远的意大利，拿破仑所创造的一个又一个神话，使得他的胃口变得越来越大。如今的他已经不再满足于只做一个在战场上领兵作战的将军，他的野心逐渐膨胀，他甚至产生了攀登到权力顶峰的想法。不过，在时机尚未成熟之时，这一切都是秘而不宣的。

意大利战场上的局势暂时稳定了，拿破仑已经彻底征服了自己的敌人，他的军事才能和外交才华，使得撒丁王国和奥地利的领袖们全都为之惊叹。现在，拿破仑打算把自己的视线投向巴黎，看看当自己在战场上浴血奋战之时，远在巴黎的人们在做什么？

葡月暴动在拿破仑的镇压之下结束之后，法国人民都迫切地希望，革命已经画上了句号。因为革命就意味着流血，意味着牺牲，意味着动荡的生活，谁愿意过这样的日子呢？然而，令他们感到遗憾的是，时局仍然没有得到稳定。保王党分子在法国西部集结了起来，打算再次发动暴动，如果说这是法国人民早就已经习以为常的事情了，那么，一个叫作巴贝夫的人所采取的革命手段则令他们感到惊奇。

热月政变以后，巴贝夫组织了一个叫作"平等会"的秘密团体，他们密谋着夺取政权，建立劳动者专政，并且为此作出了周密的计划与充分的准备。但是，在他们之中，出了一个叛徒，因为叛徒的告密，巴贝夫和密谋运动的其他领导人一起被督政府逮捕了。经过长期的审讯之后，1797 年 5 月，巴贝夫被凡多姆高等法院判处了死刑，其他的党羽则遭到了流放。

巴贝夫的革命目的是如此地激进，一旦被公之于众，不但震惊了整个资产阶级，就连定居在被没收的贵族和僧侣的土地上的农民，也受到了极大的震动。

趁着这次暴动，保王党人抓住机会赢得了主动地位。在改选元老院和五百人院的三分之一议员的时候，保王党分子获得了大部分席位，不仅如此，君主立宪派分子巴泰勒米还当成了督政官，如此一来，督政府的成分就被改变了。然而，只靠他一个人的力量，还无法压服其他四个曾经投票把国王送上断头台的督政们。

由此可见，此时的巴黎，督政府仍然由雅各宾派把守，但在元老院和五百人院中，保王党和温和派则占据了优势地位。这两股势力之间的争夺很快就愈演愈烈，最终形成了危机。

虽然远在意大利，但是对巴黎政局的变化，拿破仑并非一无所知。在威尼斯，他的情报人员曾经逮捕了法国的当特雷格伯爵，这个人是自称"路易十八"的普罗旺斯伯爵的心腹。通过缴获的大量文件以及对他的审问，拿破仑得知，有一个阴谋正在法国国内悄无声息地酝酿着——保王党分子打算复辟波旁王朝。

拿破仑先把这些文件扣留了，直到他能够掌握局势之后，才派人把它们送到了督政府。至于那个被抓住的伯爵，拿破仑则将其释放了。在当时，对逃亡国外的贵族，法国政府的处置一向是非常严厉的，所以，拿破仑与众不同的宽大，就给他自己惹来了一些麻烦。这个伯爵获得自由之后，反而对拿破仑进行了肆无忌惮的诬陷、诽谤，让拿破仑不由得感慨，千万不能当"东郭先生"。

到了1797年7月，这场政治危机几乎已经摆在了明面上。那时候，元老院和五百人院的多数派议员打算逼迫督政府同意赞成温和派或者保王党宗旨的人当部长。但巴拉斯、拉雷韦利埃·勒博和勒贝尔这三位顽固的雅各宾派毫不犹豫地拒绝了这个要求。他们还不顾多数派的反对，把雅各宾派的人任命为部长。

督政府的这一行为，虽然遭到了大多数文职人员的抗议，然而却得到了军队的一致赞同。那些军人们虽然不曾掺和到首都的党派之争中，却一直保持着强烈的共和派政见。当他们听说，温和派对他们在威尼斯的做法进行了措辞激烈、毫不留情的批判之后，就对那些温和派产生了强烈的反感，同时，他们作为军人的自尊心和对民主自由的热情也被激发了出来。

此时的拿破仑表现得却异常冷静。他先是派他最信任的副官拉瓦莱特到巴黎去，他给拉瓦莱特的任务是：在不卷入任何党派斗争的前提下，摸清楚各个党派所持的态度，然后如实地、不要带有一丝偏见地向他汇报舆论的动态与导向。

在巴黎待了一段时间之后，拉瓦莱特作出的判断是：在当时，督政府的地位，或者更为准确地说，是督政府中掌握实际权力的雅各宾派"三巨头"的地位已经出现了日益不稳的迹象。因此，他提醒拿破仑，最好不要明确地表示站在督政府这一边，以免"站错队"。

拿破仑采纳了拉瓦莱特的建议，接下来的两个月里，除了与意大利有关的事务之外，他几乎断绝了与督政们之间的私人联系。之所以这么做，或许是因为拿破仑正期待着，利用他们倒台的机会，登上最高统治地位。还有一种可能是，他预料到，保王派的再次暴动很快就会席卷整个法国，如此一来，军队与当时的政权很有可能产生对立。

不论如何，在此时保持坐山观虎斗、静观其变的态度，应该是最为安全的。拿破仑深知，在两股势力对峙的时候，作为局外人，不露出自己的底牌，将会从某种程度上提高自己的地位和重要程度。

就连一些缺乏见识的人都足以看出目前的局势是多么混乱：按照宪法的规定，督政府与元老院、五百人院之间的矛盾，是根本不可能通过和平的手段来解决的。两院如果想要抹杀督政府的权力，那是不合法的。而督政府方面，既不能否决两院的法令，也不能解散两院，迫使全国重新选举。制定宪法的人希望用督政府来对元老院和五百人院进行制约。然而，两院每年的改选人数达到三分之一。即使是有了督政府的约束，议会还是能够作出一切令人出乎意料的决策。

这个宪法本身就存在着缺陷，所以巴拉斯发出了如下的感慨也就不足为奇了："共和三年的宪法，制订了很多明智而且行之有效的预防措施，然而却把最重要的措施之一忽略了。宪法应该能够预见到国家的两个最高权力机关之间必然会存在分歧。如果争执激烈而又没有最高法院来处理这些争执的话，那就必然要演变为公开的斗争。唉！要是宪法预见到这一点，并给予督政府以足够的权力，使它可以解散五百人院，那该是多好啊！"

谁都知道，要想斩断这团乱麻，必须要用快刀。不过，此时还没有人想起，要动用拿破仑这把"快刀"，他本人也非常谨慎地收起了锋芒。然而，奥什却毫不犹豫地冲进了这个烂摊子里。

奥什是一位热爱共和的将军，他拥有军人最可爱的爱国热忱，即使是分配给他的是一些费力不讨好的任务，他也会毫不犹豫地接过来，并将其完成。当拿破仑在意大利北部获得荣耀之时，奥什则被派到旺代地区平定那里的叛乱。叛乱被平息之后，他又被安排到爱尔兰，去鼓动那里的起义。后来，他被派到了莱茵地区。拿破仑在雷欧本与奥地利人缔结的和约打破了他的希望，所以，当督政府命令他率领着部队到布勒斯特去进行第二次远征爱尔兰的时候，他非常高兴地就接受了这个任务。

回国以后，由于督政府希望这些军队驻扎在离巴黎不远的地方以备不时之需，所以奥什得到了一个新的任命——陆军部长。奥什确实是一个合适的陆军部长人选。他积极、主动，而且在部队拥有很高的声望。但唯一的不足之处是，他还不到三十岁，没有达到宪法规定可以担任部长的年龄。

元老院和五百人院的多数派人发现了这一点以后，立刻抓住了这个条文规定的缺陷，对督政府大加挞伐。尤其是当奥什的一支部队开进到巴黎附近越过一条根据宪法规定军队禁止进入的界线时，多数派变得更加"得理不饶人"了。他们甚至还以此控诉督政府的"三巨头"和奥什一起密谋反对法律。

在多数派的逼迫之下，1797 年 7 月，奥什不得不辞去了部长的职务，并且把他的部队撤到香巴尼，然后又撤到了莱茵地区。

接下来，就该拿破仑出场了。然而，拿破仑可不像奥什那么笨，他并没有亲自露面，这样就可以避免使他在众目睽睽之下锋芒毕露，也不必冒着陷入政治旋涡的危险，他让他的部下替自己抛头露面，说出他想要说的话，从而有效地避免了重蹈奥什将军的覆辙。

早在几天前，也就是 1797 年 7 月 14 日，法国国庆日，拿破仑就开始进行舆论准备。他鼓励自己的士兵们，尽情地发表意见，然后给督政府写信，指责他们在保王党的阴谋面前太过于软弱："我明白了，克利希俱乐部是想踏过我的尸体去毁灭共和国的。"在这封信中，他还巧妙地提醒了督政府他是一个不可或缺的重要人物：如果他们不马上对反对分子采取制裁行动的话，那么他就要辞职不干了。

后来，拿破仑又给督政官们写了一封短信，对他们说："奥热罗将军由于要料理一些私事，特地请假回到巴黎。我委托奥热罗将军，由他来面告诸位，远征意大利的军人们是绝对效忠于宪法，效忠于督政府。"实际上，处理私事只不过是一个幌子罢了。拿破仑委托奥热罗带去意大利军团的请愿书，还让他带了三百万金法郎送给督政府，用来缓解当时政府所面临的财政困难。督政府因此放松了警惕，他们完全没有想到，奥热罗实际上是受到了拿破仑的秘密指示来执行政变的，他会替拿破仑去完成他想要完成的任务。

此时，拿破仑的正式代表拉瓦莱特，仍然保持着中立的态度。实际上，拉瓦莱特早就已经收到了一张来自拿破仑的信，信中写着："奥热罗将去巴黎。你一定不要受到他的控制，他已经在部队中制造混乱，他是一个捣乱的家伙。"

拿破仑的确选对了人。奥热罗在部队中以第一击剑能手而著称，他的身上具有浓厚的雅各宾派色彩。他总是会吹嘘他自己的英勇，而贬低拿破仑的功绩。在别人看来，奥热罗与拿破仑似乎有一些不和，所以，派这样一个人来执行"捣乱"的任务，拿破仑就能撇清责任，使自己保持着能进能退的自由。

来到巴黎以后，奥热罗到处宣扬要杀尽保王派。时机很快就来了，1797 年 9 月，奥热罗占领了首都所有战略要地，用军队将元老院和五百人院所在的杜伊勒里宫团团围住，他径直闯进了五百人院，并把在场的保王派、温和派和他们的头子皮什格鲁都关进丹普尔堡牢狱。巴泰勒米也被捕了，只有卡尔诺因为事先得到一个朋友的通风报信，在政变当天的凌晨仓皇逃跑了。

因为这次政变发生在果月，所以被称为"果月政变"。没有人怀疑，这起政变竟然是在远在意大利的拿破仑的指挥下进行的。

果月政变之后，清除了保王党和温和派分子的元老院和五百人院当即否定了四十九个郡的选举结果，他们还通过了严厉的法律来处罚"拒绝宣誓派"的僧侣们以及没有被赦就擅自回国的逃亡分子。元老院和五百人院还赋予督政府关闭政治俱乐部、取缔报纸并宣布任何城市处于戒严状态的全权。

此时的督政府，与当年的救国委员会几乎拥有同样广泛而又绝对的权力。只有两个因素能够制约它的权力，一是督政官的无能，二是督政官们的意识使自己陷入瘫痪，也就是，他们认为自己的统治必须要依赖军方的支持。

奥热罗原本以为，在新选出来的两名督政中，一定会有他。然而，元老院和五百人院对这个鲁莽将军处理国家大事的才能并不信服，最终，他们选择了杜埃的梅兰和纳夏泰尔的弗朗索瓦作为新督政，这让奥热罗恼火之极。

被逮捕的多数派议员大都被判了流放罪。那些议员们所乘坐的马车周围钉上栏杆，活像一个硕大的笼子。他们被押送到了一个港口，再从那里被押运到法属圭亚那，在那里这些昔日的达官贵人们将遭受热带监禁生活长期的折磨。

在种种幻想都已经如同漂亮的肥皂泡一样破灭的时候，追求自由似乎成了一件徒劳的事情。此时的共和派完全成了军方的傀儡，于是，所有人的视线都离开了巴黎的政治斗争，转向了拿破仑所展示的美好前景了。

几乎没有人知道，他在果月政变中扮演了什么样的角色，然而，人们却能够一一数出他在意大利战场上所取得的历次胜利。当拿破仑带着与奥地利签订的和约重返阿尔卑斯山的时候，他收获到的，是法国人民对他的一片赞美之声。

在葡月，拿破仑用大炮将保王党的复辟美梦彻底摧毁，用军人的勇敢顽强成功捍卫了法兰西共和国的尊严。然而，在果月，他却用不可告人的阴谋剥去了共和国和宪法身上所披着的民主与自由的外衣，把它的先天缺陷展现在了法国人面前。

在面对危机的时候，督政官们拿起了一把利剑来斩断乱麻，但是，他们无论如何也没想到的是，两年之后，这把利剑也会把他们推下台。

与督政府的龃龉

果月政变使得法国的局势稍稍稳定了下来，看到自己在千里之外运筹帷幄的成果，拿破仑感到异常满足。接下来，他就把注意力全都投放在了与奥地利皇帝的讨价还价上。

与奥地利的谈判从 1797 年夏天开始，一直拖到秋天还没有结果。拿破仑迫切地希望把自己在意大利战场上的胜利转变为一个能够为自己、为法国带来巨大利益的条约。然而，奥地利皇帝的想法显然是与他背道而驰的。弗朗西斯想尽办法拖延谈判的进程，尤其是当法国内部出现动乱的时候，他暗暗祈祷，这场动乱会使法国失去本该到手的胜利果实。

如果拿破仑没有及时出手的话，恐怕弗朗西斯二世的祈祷就会成真。然而，拿破仑指挥着他远在巴黎的副将成功地把保王党人打下去，但他本人却始终坐镇威尼西亚，不给奥地利一丝一毫的机会。这让弗朗西斯二世大失所望。

果月政变的爆发，从某种程度上来说，对与奥地利的谈判起到了一定的促进作用。这次政变成功地避免了一触即发的法国内战。果月政变后，一个代表军队及其首脑的思想感情的政府被组建起来了。而且，通过这次政变，拿破仑还成功地甩掉了他以前在谈判中的同事克拉尔克。因为克拉尔克与卡尔诺之间的关系非常密切，所以他受到了新政府的怀疑，被召回了巴黎。自然而然地，拿破仑就成了法国唯一的全权代表了，他完全可以一手包办对奥地利的最后谈判和其后签订的坎波福米奥条约。

然而，就在这时，一个关键性的人物出现了，他就是主持法国外交部的夏尔·莫里斯·塔列朗。

塔列朗是当时那个时代在外交界最具盛名的人物，他曾经参与过很多次政治活动，从 18 世纪末开始，曾经在连续六届法国政府中，先后担任了外交部长、外交大臣，甚至总理大臣等重要职务。在说起他与拿破仑之间的纠葛之前，我们先来了解一下这个人。

1754 年，塔列朗出生在巴黎一个古老的贵族家庭。从 10 世纪卡佩王朝建立的时候开始，他的祖先就已经是宫廷里的大红人了。如果严格按照血统来说的话，他的父亲与国王路易十六还是表兄弟！

虽然出身贵族，但是塔列朗的童年却是非常不幸的。他的父母按照当时法国贵族的生活方式，整天忙于社交活动，只顾自己寻欢作乐。刚出生不久的他就被寄养在巴黎郊区的奶妈家里。两岁的时候，他不小心从高柜子上摔了下来，把右脚摔伤了。过了好几个月，父母才知道这件事，但是残疾已经造成了，他成了一个终生只能借助拐杖走路的跛子。四岁的时候，他又被寄养在外省的一个叫作莎莱夫人的亲戚家，父母很少接他回家。又过了两年，仆人把他从莎莱夫人家直接送到了巴黎的一所寄宿学校。在学校，塔列朗整天沉默寡言，郁郁不欢。他因身体残废，自惭形秽，不愿交朋友，但又感到孤独，缺少爱抚和温暖。这段童年和少年时代的生活，使得塔列朗在逐渐形成了冷酷无情、孤傲自信的性格。

成年以后，由于右脚残废，塔列朗无法当军官，父母又不肯出钱给他买文官，于是，当神甫就成了他的唯一出路。但是塔列朗并不满意自己的职业，他多么希望去过世俗贵族的享乐生活啊。于是，他不顾自己的身份，到处花天酒地、寻花问柳。当然，他也不只是吃喝玩乐，在宫廷，在僧侣界，在贵妇的沙龙里，他到处钻营，打通关节，取得了权贵们的信任和宠爱。

1789 年的法国大革命爆发了，作为贵族一员，塔列朗感到五雷轰顶。然而，他凭着敏锐的政治嗅觉，模糊地意识到强大的革命力量必然会埋葬腐朽的封建王朝。眼看自己乘坐的大船就要下沉，他必须赶快离开它，投到新兴的、强大的资产阶级阵营一边，才有出路。

因为他曾经站出来建议把教会土地收归国有，他渐渐获得了革命阵营的信任，成为了革命的红人，甚至还为制宪议会起草重要报告和文件。

罗马教皇恨透了这位"革命"主教，宣布把他革出教门。但是塔列朗对此充耳不闻，继续从事他的宗教活动。直到 1791 年秋，他觉得自己的主教角色已经扮演完毕，这才自动地扔掉他早就已经厌恶的黑法衣，换上了漂亮的世俗贵族服装。

这时，欧洲各国的反动君主正在筹划联合对付革命的法国。为了摆脱被动、孤立的国际地位，法国政府想利用外交手段使奥地利和普鲁士这两个世仇无法联合，并在法、奥两国一旦发生战争时能得到英国的谅解。1792 年 1 月，塔列朗被派往伦敦，去执行使英国保持中立的任务。但是伦敦极不礼貌地对待这位瘸腿使节，他的外交才能未能得到充分施展。

1797 年 7 月，塔列朗被任命为外交部长。这个任命，是塔列朗一生中极为重要的转折，从此，他真正开始了外交官的生涯。

塔列朗似乎是一个天生的外交官。他所学到的一切才能似乎都在为这个职务做准备。他早期所受的教士训练，使他本来就已经洞察入微的智力更为敏锐。他和米拉波的交往，使他掌握了明智的政策和外交的要诀。他在国外的逗留，开阔了他的视野，并使他对英国的制度机构极其温和稳重充满了敬佩之情。

　　作为外交部长，塔列朗对法国外交部进行了许多有利于资产阶级的改革。他规定驻外领事要为法国商业服务。革命初期，法国商人选出代表做领事。但在雅各宾专政时期，领事变成了政治代表。塔列朗重新恢复了领事局，规定领事的主要任务是保护法国商人的利益和搜集商务情报。他还恢复了附属于领事局的青年翻译学校，为驻东方各国的大使馆培养了一批人才。

　　塔列朗多才多艺，在他进行严厉批评或在外交上说谎话的时候，他那机智而又沉着的目光，从不避开别人对他的注视。他那深沉而又洪亮的声音使他说出话来字字铿锵有力。他嘴唇一翘或是双眉往上轻蔑地一抬，有时比他尖锐的讽刺更使对方无所措手足。他深切而热烈地爱法国。为了法国他出谋划策，为了法国，他运用意大利天才理论家马基雅维利的权术，不择手段，不大费劲地随便背弃友人或推翻敌人。

　　就是这样一个人，现在即将要开始他一生之中最为重要的一项工作——引导拿破仑。在塔列朗刚开始与拿破仑通信的时候，他赞美道："仅仅是波拿巴这个名字，就是对我一个帮助。它必能消除我的一切困难。"然而，这不过是一种社交上惯用的奉承罢了。事实上，塔列朗并不信任拿破仑。只是，不知道是因为缺乏信心，还是因为地位尚不稳固，他并没有采取任何行动来维护文官对军人势力的支配权力。

　　在塔列朗担任外交部长之前的两个月里，拿破仑已经扩大了他以前对奥地利要求的范围，他为法国索取了莱茵河左岸即西岸的全部土地，还替西沙尔平共和国要求获得直到阿迪杰河为止的全部领土。在奥地利皇帝看来，这样的要求是对奥地利的一种无耻掠夺，所以他坚决地拒绝了拿破仑。

　　在拿破仑代表法国与奥地利进行谈判的同时，法国与英国的和约也在商讨的过程中。拿破仑希望尽快与英国签订和约，如此一来，他就能给奥地利施加更大的压力。然而，没过多长时间，他的希望就落空了。

　　经历了果月政变的洗礼后，督政府一下子变得强势起来。督政们指示塔列朗，让他在与全权代表们谈判的时候采取更加强硬的口气。因为代表法国与英国在里尔进行谈判的代表马累是一个温和派，所以他马上就被撤换掉了，取而代之的是一个强硬的"果月分子"。英国要求保留英国从西班牙夺来的特立尼达，和从巴达维亚共和国夺来的好望角，但法国人想都没想就拒绝了这些要求。督政府甚至还打算迫使英国把英吉利海峡群岛割让给法国，把直布罗陀割让给西班牙，而这种过分的要求竟然是在英国在数次海战中屡屡获得胜利之后提出来的，只能说，督政府实在是太自信了！

　　如此一来，法国与英国的谈判也就陷入了僵局。拿破仑对此大为恼火。

　　实际上，这或许是督政府的一个小伎俩。自从果月政变之后，督政府对拿破仑就有了一种恐惧感，他们深怕，这个手握重兵的将军有一天会倒戈相向。所以，现在他们宁愿给这位在意大利的司令官增加一些困难。

1797年9月，督政府指示塔列朗，给拿破仑下一个最后通牒：坚持把威尼斯和弗留利并入西沙尔平共和国。奥地利必须满足于保持的里雅斯特、伊斯的利亚和达尔马提亚，不得过问爱奥尼亚群岛的前途，它在意大利的一切损失只能在德意志寻找补偿。

当拿破仑收到这个最后通牒后，他立刻看出督政府的用意了：他们想让他在非常不利的情况下重新挑起战争，此时，战争一旦爆发，那他毫无疑问会吃败仗。然而，拿破仑却从这个最后通牒中找到了一个小小的漏洞，从而得到了主持谈判的全权。对于拿破仑来说，这就已经足够了，他可以按照自己的意志来行使这种权力，至于督政官们是怎么指示的，他根本不去理会，就当那只是一阵耳旁风。

除了这份最后通牒，督政府所做的另外一件事情也惹恼了拿破仑：奥什去世之后，督政们就把莱茵河方面的十二万大军交给了奥热罗来进行指挥。这之后，他们还派了一个特使带着一份奥热罗所写的关于果月政变的宣言来到意大利方面军，这个宣言说明，督政们对于拿破仑的政治观点已经产生了怀疑。

怒火冲天的拿破仑当即于1797年9月提出了辞职申请。在辞职申请中，他说：

我请求你们选派其他的人选来代替我，我决定辞去这一职位，请批准我的这一请求。我简直无法想象，政府竟然会做出这种可怕的忘恩负义行为，这真是令人心寒。信任的根基已经被动摇了，从此之后，世界上再也没有任何一种权力能够使我为它服务了。在战场上的连续作战使我的健康状况受到了极大的损害，我迫切需要休息和安定，我的精神状况也要求我在普通公民的行列中经受锻炼。在过去的很长一段时间里，我被赋予了很大的权力，无论何时，我都竭力为祖国的利益而服务。让那些不信奉善行并怀疑我的行为的人去肆意评论我吧。我的安慰在于问心无愧，并且我也相信，后世会给我一个公正的评价。但尽管如此，你们仍然可以相信，在出现任何危险的时候，我仍会是第一个出来捍卫共和三年宪法的人。

辞职是拿破仑的撒手锏，他知道自己对督政府的重要性。果然，尽管督政府很不喜欢这位势力不断壮大的年轻将领，但经过果月事变冲击后，他们已经无力摆脱拿破仑了。毫不意外地，这份辞职申请没有被批准。慌了手脚的督政们立刻对拿破仑进行挽留，并且假装收回了对他的怀疑。

于是，拿破仑的目的达到了，现在，他的心中又充满了主宰一切的决心，虽然督政们一再强调，任何把威尼斯放弃给奥地利而得来的和平都是不光荣的，但拿破仑还是决定与奥地利媾和。为此，他不惜牺牲威尼斯。

原本，拿破仑对威尼斯充满了厌恶，然而现在要出卖这里，他却有些不忍心。不过，现在不是感情用事的时候，拿破仑知道，只有拿它来进行交易，他才能更快地结束与奥地利的谈判。

奥地利的谈判代表科本伯爵在这时又提出了一个非分的要求：希望得到威尼西亚全部和教皇领地，以及伦巴第的一半。拿破仑当然不会同意，他毅然决然地拒绝了科本伯爵，对他进行了严厉的斥责。

拿破仑确实具有天生的外交才能，他一会儿引诱奥地利钻进自己早就设下的圈套里，一会儿又故意大发雷霆对对手进行恫吓，使得科本伯爵大为震惊。经过了漫长时间的斗智斗勇之后，谈判的范围终于缩小到了曼图亚、威尼斯和爱奥尼亚群岛的问题。

关于爱奥尼亚群岛的归属，双方进行了非常激烈的辩论。科本伯爵坚持认为，这个群岛应该获得完全独立权，然而拿破仑却希望把它划归法国。在一次谈判过程中，由于激动，拿破仑竟然把一个小柜子给撞翻了。后来，在科本伯爵向维也纳提交的报告中，他说拿破仑的举动"就像一个活生生的小丑一样"。

为了逼迫奥地利代表妥协，拿破仑非常巧妙地向他透露了督政府要求他向奥地利提出的严苛条件，还威胁他，如果他不答应这个条件，他就会马上进攻奥地利的阵地。最后，拿破仑如愿以偿了，法国解决了曼图亚、威尼斯和爱奥尼亚群岛的问题。

1797 年 10 月，拿破仑与奥地利代表在坎波福米奥小村中签署了一个正式条约，条约规定：

奥地利把它的比利时各省割让给法兰西共和国。从一度相当辽阔的威尼斯共和国领地中，法国获得爱奥尼亚群岛，奥地利则得到伊斯的利亚、达尔马提亚、卡塔罗河口周围地区、威尼斯市，和西至加尔达湖、阿迪杰河和波河下游的威尼西亚内陆；哈布斯堡王朝承认版图业已扩大的西沙尔平共和国的独立。法奥双方同意按照"最惠国"待遇缔结一项商务条约。奥地利皇帝把莱茵河东岸的布赖斯高领土给予因此而丧失领地的摩德纳大公。条约还规定，将在拉什塔特召开会议，由法国和神圣罗马帝国的全权代表调整两国之间的关系。

条约的秘密条款规定奥地利皇帝应该运用他在德意志民族神圣罗马帝国的影响，为法国取得莱茵河左岸的土地，而法国将居间斡旋，为奥地利皇帝取得萨尔斯堡大主教辖区和位于该地与莱茵河之间的巴伐利亚领土。其他一些秘密条款规定那些由于公开条约中所宣布的变迁而受到损失的某些君主可以在德意志取得补偿。

拿破仑对威尼斯的出卖引发了威尼斯人的愤怒情绪，他们没想到，在独立了一千多年以后，这座美丽的城市竟然会被那位一度被视为是意大利的解放者的将军拿来做肮脏的交易，被拱手送给奥地利。

拿破仑希望通过一个身在威尼斯的犹太人来对威尼斯的临时政府进行抚慰，然而，却没有起到任何效果。这个犹太人在改信天主教后，改名为丹多洛——这是在威尼斯最响亮的名字。拿破仑把他叫到帕塞里阿诺，向他说明了自己之所以会把威尼斯移交给奥地利，是被逼无奈。法国无论如何也不能为一个毕竟只是"道义上的问题"而使他最优秀的子弟流血牺牲了，威尼斯人必须体谅这一点。

然而，这份劝说并没有打动威尼斯人，一些民主主义者决定采取行动来挽救威尼斯。

那些民主主义者秘密派了丹多洛等三位代表到巴黎去，他们将向法国督政们奉上巨款和无数宝物，请求他们拒绝批准坎波福米奥和约。不幸的是，这项行动走漏了风声。拿破仑在得知这件事之后，大为震惊，如果这个计谋得逞了的话，他的名誉就会受到极大的损毁。

于是，拿破仑立刻派人去追赶三位代表，结果，这三个人刚走到阿尔卑斯山的支脉就被抓住了，然后被押解到了米兰，拿破仑亲自对他们进行了审问。但是，无论拿破仑如何痛骂、如何斥责，三位代表都始终守口如瓶。不过，事情既然已经解决了，拿破仑也就不在乎他们是否开口说话了。

对于拿破仑在意大利的独裁与专断，督政府早有耳闻。对此，他们感到越来越不安。虽然他们曾经收下了拿破仑为他们奉上的堆积如山的金币，也收下了拿破仑从意大利博物馆里抢掠来的名画宝器，然而，这都不能让督政们忘记拿破仑手中的军械是多么无情。于是，督政府任命拿破仑为对英作战总司令，并要求他立刻回国。

拿破仑知道督政府打的是什么如意算盘，他曾经对自己的一位朋友说过的话表明了这一点："我知道，他们嫉妒我，虽然他们当着我的面在赞扬我，但他们欺骗不了我。他们急于任命我为远征英国军队的将军，是为了要我离开意大利，因为我在那里，与其说是将军，不如说是统治者。"

尽管如此，拿破仑还是非常愉快地决定返回巴黎，在意大利，他已经完成了所有使命，也得到了一切荣耀。此刻，他是多么迫切地希望回到巴黎，看看那里的天空！

巴黎人的偶像

自从 1796 年 3 月离开巴黎以来，拿破仑已经有两年的时间没有回来了。这个熟悉的城市如今在他的眼里变得有些陌生，但是巴黎人却似乎都对他了如指掌。

现在，几乎所有人都能够如数家珍地说出他在意大利所创造的战争神话：他带领着意大利方面军在十八次大规模激战中以及四十七次较小的战役中获得了胜利，他的军队曾经俘虏了十五万名敌兵。他打败了法国最强大的敌人奥地利帝国，为法国占领了大片的领土。他为政府收缴了无数赔款，使国库重新丰盈起来。他在意大利建立了一个全新的共和国，在这个被暴力统治了漫长时间的地方种下了民主和自由的种子。他用价值连城的珍贵文物充实了巴黎的各个博物馆……

人人都在传颂着拿破仑的丰功伟绩，他成了法国的英雄，成了巴黎人心中的偶像。

1797 年 12 月，督政府在卢森堡宫特意举行了一个宴会，欢迎从意大利凯旋的拿破仑。这个宴会是如此奢华，卢森堡宫里到处都筑起了精致的花台，上面摆放着代表和平、代表自由的神像。拿破仑从意大利缴获的敌方旗帜，被挂在了牌楼上，就像一个正在被展览的胜利品一样。

衣冠整齐的军官们分别站在花台的两边，穿着华美衣服的姑娘们则手捧着美丽的鲜花，他们都怀着激动的心情等待着拿破仑的出现。

上午十一点，拿破仑终于到了。他穿着一件佩有绿色棕榈勋章的法兰西学院礼服，之所以不穿军装，是因为他刚被法兰西学院封为学士，他有些附庸风雅地认为，穿着学院的礼服，更能显示出他的荣耀。约瑟芬挽着他的胳膊，走在他身边。今天约瑟芬穿着黑花绣边的希腊式宽大长裙，显得非常雍容华贵，她脸上的神态似乎在向人们展示着作为一个将军夫人的骄傲。

塔列朗倒退着走路，谦卑地为他开道。拿破仑跟在他后面，慢慢地走过长长的甬路。

最开始的时候，所有列队欢迎的人都屏住呼吸，欣赏着这位统帅的英姿。没有人敢发出一丝声音，此时的沉默远比欢呼声更加令人陶醉。拿破仑感到有些拘谨，他在灿烂的阳光下眨着眼睛，看到一只只致敬的手激动地向他伸了过来。

他冲着夹道欢迎的人们露出了一个笑容，这个笑容立刻引爆了全场。沉默被打破了，人们开始兴奋地叫嚷了起来，拿破仑听到一个姑娘对她的妈妈喊道："妈妈，他是一个真正的男子汉！"当他缓缓向前走去的时候，依稀还能听到那兴奋的声音："他来了！他来了！"拿破仑想向那个激动的姑娘点头致意，然而，他的心跳得实在是太厉害了，以至于他的头都不听指挥了。

拿破仑没有想到，自己竟然能够得到这么热烈的欢迎。回想起来，这两年的时间，他已经享受了无数的荣耀，在米兰，他被人们当成是解放者，在那里，人们对待他就像是对待一位皇帝。如今，在巴黎，这一幕又重演了。

在欢迎会上，塔列朗首先进行了致辞，他先是对拿破仑在意大利创造的丰功伟绩进行了大肆吹捧，然后又邀请拿破仑上台来发表演说。

各位督政公民们，为了获得自由，法国人民必须与各国的君主们较量。要得到一部以理性为基础的宪法，必须克服一千八百年来所形成的种种偏见。你们已经有了共和三年的宪法，你们已经战胜了所有的障碍。宗教、封建制度和王政在两千年间相继操纵着欧洲的统治权，但是你们不久前缔结的和约，开始了代议制政府的时代。你们已经组成了伟大的国家，它的领土范围是由大自然亲自划定的。你们的成就还远远不止于此。向来以科学、艺术和伟人出生地闻名的欧洲两个最美丽的部分，用乐观的态度等到了自由在他们祖先的墓地上传播。这就是命运为两个强大国家安置的基座。对于能呈献给诸位在坎波福米奥签订并且业经奥皇陛下批准的条约我深感荣幸。法国人的幸福受到最有实效的法律保护的时候，也就是欧洲自由的时刻。

回到巴黎的第一个月，拿破仑一直深居简出。在那些官方场合里，很少会看到他的身影，只有研究院的会议他才会出席。大部分时间，他都待在办公室里，埋头看书或者做一些计划。他只接待那些与他的关系非常紧密的人，比如他的兄弟、军官或者政治上的朋友。

然而，在平静的生活中，拿破仑的心中渐渐滋生出了一些不安：也许等不了多久，人们就会忘记他的荣誉。每当想到这一点，他就会因为自己现在的无所事事而感到烦恼不已。他想要做些什么，但是，只要他在公共场合露面，人们就会对着他欢呼鼓掌，这个时候，他又会阴郁地说："要是有一天我走向断头台，这些人恐怕会以同样的热情来对待我！"

拿破仑从意大利带回了大约三百万元的巨款，督政府默认这笔钱归他所有，作为对他的奖励。他把这笔钱交给约瑟夫来打理，叮嘱他购置土地，扩大波拿巴家的财产。

约瑟芬对此非常生气，她得到的，只是四万法郎的年金。她暗地里抱怨拿破仑，为什么不把钱交给她来进行处置呢？如此一来，她就不得不受到约瑟夫的支配。她知道约瑟夫是不会让她得到什么好处的。虽然在米兰她私藏了数不胜数的首饰珠宝、美术珍品，但是这又有什么用呢？她总不能靠首饰、靠艺术珍品来过日子吧！她需要的钱，尤其是在她现在已经债台高筑的时候。早在芒泰贝洛堡的时候，约瑟芬就已经派人把自己在巴黎的公馆重新进行了装潢，还换上了一整套全新的家具。

拿破仑之所以这么安排，并不是出于对妻子的不信任，而是担心约瑟芬有了钱以后会大肆挥霍浪费。对约瑟夫，他就要放心多了。

回到巴黎后，拿破仑还在家里举行了一个小型晚宴，受邀参加这个晚宴的，都是他的家庭成员和亲朋好友，德茜蕾也出现在了他家里。

就是在那个小小的晚宴上，拿破仑看到，他曾经的恋人、可爱的德茜蕾长大了，她是那么美丽善良、纯洁无瑕。他的心中不可避免地泛起了波澜。从德茜蕾看他的眼神中，他仍然能够读出爱意来。这个姑娘，在他还是一个默默无闻的穷小子的时候，深深地爱上了他。她爱的不是他的名誉，也不是他的荣耀，更不是他带来的一切好处，而是真诚地爱着他这个人，在他落魄的时候，她曾经带给他那么多温暖与关切。这是多么美好的一个姑娘啊，望着德茜蕾纯真的脸颊，他心中不由得感慨万千：如果我当初娶的是她，那么我得到的，将会是全法兰西最贞洁的女人。

然而他最终却背弃了她！他的心怎能不受到愧疚感的折磨呢？或许正是因为这样，他才会派自己手下的将官们去向德茜蕾求婚，似乎只有看到德茜蕾得到了一个归宿之后，他内心的愧疚才会得到缓解。

但是，当贝尔纳多特向德茜蕾殷勤献好的时候，拿破仑又感到非常不快，仿佛这个纯情的少女只能属于他。

这时他又想起了约瑟芬。从结婚以来，他的整颗心都放在了约瑟芬身上，为了她，他甚至差点抛下自己的士兵们赶回巴黎。可是她又是怎么对待他的呢？她给他、给他的家族带来了耻辱。当他风尘仆仆地赶回米兰想与她一聚的时候，她却跟她的情人哈尔一起去了热那亚！从约瑟夫的嘴里，拿破仑了解到了真相，他决定要惩罚一下这个不忠的荡妇，于是恶狠狠地警告她说："如果你不忠于我，那就领着你的儿女滚蛋吧！"

是的，拿破仑现在已经不再是一个普通人了，作为巴黎人的偶像，他应该在众人面前展现出完美的形象，怎么会允许约瑟芬破坏他的名誉呢？

正当拿破仑独自一个人思绪万千的时候，莱蒂齐亚走了过来。儿子在巴黎人们的交口称赞，甚至还有一些人将他奉为英雄，这位母亲的心中充满了喜悦。她的高兴程度恐怕比拿破仑本人还要更胜一筹。有这样的儿子，哪个母亲不会感到自豪呢？但是，在自豪之余，她又感到，自己的儿子似乎变得有些陌生了，尤其是当她听到拿破仑说要远征埃及的时候，她更加疑惑不解了。她拽了拽身边的约瑟夫，问他："你弟弟在胡言乱语些什么？他怎么能这样异想天开呢？你为什么不劝劝他呢？"

现在莱蒂齐亚是来向拿破仑询问意见的，她问拿破仑："对吕西安的婚事，你是怎么看的？"一提到吕西安，拿破仑就气不打一处来。他的这个聪明却又自以为是的弟弟最近不知道哪根神经没有搭对，竟然看上了一个客栈老板的女儿，而且还打算把她娶进家门。拿破仑当然不会同意这样一桩婚事。现在他已经非常笃定地认为，自己以后一定会更加辉煌，辉煌得让全家人都会变得无比荣耀，所以，他怎么会允许自己的弟弟与平民联姻呢？

拿破仑愤愤不平地对母亲说："我实在不敢相信，你竟然会同意吕西安娶一位客栈老板的女儿，要知道，这种人家的女儿，在客栈是要招待客人打扫房间的，她根本无法适应上流社会的生活，吕西安娶了她，只会让我们家丢脸。"

莱蒂齐亚瞥了一眼约瑟芬，说道："别的我也不太了解，但是有一点我却很肯定，那个姑娘是一位贤淑、正经、勤劳而又懂得遵守妇道的好女人。"

站在她身边的约瑟夫也紧跟着补充了一句："是的，那的确是一位跟德茜蕾一样纯洁的女人。更何况，吕西安也没有娶一位旧伯爵夫人的荣幸呀。"

不远处的约瑟芬听到了这句话，她的脸一下子涨红了起来。而拿破仑则变得有些焦躁，"腾"地一下站了起来。

眼看着这母子三人的争执要升级，德茜蕾立刻站起身来邀请约瑟夫跳舞，这才使得一场"战火"消弭于无形。

第八章

雾月的崛起

约瑟芬的眼泪

1798 年底，俄国、英国、奥地利、西班牙、土耳其、那不勒斯等国组成了第二次反法联盟，这个反法联盟是由英国策划和组织的，而军事行动的支柱却是俄国与奥地利。由这几个国家的士兵们组成的反法联军从意大利、瑞士、荷兰、莱茵地区四个方面进攻法国。1799 年初，苏沃洛夫率领的俄奥联军击败驻守在意大利的法国部队，并且在 4 月底占领了米兰，7 月底攻下曼图亚和亚历山大里亚，8 月底又在诺维获得了一次决定性胜利，法国著名将领儒贝尔战死，法军损失一万两千人。意大利北部再一次成为了奥地利的殖民地。

面对着意大利战场的一再失利，人们忍不住要问：曾经带领军队解放意大利的将军到哪里去了？他现在在做什么呢？为什么对这样的惨败坐视不顾？把他和几万名勇敢的法国士兵们送到遥远的沙漠地区去流血牺牲，却让曾经因为他的战绩而荣耀无比的祖国在边疆蒙受一次又一次的打击，难道这就是对国家利益的维护吗？

几乎全法国的人，都在期盼着远在埃及的拿破仑能够回到巴黎，回到意大利战场上。

而督政府的腐败、懦弱与尔虞我诈也使得法国各阶层的不满情绪更加高涨。拿破仑从意大利地区搜刮来的几百万金币，不但没有充实国库，反而被督政府袒护下的官员和投机商用来中饱私囊。那些穷困的老百姓只能继续忍饥挨饿，军队里的士兵缺少粮饷，根本吃不饱，他们都发出了愤怒的吼声："我们需要一个能够让我们吃上饭的政权。"

即使是那些有产阶级，也不再愿意忍受督政府的昏庸无能，因为督政府的内外政策并没有使他们享受到什么好处。早就已经销声匿迹的保王党运动，又在旺代死灰复燃了，这些保王党竟然敢大胆地在街上喊出"苏沃洛夫万岁！打倒共和国！"这样的口号。

整个法国上下，都笼罩在不安、动乱与不满之中。督政府的五个督政官之间，你争我夺，钩心斗角，根本没有力量来维持稳定的局面，面对着各个党派的互相倾轧，面对着人们愤怒的情绪，他们只能束手无策。人们都期待着，有一个强有力的人物出现，带领着法国重新恢复安宁，走向荣耀。

当拿破仑在弗雷居斯登陆的消息传来时，人们似乎看到了希望的光芒。这个曾经在战场上为法国赢得光荣的将军，他的辉煌战绩、他的伟大活动、他对法兰西的忠诚献身精神以及对自由原则的肯定态度吸引着众多群众涌向他的身旁。人们用最隆重的仪式来欢迎他，他所到之处，无不张灯结彩、掌声雷动。

1799 年 10 月，拿破仑终于回到了巴黎。在巴黎，他享受到最热烈的欢迎。大街小巷，都被巴黎人打扫得一尘不染，人们列着队欢迎着这位远道而归的将军。巴黎的卫戍部队，听说他们的统帅已经回来的消息后，更是欣喜若狂。议员们在会议上得到这一消息时，竟然暂时休会，给拿破仑长时间的热烈鼓掌，很多人把手都拍红了。

眼前的这一幕幕热烈欢迎的场景，令拿破仑心中激动不已，他一下子感到，他远征埃及所经受的一切痛苦都是值得的。而人心所向，也让他更加意识到了军队的重要性，是的，他要感谢他的军队，要不是这些士兵们的奋勇作战，他是不可能得到这些荣誉的。

此时，拿破仑忍不住又想起了自己日夜思念的约瑟芬，他多么希望自己的妻子能够与他一同来分享这样的荣耀啊！现在，她在做什么呢？为什么不来迎接自己？

直到深夜的时候，拿破仑才拖着疲惫的身子回到了自己家里。他急不可耐地推开家门，迫切地想看到约瑟芬，想给她讲讲他在埃及都经历了什么。然而，迎接他的不是约瑟芬的笑容，而是冷冰冰的现实。

约瑟夫、吕西安都在兴奋地等待着他的归来，在这些家人中，却唯独看不到约瑟芬的身影。

他的家人当然知道他最希望看到的是谁，也知道他此时为什么会突然失落下来。看到拿破仑痛苦的样子，他们再也无法忍受了，一股脑地像倒豆子一样，把他远征埃及这十六个月来，约瑟芬所犯的那些无耻淫荡的行径告诉了他：

"她是个不忠的人！"

"她跟哈尔去寻欢作乐了！"

"她是一个随随便便就可以跟别人上床的荡妇！"

他们请求拿破仑立刻休掉这个无耻的女人，不要让她再继续玷污波拿巴家的清白。

听着家人们对约瑟芬的指责，拿破仑的怒气一下子涌到了心头。他像个困兽一样，在屋子里快速地踱着步，最后，他终于忍不住了，大喊了起来："一定要把她赶出家门，我再也不想见到她了！"

贝尔蒂埃和科洛赶紧劝他冷静一些，然而，此时，什么样的劝说都已经没有用了。

科洛原来在意大利方面军做后勤供应，曾经在财政上帮了拿破仑不少大忙。他办事大胆果断，掌握着国库基金，与乌弗拉尔家和雷卡米埃家是竞争对手，他对拿破仑敢说实话，直言不讳，拿破仑对他非常器重，而且也不敢怠慢他，因为他知道，光靠自己的那点收入是干不了什么大事的，要想顺利地实施自己的计划，就一定要得到科洛这样的金融家的支持。约瑟芬曾经利用她的影响力，帮科洛做了买卖，所以，科洛感觉自己应该出面为约瑟芬说情。

"将军，难道你要抛弃你的结发妻子？"

"这都是她自作自受！"拿破仑怒气冲冲地说道。

科洛劝他："是不是自作自受我不知道，只是，我觉得现在并不是您考虑这件事情的时候。想想法兰西吧。我们的祖国正在等待着您的拯救呢！"

科洛的话的确有理，拿破仑不再愤怒地呐喊，而是沉默了下来。可是，过了一会儿，他还是感觉心中的抑郁无法排解，他一跺脚，再次喊道："不行！我一定要把她赶出家门！别人爱怎么说就怎么说吧！这个不忠的女人就应该得到这样的惩罚！"

科洛和家人们离开之后，拿破仑就派人把约瑟芬的私人物品全都打包了起来，并把它们扔到了门房里。

约瑟芬此时正在哪里呢？她正快马加鞭地赶回巴黎。

当她与哈尔在床上尽情地享受着鱼水之欢的时候，她突然得到了拿破仑已经回国的消息。受到惊吓的她一下子清醒了过来，不知道该怎么办是好。她知道，拿破仑回到巴黎之后，如果看不到她，一定会大发雷霆。而他的兄弟们，也会向他揭发自己的放荡行为，因为他们一向都看不惯她的所作所为。

第二天一大早，约瑟芬在女儿奥坦丝的陪同下，登上了驿站快车，快马加鞭地赶回巴黎。一路上，映入她们眼帘的全都是异常热烈的场景。后来，在奥坦丝的回忆录中，她详细地记录了当时的热烈场面：

波拿巴将军在弗雷瑞斯镇登陆了。当民众们得知这一消息之后，全都抱着高亢的热情如潮水一般向战船涌去，他们热烈地欢迎着这位期待已久的将军，为了他，他们打破了四十天来的清规戒律。

当时的法国正处于异常凄惨的状态中，人们迫切地希望摆脱这样的困境，而波拿巴将军的出现，被他们视为救世主。所有人都向他张开双臂，对他寄予了无限的希望。在获知这件事之后，我与母亲马上动身去迎接他的归来。一路上，我们穿越了勃艮第，我们看到，那里的每一个城市，每一个乡镇，全都竖起了迎接的彩旗。当我们停车换马的时候，无数民众围住了我们，他们急切地询问着，他们的"救世主"，是不是真的回来了。是的，"救世主"，这是整个法国给予他的名字。意大利失守，财政日益紧缺，督政府昏庸无能，失去民心，这一切将使得整个法国把他的归来当成是上帝的恩赐。

但约瑟芬显然不会像女儿想得这么透彻。她只想到一件事，那就是，她必须赶在波拿巴家族的人之前见到拿破仑，只要做到这一点，她就得救了。

驿车到达里昂的时候，约瑟芬惊讶地发现，这里竟然没有成群结队的欢迎队列，而且路边的花架和彩灯也都被工人们拆除了下来，欢迎拿破仑的彩旗也被取了下来。她的心里暗呼不妙，马上让车夫找来一个工人，问他们："你们为什么把彩旗和彩灯都取了下来？"

工人满不在乎地回答说："夫人，节日已经结束了，这些彩灯和彩旗已经完成了它们的任务！"

约瑟芬穷追不舍地问道："但是拿破仑还没有经过啊，难道你们不再欢迎他了吗？"

工人惊讶地看着她："夫人，您的消息真是太不灵通了。难道您还不知道吗？拿破仑两天前就已经经过了这里！"

约瑟芬惊呼道："这绝对不可能！我刚从巴黎来，如果他已经经过了这里，我在路上就会遇到他的！"

工人笑了起来："夫人，这里通往巴黎有两条路，您是从勃艮第来的，而将军是从波旁内走的。"

约瑟芬一下子跌坐在马车里，心里想：这下子完了！奥坦丝看到母亲沮丧的脸，叹了一口气，对马夫说："快些，从波旁内赶去巴黎，争取赶上他……"

脸色惨白的约瑟芬坐在马车里，第一次意识到在对待拿破仑的时候自己是多么愚蠢。她背叛、愚弄、欺骗这位全法国都在为他欢呼的人，这个人或许明天就会在督政府取代巴拉斯的位置。她目光短浅，在巴黎，她带着哈尔到处招摇过市，毫不在乎拿破仑的名誉，现在，所有人都知道，她是一个多么不忠的女人。一想到这，约瑟芬就更加心急如焚了，她不断地催促着马夫，让他快一点、再快一点。

一路上，约瑟芬所看到的，都是人们为拿破仑而欢呼的场景。不管是在农村，还是在城镇，拿破仑的归来都激起了人们无限的热情，他们张灯结彩、载歌载舞，赞美着这位英雄。想当初，约瑟芬勉为其难地接受了拿破仑这个大兵的求婚，以为自己受到了委屈，但现在，这个大兵却成了欧洲最显赫的人物。这就是她的丈夫，而现在，她马上就要失去她的丈夫了。

现在约瑟芬才知道，原来自己所得到的一切荣耀，都是因为拿破仑。如果拿破仑将她抛弃，与她离婚，恐怕哈尔也会背弃她，再也不会搭理她。那些曾经对她大献殷勤的人，也不会再高看她一眼。这令她感到难以忍受，要知道，她一向都是上流社会的风流人物啊！更可怕的是，这还意味着贫穷的降临。到现在，她还欠了无数债，多到她已经数不清了！要是拿破仑离开了她，谁来为她还债呢？

还有她的两个孩子，奥坦丝现在已经出落成一个大姑娘了，凭着拿破仑的荣耀，她很容易就能说一门绝佳的亲事。在拿破仑的庇护下，欧仁在部队里也能混个一官半职……这一切都是因为拿破仑！现在，她的行为可能会毁掉孩子们的前途！想得越多，约瑟芬越感到懊悔、羞愧。

离家越来越近了，约瑟芬感到越来越害怕。她不知道，自己将会得到怎样的对待？

门房看到她回来了，不再殷勤地向她打招呼，而是从窗户里把行李给她扔了出来，让她赶紧离开。他告诉这个过去的女主人："将军已经说了，不准她再进入公馆。"

约瑟芬惊慌失措了起来，一开始，她有些犹豫，不知道该怎么做。但是就这么离去她又感到有些不甘心，没过一会儿，她站起身来，打算试一试。

她对着门房软硬兼施，又是求情，又是威胁，终于，门房心软了，悄悄把大门打开了。两个对她忠心耿耿的女仆跑了过来，告诉她，拿破仑把自己关在房间里，不肯出来。欧仁非常难过，一个人待在顶楼的小房子里。

约瑟芬战战兢兢地来到了二楼，走到门口，她停下了脚步，轻轻地叩了一下门。没有人回应。她又转了转门把手，发现门已经被反锁了。最后，她只能叫门，一开始，她的声音轻轻的，后来抬高了一点声调。她向拿破仑苦苦哀求，希望他打开门。

但拿破仑却仿佛没听见一般。

约瑟芬接着恳求，说有人是故意挑拨他们之间的关系，希望他能开开门，允许她说几句话，她会证明自己是无辜的。

然而拿破仑还是不回答。

约瑟芬忍不住哭了起来，她大声地抽泣着，这是她发自内心的痛哭。哭声就像利刃一样，在切割着拿破仑的心。虽然他已经发誓不管怎样也不会去搭理这个女人，然而，她的哭声还是会刺痛他。他把头埋进了枕头底下，想隔绝那悲痛的哭声，然而，一点儿用都没有。

现在，约瑟芬趴在冰凉的楼梯上，已经哭得不成样子了。女仆们想把她拉起来，但是却根本拉不动她。她用自己的双手不停地敲打着那扇紧闭的门，她动情地回忆着他们之间的拥抱、亲吻、誓言，她还承认了自己的过错——幼稚、轻率，但到这个时候，她还是没有承认她的背叛。她请求拿破仑原谅自己，不然，她就只能以死来谢罪了。

但门里的人依然没有回应。

约瑟芬蜷缩着身体靠在门上，这时，她才意识到，拿破仑远征埃及的这十几个月里，她的所作所为是多么地放纵。

当拿破仑带领着士兵们忍受着饥渴、烈日，艰难地跋涉在沙漠之中时，巴黎仍然沉浸在一片纸醉金迷之中。

离开了丈夫的监督，约瑟芬变得更加肆无忌惮了。她重新回到了自己的老情人哈尔的怀抱中。无论白天黑夜，他们两个人都形影不离，似乎像是有人用胶水把他们黏在了一起一样。庆祝会，舞会，剧院，晚宴……几乎每一个场合，都能看到约瑟芬和哈尔的身影。

当她感到有些疲惫的时候，就会到马尔梅松的乡村别墅去休闲一段时间。这栋别墅约瑟芬花了高价买下来的，当然，她一分钱也没有付。她把这个乡村别墅装潢得如同皇帝的行宫一样富丽堂皇，还把教皇赠送的吉德、科雷热、卡拉施等意大利名画家的名画带到了那里，用来增添一些优雅的氛围。约瑟芬非常喜欢这栋别墅，后来，她索性住在了那里。周围的人们经常看到拿破仑夫人在园子里的小路上散步。她挽着一个年轻人的胳膊，与他热情地亲吻。

那些路人或许会把这个年轻人当成是约瑟芬的儿子吧。只有这些淳朴的村民们才会这么单纯。巴黎人可不这么想，他们早就知道，那位远在埃及打仗的将军的夫人，与一位英俊的小伙子勾搭成奸。那些嫉妒拿破仑的人，更是添油加醋地描绘了约瑟芬与哈尔在一起的场景，别有用心地到处散播着这个消息。

当拿破仑在开罗被暗杀的消息传来时，约瑟芬没有像其他的妻子一样感到惊慌和痛苦，而是与巴拉斯们一样高兴。巴拉斯和他的朋友们之所以高兴，是因为他们早就知道拿破仑是一个野心家，早晚有一天，他会不再受督政府的控制。现在，上帝为他们拔掉了这颗钉子，他们有何理由不高兴？而约瑟芬高兴是因为她再也不用受到拿破仑的约束，可以自由自在地与男人们尽情玩乐了。

然后，约瑟芬开始为自己的以后作打算。为了维持现在的奢华生活，她请求巴拉斯在军需供应的博丹公司为哈尔安置了一个合股职务。她还有一些外快，比如拍卖国家财产的托与交易、逃亡者财产的注销，等等。

在得到拿破仑被暗杀的消息后，沉痛的波拿巴一家就与约瑟芬彻底断绝了关系，约瑟夫不再给她支付年金了，他想，这个女人使波拿巴家族的名节受到了玷污，现在，她还有什么资格得到拿破仑给她的年金？

被波拿巴家族抛弃了的约瑟芬，也受到了其他人的冷眼相待。这些人压根儿不相信拿破仑会死在埃及，他们一直期盼着拿破仑的归来。

一天晚上，约瑟芬在巴拉斯家参加宴会，外交部长塔列朗坐在她的身边，但是他根本就不搭理她，而是跟塔里昂夫人说个没完。约瑟芬主动跟他谈话，说起拿破仑，说起埃及，但塔列朗仍然没有给她回应，甚至还站起身来去跟巴拉斯聊起了天。

塔列朗是一个谨小慎微的人，他的言谈和举止一向是非常有分寸的，而且以消息可靠而著称。他对待自己的态度，让约瑟芬受到了一些启发。

约瑟芬感到拿破仑的亲人们已经无法依靠了，于是就向督政府的首脑戈伊埃贴了过去。戈伊埃也是一个不折不扣的好色鬼，约瑟芬的轻浮使他着了迷。戈伊埃给约瑟芬出了一个馊主意：要是她不愿意跟哈尔一刀两断的话，不如干脆嫁给他！

嫁给哈尔？约瑟芬认真地考虑了戈伊埃的建议，但还是感到有些犹豫。虽然她对这个比她小十岁的年轻小伙子非常迷恋，但他没有名气，而且以后也不会有。约瑟芬以前是德·博阿尔内夫人，现在是波拿巴将军夫人，以后难道要变成哈尔夫人？这怎么能行呢？约瑟芬舍不得自己在上流社会的声名。

拿不定主意的约瑟芬还跑去询问了哈尔的意见。哈尔虽然不拒绝这桩婚事，但也一点不热衷。他什么也没说，只是开了几句玩笑。约瑟芬一下子明白了他的意思，于是就断了这个念头。

而这个时候，另一位挂念着拿破仑的人德茜蕾，在做什么呢？

拿破仑离开巴黎到埃及去以后，德茜蕾就与一直追求她的贝尔纳多特将军结婚了。

婚礼后，约瑟夫在家里举行了一场晚宴，庆祝妻妹与贝尔纳多特将军喜结连理。莱蒂齐亚称病没有出席，生病或许只是一个理由罢了，真正的原因是，看到自己喜欢的儿媳妇人选如今成了别人的妻子，这位老太太感到非常不痛快。

像其他新婚中的人一样，德茜蕾与贝尔纳多特的生活是幸福甜蜜的，然而，没过多长时间，贝尔纳多特就要出征了。

一天，当德茜蕾像每天一样，坐在家里等着丈夫回家。远远地，贝尔纳多特的马飞驰而来。走到德茜蕾身边的时候，他一下子跳下马，对她说："意大利人忘记了拿破仑曾经给予他们的人权，现在，他们跟奥地利一起，要把我们的军队赶出他们的国家。我已经得到了命令，马上要去意大利作战了，我要维护法兰西的尊严。"

德茜蕾美丽的眼睛里立刻涌出了泪水。

贝尔纳多特心疼地拥住她，对她说："别哭，亲爱的，你是军人的妻子，你要勇敢一些。"

这时，德茜蕾想起了拿破仑曾经对她说的"要捡起泥淖里的王冠"，她相信自己的丈夫要去做的，也是类似的事情，于是，她强忍住了眼泪。

如果约瑟芬能够像德茜蕾一样忠诚、善良，或许，拿破仑的生活就会少一些煎熬，多一些幸福。然而，生活没有假如，现在，拿破仑正在为他的选择而忍受痛苦。

听着约瑟芬的哽咽声，拿破仑感到心如刀绞，最终，他还是决定向她让步。

"啪嗒"一声，身后的门打开了，拿破仑走了出来。他靠在门上，默默地看着约瑟芬。约瑟芬惊呼了一声，立刻跑上前去，钻进了拿破仑的怀里。她的头在拿破仑的肩膀上蹭着，似乎想寻求一点温暖。拿破仑抱住了她，与她久久地拥抱在一起。

是的，拿破仑让步了。然而，他没有失去清醒。他之所以会让步，只是出于怜悯，出于一种怀旧的心情，而不是出于爱。现在，他再也无法对这个女人产生之前那样炽热的爱了。是约瑟芬自己把这种真挚的爱给毁掉的。

拿破仑不愿意听约瑟芬的解释，也不接受她的道歉，但是对约瑟芬来说，只要他宽恕了自己，这就足够了。

从这一刻开始，他们之间的关系发生了变化。过去，拿破仑总是想尽办法讨好约瑟芬，千方百计使她高兴，然而现在他再也不会那么低声下气了，他开始以主人的口气对她讲话。约瑟芬知道，自己已经彻底失去了主动权，只能任由他摆布。

约瑟芬用眼泪赢得了拿破仑的原谅，但是她没想到的是，她已经彻底失去了丈夫的心。就像此时，拿破仑虽然正抱着她，但思绪却已经飘到了埃及，飘到了一个叫作柏莉娜的女人身上。

拿破仑与柏莉娜的关系，是从他得知了约瑟芬对自己不忠的事实之后才开始的。

一天晚上，朱诺终于无法忍受内心的愧疚，来到了拿破仑屋里，向他和盘托出了他所知道的关于约瑟芬的事情。从朱诺的口中，拿破仑知道了约瑟芬原来是一个放纵无度的荡妇，她与巴拉斯等无数男人都曾经有过暧昧关系。在他远在意大利作战的时候，她还曾与那个叫哈尔的人混在一起，正是因为这个情人，她才一再拒绝到意大利来与他团聚。从贝尔蒂埃那里，拿破仑又得知了自己离开巴黎以后，约瑟芬再次与哈尔滚到了床上，而且他们还一起到各个地方游玩，就像平常夫妻一样。

这些消息，就像一个个炸弹一样，在拿破仑心中炸响，让他心痛不已。在他心目中，约瑟芬是一个多么高贵的人啊，她怎么会做出这样的事情呢？这天晚上，拿破仑久久无法入眠，他躺在床上辗转反侧，心里不停地嘶吼着："这个荡妇！我真不敢相信我的妻子竟然会是这样一个人！我一定要把她撕成碎片，一定要同她离婚！我再也无法忍受了！"

现在，一直保持着对妻子的绝对忠诚的拿破仑，忽然发现，这种忠诚已经毫无意义了。因为那个人根本不值得自己这么做。他开始寻花问柳，以此来获得报复约瑟芬的快感。

军官们把几个切尔克斯女人送到了他的房间里，但拿破仑对她们粗俗的举止和肥胖的身段丝毫不感兴趣，很快就把她们赶了出去。

一天，当他骑着马去参加开罗参加一个舞会时，在路上遇到了一队骑着驴子正急匆匆赶回城里的士兵。在这些士兵中间，有一个长着美丽金发的女人，一阵风调皮地撩起了她的裙角，她修长的双腿一下子露了出来。她爽朗地笑了起来，这笑声引起了拿破仑的注意，他回过头去看着这个女人，一直过了很久，还没有回过神来。

回到宫里以后，拿破仑对那个女人仍然没有忘怀，于是他向贝尔蒂埃问起那个女人的名字。体贴入微的贝尔蒂埃很快就了解到了她的全部情况："她叫柏莉娜·富莱，是女扮男装跟着丈夫来到埃及的，她只有二十岁，在穿越沙漠的时候，她表现出了男人般的勇气。在沙漠中，男人们摔倒了，成为骄阳和风沙的牺牲品，而她却一声不哼地走着。第二十二步兵团的士兵们都非常爱慕她，但是更尊重她，因为她和丈夫生活得非常和睦。……"

拿破仑被这个金发碧眼的女人迷住了。

拿破仑正在寻找一个可爱又成熟的年轻女人的消息很快就传遍了整个军营，很多人都争着给他做介绍人。

在韦尔迪将军夫人的介绍下，拿破仑与当地的一个叫作泽娜的女人有了一次艳遇。

一天早晨，韦尔迪将军夫人到宫中来拜见拿破仑，对他说："将军，我听韦尔迪说，您正在寻找一个既可爱又成熟的年轻女人，我觉得真是对的，这样您就可以消磨您的空闲时间。但是我猜想，你可能不会喜欢那些散发刺鼻香味的肥胖女人，他们只会让你感到失望。为了给您找到一个心仪的女人，我去了好几家闺房，发现了一个可爱的十六岁的姑娘，在我的要求下，人们脱下了她的衣服，她简直是太完美了——身体非常柔嫩，乳房结实、匀称，大腿很有弹性，两腿修长，汗毛如丝一般……"

起初，拿破仑似乎不太感兴趣，但听到这里，他突然抬起头来，认真地看着韦尔迪夫人。韦尔迪夫人知道，看来自己的描述已经达到了效果，于是接着说着："这个美人叫泽娜，是一个酋长的女儿，在我的请求下，她的父亲愿意在一个晚上将她托付给我。所以，我特意来向您汇报，不知您是否愿意见一见这个姑娘？如果您对她很满意的话，您可以留用，甚至可以占有……"

拿破仑打断了她的话，问道："我什么时候可以看到她?"

韦尔迪夫人知道拿破仑同意了，高兴地回答说："今天下午就可以！我跟她已经约好了，下午她会和她的母亲一起到我家里来吃点心。您可以来看一看她，她一定会令您非常满意的。"

在韦尔迪将军家里，拿破仑被这个年轻漂亮的姑娘吸引了。当时她正在吃着糕点，举手投足之间虽然显示出了一种稚气，但是却难掩她的美丽。他在韦尔迪夫人家里喝了一杯咖啡，然后就告辞了。韦尔迪夫人将他送到了门口，快要出门的时候，拿破仑对她说："很好，今天晚上你就把她送到我的营房里来吧！"

回到客厅后，韦尔迪夫人向泽娜和她的母亲转告了拿破仑的话，然后对她说道："这可是上帝的恩典，要知道，拿破仑将军是这个世界上最有权力的人！"

泽娜和她的母亲显然赞同韦尔迪夫人的话，她们跪在了地上，亲吻着地毯，感谢她们的真主。

回到家以后，一个法国士兵送来了拿破仑给泽娜的礼物，手镯、项链……一件件金光闪闪的宝物让她看得眼睛都直了。

夜色很快就降临了，韦尔迪夫人正要带着泽娜到拿破仑的营房中，这时，她却产生了一个念头：她要把泽娜打扮成一个巴黎人！她改变了泽娜的发型，给她打了一个发髻，还让她穿上了一件督政府时期流行的长裙，用金黄色的长袜遮住了她那修长的、褐色的长腿，又用一双缎子做成的鞋裹住了她的两只漂亮的脚。

被打扮成巴黎人的泽娜并不适应自己的这副新装束，她走路的时候不得不耸肩缩颈，非常难受。

十点钟，泽娜被带进了拿破仑屋里。当时的拿破仑已经换上了睡衣，正期待着一个美妙的夜晚。当他看到这个装束奇怪的女人时，他愣住了："这是谁？"

副官向他解释了韦尔迪夫人的好意，拿破仑被惊呆了，他原本喜欢的是泽娜那东方式的精致和异域情调，现在，这个女人竟然被打扮了这副样子！他的激情似乎一下子消逝了。

看到拿破仑失望的神情，泽娜忍不住抽泣了起来。泽娜梨花带雨、楚楚动人的样子打动了拿破仑，他安慰她道："别哭了，快把那身衣服脱掉！"

拿破仑温柔地帮泽娜脱掉了那身怪兮兮的服装，当她全身上下一丝不挂的时候，拿破仑被她美妙的胴体深深吸引了……

直到凌晨，泽娜才离开了拿破仑的屋子，带着奢华的礼物回到了家。

这次艳事到此结束了，拿破仑心中挂念的，还是那个金发碧眼的柏莉娜·富莱。

一个偶然的机会，拿破仑再次遇到了柏莉娜。一天，拿破仑处理完公务，带着朱诺来到开罗最大的花园里游览，享受难得的轻松时光。忽然，远处秋千上的一个女人牵引住了他的视线，是柏莉娜。

拿破仑立刻走上前去，对柏莉娜表示了自己的赞美。柏莉娜知道眼前这个人就是军队统帅拿破仑，她既高兴，又有些惊慌，立刻从秋千上跳了下来。

拿破仑拉住她的手亲吻了一下，说道："我希望能再见到你，在一个僻静的地方。"

天真的柏莉娜想到这可能会有利于她丈夫的前途，于是心里就欢喜了起来。

拿破仑很快就采取了行动。很快，他就把柏莉娜的丈夫派遣到了尼罗河三角洲。第三天早上，拿破仑对朱诺说："你还记得那个富莱夫人吗？我想见一见她。"他想趁着这个机会追求这个美丽的女人，他指示朱诺："你要运用巧妙的手段让她知道我对她的喜爱，让她同意来和我一起吃饭。"

拿破仑显然选错了人。朱诺虽然智勇双全，但是却不擅长处理这样的事情。他到了柏莉娜家，在一番例行公事的问候之后，就用向士兵发布命令的生硬口气对她宣布道："富莱夫人！我受拿破仑将军的命令来您这里，他喜欢您，希望您成为他的情妇！"

柏莉娜一下子愣住了。两天以来，她已经决定向拿破仑献身了，然而，他竟然派人来向她发出这样野蛮、粗俗的要求，这深深地伤害了她。

她冷冰冰地对朱诺说："对不起，上校。请你回去告诉将军，我非常爱我的丈夫，我永远不会背叛他！"

朱诺非常恼火，就像他自己遭到了拒绝一样。他想找到一个解决问题的方法，但是他错误地以为对富莱进行奚落，或许会使柏莉娜改变主意，于是他就冷嘲热讽地将富莱与拿破仑进行了一番比较，这下子更惹恼了柏莉娜，柏莉娜直接把他赶出了家门。

没有完成任务的朱诺垂头丧气地回到了宫里，这时，拿破仑才意识到，他应该派一个更合适的人去执行这个任务。

当天晚上，他又派自己的另一个副官杜鲁克去邀请柏莉娜。杜鲁克能言善辩、巧舌如簧，让他来当说客，实在是太合适不过了。在柏莉娜面前，他先是批判了一番朱诺早上的那种冒失行为，等到柏莉娜逐渐平静下来以后，他又向她讲述了拿破仑对她是如何钟情，以及他是如何迫切地希望见到她。

临走之前，杜鲁克还在桌子上留下了一个盒子，说："这是将军的一点心意，作为给您的礼物。"盒子里装着的，是一个镶满宝石和钻石的精美的埃及手镯。这个曾经的缝衣女工从来都没有看到过这么精美的首饰，更别提拥有了，她的心一下子被打动了。

从那天开始，杜鲁克每天都会给柏莉娜带来拿破仑的信和一份精美的礼物。信中的甜言蜜语让她脸红心跳，激动不已。她把拿破仑的礼物藏在了一个盒子里，在丈夫看不到的地方小心收藏着。

半个月后，拿破仑还没有进一步行动。这让柏莉娜感到不安了起来。此时的她仿佛陷入了恋爱中一样，迫切地渴望着见到拿破仑。然而，拿破仑却似乎对她已经失去了兴趣一般，再也没有向她发出邀请。

正当她情绪失落之时，迪律伊将军邀请她参加自家的晚宴，柏莉娜似乎意识到了什么。于是，她忐忑不安地来到了迪律伊家。在那里，她得到了热情的招待，然而，拿破仑却没有出现。

柏莉娜与迪律伊将军夫妇共进了晚餐，虽然饭菜很可口，但她却感觉有些惆怅。佣人把咖啡端了上来，正当大家品味着咖啡的醇香时，大门"哗"的一声打开了，拿破仑走了进来。

实际上，这一切都是拿破仑安排的。他径直走到了柏莉娜身边，向她表示了亲切的问候，然后端起了一杯咖啡，他似乎只顾着说话了，一不小心把咖啡洒在了柏莉娜的裙子上。在场的人全都惊呼了起来，拿破仑装作非常不好意思的样子，嘴里连连说着："真是抱歉！我怎么这么糊涂呢？哪里有水？"

迪律伊将军说道："我的卧室里有。"

说到这里，就有些欲盖弥彰了。水怎么会在卧室里呢，这显然是迪律伊将军善解人意的顺水推舟。

拿破仑带着柏莉娜急匆匆地到卧室里去清理裙子上的咖啡渍了，两个小时后，他们才回来。咖啡的痕迹依然在裙子上，两个人的脸却变得异常红润了起来。

柏莉娜成了拿破仑的情人以后，他开始意识到，她的丈夫将会非常碍事。于是，他指示贝尔蒂埃，派富莱中尉到巴黎去给督政府送急件。

贝尔蒂埃把富莱中尉叫来，向他下达了命令：命令第二十二骑兵团富莱中尉公民，乘第一班驿车前往亚历山大城，由那儿登上海军指挥官所准备的一条双桅杆帆船，届时在船上他将会交出所附上的统帅命令。富莱中尉将是去送急件的特使，他只能在海上打开，在急件中他将看见给予他的命令。

贝尔蒂埃要求他一个小时后就离开开罗前往亚历山大城。这突如其来的任务使得富莱中尉大吃一惊，他请求道："能不能多给一个小时时间，我好让我的妻子准备一下我们的行李。"

贝尔蒂埃惊讶地说道："您的妻子怎么能跟着去呢？富莱中尉，要知道，您是在执行军令！您的妻子偷着跑来埃及本身就已经违抗了军令，要不是司令宽宏大量，你们这些人都要受到军法处置的，现在您竟然还想带着她？理智一些吧！"

在部队里，富莱中尉一直是一个默默无闻的人，似乎没有什么发展前途。然而现在他却突然得到了宠幸，这让他惊喜万分，于是就立刻前去整理他的行装了。

他向柏莉娜得意扬扬地说起了自己的新任务，她马上明白了拿破仑的用意，抱着丈夫哭了起来。

在临走之前，这对夫妇又进行了一次鱼水之欢，富莱非常满足，但他却怎么也想不到，这竟然是他最后一次与柏莉娜享受这样的欢乐。

下午五点钟，富莱刚刚离开开罗，拿破仑就派朱诺把柏莉娜接到宫里与他一起共进晚餐。

当天晚上，柏莉娜坐在了拿破仑的右边，她的美貌令在场的所有人都震惊不已。这位缝衣女工很快就适应了新的角色，到了吃甜点的时候，人们看她的眼神仿佛是在看一个女主人。

当客人们离去之后，拿破仑就把这个"女主人"带进了卧室里，尽情地享受着女人的温柔。

而此时，柏莉娜的丈夫正在做什么呢？一无所知的富莱中尉乘坐着驿车正向着亚历山大港驶去。在驿车上，他打开了贝尔蒂埃交给他的信，看到了他所要执行的任务的详细内容：

你要登上的海船目的地是马耳他。请你务必把所附上的文件交给维尔纳中将和马耳他总指挥官。马耳他海军司令将会安排一艘海船把您带到意大利港口，您再从那里取道前往巴黎，把急件交给督政府。

你可以在巴黎停留八到十天的时间，之后，再由那不勒斯王国的港口上船返回。

不要在亚历山大港登陆，在达米埃特上岸。

我相信你对祖国的虔诚，执行任务的时候，不论发生了什么样的意外事件，都要将急件送到督政府，再带回答复。

1798 年 12 月，富莱登上了"猎人"号护卫舰。几个小时后，英国人俘虏了这艘舰船。

当得知中尉是拿破仑的信使之后，英国军官立刻命令士兵们对他进行仔细的搜身，然而，他们根本没有找到富莱中尉精心藏匿起来的信件。

最后，英国军官问富莱中尉叫什么名字，他如实回答道："约翰·诺埃尔·富莱!"

一听到这个名字，那名英国军官就冲着他的副官狡黠地眨了一下眼睛，显然，他们也已经风闻了在埃及发生的这桩艳事。于是这位军官想出了一个促狭的主意，把这个拿破仑急于送走的人送回埃及!

他对富莱中尉说："先生，如果您以名誉担保不再反对英国，那我就把您送回埃及。"

对此，富莱中尉当然是求之不得的。于是，这名英国军官就派一条小船把他送到了距离亚历山大不远处的一个小湾，给拿破仑开了一个不大不小的恶作剧。

虽然没能完成任务，但是一想到马上又能见到妻子了，富莱中尉的心情不算太糟。太阳升起以后，他搭乘着一辆驴车前往开罗。

六天之后，富莱抵达了开罗。他来不及向贝尔蒂埃汇报情况，就先跑回了家。但是，令他惊讶的是，家里竟然空空如也。家具上全都落满了灰尘，妻子的一些小玩意也都消失不见了。他马上就明白过来：妻子一定是有了外遇!

为了找到妻子的下落，他立刻跑到了军官们经常聚会的俱乐部里。那里，有四个中尉正在打牌。

他冲着那几个人大喊道："柏莉娜在哪?"

那四个人你看看我，我看看你，面面相觑。其中一个人小心地把门关上了，对他说道："您的妻子现在正跟拿破仑将军在一起!"接下来，他就像讲故事一样，详细地向富莱描述了柏莉娜是如何向拿破仑投怀送抱的。于是，可怜的富莱中尉知道自己的妻子现在正被拿破仑金屋藏娇在一座富丽堂皇的宫殿里，知道柏莉娜每天三点钟会去与拿破仑相会，知道她陪着拿破仑散步、为他准备晚餐，直到凌晨才会回到自己的住处。

怒气冲冲的富莱中尉一言不发地离开了俱乐部，回到家以后，他拿起了一条马鞭，骑上马朝着柏莉娜住的宫殿飞奔了过去。

他穿过了绿树丛丛的庭院，走过了流水淙淙的小河，进入了一个铺着地毯的豪华客厅。一个佣人跑过来阻止他，但愤怒的中尉一下子就把他撞到了墙上。他穿过了好几道门，最后，在浴室里看到了正在洗澡的柏莉娜。

柏莉娜一直以为丈夫正在回巴黎的路上，当她看到他涨红着脸冲进来的时候，顿时惊呼了起来。此时，富莱中尉的鞭子已经毫不留情地落了下来，不一会儿，她的皮肤上就出现了一道道的血痕。

佣人们全都跑了过来，他们一拥而上，把富莱中尉抓了起来，扔到了大街上。

得知这件事之后，拿破仑立刻来到了柏莉娜床边。被打得遍体鳞伤的柏琳娜愤恨地说道："把他抓起来，关进监狱里!"

但拿破仑可不想再犯第二次错误，他说："我不会这样做的，但是你可以向他提出离婚，明天就说。"

柏莉娜和富莱中尉很快就离了婚。可恶的英国人虽然戏弄了拿破仑，但是却无意中帮他彻底扫除了障碍，而且还使他不必再担负什么恶名。

柏莉娜成了拿破仑光明正大的情妇，在埃及，人们到处都能看到两个人结伴而行的身影。有一次，他们在一队骑兵的护送下，坐着马车到尼罗河畔游玩。这天，护送他们的正好是欧仁。当着欧仁的面，拿破仑就把柏莉娜抱到了膝盖上，抚摸她，亲吻她，欧仁对这种行为非常反感，但是他也不能说什么。因为他知道，自己母亲的行为比这更过分。第二天一大早，欧仁就跑去找贝尔蒂埃将军，请求他把自己作为一个普通的中尉派到团队中去。

从柏莉娜身上，拿破仑不但享受到了身体上的欢愉，而且还得到了"复仇的快感"。他把与柏莉娜的苟合当成是对约瑟芬的报复，每当这时，他因约瑟芬的不忠而感到的痛苦就会减轻很多。渐渐地，他对柏莉娜越来越着迷。他甚至对他的情人许下承诺，只要她能给他生一个孩子，他就会跟约瑟芬离婚，与她结婚。

但是柏莉娜并没有满足他的愿望。一直过了很久，孩子还不见踪影。

拿破仑对孩子的渴望越来越强烈，他经常会对柏莉娜重复道："为什么不给我生个孩子？我会离婚的，很快就能娶你。"

在他看来，只要他的情妇为他生一个孩子，他就能摆脱约瑟芬，获得心灵的平静。但是，可惜的是，柏莉娜的肚子一直不争气。

离开埃及的时候，柏莉娜再三请求要跟他一同回到巴黎，但拿破仑却没有同意。他把这个女人托付给了克莱贝尔以后，就悄悄登上了一条海船。

孤身一人的柏莉娜在埃及过着寂寞的生活，她唯一的希望就是，在与拿破仑度过的最后几个夜晚里，拿破仑的种子能够在她的土壤里生根发芽。遗憾的是，她的希望最终落空了。

不知什么时候，约瑟芬已经起床走出了房门，而拿破仑却依然沉浸在对柏莉娜的回忆中。

雾月政变

在拿破仑的一生之中，他的事业远比女人重要。事业是他的理想，是他赖以生存的支柱，但女人只不过是他追求事业道路上的插曲罢了。因此，不管是约瑟芬，还是柏莉娜，都不可能阻止他追求权势的脚步。对于成功的强烈渴求，很快就使拿破仑将感情上的烦恼抛到了一边儿。现在，他的注意力已经全部投放到了法国国内错综复杂的政局上了。

因为几个督政官都昏庸无能，得不到人心，所以法国内部各个党派的分野非常严重。在反对派中，有一部分保王党人，有为数不少的立宪派，还有打着"爱国者"旗号的激进的雅各宾派。在元老院和五百人院中，有一些年轻代表，还没怎么经历过社会纷争，非常容易受到影响，对他们来说，只要有一个强有力的领袖站出来，保证能够消除国家分裂，他们就会毫不犹豫地投靠他。实际上，过去的党派界线现在已经逐渐消失。

现在拿破仑回来了，他打算成为那个众望所归的领袖。

拿破仑很快就为自己制定了第一个目标——在督政府获得一个席位。他开始四处物色合适的合作伙伴。1799年10月，拿破仑在家里先后会见了塔列朗、罗德雷、马雷、雷阿尔、富歇等人，其中塔列朗和富歇在拿破仑的计划和活动中具有非常重要的地位。塔列朗现在是督政府的警察总监，握有实权。富歇是一个善于见风使舵、制造阴谋的能手，在拿破仑的身上，他看到了自己的前途，因此，他决定投靠拿破仑，从内部策划政变。

现在拿破仑要考虑的一个关键问题是，怎么来对付五位督政官。拿破仑认为，新的几位督政戈伊埃、罗歇·迪科和穆兰几乎无足轻重。这三个人中，戈伊埃是一个年老的、可敬的律师。罗歇·迪科曾经与吉伦特派有往来，他是墙头草随风倒，所以，西哀耶斯几乎没怎么费力就把他拉拢到自己的阵营中了。穆兰，如果说有什么优势使能够当选为督政的话，那就是他在政治上是一个微不足道的人物，军事上曾在旺代战争中立过一点儿三等功劳。这三个人几乎毫无主见，只知道对西哀耶斯和巴拉斯随声附和。所以，对付他们几乎是一件轻而易举的事，最难的是对付西哀耶斯和巴拉斯。

在当时的督政府，头号人物是西哀耶斯。在1789年的三级会议中，西哀耶斯曾经说表了简明而又机智的演说，得到了"料事如神"的美誉。然而，随着革命的发展，他的平庸被暴露无遗。实际上，他是一个既没有谋略也没有胆魄的人，因此，他在革命中并没有给人们留下什么深刻的印象。不过，到了革命的恐怖时代，这种平庸反而成了他的一个保护伞。曾经有人问他，是怎么度过那段黑暗的恐怖时期的，他回答说："我活过来了。"这个回答足以说明他的性格。

在督政府时代，西哀耶斯重新变得活跃了起来。他曾被委派为法国驻柏林大使。后来，他吹嘘说，普鲁士政府之所以保持了中立，是因为他的劝说。实际上，谁都知道，普鲁士的中立是为了维护自身利益。

1799年5月，西哀耶斯回到了巴黎并被选为督政官。本来，其他的几位督政官曾经想尽办法阻止西哀耶斯当选，但是却失败了。他们之所以不愿意与西哀耶斯共事，是因为他们知道，西哀耶斯是一个不切实际的理论家，一旦他掌权，就会使法国政府陷入瘫痪状态中。

当上督政官之后，西哀耶斯就开始为自己物色一位听话的将领，他想用这个人来为自己火中取栗，等到失去利用价值之后再抛弃。他最中意的人是儒贝尔，可惜的是，在诺维之战中，他不幸牺牲了。然后他又把目光投向了莫罗，这个人是个共和主义者，在军事上也颇有建树，但是在政治上却既没有手腕，也缺乏野心。西哀耶斯一方面拉拢莫罗，另一方面开始在督政府中大耍权术，最后，巴拉斯这位督政也被他笼络了。

最初，拿破仑想把巴拉斯和西哀耶斯一块从督政府中赶出去。对于巴拉斯这个人，拿破仑有着强烈的厌恶。这不光是出于政治上的原因，还与他的个人感情有关。他对约瑟芬与巴拉斯之间的不正当关系的怀疑并不是毫无根据的。从埃及回来之后，他经常到巴拉斯家，就是为了把他的不道德行为全都调查清楚。

经过拿破仑的仔细观察，他发现巴拉斯与各种各样的反对分子都有勾结。同时，他也看出，在督政府里，巴拉斯凭借着自己在相互对峙的同僚之间的举足轻重的地位，正在肆意地玩弄花招，想用最高的价钱出卖督政府和1795年宪法。

拿破仑虽然并不喜欢西哀耶斯，但是却非常尊重他。他知道，像西哀耶斯这样一个诡计多端的阴谋家，与他合伙是非常有价值的。尤其是在当时，拿破仑曾经建议戈伊埃，对那条未满四十岁不得担任督政的法律进行修改，却遭到了戈伊埃的拒绝。如此一来，为了推翻宪法，拿破仑就必须与西哀耶斯联合起来了。

想到巴拉斯时，拿破仑认为这是一个狡猾而贪婪的政客。巴拉斯在督政府中，挥霍金钱，贪污珠宝，不管平民生活贫苦，只顾自己花天酒地，平民百姓对他恨之入骨，再加上他与约瑟芬有过无耻瓜葛，拿破仑毫不留情地把他踢到了阵营之外。

军队中的实力，拿破仑很是放心。拿破仑自己以其骁勇善战、顾怜下士征服了许多将士的心，而且手下有十万人马的莫罗将军也曾公开说过："波拿巴将军是唯一能征服世界的人。"现在，拿破仑麾下已经笼络了一大批政府要员和将领，只有一个人，还令他感到有些头疼，这就是陆军部长贝尔纳多特。

在意大利作战的时候，拿破仑曾经与贝尔纳多特合作过。这位将军总是会表现出一副刚直不阿、凛然不可侵犯的样子，但是他的内心却足智多谋。对于是否能够得到贝尔纳多特的支持，他没有足够的把握。所以，他想寻求德茜蕾的帮助，使贝尔纳多特保持中立。

这天晚上，贝尔纳多特非常少见地没有出去忙碌，而是陪着妻儿在家中享受着难得的休闲时光。贝尔纳多特是一位在感情上非常专注的男人，他热爱自己的妻子德茜蕾，这个比他年轻了十几岁的女人给他的生命重新注入了活力，与她在一起，他感觉自己仿佛也变得年轻了起来。

自从儿子奥斯卡出生之后，贝尔纳多特对这个家就更加在意了。然而，在贝尔纳多特心中，始终有一个阴影，那就是德茜蕾对拿破仑的关注。

这些天来，前来拜访他的人不计其数，不管是他的办公室，还是家中，都是车水马龙，人来人往。很多人提醒他要对拿破仑保持警惕。拿破仑没有接到命令就离开了埃及，已经触犯了军纪，所以，一些人劝说贝尔纳多特把他送上军事法庭。贝尔纳多特也曾经向巴拉斯请示过这件事，但巴拉斯只是冷笑一声，说："现在拿破仑的势力太过强大，我们根本没办法扳倒他，你就死了这条心吧！"

贝尔纳多特倒不是非要扳倒拿破仑，只是在他看来，保家卫国就是军人的天职，除此之外，就要安分守己。像拿破仑那样把手伸得那么长，甚至还妄图对政府进行干涉，就已经逾越了界线。这一点，也是贝尔纳多特对拿破仑最为不满的地方。然而，贝尔纳多特并没有表露出自己的这种不满，在公开场合，他总是会对拿破仑大加赞许："拿破仑将军的军事天才是空前绝后、无与伦比的。"

正当贝尔纳多特站在窗边陷入深思之时，德茜蕾走了过来，她笑着问丈夫："你在想什么？什么事让你这么烦心？"

贝尔纳多特亲昵地把妻子揽到了怀里，说道："政治总是令人头疼，现在巴黎的局势更加不稳定了，拿破仑正在到处拉拢人，看样子，不久之后，他就要有什么大动作了。作为陆军部长，我必须时刻提防他，不然，就有负我的职责啊！"

这是德茜蕾最不愿意听到的消息。她爱自己的丈夫，但她的心中也始终给拿破仑留下了一个位置，她不希望看到自己的丈夫与拿破仑发生矛盾，更不愿意他们站在对立的两个阵营。这些日子里，约瑟夫一直在她的耳边不停地吹风，告诉她拿破仑有可能会采取行动推翻现政府，让她多劝劝贝尔纳多特，不要做拿破仑的绊脚石。

正当贝尔纳多特和德茜蕾为这件事而忧心忡忡的时候，门口忽然传来了一个爽朗的声音："不要拦着我，我是来亲亲那位可爱的小奥斯卡的。"

他们都听出了，这是拿破仑的声音。两个人赶紧站起身来，到客厅里迎接他。

拿破仑先是看了德茜蕾一眼，说道："你变得更漂亮了。"

拿破仑看德茜蕾时的眼神是那么亲切，这是贝尔纳多特最讨厌的眼神，一看到这种情景，他的心中就不由得涌起了一股浓浓的醋意，他马上走上前去，对拿破仑说道："拿破仑将军，今天到我家来有何贵干？"

拿破仑握了握他的手，对他说道："贝尔纳多特将军，今天我是来向你请罪的。"

拿破仑的话让贝尔纳多特一愣，他惊愕地问道："请罪？你有什么罪？"

拿破仑说道："我听说，因为我擅自离开埃及战场回到巴黎，你打算把我送上军事法庭，是吗？"

贝尔纳多特严肃地说："实不相瞒，我确实有过这样的打算。你应该也知道，自动脱离战场的士兵就是逃兵，都是要处以死刑的，更何况，你可不是一名普通的士兵，而是军队的最高统帅。擅自离开战场将会给战争带来多大的影响，我想也不用我来告诉你吧。"

"不是说你已经打算退出督政府了吗？"

"我是有这样的想法。但是这也不妨碍我执行我的公务。如果督政府命令我逮捕你，我还是会履行我的职责的。"

拿破仑了解贝尔纳多特，他知道，他是说到就会做到的。所以，他现在真是心有余悸："这么说来，我还应该好好感谢你了，要不是你手下留情，现在我可能会被关在监狱里了。不过，我回来也是出于无奈，你也能看到，现在的督政官们只知道寻欢作乐，根本不能发挥他们的作用。我们的政府被他们搞得一塌糊涂，我们拼死拼活用鲜血换来的意大利竟然被他们拱手还给了奥地利，我怎么可能不回来！"

直到这时，贝尔纳多特才恍然大悟——原来，拿破仑的真正来意是劝说自己加入他的阵营的。

他点点头说："我同意你的观点，但是，在我眼里，军人的事业是在战场上。"

拿破仑直截了当地问道："如果我要组建新政府的话，你会站在哪一边？我希望听到你的答案。"

拿破仑的坦诚和单刀直入把贝尔纳多特逼到了死胡同。但是，他显然不打算正面回答这个问题："我只称颂在战场上驰骋的军人。"

　　这可不是拿破仑希望得到的回答，他继续逼问道："但是我却不能放任现在的政府使法国变得更糟糕，我打算用枪炮来对它进行改造，我想知道，你会反对我吗？"

　　贝尔纳多特的目光依然坚定："是的，只要政府命令，我愿意重披战袍，维护我们的政府！"

　　两个人已经剑拔弩张了，德茜蕾赶紧拉了拉贝尔纳多特的衣角，阻止他继续说下去。她认真地问拿破仑："拿破仑，你不会在巴黎制造流血事件吧？"

　　拿破仑知道，德茜蕾是站在自己这一边的，他说道："那要看贝尔纳多特将军是不是会配合了。"

　　德茜蕾看了贝尔纳多特一眼，说道："他不会成为你的障碍的，对吗？"

　　贝尔纳多特无奈地摇了摇头，说："但是也别指望我会支持你。"

　　听到他的话，拿破仑的心情一下子畅快了起来。他此行的目的已经达成了，其实，他原本就不指望能够说服贝尔纳多特加入自己的阵营中，只要他保持中立就已经足够了。

　　1799 年 10 月，拿破仑没有出席奥地利、俄国军旗展览会，也没有出席巴拉斯为全国将军、外国使节举行的晚宴。他在弟弟吕西安的家里会见了西哀耶斯。五百人院为了表示对拿破仑的敬意，将吕西安选举为五百人院的主席，这为他以后的行动提供了极大的便利。

　　在吕西安家里，拿破仑和他的同谋们制定了一个政变计划：在政变那天，派人四处散布谣言，说有一个雅各宾的阴谋正在进行中。然后让两院作出一项决议，把两院从巴黎中心迁移到离首都几公里的一个小镇圣克卢，并任命拿破仑为巴黎武装部队司令作为"预防措施"。

　　拿破仑让西哀耶斯负责说服督政官迪科参加政变，而对于其他三位督政官，则采取说服、威胁和利诱等手段迫使其辞职。拿破仑估计用金钱可以收买巴拉斯，但是如何对付上了年纪的共和派律师戈伊埃呢？

　　吕西安说："我们迅速把他除掉，用武力解散两议院。"

　　拿破仑摇摇头说："政变最好采用合法手段。不使用暴力、不流血，这才是政变的理想途径。"

　　拿破仑和他的同谋们曾经进行过无数次秘密聚会，一个个惊心动魄的阴谋逐渐形成了雏形。一天晚上，他们聚在塔列朗家里讨论政变的具体细节，忽然，从窗外传来了几辆马车的声音。所有人的脸色一下子变得惨白，那时，一个念头同时涌上了他们的脑海：完了，事情已经败露了！

　　塔列朗迅速把灯熄灭，摸着黑走到阳台上，看看外面发生了什么，这时，他才松了一口气，原来，那几辆马车上坐着的，不过是一群醉酒的人。一切只不过是虚惊一场！

　　所有的工作都已经准备就绪了，拿破仑决定在雾月开始行动。缪拉、拉纳和马尔蒙分别去通知各个部队的军官，贝尔蒂埃负责参谋部，吕西安负责五百人院。

1799 年 11 月 9 日上午，所有效忠于拿破仑的将领都聚集在他家。因为人太多了，房间却很小，所以连院子里和通道里都挤满了人。

与此同时，元老院正在杜伊勒里宫举行一次重要的会议。受吕西安的授意，一位议员宣布：雅各宾阴谋正在进行，共和国很快就会被这些兀鹰啄死。然后，议员雷尼埃引证宪法第 102 条，建议通过两项提案即把立法会议移到圣克卢开会和任命拿破仑为首都以及近郊武装部队总司令。因为很多没被吕西安拉拢过来的议员未能收到开会通知，所以这两项提案顺利地通过了。

早上八点，元老院代表来到了拿破仑的住处，把这一命令授予了拿破仑。拿破仑马上向在座的各位将领宣读议会对他的任命书。然后，在一批威武显赫的将领的簇拥之下，拿破仑乘着马车来到了元老院。在元老院，拿破仑发表了一篇简短、甚至有些不太连贯的演说，他说：

尊敬的各位代表公民们，众所周知，共和国正处于万分紧急的局势之中，你们充分了解这种情况，你们有义务马上颁布法令去拯救我们的国家。是谁制造了这样的灾难？是那些企图制造困难和混乱的人！在勒费弗尔将军、贝尔蒂埃将军和我的军队同伴们的帮助下，我已经把这些人逮捕起来。……现在，你们可以明智地颁布了这个法令，你们可以相信，我们的双手有能力去完成这个法令。我们需要的是一个基于真正自由、平等、人民代表制等各项原则基础之上的共和国。我以我的名义和我的同伴们的名义发誓，经过我们的努力，一定能获得这样的共和国。

就在拿破仑发表演说的同时，在杜伊勒里宫的园林里，一支由一万多名士兵组成的庞大军队正在迅速集结。离开元老院后，拿破仑来到杜伊勒里宫，对这支部队进行了检阅，然后向他们宣读了元老院的法令——元老院任命他来统率一切武装部队、责成他维持公众安宁，之后，他又发表了讲话：

两年来，我们可以看到，共和国的治理工作一直非常糟糕，你们曾经热切地期望，我的回国会使这种灾难得到结束。现在，你们可以一致祝贺我的任命，我正在尽我最大的努力去完成这一任命所给予我的那些任务。而你们，我的战士们，你们需要完成你们的任务，你们将以我经常在你们中间看到的那种毅力、坚定和信任来帮助你们的将军。自由、胜利与和平将使法兰西共和国重新登上它过去欧洲曾经占有过的位置上，只有无能或背叛才会使它失去这个位置。让我们一起欢呼吧，共和国万岁！

他的话音还没落，暴风雨一般的掌声就响彻了整个天空。

就在这个时候，巴拉斯派自己的秘书前来拜访拿破仑。巴拉斯一向是一个善于见风使舵的人，在这次事件中，他估计自己应被列为拿破仑一派，所以，当戈伊埃和穆兰两位督政官来找他商量如何对付拿破仑的时候，他找了一个蹩脚的借口没有见他们。现在，他迟迟都没有等到拿破仑来向他汇报，于是就变得焦躁不安了起来，干脆派秘书来找拿破仑。

谁知道，此时的拿破仑根本就不把他放在眼里。他一见到这位督政官的代表，就大声斥责道："过去的几年里，我带领着我的士兵们，付出了鲜血的代价，为你们缔造了一个光辉灿烂的法国，你们本应把这个国家建设得更加美好，但是你看看，现在你们把法国搞成了什么样子？我在战场上奋勇杀敌为你们创立了和平的局面，但是等到我从战场上回来的时候，迎接我的是什么？是战争！从意大利，我给你们运来了百万黄金，但等我回来之后，却看到到处都是掠夺性的法律和让人无法忍受的贫困！我为你们赢得了胜利，但我回来看到的是失败！我所熟悉的十万法军、我的光荣的弟兄们都到哪里去了？他们都牺牲了！我们绝不允许这种情况再继续下去了……我们应该剔除那些杂质，信任那些有权获得信任的国家保卫者！只有这样的人，才能真正保护法兰西的利益！"

督政府的覆灭已经是不可避免的了。西哀耶斯和罗歇·迪科因为参加了这场政变，从而正式结束了自己的督政官身份。拿破仑随机派塔列朗去说服其他三个督政官，希望他们能识时务。

塔列朗最先拜访的人是巴拉斯。当他来到巴拉斯所住的卢森堡宫的时候，巴拉斯正在指挥着仆人们进行着宴请客人的准备。餐桌上放了三十套餐具，然而。令他惊讶的是，却只来了一位宾客。对于自己的处境，此时的巴拉斯其实已经非常清楚了。他漫不经心地听着塔列朗讲话，信步走到了窗口，看见一群装备齐全、似乎随时都准备扑上来的士兵，又走了回来，迅速地在塔列朗交给他的辞职书上签了字，他自嘲地说道："现在我又回到了普通公民的行列。"

在一排龙骑兵的护送或者说是押解之下，巴拉斯离开了卢森堡宫，前往自己的领地，在那里，他将过上平静的乡村生活。从那之后，巴拉斯彻底地从政治舞台上消失了，过去他一直成功地欺骗所有人，现在，他再也无法骗人了。

看到大势已去，戈伊埃和穆兰知道继续坚持下去是没有好果子吃的，于是也都顺理成章地宣布了辞职。就这样，不费一枪一弹，督政府就被解散了。

1799 年 11 月，在圣克卢，拿破仑将要进行一次更严重的打击。推翻督政府，这件事已经成为了板上钉钉的事情，但是要想推翻立法机关，却不那么容易。到现在为止，无论是元老院，还是五百人院，依然还是安然无恙，生气勃勃的。但是，不要忘记一点，当政变的策划者们在给法国的政治躯体动手术的时候，既然敢于毫不犹豫地砍掉一条废肢，那么，使其大脑麻痹也就不是什么难以作出的决定了。

在元老院和五百人院中虽然有很多拿破仑的支持者，然而，这些人的力量还不足以左右议会。尤其是五百人院，那里有很多雅各宾党人。次日一大早，拿破仑就在巴黎和圣克卢之间部署了很多军队。

军队很快就雷厉风行地行动了起来，巴黎人不知道即将发生什么事情，只能好奇地注视着营队的转移，看着从首都开往圣克卢的漫长的军队和车队。拿破仑自己乘坐着一辆敞篷马车，由骑兵队保护着，从巴黎来到了圣克卢。

这时，五百人院的代表中，有很多人已经从惊奇转为了愤怒，他们不能理解，为什么会这样突然地莫名其妙地把他们的会议从巴黎搬到了鸟不拉屎的圣克卢，他们更不能容忍的是，竟然有军队将他们的会场包围了个水泄不通。他们顿时意识到自己上了当，于是纷纷破口大骂，说拿破仑是个阴谋家、强盗、罪犯和独裁者。虽然已经做好了心理准备，但是当拿破仑得知自己成了他们口中的那些角色之后，还是忍不住大吃了一惊。

下午一点，在圣克卢宫的两个会议厅里分别举行着元老院和五百人院的会议。拿破仑和他的亲信们在旁边的大厅里等候着两院通过有关成立新政府的决议。

等待总是令人煎熬的，时间一小时又一小时地过去了，元老院和五百人院不但没有作出成立新政府的决议，反而对昨天元老院通过的那两项提案产生了怀疑。

这个时候已经接近黄昏了，拿破仑意识到，必须要马上采取果断的行动了，否则的话，就有可能会功亏一篑。到那时，之前的一切努力就全都打了水漂。下午四点，他忽然闯进了元老院大厅，在可怕的沉寂中，他又发表了一篇比前一天还要紊乱、还要不连贯的演说。他说：

> 各位代表公民们，你们应该知道，现在你们所处的环境是非常不寻常的。……昨天，我在巴黎过着平静的生活，你们委托我执行把两院搬到圣克卢的命令。接到命令之后，我马上召集我的同伴，以最快的速度前来帮助你们。但是，今天，我却惊讶地发现，流言蜚语铺天盖地地向我袭来。有些人对我进行了诽谤，说我是恺撒，说我是克伦威尔，还有人诬陷我，说我打算建立军政府。动动脑子想一想吧，先生们，如果我的目标是设立军政府，那我为什么我还要支持国民代表制呢？……共和国现在没有政府……五百人院也处于四分五裂的状态。我的权力是元老院授予的，现在元老院应该再次发布命令，我在此地等候去执行。你们知道，我并不是一个阴谋家，难道我对国家的忠诚在战场上还没有得到证明吗？难道我不是一个甚至连强大的反法联盟都无法征服、使暴徒都发抖的人吗？如果我是诡计多端的阴谋家，我绝不反对你们成为布鲁图……

拿破仑断断续续、根本不连贯的讲话，不断地被愤怒的叫喊声打断，他再也无法讲下去。无奈之下，拿破仑只好退出了元老院大厅。

离开元老院的时候，拿破仑感到有些慌张，直到走到了外边的士兵中，他的情绪才重新恢复了平静。然后，他又在几个士兵的陪同下，走进了五百人院的大会堂，打算不仅以威胁的言辞，而且以武力，把那些议员吓倒。

在进入大厅前，拿破仑转过身来，对紧跟在他身后的奥热罗将军说："奥热罗，你还记得阿尔科拉战役吗？"在那场战役里，拿破仑曾经冒着奥地利部队密集的枪林弹雨，打着旗子去占领阿尔科拉桥。拿破仑预感到，今天可能会再一次出现类似的情景。

事实的确如此，那些年轻议员们一见到门口的那些军人，他们的共和精神即不可抑制地燃烧了起来。他们对着拿破仑大声喊道："打倒暴君！打倒独裁者！逐出法外！"

吕西安立即命令他们保持肃静，但是，此时说什么都已经没有效果了。

最后，议员们宣布拿破仑是"不受法律保护的人"，波拿巴一听这话，面色一下子变得苍白了起来。一群代表像疯了一般向他涌了过来，不知从哪里伸出来的若干只手臂冲着他抓了过来，有的人拉住他的衣领，有人想扼住他的咽喉，有人用手枪、匕首威胁他，拿破仑一下呆住了，他那卓越的军事指挥才能和善于鼓动士兵的艺术在这个时候几乎一点儿也帮不上什么忙。

身材矮小、身体瘦削的拿破仑几乎被愤怒的代表们打了个半死。勒费弗尔将军看到形势不妙，立刻大声喊道："快去救我们的将军去！"他和一些掷弹兵赶上前去，推开议员，把拿破仑救出了大厅。

只有西哀耶斯在这种场合依然保持着冷静。他大声说："既然他们宣布你不受法律保护，那他们自己就是不受法律保护的人了。"

西哀耶斯的革命逻辑唤醒了波拿巴。他决定用公开的暴力，毫不踌躇地解散五百人院。他与五百人院主席吕西安一起去检阅军队，怎样同军队说话，他是有经验的，他高声对军队说："阴谋家聚集在五百人院，他们用手枪和匕首威胁我，实际上是用来威胁共和国。士兵们，我能够把希望寄托在你们身上吗？"

面对这个问题，士兵们迟迟没有肯定回答。这时，吕西安在一旁拔出剑来，高声喊道："要是我哥哥胆敢损害法国人的各项自由，我就会把这剑插进他的胸膛。我发誓，我一定会做到！"听了这句话，士兵们原先的犹豫全都消失了。趁着这个机会，缪拉、勒克莱尔和其他的将领们开始为拿破仑助威，喊起了拥护拿破仑的口号，士兵们也就自然而然地接过了这个口号，激动地喊了起来。拿破仑发出命令，缪拉率领掷弹兵跑步入宫。

霎时间，议会门前响起了震天的鼓声。一些代表号召大家进行反抗，宁死不屈。但是，他们的力量毕竟是微弱的。很快，门就被士兵们冲开了，掷弹兵持枪冲进了大厅里，朝着不同方向跑去。一直没有停息的鼓声掩盖了一切。无力招架的代表们只好四面逃散，有的从门口逃走，有的跳窗而逃，但他们很快又被从四面八方逼向宫殿的军队包围起来。

逃跑的代表被抓了回来，他们在枪炮的威逼之下继续开会，最终，解散议会的决定被通过了。随后，这些代表被和平释放了。晚上，在圣克卢宫的一个灯光暗淡的大厅里，元老院驯服地通过了建立执政府的法令，把共和国的权力移交给三个执政——拿破仑、西哀耶斯、罗歇·迪科。

凌晨两点，三名新执政宣誓效忠于共和国。凌晨三点，一切都已经得到了平息，圣克卢宫恢复了往日的宁静，呈现出了平时空旷无人时的沉寂。拿破仑乘坐马车回巴黎去了。几天以来，他一直处于焦虑和紧张的状态中，这使得他面容憔悴，疲惫不堪。面对光辉的前景，他陷入了沉思。一路上，他一言未发，快到家的时候，他对身边的秘书说："真是的，我说了很多贻笑大方的话。我宁愿对军人们说话，不愿对律师们说话。这些恶棍让我害怕。我缺乏议会活动的经验，我会学会的。"

雾月的某天晚上，拿破仑迁入卢森堡宫。统治法国的大权已经被他掌握在了手中。

这是惊心动魄的一幕，这是性命攸关的一天，也是拿破仑精神最为紧张而恐惧的一刻。拿破仑在元老院所发表的那番上气不接下气、前言不搭后语的讲话，说明了这点。

实际上，他们已经做好了失败的准备。当时，西哀耶斯已经派人把马车套好，用六匹马拉着，准备万一失败的时候可以逃亡。如果将拿破仑"逐出法外"的可畏呼声，是在巴黎市中心响起来的话，那么，人民的愤怒一定会被点燃，他们肯定会毫不犹豫地奋起捍卫自由，并把那些策划政变的人全都推上断头台。拿破仑早就预料到了这一点，所以，他才会把议会的地址安排在圣克卢，在那里，只要吕西安和一营士兵就能够把问题解决。

在法国的历史上，还没有哪一个事件比这次大规模驱散共和派议员的举行更令人震惊。这些议员中的大多数，也是怀着改造督政府的希望，然而，他们并不希望统治方法也来一个革命。几天以前，元老院和五百人院还是得到民众和士兵的拥护的。圣克卢的驻军，在受到吕西安的蒙蔽以前，也是忠于宪法、尊重议员们的人身自由的。所以，有几分钟，法国的命运将会去向何方，谁也不知道。

我们可以这样理解，雾月政变几乎是由一些琐碎、看起来无关紧要的情节来决定其成败的。"胜利与覆灭之间不过一步之差。我见到过在一些极其重大的事件中往往是由一件小事决定大局的。"这句话是波拿巴在雾月政变前三年写下的，大可以用来评注他在圣克卢的胜利。

晋身第一执政

经历了一场腥风血雨之后，拿破仑终于如愿以偿。他成立了执政府，把法兰西的权力紧紧地攥在了自己的手心里。现在，他要向更高的权力顶峰攀登了，谁也无法阻止他的步伐。

然而，就在拿破仑为征服法国而兴奋不已时，西哀耶斯却在费尽心思地制定一部新的宪法。这部新宪法的指导原则是"信任自下而上，权力自上而下"。也就是说，在选举议员的时候，所有成年男子，都只具有最初阶段的选举权，最后的选择权必须由上级或上级权力机构来行使。宪法规定：由元老院选出终身大选长。这位大选长年俸六百万法郎，拥有三千名卫队，居住在凡尔赛宫。这位大选长任命两个执政分别负责战争与和平。他接见外国使节，以他的名义颁布各种法律。他是国家荣誉、权力尊严的唯一代表。宪法草案还规定元老院有权罢免大选长。西哀耶斯想通过这部宪法草案来防止法国出现独裁政府。

除此之外，在西哀耶斯的这部宪法中，他把立法机关分为三个院：立法院、参议院、保民院。立法院的职责是听取那些由参议院提出的并且由保民院予以评议或者口头许可的法案。这三个机构是完全对立的，尤其是参议院和保民院，它们就如同法院上的原告与被告一样，而立法院则是法官。然而，尽管如此，这部宪法还是不能完全防止雅各宾派与保王党人的叛乱，所以，如果这些互相不信任的立法机构在不得已的情况下通过了一项危险的提案，那么，元老院就有权力阻止这项提案，对其进行否决。

然而，对于最高权力早就觊觎已久的拿破仑怎么会赞成这样的宪法呢？在他看来，所谓的大选长只不过是一个徒有虚名的职位，他向西哀耶斯指出："大选长仅仅是消瘦的身影，是懒散君主的身影，您能指出世上有这样的庸人竟然低贱到心甘情愿去承受如此的愚弄吗？两个执政中，一个拥有司法部长、内政部长、警察总监、财政部长、国库总监作为自己的助手；而另一个则管辖海军部长、陆军部长和外交部长。围绕着第一个人的是法官、行政官、财政官等穿长袍的人员。而围绕第二个人的则都是些戴有肩章的军人。一个为了军队需要钱，需要征兵，一个却什么也不给。这样的政府是畸形的。"

　　拿破仑认为，这个名称是反共和的，不太恰当，应该改成"第一执政"。西哀耶斯想把这位首席官员所拥有的权力关进笼子里，但是拿破仑却把它放了出来，并且把原来规定由文武两执政各自行使的职权差不多全部划归第一执政。最后，波拿巴对于元老院有权把大选长吸收到元老行列中去这一点也提出了反对意见。

　　西哀耶斯看出了拿破仑的意图，于是就指责他想当君主。两个人进行了针尖对麦芒的辩论，一连十一个晚上，在卢森堡宫的会议厅里都上演着同样的一幕。拿破仑凭借着自己在精力与体力上的优势，故意将会议时间一再延长，有的时候，甚至到了深夜也不停止。年老体衰的西哀耶斯哪里经得起这样的折腾？最后，疲劳了战胜了他，他无奈地放弃了大选长制度。

　　最终，按照联合委员会的一致决定，第一执政所拥有的权力范围是：他有权直接并单独指定国家政府成员，各郡、市议会的成员，以及那些后来叫作郡守和县长的官员。他还有权任命陆、海军军官、驻外使节和代表、审理民事及刑事诉讼的法官（但地方治安推事不在其内），以后还有权任命最高法院的法官。如此一来，第一执政就不但掌管了一般政府官吏，而且掌握了陆军、海军和外交官员。他还有权签署条约，虽然条约须经立法机构讨论、批准。结果，原来是一个具有精巧的均衡安排的官僚制度被拿破仑改变为一个几乎是权力无限的独裁制度了。

　　1799年12月，这部宪法被正式颁布，并以公告形式提交法国人民，要求他们接受。这个公告的结束语是："公民们，革命是以所由产生的原则为限度的。现在，这个革命已经完成了。"

　　在1800年年初举行的公民投票中，法国人民以压倒多数的优势——3001007票赞成，1563票反对——接受了这部宪法。

　　在宪法通过之前，西哀耶斯和罗歇·迪科就非常识趣地辞去了执政的职位。因为他们在雾月政变中所作出的贡献，拿破仑任命他们为终身元老，并把克龙庄园奖给了西哀耶斯。接替西哀耶斯与罗歇·迪科的是法学家康巴塞雷斯和经济学家勒布伦。

　　康巴塞雷斯是一位博学的法学家，同时也是非常了解人情世故的人。关于这一点，他拒绝搬进杜伊勒里宫这一举动就能很好地进行诠释。他曾对勒布伦说过，他如果住进去，恐怕用不了多久就又得搬出来。法国大革命时期，他曾经投票赞成处决路易十六，然而，他后来的行动却证明了他实际上是一个温和派。他的法学知识会对拿破仑起到一些作用，所以，拿破仑把监督立法事务的任务交给了他。

勒布伦是一个倾向于君主立宪的温和派。他对拿破仑来说，也是一个非常有用的附庸。拿破仑让他总管财政，并且把他看作与温和的保王党联系的一座桥梁。

他们虽然名义上是第二、第三执政，但是实际上不过是拿破仑听话的助手罢了，一个从立法上帮助他，一个从财政上帮助他。把他们附加在第一执政旁边，一是为了对平等精神表示让步，二是为了把新的专制政体这一事实掩盖起来。

执政府成立之后，拿破仑开始着手进行人员安排。执政府的秘书长由马雷担任，马雷是一个值得信赖的政治代理人，他曾经在1793年和1797年竭力促使法国与英国请和。塔列朗掌管外交，贝尔蒂埃担任陆军部长，富歇任警务部长，他的弟弟吕西安·波拿巴担任内务部长，戈丹管理财政，福尔费任海军部长。

拿破仑大量使用了很多督政府的旧人员。在他看来，只要有才能并且愿意为他的政权服务的人，不管以前是属于哪个党派的，都可以录用，将他们安排在合适的位置上发挥他们的价值。

督政府给拿破仑留下的是一个难以收拾的烂摊子，这让他感到非常头疼。更令他无奈的是，一直以来，他虽然领兵作战的经验非常丰富，但是在治国方面却是一知半解，缺乏许多必要的专业知识。然而拿破仑并没有在这重重困难面前止步不前，他充分利用了自己的长处——善于积累知识，善于听取专家们的意见，并且从纷繁复杂的意见里找到最正确的意见加以采用。拿破仑曾经对他的继子欧仁说："如果你到了一个不熟悉的城市的时候，不要闲着，而要去研究一下这个城市，你怎么知道你将来不会来占领这个城市呢？"所以，英国船长们对于拿破仑曾经感到非常惊奇：他不但能够仔细地谈出法国船具的细节、就连英国船具的细节、英国和法国锚索之间的区别也了如指掌。

在一批经验丰富、办事果断的人才的支持之下，拿破仑开始大刀阔斧地进行地方行政改革，巩固刚刚建立起来的中央集权制。1800年2月，他下令取消了地方自治和选举制度，各级行政区都由一名行政长官领导。与中央政府一样，地方所有官吏都由政府委派，其中大部分省长由拿破仑直接任命。这些省长直接向中央政府负责。他们职权的专业化，提高了管理水平和办事效率。

拿破仑认为，一个强大的国家必须要建立起强大的工业和发达的商业。在担任第一执政的初期，拿破仑经常会外出巡视，对国情和民情进行了解。通过这样的探访，他把各种工商业问题，比如生产的销售、税率和关税、水运和陆运等都摸透了。在这个基础上，拿破仑对专家们提出的意见也就可以正确判断并加以选择了。他给工业以巨额津贴，鼓励各种新企业的建立，举办工业博览会，鼓励机器生产。

后来，在"往来存款银行"和"商业贴现银行"的基础上，拿破仑又建立了法兰西银行。这个银行在法国金融和工业生活中起了重要作用。为了保护国内工商业发展，拿破仑政府采取了坚决的关税保护政策，抵制国外商品在国内市场的倾销。在交通运输方面，1800年，政府投资修建从巴黎到里尔、马赛、波尔多、斯特拉斯堡和布勒斯特的各条公路，并着手开拓圣康坦、乌尔克等运河。拿破仑不但派遣了很多工程师到工地上去，自己也经常去那里，与工程师们一道拟订开拓方案。这一切都加速了法国资本主义的发展。

在战场上领兵作战时，拿破仑就已经意识到了人心的重要性。现在他当上了第一执政，对此也就有了更加深刻的理解。他深知，只有笼络人心，才能确保政权的稳固。为此，他在卢森堡宫举行了一次隆重的仪式，向那些在雾月政变中荣立战功的官兵授予了荣誉马刀和步枪。

在第一批被授予马刀的官兵中，有一个叫作莱翁·奥纳的掷弹兵军士，他获准上书第一执政表示士兵们的谢意，拿破仑收到信以后，立刻回复了他："我收到了你的信，我勇敢的同志。你无须提醒我你的英勇行为，自从勇敢的班纳赛特死后，你是军中最勇敢的掷弹兵。你领取了我分授的一百把马刀中的一把，谁都同意，你是最当之无愧。我很想再见到你，陆军部长下令让你前来巴黎。"拿破仑的这封信使得法国军队的士兵们全都兴奋不已，法国最伟大的将军、第一执政称呼一个军士为他的"勇敢的同志"，这种平等的态度使整个军队都沸腾了。

一直以来，拿破仑都以精力旺盛、工作拼命、不知疲倦而著称，为了处理政务，他每天只睡几个小时，早餐和午餐各花十五分钟，其他的时间全都投入到了繁忙的工作中。在他的感染之下，他身边的人也不得不废寝忘食地工作。

当然，手握大权的拿破仑也会有因为冲动而作出错误决定的时候，然而，性格强硬的他即使知道自己作出的是一个不公正的决定，也不愿意去改正。在他刚担任执政的时候，就曾经有过这样一件事：

1799年春，拿破仑还在埃及战场上的时候，督政府把曼图亚城防司令这一职位授予了拉图尔·弗阿萨将军。拉图尔担任这一重要职务没多长时间，奥地利军队就前来围攻曼图亚。虽然拉图尔将军率领部队奋力抵抗，但还是敌不过奥地利军队的攻势，最后，他只能向对方投降，曼图亚城也因此失守。督政府怀疑拉图尔将军私底下与奥地利军队有所勾结，于是就下令军事法庭对这位将军进行严密的调查。拉图尔立刻赶回法国，为自己进行辩解。

拿破仑升任第一执政以后，听说了这桩案子之后，怒气一下子涌到了心头。要知道，为了拿下曼图亚，他付出了多么巨大的努力，手下的士兵们也因此死伤无数。如今这个要塞却失守在了这位将军的手里，他怎能不心痛？还没等拉图尔的罪责得到证明，拿破仑就下令终止军事法庭的调查，宣布拉图尔有罪，而且还发布了一道针对他的激烈法令。拿破仑的专断决定立刻引发了很多将领的不满情绪，他们纷纷开始担心，以后如果自己失欢于第一执政，是不是也会因为第一执政的一句话而断送自己的前途甚至是生命呢？

后来，情绪恢复平静之后的拿破仑也觉得自己的决定实在是有些过激，他的秘书也指出他的做法不妥，劝他撤回这一决定，然而拿破仑却回答说："也许你说得对。但是事情已经做了，法令也已经发布了。我向每个人都这样说明，我不能回转脚步。后退就是失败。我不能承认有错误。过些日子我们再看怎么补救吧。"

入主杜伊勒里宫

虽然已经晋身为第一执政，但是拿破仑的野心显然还没有得到彻底地满足，对于他来说，执政府的组建不过是迈向君主制的一小步而已。

相对于他的野心，卢森堡宫实在是太小了，他决定搬到杜伊勒里宫去住。

杜伊勒里宫是法国历代皇帝的寝宫。1559 年，法国国王亨利二世去世以后，他的妻子卡特琳·德·美第奇因无法忍受丧夫之痛，于是决定搬出亡夫居住的卢浮宫，另建新宫。1564 年，卡特琳·德·美第奇下旨在卢浮宫西面大约二百五十米远的地方营建了杜伊勒里宫。后来，杜伊勒里宫就成了法国的王宫，成了波旁王朝的象征。在这里，路易十四曾经下达了一个又一个进军命令，为法国在欧洲大陆的霸主地位奠定了雄厚的基础。昏庸无道的路易十五曾经在这里举办过奢华、淫靡的舞会，它见证了法国王室那段荒淫无度的岁月。还有可怜的路易十六，正是在这里被人们赶下了台。

拿破仑虽然对波旁王朝没有什么好感，但是却非常欣赏杜伊勒里宫。他喜欢这里奢华甚至近于奢侈的建筑风格。杜伊勒里宫的设计师是当时颇有名气的菲利贝·德·洛梅，他在设计时参考了意大利文艺复兴时代的宫殿建筑，将布局设计成南北向的长条形宫殿，西侧的所有主要房间均面向西边的杜伊勒里花园。宫殿主体建筑为两层，一层为举行礼仪活动的公用空间，二层布置国王及王后的卧室和起居室等私人空间。二层之上有阁楼屋顶。建筑正立面中央为圆穹顶，两翼为法式方穹顶。从外观上，这座王宫是如此富丽堂皇。

更吸引拿破仑的，是这种建筑风格中所隐含的文化意蕴。在他眼中，那高大坚固的圆柱，那雕刻着精美图案的墙壁，似乎全都变成了权力符号。有人说，权力对于男人来说就是最好的"春药"，而对拿破仑而言，这种"春药"的威力更大。他热爱权力，他甚至希望复活多年以来在法国人心中牢牢扎下了根、但是却被大革命的洪流连根拔起的王权意识，此时，他一直以来所向往的民主与自由，全都成了一块遮羞布。

然而，要搬进杜伊勒里宫并不是一件简单的事，虽然此时拿破仑已经下定决心要重建君主制，但是，通往这个目标的每一步他都必须走得谨慎又小心，否则，人们可能就会像推翻路易十六那样毫不犹豫地把他赶下台。首先，拿破仑就要扫除人们心中"只有王室的人才能居住在杜伊勒里宫"这个根深蒂固的观念。

拿破仑从意大利找来一座精美的布鲁托斯雕像，把它安置在了杜伊勒里宫的回廊里。之所以这样安排，是因为布鲁托斯曾经亲手杀死恺撒大帝，是一个弑君者。拿破仑想通过这座雕像，向人们表明，自己对暴政是多么得憎恶与反对。除了布鲁托斯的雕像之外，回廊上还摆放着其他的一些雕像。拿破仑在古希腊人中选出德摩斯梯尼和亚历山大，同时向雄辩的天才和征战的英才表示敬意。在近代的伟大人物中，他爱慕古斯塔夫·阿道耳夫，而后是杜兰和大贡德，杜兰的军事才能是他极为敬佩的，而对大贡德则可看出他不怕回忆起一个波旁王族中人，同时表明他知道怎样尊敬所有值得尊敬的人。杜圭·特鲁音的座像唤起对法国海军最荣耀的时期的回忆。马耳学罗和欧仁亲王在回廊中也各有一席，似乎作为结束那个伟大时代的惨祸的见证人。还有萨克赛元帅，似乎为了表明路易十五时期也并非全然没有赫赫武功。最后，迪戈米埃、丹庇尔和儒贝尔这几个名字向举世宣告拿破仑对他在战场上逝去的战友们怀有的敬意。

在搬进杜伊勒里宫之前，拿破仑先派人对这个荒废已久的宫殿进行了一次整修。在那里，他看到了法国人民留下的革命遗迹："法国废除王政，永不重建！"拿破仑马上转过头去，对负责此次修整的建筑师勒贡特说："把这些东西全都擦掉，我不想再看到这些蠢东西！"勒贡特连连点头，并认真地记在了自己的小本子上。

杜伊勒里宫的修缮工作很快就完成了，在正式迁入这座宫殿之前，拿破仑特意举行了一个隆重的仪式。

中午一点的时候，拿破仑离开卢森堡宫，前往杜伊勒里宫。他乘坐着一辆由六匹白马牵拉着的豪华马车走在最前面，这六匹俊逸而矫健的白马是坎波一福米奥条约缔结以后德国皇帝作为礼物赠送给他的，拿破仑还随身携带了奥地利的弗朗西斯二世送他的贵重马刀。与他乘坐一辆马车的是第二执政康巴塞雷斯和第三执政勒布伦。

在他们左右和身后的，是排列整齐、气宇轩昂的仪仗队。三千名精选士兵以整齐划一的步伐在乐队的高奏声中行进。将官和他们的幕僚们骑着马紧随其后，各部的部长则乘坐着马车走在队列中。

一路上，他们所到之处都有卫队夹道欢迎，都会响起民众们热烈的掌声与欢呼声。拿破仑感到万分欣慰，他感受到了人民发自内心的喜悦。

军队行进到杜伊勒里宫前面的广场上停了下来，在这里集结列队。拿破仑走下马车，飞身上马，开始对部队进行检阅。而其他两名执政则无须进行这样的检阅，他们直接来到了套房中，在那里，各部部长已经恭候他们多时了。

广场上挤满了看热闹的群众，几乎每个角落里，都有无数观众涌入，他们激动地连连喊着："第一执政万岁！法兰西万岁！"

拿破仑依次走过各个团队，向士兵们说了一些鼓舞士气的话。然后，他在接近杜伊勒里宫大门的位置就位，他的右侧站着缪拉，左侧站着拉纳，而背后则簇拥着一大批年轻的勇士，他们身上的皮肤都已经被意大利和埃及烈火一般的太阳晒得黝黑发亮，他们参加过的战斗次数，恐怕比他们的岁数还要多。在这里还悬挂着第九十六、四十三和三十等几个残旅的军旗，这些旗帜经历过战火的洗礼，如今已经只剩下一根光秃秃的旗杆了，上面挂了几条被硝烟熏黑、被子弹撕裂的碎片。拿破仑脱下军帽，对着这些残破的军旗鞠躬敬礼，这一举动使得战士们无不热泪盈眶，也赢得了在场所有人的欢呼。

现在，拿破仑终于可以跨进杜伊勒里宫的大门了，从今天开始，他就要在这座宫殿里向他的臣民发号施令了。

如今，法国的局势已经初步稳定了，拿破仑开始筹划接下来的事情。他并没有一味地沉浸在获得巨大权力后的成就感中，而是以更饱满的热情来治理这个百废待兴的国家。

拿破仑首先提出要编写一部新的法典。在当时，法国根本没有一个明确的法律准绳，一切行为都要受制于宗教教会。各个地方的法律各不相同，而且粗制滥造，如同一团理不出头绪的乱麻，其法律和惯例主要来源于罗马和法兰克王国的法典，又与封建惯例、各省特权、教会权利，以及后来名目繁多的国王敕令纠缠在一起，根本不可能达到良好的效果。因此，拿破仑的提议立刻得到了广大民众的支持。

1800 年，拿破仑任命康巴塞雷斯领导波塔利斯、特龙谢、比戈·德·普雷阿梅讷和马尔维尔四位法学家组成的委员会起草《民法典》。他们马不停蹄地工作了四个月，终于完成了第一稿。他们先行听取最高法院和上诉法院对第一稿的评论，然后提交参政院让立法专门委员会来决定。在那里，它经过几位专家仔细研究，尤其重要的是拿破仑的亲自审阅。审议这部法典的会议一共开了一百零二次，其中他亲自主持的过了半数；会议往往开八九个小时之久，但不能满足他那事事追根究底的殷切欲望、毫不放松持续努力的要求以及毫不动摇的求实精神。

他倾听着法学家们的讨论，当讨论书本要纠缠不清的时候，他就打断他们，为他们理出个头绪，并以醒目的方式，把结论归纳出来。他以其有条不紊的精神把烦冗的法律词句，锤炼成明白通顺的法语。人们感到，他那准确无误的洞察力，犹如一块对政治和社会的试金石，用以检验那些五花八门的引自法国旧法律或革命时期惯例中的条款，从而决定取舍。最后，2281 条的法律条文凝成了一个简直是无懈可击的整体，人们不禁要惊叹这位巨匠的构筑技巧。

第二年，委员会终于完成了全部《民法典》草案。这就是后来广为人知的《拿破仑法典》。法典规定了法律面前公民一律平等，废除封建特权，摆脱教会控制，以及人身自由、契约自由和私有财产神圣不可侵犯等基本准则。

在这部法典中，拿破仑扩大了法国公民权的范围，尤其重要的是，他加强了父亲的权力，从而巩固了法国人的家庭组织。把男子结婚的法定年龄提高到十八岁，女子提高到十五岁。并且规定新娘必须在结婚典礼上重述法定的要服从丈夫的词句，同时，做丈夫的有责任保护和赡养妻子。他决定把离婚的理由从九种减到四种——通奸、虐待、被判处不名誉的刑罚，以及双方同意——但"双方同意"这一理由，必须在结婚之后至少两年才能提出，而且要经过坚持不断地要求，方能成立；但对于已结婚二十年以上者，不能以此作为离婚理由。

拿破仑还力图使收养儿女的行为带上十分严肃庄重的色彩。他宣称这是一种最为伟大的行动。但为了避免使人们因此不愿结婚，明确规定独身者不能享有收养后嗣的权利。这种预防措施显示了这位能干的统治者多么敏锐地预见到未来。他必然是预料到法国将来的人口，由于法律迫使家庭在其所有子女中平均分配财产，将停止照正常速度增加。

这部伟大的《拿破仑法典》几经修改，到现在仍然在法国有效。它是资产阶级的第一部民法典，后来的很多资本主义国家在立法的时候都借鉴了这部法典，比如，直到今天，卢森堡和比利时仍然将其作为自己的法典使用，一些法国的前殖民地也继续沿用着这部法典。同时，很多国家在制定本国的民法典时是以这部法典为蓝本或是做参考。如丹麦和希腊的民法典就是以它为蓝本制定的，而德国、瑞士、葡萄牙、巴西等国的民法典明显受到了《拿破仑法典》的影响。这也是拿破仑的重要历史功勋之一。

为了纪念《拿破仑法典》的正式颁布，立法院决定在议会厅建立一尊拿破仑的白色大理石雕像。那天，立法议会大厦热闹非凡，各亲王公主、国家机构主要代表、外交使团、元帅大臣们盛装聚集在大厅里，等候着那庄严的时刻。当拿破仑出现在大厅的时候，全场起立，隔壁厅内的合唱团唱起了格吕克的著名歌曲："多么迷人啊！多么雄伟壮丽！……"全场欢声雷动，掌声四起。在议长的提议下，缪拉和马塞纳揭去覆盖在雕像上的薄纱，所有人的视线都落在拿破仑的雕像上：他头戴桂冠，桂冠上间隔有几片栎树叶和橄榄树叶。一片寂静之后，人群中又爆发一阵阵欢呼声。接着，立法院的代表人物德沃布朗发表了一篇激情澎湃的演说。他说：

先生们，你们为伟大的君主树立了这尊塑像，用这样的方式来表达你们的钦佩和感激。是的，正是因为君主坚定不移的意志，这部伟大的法典才会如此完善，他无边的智慧向人类体制中这最为崇高的一部分投来了最明亮的光辉。过去的第一执政，如今已经成为了法国人的皇帝，他跻身于法律的圣殿中，头上戴着这顶象征着胜利与荣誉的桂冠。他曾经取得的无数胜利，都预示着，这顶桂冠对于他来说，是当之无愧的。

在完善法律体系的同时，拿破仑还提倡对知识的尊重，重用专家学者。早在远征埃及的时候，拿破仑就曾经带了很多天文、地理、数学等方面的专家，在埃及，他建立了科学院，为埃及文化的复兴注入了强有力的力量。如今，在法国，他依然大张旗鼓地奖赏各种专家学者，并拨巨款专供教育经费。在内务部他还特设了教育局，在各大城市新开辟了数理、历史等专业学校。同时，各地的学校还增设了四千多所小学、七百多所中学和四十五所大学。这显示了拿破仑的远见卓识，正是在他的鼓励和提倡之下，法国营造出了一个以知识为贵、以学者为荣的良好氛围，为今后法国的发展奠定了有力的文化根基。

拿破仑还非常重视政府人员的选拔。他年轻的时候，曾经因为出身备受羞辱，所以，如今大权在握的他决心不让这一幕再重演。他真正做到了"不拘一格降人才"，那些出身贫寒的年轻人，只要有才华，就可以得到提拔。而且拿破仑在用人的时候从来不会计前嫌，哪怕是以前曾经批评、攻击、讽刺过他的人，只要有能力，他也会加以重用。贝尔纳多特就是一个例子。当初拿破仑擅自离开埃及战场回到巴黎，时任陆军部长的贝尔纳多特曾经主张对他进行军法处置，但拿破仑知道他的能力超群，不但没有对他进行报复，反而封他为蓬特—科沃亲王。

当然，拿破仑最为关心的，还是军队。他知道，军队才是他赖以生存的根基，是他所有荣誉与权力的支柱。因此，对军队的管理被他放在了一个非常重要的位置上。他任命非常信任的贝尔蒂埃为陆军部长，同时在民众中抬高军队的地位，而且还对军队的编制进行了改组，不断对士兵们加以训练，使他们常年保持备战状态。

法兰西共和历每旬的第五天，都是拿破仑的检阅日。每到这个时候，他都会到杜伊勒里宫的大院里对部队进行检阅。他不只是对执政卫队进行检阅，而且还会检阅所有的法国军团。各个团轮流来这里接受检阅，这样，拿破仑就能够把政权更牢固地掌握在自己的手心里。他异常亲切地向士兵们询问伙食情况、着装情况，向他们讲述自己在战场上的故事以及法国部队的胜利历史，听了他的讲话，战士们全都感到精神振奋。现在，在他们心中，只有一位指挥官，那就是拿破仑。

要想建设好军队，必须要有充足的军费，为此，拿破仑必须恢复国家的财力，因为督政府的腐败统治和骄奢淫逸，国库已经完全亏空了，甚至还出现了信用危机。1800年1月，拿破仑指示外交部长塔列朗与葡萄牙政府进行谈判，希望葡萄牙政府能够为法国提供贷款："如果能得到八九万法郎的贷款，那么我们的问题就可以迎刃而解了。现在，我们连攻城纵队所急需的八千匹战马都提供不起。"3月份，他又派马尔蒙到阿姆斯特丹与荷兰商人进行商谈，以当年的木材销售作抵押，借款一千二百万法郎，年利百分之十二。凭借着到处贷款，拿破仑终于东拼西凑出了重整军备的款项。

只用了短短半年的时间，拿破仑就奠定了自己的事业基础，在法国历史上书写下了一个又一个崭新的成就。即使是在最苛刻的史学家笔下，他的贡献也是无法磨灭的。

家族的烦心事

自从约瑟芬用眼泪挽回了他们的婚姻之后，她与拿破仑之间的关系就彻底颠覆了。拿破仑不再诚惶诚恐地讨好她、千方百计从她那里得到一些关爱，而是真正变成了一个主人。自从他当上第一执政搬进杜伊勒里宫之后，他对约瑟芬就更加不在意了。

起初，约瑟芬并不适应这样的改变，然而，她也清楚地知道，因为自己所犯的那些错误，她与拿破仑的关系再也不可能回到从前了。她只能努力使自己去适应这种改变，去适应拿破仑那日益明显的专断作风。

约瑟芬依然是一个爱出风头、好热闹的人，刚搬进杜伊勒里宫的时候，她就开始筹划组建一个沙龙。她先是以平时关系比较密切的亲人、朋友为核心，建立起一个紧密的小圈子，然后再逐渐向外扩张势力。她竭尽所能把旧时代的一些人物召集在一起，比如康巴塞雷斯、蒙日、雷阿尔、雷格诺、罗德雷、富歇等，早在督政府时期，这些人就已经与她有所交往。因为她目前的身份，她所做的一切都是畅通无阻的，没有人会拒绝她的热情，人人都以加入她的沙龙为荣。

拿破仑对于她的这些行为并不反对，因为约瑟芬的沙龙从一定程度上来说也可以作为他周围的缓冲和联结地带。但是唯有一点，他是坚决不赞同的，那就是他不允许约瑟芬再与以前那些作风轻浮、举止淫荡、经常有花边新闻传出的女朋友混在一起，比如塔里昂夫人。他希望约瑟芬多与德·拉罗什富科夫人、德·塔卢埃夫人等人来往，因为她们都是体面端庄的女人，令人敬重。

拿破仑对于督政府时期那种肆无忌惮、厚颜无耻的社会氛围非常厌恶，所以，如今他竭力想在社会上营造出一种文雅、积极、向上的氛围。

约瑟芬自然明白拿破仑的用意，她刻意改变了以往轻佻的作风，变得优雅、大方了起来，与以前相比，似乎判若两人。

约瑟芬虽然没有正式的头衔，但事实上她所扮演的，是一种政治角色。她非常热衷于为逃亡者名册作修订。现在，逃亡者名单越来越多，很多旧时代里出尽风头的人，都赫然在列。约瑟芬想办法为他们除名。拿破仑给部长们留过话，使她可以轻而易举地得到成千上万种她想要就可以得到的恩惠。

对于如今的拿破仑来说，过去热烈燃烧的爱情，现在已经化为了一摊灰烬，再也无法激起他的热情。他对约瑟芬已经不再衷情，现在他最感兴趣的，是工作，工作就是他的生活。他每天不知疲倦地工作，用"日理万机"来形容一点儿也不为过。他经常说"我为工作而生，我为工作而造就""……在我身上，我分不出工作的限度"。

执政府的一切事情，都得他过目。他要控制一切，要把所有的权力都牢牢抓在自己的手里。他的私人医生看到他如此废寝忘食的工作，非常担忧，想尽办法劝说他不要开夜车，但是他却不以为然，还对吕西安抱怨说：

"医生就是会大惊小怪！一点点小事就会唠叨起来没完没了。有什么办法呢？就像我是个生意人，如果要使我的生意兴隆，就必须要开夜市，因为白天根本就不够用！我也想多休息一会儿，但是那怎么能行呢？我就像是一头已经架上了套的牛，只能埋头苦干，一点儿都不能偷懒。"

五点钟的时候，拿破仑会准时下楼吃饭。吃饭前的一小段时间，他有时会去逗弄一下约瑟芬。那时候的约瑟芬通常正在梳洗打扮，于是拿破仑经常会在她的头发上胡乱插上一些花，或者为她挂上他认为合适的项链，然后对着镜子欣赏一番，还让约瑟芬自己来评价效果如何。

有的时候，他急着要外出办事，于是就会早一些来到约瑟芬的卧室，问她："还没准备好？"

约瑟芬立刻心领神会，赶紧站起身来，与他一同到餐厅里用餐。虽然她每天要换五次裙子，几乎每时每刻都在对着镜子涂脂抹粉，描眉画眼，但是她了解丈夫的心思，为了配合他，她愿意舍弃这些工作。

在餐厅与他们一起吃饭的人并不多，大多是他们的家庭成员以及拿破仑的心腹。通常，在上点心之前拿破仑就会离开餐桌，他实在无法忍受把这么多的宝贵时间浪费在吃饭上，也无法忍受烦琐的吃饭工序，他经常感慨道："这已经是政权的腐化了。"

拿破仑把每旬的第十天定为休息日，这一天他通常会在迪亚娜长廊举办一个大约二百人规模的宴会，来款待外交使团，大部分部长、将军、巴黎卫戍校官，以及其他的达官贵人们，这是他与这些重要人物维系感情的一种方式。

拿破仑不是一个善于应酬的人，这个时候，约瑟芬的才能就得到了用武之地。作为女主人，她四处打招呼，以得体的礼仪来招待那些来宾。而此时的拿破仑则在一旁与别人聊天，聊不了一会儿，他就会对秘书说："好了，布尔里埃纳，我们要上楼去继续工作了。"

有的时候，他也会不辞而别。比如有一次，他拉着布尔里埃纳悄悄离开了杜伊勒里宫，到外面去散散心。他们两个人从小门走出去，到了圣奥诺雷街，这里有很多小商店，卖一些不值钱的小玩意儿。拿破仑对这些小玩意儿并不感兴趣，但是他很想知道百姓们对自己的看法。于是，他就装作顾客，来与那些生意人搭讪："你好啊，太太，您的店里顾客还真是不少，看来这条街上人来人往的肯定很多，不知道大家对拿破仑这个小丑有什么看法？"

商人们只顾着做生意，一般不会搭理他，但他还是乐此不疲。有一次，他说了一句对第一执政有些不敬的话，没想到后面的一位顾客径直走上前来骂起他来，甚至还要作势打他。他只好赶紧躲到一边去了。但实际上，他心里是非常高兴的，那之后的很长一段时间，他见人就会说起他的不幸遭遇。

公务不太繁忙的时候，他就开始处理家庭内部的一些琐事，为自己的家族以及自己树立富有光彩的形象。

他先是包办了两桩婚姻，一桩是他妹妹卡罗利娜与缪拉，一桩是他弟弟路易与他的养女奥坦丝。

缪拉曾经是拿破仑的得力助手，然而自从他得知这位部下可能与约瑟芬有一些暧昧关系之后，就渐渐疏远了他，对他有些不冷不热。直到雾月政变之后，拿破仑才恢复了与他的友谊。

缪拉是一个英俊的年轻人，他身材高大、匀称，举止文雅，风度翩翩，使人看上去就感到赏心悦目。在战场上，他的表现总是非常英勇，他指挥的二十人能够抵得过一整团人的战斗力。只有一次他受到了恐惧的影响，但当时的情况是极其特殊的：

在第一次意大利战役中，拿破仑逼迫着维尔姆泽率领两万八千人退入了曼图亚城，但尽管如此，他还要时时防备着维尔姆泽可能的出击。果不其然，有一次，奥地利军队趁着拿破仑不备的时候，向着他们发起了进攻。带领一支弱小分队的缪拉，奉命向维尔姆泽冲锋。敌我之间的差距是如此巨大，这使他感到恐惧，于是他趁着混乱就声称自己负伤了，无法执行命令。从那之后，身任总司令侍从武官的缪拉就失去了拿破仑的宠信。后来，拿破仑把他调派到了雷那师，然后又派往巴拉圭·迪耶师中。

到了东方号上，他仍然受到了冷淡的对待。在航海的过程中，拿破仑经常与军官们聊天，但是却一次都没有与缪拉讲过话。到了埃及之后，对他就更是冷漠了，经常安排他去执行一些困难的任务。后来拿破仑还派他去抗击穆拉德别伊，正是在那次危急的遭遇战中，缪拉表现出了惊人的胆略。他终于抹掉了在曼图亚城下因为一瞬间的退缩而给自己带来的污点。后来他又在阿布基尔湾战争中作出了巨大的贡献，以至于拿破仑忘记了他一时的过失，也忘记了他曾经听到过的关于缪拉与约瑟芬的风言风语，将他作为自己的亲信带回了法国。雾月19日缪拉率领掷弹兵对五百人院大厅的冲击，更全部消除了拿破仑心中残留的嫌恶的痕迹，把他任命为自己的执政卫队长。

卡罗利娜是在芒泰贝洛城堡认识缪拉的，自从见到他的第一眼开始，她就爱上了这个年轻的军官。缪拉当然也无法抗拒这个娇艳姑娘的美，他们很快就成了一对如胶似漆的恋人。

缪拉曾经向拿破仑提出与卡罗利娜结婚的请求，但是拿破仑不置可否，他只是说了一句"我以后会考虑这件事的"，就把缪拉打发走了。实际上，拿破仑并不赞同缪拉与卡罗利娜的婚事。缪拉出身贫寒还不是最主要的原因，最令他无法接受的是，这个年轻人头脑太冲动。这样的人成为自己的妹夫，以后很有可能会给他带来一些不必要的麻烦。拿破仑早就开始为卡罗利娜物色合适的人选了，他觉得拉纳不错，迪罗克更好。

他对约瑟芬表示了自己的反对："我不喜欢这些一见钟情的轻佻婚姻，这两个烈火熊熊的小脑袋已经被一发不可收拾的想象的火苗所支配，我另有打算。谁知道我就不能让卡罗利娜喜结良缘？她对终身大事冒冒失失，轻举妄动，小看了我的地位。总有一天多国君主会争先恐后向她求婚……要让命运完成自己不可抗拒的使命。"

约瑟芬把这番话转述给了卡罗利娜，得知这一消息以后，卡罗利娜哭得非常伤心。但是她的固执与拿破仑如出一辙——她向哥哥表示，自己认定了缪拉，绝不再考虑别人了。

约瑟芬倒是非常赞同他们的交往，因为她正在寻找同盟者，以便于扩大自己的利益范围。如果能促成缪拉与卡罗利娜的婚事，那么以后她就多一个帮手来对付拿破仑的几个兄弟和他的家族了。约瑟芬之所以这么做，也是有充分理由的。拿破仑的亲人们一向不太喜欢约瑟芬，甚至还总是怂恿拿破仑与她离婚。

所以，约瑟芬经常劝说拿破仑，不要干预这两个年轻人的爱情，让他们自由发展。在卡罗利娜的坚持和约瑟芬的枕边风之下，拿破仑的心意也有些动摇了。

一天晚上，约瑟芬在自己的沙龙里发动了最后的冲锋。奥坦丝、欧仁以及布尔里埃纳都站在她的阵营里，为她摇旗呐喊。

约瑟芬坐在拿破仑身边，对他说："亲爱的，我觉得你应该同意那两个年轻人的婚事，他们是那么相爱，为什么要把他们分开呢？"

此时，拿破仑还是持有反对的意见："缪拉只不过是一个小客店老板的儿子，与我们是不同的。在命运和荣誉给我安排好的行列里，我不能把我的血统与他的血统混在一起。再说，来日方长，这件事先不必着急。以后我看看再说吧。"

约瑟芬并不放弃，奥坦丝、欧仁也开始赞扬起两位年轻人爱情的可贵。布尔里埃纳还深情地回忆起缪拉在埃及时的英勇行为。

拿破仑被打动了，他的态度松动了，最终答应了缪拉与卡罗利娜的婚事。

第二天，他对布尔里埃纳说："我考虑再三，既然缪拉与卡罗利娜是互相中意、情投意合的，那么他们的结合也未尝不可。更何况，我也不能让别人说我高不可攀，说我把妹妹的婚姻当作是笼络别人的手段。而且，我的妻子对这桩婚事十分热心，我也就心安理得了，个中原因您可想而知……既然事件已经定下来了，我就要尽快把事办了。"

拿破仑给卡罗利娜的嫁妆，跟给他的另外两个妹妹埃利莎和波利娜的嫁妆是一样的：四万法郎作为婚礼礼金，除此之外，他还从约瑟芬的首饰盒里取了一串漂亮的钻石项链赠送给卡罗利娜，对此，约瑟芬非常不满，那些首饰可是她的宝贝，拿她的首饰，比割她的心头肉还让她心疼。

缪拉与卡罗利娜的婚礼是在约瑟夫的莫尔特丰泰娜别墅里举行的，婚礼的规模并不大，但是气氛却非常亲切。这一天，新郎缪拉容光焕发，神采飞扬，而新娘卡罗利娜则兴高采烈，心醉神迷，人人都说，他们是一对般配的璧人。

婚后，他们两个住进布里奥纳公馆，成了幸福美满的一对恩爱夫妻。

虽然约瑟芬一手促成了缪拉与卡罗利娜的婚事，但是波拿巴一家却根本不领她的情。她与波拿巴一家就像是两个阵营一样，嫌隙越来越重，矛盾也越来越多。

拿破仑虽然在处理国家大事的时候颇有手段，但是在解决家庭问题上却表现得似乎有些缺乏策略。一天晚上，在莫尔特丰泰娜别墅，仆人叫大家到餐桌旁吃晚饭，约瑟夫领着母亲准备让她坐在尊位上。拿破仑看到这种情景，立刻拉着约瑟芬的胳膊，抢在所有宾客之前，堂而皇之地先坐在首席，约瑟芬则紧挨着他。拿破仑之所以这么做，是为了警告一下自己的家人：约瑟芬是共和国元首的夫人，理应处处优先。

然而，他的做法完全没有奏效。以后的日子，约瑟芬还是继续遭受着他的家人们的排挤。莱蒂齐亚赌气不再搭理约瑟芬，拿破仑的兄弟们也对她紧皱着眉头，说不出一句好话，他的妹妹们更不是省油的灯，时不时地对她冷嘲热讽，说她"老脸皮厚"。

但约瑟芬也不怕他们，奥坦丝和欧仁是她的左右两支天生盟军，锐不可当。她对拿破仑关怀备至，体贴入微，在该她出面的场合总是站在他的身边。但是尽管拿破仑经常维护她，约瑟芬心里也清楚，她现在正在努力捍卫的这个位置，是非常脆弱的。她心中一直有一个担忧，那就是，拿破仑有可能在战场上阵亡，也可能遇刺身亡，而且还有可能喜新厌旧，另求新欢。一旦这些情况发生，那么，她就可能会被离弃。如果真的有这么一天，她该怎么办呢？所以她必须要为自己积攒一份牢靠的财富。因此，她正想方设法积累财产。

约瑟芬和布尔里埃纳串通一气，还同其他许多人里应外合，经营上百种买卖。在某些后勤供应市场上，在某些归还逃亡者的财产处理过程中，由于她出面调解撮合，不管是真的出面还是假托出面，她都能从中捞取一些油水，得到丰厚的报酬。虽然拿破仑早就下达了禁令，但约瑟芬还是偷偷地向一些人借贷，当然，这些所谓的贷款实际上是不用还的。她还向富歇私通情报，向他透露拿破仑的意图和计划，凭借这一项，她每天可以从富歇那里获得一千法郎的赏金。不过，富歇通过布尔里埃纳的收益，以每月两万五千法郎为担保金，来控制她的收益。

然而，不管是拿破仑付给她的年金也好，还是她通过各种渠道捞取的外快也罢，都无法填饱约瑟芬的胃口。她根本就攒不下钱，因为她已经习惯了挥金如土的生活，只要她手里有钱，她就会肆无忌惮地花，花在梳妆打扮上，花在赌桌上，花在马尔梅松的别墅上，有时也会花在施舍救济上。她根本无法拒绝诱惑，不管别人向她推荐什么东西，图画也好，艺术品也好，她都来者不拒，全都会毫不犹豫地买下来。这个时候她是不会考虑将来怎么付款的。

花钱如流水的结果是，账单像雪片一样向她飞来。她根本无法偿还这些账单，信誉也因此而败落了。塔列朗担心会引发丑闻，于是就向拿破仑汇报了这件事情。拿破仑对此非常生气，他最讨厌的就是奢侈浪费了！他对布尔里埃纳说："不管你采用什么手段，都要让她统统承认下来。你告诉她，这是最后一次了，以后我不会再帮她付款！如果再有下次，我就要好好想想应该怎么惩罚她了！"

约瑟芬听说了拿破仑的这番话之后，开始还感觉很高兴，然而，一算账单，她彻底傻眼了：她竟然欠下了一百多万的债！如果拿破仑知道她挥霍了这么多钱财的话，一定会勃然大怒！但是如果不承认的话，她又该拿这些账单怎么办呢？最后，她还是硬着头皮把这些账单汇报给了拿破仑。拿破仑正好手上有钱——他从汉堡上院得到一份王室厚礼，就给了她六十万法郎，好歹够她付清索款人的债务了。

拿破仑指望着约瑟芬能够吃一堑长一智，但是他没想到的是，就在第二天，她就全然忘记了自己以前是怎么欠下巨额债务的了。她又开始挥霍了起来，花起钱来时的潇洒劲儿，仿佛她是一个亿万富翁一样。按照她的花法，她怎么可能不欠债呢？她买一头郁金香块茎竟花了四千法郎，仅一个月就定做了三十八顶新式帽子！每天戴一顶一个月都戴不完呢！

为了使自己与拿破仑的家族更加紧密地联系在一起，从而使拿破仑无法提出离婚的要求，约瑟芬一直有一个计划——让奥坦丝与拿破仑的一个弟弟结婚。

奥坦丝现在十八岁了，已经长成了一个大姑娘了。她身材苗条，双腿修长，玉指纤纤，头发茂密，完全继承了她母亲的风流韵致。但她比约瑟芬要正派得多，而且她所受教育是全面而完美的，她会画，会写，会唱，会跳舞，会弹钢琴，会弹竖琴，样样都会，具有令人难忘的魅力。

奥坦丝在上流社会非常受欢迎，因为她的继父平步青云，官运亨通，如今更是贵为一国首脑，所以她也因此得到了一些荣耀，能够在富丽堂皇的交际场合尽情展示自己的魅力，在那里接受人们的奉承与吹捧。

奥坦丝是一个孝顺的孩子，她疼爱自己的母亲，保护自己的母亲，在力所能及的范围之内，以自己年轻的聪慧，千方百计为母亲出谋献策，效犬马之劳。有的时候，约瑟芬似乎变成了她的孩子，需要向她求助。对于目前的坎坷经历，奥坦丝了解得并不多。在她看来，母亲从来就是一位雍容华贵的贵族夫人，她的父亲则是一位英年早逝的英雄。所以，对于约瑟芬的再婚，奥坦丝总感觉有些遗憾，觉得拿破仑配不上自己的母亲，这种结合降低了母亲的身份，即使是拿破仑当上第一执政之后，她也没有对他表现出太大的热情。

奥坦丝对于拿破仑还有一些本能的反感：瞧，他是多么粗鲁的一个人啊。他声如炸雷，命令如山，他让她的母亲流了多少辛酸的眼泪，所有这一切都让她感到不安，感到恐惧。在别人看来，拿破仑是一个军事天才，是一个天生的统治者，但她压根感觉不到这一点，在她眼中，拿破仑是一个僭越者，他一个招呼都不打就闯进了她的家，破坏了她的生活。然后，他又以同样莫名其妙的方式闯进了政府，改变了这个国家的命运。

像其他小女孩一样，奥坦丝对于婚姻也有着无限的憧憬。她梦想有一位属于旧社会的丈夫，来自名门望族，拥有显赫的名声。她的意中人最初是夏尔·德·贡托，然而他却对她并不感兴趣，一直没有回应她的感情。后来，他的家庭把他送到英国去了，奥坦丝也就对他断了念想。

这之后没几个月，她就又喜欢上了迪罗克。迪罗克是拿破仑的副官，对他肝胆相照，忠心耿耿。他今年二十八岁，出身名门，长得一表人才，一言一行都是那么温文尔雅，时不时地还会表现出早熟的严肃和坦诚。这一切都让奥坦丝非常中意。她主动对这个男人发起了进攻，对他频频送上深情的眼神。迪罗克感觉到了这一点，两人很快既有了情书来往。

对于这两个年轻人之间的来往，拿破仑倒是非常赞成，打算顺水推舟。然而约瑟芬却出人意料地表示了强烈的反对。她可不想因为这个突然冒出来的小子让自己的计划落空。于是，她千方百计地阻止奥坦丝与迪罗克在一起。一开始，奥坦丝还进行了一番抗争，但没过多长时间，她就有些心灰意冷了。最终，她顺从了母亲的意愿，由母亲来为自己挑选结婚对象。

一开始，约瑟芬为奥坦丝选择的对象是热罗姆。然而热罗姆年纪有些小，而且过于老实，看上去不怎么灵活。后来，拿破仑让他去当海军，送他上了"维拉莱·快乐号"舰，远征圣多明各去了。约瑟芬于是就干脆放弃了热罗姆。

这时她开始把目光投放在吕西安身上。在此之前，吕西安娶了一个客店老板的女儿，但结婚没多久，他的妻子就去世了。自此之后，他就一个人过日子，没有再娶。吕西安对西班牙进行了长期搜刮之后，已经从马德里回到了巴黎。他带回了无数名画，宝石，现金，多达几百万之巨。过去，约瑟芬总是将他看作是自己的主要对手。在他出任驻马德里大使期间，他还向拿破仑介绍了一位公主。可当时的拿破仑并没有离婚的想法，只把这当成了一个玩笑。他还曾经向约瑟芬说起这件事，惹得约瑟芬非常不高兴。

但尽管约瑟芬对吕西安心有芥蒂，却也不得不承认，如果能够把吕西安拉到自己阵营中来的话，那么她就多了一个强有力的帮手。所以，吕西安刚回到巴黎，约瑟芬就去拜访他了，在他面前，她狠狠地夸了一通奥坦丝。吕西安可是一个老狐狸，约瑟芬刚一开口，他就明白了她的用意，于是他巧妙地表示，自己仍然怀念着亡妻，暂时不考虑结婚的事，最起码不会以这样的方式再婚。

在吕西安那里碰了钉子之后，约瑟芬只剩下一个目标对象了，那就是路易。现在路易已经是上校军官了。拿破仑仍然保持着过去对路易的那种偏爱，他甚至想，要是世袭制度仍然存在的话，那么路易将会是最合适不过的继承人了。他愿意把自己一手打下的江山传给自己的这个弟弟，他相信路易会继续把他的事业发扬光大的。

约瑟芬把自己的想法告诉了拿破仑，问他这桩婚事如何。拿破仑有些意外，开始还有一些犹豫。他对奥坦丝是非常喜爱的，当然，这种爱是严格的父爱，他一直把她当成是自己的亲生女儿一样来疼爱，也一直打算着为他找一个好丈夫。但是路易能带给她幸福吗？拿破仑并不确定这一点。

路易自从在米兰遭遇了一些不幸以后，就如同换了一种性格一样。他不再像以前那么开朗活泼了，而是整天闷闷不乐，动不动就会冲着别人发火。更何况，他似乎对奥坦丝没表现出一丝爱恋之情。再说了，奥坦丝喜欢路易吗？看上去她对路易也非常冷漠。

但约瑟芬可不管这些，她屡屡采取行动，对拿破仑施加影响。在妻子的劝说之下，拿破仑原本的想法逐渐被冲淡。1801年秋天，在拿破仑和约瑟芬的推动下，两个年轻人的关系开始了新一轮发展。

路易并没有真正爱上奥坦丝，但这并不妨碍他觉得奥坦丝可爱而且温柔。吕西安提醒他不要中了约瑟芬的圈套，但是没有用，路易并不反感奥坦丝，甚至觉得和她生活在一起也不错。

奥坦丝一开始对路易也不太感兴趣，但是架不住约瑟芬的一再请求，她最终还是打算尝试着接受他。后来，她渐渐发现了路易的一些优点：他一点也不丑，有一双漂亮的眼睛，有波拿巴血统迷人的微笑，说话也很动听。

在马尔梅松的一次舞会上，路易和奥坦丝谈了很长时间，两个人都觉得彼此作为结婚的对象似乎还算是一个不错的选择。这之后不久，在与他哥哥和约瑟芬谈话以后，路易下定决心要娶奥坦丝。

然而，这个时候拿破仑却有些不太看好这桩婚姻，于是他对布尔里埃纳说："你去告诉迪罗克，我想让他娶奥坦丝。这件事一定要快，我给他五十万法郎，我任命他为第八师师长。第二天他就带着妻子开赴土伦，我们分开生活，我不愿意女婿住在自己家里。今天晚上他就要作出决定，看他是否同意这样做。"

可惜的是，拿破仑把这项任务托付给了错误的人。布尔里埃纳并不喜欢迪罗克，当他听了拿破仑的话以后，心中第一时间涌起的感觉是嫉妒。于是，他在对迪罗克传达拿破仑的意思时，用的是一种强硬的、命令的口吻。迪罗克的自尊心被深深刺伤了，他恼火地说："让他留着他的女儿吧！我不会娶她的！"

布尔里埃纳想要得到的正是这样的回答，他急忙跑回去报告拿破仑。于是，当天晚上，约瑟芬就高兴地得到了拿破仑的命令——做好一切准备，为奥坦丝与路易举办一场婚礼。

奥坦丝与路易的婚礼是在1802年1月在杜伊勒里宫的大厅里举行的。在那个原本应该欢天喜地的时刻，奥坦丝的心情却非常忧郁，在回答"我愿意"的时候声音不停地发抖。

拿破仑维护家族以及自己形象的行动，还体现在他处理他与柏莉娜·富莱的关系上。

有一天，他的副官迪罗克递给了他一封柏莉娜·富莱写来的信。

自从拿破仑回到巴黎之后，柏莉娜在埃及一直思念着他，在这种思念的驱使之下，她也来到了巴黎。她刚到巴黎，就四处拜访在埃及时认识的朋友：贝尔蒂埃、拉纳、缪拉和蒙日，希望他们能够向她伸出援助之手，帮助她去接近这位法国的新任元首。然而，令她感到意外的是，所有的人都非常粗鲁地拒绝见她。这一切使她的心情极为沉重。

最后她只能向迪罗克求助了。迪罗克是个善良的人，他非常乐意为她送信。

这些都是柏莉娜在信中所说的。信中表明她只是因为无法忍受相思之苦才离开埃及的，她内心只有一个愿望，那就是要见一见——哪怕只有一瞬间——她多日不见的、亲爱的情人……

这封深情绵绵的信令拿破仑非常感动，他默默地读完了信，然后在办公室里踱起了步子。过了好一会儿，他突然坚决地说道："不可能！"

迪罗克纳闷地问道："您的意思是？"

拿破仑挥了挥手，说道："不可能。去告诉她，如果我只是听从我的温情，我会立刻毫不犹豫地向她张开双臂，然而现在一切都发生了变化。我现在已经不只是一个将军了，我的新地位迫使我必须去为人们做出一个榜样，我不能把一个情妇安置在我妻子的身边，那样我会受到所有人的指责。你去对她说，我不但不能见她，而且还要求她必须马上离开巴黎。让她找一个地方租套房子，再让她保持谨慎，只要她能听我的，我就会保证她以后的生活衣食无忧，她会应有尽有的。"

最终，柏莉娜也未能见上他一面。

把国内诸事和家里的琐事全都安排妥当之后，拿破仑就要奔赴自己的下一个目的地了，那会是哪里？

第九章

意大利硝烟再起

与反法同盟的"宫心计"

正当拿破仑为处理国内事务而废寝忘食、绞尽脑汁之时，国外的局势也突然发生了变化。神圣罗马帝国联同英国、土耳其、俄国组成的第二次反法同盟，趁着法国内部出现政治危机的机会，对法国发起了一次又一次进攻。由各国部队组成的联军，正四面八方地向着法国边境压过来。

拿破仑深知，当一个新政府在旧政府的废墟上百废待兴之时，如果国家陷入战争的泥潭之中，是非常不利的，此时笼络人心的最好机会，就是提出和平的前景，对于民众来说，和平总是最为向往的目标。所以，虽然他的内心中希望用战争来解决一切，但他表现出来的，却是一副渴望和平的面孔，他一上台，就急于照会各国他已经组建了一个新的执政府，并向反法同盟的各国君主建议尽快停止军事行动。

1799年的圣诞节，拿破仑向英国国王乔治三世和奥地利皇帝弗朗西斯二世发出了两封私人函件，暗示以现状之基础来和平解决一切重要问题的时机已经成熟，他还暗示奥地利军队应该按照原有的和约撤回到阿迪杰河一线。在信中，他语气诚恳地说道："法国和英国，浪费国力，互相争雄，虽然一时或许未必消耗殆尽，但对于世界各国来说，都是一件不幸的事。我不妨断言，结束这场引起全世界战火蔓延的战争，是关系到世界上一切文明国家的前途的事。"

初读起来，或许人们都会被拿破仑对于和平的热爱和维护所打动，然而，事实是不是这样呢？结合当时的具体情况，我们就会发现，拿破仑之所以这么做，是有他的用意的。

当时拿破仑正在国内大肆扩军，而且他上台之后，对士兵们说的第一句话就是

"保卫法国最好的办法就是进攻那些敌人！"这样一个人，难道会突然转变想法，开始谋求和平？不管是乔治三世，还是弗朗西斯二世，都不相信这一点。他们识破了拿破仑的计谋——他所抛出的橄榄枝，实际上不过是削弱第二次反法同盟的"宫心计"罢了。

因此，英国和奥地利都果断地拒绝了拿破仑求和的请求。对此，拿破仑并不在乎。他写信给乔治三世和弗朗西斯二世的时候，并没有奢求他们会同意媾和，他的目的只是为了在法国提高自己的声望。

果不其然，英国国王回复他的信激起了法国人对拿破仑的热烈拥护。在信中，乔治三世用强硬的语气指责法国人：

长期以来，法兰西一直对内横征暴敛，对外侵略干扰，并且还推翻了邻邦的政治制度，直到现在，英国政府都没有看到法国表现出任何忏悔之意，他们还在继续着这种不仁不义的行为。要想获得持久的和平，只说不做是远远不够的。和平的最真实、最长久、最好的天然保障，就是帮助法国的波旁王朝复位。这个王室统治法国已经有数百年的历史了，他们使法国国内安享太平，在国外备受尊敬，所以，我们必须向他们伸出援手。

让王室复辟，继续对法国人施行昏庸无道的统治？这是任何一个法国人都无法容忍的事情。愤怒和不满使得法国人更加紧密地团结在了一起，他们拒绝外国势力干涉法国的内政，拒绝逃亡在外的王室企图强加在他们头上的暴力统治。这种对外国势力和王室的不满最后转化为了对现任统治者拿破仑的强烈热爱和支持。这正是拿破仑所要达到的目的。得到英国的答复后，拿破仑高兴地搓着手对他的外交部长塔列朗说："这是再好不过的了，这一回答充分地满足了我。英国需要战争，英国将会得到它。是的，是的，殊死的战争！"

趁着国内士气高涨之时，拿破仑立刻写了一封回信，对乔治三世针对法国的指责进行反驳。他冷嘲热讽地说，他大胆地猜想，英王陛下对于各国人民有选择自己的政府形式的权力，应该是不会有什么异议的。因为他头上所戴的那顶王冠就是根据这种权利来的。所以，他建议英王不要把那会把斯图亚特王室请回到英国的御座上去的原则强加在别国人民身上。

1800 年 1 月底，英国议会在举行一次讨论会的时候，议员们的发言表明拿破仑所采取的外交策略的确起到了他希望达到的目的。在那次会议上，外交大臣格伦维尔勋爵竭尽所能地劝说在座的各位议员，与法国人谈和是不可能的，因为法国是一个不道德的国家，对法国人来说，秩序、宗教都是无须遵守的东西。为了证明他的观点，他列举了法国人对荷兰、瑞士、马耳他、埃及等各个地方的侵略以及他们在那里犯下的滔天罪行。

英国首相皮特也支持格伦维尔勋爵的论调，他声嘶力竭地说道，法国革命是自古以来上天加于世界各国的最严峻的考验。因为法国现在所处的不稳定状态，与法国谈判是根本得不到任何保障的，不要怀有这样的想法，否则只会搬起石头砸自己的脚。

最终，英国内阁在议会中以 260 票对 64 票的绝对优势取得了胜利。

然而，英国人的这种行为却彻底把整个法国推到了拿破仑那一边。拿破仑并不惧怕战争，他害怕的是，战争无法得到人民的支持。那样一来，战场上的一切行动都会受到人民舆论的掣肘。英国当局拒绝媾和，并且还痛骂了法国，恰到好处地激发了法国人对国家的热爱和民族荣誉感，这反而帮了拿破仑一个大忙。现在他得意地看到，法国上下都弥漫着对反法同盟作战的热情，甚至还有人主动走上街头，呼吁人们支持自己的国家。

相对于英国当局来说，奥地利外交家的手腕就要灵活多了。他们没有强硬地拒绝拿破仑的请求，而是装作一副"相信第一执政提出和谈是有诚意的"的样子。奥地利皇帝给拿破仑的回信使用的措辞也非常巧妙，他竭力诱使对方同意在坎波福米奥和约的基础上商谈实现和平的条件。

然而，他的如意算盘虽然打得好，却还是难免会落空。拿破仑怎么可能同意这样的要求呢？他的回信立即表明了他夺回法国在意大利和莱茵地区的统治权的决心。

法国著名寓言作家拉封丹有一则寓言，说的是北风和南风比试，看谁能把一个行路人的大衣吹掉。北风呼呼猛刮，行路人紧紧裹住大衣，北风无奈于他。南风徐徐吹动，温暖和煦，行路人解开衣扣，脱衣而行，南风获胜。英国和奥地利的反应恰好与这个古老的寓言相吻合。英国首相皮特和外交大臣格伦维尔勋爵的强硬态度，使得拿破仑"把大衣扣紧"，伪装成了一个热爱和平但是却备受打击的人，而奥地利的圆滑则诱使拿破仑脱下了"大衣"，暴露出了自己的真实用意。

实际上，第二次反法同盟之所以抱着必胜的信心，是有根据的。虽然这个时候俄国已经退出了这个同盟，但是奥地利却在意大利所向披靡，连连取胜。

1800 年 4 月，奥地利军队把在萨沃纳附近的法国部队切成了两半，法国指挥官絮歇所带领的部队由于失去了支援，不得不向着尼斯城仓皇而逃。而另一支部队则被死死包围在了热那亚的一些城堡里面。虽然严重受困，但是法国部队依然拼死抵御着奥地利军队的进攻。

当时担任法国主将的是马塞纳，他的副手是两位新近立了不少战功的将军乌迪诺和苏尔特。三个人齐心协力，指挥着法国部队顽强地抵御着奥地利军队的炮火。此时，他们不但身受奥地利部队的困扰，而且还要应对英国舰队的炮轰，还要与饥饿和突如其来却来势汹汹的瘟疫作斗争，处境可谓异常艰难。后来，这支守军的兵力逐渐削减到了一万人以下，但是他们却依然对兵力远胜过他们的奥地利军队产生了极大的牵制作用，为拿破仑部署对这支奥军后方以及更西一点的梅拉斯部队后方的打击赢得了更多的时间。

此时，絮歇已经退到了瓦尔河一线，在这里与梅拉斯的部队形成了对峙之势。莫罗率领的一支兵力较为强大的部队也正在向着奥地利将军克赖率领的奥地利主力部队步步紧逼，想把他们从黑林山的羊肠小道上赶出去，使他们不得不退守乌耳姆的设防营地。

奥地利军队的计划是什么样的呢？他们竭尽所能逼迫马塞纳，希望他尽快投降。

只要马塞纳的部队投降了，奥地利军队就扫清了障碍，可以挥师西上，攻进尼斯城、普罗旺斯，甚至长驱直入到萨伏依，大举包围絮歇的部队，并且串通法国的保王党分子，来一个大叛乱。如此一来，法国就会内外受困，陷入瘫痪之中，甚至可能被完全征服。英国人非常支持奥地利的计划，并且还向他们许诺，说会在适当的时候出兵相助。如果英国部队加入战争中，那么，絮歇的侧翼或后方就有可能受到严重的打击，反法同盟对法国的攻击也就形成了摧枯拉朽之势。

不得不说，反法同盟的计划真是谋略过人，如果一切顺利的话，打败法国、完全占领意大利也就指日可待了。那时候，法国人还有什么力量对他们进行反击呢？只能"人为刀俎，我为鱼肉"，任人宰割了。

然而，可惜的是，反法同盟的这个看似缜密的作战计划却违背了一条战略上的根本原则，他们把一支庞大的兵力安排在了敌人能够供后方进行打击的位置上，这个后方就是瑞士。而瑞士的重要地位，早就已经引起了拿破仑的重视。

1800 年 3 月，拿破仑在意大利挂图上把一个个大头针插在那些战略要地上，然后让布尔里埃纳猜一猜，他打算在哪里打败梅拉斯。

布尔里埃纳看了看挂图上密密麻麻的大头针，耸了耸肩，老老实实地回答道："我不知道。"

拿破仑笑着骂了他一句："你可真是个笨蛋！"然后，他指着地图为他讲解道："你看，现在梅拉斯的部队在亚历山大里亚，他的司令部在那里，他要在那里待到热那亚投降。亚历山大里亚有他的军火库、他的医院、他的炮兵、他的后备部队。我在这里（他指着圣伯纳德大山隘）穿过阿尔卑斯山袭击梅拉斯，我截断他同奥地利的联络，在这里（在圣朱里安诺插上一枚红针）在斯克里维亚平原同他会战。"

这充分说明，拿破仑早就已经制定了对奥地利计划的应对策略。早在 2 月初的时候，他就已经安排人员来组建一个预备军团。从各个战区和国内各驻军、各哨所悄悄抽调的部队纷纷前往第戎和沙隆之间的索恩河谷集结，看起来这支部队仿佛是为增援莱茵军团而准备的，所以奥地利人也就对他们失去了警惕。

拿破仑的战略计划最关键的地方在于牵制梅拉斯将军，他是奥地利军队的总司令，只有使他尽可能地滞留于皮埃蒙特的阵地上，预备军团才能从阿尔卑斯山的背后对他进行迂回包围。拿破仑把这个任务交给了马塞纳，1800 年 3 月 5 日，拿破仑给马塞纳写了一封信，告诉他自己的部署是怎样的：

我打算在第戎集结一个预备军团，现在我正加紧执行这项任务。军团集结完成之后，我将会亲自指挥这个军团。我特意派了一名副官带着未来战役的作战计划到你那里去，这个作战计划会告诉你，你的任务是多么重要，并且，你完全有能力完成这个任务。在三四月间，我建议你，把兵力的五分之四，大约四万人安排在热那亚。这样我就不用担心敌人夺取热那亚了，也就没了后顾之忧。

马塞纳的意大利军团不但装备非常落后，所处的位置也非常不利。而且他的兵力也远远没有拿破仑信中所说的五万人那么多，实际上全军只有三万六千作战部队。为什么拿破仑会把这么重要的任务交给这样一支部队呢？这正是他的巧妙之处。实际上，拿破仑要求马塞纳扮演的角色只是一只拴着的令人垂涎三尺的肥羊。有了这只肥羊的引诱，老虎就会上钩，进而掉以轻心，到这个时候，猎人就能轻而易举地猎杀老虎了。

正当万事俱备之时，拿破仑又发现了一个问题：西哀耶斯在拟定宪法的时候非常狡猾地塞进了一条规定，使得任何一个执政都不可能在战场上指挥军队，否则就是违法的。这意味着，拿破仑不能亲自指挥战争。无奈之下，他只好在1800年4月2日颁布了一个新的命令，任命陆军部长贝尔蒂埃将军为预备军团总司令。卡尔诺继任陆军部长。如此一来，拿破仑就巧妙地避开了新宪法对于他的军事行动的限制，而且还通过让自己的心腹来担任名义上的总司令，来使西哀耶斯以及其他政敌们无法对他的行为进行指摘。实际上，指挥这次战役的，还是他本人根据拿破仑的计划，贝尔蒂埃应该指挥着预备军团从日内瓦湖上溯罗纳河上游谷地，穿过圣戈塔德山口，再取道马乔列湖进入伦巴第平原。但是，没过多长时间，贝尔蒂埃就对这个计划进行了一次修订，把圣戈塔德山口划给莱茵军团。

之后，贝尔蒂埃委派参谋长杜邦将军在第戎组建预备军团司令部，而他自己则去了巴塞尔，与驻扎在那里的莱茵军团司令莫罗进行会晤，双方对将来作战时各自应该采取的行动进行了协调。莱茵军团右翼的指挥官蒙塞奉命带领着一个穿越圣戈塔德山口，与米兰附近的预备军团会师。与此同时，莱茵军团的其余各部则进攻黑森林，并在那里与克赖将军指挥的奥地利军队交战。1800年4月，贝尔蒂埃回到了第戎，总揽了预备军团的指挥权。

在第戎，拿破仑早就已经派人集结了三万两千人的兵力，并且把这些士兵们分成了四个师，由包德、沙布南、罗森和华亭分别指挥，而以缪拉指挥的骑兵师为核心。各个部队都缺乏足够的武器装备和运输工具，并且都在成批地进行新兵的招募工作，以便扩大兵力。这让拿破仑感到非常头疼，他不能亲自指挥军队，只能像一个编外总军需主任一样，通过卡尔诺向贝尔蒂埃下达命令，来纠正这位名义上的总司令在战略安排上出现的偏差。

按照拿破仑的部署，预备军团需要翻越阿尔卑斯山，来到梅拉斯的背后。为了不引起梅拉斯的注意，达到奇袭的效果，拿破仑希望预备军团早一些采取行动。然而，当时大雪仍然封山，阿尔卑斯山各个山口都没有办法同行。无奈之下，士兵们只能走另外的两个山口，一个是大圣伯纳德山口，另一个是辛普朗山口，因为圣戈塔德已经划给莱茵军团的右翼了。

拿破仑立刻安排一个参谋军官去对这两个山口进行侦查。这名军官回来以后，说，虽然辛普朗山口比较低，但大圣伯纳德山口还是更容易通行一些，因为该山口难行地段只有十公里左右，而辛普朗山口难行地段却要长得多。根据他的建议，拿破仑决定走大圣伯纳德山口，这条路可以直达都灵，而且从第戎基地出发，行军距离也较短。那位参谋军官还建议，如果把火炮装在特制的雪橇上，就有可能把这些炮都运过山口。于是，拿破仑下令在巴黎制造十部装有滚轮的载炮雪橇，另一批则在奥松火炮工场制造。

作战的第一阶段是要把整个预备军团向南移动一百九十公里，让他们在日内瓦湖附近一个新的地域进行集结。在这里集结完毕之后，再沿着日内瓦湖北岸行军八十多公里，经过洛桑到达远端的维尔纳夫，辎重等军需品则要用船舶从日内瓦运往维尔纳夫。这段行程倒是不会受到什么阻碍，因为独立的日内瓦共和国已经在两年前被法国强行兼并，并成了法国的莱芒行政区。同时，十三个中立的瑞士州也被占领，并被合并成了法国的一个卫星国，称作黑尔维谢共和国。所以，在瑞士境内，拿破仑完全可以为所欲为。

然而，正当预备军团在第戎如火如荼地进行着集结工作时，拿破仑的作战计划却突然被奥地利军队所采取的一个意想不到的主动行动彻底打乱了。

1800 年 4 月，梅拉斯率领着六万人马突然向马塞纳的意大利军团发起了一次进攻。虽然受到了兵力两倍于自己的奥地利军队的袭击，马塞纳依然带领士兵英勇抗击。然而，因为他的兵力已经被一分为二，其右翼（大约有一万七千人）由苏尔特指挥，已经被逐回热那亚防线以内，其左翼（大约有一万一千人）由絮歇指挥被压向了西边的尼斯。马塞纳实际上所拥有的兵力更加少得可怜。所以，虽然他发起了一连串坚决的反冲击，始终无法突破热那亚防线，在那里，陆上有奥特将军所率的奥地利军队，海上则有基思勋爵指挥的英国海军中队，因此，他始终受到严密的封锁。

这个糟糕的消息很快就从热那亚前线传到了拿破仑的耳朵里，他感到非常不安。于是，拿破仑给陆军部长卡尔诺下达了最新的紧急指示：

意大利军团正拼尽全力与奥地利军队展开搏斗。不管最终的结果是输是赢，预备军团都必须马上开始行动起来。如果意大利军团取得胜利，那么奥地利军队势必受到一定程度的削弱，如此一来，他们就无力抗击我军的预备军团了；但一旦我意大利军团失利，那么预备军团对皮埃蒙特或伦巴第展开进攻就尤为重要了，这样一来就可以分散敌方兵力。……所以，我要求您向贝尔蒂埃将军下达如下命令：

第一，带领预备军团向日内瓦推进，速度越快越好。

第二，将他在日内瓦搜集到的所有弹药给养都通过水路运往维尔纳夫。

第三，以最快速度进入皮埃蒙特，可以取道大圣伯纳德山口，也可以经由辛普朗山口。

除此之外，请你向莫罗将军重申此前的命令，催促他向敌军发起进攻，向他强调指出，他再继续拖延下去，共和国的安全就会受到威胁，到那时，他就会成为民族罪人。

一天后，他又直接向贝尔蒂埃下达了一个命令：

预备军团必须马上进入意大利，不要再继续等待莱茵军团了。进入意大利，你可以经由两个山口，一是圣伯纳德山口，二是辛普朗山口。……在意大利，你所拥有的四万人将所向无敌。

收到拿破仑的命令之后，贝尔蒂埃非常懊恼地给他回信说：

由圣伯纳德或辛普朗采取行动，这也是我一直在考虑的事情。我应该为马塞纳牺牲自己的一切。如果我现在拥有足够的弹药和雪橇的话，那么预备军团早就已经进入山地了。……但是，现在的情况时，我必须在没有一发子弹的情况下与敌人进行决战。……而且，我的雪橇一直在大后方。所以，一旦遇到敌人的侵袭，我只能把部队调到日内瓦湖上或撤到瓦莱，但这就谈不上与敌交战。……我已经尽我最大的努力来适应您的要求。做容易做的事情是无须声张的，但我要做的是不可能做到的事情。……或许你以为我现在拥有四万兵力，但是实际上我最多只有两万五千人。……更糟糕的是，辛普朗对炮兵来说是无法通过的。

所有的问题都向着拿破仑涌来，虽然他也感到头疼不已，但是却也无法抱怨，只能尽力为他的部下们提供帮助。此时，他正紧锣密鼓地为预备军团物色一个更为合适的指挥官，他指派他过去的副官马尔蒙上校以准将衔指挥该军团炮兵，缪拉将军指挥骑兵，缪拉向他报告说："昨天我对骑兵第七团进行了一次视察，我发现该团的现状实在是可怜，一没有充足的武器，二没有马匹，团里的仓库也空空如也。全团都是新兵，能够上战场的不过一百四十人，更糟糕的是，也没有被服和装备。"

1800 年 5 月，贝尔蒂埃把预备军团的司令部从第戎迁到了日内瓦。他的四个师已经开拔，现在他正忙着组编第五个师，由沙门巴克指挥。第二天，拿破仑给贝尔蒂埃送去一份令人非常消沉的通报：

如果马塞纳无法支撑下去，被迫在热那亚投降的话，那么梅拉斯将军只需要八天的时间，就能带着他的部队从热那亚赶到奥斯塔（全程二百五十公里）。一旦他率领两万人先于你到达那里，他就会有力地阻止你进入意大利，那时，你就会处于极端不利的处境。这对于你来说很危险。

四天以后，贝尔蒂埃给他回信说：

虽然现在摆在你我面前的是重重难关，但你放心，无论如何，我都会竭尽所能将其克服。如果雪橇能够及时送到我这里的话，我将尝试在 5 月 10 日和 11 日夜间率领队伍越过圣伯纳德山口。那里现在仍然有大量的积雪，随时都有可能会出现雪崩的状况，只有夜晚和正午时分通过，才不至于发生太大的危险。……军医现在还没有抵达军营，我们连一套外科手术设备都没有，一切都落后于计划。

虽然一路上困难重重，但是几天之后，拿破仑的部队和补给品基本上都已经运到了日内瓦湖附近，从那里就轻易地转运到罗纳河上游的峡谷地带。

现在，拿破仑已经整装待发了，他要回到两年前自己曾经浴血奋战过的那片土地，在那里，重新夺回法国失去的荣耀与辉煌。

马伦哥殊死之战

1800 年 5 月，拿破仑悄悄离开了巴黎。

为了掩人耳目，避免让别人知道他是到前线去指挥部队，在离开巴黎之前，他当着另外两名执政和各部长的面，对吕西安说："明天给各个省的省长写一份通报，你和富歇亲自给各个报纸送去，通报里就说我已经出发到第戎去视察后备军。你还可以说，我最远或许要去日内瓦，但是一定要告诉他们，我离开巴黎最多不会超过十五天。你，康巴塞雷斯，明天负责主持国务会议。我不在的时候，你就要承担政府首脑的责任。对国务会议也这么说：我的离开只是短期的，除此之外，不要讲任何事。让国务会议确信我对他们的工作是非常满意的，我希望他们继续下去。你同时还可以宣布，我已经任命约瑟夫为国务会议成员。出什么事的话，我就会像雷电一样赶回来。我把法国的一切重大利益全都托付给你了，我希望不久维也纳和伦敦就会谈起这件事。"

凌晨两点，拿破仑一行出发了。他们是沿着勃艮第大路一路前进的。沿途，拿破仑兴致勃勃地与他的部下们聊起了天。他大谈古代的军人，比如亚历山大、恺撒、西庇阿和汉尼拔，他对这些统帅的地位和各自采用的手段研究得非常透彻。

看到他谈兴正浓，布尔里埃纳为了讨好他，故意问道："那么，亚历山大和恺撒之中，您更佩服的是哪一位呢？"

果然，这个问题恰好符合拿破仑的胃口，他回答道："虽然我也非常佩服恺撒在非洲的漂亮仗，但是在我眼中，亚历山大才是第一流的领导者。我之所以更钦佩他，是因为他对亚洲战役的构想，更重要的是，他不但构思了这一切，还将其实施了。有些人指责这位马其顿王不应该花费七个月的时间围攻泰尔，这些人实际上根本就没有战争观念。如果我是亚历山大的话，我可能会在那里留七年。在我看来，这是一个庞大的课题，围攻泰尔，攻占埃及，以及进军阿蒙绿洲都恰恰证明了这位伟大主将的天才。他在格兰尼格斯和伊萨斯的两次战役中，只是挫败了波斯王的先头部队，他愿意给后者一定的时间，让他集中起全部兵力，从而一举推翻这个他刚刚动摇了的庞然大物。亚历山大如果对大流士穷追不舍，那他一旦进入波斯各州，就会脱离他的后援，哪怕只是一些零星的小部队，也有可能把他拖进沙漠。你认为他们在沙漠中还会行走自如吗？他们缺乏在这种情况下的作战经验，很可能会迷路。坚持攻下泰尔是有利的，这使他保持了与希腊的交通，他为希腊立下数不胜数的功绩。他是那么挚爱希腊，我理解这种感情，就像我现在如此热爱法兰西一样，他把自己的全部荣耀都寄托在希腊的荣耀上。他占领了当时十分强大富庶的埃及省，使得大流士不得不前来保卫或者挽救这个地方，在行军途中遭遇他。他自称朱匹特之子，他的行动方式使他能够有效地算计东方人的烈性。这一点恰到好处地帮了他。他死时才三十三岁，但是身后却留下了巨大的名声！"

拿破仑这一番对古代名将的精彩点评和独到见解，使得同行的人都对他佩服得五体投地。

拿破仑一行抵达第戎。在那里，他举行了一个盛大的阅兵仪式，对那些没有经过训练、连军装都不齐整的部队进行了一次检阅。在对这些新招募的士兵们发表了一次激动人心的演说之后，他们就火速赶往日内瓦。

几天之后，拿破仑赶到了日内瓦。他先是了解了两处战役的每一动向，在听取了工兵司令的汇报之后，他决定从大圣伯纳德山口进入意大利，而不走辛普朗山口。为了确保行军的顺利，拿破仑亲自过问有关大圣伯纳德山口的各种细节问题。他还会见了被派到大圣伯纳德山口去进行探测的工程师马来斯戈，马来斯戈心有余悸地向他汇报了军队经过这个山口进入意大利有可能会遇到的种种困难以及骇人情景。

拿破仑可不想听他的一再唠叨，还没等马来斯戈说完，他就打断了这位工程师，问道："你只告诉我一个问题就可以了，我们能从这里通过吗？"

马来斯戈想了想，说道："勉强可以通过。"

"那就可以了，"拿破仑果断地挥挥手，说道，"计划照旧！"

与此同时，率先一步的华亭师已经到达了位于索恩河上游的圣毛里斯。包德、罗森和沙门巴克领导的三个师正沿着日内瓦湖北面前进。而第五师（沙布南师）则奉命从日内瓦经阿纳西和尚贝里南行，然后经小圣伯纳德山口，翻越勃朗峰以南的阿尔卑斯山。拿破仑指示贝尔蒂埃派拉纳指挥前卫部队，并将其余的四个师编为两个军，分别由迪埃斯梅和维克托担任军长。

部署完毕之后，拿破仑离开日内瓦继续前行，5月到达洛桑。在这里，他检阅了预备军团的前卫部队。这时，拿破仑收到了马塞纳在4月给他写来的一封信，信中马塞纳向他求援："看在上天的分上，赶快派部队来支援我！这个城市已经受到海陆两面的封锁……我只有三十天的口粮。"

拿破仑给他回信道："我已经到达洛桑了。现在，我们的军队都在行动。我知道你的处境非常艰难，但是我仍然感到放心，因为你在热那亚。现在这种紧急的时刻，你一个人足以抵得上两万人。"

这是马塞纳收到的最后一封信。这封信历尽千辛万苦被送到他手里的时候，已经是1800年5月了。果然如马塞纳所估计的那样，他的部队在支撑了一个月之后，粮饷全部吃完了，在饥饿与敌军的攻击之下，他不得不投降了。

拿破仑下定决心向他所赞赏的古代将军汉尼拔学习，冒着阿尔卑斯山的凶险和艰难深入到意大利。然而，无论如何，派一支大军穿越大圣伯纳德山口，困难都是无法估量的。因为通过这个山口的大部分道路虽然都能够容纳马车通行，但是有一段长约二十四公里的道路马车却过不去。为了过这段路，不管是士兵也好，指挥官也好，都要忍受无数痛苦，历尽艰辛。

为了便于搜集行军过程中所需要的粮食，使任务能够更迅速地完成，以及混淆敌人的视线，拿破仑把军队分成了四路，按照不同的路线向前前进。他自己率领着大约三万五千人的主力，携带着大炮，翻越大圣伯纳德山口。蒙塞率领着一万五千人的左翼部队从圣哥塔出山，杜劳带领着五千人的右翼取道切尼山方向，左右两路军均配合主力行动。沙布南率五千人穿越小圣伯纳德山口，与主力在奥斯塔会合。

1800年5月，各路队伍都按照事先的安排开始行动起来。拿破仑随率领这支由骑兵和步兵组成的主力部队的任务是最重的，他们要运输的是战场上所需要的全部军火，其中还包括四十门野战大炮。

拉纳带领着一支骁勇善战的先锋部队，负责在前面开路，贝尔蒂埃和拿破仑亲自指挥着后卫，因为后卫有炮兵随行，这是整个部队的核心力量，无论如何都要保证他们的安全。

因为路况非常恶劣，部队只能沿着一条狭窄的道路向前行进。远远看去，这条长长的队伍就像是一条长蛇，在高山峡谷中蜿蜒向前。到了圣彼埃，就连这条只能容纳一两人同时行进的道路也消失了，在部队两侧，全都是深不见底的山谷和厚厚的积雪，没办法，士兵们只好沿着怪石嶙峋、堆满积雪的山脊向前爬行。他们必须非常小心，因为稍有不慎就会失足，一旦跌落到悬崖下面，就会粉身碎骨。而且，悬在他们头顶的冰川，也非常危险，不知道什么时候就会崩落。

战士们的前进虽然凶险异常，但是还不是最困难的。大炮和弹药的运输才是最令人头疼的。原先，拿破仑派人准备了一些雪橇，打算用雪橇来搬运大炮，但是到了山口之后，他才发现，这些雪橇完全起不到作用。

当时负责指挥炮兵的是马尔蒙，在当地农民的启发之下，他发明了一个非常巧妙的方法：把大炮从炮车上卸下来，把松树干掏空，按照尺码锯成两半，然后把大炮装在掏空了的树干里，用绳子结结实实地捆住，使炮耳和树干上大的 V 形切口合紧，炮尾朝前，炮口朝后，再在炮尾环上系上绳索。这样，不管是上山还是下山，大炮都会非常稳当，不会在剧烈的颠簸中掉落出来。拉大炮的繁重劳动简直要令人崩溃，于是马尔蒙就号召士兵们分批来拉，一批一百人。这些人轮班拉炮，旁边的军乐队不停地演奏着军歌来为他们鼓劲，上山的时候，在特别难走的路上，还可以听到号角与战鼓发出冲锋号，士气由此得到了很大的鼓舞。

走在最前的队伍，一点儿也不敢掉以轻心，哪怕是停下来喘一口气也不行，因为只要他们一停步，后面走在峭壁边缘的战士们就会被置于万分危险的境地，混乱也会随之发生。前军的脚步和骡子的蹄印把几乎要没过膝盖的冰雪全都踩得稀巴烂，走在后面的人们只能在这些烂泥里蹒跚前进。

在阿尔卑斯山上前行所经历的艰难困苦，用语言是无法形容的。但是即使是遇到这样的难关，拿破仑也没有慌张，而是一如既往地保持着冷静和镇定。为了表示自己与士兵们同甘共苦的决心，他甚至不骑骡子，而是与他们一起步行前进。有时他还会主动与当地的向导们攀谈，询问他们的生活状况，问他们如何谋生，这里发生意外事故的频率是怎样的。当他说话的时候，那种镇定自若的神态就好像他此时并不是站在阿尔卑斯山的山巅上，而是正在巴黎的大街上随意地散着步。

克服了种种困难之后，法国军队终于攀到了山顶，来到了大圣伯纳德山口的顶端。这里有一个圣伯纳德修道院招待所，已经累得精疲力竭的士兵们终于得以暂时休息一会儿。僧侣们为他们分发了面包、干酪、葡萄酒等，这些东西是拿破仑带来的军粮，僧侣们又非常大方地给他们添了一倍。

1800 年 5 月，拉纳率领的前锋部队抵达了风景旖旎的奥斯塔山谷，其他部队也紧跟着来到了这里。到此时为止，法国部队还没有遭受到什么抵抗，梅拉斯彻底被蒙在了鼓里，对拿破仑的行动一无所知。

第二天，他们又紧急行进到了沙蒂隆。在行军过程中，法国部队与一小股奥地利军队正面遇上了。奥地利人大吃一惊，他们做梦也没有想到，在这个地方竟然会神不知鬼不觉地冒出一支法国部队来。因为惊慌失措，再加上兵力悬殊，奥地利军队很快就被打败了，仓皇逃去。

按照预定的计划，法国部队继续向东行进，但是坚固的巴尔德堡却阻碍了他们的步伐。从奥斯塔沿着小河往下游走大约五十公里，有一个叫作当纳兹的小村庄，多拉·巴蒂亚河在该村正北流进了一道狭窄陡峭的峡谷，峡谷里水流湍急，巴尔德堡就耸立在左岸一块隆起的三面临水的岩石之上。巴尔德堡的地势非常险要，只要守住这个堡垒，进入皮埃蒙特平原的狭窄通道就会被彻底切断。负责守卫巴尔德堡的，是一支人数不多的奥地利军队，他们顶住了拉纳和贝尔蒂埃的一切进攻。

贝尔蒂埃亲自去对巴尔德堡进行了侦察，并且向拿破仑提交了一份报告：

今天我仔细勘察了巴尔德堡，它的确是一大障碍。它耸立在一块高高的、非常难以接近的岩石之上，有两道围墙，两层炮台，下层有火炮十二门，上层有五门。

通过巴尔德村的道路一边是陡峭的悬岩，另一边是难以徒涉的小河，它被三座吊桥所截断，完全位于该堡炮火的控制之下。我们虽然可以把一些步兵送过去，但要想让大炮通过，就必须夺取该堡。

在贝尔蒂埃的指挥之下，前卫部队开始向着巴尔德堡发起了猛烈的进攻，但是此地的地形实在是太复杂了，法国军队虽然在人数上占据了绝对的优势，却也发挥不了作用。他们接连进攻了很多次，都没能把这个堡垒拿下。

既然巴尔德堡久攻不下，拿破仑就开始思考其他的办法。后来，他终于想出了一个夜深人静时借着村子里房屋的掩蔽，把大炮偷偷运过去的方法。他派士兵们先在村子里的道路上铺满了麦秸和牲畜的粪便，这样，炮车经过的时候，就不会发出响声。按照拿破仑的指示，这些大炮被悄无声息地拉过了当纳兹村。正当他们快要大功告成的时候，巴尔德堡的守军听到了一些动静，于是立刻用手榴弹和步枪对着那些大炮进行扫射，一些还没来得及被运过去的装弹药的大车被炸掉了，由此造成了一定的损失。但尽管如此，四十门大炮和一百辆大车还是顺利地溜过了巴尔德堡。

拿破仑的这种善于随机应变、懂得适时而动的机智与奥地利军队在应战时的漫不经心，形成了一种非常鲜明的对比。其实，如果奥地利军队能够迅速地对巴尔德堡的守军进行支援，法国军队的行动不可避免地会受到阻碍，那时，他们的损失恐怕就是难以估量的了。然而，梅拉斯对于自己的后方已经受到了法国部队袭击的事情，依然毫无所知。

保卫多拉·巴蒂亚河谷的奥地利军队总共有三千人马，这三千人被分散在两处，一部分负责守卫尔德堡，一部分则驻守在伊夫里亚镇。拉纳率领的一股法军攻陷了伊夫里亚镇，俘虏了三百名奥地利士兵，收缴了十四门大炮。而巴尔德堡的奥地利军队仍在固守，法国后卫队只好把它团团围住。

此时拿破仑所拥有的兵力，包括后卫在内，一共大约有四万一千人。同时，在东面，有一支蒙塞率领着一支拥有一万五千士兵的法国部队正在通过圣戈塔德山口。现在，他们已经逼得驻守在提契诺河上游峡谷中的奥地利军队前哨节节后退。除此之外，还有五千法军正在通过悉尼西奥山口，从西面对都灵造成严重的威胁。拿破仑这时的作战计划是把这两股分散在不同方向上的兵力汇聚在一起，一举攻下敌军的弹药库，逼迫敌军全部投降。这个看起来有些冒进的决策是拿破仑制定的，当时，他获得消息说，梅拉斯还不知道自己已经落入了法国部队的包围之中，那时候还在尼斯城。拿破仑一下子看出，这是一个一举结束战争的绝佳机会，万万不能放过。

直到这时，梅拉斯才大梦初醒。当他听说一支拥有强大兵力的法国部队已经越过大圣伯纳德山口的时候，一下子清醒了过来。这时，他才意识到，自己在不知不觉中已经陷入了非常危险的处境之中。他只留下了一万八千人与驻扎在瓦尔河的絮歇部队进行对峙，自己率领着剩余的大部分兵力飞奔回了都灵。一路上，他心急如焚，只恨不得能够插上翅膀飞到都灵。到了都灵之后，梅拉斯才得知，自己的对手是拿破仑本人。然而，此时他所了解的消息还不够全面，直到五月底的时候，他才获悉蒙塞正在强行通过圣戈塔德山口，向着米兰进发。

这个消息让梅拉斯彻底慌了手脚，他急急忙忙地把所有兵力全都调了回来，以便于在必要的时候杀回图亚。他还紧急命令转攻热那亚的部队，让他们在收到命令的第一时间立刻撤回到亚历山大里亚。

但是，他还是晚了一步。此时，这支部队已经与马塞纳开始进行商讨，而英国海军上将基思则希望攻打热那亚的奥地利军队指挥官能够一直坚持作战，不要把这好不容易才赢得的胜利果实白白丢掉。显然，这不是梅拉斯希望看到的情景。

这个时候的热那亚已经陷入了绝境之中。城里的粮食几乎已经被吃完了，被困的人们开始到处寻找食物，马、狗、猫、鼠等都被杀死了，用来填饱肚子。每当守军出击的时候，饥民们就会不顾生命安全冒着炮火跟出去，到城外割一些野菜或者撸几把树叶子，回去之后撒点盐，煮煮吃，聊以充饥。

在饥饿的逼迫之下，有一些饥民开始密谋着造反。马塞纳得知这件事之后，立刻命令他的手下们四处巡逻，遇到有四个人以上聚集在一起的，就当即对他们进行射杀。在这种严酷的控制之下，造反的势头才被压了下去。

马塞纳派人向拿破仑送了一份急报，告诉他：敌人仍在围攻热那亚，并不断加强炮击，热那亚危在旦夕。要向该地进军，一分钟也不能浪费。但拿破仑接到这份急报之后，并没有派出援军，而是将其弃之一旁，随即分派各部大军去占领指定地点；拉纳军团进逼都灵，掩护主力右翼，并夺取波河上的渡河点。缪拉进占波河南面的皮亚琴察，以切断奥地利军队的退却线。主力部队则直趋米兰。拿破仑的主力部队没有受到奥地利的军队抵抗就进占了米兰。

1800 年 6 月，热那亚彻底弹尽粮绝，盼望已久的援军也迟迟不到，马塞纳再也无法强撑下去，于是就带领着八千名已经饿得皮包骨头的法国士兵，打着军旗撤出了死守一个多月的热那亚城。

虽然奥地利方面把这称为"投降"，但马塞纳显然并不认可这一点。他统治奥地利军队的统帅，说他的部队将会撤离热那亚，如果有人胆敢阻挡的话，他和他的士兵们就会用刺刀杀出一条血路来。

因为没有派军队立刻赶往热那亚对马塞纳进行支援，拿破仑受到了很多人的谴责。

马塞纳和蒂埃博都曾经严厉指责拿破仑，说他遗弃部下。后来，拿破仑被困在圣赫勒拿岛的时候，曾经解释过他为什么坚持东进米兰而没有去解热那亚之困。在他的回忆录中，他是这样记叙自己当时面临的三种抉择的：

第一，他应当进军都灵并攻击梅拉斯以便与已经越过塞尼山口推进到苏沙的蒂劳师会合吗？这可以使预备军团打通一条取道格勒诺布尔和布里昂松通往法国的新交通线。

第二，他应当在齐瓦索渡过波河并进而援救热那亚吗？

第三，他应当把梅拉斯甩在后头，渡过提契诺河而直取米兰，以便与已经越过圣戈塔德山口的莱茵军团蒙塞军的一万五千人会合吗？

对于这三种抉择，拿破仑是这样考虑的：

关于第一方案，如果这样做就会违反真正的作战原则。因为当时的梅拉斯仍然拥有非常可观的兵力，而法国部队当时还没有攻下巴尔德堡，一旦失败，就没有退路，在这种情况下作，实在是太过冒险了。

关于第二方案，在波河与热那亚之间的法军，其交通线和退却线都会暴露在一支强大的奥军面前。这样做也过于冒险，并不可行。

比较之下，第三方案相对更为有利。一旦占领米兰，法国部队就能够把奥地利军队的补给基地和医院全部占为己有。而且，与蒙塞会合之后，还能保证辛普朗山口和圣戈塔德山口这两条退路是安全可行的。

权衡了很久之后，拿破仑最终选择了放弃马塞纳、胜算更大的第三方案。

拿破仑进入米兰那一天，受到了亲法派分子的夹道欢迎和热烈欢呼。他们热情地歌颂拿破仑的远见卓识和令人震撼的魄力。在这之前，许多和西沙尔平共和国有关系的人都已经被奥地利军队定为罪人，不是被关进了牢狱里，就是被放逐到了荒凉偏僻的地区。这些人的亲友把拿破仑当成了共和国的救命恩人来欢迎，一看到他，几乎马上就会热泪盈眶。

在米兰，拿破仑逗留了七天，这段时间里，他精心挑选了重建西沙尔平共和国的人才，击退了东部奥军，把他们赶过了阿达河，并且为了给奥地利军队以决定性的打击，还重新组织了自己的和蒙塞的部队。

现在，拿破仑意识到，虽然都是在米兰，但是此时自己的处境与1796年的时候是恰好相反的。1796年，法国部队占领着托尔托纳、亚历山大里亚和瓦兰察，并企图把奥地利军队赶回到曼图亚城下。而现在，情况完全相反，奥地利军队占领的地方和那时法国部队占领的地方差不多一样，他们也跃跃欲试，希望冲破法国部队的战线，从而回到那个被隔断的"庇护所"曼图亚去。因为拿破仑手下的兵力相对奥地利军队要弱一些，所以他感到，要想阻止奥地利军队逃跑，并不是一件容易的事情。

当时摆在奥地利军队总司令梅拉斯面前的是三条路，最为直接的一条是经托尔托纳和皮亚琴察，沿着波河南岸，通过斯特拉代拉那条难走的隘路。另一条是越过亚平宁山脉退往热那亚，然后穿过摩德纳地区，回到曼图亚。第三条就是在瓦兰察渡过波河，在帕维亚附近过提契诺河。

拿破仑拿不准梅拉斯究竟会选择哪一条路，于是，他要求自己的部下们对这三条路进行密切的监视。他走的第一步棋就是派缪拉率领一支重兵，去夺取皮亚琴察，并占领斯特拉代拉隘路。很快，这些地势险要的堡垒都从奥地利军队的先遣部队手中夺下来了。第二步则是组建一个新的师，由加尔达内指挥。拉纳和缪拉都给拿破仑带来了好消息：他们的部队已经分别渡过了波河，拉纳还占领了重要的斯特拉代拉交叉路口。

拉纳奉拿破仑之命，向西南方向通往亚历山大里亚途中的沃格纳继续推进。第二天清晨，拉纳的前卫华亭师与奥特军的前卫正面遭遇了，奥特离开热那亚，梅拉斯命令他夺取皮亚琴察处的波河渡口。没想到却恰好碰上了拉纳的部队。双方在卡斯特吉奥展开了一场持续九小时的激战。最终，奥地利军队大败，并被赶到了小村芒泰贝格。法国部队以伤亡五百人的代价俘虏了五千奥地利士兵和六门火炮。

同一天，拿破仑离开了米兰。他和贝尔蒂埃一起渡过了波河，抵达斯特拉德拉。在这里，他们组建了一个新的司令部，对战斗兵力进行了调整，准备迎接大会战。

正在这个时候，一个意外消息使拿破仑兴奋异常，那就是德塞将军从埃及回到了法国。拿破仑迅速命令德塞前来意大利前线，与自己并肩作战。德塞赶到了斯特拉德拉。拿破仑抽出时间来接见了他。德塞将军是一位能征惯战的勇将，1798 年在上尼罗河谷战役中曾有过出色的表现。尽管对一些战功卓著的将领拿破仑总难免会有一些猜疑，害怕他们怀有野心拥兵自重，但德塞却一直让他非常放心。他对德塞的才能和性格都非常了解，知道他是一个热爱和平而且坚定的人，心中没有丝毫野心，也从来不想追求政治权力。

拿破仑与德塞密谈了三个小时，第二天，他就发布命令通告全军，德塞担任布台那一师的师长。当秘书布尔里埃纳对此大感不解的时候，拿破仑说："我同他谈了很久，自有我的原因。他将常任我的副官。我一回到巴黎，就会任命他为司法部长。只要我力所能及，我会立他为亲王。我发现他的个性很有一些古风。"拿破仑对德塞的钟爱由此可见一斑。

拿破仑把由包德师和莫尼尔师组成的一个大约拥有九千人的军团交给德塞来指挥。维克托军则由沙门巴克师和加尔达内师组成；而拉纳军还是华亭那个师。这三个军加起来总共有 2.3 万步兵，加上缪拉指挥的四个骑兵旅，构成了拿破仑在波河南岸的打击力量。迪埃斯梅军和蒙塞军则被部署在了波河北岸保护法军的交通线。

拿破仑把法国部队的打击力量集结起来，全部集中在了沃格拉附近。沃格拉是一个托尔托纳东北大约十五公里处的小要塞，它的主要任务是保卫桥梁。沃格拉到亚历山大里亚的道路，就是通过这座桥梁越过斯克里维亚河的。

当时正值夏季，暴雨时有发生，斯克里维亚河已经满溢。根据拿破仑的判断，奥地利军队一定会努力扼守这条河，他断定，在沃格拉一定会有一场激战。所以，第二天，他下令部队以八公里宽的正面继续向着斯克里维亚河开进，拉纳率领的军团被安排在右翼，指向卡斯特洛诺。维克托率领的军团则为左翼，指向托尔托纳。德塞军被部署在蓬特库隆，做预备队，随时准备作战。每一个军都配备了一个缪拉师的骑兵旅，以备不时之需。蒙塞军的拉普师则接到命令从帕维亚向着波河南岸开进，并且加入了德塞的预备队。军团司令部则从斯特拉代拉向着卡斯特吉奥转移，然后又进至沃格拉。

这支浩浩荡荡的部队终于抵达了斯克里维亚河，然而，令拿破仑感到意外的是，在这里，他们竟然没有遭到任何抵抗。

于是，第二天法国部队继续向亚历山大里亚推进。对于奥地利军队的撤退，拿破仑感到有些困惑，他想不明白，梅拉斯的葫芦里到底卖的是什么药？他推断梅拉斯是在有意跟他兜圈子，从而诱使他上钩，奥地利军队或许会从瓦兰察渡过波河，或者往南退到热那亚。对着两个可能性进行了比较之后，拿破仑认为退守热那亚的可能性会更大一些。因为在热那亚，奥地利军队能够得到英国舰队的支援和补给，还可以绕道摩德纳，返回曼图亚要塞。对于一位要避免决战的将军来说，撤往热那亚几乎是当时最好的决策了。

因此，当天中午，拿破仑作出决定，就把德塞的预备队一分为二，莫尼尔师被合并到拉纳军，充实拉纳的预备队，而德塞则率领包德师前往托尔托纳以南大约十九公里的塞拉伐里，对亚历山大里亚到热那亚的道路进行封锁。与此同时，拉纳军和维克托军继续向着博尔米达河蜿蜒曲折的河谷向西进发，目前这条河阻塞了通往亚历山大里亚的路。

在距离亚历山大里亚东南四公里的位置上，有一个叫马伦哥的小村。它紧靠着一条名叫丰塔农讷的小河，从亚历山大里亚通向皮阿琴察的大道，从这个村庄中穿过。这一带的地形非常复杂，村庄、农舍和葡萄园星罗棋布。这些天然障碍对于防御者是非常有利的。

维克托军的前卫加尔达内师在马伦哥与一支奥地利部队相遇了。经过一场激烈的决战之后，奥地利军队支持不住，丢下了两门大炮和几百名战俘，向着亚历山大里亚的方向逃窜而去。由于天色已晚，敌情不明，于是法国部队就停止了追击，在马伦哥及其以北地方宿营过夜。

天黑之前，拿破仑赶到了马伦哥，对这里进行了侦察。此时的拿破仑还无法摸清梅拉斯的真实意图，他心中有一个疑虑：奥地利军队会随时向兵力分散的法国部队发起突然袭击。于是，他命令一个叫加尔达的参谋去察看博尔米达河上的桥梁是否完好。不幸的是，加尔达带来的是一个错误的消息，他向拿破仑汇报说：博尔米达河上只有一座桥梁，而且已经被奥地利军队彻底破坏了。

拿破仑并没有怀疑这个情报的真假，由此他断定，自己之前的判断是正确的，梅拉斯的确已经彻底放弃北渡波河决战的企图，正在撤离亚历山大里亚，准备向南撤往热那亚。因此，还没等到各路军队集中靠近，他就下令就地宿营，维克托军团孤立地驻扎在马伦哥村。

此时的拿破仑和梅拉斯都不知道对手的虚实。实际的情况是，这两个军团的兵力大体相当，奥地利军队稍稍占一点优势。虽然奥地利军队在战斗中被击败，然后又遭到了挫折，然而，整个军团仍然拥有相当强大的实力，梅拉斯并没有像拿破仑预料的那样，打算向着热那亚方向撤退，相反，他的计划是要集中全部兵力来进行孤注一掷的决斗，准备向斯特拉德拉方向突进，力求北渡波河再奔向曼图亚要塞。

这天夜里，整个马伦哥平原如同一潭死水一般寂静无声，谁也没有料到，第二天要在这个地方发生一场大规模的会战。这种平静蒙蔽了拿破仑，他认为梅拉斯一定已经逃之夭夭了。

拿破仑命令担任预备队的拉波普师渡过波河，向瓦伦察方向搜索，以阻止奥地利军队的撤退。同时，他又派人通知德塞，命令他继续向南前进，查明奥地利军队的实际去向。然而，令人意想不到的是，就在这个时候，一场酝酿成熟的大战突然爆发了，拿破仑万万没有想到，因为自己的判断错误，差点导致法国部队的彻底失败。

这天天刚破晓，梅拉斯就率领着自己的军队倾巢出动，如同潮水一般涌过了博尔米达河。河上的桥梁不但没有遭到破坏，而且还非常神奇地出现了两座新的浮桥。奥地利的三路人马并驾齐驱，锐不可当，向着法国人的阵地直扑过来，没过多长时间，法国前哨被蜂拥而至的奥地利士兵们逼得只好退到了马伦哥。

在马伦哥驻扎着的维克托军团受到奥地利军队的猛烈袭击，此时，双方的实力非常悬殊，维克托军团只有九千人，而奥地利军团则足足有两万八千人，情况万分危急。

激烈的炮声震醒了拿破仑，当他得知奥地利军队向着马伦哥发起进攻的时候，他深受震惊。他给维克托下令，一定要不惜一切代价守住马伦哥，同时，他还派克勒曼的重骑兵旅和拉纳军团从左右两翼去支援马伦哥。克勒曼在这次战役中立下了汗马功劳，他给了奥地利军队中一支过于轻敌的骑兵以迎头痛击，一直把他们赶进了深深的丰塔农讷河。

克勒曼的痛击给拉纳赢得了宝贵的时间，使得他得以把他那一师的五千人马调集过来，在马伦哥和卡斯特尔切利奥洛之间摆好阵势。

上午十点，奥地利军队再次竭尽全力展开进攻，这一次，法国部队难以抵挡对方凌厉的攻势，只好节节败退。梅拉斯派奥特将军率领一支强大的纵队，向拉纳发起了猛烈攻势。拉纳的部队虽然作战英勇，寸土必争，但是在对方的步步紧逼之下，也不得不边战边退。

上午十一点，拿破仑从后方赶到了前线，看到情况如此危急，他立刻命令他的八百名近卫军前去支援拉纳，迎击奥特的部队。

这些近卫军，在卡斯特尔切利奥洛附近排成了一个方阵，顽强阻击着奥地利军队的进攻，一开始，他们的阻挡起到了一定的作用，然而，没过多长时间，就在敌人的大炮轰击和骑兵冲杀之下，出现了颓败之势。就在这个紧要关头，蒙尼埃率领的三千六百人上来了。他们马上加入到了战斗之中，并且一鼓作气把一部分奥地利军队阻击在了里珀基小村附近。

趁着这个机会，维克托和拉纳迅速对他们的师团进行了一番整顿，重振士气，暂时挡住了敌军的进攻。然而，奥地利军队主力沿着公路的进攻，缓慢而又不可避免地迫使他们退向圣吉利亚诺。

奥地利军队的总司令梅拉斯，虽然已经年过七十，但是却一点儿也不示弱。他亲临战场指挥作战，乘坐的战马连续两匹被炮弹击毙，仍然毫无惧色，指挥着部队对法国人进行猛击，终于，马伦哥被攻下了。法国部队不甘心，发起了四次反击，虽然一度也曾夺回阵地，但因为寡不敌众，最终还是不得不放弃了马伦哥。

下午两点，法国部队出现了溃败之势。除了战线北翼外，法军在全线败退，而且除了五门大炮之外，其余的大炮都已被敌军的火力压下去了。维克托军团被彻底击溃，拉纳军团也开始了有秩序地撤退，马伦哥平原上到处都布满了法国士兵们的尸体。整个部队都陷入了混乱的状态中，很多人恐慌地呼喊：一切全失败了。

此时，梅拉斯认为法国人已经接受了失败的命运，大局已定，欣喜若狂，马上派出一名信使到维也纳去报告好消息，他让信使告诉弗朗西斯二世：奥地利军队在马伦哥平原大获全胜，曾经战无不胜的拿破仑已经被彻底击败，缴获的战利品和捉到的俘虏的数量非常可观，目前还来不及计数。

因为年老体衰，再加上身上受了几处轻伤，梅拉斯就回到亚历山大里亚休息去了，把指挥追击大权交给了参谋长察赫。察赫被胜利冲昏了头脑，他没有下令继续对法国军队进行追击，而是安排奥地利军队成批成批地休息、吃饭。直到酒足饭饱之时，他才派出了五千人马，排着整齐的队形，吹着军乐，打着军旗，慢悠悠地开始追击四散而逃的法军。

面对着溃败的局面，拿破仑仍然竭力保持着冷静。他相信，这场战斗还远没有到结束的时候。如果德塞能够火速返回马伦哥的话，那么，自己还有反败为胜的希望。当天早些时候，当拿破仑意识到自己的部队正受到梅拉斯全部兵力的攻击时，他曾派人到十九公里之外的塞拉伐里去传令德塞火速赶回圣吉利亚诺。现在，他唯一能做的，就是等待德塞的归来。他下令，任何人都不许后退，疲惫不堪的法国士兵们只好与奥地利的追击部队苦苦战斗着。

下午五点，正当法军快要彻底崩溃之时，德塞率领着他的部队犹如天兵一般赶到了马伦哥。拿破仑大喜，他着急地问德塞："你看接下来我们该怎么打？"德塞向他提出一个建议：使用炮兵来组织奥地利军队的进攻，对敌人发起反击。

法国部队的反击很快就开始了。马尔蒙把德塞带来的十三门大炮和之前剩下的五门大炮集中在一起，摆开了一个强有力的阵势，几乎盲目地向着奥地利军队的密集队伍展开了猛烈轰击。

正沉浸在胜利喜悦中的奥地利军队完全没有料到，已经被打得落花流水的法国人竟然还会有这一手，队形一下子乱了起来。趁着这个机会，德塞隐蔽在村庄和附近一座小山后面的法国部队向着他们猛扑了过去，犹如一股势不可当的洪流，奥地利士兵们纷纷大惊失色，四处逃散。克勒曼也率领着重骑兵向他们的侧翼大举进攻，这一步收到了空前的出敌不意的效果。奥地利军队进攻的队伍一下子就被切成了两段。

德塞，这位有勇有谋的猛将一马当先冲在了队伍的最前列。突然，一颗子弹飞了过来，恰好射进了他的心房，这位骁勇善战的将军当场阵亡。长官的死，激起了法国士兵们的愤怒，他们的冲击更加猛烈，炮火更加密集了。

奥地利的士兵们，刚才还呈现出了所向披靡、势不可当的冲劲，现在却全都血肉模糊，躺在了地上，有的人是因为中了霰弹，有的人则是被马刀砍死的。那些依然苟延残喘的士兵们，不是在葡萄园里到处逃窜，就是乖乖地举手投降。这支原本神气十足的胜利之师，一下子变成了仓皇而逃的乌合之众。他们被迫放弃了马伦哥，继而涌向博尔米达河，争相逃命。法国部队抓住了战机，一鼓作气，一下子把奥地利军队赶过河去。直到夜幕降临以后，他们才停止了追击。

马伦哥之战，拿破仑最终反败为胜。然而，这场胜利的代价是非常高昂的。法国部队的伤亡大约为六千人。除此之外，拿破仑还受到了一个不可弥补的损失，那就是德塞的阵亡。就在他的才能和锐气使法军转败为胜的那个时刻，他却不幸中弹了。

在这个凯旋之夜，拿破仑却一点儿也不高兴，德塞的牺牲使他感到万分痛苦，他含泪说："法国刚刚失去了一位最优秀的卫士，我失去了一位最好的朋友，谁也不理解德塞那可贵的心地和天才的思想。如果现在能够拥抱德塞，那该有多好啊！"据拿破仑身边的人说，在多年的征战中，他们只看见拿破仑掉过两次眼泪。一次是在马伦哥战役中，德赛将军被敌人击毙的时候；另一次是若干年后，在阿斯佩恩战役中，拉纳元帅被炮弹炸断了双腿，在拿破仑怀中死去的时候。

胜利之后

马伦哥的殊死之战将奥地利人的士气彻底摧毁了。溃败的奥地利军队像潮水一样向着一百九十公里外的后方逃窜，一路上，在法国部队的围追堵截之下，他们几乎被吓破了胆，全都变成了惊弓之鸟。

当他们历尽了千辛万苦终于逃回亚历山大里亚时，才发现，在这里等待着他们的，不是安逸的庇护所。这个曾经的大后方，现在已经陷入了法国部队的重重包围之中。他们一年来在战场上流血牺牲所取得的丰硕成果，顿时化为了乌有。

的确，现在奥地利军队的胜利果实都已经被拿破仑的部队一扫而光了。这支勇猛的军队，在攀越阿尔卑斯山之后，用了不到一个月的时间，就重新收回了尼斯、皮埃蒙特和伦巴第，并且把奥地利军队打得落花流水。

到了这个时候，梅拉斯已经彻底失去了斗志。对于他来说，此时不管拿破仑提出什么样的条件，他都愿意接受，不过别让他太难堪就可以了。

这当然也是拿破仑喜闻乐见的。他非常愿意在这种荣耀的情况下结束这场并不令人愉快的战役。他同意在意大利境内停止敌对行动，但他提出了一个条件：奥地利军队必须撤到波河以北和明乔河以东地区，但仍派兵留驻佩斯基耶拉和曼图亚两个要塞。双方在明乔河以西地区设立一个非军事地带，避免发生冲突。

一天清晨，梅拉斯派列支敦士登亲王来到拿破仑的宿营地进行谈判。拿破仑再次重申了自己的条件，他对这位亲王说，围困在亚历山大里亚的军队可以不失尊严地开出，但必须在众所周知的条件下，也就是整个意大利重新归法国统治。

列支敦士登亲王不想答应这样的条件，于是请求回到梅拉斯那里向他汇报一下。傍晚的时候，他回来了，对条件的苛刻发表了许多意见。

拿破仑有些不快地对他说："殿下，您要做的事情其实很简单，那就是将我的最终决定带给您的将军，让他来判断是否答应我的要求。您不必说服我，我的条件已经进行了深思熟虑，不会再变化了。所以，您的一切劝说都是白费口舌。您知道，我对你们现在的处境可能比你们自己都要了解，我已经在战场上摸爬滚打了很多年，这对我来说不是什么难事。我知道你们被围困在亚历山大里亚，你们的伤病员到处都是，没有药，而且粮食也紧缺。我占领了你们的后方。你们军队的精锐部分大部分已经战死，其他的也受了伤。以你们目前的处境，我完全可以向你们提出更苛刻的条件、更多的要求，我的地位允许我这样做，但是，我非常敬重你们的将军，为尊敬他的花白头发，我特意降低了我的要求。"

拿破仑的这番话说得既高尚，又不容辩驳。列支敦士登亲王只能保持沉默。

谈判结束以后，拿破仑对布尔里埃纳说："布尔里埃纳，我知道，这些条款的确有些苛刻，尤其是交出围攻了许久的热那亚，它是半个月前才得手的。但是我们只能这么做，也必须这么做。"

梅拉斯的两个信使前后脚回到了维也纳，在前一个信使兴高采烈地向弗朗西斯二世报告了马伦哥全胜的消息以后，后一个信使就垂头丧气地送回了惨败的消息，这使得奥地利王室和首都人民，都经历了一场开始时欢天喜地，接着又失望沮丧的闹剧。

在听说了拿破仑提出的条件以后，弗朗西斯二世感到非常难以接受。然而，梅拉斯还是答应了拿破仑的要求。对他的指责蜂拥而来，有人责备他贪生怕死，因为他交出了他的部下们还在死守着的很多要塞，包括热那亚。然而，事实是，梅拉斯只有这一条路可以走。此时他在亚历山大里亚只有不到两万人的兵力，其余的三万人在萨沃纳和布里西亚之间已经被分割成了若干小股，可以说是完全在法军的掌握之中。梅拉斯又能凭借什么来守卫那些要塞呢？

拿破仑也受到了一些指责，有些人认为他提出的条件过于宽大。的确，拿破仑完全可以强迫奥地利接受更为苛刻的条件，但是，现在他已经不再是一个将军，作为第一执政，他必须要考虑到政治。不管是为了法国的利益，还是为了他个人的统治，他都需要和平。尤其是在这次胜利之后，法国人对于和平的渴望更加强烈了。因为他们虽然愿意享受胜利所带来的荣耀，但更需要胜利之后的"疗伤"。对于他个人来说，他的第一执政的地位还没有得到彻底的稳固，他想早一些回到巴黎，以控制那桀骜不驯的保民院，震慑雅各宾派和保王党人，并重建法兰西的典章制度。

在这些动机的促使之下，拿破仑给奥地利皇帝弗朗西斯二世又写了一封呼吁和平的信，再次提出以坎波福米奥条约为基础而与奥地利谈判的建议。只是，当时的奥地利虽然经历了一场惨败，但还远远没有败到非得接受这样的条件不可的程度。所以，弗朗西斯二世委婉地拒绝了拿破仑的建议。

很快，拿破仑就与梅拉斯签订了停战协议，这项协定一签字，拿破仑就向布尔里埃纳口授了给他同事的下述函件：

执政公民，马伦哥战役的次日，梅拉斯将军带讯给我军前哨，请求准许他派斯卡耳将军来我处。当天草拟协定，副本附上，夜间由贝尔蒂埃将军和梅拉斯将军签字。我希望法国人民对他们军队的作为感到满意。

1800 年 6 月，拿破仑回到了米兰。这次凯旋，他受到的欢迎比他第一次进入这座城市的时候更要热烈百倍。在米兰城，不管他出现在哪里，都会响起震耳欲聋的欢呼声。米兰人民再次把拿破仑奉为自己的救命恩人，感谢他把米兰从奥地利人的暴力统治下解救出来。在这里，拿破仑会见了马塞纳，这是他们远征埃及以来第一次会面。对于马塞纳保卫热那亚的英勇表现，拿破仑赞不绝口，并且还提拔他为意大利方面军总司令。

为了庆祝马伦哥之战的胜利，米兰人还特意举办了一场盛大的音乐会。拿破仑应邀出席了这次音乐会，在优美的音乐声中，他被一位女歌手深深吸引了，她就是拉格拉西尼夫人。第二天一大早，拉格拉西尼夫人已经在拿破仑的卧室里与他一同吃早餐了。拿破仑对这位拉格拉西尼夫人非常钟情，他还安排贝尔蒂埃负责照顾她，并护送她到巴黎去。

整个六月，不管是在巴黎，还是在其他城市，人们都怀着各种各样的心情，焦急地等待着关于意大利战场的消息。保王党分子希望听到的是拿破仑惨败的消息，希望法国部队被奥地利人打得落花流水，这样，他们就可以趁机作乱，复辟波旁王朝。而老百姓们，包括资产阶级在内，都衷心地希望拿破仑能够获胜，从而重新夺回意大利，为法国赢得荣誉和和平。由于音信不通，消息非常不准，谣言四起，有人说法国人被打败了，有人说法国人赢得了胜利，还有人信誓旦旦地说，拿破仑在战场上阵亡了。各种消息传来传去，谁都不知道哪一个是真的，这给人们的心头都蒙上了一层挥之不去的阴影。

直到 6 月中下旬，确切的消息才传了出来：法军大获全胜，奥地利已被打垮，梅拉斯被迫乞和，意大利又被拿破仑占领了。当天下午，巴黎城里到处礼炮轰鸣，人们按捺不住内心的激动，纷纷到了大街小巷里，庆祝着这一重大的胜利。

几天之后，拿破仑离开了米兰，经蒙塞尼大路返回法国。他所到的地方，到处都是万众云集，欢声震天。一路上，几乎每个城镇的入口处，都竖起了凯旋门，每个乡镇都派出一批绅士显贵前来拜会拿破仑，对他的丰功伟绩进行颂扬。

当他来到里昂的时候，人们欢迎他的程度简直已经可以用"狂热"来形容了。人们倾城出动来迎接他，人人都想见一见第一执政。拿破仑一出现，欢呼声就会此起彼伏，惊天动地。第二天，在里昂人的欢呼声中，拿破仑为新的拜耳古广场奠定基石，它是在被雅各宾党人于革命狂热中毁掉的大广场的废墟上建立的。

面对着这样的场面，拿破仑的心中溢满了得意之情。心情愉快的他一路上谈锋甚健，经过勃艮第的时候，他对布尔里埃纳说："再来几次这样的胜仗，我也许可以留名后世子孙了。我在不到两年内攻占了开罗、巴黎和米兰，如果我明天死去，千载之后，我也许能在通史上占半页篇幅。"

1800 年 7 月，拿破仑终于抵达了巴黎。还没等天亮，第一执政凯旋的消息就已经如同长了脚一般，传遍了整个巴黎。所有的市民们都涌到了大街上，争相看一眼这位法兰西的保护者。杜伊勒里宫的周围每天都挤满了人，他们如同"朝圣"一般，渴望着能够见到拿破仑。夜幕降临的时候，不管是家有万贯的富豪，还是一贫如洗的穷人，都会在自家的宅邸内或草房里张灯结彩，来庆祝这场难得的胜利。巴黎的各个大街小巷，都是一片灯火辉煌的景象。

此时，谁要是对第一执政稍为表示一点冷淡，都会被人们认为有保王党的嫌疑。人们都认为，这是法兰西共和国对欧洲反法联盟的胜利，是新政权对保王党人的胜利。当时，广大群众对于拿破仑和新政权的支持，完全建立在憎恨波旁王朝的基础之上。他们没有料到的是，随之而来的将是一种新的统治，一种更加有利于资产阶级，但是却不利于工人群众的统治。

瓦解反法同盟

马伦哥之战以后，拿破仑开始由衷地希望，欧洲能够暂时恢复和平。在经历了连年征战之后，法国人对战争已经产生了强烈的厌恶，马伦哥大捷再度激发了人民对和平的渴望。从拿破仑的个人角度来说，他也渴望和平，在他远征意大利期间，国内的雅各宾派和保王党分子趁着这个机会肆无忌惮地进行各种推翻执政府的活动。拿破仑必须腾出一些时间来彻底整治一下这些反对分子了。再加上战争的频频发生使得原本就有些亏空的国库更加空虚了，财政危机也急需解决。基于这种种原因，拿破仑决定采用外交手段来寻求与欧洲各国的和平。

拿破仑第一个想到的是，与俄国改善关系。

俄国沙皇保罗一世曾经非常仇视法国，第二次反法同盟就是在他的促使之下组建的。开始的时候，他对法国的攻势是非常猛烈的：他派苏沃洛夫将军率领六万俄军对意大利发起进攻，又派一支俄军进军瑞士，同时把一万五千人交给约克公爵支配，让他攻打荷兰。为了与法国争夺势力范围，俄国献出了可供调遣的全部兵力。

虽然在卡萨诺、特列比亚和诺维等战役中，苏沃洛夫连连获胜，然而，自从苏黎世战役以后，他在圣哥塔和瑞士的各个战场上却一再遭遇失败的命运，导致军队的兵力削减了一半。1800年苏沃洛夫回到俄国的时候，他所率领的兵力只剩下了四分之一。

俄国部队在战场上接二连三的惨败，使得保罗一世开始抱怨起奥地利和英国，因为他们没有及时给俄国部队以有力的支援，导致他的部队失去了很多精锐之师。他同时还指责奥地利当局完全被自己的个人利益所支配，在攻占皮埃蒙特以后不允许撒丁国王复位，全然不考虑他国的利益。他也抱怨英国人占领了马耳他以后，没有让耶路撒冷的圣约翰骑士团复职，反而占为己有，使其成了英国的势力范围。

俄国与英国、奥地利之间产生的嫌隙，没有逃过拿破仑犀利的眼睛，他决心利用这种不和，使仇恨的种子开花结果。

回到巴黎之后，拿破仑就给沙皇保罗一世写了一封信，给他送上了一份精心准备的"礼物"：如果法国驻马耳他岛的守军，因为被困粮食断绝而不得不撤出的时候，他就会把这个岛交给沙皇，让他以圣约翰骑士团大统领的身份对其进行照管。

这个"礼物"送得非常巧妙。保罗一世早就对马耳他岛觊觎已久，但是苦于没有机会下手。拿破仑深知保罗一世是如何煞费苦心，要在那个岛上取得一个立足点，以便他能从东南方威胁土耳其。现在，瓦莱塔已经被纳尔逊的战舰密密麻麻地包围了，在城里，也受到了当地人的围困。可以预料，不用过多长时间，它就得投降。此时做一个顺水人情，不是正好吗？

为了进一步笼络俄国，拿破仑还把在意大利、苏黎世以及荷兰俘虏的大约一万名俄国士兵无条件送回了俄国。被俘的俄国军官很快就领到了他们的佩剑，士兵们都换上了全套新装，集中在亚琛等候回国。这一举动令保罗一世非常满意，同时也给本来就不太和谐的俄英关系以沉重的打击。因为由英国的约克公爵指挥的在荷兰作战的俄军，当他们在海峡群岛度过寒冷冬天的时候，英国政府对他们可是非常小气的。

与英国人那时时保持着的绅士的架子和不时流露出来的傲慢态度相比，拿破仑的宽容与大度显然要可爱得多。保罗一世终于向欧洲大陆另一端的拿破仑送来了温情的一瞥。这位曾经疯狂攻击法国的死对头，几乎在一夜之间成为了法国的"好朋友"，他写信给拿破仑，说："公民，第一执政，我之所以给您写信，不是为了与你讨论人或公民的权利，作为一个国家的君主，愿意如何治理他的国家就可以如何治理，谁都无法干涉。不管是哪个国家，只要我看到担任国家首脑的人懂得怎样统治他的国家和怎样作战，我的心就会被他吸引过去。我写这封信给您只是想告诉您一件事，我对英国有极大的不满。……我愿意与您联合起来，共同结束英国政府的不公正处置。"

随着与拿破仑的友谊不断深化，保罗一世对英国越来越仇视。1800 年 8 月 29 日，他宣布了一项针对英国所有船舶的封港令，而且还出面组织了一个包括瑞典、丹麦和普鲁士在内的对付英国的保护中立国联盟，在波罗的海对英国进行排挤。同时，法俄两国开始考虑建立军事同盟。

1800 年 12 月初，保罗一世派卡利切夫来到巴黎，为建立一个法俄联盟而与拿破仑进行商谈。在巴黎，卡利切夫受到了非常热情的招待。拿破仑在经过了一番深思熟虑之后，答应让流亡在外的撒丁国王回到自己的故土，并且让罗马教皇恢复他的属邦。

沙皇保罗一世则给了拿破仑一个极具诱惑性的建议，他劝拿破仑建立一个王朝，从而结束那些导致整个欧洲反对法国的革命原则。保罗一世还主动提出，要承认法国的自然疆界，也就是莱茵河与阿尔卑斯山滨海支脉。他还声称，德意志的事务英国通过他自己的调停来进行处理。

双方可谓一拍而合，很快，他们的"交易"就达成了。法国和俄国开始携起手来，以求共同控制中欧和南欧的事务，与英国人在海上建立的霸权相抗衡。

拿破仑之所以会这样做，不只是为了瓦解第二次反法同盟。法俄联盟的建立是为他的长期政策而服务的。此时拿破仑所实施的政策，早就已经超过了欧洲大陆的范围，开始面向海洋了。然而，这个时候，英国人已经在海洋上建立起了绝对霸权，只靠法国自身的力量，是不可能推翻这种霸权的，他需要俄国人的支持。只有与俄国联手，法国才能在海上将英国打败，也只有到那时候，拿破仑才能真正掌握埃及，并且重新向东方进发。对埃及，拿破仑始终没有忘怀。

1800 年年底，保罗一世提议法国与俄国共同入侵印度，以求"予敌人以致命的一击"。他的这一招，远远超出了拿破仑的最高期望。这个计划，是要在俄国的阿斯特拉罕集中三万五千名俄国士兵。与此同时，同样数目的法军应该杀到多瑙河口，然后乘坐俄国船向亚速海出发，在里海上与俄军会师，驶至里海南端，然后煽动波斯人和阿富汗人，共同把英国人从印度赶出去。

虽然拿破仑是一个野心勃勃的人，但是，当保罗一世把他的宏伟计划派人送到巴黎的时候，就连胃口一向很大的拿破仑也不由得感到瞠目结舌了。保罗一世的胃口比他还要大，他不仅要征服欧洲，甚至还想称霸世界。

虽然拿破仑不是非常欣赏这个看起来有些不切实际的设想，但是为了不让保罗一世感到失望，他还是认真地拜读了这份计划，还故意提出了一些批评意见。那位性格暴烈的沙皇，在看了拿破仑提出的意见之后，还非常严肃地进行了反驳。

此时，整个欧洲都在以一种不安的心情密切注视着拿破仑与保罗一世的交往。他们的友谊越深，带给其他国家的恐惧就越大。英国首相在得知法俄两国远征印度的计划之后，感到非常震惊和气愤。正当欧洲所有的外交部门和王室都在惶恐地地等待着这两个在他们看起来有些丧心病狂的国家采取某种行动的时候，突然传来了保罗一世于1801年3月在米海洛夫宫被人勒死的消息。这个消息让整个欧洲都长嘘了一口气，一颗悬着的心终于放下来了。

当英国人正在为保罗一世的死而欢呼之时，拿破仑却愤怒到了极点。几个月来的努力，全都化为了乌有。他好不容易取得的成果，全都成了白费力。拿破仑怎么会甘心呢？然而，尽管如此，法俄联盟还是不可避免地破裂了，对此，拿破仑非常沮丧："我配合沙皇一定能给英国在印度的霸权以沉重的打击。这次宫廷政变推翻了我的一切计划。"

接替保罗一世的新沙皇叫作亚历山大，他对法国不像他的前任那么信任，反而热衷于加强与英国的友谊。这种态度对于拿破仑来说，无异于火上浇油。他命人在《通报》上登了一段文章，含沙射影地指责英国政府收罗凶手，谋杀沙皇保罗。这样没头没脑的攻击，只不过是拿破仑对自己的一直顺利的外交事业突然遭遇挫折而进行的发泄罢了。

然而，虽然暂时受到了打击，拿破仑对他一直期待的法俄联盟却从来都没有忘记。七年之后，在弗里德兰战役大败俄军后，他运用武力和沟通技巧，终于成功地说服了俄国，达到了建立联盟的目的。

拿破仑立即对他的外交部署进行了调整，在这个方面，他就像在战场上指挥作战一样，能够随机应变。

与奥地利的和平谈判，在马伦哥之战结束之后就已经拉开了帷幕。当时，由于奥地利派往意大利的军队被法国部队彻底击溃，它与俄国的关系已经破裂，而且害怕法俄联盟将使它陷入更加孤立的境地，于是不得不同意了这次谈判。

1800年10月，在巴黎开始了以拿破仑和塔列朗为一方，以科本茨为另一方的法奥谈判。谈判的进展一点儿也不顺利。拿破仑不想因为这样的谈判而浪费时间，于是，他的哥哥约瑟夫接替他与科本茨继续谈判。科本茨是一个狡黠顽固的老狐狸，约瑟夫虽然圆滑但是却目标坚定，双方都使出了浑身解数想要说服对方接受自己的意见。

这时，英国为奥地利提供了高达二百万英镑的津贴，在金钱的诱惑下，奥地利又产生了点燃战火的冲动。拿破仑对奥地利的出尔反尔非常愤怒，他一再强调，自己虽然希望得到和平，但是这种愿望也是有限度的。

但是，尽管如此，双方还是不断地争吵，拿破仑清醒地意识到，不通过战争的手段，是根本不可能获得和平的结果的。于是，1800年11月，拿破仑宣布取消法奥两国的停战状态，命令法军在德意志和意大利两个战场同时转入进攻。如此一来，战火又在意大利战场燃烧了起来。

12月，在德国南部，莫罗将军率领莱茵军团一举打败了卡尔大公率领的奥地利军队，取得了霍恩林登大捷。与此同时，麦克唐纳率领一支新军团在意大利出征，在寒冷的冬天成功地穿过了施普鲁根山口，顺利地前进到阿迪杰河上游地区。这一出色行动再次切断了曼图亚要塞与奥地利之间的联系。战场上的胜利，彻底浇灭了奥地利皇帝弗朗西斯二世的气焰，也打通了通往维也纳的道路。

军事上的接连惨败，使得奥地利的种种希望都像美丽的肥皂泡一样破灭了，现在他们已经没有别的选择了，只能在争取最好条件下缔结和约。

然而，这个时候拿破仑却指示约瑟夫不要急于与奥地利签订和约，一定要逼迫奥地利答应满足法国的一切要求。约瑟夫照做了，最终，一切果然如拿破仑所愿。

1801年2月，法国与奥地利在吕内维耳签订了和约。根据和约，德意志神圣罗马帝国完全被排挤出莱茵河左岸，这块领土全部归属法国。法国还获得奥地利所属的尼德兰（比利时）和卢森堡。奥地利承认法国庇护下的黑尔维谢（瑞士）、巴达维亚（荷兰）、利古里亚（热那亚）、内阿尔卑斯（伦巴第）等共和国。法国继续占有皮埃蒙特，奥地利继续占有伊斯特里亚、达尔马提亚、威尼斯和阿迪杰左岸地区，而把阿迪杰右岸地区让给内阿尔卑斯共和国。

拿破仑在战场上和谈判桌上接连取得的辉煌胜利，使得反法同盟逐渐被瓦解，现在，只剩下孤零零的英国了。英国人一向擅长使用的手段是利用英镑和海上舰队来唆使其他国家火中取栗，而它自己则坐收渔翁之利。现在，失去作战伙伴的英国人，再也不能继续施行这样的手段了，那就只能乖乖地放弃手段，与法国进行和谈了。1801年10月，英法两国代表在伦敦签订了预备和约的条款。不久以后，在法国东北部的亚眠召开了和平会议。

1802年3月，法国全权代表约瑟夫以及西班牙、巴达维亚全权代表同英国全权代表康华里勋爵签订了亚眠和约。和约规定：英国除特立尼达以及锡兰岛上荷兰属地外，必须将法国大革命以来所占领的一切殖民地归还给法国以及附庸国（荷兰、西班牙）。马耳他岛应归还给马耳他骑士团，并保证马耳他的独立与中立。英国必须退出它在地中海和亚得里亚海占领的所有港口和岛屿。法国应从埃及和罗马撤退，把罗马和其他教皇领地归还给罗马教皇。

这一条约的签订，令英国感到非常不满，他们不但没能从拿破仑手里夺得他占领的欧洲任何一块地方，反而还失去了自己的一些势力范围。然而，英国并不是战败国，只是由于孤立，才被迫作出这样重大的让步。英国作为海上统治的霸主决不能容忍海上霸权的任何削弱，特别不能容忍削弱它对欧洲大陆的影响，所以，它并不准备履行和约条款。拿破仑心里也十分清楚，英法和约只是英法长期战争中的一个短暂的休战，他毫不怀疑英国会随时出来破坏和约。对此，他时刻准备着再次战斗。

在处理法国和新世界的关系上，拿破仑这个时候也已经非常得心应手了。以前，因为法国与美国之间产生的一些冲突，两个国家在 1798 年宣布开战。经历了几年的残酷战争之后，1800 年 3 月，双方开始进行和平谈判，最终，他们缔结了莫尔丰塔尼条约。这个条约使拿破仑能够把他的"巴马与路易斯安那互换"的计划强行施加给西班牙政府。这个计划一旦实现，那么，他在北美的密西西比河两岸建立一个堂堂帝国的梦想不久之后也就会成真。

如今，意大利北起阿尔卑斯山，南到它的"靴子后跟"，都已经成了法国人的囊中之物。奥地利已经不得不放弃了它对意大利的所有图谋。瑞士和荷兰完全被这位第一执政所左右，成为了任人宰割的羔羊。西班牙俯首听命，唯拿破仑之马首是瞻。英国虽然在海上打了多次胜仗，赢得了绝对的霸权，但是在陆上仍然一筹莫展。而法国在新的体制之下，却正在迅速恢复，而且超过了它以前的威信和安定，这些成就正是为拿破仑这位第一执政的丰功伟绩所唱的一首赞歌。

第十章

终身执政梦圆

重建法兰西

当拿破仑把目光从战争和国际事务上转移到法国国内事务的时候，眼前的景象让他大吃了一惊。连年的内乱和战争，给他留下的是一个穷困没落、一盘散沙一般的法兰西。

大革命虽然推翻了法国王室，但是却没有使阶级冲突和宗教分歧得到根本性的解决，保王党分子依然在四处作乱，那些被革命者剥夺了传教资格的天主教教士们也在到处煽动人们的不满情绪，而革命者内部，也出现了分化的现象，党派林立，互相作对。政治上的分歧和对立使得法国国内的局势一直处于动荡不安的状态中。

革命的滚滚洪流摧枯拉朽一般地把旧的制度摧毁了，然而，新的制度却还没有建立起牢固的根基。如今法国的政治体制如同建在沙滩上一样，随时都有可能被流沙侵袭。

拿破仑决定带领着他的战友们开始一场再建法兰西的艰苦工作。然而，一切都要从头开始，建设法兰西可谓任重道远。

在参议会上，拿破仑对那些喜欢夸夸而谈但是却不爱做实事的参议员们说："现在，革命的浪漫史已经画上了一个句号，我们接下来要做的，是书写它的正史。我们要停止空谈，去落实那些实际的与切实可行的方面，去真正地做事，而不是一味地推测和假设。"

拿破仑自己首先投入到了工作之中。他是如此雷厉风行，那些以前懒散惯了的官员们在他的带动之下，也开始改变风格。

拿破仑的精力非常旺盛，只要一投入到工作中，他就会精神百倍，不知疲倦。对政府内部的所有事务，他都会保持着追根究底的作风，他必须及时了解各项工作的进度，以确保每一项任务都在按部就班地进行。这使得那些行政工作人员也丝毫不敢偷懒，认真对待起自己的工作。拿破仑的才智使得他总能犀利地抓住每个问题的要点，并且及时找到解决的方法。有的时候，拿破仑一天要工作二十个小时，他的工作热情和坚忍不拔的精神感染了各部部长和各委员会，使他们也废寝忘食地投入到了创业的大潮之中。

在政治建设的过程中，拿破仑首先需要处理的问题是地方政府问题。拿破仑拟定了一份关于如何管理各郡事务的法律草案，根据这个草案，地方自治将会被中央直辖的地方政府所取代，地方行政区域的划分虽然还按照以前的规划，但是过去的国民公会所废除的"专区"又得到了恢复，被改称为"县"，而且范围相对以前更大了。与此同时，1795年合并于县的较小公社也得到了恢复。

郡守对于郡来说，就如同第一执政在国家中的地位一样，全郡的所有行动事务都要由他来进行掌管。事实上，现在郡守的权力，大体说来，比旧王朝时代的省长大得多，因为后者还受省高等法院的牵制，而这些由第一执政任命的郡守，则只需应付徒有空名，毫无实权的郡议会而已。同样，在新划定的县，也派了县长，而公社则由市长管理。五千人以上的公社，市长由第一执政委任；五千人以下的公社，则由郡守委任，但都要对中央政府负责。过去的选举制度使一切地方权力最终都被掌握在了选民的手中，现在宪法第七十五条坚决取消这种制度，而且在实际上定下了对官吏不能提出起诉。

根据这个法律，在1800年年初，法国的所有权力都被一个等级制度森严的官僚集团掌握了，这些官僚们因为利益紧密地结合在了一起。几乎所有的事务，他们都说了算。人民的权力实际上被完全剥夺了。经过了十多年的民主之后，法国的地方行政制度重新回到了波旁王朝统治时期的状态。

令人惊讶的是，这项严重违背了民主和自由原则的法律竟然没有引起人们的强烈反对。这要归因与拿破仑的巧妙设置。这项法律在最宜于有效地实行民主的范围内，也就是在地方自治方面，有力地遏制了民主。如此一来，民选制度除了选择地方治安法官之外，也就起不到什么作用了。

当然，那些眼光犀利、经验丰富的保民院内的自由派人士并没有被蒙蔽，他们曾经尖锐地对这项法律进行了批判，但是又有什么用呢？现在他们所拥有的权力实在是太小了，而否决这项提案的风险却很大，谁也不愿意冒这个险。最终，保民院以71票对25票通过了这项提案，立法院也以217票对68票予以通过。

更多的人被蒙在了鼓里，他们高声欢呼拿破仑所进行的变革，称赞他具有洞察法国国民性的超凡眼光。他们所谓的"国民性"，指的是人们都渴望一个能创造辉煌成就、能建立有条不紊的秩序、拥有强有力首选的政府，而不想通过艰难的攀登甚至流血牺牲的途径来赢得自由。

在致力于建一个中央集权的行政体制从而把法兰西的权力全都紧紧握在自己手中的同时，拿破仑还在进行着其他途径的探索。他开始考虑制定宗教信仰法，解决国内的宗教心理。

革命者们与教会之间的冲突已经到了非常严重的地步。从法国大革命开始，那些深受新思潮影响的理想主义者们，就联合那些惧怕财政破产的实干家们一起，向着教会的财产和特权发起了攻击。在他们的努力之下，教堂、修道院及其财产通通被没收了，教会的"什一税"被充为公有，就连土地也被收归国有了。当然他们也曾编制过一些预算来维持教士们的基本生活，然而那些更为激进的革命者们对此根本无法容忍，他们连这些预算都要掠夺。

虽然这种肆无忌惮的掠夺行为已经非常过分了，但是，这还不是革命者所犯下的最大罪过。1790 年 7 月，他们还制定了一项《教士法》，根据这项法律，教会失去了所有特权，完全归国家权力所管束。所有的主教和教士，都要由他们所在的那个郡和教区的成年男子进行选举，他们必须宣誓要绝对服从新秩序。这样的法律当然遭到了教会的反对，所有主教，除了四人之外，全都拒绝进行这种侵犯教皇权威的宣誓，教士们也拒绝这么做。这些反抗者们被称为"正统派教士"，他们最终被剥夺了圣俸，有的人甚至被逐出了法国。

也有一些立场不坚定或者善于见风使舵的教士接受了这个新法令，这些人则被称为"宪政派教士"，他们中有些人极尽所能地称颂恐怖时期雅各宾派所实施的激进手段，有一些人甚至还结了婚。

然而，大部分法国老百姓还是倾向于正统派教士，尤其是在乡村，农民们对正统派教士仍然怀着强烈的感情，他们拥护这些人，经常跟着正统派教士做礼拜，对那些想方设法想取而代之的人则不怎么理睬。

这就是拿破仑目前所要面对的宗教状况：教会的圣职人员出现了严重的分化，正统派教士依然保持着传统的传教方式，有些人则被驱逐到了国外，不得不过着颠沛流离的动荡生活。而宪政派教士则竭尽所能地拉拢教徒们，尽管他们的举动只是招来了人们的嘲讽。

拿破仑对于任何宗教都没有太深的好感，但是他却懂得打心理战的重要性。他非常清楚地认识到，教会对于群众的情感有着多么大的影响，在法国境内现在还有大约四万名教士，他们的能量是巨大的。为了维护道德和巩固统治，拿破仑需要宗教。最终，他决定与天主教合作。

在拿破仑的青年时代时期，他在科西嘉曾经亲眼见证了天主教在广大人民群众中的影响力。在意大利战场上作战的时候，他看到那些流亡在这里的法国正统派教士宁肯忍受贫困潦倒的生活，也要坚持自己的信念。他们的热情与坚定，令拿破仑大为惊叹。他在自己力所能及的范围内为这些被流放的教士提供保护，他们对拿破仑非常感激。

雾月政变之后，拿破仑废除了以前那种强迫教士宣誓的做法，只要他们能够保证忠于宪法就可以了。马伦哥大捷之后，拿破仑开始寻求与梵蒂冈的和解。他让一位伦巴第主教为自己传信，说他愿意与即将进入罗马的教皇庇护七世建立起一种友好的关系。他还恢复了这位教皇的属邦，只不过没有恢复他对领地的主权罢了。

拿破仑与罗马教廷之间的谈判，主要是由一位叫作贝尼埃的教士从中进行斡旋的。这位教士深得拿破仑的信任，他竭尽所能地劝说梵蒂冈的教皇代表孔萨尔维、卡普拉拉和斯皮纳主教，对拿破仑所提出的合理要求进行让步。

在谈判中，他们遇到的第一个难题是要求法国教会的助教们辞职的问题。在这个问题上，拿破仑与罗马教廷有着巨大的分歧。他认为，不管是正统派主教还是宪政派主教，都应该向教皇辞去圣职，如果他们不愿意的话，那么教皇就要下令免掉他们的职务。在他看来，只有这样，才能重新选择符合要求的人。

罗马教廷拒绝了这个要求，他们想要保护那些久遭迫害的主教，不愿意不分青红皂白采取"一刀切"的做法。

除此之外，拿破仑还提出，教会应该放弃他们对被没收的领地的所有权利要求。同样，这个要求也遭到了罗马教廷的反对，在他们眼中，如果同意这个条件，那就是默许了这种亵渎神明的掠夺行为。

罗马教廷提出的条件是，至少要恢复"什一税"。对这个条件，拿破仑根本不屑于回答，因为他知道，如果他答应了这个要求，就会伤害到那些一直支持他的农民兄弟们。比起教会，他更需要这些人的拥护。

其实，到这个地步，有一个事实已经逐渐明朗了，那就是，要让任何一方让步，都是非常困难的。谁也不愿意放弃自己的权利，都希望妥协的是对方。

要让深受卢梭和罗伯斯庇尔思想浸染的法兰西接受罗马教廷一成不变的方阵，对于拿破仑来说，是一个艰巨的任务。谁都知道，比起改造一个人的思想，砍掉他的脑袋，似乎要简单省事得多。

现在拿破仑要做的，就是前者。他不但要费尽心思地对法国人的思想进行改造，而且还想改造罗马教廷的思想。所以，他不但不同意教会提出的这些条件，反而还进一步要求他们让出波仑亚、费拉拉、罗马涅三个领地。为了达到这一目的，拿破仑还派贝尔蒂埃和缪拉两位将军到罗马去，为法军征用军需物资，以此来向他们施加巨大的压力。

谈判进入了长期的胶着状态，最后，教皇只好派孔萨尔维到巴黎去与拿破仑本人进行谈判。孔萨尔维来到巴黎之后，在杜伊勒里宫受到了热烈的欢迎。拿破仑与这位红衣主教进行了长时间的谈话，最初的时候，气氛有些严肃，谈到最后，拿破仑却变得越来越和蔼。然而，与他和蔼的态度形成鲜明对比的是，他的要求却更加强硬了起来。在这个会面结束的时候，拿破仑催促孔萨尔维在五天内签署一个颇为不利的条约文本，如果对方拒绝的话，这次谈判就终止了，并且另立其他宗教为国教。

在后来的谈判过程中，拿破仑一而再地表示同样的决心。与此同时，他还开始向宪政派暗送秋波。对此，孔萨尔维非常不满，当他坚持要拿破仑对宪政派采取反对立场时，拿破仑只是轻轻地笑了笑，说道："大家都知道，当一个人不能与上帝达成协议的时候，他就会与魔鬼取得妥协了。"

在拿破仑的强硬态度之下，孔萨尔维只能一步步妥协了。1802年7月，拿破仑关于重建天主教信仰一事同教皇庇护七世达成了政教协议。他们签订的协议内容如下：

法国政府承认罗马天主教是法国绝大多数人的宗教，"尤其是执政们的宗教"，但拒绝按照 1789 年前旧制度那样定为国教。在法国，可以自由地、公开地做罗马天主教的一切活动，但必须遵守政府为维持公共安宁所颁布的治安条例。对大主教教区和主教教区重新作了划分。法国总共分为六十个主教区。第一执政享有提名主教的权利，而由教皇正式授予圣职。所有大主教和主教都应宣誓忠于法国的宪法。主教提名下一级教士，但须经法国政府认可。全体教士都有维护法国政府权利的义务。

其中最为有利的一条是，对占有被没收了的教会土地的人，应该完全、永久地保证其权益。这个条款使得那些耕种着教会土地的人们摆脱了惊惧状态，重新获得了安宁，也使他们的良心得到了安慰。

法国政府则负责为教士们发送薪俸，只是，在履行这一承诺的时候，拿破仑显得非常不大方。

一个月后，《箴言报》发表了一项告示，内容如下："明天，热月 27 日，即 8 月 15 日（星期日）是圣母升天节，届时，巴黎圣母院教堂和各教区教堂都将举行感恩赞美诗歌颂会，以示广施恩德……"对于这个消息，人们简直不敢相信自己的眼睛，这些曾经被革命风暴扫除的历史如今竟然重新出现了在法兰西共和国的官方报纸上，人们不由得感叹，革命早就已经成为了陈年往事。

1802 年 4 月，立法院通过政教协议和教会组织条例。4 月中旬，庄严的《赞美上帝颂》在巴黎圣母院演唱，无数听众都前去欣赏这华丽的音乐，拿破仑与许多将军也驱车前往。

第二天，拿破仑问奥热罗将军，对这个仪式有什么感想，这位将军回答说："全都非常好，什么都不缺，只是少了为推翻你现在正建立的东西而死去的千百万人。"听了这话，拿破仑非常不快。

的确，对于这个协议，很多雅各宾派人士都非常不满，有些人甚至还对其进行了肆无忌惮的攻击。所幸的是，这些将军大部分都互相嫉妒、排斥，很难联合起来，否则，以他们的愤怒，说不定会团结在一起将拿破仑推翻。

对于这些反对意见，拿破仑倒是表现得非常镇定、冷静。不管什么事，只要他下定了决心，就谁也无法动摇。教士也好，将军也罢，都被包括在其中。

不管是在处理政治问题时，还是在解决宗教问题方面，拿破仑都暴露了自己在道德上的一个严重缺陷，那就是，为了达到他的目的，他不惜采取一切手段。而且，他总竭尽所能想要得到最大的利益。他在拒绝让罗马天主教完全成为法国国教的同时，强迫教会放弃它的财产收入，接受国家的管理并且维护国家的利益。

在成功解决了宗教问题之后，拿破仑又开始着手去做另一件非常困难的工作，那就是建立社会励位等级制度。做这件事完全是违背时代潮流的，要知道，在七年前的法国，任何一个有头衔的人都有可能被随时推上断头台。

1802 年 5 月，拿破仑提出了一个建议：在军队内部设立荣誉军团，由十五个大队组成，每个大队有将官、指挥官、军官和荣誉军团团员。该团事务，由拿破仑亲自主持的委员会管理。每个大队获得"国家封地"，每年有二十万法郎的地租收入，按等级分发给每个成员。凡是已经获得"荣誉纹章"的人,都是荣誉军团团员。凡是"在争取自由的战争中对国家有重大贡献"的军人和凡是"以其学问、才干和德行帮助建立或捍卫共和国原则"的文职人员,都有希望获得现在提供的勋位和奖赏。

把文职人员也纳入荣誉军团中,是最能够体现拿破仑的远见的一项措施。当迪马提议授勋应该只限于军人的时候,拿破仑这样回答他:"在如今这个时代,人们想要成就一番事业,只靠自己的身躯,是远远不够的。如果只具备力量并且表现出足够的勇敢就能够当上将军,那么所有的士兵都具有当将军的资格。实际上,凡是能够立下卓越功勋的将军,都不是莽夫,他们也必须具有文官的才能。通常来说,军人不管道理,只知道用武力来解决问题。除了武力之外,他们对其他事情一窍不通,而且他们还会用武力来衡量一切。另外,文官只注意到为公众谋利益。军人具有一个非常明显的特征,那就是总想独断专行,然而文官做事则一切都需要讨论协商,讲究真理,诉诸理性。由此可见,比起军人来,文官无疑是要高明得多。"所以,很多知名的学者,比如拉普拉斯、贝托莱、拉格朗热、夏普塔尔,法学家如特雷拉与特隆歇都成了荣誉军团的一员,他们的鼎鼎大名给这个军团增添了光彩。

从这番话中,我们能够看出,拿破仑之所以在政治和军事方面都能够作出丰功伟绩,是因为他同时具备了政治家和军事家的才识。

这一制度虽然打着保卫自由和平等的旗号,实际上却是对真正的自由与平等的一种侵害。然而,保民院依然以 56 票对 38 票通过了这一法案。虽然有些议员已经认识到了这个计划的危害性,但是他们的懦弱与胆怯,还是让他们对拿破仑唯命是从。

就这样,这种新制度悄悄地把社会分成了各个等级,而且以一种翻新的高卢骑士制度下的高级骑士为其核心。

当法国第一流的法学家贝利埃对这一制度进行批判,说它将会引领法国重新回到贵族统治时期的时候,拿破仑果断地回答道:"我们都不能否认这一点,人的确是被玩意儿牵着走的。要是现在是在大庭广众之中,我是不会说出这样的话来的。但在聪明人和政治家的会议上,我认为,每个人都应当说出自己的心里话。我从来都不认为法国人是热爱自由和平等的。大革命到现在已经差不多十年的时间了,但是你们放眼看看,法国人变了吗?没有,他们没有一丝改变。古代的高卢人是什么样的人,他们依然是什么样的人:凶狠,并且反复无常。他们有一种共同的感情,那就是对荣誉有着无与伦比的热爱。我们必须培养这种感情,所以,我将会给予他们充分的荣誉和地位。看看他们在外国人的勋章面前是如何地毕恭毕敬,难道你们还不认为这是对的吗?"

拿破仑对于教育事业也是非常关注的,然而,他在教育方面的成就却不像他在政治方面那么显著,因为他之所以发展教育,不是为了启发思想、发展才能,而是为了训练一批批具有谋生既能、奉公守法的公民和热情的战士。孩子们在学校里的训练,几乎是完全军事化的:学生上下课都以击鼓为号,几乎每天都要进行操练。国立中学的数目和学生人数很快就增加了,然而,普通中学和小学因没有上述吸引人的特点,发展得相对比较慢。

拿破仑还曾经对法兰西科学院进行改组,并且每十年对主要作品和主要发明给予奖金，通过这种方式来刺激文学的发展，然而收效并不大。科学虽然兴旺起来了，文学却始终一蹶不振。

对于巴黎人最为关注的市政建设建设方面，拿破仑也投入了很大的精力。他投入大量人员进行道路修复，现在，巴黎的道路已经四通八达了。马赛与热那亚之间的道路，以及越过辛普朗山口、悉尼西奥山口和热内弗尔山口的通路，都已改善，从而便利了与意大利的交通。修建了通到莱茵河及沿该河左岸的道路，这证实不仅想要扩大商业，还想保护东部的自然疆界。许多港口加深了，扩大了。马赛港重新恢复了欣欣向荣的景象，活像黄金时代就在眼前。为解决清洁饮水的问题，拿破仑还开凿运河从乌尔克河引水到巴黎。给巴黎提供粮食的工作，也得到了重视；拿破仑经常储存大量的小麦，以便随时供应那引起"只有在挨饿的时候才变得危险的居民"。因此，拿破仑坚决要大量储粮，并低价出售；即使亏损甚大，也在所不惜。

稳定繁荣的社会氛围也为拿破仑排除异己提供了不可多得的机会。这一时期，谁要是敢反对他，甚至只是不尊重他，都会失去他的恩宠。在雾月政变中，富歇曾经为拿破仑立下汗马功劳，但是，他本质上却是一个善于玩弄权术的阴谋家，拿破仑对这一点了如指掌。当初执政府刚成立的时候，一些人曾建议拿破仑不要让富歇在政府中占有席位，但是拿破仑却不想使自己显得忘恩负义，因为在国内叛乱频发的时候，富歇曾经在警务方面作出了卓越的贡献，帮助他很好地稳定了社会局势，所以，他将富歇任命为警务部长。

后来，富歇的权力越来越大，不但在巴黎，而且在整个法国，他都以其高超的能力笼络了一批为数不少的支持者。拿破仑对他渐渐就有了一些戒心。趁着国内太平的时候，他决定解除富歇的职务。

1802 年 9 月，拿破仑表示，他对法国目前的安全和国内平静具有充足的信心，警务部门的存在已经没有太大的必要了，所以他决定对警务部进行裁撤。随着警务部的取消，富歇的警务部长一职也就随之被解除了。

为了不激怒富歇，拿破仑任命富歇为参议员，并在向参议院推荐富歇的咨文中宣称："富歇在困难时期担任警务部长，以其才能、活动和对政府的依附做到了情势要求的一切。虽然把他安插在参议院内，但如果事态再次需要警务部，政府将再难找到比他更可信赖的人选了。"虽然对富歇进行了高度赞扬，但是，实际上，他却已经被架空了，失去了所有实权，再也不能兴风作浪了。

通过这种巧妙的方式，拿破仑除掉了许多心腹之患。

短暂的和平为法国带来了繁荣和安宁。1802 年的巴黎，无论是大街小巷，都展现出了一片欣欣向荣的新气象。每到检阅日的时候，巴黎人就全城出动，兴致勃勃地参加各种活动。自从法国大革命以来，在巴黎，还从来没有出现这么快乐的场景。几乎每个人的脸上都洋溢着笑容。作为缔造者的拿破仑，看到这样的场景，自然非常自豪。尤其是夏普塔尔先生在罗浮宫举办的工业产品展览会，让拿破仑非常高兴，他为法国工业达到如此高的水平以及展览会引来众多外国人的赞叹而得意非凡。

元老院的献礼

战场上的胜利和社会的安宁使拿破仑彻底征服了法国人民，此时，在他们眼中，拿破仑成为了法国的大英雄。为了向这位和平与繁荣的缔造者表示感激，看来，现在人们有必要做出一些特别的举动了。

识趣的康巴塞雷斯对保民院某些议员进行了一些暗示之后，这个现在已经乖乖听话的机构于是公开宣布，希望对第一执政进行一种非常明显的表彰，以表达全国人民的感激之情。于是，元老院就顺水推舟地向立法院和政府提出了表示上述意见的动议。

至于这种表彰应该采取什么样的方式，元老院却有些含糊其词，在他们看来，树立一个雕像或者是纪念碑，就已经足够了。然而，这显然不能让拿破仑满足，他希望得到的"礼物"是君主政体。

元老院在经过一番讨论之后，于1801年5月作出了一个决议：把拿破仑的执政期限再延长一届，也就是十年。

然而拿破仑对元老院的这个"献礼"并不满意，他的目标是终身执政。在一次部长们都参加的参政院特别会议上，康巴塞雷斯督促到会的人说：现在必须决定以何种方式，在何时和在什么问题上征询人民的意见。在经过了一番有引导性的讨论之后，康巴塞雷斯得到了这样一个回复：向人民征询意见的问题应该是，第一执政是否应该终生掌权，以及他是否可以自己指定继承人。

1802年5月，法国议会将这两个问题提交人民决定。布告很快就在城里张贴了出来，人们纷纷驻足观看。很多人读过之后，发自肺腑地感慨道："法兰西现在和将来能够献给执政官的一切，永远低于他为法兰西所做的一切。"

5月下旬，选举活动正式拉开了帷幕。警察局秘书处、每个市政厅、每个法院书记室里都摆上了两个登记簿。赞成拿破仑为终身执政的在一个登记簿上签名，反对的则在另一个登记簿上签名。警察局派出了很多便衣警察混杂在选民当中，精心地搜集着选民的反应。然而，他们听到的每一句话几乎都是对拿破仑的赞美。

气氛热烈的选举似乎只有一种结果——终身执政制得到了压倒多数的支持。但法国上下的人们还是怀着一种激动、兴奋的心情等待着最终结果的公布。两个月后，统计结果被公之于众——赞成票高达3568885张，反对票则只有8374张。尽管在反对者中有很多受人尊敬的人物，比如卡尔诺、德鲁奥、贝尔纳，但也无济于事。大部分人们还是不由自主地沉浸在兴奋之中，似乎法兰西的命运已经由此确定了下来。

1800年8月，元老院的决议案宣布拿破仑·波拿巴为终身执政，并下令为他建造一尊和平神塑像，一只手执胜利者的桂冠，另一只手则拿着这一元老院决议案。

第二天，拿破仑向参政院提交了一份构成法方案——名义上只是方案，但事实上，它就是一部宪法。在这个方案中，拿破仑对原来的选举方法进行了调整，剥夺了三个立法机构所拥有的一切权力：立法院的权力现在归元老院所有，参政院的权力则转移到一个从它分出来的枢密委员会，而保民院则被迫分成五个部分举行秘密会议。

容易被控制并且听命于拿破仑元老院的权力显著地增加了。根据这个法案，元老院不但拥有维护宪法的权力，而且还可以对宪法中引起争论的要点进行解释，发现宪法存在缺陷的时候也可以对其进行补充。不仅如此，元老院还有权发布有关组织体制的元老院决议案，给法国殖民地制定宪法，或在任何郡里停止陪审制五年，甚至可以宣布某一郡不受宪法所限制。元老院对条约的批准，现在也有权参与意见，这一权力过去是属于立法院的。最后，元老院还可以解散立法院和保民院。但这个令人望而生畏的机构是受其总设计师的严格控制的。

到现在为止，拿破仑已经把所有的权力全都牢牢抓在自己的手心里了。

对于自己已经彻底失去政治自由的事实，民众似乎毫无所知，他们还蜂拥着参加了 1800 年 8 月 15 日为拿破仑晋身为终身执政所举行的庆祝活动。之所以选在这一天举行庆祝会，是因为这一天不但是圣母升天节，还是拿破仑的三十三岁生日。这一天，节日的焰火在巴黎的各个角落里升起，几乎所有的人都在为拿破仑的丰功伟绩而欢呼。

但是，在热烈的欢呼声中，拿破仑却一点儿也高兴不起来。他的心中一直有一个沉重的忧虑，而此时这些正在把他视为救星而仰望着他的人们，几乎没有人会因为这个而愁眉不展：结婚几年了，但至今他的妻子也没给他生下一个孩子。对于这个史诗般的英雄来说，没有孩子继承他辉煌的事业，是何等遗憾！

他的兄弟们一直在劝说他与约瑟芬离婚，找一个能给他生孩子的女人结婚。但是拿破仑担心这样做会伤了约瑟芬的心，所以拒绝了他们的建议。既然如此，他只能想其他的方法了。

这之后不久，拿破仑向审议各种新法典的委员会表示赞成罗马法关于过继的规定，他说这样选定的嗣子比亲生儿子还要亲。人们都非常清楚拿破仑的用意：他想过继一个他兄弟的儿子作为自己的嗣子。最终，保守的参议院以一项简单法令授权他用遗嘱证书的方式指定执政一职的继承人。

现在，就算是感觉最迟钝的人，也已经看出，拿破仑恢复帝制，只不过是时间早晚的事情罢了。

参议院法令颁布之后，拿破仑的心腹们纷纷聚集到了他身边，向他提出了法国恢复古代的各种称号，说这比共和国的各种形式更能同人民托付给他的新权力相配。但拿破仑却不为所动，他知道心急吃不了热豆腐，现在，还不是恢复帝制的好时机。

然而，事业上所取得的辉煌并没有使拿破仑的婚姻生活发生什么改变。虽然约瑟芬正在想方设法地讨好这位令人望而生畏的丈夫，但是拿破仑却依然在不知不觉中冷落了她。现在，他们之间的裂痕已经越来越大了，拿破仑也不再遵循禁欲主义，开始对自己的情欲不加管束。

约瑟芬的担忧

虽然拿破仑的政务非常繁忙，但他一向拥有超乎寻常的旺盛精力，所以他仍然能够抽出时间来处理一些私事。现在，政权已经基本稳定了下来，拿破仑的生活也不再像以前那么紧张，他开始了情欲的放纵。以前那个单纯而真挚地对待爱情的拿破仑，已经彻底消失地无影无踪了。

早在米兰的时候，拿破仑就迷恋上了意大利歌唱家拉格拉西尼。在意大利，几乎没有人不知道拉格拉西尼的大名，她音域宽广，歌声婉转动听，不知道迷倒了多少人。每次她举行演唱会，都有很多人千里迢迢赶来为她捧场。如今的拉格拉西尼已经不年轻了，身材有些发胖，皮肤也显得有点松弛，但是她的眼神却依然灼热，令人只看一眼就会感到面红心跳。她曾经有过很多情人，经过了无数风花雪月。当她得知了拿破仑的丰功伟绩后，就对他产生了崇拜之情，两年之前，当拿破仑担任意大利方面军的总司令驻守在米兰的时候，她就曾经千方百计地想吸引他的目光，然而，那时的拿破仑还怀着对约瑟芬的深切爱恋，所以并没有注意到这个女人，她的希望全都落空了。

马伦哥战役后的一次庆祝会上，拿破仑终于被她的歌声吸引住了。他虽然不是个音乐家，在音乐方面的造诣也不敢令人恭维，但是他对音乐的喜爱却是发自内心的。拉格拉西尼甜美圆润的歌声，让他听了以后感到如醉如痴，浑身的神经都久久无法平静下来。他喜欢听她唱歌，有的时候，在卧室里她专门为拿破仑献唱，一唱就是好几个小时。

在米兰的那些日子里，拉格拉西尼几乎占有了拿破仑所有的空闲时间，她经常带着拿破仑出入米兰的艺术场所。他们接待作曲家、喜剧演员、音乐家和音乐队指挥。

一天晚上，拿破仑邀请了男歌唱演员马尔什，像其他的蹩脚演员一样，这位艺术家热衷于那种浮躁不实的奢华，而对于那些其貌不扬的人却有一些鄙视。当这位男歌唱演员看到拿破仑穿着一件非常朴素的衣服时，他的眼里就不由自主地流露出了一丝轻蔑的神情。

拿破仑请他为自己演唱一首曲子，他斜着眼睛看了第一执政一眼，然后有些不屑地说道：

"将军阁下，如果您需要的话，您在花园里散步的时候会发现一支美好的曲子。"

拿破仑可不喜欢这样的玩笑，这对于他来说是一种严重的冒犯。所以，马尔什当时就被抓了起来，在监狱了蹲了半年以后才被放出来。

拿破仑希望把这位欧洲最美的歌唱家带回法国去炫耀一番，于是从意大利回巴黎之前，他派贝尔蒂埃护送拉格拉西尼到巴黎。拉格拉西尼喜欢巴黎这个繁华的大都市，在这里，她与男高音歌唱家比昂基在巴黎残老院同台演出，演唱作曲家梅于尔的二重唱，这一切，都让她感到兴奋不已。

晚上，她就会被拿破仑的护卫兵带到杜伊勒里宫的一间小套房里，在这里与拿破仑享受鱼水之欢。有时候，拿破仑也会乔装打扮一下，到她的住处与她相会。

拉格拉西尼在巴黎受到了热烈的欢迎，很多平民成群结队地来欣赏她的歌喉。很快，她就成为了巴黎艺术界的风流人物。一次，她在参加一个宴会的时候遇到了一位叫作皮埃尔·罗德的年轻小提琴手，他英俊的面貌、温柔的目光立刻将她的心彻底征服了。从那之后，她经常在自己的住处轮流接待拿破仑和这位小提琴手，有的时候，还会对这两个人进行比较。

没过多长时间，拿破仑就得知了这件事，他指责富歇居然没有得到任何情报，这位警察局长说道："是的，在此之前我对很多事都一无所知，但是，现在，几乎每个人都知道了：一个身材矮小，穿着灰色大衣的男人，经常在夜深人静的时候悄悄溜出杜伊勒里宫的小门，坐着马车来到拉格拉西尼的住处。等到他结束了他想做的一切，踏上回杜伊勒里宫的马车之后，另一个年轻的男人紧跟着来来到了那位女歌唱家的屋子，与她在床上继续做之前已经做过的事情。"

这样的描述令拿破仑感到十分尴尬，但是却又不知道应该怎么回答。他抬头看着富歇，而此时，富歇却带着一丝不太容易察觉的喜色回避了他的视线，他的嘴里小声哼哼着一首意大利民谣，用来掩饰自己的挑衅。

拿破仑无法容忍这样的背叛，一个星期后，拉格拉西尼和她的小提琴手就被勒令离开了巴黎。

拉格拉西尼的离去刚刚令约瑟芬松了一口气，另一个女人就出现了，她就是朱诺的夫人洛尔。洛尔是佩尔蒙的小女儿，后来嫁给了朱诺。当初拿破仑困顿在巴黎的时候，经常到佩尔蒙家里蹭饭吃，所以他与洛尔也非常熟悉。他与洛尔之间的关系非常亲热随便，这引起了约瑟芬隐隐的不安。

在约瑟芬看来，洛尔一点儿也不漂亮，她的头发是黑色的，皮肤却是棕色的，看上去有些脏兮兮的。她有一个大鼻子，眼睛经常会飞快地转动。然而，她是那么年轻，浑身上下都洋溢着一种青春的活力。约瑟芬站在她身边的时候，马上就会感受到岁月在自己身上留下的痕迹。

有一次，拿破仑要带约瑟芬去参观蓬帕杜尔夫人纪念馆，洛尔也与他们同行。约瑟芬感到有些头疼，不太想去，想在家里睡觉。但拿破仑固执地劝说她："和我们一起去吧，那里的空气很好，这对你有好处，要知道，清新的空气能够治疗一切痛苦。"

约瑟芬知道，如果一再拒绝他的话，他就会翻脸。于是，她只能勉为其难地答应了拿破仑的要求。她戴上一顶帽子，和洛尔一起上了一辆四轮马车，向蓬帕杜尔夫人纪念馆进发。拿破仑没有坐马车，而是骑着马走在一边。这天他的心情似乎不错，一会儿飞马向前，一会儿又折返回来，与她们说话。

约瑟芬向来就不喜欢坐马车，这一次，她的头疼使她对马车的厌恶更加严重了。没走一会儿，她就觉得非常难受，于是闭上了眼睛，休息了起来。

来到一条小溪边的时候，路突然变得颠簸了起来。约瑟芬睁开眼睛看了看两岸陡峭的山路，对车夫说道："不要走这条路，太颠了，我们要换一条平坦的路来走。"

于是车夫就按照她的命令掉头往回走。拿破仑马上追了过来，问道："怎么了？都走到这里了，你怎么突然改变主意了？"

不等约瑟芬回话，他就用马鞭敲了一下车夫的肩膀，对他说："掉头，接着往前走。不过，眼前这个小坡，你可要冲一冲，不然恐怕就过不去了。"

听了他的话之后，约瑟芬吓得脸色一下子苍白了起来，她尖叫着对拿破仑说："快让我下车，快，我不要走这条路！让我下去！"一边说，她一边哭了起来。

看到她这个样子，拿破仑不但没有感到怜惜，反而还说她是在耍小孩子脾气。说着，他又向车夫示意，让他赶紧赶着马车过去。

洛尔看到这种情景之后，一方面是出于对约瑟芬的怜悯，一方面也是因为她已经怀孕了，于是就对拿破仑说道："将军，我必须对我肚子里的这个小生命负责，我可不能待在这样的马车里。车子要是太颠簸的话，恐怕我会受不了的。我还是下车吧！"

拿破仑亲昵地对她说："你说得有道理，那你赶紧下车吧！"说着，他就伸出手来扶她。

洛尔刚下车，拿破仑就命令车夫："把踏板收起来，赶紧冲过去，不要再浪费时间了。"

洛尔为约瑟芬求情，说："将军，波拿巴夫人身体有病，她发烧了，我恳求您，让她下来吧。"

拿破仑看了她一眼，说道："朱诺夫人，你知道我一向都不喜欢别人对我指手画脚的，从小我就是这样，如果你不信的话，可以去问莱蒂齐亚妈妈……好了，过来，让我帮你通过这可怕的大河，这触目惊心的悬崖峭壁吧！"

拿破仑小心翼翼地搀扶着洛尔，踩着石头走过了那条流水潺潺的小溪。到了对岸之后，拿破仑回头一看，马车仍然停在原地，一动也不动，车上的约瑟芬还在不停地哭泣，她的全身都在发抖。

拿破仑冲着车夫喊道："你好大的胆子！难道连我的命令也不听了吗？"

无奈之下，车夫只好撒手让马猛冲，在剧烈的颠簸中，马车终于过了小溪。约瑟芬的眼睛都哭得有些红肿了，脸上的脂粉被泪水冲出了一道又一道的痕迹。她觉得自己的样子肯定难看极了，于是就用一条宽大的纱巾把自己整个儿包了起来。

一路上，她一直在不停地哭泣，直到到达目的地。拿破仑来扶她下马车的时候，她不满地指责他向着洛尔，却不管自己的死活。听了她的话，拿破仑立刻勃然大怒："快闭上你的嘴吧！你的嫉妒心为什么这么强呢？我哪里向着她了，她是个孕妇！再说说你，你为什么不能勇敢一点儿呢？你看看你，哭得真是丑死了，快把眼泪擦掉！"

那么，在拿破仑与洛尔之间，除了一些不拘小节的小打小闹之外，是不是真的还有什么特殊的关系呢？有一次，朱诺出差去巴黎，洛尔一个人住在马尔梅松。拿破仑曾经早上五点就到她的房间里把她叫醒，跟她聊天。聊到高兴的时候，他还会从被子底下把手伸进去捏她的脚。

有一天，朱诺"溜号"回到了马尔梅松，走到卧室里时，看到拿破仑正在里面，于是就大喊了起来："天哪！将军！现在还不到五点，您在我夫人的卧室里干什么？"

拿破仑看到朱诺突然出现，大吃一惊，不过他很快就镇静了下来，开了一个玩笑搪塞了过去。虽然朱诺是悄悄溜回马尔梅松的，但后来拿破仑也没有追究他的责任。

不管怎么说，就算洛尔与拿破仑之间有什么暧昧关系，也只不过是一个小小的插曲罢了，很快就翻篇了。洛尔回到巴黎以后，没过多长时间就搬到了比埃尔的一幢乡间别墅里去住。

在洛尔之后，拿破仑又结识了法兰西剧院年轻的悲剧演员乔治小姐。

拿破仑经常到法兰西剧院里看戏，对于他来说，看戏是一种不可多得的消遣。不过，他倒是不怎么喜欢喜剧，看这样的戏，他总觉得演员们非常造作，这让他感到非常不痛快。他更爱看悲剧。悲剧的构思总是非常明确，来龙去脉都清清楚楚，就像是亚历山大体的十二音节诗一样，而且悲剧还可以满足他追求秩序、好大喜功的需要。他感到自己与悲剧是处在同一个平面上，所以，那些悲剧是值得他一看的。

一次，拿破仑在观看法兰西剧院的著名悲剧《伊菲格尼亚》的时候，注意到了乔治小姐。当时的乔治小姐只有十六岁，但是从外表上来看，她长得似乎比实际年龄要大一些。乔治小姐的身材修长，而且又结实，看上去有一种古典美，只不过，她的神情非常冷漠，是个不折不扣的"冰山美人"。

乔治小姐的父亲在外省的一家戏剧院主事，她从小就对那些戏剧耳濡目染，后来就渐渐走上了舞台，扮演一些不起眼的小角色。著名女演员罗库尔在亚眠发现了她，觉得她是个好苗子，在征求了她父亲的同意之后，把她带到了巴黎，亲自给她上课。十五岁的时候，乔治小姐就已经登上了巴黎戏剧院的舞台，成为了《克利特纳斯特》的主演。因为演技出色，她一下子一鸣惊人，成为当红的演员。

这位拥有美丽容颜和优美体态的年轻演员，似乎生下来就是为了演悲剧的。拿破仑对她非常感兴趣，因为她大手大脚，所以他亲昵地叫她"大老粗"。他经常派自己的贴身仆人把乔治小姐接到自己的住处，与她聊天，听她讲讲她是怎么成为演员的。

拿破仑与乔治小姐的事很快就传到了约瑟芬的耳朵里，一开始的时候，她一点儿也不着急。她想，拿破仑对乔治小姐肯定就像对拉格拉西尼那样，只不过是一时的新鲜感，等到这股新鲜劲儿过去之后，拿破仑就会把她扔到一边。

然而，令她感到意外的是，在拿破仑眼里，乔治小姐的魅力只增不减，他对她显然不是一时的心血来潮。拿破仑经常邀请乔治小姐到杜伊勒里宫里来做客，有的时候一星期差不多有两三次。两个人时常穿着薄薄的衣服，坐在壁炉前面，兴致勃勃地聊天。拿破仑喜欢听乔治小姐说话，听她讲剧坛里的八卦消息时，他时不时地会哈哈大笑起来。他对她的称呼也变了，现在，他叫她"乔治娜"。

拿破仑经常会逗乔治小姐玩，年轻女人的单纯似乎唤醒了他身上掩藏的爱调皮的那部分性格。乔治小姐一点儿也不示弱，并没有因为他是第一执政而让着他。当拿破仑揪她的头发时，她就会追着他打，一直把他追到了书房里还不罢休。拿破仑逃到取书用的活动梯子上的时候，她就会连人带梯子推着从房间的这一头走到另一头，有一次差点儿把拿破仑给摔下来，拿破仑冲着她大喊道："快把我放下来，你这个小坏蛋，你要把我摔坏了！"

有一天，乔治小姐戴着一顶白玫瑰做成的花冠来到了杜伊勒里宫，拿破仑看到了之后，就把花冠拿了下来，戴到了自己的头上，说道："瞧，乔治娜，你看我戴上你的王冠之后多么好看，我就像是一只掉进了牛奶里的苍蝇一样！"

有的时候，他们还会一起到附近的小树林里散步，乔治小姐的鞋子被路上的树枝给划破了，拿破仑就俯下身来，小心地帮她把树枝扔到了一边，还笑着对她说："我真怕你受伤，我会心疼的。"

拿破仑对乔治小姐不是暂时的迷恋，而是一种真心实意的爱，他愿意关心她，呵护她。虽然乔治小姐喜欢花钱，但是拿破仑一点儿也不在意，有的时候，甚至还把大把大把的钞票塞到她手里，让她去花。乔治小姐也爱上了拿破仑，她对他一直保持着忠诚。

拿破仑与乔治小姐的两情相悦终于引起了约瑟芬的嫉妒，她实在忍无可忍了，于是就埋怨起了拿破仑，指责他的花心。拿破仑想安慰她，但是却无济于事。

拿破仑和他的兄弟们就像他们的父亲一样，容易感情冲动，时不时就会心血来潮。在波拿巴的家族里，除了莱蒂齐亚夫人和身体不好、郁郁寡欢的路易，几乎每个人都喜欢招蜂引蝶。约瑟夫把朱莉扔在了一边，到处拈花惹草。吕西安有很多情妇，谁也不知道明天他的床上会躺着哪个女人。拿破仑对此一点儿也不在意，在他看来，这没什么了不起的，现在，他的周围到处都充满了诱惑，无数双美丽的眼睛都在向他放电，试图博取他的欢心。

这让约瑟芬非常不安，她最担心的是，如果有哪个女人与拿破仑建立起爱情，并且越来越深，那么，她就有可能会遭遇到不幸的命运。尤其是，万一哪个女人给拿破仑生了一个孩子呢？她不能不考虑这个问题，因为现在拿破仑经常抱怨她结婚这么长时间都没有给他生下一儿半女！

现在拿破仑与约瑟芬还是同床共枕的，虽然拿破仑曾经提出要单独睡在一个套房里，但是约瑟芬却劝说他，他与自己睡在一个房间可以保证安全，因为她睡觉很轻，一旦有人闯进来，她就会大声呼救。拿破仑只好遂了她的意。但是，乔治小姐来杜伊勒里宫的时候，他总是很晚才会到约瑟芬的房间里。

有一天晚上，约瑟芬参加一个沙龙，正当她与德·雷米扎夫人聊天的时候，她突然感到非常闹心，焦躁了起来。约瑟芬想，拿破仑没有陪她来，说是他要工作，这肯定是他的谎话。一定是那个女演员又来了，他们在那个秘密套间里不知道在做什么呢！这个套间拿破仑从来都不允许约瑟芬进入。

约瑟芬感到实在有些沉不住气了，于是就站了起来，对德·雷米扎夫人说："拿破仑一定跟乔治小姐在一起，我不能放纵他们，我要对他们进行一次突然袭击。"

德·雷米扎夫人害怕把事情闹大，到时候无法收场，于是就劝说她改变主意。

但是约瑟芬此时已经下定了决心，她要求德·雷米扎夫人跟自己一起上去。

德·雷米扎夫人可不想蹚这趟浑水。如果她不小心卷了进来，那么拿破仑一定会对她怀恨在心，甚至还会误以为约瑟芬是受到她的指使才会那么做的。她想找个借口离开，但是约瑟芬却不允许，她抱怨德·雷米扎夫人在自己最痛苦的时候竟然抛弃了她，指责她对自己不是真心的。最后，德·雷米扎夫人不得不屈服了。

约瑟芬走在前面，德·雷米扎夫人跟在她后面，她们两个人一前一后，摸着黑爬上了通往拿破仑房间的楼梯。刚走到一半，楼梯上就传出了一阵窸窸窣窣的响动，约瑟芬的脸色一下子变得煞白，她悄声对德·雷米扎夫人说："可能是鲁斯唐，拿破仑的贴身侍卫，要是他发现了我们，可能会把我们全都掐死！"

听了这话之后，德·雷米扎夫人立刻惊恐万分地跑下了楼梯，约瑟芬也跟着她跑了下来。等到她们终于回到灯火辉煌的大厅里时，两个女人互相对视了一眼，忍不住哈哈大笑了起来。

在嫉妒和恐惧的折磨之下，约瑟芬逐渐失去了理智，她开始造谣诽谤，不惜用最恶劣的手段来摆脱潜在的危险。她含沙射影地暗示拿破仑的妹妹波利娜和卡罗利娜都是他的情人，甚至还对莱蒂齐亚夫人进行中伤，说拿破仑是她和马尔波夫私通生下的孩子。

看到约瑟芬如此痛苦，也或许是为了不让自己过于沉迷，从那之后，拿破仑开始有意识地减少与乔治小姐的约会次数。但是乔治小姐经常不请自来，算起来，她到杜伊勒里宫的次数一点儿也不比以前少。

他们之间的关系一直维持到1808年，这一年，乔治小姐嫁给了俄国的邦肯多夫伯爵，婚后，她跟着丈夫离开了巴黎，直到1812年才重新返回法兰西剧院。

结束与乔治小姐的关系之后，拿破仑与其他的女演员也有过一些风流韵事，其中之一就是乔治小姐的死对头迪施努瓦小姐。迪施努瓦也是一个悲剧演员，她的身段纤细，音色优美，只不过总是表现出一副非常忧郁的样子。拿破仑派人把她请到了杜伊勒里宫来，他自己却一直埋头工作。

迪施努瓦一直等了很长时间，也没看到拿破仑的影子，于是就有些不耐烦了。她请拿破仑的贴身仆人去催一催他，当时拿破仑正在入神地看着一份报告，于是就对仆人说："让她把衣服脱掉。"

仆人带着迪施努瓦来到了拿破仑的卧室，她顺从地脱了衣服，躺在床上，继续等着他的宠幸。然而，好几个小时过去了，拿破仑还是没有来。

他的贴身仆人只好再次去打扰拿破仑，这个时候，天边已经冒出了曙光，拿破仑仿佛已经把这件事忘得一干二净了。他从一大堆报告里提起头来，惊讶地说道："让她走吧。"说完，他就继续认真地看起了报告。

迪施努瓦既尴尬又生气，但是她还能说什么呢？只能乖乖地穿好衣服离开了杜伊勒里宫。

拿破仑一度还对一个叫作布尔古安的女演员非常钟情。布尔古安是一个年轻活泼的姑娘，在她的身上似乎时时都洋溢着快乐，一双明亮的大眼睛时不时地扑闪着，看起来是那么天真无邪。她是内政部长夏普塔尔的情妇。

有一天晚上，拿破仑与夏普塔尔一起工作，拿破仑感到有些累了，于是就派人把布尔古安叫了过来。夏普塔尔听到拿破仑的吩咐之后，一下子恼羞成怒，当即收拾了文件离开了那里。回到家以后，他就向拿破仑提出了辞职。

拿破仑马上打发走了布尔古安，毕竟相对于不可多得的内政部长夏普塔尔来说，一个女人是微不足道的。布尔古安因此恨上了拿破仑，从那之后，不管她到哪里，都会对拿破仑极尽讽刺挖苦之能事，她想让拿破仑名声扫地，让他受到千夫所指。

亚眠和约破裂之后，为了准备与英国的战争，拿破仑到会集布伦对法国舰队和军团进行了一次视察。在那里，他与德·雷米扎夫人又发生了一些颇具浪漫色彩的故事。

德·雷米扎夫人的丈夫是宫廷总监，视察的时候他通常都会跟着拿破仑一起去。在会集布伦，他不小心病倒了，他的妻子听说了之后，就赶来照顾他。拿破仑听说德·雷米扎夫人来了以后，就派人把她叫了过来。德·雷米扎夫人年轻漂亮，而且还很有教养。她经常出入杜伊勒里宫，拿破仑与约瑟芬吵架的时候，她还会出面对他们进行调解。一开始，拿破仑并没有对她打什么主意，只是对她非常热情，每天都请她吃中午饭和晚饭。

拿破仑对她开玩笑说："您这么美丽迷人，现在竟然待在军人之中，我可一定要好好看管着，不然，那些不知深浅的士兵们恐怕会唐突了你。"

吃饭的过程中，他还和德·雷米扎夫人说起了约瑟芬："你知道的，她实在是有些胡搅蛮缠。为什么她不能做一个有修养的女人呢？她总是那样对我，让我真是吃不消，这只会消磨我的感情，让我对她越来越厌烦。约瑟芬总是担心我会真的爱上别人，她难道不知道爱情这种东西天生就不属于我的？她知道什么是爱情吗？爱情是一种强烈的情感，被这种情感所占据的人，就会把全人类都撂在一边，心目中只看到自己所爱的对象，只容纳所爱的对象。但是现在我已经不可能献身于这种专一的、排他性的感情了。所以，她的担心完全没有必要！"

接下来，拿破仑又向她讲起了自己的经历，他向德·雷米扎夫人说起自己青少年时代的遭遇，说起了自己的性格是如何形成的，还向她回顾了自己一生中的那些重要时刻，比如土伦战役，比如镇压葡月暴动，比如在意大利战场上的所向披靡，再比如在埃及是如何凶险。

德·雷米扎夫人一开始还保持着对丈夫的忠诚，但是交往的次数多了之后，她就渐渐动了芳心，态度有些半推半就了。

他们之间到底是否发生了什么关系，已经不可考究了。虽然德·雷米扎夫人一再否认这一点，但是那些军官和士兵们却经常把他们俩背着正遭受疾病困扰的丈夫在只有两步远的地方密谈当作笑料取乐。

不过，虽然拿破仑忙得不可开交，而且还时不时地与德·雷米扎夫人聊天，他还是会挤出一些时间来给约瑟芬写信。现在，约瑟芬已经不再对他的信无动于衷了，她回信的速度快了许多，语气也更加亲热了：

我不知道说什么才能表达我对你的感激，你无微不至地关心着你的约瑟芬，让我感受到了深沉的爱！……我把你的信紧紧地贴在我的心口上，就仿佛我正拥抱着你一样。这来自远方的信，给我带来了多少甜蜜的回忆！我要永远把它保留好。你不在我身边的时候，它是我的安慰，我的向导。我希望马上到你的身边去，我希望能够分享你的快乐与痛苦。啊，亲爱的，我全心全意关心着你的幸福……

拿破仑回到巴黎之后，他与德·雷米扎夫人之间的风流韵事也随之被当作成茶余饭后的笑料传播了开来，约瑟芬听说了这件事以后，就开始抱怨起了拿破仑。拿破仑被逼问得实在是有些不耐烦了，就索性什么也不说，任由她随意猜测。德·雷米扎夫人原本是约瑟芬的好朋友，出了这件事之后，约瑟芬就不再搭理她了。

波拿巴一家的好运

在充分享受着那些美丽女人带来的乐趣的同时，拿破仑也有条不紊地对他的家族进行了合适的安排。

拿破仑是一个"权力的奴隶"，他热爱权力就像热爱自己的生命一样，谁要是敢挑战他的权力，他就会毫不留情地处理掉那个人。但是，他对金钱却没有什么欲望。虽然他需要金钱，因为维护权力离不开金钱的佐力。不过，从他个人角度来说，金钱不会带给他什么快感。然而，尽管如此，他却让他的家人们，让那些对他忠贞不贰的人，获得了不可估量的财富。波拿巴一家因此积攒了巨大的财富，个个都成了家财万贯的大富豪。

莱蒂齐亚尽自己最大的努力想要当好一家之长，她想方设法地保护她的孩子们，尽心尽力地维护着一家人的团结与和睦。有的时候，她也会向拿破仑施加一些压力，让他给自己的亲朋好友、在科西嘉曾经对她有恩的人安排一官半职。她依然保持着自己过去的老思想，原来她喜欢谁现在还喜欢谁，原来她讨厌谁现在还讨厌谁。

莱蒂齐亚还是一个非常谨慎的老太太，虽然她的儿子现在正如日中天，但她仍然担心有一天会发生什么不幸的事。所以，她利用儿子给她的钱到处投资，希望能够给一家人留一条后路。这样，即使以后真的遭遇什么难关，好歹也不至于没饭吃。

拿破仑知道"上阵父子兵，打虎亲兄弟"的道理，所以，对于他的兄弟姐妹，他处处照顾、提携，然而，只有一点是任何人都不能侵犯的，那就是谁也不能违背、分化他的权力。可惜的是，他的哥哥约瑟夫和弟弟吕西安恰好在这个问题上触碰了他的底线——他们要求拿破仑分享政权。

拿破仑对约瑟夫并没有发作，而是表现出了充足的耐心。他册封约瑟夫为西沙尔平共和国的总统。但约瑟夫还是不满足，他希望得到更高的职位，比如法兰西副执政王等。这是拿破仑无论如何也不会同意的。最后，约瑟夫只好退居莫尔特丰泰娜别墅，在那里，他过着亲王一般的奢华生活，享受着朋友们对他的百般奉承。

在拿破仑的兄弟姐妹中，最令他头疼的，莫过于吕西安了。吕西安是一个善于制造麻烦的人。他的机敏口才曾经帮助拿破仑在雾月政变十万火急的紧要关头力挽狂澜。但是，他给拿破仑惹的麻烦却也不少。他好激动，动不动就爱口若悬河，在他的内政部里，他已经在不知不觉中陷入了不可告人非法买卖勾当，正当拿破仑打算把他调离的时候，"对比研究"事件又爆发了。

事情还要从头说起。

1800年，在富歇的努力之下，警察部一举破获了一起由雅各宾分子阿雷纳、塞拉希、托上诺·勒布伦等人制造的刺杀拿破仑的阴谋案。善于阿谀奉承的诗人丰塔内为了庆祝这一阴谋的"破案"，发表了一本名为《恺撒、克伦威尔、蒙克和波拿巴之间的对比》的匿名小册子。在这个小册子中，他断言，除了恺撒大帝之外，没有人能够与拿破仑相比，并且还断言，在未来，拿破仑会获得更崇高的称号。

这本小册子之所以得以发行，多亏了吕西安的赞助。然而，拿破仑看到这个小册子之后却勃然大怒。在富歇的影响下，拿破仑决定不再保吕西安，免掉了他的内政部长之职，把他派到马德里去当大使了。

在杜伊勒里宫，拿破仑与吕西安之间进行了最后一次谈话，两个人针锋相对，导致这次谈话的氛围非常紧张，简直令人难以忍受。拿破仑一再质问吕西安，但是吕西安却装出了一副高高兴兴的样子，问约瑟芬和奥坦丝需不需要他在马德里帮忙买些什么。他这副无所谓的样子把拿破仑气得够呛。

在马德里当大使期间，吕西安又惹恼了拿破仑。他先是急匆匆地与葡萄牙媾和（据说是因为里斯本方面派人给他送来了一笔厚礼，对他进行贿赂），后来又果断地拒绝了娶已经去世的伊特鲁利亚国王的遗孀为妻。拿破仑和约瑟夫先后劝说他接受这次联姻，但吕西安早就已经打定了主意，绝不接受这门婚事。他对拿破仑说："你们早就知道，我是一个彻头彻尾的共和主义者。我可不想娶一个王后！那与我的信仰是格格不入的！更何况，她还是一个长得那么难看的王后！不要再劝说我了，我是不可能接受的！"

约瑟夫对他冷嘲热讽地说道："真可惜，你的这番话没有中途刹住，如果你没说后面那句话，倒是颇有古罗马人的风度。"

虽然拿破仑一再对他威逼利诱，吕西安仍然不为与王室结亲的美好前景所动。

当时，吕西安正与儒贝尔通夫人沉浸在爱河之中，她是一个巴黎股票经纪人所遗弃的妻子。为了打消拿破仑把那个令人厌恶的王后硬塞给他，他还悄悄地在他的乡间别墅附近的普莱西夏芒小村与儒贝尔通夫人举行了婚礼，举行婚礼时，他的意中人已经为他生下了一个孩子。

吕西安结婚的消息，是在一个非常有趣的场合被送到拿破仑手中的。当时，约瑟芬在杜伊勒里宫举办了一次家庭音乐会，参加这次音乐会的只有少数几个经过精心挑选的人物。令约瑟芬感到非常不快的是，拿破仑竟然不允许她邀请塔里昂夫人和她的其他几位老朋友，因为他认为这些人的名声不好，会使笼罩在杜伊勒里宫的那种笃信宗教、崇尚道德的气氛受到严重的玷污。

正当人们在安静地欣赏着优美的乐曲时，拿破仑打了一个盹儿。忠实而不知趣的迪罗克把他吵醒了，为他递上了吕西安的信。

拿破仑原以为这是一封普通的信件，于是随手将它拆开，但他只看了一眼，脸色就一下子变了。他马上从自己的座位上跳了起来，在客厅中央激动地踱着步子。乐师们看到这种情景，赶紧停止奏乐，生怕会惹怒了他。

原本沉浸在音乐中的人们也被惊醒了，他们全都站了起来，不知道发生什么事情，只好你看看我，我看看你，面面相觑。

约瑟芬跟在拿破仑身后，拍拍他的肩膀，让他安静下来，至少也应该向人们说说，到底是什么事惹得他这么愤怒，否则，大家还不知道该怎么办呢。

拿破仑尖利地喊了起来："你想知道是什么事？我来告诉你吧！不知好歹的吕西安竟然悄悄娶了那个贱妇！他竟然不经过我的同意就结婚了！真是岂有此理！"

原来，吕西安趁着他外出旅行的机会，把他的妻子带来与家人们见了面。拿破仑原本最多允许他将自己的婚姻秘而不宣，没想到吕西安竟然做出了这样的举动。这无疑是对拿破仑权威的一种挑战！所以，拿破仑的暴跳如雷也就可以理解了。他当着约瑟芬的面，指责卡罗利娜竟然"管一个不体面的女人叫嫂子"。

其实，拿破仑之所以这么生气，是有他的考虑与担忧的。

当时，元老院正在进行着关于世袭权位问题的讨论，拿破仑希望自己的成就能够得到继承，然而，他自己没有后嗣，约瑟夫生的全是女儿，吕西安的第一任妻子也只给他留下了一个女儿。如此一来，拿破仑只能指望吕西安再娶妻生子来做他的继承人了。但是，儒贝尔通夫人已给他生了一个私生子，现在他们结了婚，这个小杂种以后很可能就会成为未来的法兰西帝国皇位的继承人。这样，拿破仑皇朝的基础就会被动摇，因为让拥有这样的身世的人当皇帝，那些保王党分子、残留的雅各宾派势力以及善于挖掘花边新闻的媒体就会大肆嘲笑拿破仑。

拿破仑希望吕西安尽快与他的妻子离婚，然而却遭到了吕西安的拒绝。第二年春天，吕西安终于愤怒地离开了法国，他在给约瑟夫写的一封信中，说自己离开的时候怀着对拿破仑的深切仇恨。

莱蒂齐亚支持吕西安的行动，吕西安离开法国之后，她也跟着他去了罗马。

拿破仑的妹妹埃莉莎，在拿破仑与吕西安的争执中站在了吕西安这一边。她是一个很有头脑、非常聪明的女人，果敢、决绝，而且一点亏也不肯吃。在所有的妹妹里，拿破仑最不喜欢的，就是埃莉莎，然而，她却比波拿巴家族的其他人更具气度，那秀丽的面容、神采奕奕的眼睛以及洁白的牙齿，都让人一见难忘。她是一个情欲旺盛的女人。诗人丰塔内是她的情夫，这个人好为人师，善于拍马溜须，得到了拿破仑的恩宠。现在，埃莉莎正想尽办法扩大自己的地盘。她也从拿破仑那里得到了很多财富，还买下了莫尔帕公馆。她还创办了一所文学书院，赞助夏多布里昂，使他的作品《基督教真谛》得以正式出版，受到官方的支持，从而成为风靡一时的一流作家。

波利娜，姐妹们通常都亲昵地叫她"波莱特"，婚后她跟随丈夫勒克莱尔远征圣多明各。虽然在岛上遇到了各种各样的困难，还受到了黄热病的侵袭，但是波利娜的表现却非常英勇。当时死神已经带走了无数人的生命，但是她却照样在家里举办舞会，来鼓舞人们的士气。她还用自己的车子去救护伤兵。勒克莱尔不忍心她跟着自己在圣多明各受苦，于是就劝说她回国，但是她却拒绝了。她说："我绝不会做胆小鬼，我是拿破仑的妹妹，我应该像他一样无所畏惧。"如果她是一个男人的话，以她的胆魄，一定能够在战场上建功立业。

后来，勒克莱尔不幸染上了黄热病，不治身亡。波利娜这才拖着病体，带着儿子戴尔米德和丈夫的灵柩，心灰意冷地回到了法国。

对于波利娜的遭遇，拿破仑非常痛心，他想了各种各样的办法为她排解忧愁，最终，波利娜终于从痛苦的情绪中走了出来。这之后不久，她买下了位于奥诺雷区的夏罗斯特公馆，精心地对这座公馆进行了装潢。一些人垂涎她的美貌，纷纷聚拢在她身边。

拿破仑非常宠爱波利娜，希望她能够得到一个好归宿，于是就向她介绍了意大利共和国副总统梅尔齐·德里伊，但梅尔齐对她却不太感兴趣，于是，拿破仑又把目光投向了博尔盖泽亲王身上。米尔·博尔盖泽亲王虽然年轻，但是却已经成为了意大利第一富豪。波利娜为能成为亲王夫人而高兴，于是就欣然接受了这位英俊的小伙子，孝期一过，就与他结了婚。拿破仑给了她八十万法郎作为嫁妆。

　　卡罗利娜与缪拉结婚之后，与约瑟芬的关系越来越密切。在波拿巴家族中，他们两个是为数不多的亲约瑟芬派。婚后不久，卡罗利娜就生了第一个儿子，叫阿希勒，后来她来到意大利与丈夫在一起，现在，缪拉已经被提拔为司令官将军。他官运亨通，平步青云，开始变得有些得意忘形了。在意大利，他对那些可怜的意大利人非常蛮横，想尽办法从他们手里掠夺财富，充实自己的小金库。发财之后，缪拉在普罗旺斯街买下了特吕松公馆，扩大了纳伊别墅。

　　缪拉也是一个颇有野心的人，司令官这个职位已经填不饱他的肚子了，他希望得到意大利总督的职位。虽然他一再向拿破仑提出请求，但是拿破仑却都当成了戏言，没有理睬他。这时，缪拉就派自己的妻子卡罗利娜上场了。

　　卡罗利娜是一个聪明的女人，而且嘴巴特别甜。她百般讨好拿破仑，对他非常殷勤，终于打动了她的哥哥。后来，拿破仑提拔缪拉为巴黎的城防司令，这可是一个非常重要的职务，原来这个职务是由朱诺来担任的，但是他不擅长指挥，连连犯错，于是就被拿破仑调到其他位置上了。

　　缪拉一家过着花天酒地的生活，天天纸醉金迷，经常在家里举办各种各样的夜宴、舞会、音乐会。他们花钱如流水，而且一点儿也不疼惜，因为这钱反正是从意大利哗哗流进腰包的，来得容易，自然花得也容易。在巴黎，他们恐怕是最讲究吃的家庭，恐怕也是巴黎最欢乐的家庭。

　　热罗姆是拿破仑最小的弟弟，当他出生的时候，拿破仑已经在法国读军校了。拿破仑非常疼爱这个弟弟，甚至达到了溺爱的程度。然而，热罗姆却令他感到有些失望。

　　当时热罗姆才十九岁，虽然这么年轻，却已经显示出了在海军方面的独特才能。所以，当这个脾气暴躁、举止轻浮的小伙子从圣多明各巡航回来以后，拿破仑又安排他到法国驻美洲舰队服役，出航加勒比海。在此期间，拿破仑还写信给他：

　　我任命你为海军中尉，是希望你能够在巡洋舰上乘风破浪，学习一种职业。凭借着这种职业，你就可以理所应当为自己争取功名，另外，这也是你的必由之路。为功名而死，我会感到欣慰。但你要记住，千万不能坐享其成而无功名，这不但对祖国无用，对你自己也不是什么光彩的事。我们应该在历史上留下自己生存的痕迹。如果始终默默无闻，那么这与从来没有生活过又有什么两样呢？

　　然而，拿破仑充满关爱的话语在热罗姆读来，却有些令人厌烦。死？他还这么年轻呢，为什么要考虑这么遥远的事情？他一点儿都不怕死，但是现在他首先要做的事是寻欢作乐。他可以不要什么战功，但是却不能不娱乐。

　　枯燥的海上生活令热罗姆感到非常烦闷，有一次，他与海军上将大吵了一架，一怒之下，他愤然离开了他指挥的双桅横帆船，一个人上岸来到了美国。

在巴尔的摩，他与一位富商的女儿佩特森陷入了爱河之中，很快，他就向她求婚。法国领事知道了这件事之后，就好心提醒他，即使他再大五岁，婚姻大事也必须要先征求他母亲的意见，只有得到母亲的准许之后，才能结婚。但热罗姆把这番话当成了耳旁风，没过多长时间，他就在佩特森父亲的宅邸里与她秘密举行了婚礼。拿破仑得知这件事之后，大为恼火。

过了一段时间之后，热罗姆和他的妻子以为一切都已经风平浪静，于是就回到了欧洲。

这时，拿破仑写信给母亲，说：

热罗姆已经到了里斯本，和他同居的那个女人也跟他在一起。我不允许这样的事情发生，所以，我已经派人将佩特森小姐送回了美洲……热罗姆令我非常失望，我本指望他能够建功立业，没想到，他为了一个烂女人竟然在陆上和海上背弃了他的国旗，使我的名字蒙受了极大的耻辱。如果他不认为自己是错的，而且也不打算改过自新，那么我将永远不认他做兄弟。

虽然拿破仑做出了这样的举动，但是热罗姆还是没有与他的哥哥闹翻。后来，他顺从了拿破仑建立皇朝的计划，给这个家族带来了仅有的一个合法男嗣，从而将他们动摇不定的希望一直维系到了19世纪的末叶。

拿破仑的继子欧仁，倒是非常令他满意。欧仁是一个朴实的好孩子，一直跟着他在战场上浴血奋战、出生入死，现在又与贝西埃尔和迪罗克一道，为他出谋划策，心甘情愿地听从他的调遣。欧仁对待养父态度谨慎，充满敬重。他一点儿也不像约瑟芬，不喜欢锋芒毕露，也不爱出风头，而是甘居他人之下。正因为这样，拿破仑非常喜欢他，对他关怀备至。在拿破仑的家族中，欧仁是向他伸手最少的人。

第十一章

反对派的阴谋

雅各宾派的刺杀计划

在拿破仑的治理之下，法国的局势逐渐走向了稳定，然而，反对派的秘密活动却没有画上句号，一个个阴谋铺天盖地地向着拿破仑扑来。

保王党人与过激的共和派或雅各宾派一直反对拿破仑的专制手段，尤其是在他成为终身执政之后，那些仍然抱有一丝幻想的雅各宾派和保王党分子彻底失去了希望。在这些人之中，有一些亡命之徒，甚至不惜采取极端手段来向拿破仑宣战。自从拿破仑上台的那天起，保王党分子和雅各宾派的暗杀阴谋就在各个地方此起彼伏，整个巴黎都笼罩在一片恐怖的氛围之中。

执政府关闭了雅各宾派俱乐部，然而，俱乐部的成员却没有解散，他们依然奉行着铁和血的政策，在私底下联络了一大批退役军人，组成了一个"弑君队"，密谋要刺杀拿破仑。

当时按照革命历法，一个月被划分为三旬，每旬为十日。每隔五天，拿破仑就会在三月校场检阅军队，从而鼓舞士气，震慑人心。每逢那一天，拿破仑就会穿着蓝色、紧身、镶有金丝边的直排扣制服和白裤，脚蹬半筒靴，外披灰大衣，头戴"腓特烈二世式"的角帽，在众多军官们的簇拥之下，准时出现在三月校场。

1799 年 7 月 14 日（共和八年牧月 25 日），是下旬的第五天，恰好又赶上攻占巴士底狱十一周年，所以，三月校场的阅兵仪式组织得比以前更为隆重、盛大。雅各宾派认为这是刺杀拿破仑的一个不可多得的绝佳机会，于是就想在这一天策划一场反对活动。

不料，这一天的三月校场戒备更加森严，到处都是军人，一般人根本无法接近拿破仑，于是，雅各宾派就花了一大笔钱买通了几位士兵。这些士兵们利欲熏心，夸下海口，说："只要拿破仑从我面前走过，我就一定能干掉他！"

谁知道，警察局长富歇安排的眼线几乎无处不在，暗杀计划很快就被他们打探到了，并及时上报给了富歇。为了不打草惊蛇，富歇在阅兵之前并没有采取抓捕措施，一直到 7 月 14 日那天，才专门安排了人手对这几名被收买的士兵进行严密监视，他们稍有动静，就会被制服。

拿破仑像以前一样从容地完成了对军队的检阅，那几名士兵被牢牢地控制住了，最后一事无成。

雅各宾派看到这次的计划没有成功，一点儿也不甘心，于是又策划了另一场刺杀行动——在法兰西剧院暗杀第一执政。

法兰西剧院是 1680 年奉路易十四之命创建的，由原莫里哀演员剧团与马莱剧团、勃艮第府剧团合并而成，是法国最古老的国家剧院，也是世界上最早建立的国家剧院。拿破仑上台之后，就对这座剧院进行了整顿，到处招募各派艺术家、作曲家、歌唱家，使它发展成为欧洲一流剧院。

这段时间，法兰西剧院正在上演大师拉西纳的著名剧目《布列塔尼古》，这个戏剧说的是，古罗马皇帝克劳迪的儿子布列塔尼古，因为遭到后母阿格里品娜的百般算计而失去了王位继承权，后来又被异父异母的兄弟尼禄下毒毒死。剧情一波三折，跌宕起伏，非常精彩。很多著名演员参与其中，而且还有一流乐队为其配乐、伴奏。拿破仑平时就非常喜欢看戏剧，遇到这样的好机会，又怎么能错过呢！

雅各宾派当然也不会错过这样的机会，他们精挑细选之后，选中了一个叫作梅热的人去执行暗杀任务。当天晚上，梅热带着凶器，悄悄混到了剧院的一个居高临下的包厢里。戏剧马上就要开演了，拿破仑迟迟没有出现，梅热只好焦急地等待着，然而，一直等到戏剧拉开帷幕，还是没有等到拿破仑的踪影。原来，拿破仑早就从富歇那里得知了今天的暗杀计划，只好忍痛割爱了。

梅热当场被警探们抓住了，然而，他是一个铁汉子，即使经历了无数拷打，依然不肯供出自己的同谋，最后被富歇愤愤地送上了断头台。

计划再次失败，雅各宾分子大为恼火，但是他们还不肯死心，又再接再厉地策划了一场新的阴谋。

1800 年 6 月，拿破仑的得力干将德塞在马伦哥战役中英勇为国捐躯，同一天，克莱贝尔将军也在埃及不幸遇刺身亡。拿破仑痛惜自己麾下这两员大将的逝去，为了对他们的英勇事迹进行表彰，他下令为德塞和克莱贝尔树碑立传。9 月 23 日上午，拿破仑来到了胜利广场，参加两座塑像的奠基仪式。

雅各宾分子得到了这个消息之后，认为这又是一个天赐良机，于是重金租了一间窗口对着广场的房子，请来了一个神枪手，准备在这里枪杀拿破仑。然而，人算不如天算，当神枪手在窗口就位端枪瞄准的时候，却发现怎么也找不到目标，原来，主席台的脚手架不偏不倚地挡住了他的视线。如此一来，他就是有百步穿杨的神功，也发挥不出来了！

气急败坏的雅各宾分子又一鼓作气决定再次在法兰西剧院对拿破仑进行暗杀。这个计划的主谋是阿雷纳，阿雷纳与拿破仑一样，是一名科西嘉人，曾经参加过土伦战役，也上过意大利战场。阿雷纳是一个坚定的共和分子，看到拿破仑竟然开始走起了专制道路，他愤怒地扬言道："有他无我，有我无他！"从那之后，他就成了谋杀拿破仑的主力。

其他的参与者是塞拉希、托皮诺·勒布伦。塞拉希是意大利著名雕塑家卡诺瓦的徒弟，法国人入侵意大利之后，他出于对拿破仑的崇拜归顺了法兰西，并且还为拿破仑雕塑了一尊半身像。后来他搬到了巴黎，原本想在这里混出个名堂，没想到却一直过着穷困拮据的生活。为了摆脱困境，他投靠了雅各宾派，后来逐渐成为了一名狂热分子。他曾经谎称要修改拿破仑的塑像，请他再给自己当一次模特。拿破仑以为他只不过是找借口要钱罢了，于是就找人给他送去了六千法郎了事。

托皮诺·勒布伦和塞拉希一样，是一个艺术家，他是法兰西画家路易·大卫的学生。表面上看起来，他是一个温和善良的人，但骨子里却心狠手辣，在革命法庭陪审团任职期间，他把不少吉伦特分子和丹东分子送上了断头台。这之后不久，他自己就被罗伯斯庇尔逮捕了，直到热月政变爆发之后才免于死刑。

这三个人精心制定了刺杀计划，把时间定在了拿破仑去看歌剧的晚上。

然而，他们没有想到的是，这个在他们看来已经是万无一失的计划，早就已经被富歇了如指掌。阿雷纳怎么也不会相信，他联络的成员之一阿雷尔，在关键时刻竟然出卖了他们。

阿雷尔原来是一名军官，在四十五旅任职，拿破仑对军队进行整顿之后，他就成了"编外上尉"，地位一下子一落千丈。他把所有的仇恨都发泄到了拿破仑身上。后来雅各宾分子找到他，对他说："拿破仑解雇军官真是太可恶了，上尉先生，我对您的处境非常同情。"接着，就拿出四百法郎收买他，让他去剧院暗杀拿破仑。阿雷尔毫不犹豫地接受了这个任务，信誓旦旦地对他们承诺道："你们放心吧，不杀死拿破仑我誓不罢休！"

谁知道，布雷尔原来是一个贪财忘义的小人，刚收了雅各宾分子的钱，转身就去向布尔里埃纳通风报信去了。他向布尔里埃纳揭露了阿雷纳策划的全部阴谋，并且还许诺，只要能够供给他足够的经费，他就愿意配合执政府的行动将他的同谋们一网打尽。

布尔里埃纳立刻把这件事汇报给了拿破仑，拿破仑给了阿雷尔一大笔钱，让他扮演"双面间谍"，到时候在剧场里真戏假做，诱使他的同伙们进入警务部布下的天罗地网。

1800 年 10 月，法兰西剧院上演悲剧《荷拉提乌斯》，拿破仑出席观看。

这天上午，雅各宾分子对刺杀行动的细节进行了最后敲定：拿破仑一旦被杀死，弑君者就马上夺取军火库，组织人马上街示威游行，解散执政府，指定巴黎市市长，筹款十亿法郎，分发给退役军人……阿雷尔被安排到外面去购置手枪，他装模作样地为晚上暗杀拿破仑进行着准备工作。

这天，国务会议结束之后，第二执政和第三执政在拿破仑的办公室里继续讨论问题，拿破仑当着布尔里埃纳的面问他们，是否认为自己应该去看歌剧？他们告诉他，既然已经采取了预防措施，那么就没有理由再因为可能的危险而止步不前，因为那些企图谋杀他性命的阴谋都是徒劳无用的。

吃过晚饭之后，拿破仑在自己的军装外面套上了一件厚重的大衣，然后就与迪罗克和布尔里埃纳一起坐着马车来到了法兰西剧院。他的包厢位于左边入口分隔前包厢和侧包厢的两个廊柱之间，他坐在包厢最前面的一个位置上。只看了半个小时，就听到外面传来了一阵喧哗声，拿破仑让布尔里埃纳到回廊上去看看发生了什么事情。原来，有一大批人已经被逮捕了，他们立刻返回了杜伊勒里宫。

事情进展得非常顺利。当时，身上藏着武器的阿雷尔装作若无其事的样子走进了咖啡厅，看到塞拉希端坐在墙角上，就走上前与跟他悄悄打了一个手势。之后，他走进了包厢，在那里，他看到了很多熟悉的面孔，既有自己的同伙，也有便衣警察。

这时，舞台上的帷幕缓缓拉开，演出马上就要开始了。阿雷尔悄悄给警察们使了一个眼色，几个埋伏了很长时间的警察就以迅雷不及掩耳之势把那些反对派给抓了起来。整个过程只持续了大概几分钟。

激昂的乐声戛然而止，观众们都被眼前的这一幕都吓呆了，过了很长时间才反应过来到底发生了什么事。于是，男士们手忙脚乱地挥舞帽子，大声叫喊。女士们则哆哆嗦嗦地从口袋里掏出手帕，低声哭泣起来。拿破仑站起身来，安抚那些受惊的观众，并且示意演出继续。乐声再度响起，帷幕启开……

与此同时，坐在咖啡厅里伺机行事的塞拉希也束手就擒，而在家中静候佳音的阿雷纳也未能逃脱，所有密谋分子无一漏网。

拿破仑导演这次密谋的用意是为了给自己捞取政治资本，现在一切果然如愿以偿：原先还得到了很多人同情的雅各宾分子，受到了巴黎人民的一致谴责。全国各地的安慰和致敬信如同雪片一样，飞向了杜伊勒里宫。报纸、杂志连篇累牍，对拿破仑大加赞扬。拿破仑大难不死，越发受到法兰西人民的敬仰。

这次暗杀事件的审讯是秘密进行的，最后，塞拉希、阿雷纳等人被关进丹普尔监狱里。

告密者阿雷尔的名字则被列入了陆军部名册，还被提拔为一名司令。

剧院谋杀的计划再度破产之后，雅各宾分子依然没有气馁。他们继续策划阴谋，这次，为首的人叫作谢瓦里埃，四十三岁，他曾经受雇于救国委员会，为兵工厂制造炮弹，是一位小有名气的武器专家。自从阿雷纳等人锒铛入狱后，他决心制造新式武器，暗杀拿破仑。经过一番悉心研究、反复试验之后，他终于制造出了一种杀伤力极大的定时炸弹。这种炸弹内装六到七斤上等炸药和一支无把枪管，扳机外露，上系细绳，人在远处操纵发火，子弹打在炸药上引起爆炸。

为了测试这种炸弹的效果是否可靠，一天深夜，谢瓦里埃在巴黎郊外的一个僻静的地方对炸弹进行最后一次试验。他站在六百米之外的地方，小心翼翼地拉动了绳索，几乎瞬息之间，炸弹就一下子爆炸了，附近的模拟马车被炸得直接飞上了天。看到这种情景，谢瓦里埃兴奋不已，他对自己的同伙说道："这一次，即使拿破仑的命再大，恐怕也难逃一死。我还研发了一种窒息弹，到时候一块用上，我看他凭什么逃命。"

他们的计划是这样的：这些雅各宾分子乔装打扮成了木材商，驾着装有炸弹的柴车离开了巴黎，埋伏在马尔梅松路旁，等到拿破仑的车队快要驶近的时候，迅速推出马车，远距离扣动扳机，同时投掷窒息弹，把拿破仑送上西天。

为了更好地实施自己的计划，谢瓦里埃睡在了同伙家中。他们刚刚进入梦乡，就被一阵急促而剧烈的敲门声给惊醒了。谢瓦里埃揉了揉睡眼，借着窗户里透进来的月光看到几条人影破门而入，他正想起身进行反抗，却来不及了，警察已经在他的手上铐上了一副手铐。接着，警察又对房间进行了仔细的搜查，起获了枪支弹药、定时炸弹。

原来，富歇警务部的眼线又立了一个大功。他们早就发现了谢瓦里埃鬼鬼祟祟不对劲，于是就一直跟踪他，最终发现了他的阴谋。

虽然证据确凿，但谢瓦里埃却死不认罪。他一口否认，说那些炸弹是军事炸弹，本来是想献给政府的，其他人也像他一样守口如瓶。富歇本不想加害自己昔日的战友，于是就装模作样地对他进行了一番审讯，然后，就把他关入了丹普尔监狱。

雪月三日爆炸案

就在雅各宾分子不断地策划暗杀计划，但是却接连遭遇失败的时候，保王党人也不甘落后，开始向着拿破仑发起了冲击。

流亡在外的路易十六兄弟普罗旺斯伯爵给拿破仑写来一封亲笔信，希望他能够主动把法国还给自己，恢复波旁王朝的愿望：

不管他们做出这样的行为是为了达到什么样的目标，我相信，像您这样的人，是绝对不会因此而感到惊慌的。您接受了显要的职位，为此，我非常感谢您。我知道，您比任何人都更加了解，为了确保一个伟大国家的幸福，需要什么样的力量和权力。如果利用法兰西自身的力量来拯救法兰西，我们就会使法兰西得到救赎。我真切地希望，您能够把国王还给法国。如果您这么做了，后世子孙一定会对您感激不尽，因为您做出了一个伟大的决定。我也绝不会将您忘记，我们的国家永远需要你，我将会委托给您更重要的职位。

拿破仑收到这封信之后，感到非常激动，虽然他曾经一而再地宣称自己绝不跟王公贵族之类的人打交道，但是对于普罗旺斯伯爵的建议，他还是进行了一番考虑。

约瑟芬和奥坦丝也是保王派，她们满心希望波旁王朝能够复辟。她们对新政权能够持续多长时间一直有所质疑，她们希望拿破仑能够用他的官职来换取一个大贵族的封号。为此，她们不断地劝说拿破仑。一开始，拿破仑只是笑笑了之，后来，他渐渐失去了耐心，生气地骂她们："你们疯了吗？圣日耳曼镇搅昏了你们的头……"

拿破仑可不想成为乔治·蒙克那样的角色。乔治·蒙克是克伦威尔的掘墓人，他推翻了克伦威尔的专制统治，掌握了无限的权力，但是却没有选择成为独裁者，而是为了全国和解，在新选出的议会中要求长期流亡法国的查理回国当国王，从而解决了英国的危机（史称王政复辟）。

事情逐渐被搁置了下来，普罗旺斯伯爵的来函被放在了桌上。

在这一时期，普罗旺斯伯爵又给拿破仑写来了一封信：

将军，我希望您了解，我非常尊敬您。如果您对我的诚意有所怀疑，那么您大可以向我明确地提出您希望得到的酬劳，以及您朋友的酬劳。至于我的原则，作为一个法国人，我生性仁慈，并且，因为理性的驱使，我将会更加仁慈。我相信，洛迪、卡斯蒂里恩、阿尔科拉等地的战胜者，意大利和埃及的攻占者，是绝对不会因为爱慕虚荣而拒绝真正的荣耀的。但是您竟然还在犹豫，我只能告诉您，您这么做完全是在浪费宝贵的时间。我们可以保证法兰西的荣誉。我说"我们"，是因为我迫切地需要波拿巴的帮助，而他没有我，恐怕最终也会一事无成。将军，整个欧洲现在都在观望着您。巨大的荣誉在等待着您，我又是迫不及待地要我们的百姓恢复和平。

受到这封信之后，拿破仑思考了很久。一次，他与布尔里埃纳一起在马尔梅松的花园里散步时，曾经与他的这位手下深刻地探讨了普罗旺斯伯爵的建议和后果。

他问布尔里埃纳："先生，我的妻子曾经与您谈到过有关波旁王族的事情吗？"

布尔里埃纳回答说："没有，司令，她从来没有提起过。"

拿破仑狐疑地说道："是吗？但是根据我的观察，你在与她谈话的时候，似乎总是更倾向于她的意见。所以，你是不是也像她一样，希望我接受波旁王朝的要求？"

布尔里埃纳支支吾吾不肯回答。

拿破仑又说道："你不必回答，其实我完全明白你的意思。那么，现在我来问你一个问题，你为什么赞成波旁王朝回来？你知道的，就算他们回来，你也不可能从中得到什么好处，你也没有什么可以指望他们的。你也很清楚，你的级别还不够高，他们也不可能给予你什么重要职位。如果你跟随他们，生活可能还不如现在好。当然，由于德·香朋纳先生的援引，以前你曾经被任命为驻斯图加特公使馆秘书，但是你完全可以预料到，如果没有发生变化，你的一生可能都会止于那个职位。在国王手下，还从来没有只凭功绩就可以得到提升的人呢。所以，我非常好奇，你到底为什么希望他们回来？"

布尔里埃纳回答道："的确，司令，你说得完全没错。确实，我从来没有通过波旁王朝得到什么好处，不管是赠与，还是职位，又或者是其他的恩惠。当然我也没有不自量力地以为，一旦他们重新掌权，我会得到多么大的提升。但是我之所以希望他们回来，并不是出于对我个人利益的考虑，而是为了整个法兰西的利益。我一直相信，在您的有生之日，您会一直牢牢地掌握着法兰西的政权，但我也有一些隐忧，我相信其他人包括您自己也有同样的担忧，那就是，您没有孩子，而且可以十分肯定，约瑟芬永远也不会为您生育子女。所以，我们必须考虑，假如有一天，您不在了，我们这些人该怎么办？我们会落得什么结果……"

拿破仑叹了一口气，打断了他的话，说道："是的，这一点我是无法否认的，如果我活不到三十年来完成我的工作，我可以预料到，在我死后，法国很有可能会陷入长时间的战乱之中。我很清楚，我的几个兄弟都不适合接替我的职位，而那几个现在我非常赏识的将领之间，也会产生激烈的冲突，因为他们每个人都认为自己有权也有能力来接替我的地位。"

布尔里埃纳有些不解地问道："既然这样的话，司令，您为什么不尽自己最大的努力来避免这些有可能会发生的祸患呢？将它们扼杀于萌芽状态中，难道不是对国家最为有利的吗？"

拿破仑摇摇头，无奈地说道："难道你以为我从来都没有想过这些问题吗？但是要做起来谈何容易？如果波旁王朝实现复辟的话，你认为局面就会好吗？那些曾经投票赞成处死国王的人，那些在革命中作出了突出贡献的人，我们努力维护的国家领土，以及十二年来我们所做的大量事情，都应该怎样来处理呢？也许，逆流很快就会出现，到那时，谁又有力量阻止这股狂潮呢？"

布尔里埃纳说："司令，普罗旺斯伯爵在他的来信中不是已经向您保证了，您所担忧的一切都不会发生吗？我知道您会怎样回答，但是现在主动权完全掌握在您的手中，想要什么条件难道还不是完全由您决定的吗？在您要求的条件下答应他们对您的要求吧。您不用着急。您可以用三年或者四年的时间来建立适合法国需要的各项制度来造福整个法国。"

拿破仑说："布尔里埃纳，你不觉得你的想法实在是过于天真吗？到了那时候，波旁王朝就会认为，他们已经重新占有了他们祖传的产业，那么就可以任意处置。你以为他们还会遵守承诺吗？恐怕就算是对我，也是弃如敝屣了。只有傻瓜才会相信他们现在所作出的承诺。我已经作出了决定，我们不再谈这个问题吧。"

过了很长一段时间之后，拿破仑才认为，还是有必要对这封信进行回复，于是他向布尔里埃纳口述了一封信，让他给自己记录下来。然而，这位尽职的秘书却认为这样做有些不妥，于是他建议拿破仑，既然普罗旺斯伯爵写来的信是亲笔书函，那么，为了表示对对方的尊重，他最好也亲自回复。

于是，拿破仑亲自给普罗旺斯伯爵写了回信：

殿下：

我已经收到了您的来信，非常感谢您说到我时所表现出来的宽宏态度。

我认为，您不应该想要回到法国，如果您决意要回到法国的话，您就必须踩着十万人的尸体。

为了法兰西的安宁和幸福，您应该牺牲您的个人利益。我相信，历史会公正地对待您的。

对于您的家族所遭遇的不幸，我也非常同情，所以，我愿意为您提供一切能够使您获得平静生活的帮助。

他在信里没有许下什么承诺，只有表面上的安抚。如今他的权力已经越来越大了，地位也逐渐巩固，在他看来，波旁王室复辟的机会已经越来越小了，当然也就没必要去迎合他们。

从拿破仑收到国王的第一封信到给他回信，这中间相隔了七个月的时间。保王党人终于对拿破仑失去了一切幻想，他们彻底绝望了，现在，他们只有一条路可以走，那就是用血的代价来换取复辟的成功！

1800年12月，也就是法兰西共和九年雪月，海登的作品《创世纪》在巴黎歌剧院上映。拿破仑得知此事之后，打算带着全家人一同去欣赏这部出色的歌剧。

这个消息让保王党人兴奋不已，他们就像打了鸡血一样，激动地策划着一场滴水不漏的暗杀行动。

一天下午，太阳快要落山的时候，在巴黎街头出现了一匹老迈而又干瘦的黑马，它拉着一辆双轮破篷车，迈着缓慢的脚步向前走着。车上坐着三个穿着蓝色衣服的人，牵着马笼头的，是一个矮个子的小伙子，他长得非常瘦弱，鼻子长长的，从侧面看上去显得非常滑稽。坐在他后面的是一个个子跟他差不多高，皮肤黝黑、眼窝深陷的胖子，他不停地在地上寻找着，一旦发现有大小合适的石块，就会从马车上跳下来，把它们捡起来，塞进马车里。另一位同伙则赶紧帮忙把马车的篷布盖好。这位同伙身材修长，面颊消瘦，眼睛似乎有些近视，总是眯着。他的责任就是看管篷布，每当篷布因为车子的颠簸或者是大风的缘故被掀起时，他就会精心地把它整理好，似乎篷布底下掩藏的，是什么不可告人的秘密。

这辆马车一直穿街走巷，走过了克雷利大街，又走过胜利广场，最后消失在通往卡卢赛尔广场的居民街道里。

这三个神秘人，就是保王党人派来的凶手。那个瘦小的小伙子叫卡邦，矮胖子叫作圣雷让，另一个负责看管篷布的人则叫作利莫埃朗，他们都是受保王党领袖卡壮达尔之命来实施阴谋活动的。

这次活动得到了英国人的支持，英国政府还派人给他们送来了很多金币作为经费。

在此之前，他们已经进行了充分的准备工作。

卡邦和圣雷让在梅斯雷街上的杂货店里买来了一辆破旧的马车，让蒙布朗街的桶匠在这辆马车上装上了一个木桶，周围还匝上了一个铁箍，使其更加结实。然后，他们驾着马车来到了圣德尼门，卸下木桶，拿到一个隐蔽的密室，在那里装上了炸药、铁弹、烟火等物，搬上了马车。他们还提前购买了一些枪支，圣雷让又派人改装了谢瓦里埃的定时炸弹。

最后，他们来到了圣尼凯斯街，这里，就是保王党人打算策划爆炸案的地点。圣尼凯斯街是由利舍里厄大街延伸出来的一条小街。巴黎歌剧院坐落在利舍里厄街上。拿破仑要去巴黎歌剧院，就必须经过圣尼凯斯大街。

下午六点，三个人已经在圣尼凯斯街就位了。此时，街道上人来人往，非常热闹。利莫埃朗走到了街道拐角处，在这里，拿破仑的马车一过来，他就能看到。卡邦则仔细地观察着这座街道，寻找一个隐蔽的、能够暂时停放车子的小角落。圣雷让则小心翼翼地把自己从街上捡来的石块拿出来，在地上堆成一堆。

正当他们都万分紧张地进行着准备工作时，利莫埃朗走了过来，把他们叫到了自己身边。看起来，利莫埃朗似乎是他们三个人之中的领头羊。

卡邦搓着手，有些不安地问道："消息可靠吗？不要让我们在这里白等了！"

利莫埃朗回答说："绝对可靠，根据我们的内线得到的消息，拿破仑今晚一定会去看歌剧。"

卡邦又有些不解地嘀咕道："今天晚上是圣诞夜，上边怎么选了这么一个时候……"一边说，他一边在自己的胸前画了一个十字，祈求上帝的保佑。

他们的动作都非常小心，害怕被别人看出什么破绽来。不过，根本没有人注意到他们的举动。现在，人们都在行色匆匆地往家赶，生怕错过了与家人一同吃晚饭的美好时光。

利莫埃朗看了看周围，伏在圣雷让的耳朵上悄悄说道："我到十字路口去望风，第一执政的车队一出现，我就会发暗号，你们就开始行动。"

圣雷让点了点头。利莫埃朗走开以后，圣雷让就让卡邦留在这里，自己离开片刻。他害怕引信点燃以后，马会受到惊吓而跑出去，这样的话，他们的计划就失败了。所以，他要找一个替死鬼，来看住马车。

圣雷让一路踱到了塞纳河边，看到不远处有两个卖面包的小女孩，其中一个小孩只有十几岁，身上穿的衣服非常破旧，几乎难以蔽体。他装作悠闲的样子走了过去，问道："面包多少钱一个？"

小女孩看到来了客人，立刻费力地兜售起了自己的商品："不贵，一个苏，这可是夹心的，比一般的面包好吃。"

圣雷让看了看面包，问道："你一天大概能挣多少钱？"

"挣不了多少钱，现在来买面包的人很少。"

圣雷让假惺惺地说道："真是可怜！我这里有一件不错的差事，比你卖面包挣的钱多多了，不知道你干不干？"

小女孩一听，立刻睁大了眼睛，急切地问道："我干！什么差事？"

"到前面街上替我看管一辆马车，就一小会儿，我给你十二个苏。"

小女孩惊喜地叫了起来："十二个苏？真的吗？"

说着，她就手忙脚乱地收拾好了篮子，跟着圣雷让来到了马车旁。卡邦看到他竟然领回了一个小女孩，疑惑地问道："你这是干吗？"

圣雷让说："让她来帮我们看管马车，你去做其他的事情吧！"说着，他就从卡邦手里接过了鞭子，对小女孩说道："你要做的事就是牵住马缰，别让马动，知道吗？要是马动了，我可是不付钱的！"

小女孩认真地点了点头。其实，那匹瘦弱的黑马早就已经睡着了，四条腿软弱无力地勉强支撑着身躯，脑袋低低地垂下，耷拉在车辕中间。

这个时候，街上的店主们也注意到了这几个奇怪的人。人们好奇地打量着他们，不知道他们在做什么。

此时，杜伊勒里宫里，拿破仑与约瑟芬、奥坦丝、拉普将军、德洛里斯托将军、拉纳将军、贝尔蒂埃将军正在一起吃晚餐。像以前一样，拿破仑风卷残云一般吃完了饭，离开了餐桌。几个军官看到这种情景后，也放下了碗，跟在拿破仑左右，只有拉普将军没有动，仍在陪着约瑟芬和奥坦丝吃饭。

拿破仑已经说好了要带约瑟芬去看《创世纪》的，但是吃过饭之后，他一直靠在壁炉角上，与军官们热烈地聊着天，一点儿也没有要动身的意思。约瑟芬于是走到了他面前，催促道："将军，我们该走了！"

拿破仑说："你自己去吧，我不想去了！"

约瑟芬不满地嘟囔道："那怎么能行呢？早就已经说好的事情，临时又变卦！"这时，奥坦丝和卡罗利娜也开始在一边轻声抱怨起了拿破仑。

都说一个女人胜过五百只鸭子，三个女人的抱怨威力就更大了。拿破仑只好站了起来，说道："好了好了，我去就是了，你们不要再吵了！"

晚上七点左右，拿破仑与贝尔蒂埃、拉纳和洛里斯托一同登上了马车，向歌剧院驶来。

正当利莫埃朗、圣雷让和卡邦心急如焚地等待着拿破仑的马车时，一阵车轮压过石头发出的清脆响声传到了他们的耳朵里。"来了！"他们心照不宣地对视了一眼。

此时的圣尼凯斯大街已经开始沸腾了起来，老百姓们纷纷停下了脚步，站在街道两旁等待着，临街的窗户也不约而同地打开了，人们全都探出身子往外看去。一个人高声喊道："他在那儿！"话音刚落，四辆装潢华丽的四轮马车就急速驶了过来，走在最前面的是拿破仑的护卫队，清一色的彪形骑马大汉，拿破仑乘坐的马车紧随其后，马车的玻璃窗上拉着厚实的窗帘，人们根本看不到里面的情形，但是谁都知道，那里坐着的，是法国最有权的人物，他掌握着人们的生杀予夺大权……

车队就像是一阵旋风一样，席卷而过。人们高喊着："拿破仑万岁！"

小女孩被吓呆了，赶紧站到了一边，生怕被那队骑士的马蹄踢到。这时，站在她身边的圣雷让，疯狂地翻动了一下被篷布掩盖着的东西，然后就急匆匆地躲到了远处。

只听轰隆一声巨响，那辆破旧的马车爆炸了，那声音响彻云霄震耳欲聋。石块、玻璃碎片、砖头、瓦片和泥块，被炸到了半空中，然后又像冰雹一样落到了地上。站在一旁看热闹的人们纷纷被击中，欢呼声一下子变成了呻吟声、哀嚎声、呼救声。而拿破仑的马车则幸免于难，飞驰着离开了这里，消失在了远方。

嘈杂和恐慌的局面一直在持续着，被炸弹击中的人，此时已经血肉模糊，很多人的尸体都已经不完整了。受伤的人正在不停地惨叫着，挣扎着，肆意宣泄着自己的痛苦。那个牵马的小女孩被炸飞了，她的脸血淋淋的，留下了不甘心的表情。那辆马车被炸得只剩下一个轮子和车轴残片，这还是以后在旁边的一家旅馆屋顶上找到的。

那三个凶手毫发无伤，他们早就躲得远远的，趁着混乱的局面离开了现场。后来他们才知道，暗杀计划失败了。负责望哨的利莫埃朗后来斥责圣雷让，说他自作聪明，还没等他发出暗号，就自作主张地提前点燃了引信。

拿破仑只是受了一点惊吓，死里逃生，这一次，是马车夫救了他的命。

当他们来到圣尼凯斯大街时，在前面为拿破仑的马车开道的卫队骑兵就已经看到了那辆在一个隐蔽角落里停着的马车。卫兵与车队之间的距离大约是二十米，利莫埃朗只看到了卫队，没有看到车队，就没有发出暗号。此时，一个骑兵冲向了圣雷让，问道："你的马车为什么停在这里？"说着，他就用刀背在马屁股后面狠狠敲了一下，马一受惊，就不由自主地向后退了几步。卫队继续前进，圣雷让急忙点燃了引信，然后丢下了马车逃之夭夭了。

正当引信在徐徐燃烧之时，拿破仑的马车驶了过来。车夫是一位高手，当他看到圣尼凯斯街的道路如此狭窄时，就勒住了缰绳，猛地扬起了鞭子抽打了马几下，马车于是就像箭一般弹了出去。刚刚走了大约十几米，就听到后面传来一声巨响。拿破仑的马车被气浪掀翻在地，里面的将军们全都被震得七荤八素，个个叫苦不迭。正在打盹的拿破仑一下子清醒过来，他镇定地问道："有人受伤了吗？"大家都回答说"没有。"

"剧院！"他面不改色地命令道。

值得庆幸的是，原本应该紧跟在拿破仑的马车后面的几辆车全都落在了几十米外的街道入口处。为了去听歌剧，约瑟芬精挑细选了一条披肩，拉普将军看到了，却开玩笑地说这块披肩的颜色有些太老气，建议她重新选一条。约瑟芬一向对自己的审美非常自信，听到拉普将军这么说，她有些不服气，于是就与他辩论了起来，说他对服装的了解其实是太浅薄了，根本无法体会什么是真正的美。

从不等人的拿破仑可不想听他们的辩论，于是就登上马车准备出发。车夫对主人雷厉风行的性格了如指掌，所以，拿破仑刚一坐定，他就扬起了马鞭，驾着马车飞奔了起来。要是他拖拉哪怕一秒钟，恐怕拿破仑就会葬身在那场大爆炸之中。

直到把拉普将军说得无话可说之后，约瑟芬才心满意足地登上了马车。幸亏她没有着急去追赶拿破仑的马车，否则的话，她和奥坦丝、卡罗利娜、拉普将军恐怕也不可能幸免于难。

当炸弹爆炸的时候，这辆马车正走到圣尼凯斯街的入口处，车上的玻璃全都被震成了碎片。奥坦丝的脸被碎片划了一个小口子，卡罗利娜也受到了惊吓，约瑟芬以为拿破仑被炸弹击中了，当时就差点昏了过去，她放声大哭了起来，这一次，她的眼泪是真挚的。

后来，卫兵前来向她禀报："夫人，第一执政安然无恙，现在已经到达了剧院。将军请您赶快回到宫中。"

正在痛哭中的约瑟芬惊喜不已，她命令车夫继续向着巴黎歌剧院前进，她要到那里去与丈夫会合。

消息很快就传到了巴黎歌剧院，正打算享受一场听觉盛宴的人们纷纷议论了起来。有些人在为拿破仑的安危而担忧不已，但也有一些人却心怀叵测地等待着拿破仑被炸死的消息。

就在这个时候，拿破仑神态自若地走进了巴黎歌剧院，看他悠闲的样子，仿佛刚才什么事情也没有发生一样。观众们看到拿破仑安然无恙，纷纷从自己的位子上站了起来，齐声欢呼着"第一执政王万岁！"

没过一会儿，朱诺走进了包厢，向拿破仑汇报了这起爆炸案原来是为了谋杀他而精心安排的。

拿破仑不满地说道："真是太残暴了！就为了杀死一个人，却让这么多无辜的人不幸惨死！"

说完，他就打了一个手势，《创世纪》正式开演。喧闹的观众们很快就平静了下来，开始欣赏起这部名剧。

拿破仑没等演出结束，就离开了剧院，回到了杜伊勒里宫。在此之前，他一直竭尽所能地控制着自己的情绪，装作若无其事的样子，但是回到家以后，他的怒气却再也忍不住了，他断定，这肯定是雅各宾派策划的又一起谋杀案件。他对富歇非常不满，因为事前他竟然没有打探到任何消息，差点就让那些可恶的反对派得逞！

实际上，在这次爆炸案发生之前，富歇的眼线一直在密切关注着保王党人的动态。包括卡杜达尔的一举一动，也都在富歇的监视之下。卡杜达尔曾经策划着趁拿破仑到马尔梅松别墅度假的机会，在乡间小路上刺杀拿破仑。后来他又到了英国，向英国政府和普罗旺斯伯爵请命，与他们一同定下了一个里应外合的刺杀计划。这之后他又秘密地返回了巴黎，四处收集残部，部署落实这个计划。对这一切，富歇都通过眼线了如指掌。而且还曾经向拿破仑汇报过他们的阴谋。

然而，保王党人发现了自己内部出了内奸之后，就如法炮制，派人打进了警务部，揪出了那个叛徒，把他拉到野外枪毙了。自此之后，失去眼线的富歇就两眼一片漆黑，再也摸不清状况了。

爆炸案发生之后，富歇很快就来到出事地点进行查看，然后匆匆忙忙赶回了杜伊勒里宫。此时的杜伊勒里宫，已经是人声鼎沸，那些政府官员们纷纷闻讯赶来，把这里挤了个水泄不通。吕西安、塔列朗等人幸灾乐祸，想趁着这个机会给他们的政敌富歇一个致命的打击。

拿破仑走进了大厅里，对着那些部长们、将军们、官员们大声喊道："一定是那些雅各宾分子想暗杀我！他们失败了这么多次，还是不死心！他们是些九月分子，他们是浑身污秽不堪的地痞恶棍，他们同历届政府公开分庭抗礼。如果不能迫使他们就范，就必须把他们粉碎！……"

他的嗓门原本是非常低沉的，但是在愤怒的驱使之下，现在说起话来越来越激昂，到后来，他的嗓子都被喊哑了。

听着拿破仑的怒吼声，富歇没有屈服，他说道："根据我的情报，这肯定是保王党人的阴谋，跟雅各宾派没有关系。"

塔列朗立刻叫喊了起来："情报？你还好意思说情报？你的警探们都干什么去了？事发前为什么没有得到一点消息？现在你竟然还包庇雅各宾派？"塔列朗对富歇的指责并不是没有来由的，但是很多人都认为富歇与恐怖分子有牵连，要是这些传闻是真的话，那么塔列朗就会在二十四小时之内处决富歇。

但拿破仑可不想这么做，他宁愿把这两个能干但是却不怎么可靠的阴谋家留下来，让他们为自己所用又互相牵制。他对富歇这个人早就有所戒备，然而，对富歇领导的警务部却非常赞赏。不管什么时候，富歇总是会表现出远见卓识，积极主动，对事物洞察入微，让他做警务部部长是再合适不过的了。现在，他的探子们已经被安插在了各个角落，对他感恩戴德之人也大有人在。

塔列朗是另一个部的首脑，他一贯趾高气扬，但是一旦觉得有必要接近自己的同僚时，他就会一改这种神态，对对方甜言蜜语，竭尽讨好之能事。此人从小虚伪，他只顾自己的享乐和利益，他曾是旧主教，背叛了上帝和自己的信仰。他目中无人，蔑视一切，当然不包括自己，虽然他是腐化堕落的典范。塔列朗本质上是一个君主主义者，受的又是君主政体的教育，他推动拿破仑巩固专制政体，而富歇却希望拿破仑能够沿着革命的道路一直走下去。

但拿破仑显然有自己的主意，他坚持自己的路线，不会受任何人的左右。只不过，现在他还有很多东西需要学习，还需要征求下属的意见，有的时候甚至还会索性按照他们的意见去办事。但这并不意味着他的软弱，不管论意志，论干劲，论见识，论品行，拿破仑都比他们要高出很多。现在，这两个人对他举足轻重，而且永远都不会小看他们的能量。

他们都比他资历深，这是一个非常重要的原因。当他还是一个无足轻重的无名小辈时，他们就已经身居要职，在政治上表现出了出色的才能。在雾月政变中，他们曾经为他提供了强有力的帮助，要不是他们的辅助，他根本不可能成功。雾月政变之后，他们也曾经对他面授机宜，使他学会了应该怎样妥善处理各种事务。很可能他们欠他的人情债不多，而他欠他们的则要多得多，所以，拿破仑对他们多保护、少挑剔。这就是他对他们的照顾，对他们的宽容。

最后，富歇向拿破仑请求给他八天的时间，在这八天的时间里，他会把凶手捉拿归案。

虽然拿破仑同意了富歇的请求，但是他还是下定决心要趁这个机会对雅各宾派进行惩治。一天之后，当参议院提出要对这场罪行提出特别公诉的时候，拿破仑拒绝了这个提议，他说这样做实在是太慢了，对于这么恶劣的罪行，必须要采取迅雷不及掩耳的、非常的行动："血债必须要血还！那些无辜的人死了多少，就要枪毙多少罪犯——有十五或二十人吧。除此之外，还要放逐两百人，以便使共和国从这里获益，变得更为纯洁。"

拿破仑所说的"非常行动"很快就雷厉风行地展开了。参政院很快决定，应该成立一个军事委员会，对那些嫌疑分子和应该被"放逐"的危险人物进行审判，政府应该把这个决定通知元老院、立法院和保民院。同时，官方《通报》不厌其详地叙述所谓无政府主义的种种图谋不轨的行动，他们想通过这种方式来精心制造舆论。巴黎的其他报纸也渲染道："红色幽灵倘若出现，屠杀、混乱、贫困、恐惧势必随之而来，人民就要陷入深渊。"

在这样的舆论宣传之下，人们很快群情激愤了起来，关在丹普尔狱中的雅各宾分子一下子成了众矢之的。

爆炸案发生后的第三天，阿雷纳、塞拉希等人受到了再次审判，第二年年初被判处死刑，紧接着就被押上了断头台。定时炸弹之父谢瓦里埃当然也未能幸免。

然而后来，很多人都开始相信富歇的话：爆炸案是保王党人受到英国人的唆使才实施的。包括拿破仑本人，也渐渐倾向于这样的看法。然而，虽然如此，在1801年元旦举行的一次参政院全体会议上，他还是拿出了"一百三十名扰乱治安的歹徒"名单，要求立即对这些人进行惩处，把他们驱逐到"在共和国欧洲领土之外的地方被置于特别监视之下"——这句冠冕堂皇的话，其实是要他们在法属圭亚那或塞舌尔群岛的荒野里去过着虽生犹死的生活。他的理由是："并不是所有这些人都手持匕首，但人们知道他们会霍霍磨刀，并拿起匕首。"

对这次放逐，参政院没有表态，只是公开宣称这是一个"政府措施"。1801年1月又作为"有助于维护宪法的一项措施"提请元老院批准这一行动，元老院给予的特别决定写道："此提案旨在保卫国家利益，与共和八年宪法不悖，同意批准。"

在一百三十名被放逐的人中，有舒迪厄和两名前议员塔洛和德特雷姆，他们曾经在雾月19日对拿破仑进行了激烈的抗议，拿破仑一气之下把他们关进了监狱。还有一些著名的革命家，比如被称为"美国人"的富尼埃、罗西尼奥尔和勒佩尔蒂埃。富歇用拖延时间的方法从中救出了大约三分之一的人。

六十八人在1801年以后被运往塞舌尔群岛，有二十六个人直到1804年才被送往圭亚那。在流放途中，有一半以上的人因为无法忍受痛苦的折磨而死去。此外，其他的共和党人大批受到监视。同时，富歇也逮捕了大约一百名保王党人，有的被判刑坐牢，有的未经审判就拘留了起来。

不久，富歇的警务部破了案。

恰恰是那个被选为替死鬼的小女孩，为警务部破案提供了一个重要的线索。发现现场有这么一个小女孩之后，富歇想弄清楚她的身份，但是她的肢体已经无法辨认了，就连衣服的碎片也没有找到。于是，他下令要以最快的速度搞清楚这个为犯罪分子"献身"的无名女孩究竟是谁家的孩子。

出事的第三天，在巴克大街经营一家小面包店的一个寡妇就来到了市政厅，寻找她失踪的小女儿。从大爆炸案发生之后，她的女儿就再也没回过家。她的女儿今年十四岁，长着一头红色的头发，鼻子又大又宽，斜眼，脸上有一些非常明显的小麻子，上身穿着一件灰色紧身毛短上衣，下身穿着一条蓝色的粗布裙子，头上裹着一块蓝手绢。她经常帮着家里到大街上卖面包，恰好在那天晚上，有人把她带到了圣尼凯斯街，让她为他做事。

这条线索为富歇带来了破案的希望，他带着自己的手下按照这条模糊不清的线索开始了困难重重的调查。

他还派人按照找到的马车残骸的情况，写了一张告示贴："兹有雌性栗色马一匹，臀、胁部色浅，马鬃磨损，马尾如扫帚，狐狸鼻，耳背、马背及两侧有白色印记，高一米五，有知马主人者，必有重赏。"

这个告示一贴出来，巴黎的马贩子们就蜂拥来到了警务部。一个叫作朗贝尔的粮食饲料上来到了院子里，刚看了一眼，他就认出了那匹马："这匹马原来是我的，一天，一个商贩来买马，我把这匹马卖给了他。第二天，还来我这买了燕麦和草等饲料。"

"这个人有什么特征？"富歇问道。

朗贝尔认真回忆了一下，说道："有四十多岁，额头上有一处刀疤。"

"额头上有一块刀疤！对，就是他！快把档案卡片拿过来！"富歇命令道。

档案卡片很快就被取来了，上面有一张卡邦的画像，富歇指着他对朗贝尔说："你看看，是不是这个人？"

朗贝尔看了一眼，大声说道："对！就是这个人！"

富歇又问道："你确定吗？"

"千真万确，我不会认错的！"朗贝尔信誓旦旦地回答。

不久之后，警务部就顺藤摸瓜，找到了为炸药桶箍圈的桶匠、为马钉掌的马蹄匠、卖衣服给凶犯的旧货商……这些人知道自己竟然无意中卷进了这么一桩大案子，都吓得心惊胆战，于是乖乖地叙述了自己跟那几个犯罪分子打交道的来龙去脉。根据这些人的揭发，富歇掌握了这场阴谋的整个过程，确认主犯是圣雷让、利莫埃朗、卡邦，而指使他们的则是卡杜达尔。最终，他悬赏两千金路易捉拿凶犯。

没过多长时间，富歇就在位于圣马丁街三百一十号的瓦隆夫人家逮捕了卡邦，瓦隆夫人是卡邦的姐姐，爆炸案发生之后，他就一直藏匿在这里。卡邦看大势已去，于是就供出了圣雷让。在圣雷让那里，警察搜出了重要的物证：他与卡杜达尔之间的来往信件。卡杜达尔在信中命他立即举事。他则汇报了圣尼凯斯街事件的经过。警察继续追捕利莫埃朗，不过，这个老狐狸狡猾地摆脱了警察的追捕，成功逃出了巴黎，据说后来逃到了意大利。

审判卡邦、圣雷让那一天，那个小女孩的母亲出现在了刑事法庭上，痛失爱女的她哭得如同一个泪人。人们都被这位母亲的眼泪所打动了，对犯罪分子也就更多了几分痛恨。

庭长制止了法庭上出现的喧哗声，严肃地对这位母亲说："向陪审员说明你知道的事实。"

帕索尔夫人说："对于这一切，我几乎什么也不知道。只是好几个人都对我说，我的女儿被一个男人带到了圣尼凯斯大街，他让她照看一辆车，人家给了她十二个苏……"。

"你看到过那个男人吗？"

"没有。"

"那你听说过他们到哪儿了吗？"

"没有。"

沉痛的母亲被带了下去，全场都用同情的眼光目送着她的远去。

最后，那两个保王党分子被判处了死刑，当他们身穿弑君者罪犯的红囚衣被送上断头台的时候，人群里仍然有很多人在咒骂着他们。

实际上，从这起爆炸案刚发生的那天起，富歇已经断定，这起案子与雅各宾派应该没有什么关系，他一直将其归为"英国金币"的责任。然而，当雅各宾分子被指控的时候，他又拿不出什么确凿的证据来证明他们是无罪的。

在杜伊勒里宫，富歇曾经多次试图说服布尔里埃纳，那些被指控的人并不是真正的罪犯。他不敢把自己的想法告诉拿破仑，于是就只能寄希望于布尔里埃纳了。后来，布尔里埃纳被说动了，他找了一个机会，把这些意见告诉拿破仑，但是因为没有证据，最后只得到了拿破仑的三个字："算了吧！"布尔里埃纳还想继续说，拿破仑挥挥手，说道："我知道你肯定是受了富歇的影响。他总爱这样，但是现在这已经不重要了。不管怎样，我都要驱逐他们。保王党人如果被我发现了这样的罪行，也会受到严厉的惩罚。"

现在，真相终于大白，真正的罪犯受到了他们应得的惩罚。然而，那些已经被判决的雅各宾派却没有沉冤得雪，他们依然被流放到了圭亚那和塞舌尔群岛。后来，这些人里只有不到二十人得以生还。

到此，圣尼凯斯大街爆炸案终于宣告终结。

拿破仑在这次暗杀事件中，虽然差点死于非命，但是却也逢凶化吉，并且还获得了意料之外的收获。

拿破仑的反击

虽然拿破仑在给普罗旺斯伯爵的信中劝他马上放弃复辟的念头，否则就要踩着十万人的尸体而返，但是在英国流亡的波旁王朝的残余分子们始终没有死心，他们一直在千方百计地找机会推翻拿破仑。

他们知道，要想复辟，就必须及时行动。行动得越晚，胜算就越小。以前他们曾经还怀着渺茫的希望，希望拿破仑能主动恢复波旁王朝。但是拿破仑所采取的种种行动，都预示着，他是不可能这样做的。

1803 年 2 月，拿破仑写给普罗旺斯伯爵的一封信，更是令他们清醒地意识到，拿破仑从来都没有打算扮演蒙克将军的角色，把希望寄托在他身上，是徒劳无益的。在信中，拿破仑很有礼貌，但是同时又非常坚决地敦促他代表他自己和王室的其他成员，放弃对法国王位的一切权利。为了表示对他的感谢，法国政府将会给予他每年二百万法郎的年金。

拿破仑竟然想用二百万年金买断法国王室的权力，这普罗旺斯伯爵感到自己被冒犯了。作为波旁王室的一员，他一直怀着一种深切的自豪感，即使是现在流亡在外，这种自豪感也没有打半分折扣。他回复拿破仑："作为圣路易的子孙，我将努力仿效他的榜样，即使被俘，也将自爱自重。作为法朗索瓦一世的后裔，我至少希望能像他那样说，'我已失去一切，但仍保持了荣誉。'"

普罗旺斯伯爵的这个措辞严厉又不卑不亢的声明，得到了阿图瓦伯爵、他的儿子贝里公爵、奥尔良公爵路易·菲利普和他的两个儿子，以及两位孔代王族的支持。孔代王族年轻一代的当甘公爵，于 1803 年 3 月巴登选侯国的埃登海姆城给拿破仑写来的信中也表达了同样的洁身自好。

就在这个时候，英国与法国之间突然爆发了一场战争。熊熊的战火使得流亡在英国的法国保王党分子的信心再次被点燃，他们甚至开始幻想着，有一天，法国军队和人民都拜倒在路易十八（也就是普罗旺斯伯爵）的脚下，这位新晋的国王，将会享受到如同他的先辈们在此之前所享受到的一样的荣耀。

然而，普罗旺斯伯爵这位未来的国王，却从来没有进行过这种不切实际的幻想。当时他正躲在华沙，密切地关注着当时的战况，心里暗暗祈祷着，拿破仑的野心会迫使整个欧洲都联合一起，一致反对他。到那时候，他的机会就来了。

但保王党分子向普罗旺斯伯爵说明了他们在伦敦秘密进行的策划并且希望得到他的支持时，普罗旺斯伯爵不动声色地引用了两行诗句，以此来表明自己的态度：

"若要得到人们的赞同，任何计划首先总要成功。"

普罗旺斯伯爵的答复惹得他的弟弟非常不满，在他看来，自己的哥哥如此软弱无能，根本不是干大事的人，既然这样，那就不值得再去信任他了。这位当时住在苏格兰爱丁堡、后来成为法国国王查理十世的阿图瓦伯爵，与他的哥哥普罗旺斯伯爵的性格有着天壤之别。他向来瞧不起哥哥的小心谨慎，对他来说，遇事拖延等待，简直就是懦弱。即使是遭遇了种种不幸，也不能使他产生哪怕一丝一毫的审慎之心。所谓物以类聚，在这位莽撞而又急躁的伯爵身边，集聚了一批法国保王党中的激进分子。

为了实现波旁王朝的复辟，在保王党分子策划的一系列阴谋都以失败而告终之后，阿图瓦伯爵决定再次起事。

这一次，保王党分子的计划是趁着拿破仑外出的时候，制服他的护卫人员，将他活捉了，然后强行把他秘密押送到法国的北部海岸，在那里乘坐船舶到英国。虽然保王党分子为了使他们的行为更能上得了台面，而把它称为"绑架"，但实际上，他们真正想做的是"谋杀"。

英国政府也参与到了这次阴谋之中，他们出钱资助阿图瓦伯爵，并且对具体谋划提出了一些建议。保王党秘书皮塞的文件，以及英国外交部与内政部的档案，都有有关方面的证据。

在英国外交部档案（法国部分，第 70 卷）中，存有一封由流亡的波旁王族的秘书罗尔男爵致外交部常务次官哈蒙德先生的信件，1803 年 8 月发自伦敦，内容是请哈蒙德前往位于贝克街 46 号的阿图瓦伯爵宅邸进行会晤。这次会晤讨论的问题并非全属和平性质，这一点 1803 年 10 月的长篇备忘录可以表明。

在这个备忘录中，阿图瓦伯爵愤愤地回顾了"那个卑鄙的冒险家"（指拿破仑）发迹的整个过程，从而证明他目前的地位虽然看起来非常稳固，实际上却是岌岌可危的。最后，阿图瓦还列举了想要推翻拿破仑的人——莫罗、雷尼埃、贝尔纳多特、西蒙、马塞纳、拉纳、费利诺、西哀耶斯、卡尔诺、谢尼埃、富歇、巴拉斯、塔利昂、勒贝尔、拉马格和让·德·布里。其他人不会直接参与到对拿破仑的攻击之中，但是毫无疑问，他们对拿破仑的称霸都怀有不满之心。

这两个文件证明，对于波旁王族的密谋，英国政府实际上是知情的。

而另一份注明"1803年11月于伦敦"的文件，则证明了英国政府不但知情，而且还积极参与其中。

这是一份"已经出发或准备出发"的法国保王党军官名单，上面的人都得到了英国政府津贴：两人是每日六先令，五人是每日四先令，九人是每日两先令。其中之一就是若阿基姆·卡杜达尔。名单是由弗里丁拟定并签署的——弗里丁是皮什格鲁经常使用的一个化名。

同一笔迹写的还有一份名单，上边记载着"我请求对其预支一年津贴的保王党军官"的名字——五位将军，十三名上校，十七名少校和十九名上尉，要求支付的薪俸总数达三千英镑。

1803年8月，卡杜达尔离开了伦敦，踏上了去往法国的行程，他这一行的目的正是到法国实施这一阴谋。

但是，保王党人没有想到的是，对于这个阴谋的一切细节，他们的"绑架"对象拿破仑竟然全都了如指掌。在他们拟定计划之初，拿破仑就逮捕了保王党的两名爪牙。由此，拿破仑想到可以派一个间谍打入保王党内部，这样就可以把法国流亡分子连同英国官员和雅各宾派的将军们都一网打尽。

拿破仑派出的人叫作梅埃·德拉图什，这个能干的间谍几乎不费吹灰之力就窃取了这个阴谋活动的全部情报。

派间谍打入敌人内部，这向来都是欧洲大陆的各个国家喜欢使用的一种手段。然而，像梅埃·德拉图什这么高明的间谍，却非常难得。在1792年9月的大屠杀中，梅埃·德拉图什曾经充当过刽子手，在恐怖时期，他还当过雅各宾派的间谍，雪月三日爆炸案之后被拿破仑流放到了塞舌尔群岛。

正当梅埃在流放途中受尽寒冷和孤独之苦时，他的妻子给他写来一封信，说如果他愿意为执政府效劳的话，就能得到特赦。这对他来说，当然是求之不得的好事。于是他毫不犹豫地同意了。

拿破仑命令他假装拥护波旁王朝复辟，想方设法混入到了住在伦敦的法国流亡分子的队伍中，打探他们的秘密，并且充当他们与远在巴黎的妄图谋反的雅各宾派之间的联系人。

这项秘密计划是由富歇来实施的。近来，拿破仑已经解除了他经常滥用的侦讯权力。他的职权已经分别交给大法官兼司法部长雷尼埃和掌管法国内部安全事务的参政官雷阿尔。这两人没有富歇的那套本领，而且起初并不知道梅埃在伦敦干些什么。

在拿破仑的支持之下，富歇一步步地对那些正在为策划阴谋而绞尽脑汁、费尽心思的流亡分子、英国官员和法国雅各宾派将军布下了一张天罗地网。

拿破仑知道，很多将领都对自己有所不满，他声称自己曾经破获了一个阴谋，有十二名将军企图瓜分割据法国而只给他留下巴黎及其周围地区，然而他对这件事却并没有加以追究。他也知道，莫罗、贝尔纳多特、奥热罗、麦克唐纳等人都在其中。然而，在这些人里，他只对莫罗的敌意有所畏惧。

莫罗曾经领导法国部队取得了霍恩林登大捷，现在他却闭门谢客，拒绝登执政府之门，并且废除蔑视那些穿上朝服的人们。荣誉军团成立之后，他竟然在他的狗的脖子上戴上了勋章绶带，这当然是对拿破仑赤裸裸的嘲弄。

拿破仑对此非常恼火，他一度甚至打算向莫罗下挑战书，与他在布伦树林里进行决斗。当然，这封挑战书最后并没有发出，在其他人的居中调和下，他们表面上和解了。然而，私底下，拿破仑对于莫罗仍然非常生气，因为莫罗的共和主义态度在军队和执政府中赢得了很多支持。这就像是一个定时炸弹，让拿破仑总感觉有些心惊。

现在，如果能够破获这个阴谋，并且还证明莫罗与这个阴谋有密切关系的话，就能够成功地拔掉莫罗这个"眼中钉"，同时，也能够使法国保王党和英国政府陷于混乱的状态中。如此一来，岂不是一石多鸟？而且拿破仑知道，莫罗极不擅长搞政治阴谋，在这方面，他的本事简直全部化为乌有了。

拿破仑的反击正式终于拉开了帷幕。

拿破仑的间谍，梅埃·德拉图什先是来到了格恩西，在那里，他非常容易地就取得了总督多伊尔将军的信任。在多伊尔的介绍和举荐之下，他与伦敦的法国流亡分子进行了会晤，并且还拜会了霍克斯伯里勋爵与国务次官哈蒙德先生和约克先生。

梅埃凭借出色的观察力，发现法国流亡分子有一个普遍的特点，那就是在政治上过于天真，总爱想入非非，陷入一些不切实际的幻想之中。他曾经提议说要把极端保王派与极端共和主义者这两个不可调和的派联合起来，这些人立即展望出了一幅联手作战的美好蓝图，并且对他的这个建议跃跃欲试。拿破仑的政权依靠的是法国农民的支持，也就是法国国民的主体的支持。他们立即商定用两翼的联合行动来包围消灭法国主体所支持的政权。

在勾引法国流亡分子与一些英国官员进入了自己设下的圈套之后，梅埃又到欧洲大陆去说服那些对他非常信任的英国使节们，这项工作他完成得也非常出色。

在欧洲大陆，梅埃先是访问了德国慕尼黑，他找到了英国驻慕尼黑的使节，向他谎称自己是来与他商量如何安排保王党密谋的准备工作。这位叫作弗朗西斯·德雷克的英国使节非常热衷于此事，他与法国流亡分子也有着千丝万缕的关系。梅埃大耍花招骗得了他的信任，他给了梅埃很多钱作为活动经费，还给他提供了一份化名密码，甚至连隐显墨水的处方都教给了他。这些东西令梅埃惊喜万分，回到巴黎之后，为了不引起了怀疑，他给这位使节寄去了一份无关紧要的报告，然后把全部情况都汇报给了富歇。拿破仑得知他的成果之后，让他给大使提供了使英国政府和纳尔逊上了大当的情报。

同样落入圈套的，还有英国驻维也纳的大使斯图尔特。一个法国间谍找到他，暗示他与自己进行一场交易：出钱来购买自己从法国文件中得到的情报。这位大使被这些情报打动了，于是就毫不犹豫地接受了这个间谍的建议。接下来，法国政府就假戏真做地逮捕了这位间谍，他与斯图尔特的交易就被揭露了出来。

通过梅埃的间谍行动，拿破仑给那些妄图推翻他的敌人们悄悄地埋进了一颗又一颗的炸弹。等到那些反对派们发起总攻的时候，这些炸弹的引信就会被点燃，把他们炸得粉身碎骨。

阴谋之中的阴谋

1803 年 8 月，卡杜达尔离开了伦敦，在比维尔登陆，这里距离迪埃普不远，经常有走私者出没，所以，卡杜达尔的上岸并没有引起人们的注意。从比维尔，卡杜达尔又辗转来到了巴黎。

卡杜达尔到巴黎的第一件事，就是招募可靠的伙伴。保王党的计划是生擒拿破仑，把他押解东岸伦敦，然后将其发配到圣赫勒拿岛。为了实施这个计划，就必须有一批忠实可靠而且善战的"敢死队"。因为在马尔梅松途中拦截执政车队，必然会遭到拿破仑的卫兵和他本人的奋力抵抗，人手不够的话，很难完成这个任务。所以，在前几个月的时间里，他一边勘察地形，一边加紧对敢死队员的训练。这一切，都在拿破仑的掌握之中。

1803 年 11 月，拿破仑对雷尼埃写了一封信：

你不必急于逮捕那些人。对于这件事，操之过急反而会误事。我希望你等到布置这件事的人（指梅埃）提供了全部情况之后再行动。那时我们将会与他一起制定出一个详细的计划，到那时候再看看应该采取什么样的具体行动。我还要他给德雷克写信，为了使德雷克相信他，他会告诉他：在采取那个重大行动之前，他（指梅埃）认为他有办法能够从第一执政办公室的桌上偷到有关巨大远征计划的亲笔原稿，以及其他的一切重要文件。这是我给德雷克设下的一个圈套。

拿破仑知道，等到保王党分子的阴谋完全成熟的时候再对其进行打击，收获将会是巨大的。现在他不能轻举妄动，必须等到莫罗也被牵连在内的时候再动手。

为了确保阴谋顺利实施，保王党人除了派卡杜达尔秘密到巴黎之外，又派去了皮什格鲁。

说起来，皮什格鲁与拿破仑还有一面之交。他曾经在布里埃纳军校当过教官，同一时期，拿破仑正在那所军校读书，很可能，他们在军校的时候曾经互相听说过彼此。1783 年，皮什格鲁投笔从戎，被提拔为中士。巴士底狱被攻占之后，他倒向了雅各宾派，并被授予了将军的军衔，在阿尔萨斯、比利时、荷兰战役中，他带领的部队所向披靡，被国民公会誉为"祖国的救星"。

然而，督政府后期，他开始秘密地与普罗旺斯伯爵有了联络。这之后，皮什格鲁弃军从政，1797 年被选入了五百人院，并当上了主席，曾经多次公开为波旁王朝摇旗呐喊。1797 年 9 月，在督政府发动的果月政变中，由于部将莫罗的告密，他作为反对派的首领被逮捕了，后来，他被发配到了圭亚那，流放没多久他就独自驾着一艘小船逃到了伦敦。

1804 年 1 月，皮什格鲁和他的同伴们顺着卡杜达尔的航行路线横渡英吉利海峡，谁知道，刚走了没多久，海上就刮起了一场大风暴，他们的小船一直在风雨中飘摇，差点翻了船。一直航行了五天，他们才到达了目的地。

皮什格鲁一马当先，他刚登上岸，就看到从一边的小树林里闪出了一个模糊的人影，对方清脆地拍了三下手，轻声问道："来者可是皮什格鲁将军？"

皮什格鲁感觉这声音非常耳熟，于是就回答说："正是我，您是卡杜达尔将军？"

对方正是卡杜达尔，两个战友热情地拥抱在了一起。

在巴黎安顿下来之后，皮什格鲁与卡杜达尔商量着要去与莫罗联系，希望他能对他们的行动提供帮助，如果他能够率兵哗变，那就再好不过了。卡杜达尔对此非常震惊，他知道皮什格鲁与莫罗之间有很多旧仇，正是皮什格鲁在1793年的战役中给莫罗开辟了前程，然而后来他却由于莫罗将军的翻脸不认人而吃了大亏。如今皮什格鲁竟然愿意放下这些宿怨，可见他对这个计划是多么势在必得。

皮什格鲁很快就在一名叫作达维德的教士和拉若莱将军的安排下与莫罗进行了会晤。1804年1月，一个明月高悬的晴朗夜晚，莫罗一个人戴着一顶圆帽、挂着拐杖来到了马德莱娜大街。皮什格鲁的马车早就已经停在了一个隐蔽的角落里，正静静地等待着他。

皮什格鲁看到莫罗果然信守诺言，准时赴约，心里非常高兴，立刻跳下了马车，向他走了过去。卡杜达尔则留在车内负责警戒。

虽然距离还很远，但是莫罗还是一眼就认出了老战友，他正要加快脚步走上前去跟皮什格鲁打招呼，却发现了留在马车里的卡杜达尔，以为其中有诈，于是就转过身去，打算离开。皮什格鲁立刻追上他，低声问道："将军，难道你认不出我了吗？"

莫罗只好回过身来，跟他打了个招呼。两个人先是寒暄了一番，皮什格鲁也不隐瞒，开门见山地向他说明了自己的来意：保王党正密谋推翻拿破仑，希望莫罗能够积极配合，事成之后，一定会对他进行重谢。莫罗一向看不上拿破仑，皮什格鲁的这番话恰好说中了他的心事，于是就同意与他们里应外合，除掉拿破仑。

然而莫罗却始终不愿意与卡杜达尔来往，因为他的目的只是推翻拿破仑的专制统治，并不想复辟波旁王朝，他警告皮什格鲁："你们要对拿破仑做什么，我都愿意配合，但是要是想让我去把一个波旁王室的人弄来取代他的位置，是绝对不可能的。"

莫罗的是个固执的人，他一直坚持己见，始终没有动摇。然而，虽然他做事谨慎，凡事都爱留几分余地，却还是没有料到自己已经在不知不觉中钻进了拿破仑的圈套里。

当时，已经有几个保王党分子被囚禁在了诺曼底的监狱里，拿破仑授意富歇，用死刑来对他们进行威胁，以此来逼迫他们招供。其中有一个叫作克雷尔的人，吓得什么都招了。他不但招认了卡杜达尔在巴黎的住所，而且还供认了其他保王党人打算在比维尔登陆，对卡杜达尔和皮什格鲁进行支援。

到此时，阴谋已经马上就要成熟了，阴谋中的阴谋也是如此。

拿破仑觉得已经到了要收网的时候了，于是就召集部下们来商量对策，参加这次会议的有：第二执政康巴塞雷斯、第三执政勒布伦、外交部长塔列朗、司法部长雷尼埃，甚至还有前警务部长、元老院议员富歇。他们听拿破仑介绍了保王党的安排以后，纷纷认为，现在已经到了逮捕卡杜达尔、皮什格鲁的时候，至于应该怎么处置莫罗，大家的意见却很不一致，说什么的都有。很多人认为，如果只凭一面之词就将其逮捕，恐怕他不会服气，而且还有可能惊动那些同样对第一执政怀有不满之心的人。万一引起连锁反应，那就糟糕了。

然而，拿破仑早就已经下定决心要逮捕莫罗。

一天早上，德·雷米扎夫人到杜伊勒里宫来拜访约瑟芬，两个女人在房间里兴高采烈地聊着天。拿破仑忽然想测试一下他决定逮捕莫罗会在公众中引起何种反应，于是就向这两位女人宣布自己将要逮捕莫罗，德·雷米扎夫人简直不敢相信自己的耳朵，她的眼泪马上流了出来。

拿破仑接着说："我知道，一旦我这么做，人们就会人们议论纷纷，他们或许会认为，我之所以逮捕莫罗，是因为我嫉妒他，还有一些居心叵测的人甚至会说我是为了报复他，是为了发泄自己的愤怒。但事实到底是怎样的，只有我自己清楚，这些猜测都是不对的。我怎么会嫉妒莫罗呢？一直以来，我都希望能够跟他相安无事。然而，如果他不配合我，甚至打算造反，那我就绝不会姑息这种行为。任何人想反对我，都会受到我的严厉打击，我谁都不怕，对莫罗就更不在乎了。我以前曾经多次警告过他，有人存心想要挑拨我们之间的关系，他把我的话当作是耳旁风，现在，他果然被利用了……"

约瑟芬也忍不住哭泣了起来，拿破仑惊讶地问道："你怎么了，约瑟芬，你为什么要哭？难道你害怕了？"

约瑟芬哽咽着回答说："不，我不怕，但是我不希望你因此被人说三道四。"

拿破仑说："那你认为我应该怎么做呢？你知道的，我对他没有个人怨恨，也不想报私仇，我只是在维护法兰西的利益。难道我就眼睁睁地看着他破坏我的政权吗？但是如此一来的话，人们是不是又会说，我害怕他，不敢对他进行公开审判？我已经掌握了足够的证据，完全可以让他乖乖认罪。"

拿破仑决定了的事情，是轻易不会改变的。1804 年 2 月，莫罗从他在格罗波阿的乡间别墅去巴黎的途中被捕了。

没过多长时间，皮什格鲁也被抓到了。

连着捕获保王党分子的两员大将，拿破仑非常得意，但是他更希望抓住阿图瓦伯爵。所以，他悄悄地把自己最忠实而且也非常能干的一名部下、统率特别宪兵队的萨瓦里派到了比维尔。萨瓦里费尽心思地从一个走私的人那里打探出了保王党人的暗号，他急切地来到了登陆点附近的树林里，在那里等候着猎物自投罗网。然而，当阿图瓦伯爵的船驶入他的视线时，尽管他使出了浑身解数模仿"安全登陆"的手势，船员们还是不肯相信他，一再拒绝靠岸。

守株待兔的萨瓦里最终只能眼睁睁地看着那条船远去，一无所获的他垂头丧气地回到了巴黎。

与此同时，警探们在追踪漏网之鱼卡杜达尔。这位将军东躲西藏，几次蒙混过关，正当他暗自庆幸的时候，不幸降临了。一天，他躲在一位朋友家里，这位朋友一边热情地招待他，一边派人去向警察局送信。愁眉不展的警探们一听这个消息，立刻感慨"踏破铁鞋无觅处，得来全不费工夫"，他们迅速向卡杜达尔所在之处猛扑了过去。虽然卡杜达尔进行了拼死抵抗，但最终还是难逃被捕的命运。

到现在为止，拿破仑在与敌人的较量中获得了全胜，他知道自己几乎是没有任何风险的。他曾经给朋友写信，对自己部下们的忠诚大为感慨："使我欣慰的是，我对安插在这个庞大机构里的任何一个人，都没有使我感到有不满之处。莫罗是完全孤立的。"

然而，就在他的部下们都在为胜利而兴奋不已时，就在法国上下的人们都在对保王党的阴谋、英国的收买和莫罗的背叛而气愤难消时，拿破仑又着手去做另外一件大事。这件大事虽然使他得到了皇冠，但是却在他的皇冠上溅上了无辜者的鲜血。

卡杜达尔被捕以后，被关押在了丹普尔监狱。巴黎警察厅厅长杜布瓦连夜对其进行了审讯。

杜布瓦问他："圣尼凯斯街爆炸案是由你策划的？"

卡杜达尔想都没想，一口否认："不是，我一向反对牺牲无辜百姓的生命。"

"你为什么要偷着潜回法国？目的是什么？"杜布瓦接着逼问他。

"刺杀暴君拿破仑，解放法兰西，恢复波旁王朝！"卡杜达尔斩钉截铁地答道。

"你的同党都有哪些？"杜布瓦追根刨底。

"就我一个人。你不要浪费时间了，整个阴谋都是我策划的，也是由我来实施的。等到我的计划实施完成之后，亲王就会来到巴黎，但是现在他还没有来。"卡杜达尔打算一个人把责任承担下来，拒不交代与皮什格鲁、莫罗的关系。

"由亲王批准并下达命令？"杜布瓦紧追不舍。

"是的，我直接受他的指挥！"卡杜达尔答道。

"哪个亲王？"杜布瓦继续问道。

卡杜达尔摇摇头，什么也不肯说。

杜布瓦赶紧来到杜伊勒里宫觐见拿破仑，向他汇报："将军，卡杜达尔交代说，有一位亲王要到法国来……"

拿破仑感到很吃惊，问道："哪个亲王？"

"他一直都不肯说！"

拿破仑想了想，信心满满地说道："他就是不说，我也知道是谁！"

"谁？"杜布瓦问道。

"肯定是当甘公爵！"拿破仑咬牙切齿地说出了这几个字。

当甘伯爵出生于1772年7月，是法国波旁公爵的独生子。路易十六被送上断头台之后，他就成为了保王党军队的首领，与新成立的法兰西共和国作战。拿破仑当政后，他隐居在莱茵河彼岸巴登大公国，一直过着深居简出的生活。虽然卡杜达尔所说的亲王并不是当甘伯爵，但是出于对波旁王族的厌恶和反感，拿破仑想当然地认为，这个亲王肯定是当甘公爵。

对卡杜达尔的仆人的审问结果，使拿破仑对自己的判断更加坚定了。卡杜达尔的仆人供称，有一个神秘人物经常到他主人家来，他进门的时候，卡杜达尔都会站起来热情迎接，态度极其恭敬虔诚。这使拿破仑更加确信，策划这一阴谋的人非当甘伯爵莫属。

当甘伯爵此时住在距离莱茵河没有多远距离的埃登海姆，自从孔代军团解散以后，他就生活在这里，而且还娶了夏洛特·德·罗昂公主为妻。他的生活看起来似乎有些单调，狩猎，与一小批法国流亡分子的交往，以及偶尔到斯特拉斯堡去看一场戏剧，几乎就是他的全部乐趣。他的其他信件证明，他与卡杜达尔阴谋案根本没有什么关系。

但是，间谍向拿破仑提供的情报却表明，他与这件事似乎是脱不了干系的，其中，最为关键的间谍就是梅埃，他在2月底的时候曾经在埃登海姆一带活动，打听到这位公爵常常外出好几天不回家。

拿破仑是在1804年3月得到这个消息的，他立刻命令梅埃进行更详细的调查。后来，梅埃向他汇报说，当甘公爵与迪穆里埃将军有来往。事实上，那个被当成迪穆里埃将军的人是一个叫作杜默里的老头。

然而，当拿破仑看到当甘公爵的名字与迪穆里埃联系在一起的时候，一下子就信以为真，他的怒火"腾"地一下涌上了心头。他指责雷阿尔和塔列朗竟然如此玩忽职守，到现在还没有查到这些卖国贼和刺客们的动向。于是，他产生了一个新的判断：当甘公爵和迪穆里埃才是谋害他的阴谋的真正策划者，而卡杜达尔只不过是他们的一颗棋子罢了。

拿破仑下决心一定要在最短的时间里将当甘公爵和迪穆里埃捉拿归案，虽然他们住在德意志的领土上，但这对他根本就不算什么困难。塔列朗向拿破仑保证，他可以很快说服巴登选侯默许对这次侵犯他的领土的行为。

在一次非正式的会议上，拿破仑提出了这个问题，塔列朗、雷阿尔和富歇都认为应该采取最严厉的措施。勒布伦虽然认为这种侵犯中立国领土的行为会引起其他国家的公愤，但最终还是顺从了拿破仑的意志，只有康巴塞雷斯表示坚决反对，在他看来，这样做一定会导致法国与德意志甚至俄国之间的冲突。

拿破仑当场痛骂了康巴塞雷斯："你瞧瞧你，你已经变成了袒护波旁家族的胆小鬼，就连他们的一滴血都不敢沾！"

拿破仑不顾康巴塞雷斯的反对，坚决地发出了命令。然后，他就带着约瑟芬到马尔梅松度假了，在这里，他可以暂时远离一切烦忧。他的命令则交给了他的手下们，奥德内尔将军和科兰古将军去执行负责对巴登的入侵，缪拉、萨瓦里和雷阿尔则负责其他实务。

逮捕当甘公爵的计划非常周密，在此之前，密探已经将当甘公爵家附近的地势进行了勘测。天刚刚亮，三十名法国士兵就把当甘公爵家围了个水泄不通、当甘公爵本打算拼死抵抗，然而一位朋友的劝告使他放弃了这个打算，默默投降了。士兵们把他带到了斯特拉斯堡，随后又把他押解到了位于巴黎东南方向的万森城堡。在那里，他拥有了一个化名——普莱西，就连这个城堡的司令官也不知道他的真实身份。

对于当甘公爵的审判是由很多名军官组成的军事法庭来进行的，这样，审判就可以采取即决裁判形式，被告人不得上诉，而普通法院的审理则相对要迟缓得多，并且还必须众目睽睽之下进行。虽然，元老院刚刚作出一个决定——凡是谋害第一执政人身安全的案件，一概终止使用陪审团进行审讯——这是鉴于要对莫罗进行起诉而采取的做法。但是，在拿破仑眼里，只是定罪还远远不够，他必须要对他的敌人进行迅雷不及掩耳的打击。

在把当甘公爵送上军事法庭时，拿破仑仍然认为，他是迪穆里埃的同谋。直到1800年3月，这个误会才被澄清。然而，虽然拿破仑知道自己抓错了人，却仍然坚持按照既定的计划去执行，坚决不改变自己的主意。就连复活节礼拜天他在杜伊勒里宫礼拜堂隆重进行的大弥撒，也没有动摇他的决心。

约瑟芬事实上也是一个不折不扣的保王党分子，听说丈夫要处决当甘公爵，她请求道："将军，请你手下留情，你的手上不要沾上波旁家族的鲜血！"

拿破仑严厉地斥责她："你就管好自己就行了，不要过问政治，这与你无关！我这么做，也是出于无奈，要是不严惩这个人的话，其他的反对派就会以为我软弱可欺，到那时，局面就会更加难以收拾！死的人也就更多了！"

但约瑟芬还没死心，晚上，她再次为当甘公爵求情，拿破仑更加不满了，冲着她大声吼道："闭上你的嘴吧！你根本就不懂什么是政治！妇人之见！"

约瑟芬非常失望，于是就愤愤地对他说道："拿破仑，如果你让人杀了你抓来的那个无辜的囚犯，以后你自己也会跟我可怜的丈夫一样，被送上断头台，我恐怕也会陪着你受刑！"

对当甘公爵的审讯正在紧锣密鼓地进行着。

1804年3月，拿破仑精心拟定了一个审讯犯人的问题单子。他现在改变了起诉的理由。在全部十一个问题中，只有最后三个涉及了公爵与卡杜达尔阴谋的牵连。此时他已经在当甘公爵的文件中找到了公爵向英国政府表示自己愿意为他们效劳的证据，以及他希望将来能够参加大陆战争的证据，然而，令他遗憾的是，仍然没有找到任何能够说明当甘公爵与卡杜达尔的阴谋有所牵连的证据。

当甘公爵曾经分别写信给他的祖父孔代亲王和英国驻法大使。他对祖父说道："我在边境附近待命是非常有必要的，一旦拿破仑去世，法国乃至欧洲的形势都会发生巨大的变化。"给英国大使的信说道："我愿意为英王陛下效劳，统帅联军，与法兰西暴君决一死战。"这两封信表明，虽然当甘公爵的确反对拿破仑，然而，他只想与他在战场上一较高下，而不想采用阴谋暗杀的方式。

这些文件令拿破仑大失所望，正是因为这样，他在前一天审查了这些文件之后，命令雷阿尔"与德马雷一起，秘密审查这些文件。必须防止谈论从这些文件发现罪状是多是少。"可能也是出于同样的原因，这些文件以及这次军法审讯的案卷都被从档案中抽走了。

莱蒂齐亚也听说了拿破仑要杀当甘公爵的消息。一天晚上，她来到了德茜蕾家，希望德茜蕾能够去劝劝拿破仑："德茜蕾，你一定要去阻止他，如果他杀了当甘亲王，很多人就会因此而反对他，整个法国都会感到失望。现在他已经鬼迷心窍了，谁的话都不愿意听，我想来想去，觉得你在他心中的地位比较独特，如果你去劝他的话，或许他会思量一番。今天晚上你就去吧，明天就要宣布处决了！"

莱蒂齐亚的这番话令德茜蕾百感交集。在拿破仑抛弃他之后，莱蒂齐亚曾经多次来安慰她，她对这位善良的老太太，有着感激之心。她的要求，德茜蕾无论如何也不能拒绝。而且，她也清楚，如果真的处决了当甘公爵，那么拿破仑可能就会陷入对他不利的局面之中。这是德茜蕾最不愿意看到的事情，虽然他辜负了她的一腔真情。

当天晚上，德茜蕾就赶到了拿破仑的办公室。当时已经是十一点了，拿破仑看到她大吃一惊："亲爱的欧仁妮，这么晚了，你怎么突然来这里了？"此时拿破仑的语气是那么温柔，完全不像是一位王者。这让德茜蕾感到非常亲切，仿佛回到了过去的美好时光。

拿破仑帮她把帽子挂在了衣架上，转身问道："这么晚了，你肯定不是来看看我的，还有其他事情吧？"拿破仑明白，纯洁的德茜蕾，为了避嫌，是肯定不会再夜深人静的时候一个人来看望他的，这也是拿破仑敬重她的地方。现在她既然来了，就一定有什么重要而且紧急的事情。

德茜蕾把莱蒂齐亚太太对她说的话，原封不动地向拿破仑讲了出来。

拿破仑脸上的表情一下子变得严肃了起来，他在屋子里踱了几步，然后站在了德茜蕾面前，低声说道："太太，你的要求实在是太过分了。我不能让任何一个危险因素存在于我的周围。如果只是因为这件事，那你这一趟只能白跑了！"

说完，他就摆了摆手，回到了办公桌前，开始继续看文件。过了一会儿，他抬起头来看到德茜蕾还没走，正坐在一边默默流泪，于是心里不由得又生出了几分怜惜。他走到德茜蕾面前，轻声对她说道："我的欧仁妮，刚才吓到你了吧。不要哭了，你跟别的女人不一样，你只是一个单纯、可爱的孩子，你不懂政治。现在，让我来告诉你，是法国人民要求我这么做的，他们需要我来当他们的君主，我绝不允许波旁王朝的余孽们再给我制造麻烦，而且我还要告诉他们，永远别再做坐上国王宝座的美梦了，除了我，谁也不行！"德茜蕾知道自己是无法说服拿破仑的，于是只好失望地回到家中。

贝尔纳多特从德茜蕾那里听说了拿破仑要当皇帝，躺在床上不停地翻来覆去，整整一晚都没有睡着。

组建军事法庭的任务，是由缪拉来完成的。当他得知这个任务被交给自己的时候，立刻嚷嚷了起来："什么？这会玷污我的军人名誉！我绝不允许！他要是想这么干的话，他就自己去任命他们好了！"

但是，另一道更为强硬的命令使得他不得不去完成这项令人憎恨的任务。巴黎卫戍部队的七名高级军官被召集了起来，奉命在作出判决之前不得解散。七人中为首的是于兰将军，这位法国革命早期的英雄之一，在袭击巴士底狱的时候曾显示了极大的勇敢，却使自己的晚年笼罩在执行午夜谋杀的阴森恐怖之中。

刚从比维尔返回巴黎的萨瓦里，则被通知前往万森去执行判决。

1804 年 3 月，当甘公爵被带到万森城堡，军事法庭连夜对他进行了审讯。萨瓦里已经得到拿破仑的直接命令——"一切必须在当夜了结，判处死刑，不容任何怀疑，必须立即执行。"

那七名军官到那时候，仍然不知道自己的任务，对军法审讯也完全一窍不通。他们对当甘公爵的审问都非常简短，问了他的姓名，出生地与出生日期，是否曾对法国作战，是否领取英国的金钱。对于最后这两个问题，当甘公爵进行了明确地肯定回答，并说他是希望参加新的对法战争的。

当甘公爵的答复提出与拿破仑见一面，法庭原本打算同意他的请求，然而，站在于兰背后的萨瓦里立刻宣布，这样做是不可能的，法官们只有一个办法可以使自己脱离困境，那就是敦促当甘公爵撤销他的请求，然而却遭到了当甘公爵的拒绝。当于兰再次警告说，他的处境已经万分危险时，当甘公爵回答说他早就已经知道了这一点，但仍然希望能与拿破仑见一面。

最终，法庭作出判决："判处该犯死刑。"对于这样的定罪方法，于兰简直羞愧到了极点，为了减轻自己的愧疚感，他打算给拿破仑写信，要求他满足已判罪的犯人的请求，见他一次。然而，萨瓦里却一把夺走了他手里的笔，对他说道："你的工作已经完成了，接下来就是我的事情了。"

在城堡的护城壕里，当甘公爵被执行了死刑。他曾经要求找一位教士来为自己祈祷，但是却没有被批准。后来他又用苍凉的语气请求士兵们："不要打偏了。"话刚说完，一颗子弹飞了过来，正中他的心，他顿时向后倒了下去。城堡司令官已经根据前一天收到的命令让人在附近挖好了一座坟坑，当甘公爵的尸体被扔入坑内，就这样，以军功出名的孔代家族的最后一棵根苗，就被草草掩埋了。

那天晚上，在马尔梅松，约瑟夫、康巴塞雷斯都请求拿破仑赦免当甘公爵，约瑟芬和奥坦丝都跪在他的脚下哀求他，然而拿破仑却始终没有松口。整个晚餐时间，大家一直沉浸在悲痛的情绪中，谁也不敢多说一句话。拿破仑尝试着想使气氛轻松一些，但那是根本不可能的。

最终，在塔列朗和富歇的再三劝说之下，拿破仑开始有些回心转意。他派了一名特使，让他火速去见雷阿尔，命令他首先"就某几个主要问题"审问当甘公爵。然而，当甘公爵终究未能幸免于难。后来，雷阿尔说，他的手下没有及时把他叫醒。而且，平时反应有些迟钝的萨瓦里，这次竟然效率奇高，当天就结束了审讯，并将当甘公爵处决了。或许，不幸的当甘公爵就是在拿破仑动了赦罪之心的时候饮弹身亡的。

第二天早上，萨瓦里回到马尔梅松向拿破仑复命。当时拿破仑正坐在办公桌前伏案工作，当萨瓦里对他说一切都已经办好了的时候，拿破仑非常惊讶，他紧紧地盯住萨瓦里，说道："这里头有些事我不明白，军事法庭对当甘公爵的供词提出看法，这点我并不吃惊……然而，最后对这一供词，只有在经过雷阿尔亲自审讯过他之后，才可以作出判决，才能算作有效啊……"

萨瓦里回答说，他在万森堡根本没有看到雷阿尔。

拿破仑心中不由地一震，他挥挥手把萨瓦里打发走了，颓然地坐在了椅子上。他明白了，雷阿尔已经投靠了塔列朗，将他玩弄了一把，如今他也彻底明白了，雾月政变那一班人都想通过这次谋杀来破坏他的威信，这样，他们就能永远地把他掌握在手里。

拿破仑下令把雷阿尔召了回来，雷阿尔来向他报告事情经过的时候，拿破仑平静地看着他为自己辩解，不动声色地说道："干得不错！"然后，他就回到了自己的房间里，一整天就没有出来。

处决当甘公爵，在当时，是影响力非常大的事件。很多人在此之前，都把拿破仑看成是救世英雄和法国救星的，然而，这之后，拿破仑却逐渐失去了民心。

对于杀害当甘公爵这件事，拿破仑在他成为废帝后写的遗嘱中也有一些记叙。在这篇遗嘱里，拿破仑不再提起以前归罪于他的大臣们轻信口供或用心恶毒的种种说法，自己承担了处决当甘公爵的全部责任："在阿图瓦伯爵自己承认在巴黎养了六十名刺客的时候，我向部下们下令逮捕并且判决了当甘公爵，因为这是事关法国人民的安全、利益与荣誉的大事。如果我再处在类似的情况下，还是会毫不犹豫地作出这样的决定。"

对卡杜达尔、皮什格鲁和莫罗以及他们的同伙的审判，一直拖到了拿破仑称帝之后才进行。

在审判之前，他们全都被关押在了丹普尔监狱，1804年4月的一天早晨，狱警们发现皮什格鲁死在了监狱的地牢里。当时，几乎所有人都认为，一定是拿破仑安排自己的手下秘密杀死了皮什格鲁，然而事实却不是这样的。虽然尸体上留下了不像是自杀的痕迹，然而，就连囚禁在最近的一个囚室里的卡杜达尔，也没有听见过打斗的声响。皮什格鲁非常强壮，按理说，是不会那么轻易就被制服的。所以，真相有可能是：这位曾经远征荷兰在战场上立下赫赫战功的将军，因为自己的不幸遭遇而彻底绝望，又不愿意忍受公开审判的羞辱，于是就亲手结束了自己的生命，给自己一个解脱。

皮什格鲁死在地牢中的消息很快就传到了其他囚犯的耳朵里，他们都不相信皮什格鲁是自杀的，一定是有人悄悄杀掉了他，一想到这，他们心中就充满了恐惧。

相比其他囚犯，莫罗的待遇要好很多。在狱里，他得到了很多士兵的崇拜和敬仰，就连守卫他的人也包括其中。当时的人们普遍相信，只要莫罗敢向看守他的士兵发出一声号令，那么，那些狱警们就会自发地组成一支卫队，为保卫他的安全而战。也许正因为他受到了宽厚的对待，而且还被允许随时见到妻儿，同时也因为他相信自己所受到的指控是不公平的，所以，他才选择了忍受一切。

拿破仑称帝以后的第十天，也就是1804年5月，审讯正式开始了。这个事件在巴黎引起了轰动，法庭上的各个通道里都挤满了人，人人都想亲眼看看，这场审讯究竟是如何进行的。审讯一共持续了十二天，拥挤的状况也一直持续了十二天。

审讯的整个过程中，人们都注意到了两个事实，一是警察们对待囚犯的态度是如此粗暴，二是莫罗的无辜。即使是在最狡猾、最巧妙的审问中，莫罗也从来没有露出任何破绽。他表现得对这场阴谋似乎一无所知，只是无意中被卷进了其中。人们也没发现他和其他的犯人有什么牵连，诉讼中听取证词的三十九名证人中，几乎没有一个人认识他。他自己供称，被告人中他一个也不认识，也全都没有见过。他的外表看起来是那么平静，就好像他是一个因为好奇而出场的人，而不是一个可能会被判处死刑的囚犯。

有一天开庭的时候，突然发生了一件事。与莫罗关系非常亲密的勒古布将军带着一个年幼的孩子突然闯进了法庭，他把孩子举起来，激动地大喊："士兵们，看看你们将军的孩子！"话音刚落，全体士兵们都不约而同地站了起来，有的人甚至还伸出了双手。这时，在听众席上爆发出了热烈的掌声。由此可见，人们对于这位过去曾经立下卓越战功的将军仍旧怀着十足的敬意。

宣判前一天开庭的时候，波利尼亚克兄弟表现出来的那种兄友弟恭，同样深深地打动了人们。哥哥在供认自己是独自外出，而且是在白天，不像是四处躲藏的阴谋分子之后，又说出了一番感人至深的言辞："现在我只有一个希望，当宝剑高高悬在我们头顶，危及被告中很多人的生命时，希望你们即使不念我弟弟的无辜，也请姑念他的年幼而赦免他，让你们报复的全部重压都落在我身上吧。"

第二天，死刑判决宣布之前，他的弟弟向全庭致辞的时候，又说："昨天我为我哥哥的发言深深感动，以至于我没能顾到对他进行正式答复。现在我已经完全平静下来，我向诸位先生恳求，不要考虑他为我着想的要求。我对这事提出相反的、更加公允的意见，如果我们当中必须有一个成为牺牲者，如果还来得及，救救他吧——把他还给他眼泪汪汪的妻子吧。我是一个独身汉，无牵无挂，即使死去，也没有什么心事。"

听到他这么说，哥哥连连喊道："不，不，你的一生才刚刚开始，还有很多乐趣要享受，应该受刑的人是我。"

上午八点，法庭成员们全都聚在了会议室里。最终，通过死刑判决的有乔治·卡杜达尔、布维·特·洛齐厄、鲁西容、罗歇耳、阿尔蒙·特·波力尼亚克、夏耳·道西厄、特·里维埃、路易·杜各、彼各、拉若莱、罗吉、哥斯特·圣·难维多、台维耳、加耶、若约、布班、勒默西厄、让·卡杜达尔、勒朗和默里耳；而茹耳·特·波力尼亚克、勒里当、莫罗将军、罗兰和伊赛则被判处了两年监禁。

最初，拿破仑认为对莫罗的判决实在是太宽容了，有些生气。但是，没过多长时间，他就平静了下来，开始变得仁慈了起来。莫罗拍卖完自己的财产以后，出发去了美洲。拿破仑花高价把他的财产全都买了下来，他把巴黎大厦赐予贝尔纳多特，把罗斯布瓦庄园则赐给了贝尔蒂埃格。

法庭判决之后，前来为罪犯们求情的人络绎不绝。拿破仑的妹夫、巴黎总督缪拉第一时间赶到了杜伊勒里宫，请求拿破仑给那些囚犯下一个赦免令，因为他看出，在皇帝登基之初，赦免他们远比处死他们更能收买人心。

约瑟芬和德·雷米扎夫人也曾经苦苦哀求拿破仑手下留情，求他赦免已经交给行刑队的阿尔蒙·特·波利尼亚克。拿破仑找了个理由打发了她们，没有理睬她们的请求。

还有一些人也出面干预，比如德·蒙泰松老太太，当年拿破仑在布里埃纳军校读书的时候，这位老太太经常鼓励他，还曾经给他颁发过奖金。塔列朗也站了出来，为那些人说情。后来德·波利尼亚克夫人还专门来为自己的丈夫求情，她一看到拿破仑，就跪倒在他脚下，哭得像泪人一样。

拿破仑的态度逐渐缓和了，虽然他不愿意像缪拉建议的那样大开恩泽，但还是宣布减轻了对六个人的刑罚：布维·特·洛齐厄、鲁西容、特·里维埃、罗歇耳、阿尔蒙·特·波力尼亚克、道西厄、拉若莱、阿芒和加耶。

1804年6月，判决正式执行。卡杜达尔知道有传言说他已经得到了赦免，于是就主动请求先行刑，这样，他就可以让他的同伴们知道，他并没有脱离他们而苟延残喘。后来，卡杜达尔的遗体被一个医生制成了标本，藏在了自己的实验室里。波旁王朝复辟以后，他的尸骨重新得到了厚葬。

策划阴谋的人从来都没有遭遇到这样的惨败，更何况还是败在了敌人的阴谋之中！

第十二章

加冕称帝

黄袍加身

在元老院的促成之下，拿破仑获得了"终身执政"的称号，然而，这显然还不能让他满足。他一直在思考，怎样成为皇帝。他曾经跟约瑟夫谈过自己的想法："我一直打算建立世袭制度来结束革命，但是，我认为现在还为时过早，总要过个五六年，才能采取这一步。"

不过，这一步来得却比他预想的更早。对于英国政府的仇恨，对保王党人接二连三的阴谋的愤怒，对雅各宾派暴行的谴责，甚至就连处决当甘公爵这件事，都从某种程度上为他建立帝业奠定了舆论基础。

现在已经重新获得恩宠的富歇，又开始跳出来推波助澜。在当甘公爵被处死后七天，他就在元老院到处宣扬建立世袭政权的必要性，因为这是结束保王党阴谋的最好方法。按照他的解释，如果建立了世袭制度，暗杀拿破仑的阴谋也就毫无意义了。因为，就算他们杀害了第一执政，也无法粉碎整个世袭政权。

富歇的话使很多人都为之动心，很快，要求建立世袭统治的呼吁书和请愿书，就像雪片一样从法国各个地方被送到了杜伊勒里宫。重建法国这一伟业，本身就足以得到全法国人民的感恩戴德，更何况，《民法典》的颁布和经济的重新繁荣，也给拿破仑的功劳簿又增添了重重一笔。

富歇的到处游说和煽风点火之下，元老院非常识趣地认识到，在这种情况下，与其冒天下之大不韪，倒不如顺水推舟。于是，元老院率先向拿破仑提出了请他登基做皇帝的建议，并且还颇为诚恳地表示，这是人民的呼声，这么做完全是顺应民意，只有拿破仑当皇帝，法国和平稳定的局面才会一直维持下去。元老院的马屁拍得非常露骨，他们竟然这样称颂拿破仑："您正在创建一个崭新的时代，但您应该使这个时代万世长存。因为，不能持久的光辉，是毫无意义的。"

议会各院此时也明白，反对是没有意义的。更何况，经过了四年的整顿之后，议会中的异己分子已经基本上被清理干净了。所以，毫不意外的，议会几乎全体一致地投票赞成建立拿破仑皇朝了。立法院当时正处于休会期间，没有召开。于是元老院在富歇的明示、暗示之下，指定了一些议员组成一个委员会来研究关于建立世袭统治的问题，并且将结果形成一份详细的报告。

在参议院的几次秘密会议上，康巴塞雷斯、梅兰和蒂博多发表了一些反对意见，然而，到了公开会议上以后，他们又如同约好了一般，非常默契地保持了缄默。既然如此，那些反对意见也就变得微不足道了。

保民院也作出了类似的反应。1804 年 4 月，一位名叫居雷的议员在保民院提议采纳世袭的原则。这位议员一向默默无闻，但是此时却变得情绪激昂起来，他详尽地罗列了制宪议会以来的历届政府时期泛滥法国的种种弊端，然后提出了自己的倡议："把我们的愿望、实为全国的愿望转达给参议院，其目标：第一，宣布目前的第一执政拿破仑·波拿巴为皇帝，在帝号下继续担任法兰西共和国元首；第二，宣布皇帝尊位由他的家族世袭；第三，我国各项制度中至今仅具轮廓的，应予明确规定。"

在座的人们几乎全都赞成他的提议，只有一个人公开提出了反对意见，他就是卡尔诺。于是，保民院就装模作样地组建了一个委员会来准备提出报告，结果一点儿不令人意外，卡尔诺的意见被忽视了，就如同他从来都没有发出过反对声音一样。

如今，几乎全法国的人都已经跪倒在拿破仑的面前了，那个举足轻重的大人物，看来可以随意采用任何称号了。最初，拿破仑还假惺惺地进行了推托：大总督的称号是不是比皇帝的称号更为合适呢？然而，当一些人主张继续保持"执政"这个称号时，他的脸色又会一下子变得难看起来。

最终，在约瑟夫的提议之下，拿破仑决定采用"拿破仑一世"为帝号。虽然在很多人看来，这个帝号是如此稀奇古怪，但拿破仑本人却认为这个帝号空前绝后，既响亮又气派。

1804 年 5 月，元老院正式决定授予拿破仑"法兰西人皇帝"的尊称，经过全体人民表决之后，这项决定以经 3572329 票同意，2569 票反对而得以顺利通过。康巴塞雷斯率领着部长们、议员们到杜伊勒里宫觐见这位新皇帝，身穿军装的拿破仑表现得异常平静，但约瑟芬却激动不已，热泪盈眶。

康巴塞雷斯向着拿破仑深深地鞠了一躬，说道："陛下，为了法兰西的荣誉和幸福，元老院恭请拿破仑马上登基为法兰西人皇帝。"

他的话音还没落，整个大厅里就响起了震耳欲聋的"万岁"之声。同一时间，巴黎城里响起了礼炮交响曲。

从这一刻开始，共和国时代结束了，新的法兰西帝国诞生了！

拿破仑这个出生于科西嘉岛的年轻人，经过了十几年的打拼，终于继法国的五十位国王之后，被封为了世袭国王。

帝国已经诞生，那么它的附属物也就应运而生了，亲王、帝国大勋爵、元帅、侍从官和扈从等都一一被任命了。

拿破仑的哥哥约瑟夫被任命为大选帝侯，这个称号听起来似乎有些奇怪，因为它是从神圣罗马帝国借用而来的，现在用于一个皇帝已经指定而皇位规定世袭的帝国，的确显得有些不匹配。拿破仑的弟弟路易被封为大司马。他们同时还被册封为法兰西亲王，皇室殿下。

拿破仑原先的同僚，第二执政康巴塞雷斯和第三执政勒布伦，则分别被册封为有职无权的帝国大法官与帝国大司库。两个非常重要的职位，首席国务大臣和海军元帅，则分别留给了拿破仑的非亲生子欧仁和妹夫缪拉。

这六位地位显赫的人物，不需要对任何人负责，任何人也没有权力将其撤换，他们与皇帝一同组成了法兰西帝国的御前会议。

在建立世袭政权的过程中，富歇四处斡旋，立下了汗马功劳，于是，拿破仑恢复了他警务部部长的职位。其他人的任命则要简单得多：贝尔蒂埃为狩猎总管，塔列朗为侍从长，迪罗克为宫廷总管，而科兰古则为御厩总管——在人们看来，他接受这一官衔就说明他完全参与了杀害当甘公爵的阴谋。

对官员们的职位安排妥当之后，拿破仑又开始对军队进行赏封。他深知，军队才是他的新帝国的根基，在未来，只要能把军队掌握在自己手中，他的统治就能稳固长久。

1804 年 5 月，拿破仑向他麾下的十八名军官授予了元帅头衔，其中，现役的有十四名，包括：贝尔蒂埃、缪拉、马塞纳、奥热罗、拉纳、儒尔当、内伊、苏尔特、布律纳、达武、贝西埃尔、蒙塞、莫蒂埃和贝尔纳多特。四位年老的将军，勒费弗尔、塞律里埃、佩里尼翁和克勒曼，则得到了名誉元帅的称号。还有两个元帅军衔被空置了下来，留着对未来的战功进行奖励。

晋级仪式是在荣军院举行的。当天，元帅们全都穿上了镶金蓝制服，显得精神奕奕。拿破仑穿一身深绿色制服神采飞扬地来到了大厅，向他们发表圣训："你们要竭尽全力为法兰西效忠，永远不要忘记人权！"

众位元帅高声回答道："我们保证！"拿破仑对第二流的将领们也进行了适当的奖赏。然而，对于絮歇、古维翁、圣西尔和麦克唐纳这样坚定而直言不讳的共和主义者，虽然他们的军事才能和战功都远远超过了很多元帅，拿破仑却也不愿意让他们进入到元帅的队列之中。

无论如何，这位新皇帝在安排人员的时候所表现出来的远见与细心，都使他把军队牢牢地控制在了自己的手中，这使得他在帝国建立之后很短的时间里就能够轻而易举地稳定住局势。

继承人风波

虽然大局已定，但是拿破仑还是不能松一口气。到了现在这个时候，他的主要敌人已经变成了他的家族成员了，帝位的继承问题，已经引起并且计划了波拿巴家族里每个人的强烈情绪。

　　作为世袭帝王，拿破仑必须确定一个继承人。但是，拿破仑膝下无子，这就成了一个难题。起初，拿破仑想把继承权授予路易和奥坦丝的儿子小拿破仑，他对这个孩子超乎寻常地疼爱。但是，要这么做，拿破仑就必须征得他兄弟们的同意，让他们放弃继承权。约瑟夫作为波拿巴家族的长子，首先表示了反对。他对自己的一些朋友说："我要么得到全部，要么什么都不要。如果有必要的话，我将会和西哀耶斯，甚至莫罗联合，与法国境内留下的所有爱国者以及爱好自由的朋友们联合起来，我要挣脱如此残暴、欺人太甚的专制。"

　　路易一家也反对拿破仑的做法，路易在意大利战场上得了一场重病，后来身体一直不好，疾病的折磨令他的心情越来越抑郁，如今已经有些精神失常了。可怜的奥坦丝只好跟他一起，过着烦闷忧愁的生活。约瑟夫提醒路易"外面有些议论，说你的儿子是拿破仑所生的"，原本就有些疑神疑鬼的路易这下子更加敏感起来，他愤怒地跳出来反对拿破仑："我决不要即将由我们继承的君主政体，绝不会在我儿子面前俯首听命，我宁愿离开法国，宁可把我儿子带走，我倒要看看你们敢不敢公然从他父亲手里把一个儿子夺走。"甚至还咒骂他的哥哥野心勃勃，盼他早死为快，说他死了，波拿巴家幸甚，法兰西幸甚。

　　实际上，就连拿破仑自己，也听说了关于小拿破仑是他所生的风言风语。

　　根据布尔里埃纳的回忆录记载，1804年3月，拿破仑与布尔里埃纳之间曾经进行过一次对话，他说："听说现在到处都流传着一些关于我与奥坦丝的流言蜚语，其中还涉及了小拿破仑。编造这些谣言的人真是太可恶了。最初，我并不认为他们居心叵测，我以为，这些流言蜚语之所以盛行，是因为人们不希望看到我断绝子嗣。"

　　布尔里埃纳回答说："的确是这样的，将军，这样的传言也传到了我的耳朵里，但那已经是很久之前的事情了。我没想到，这些坏话竟然流传了那么久。"

　　"这简直是天方夜谭。我怎么会做那样的事情呢？你是知道真相的，多年来，你一直在我的身边，不管是多么细小的事情都不可能瞒过你的眼睛。更何况，奥坦丝爱上迪罗克的时候，你与她的关系也非常好。所以，如果以后你写到关于我的事情时，我希望你能够帮我一个忙——帮我洗清这种谣言。我可不希望这样的谣言伴随着我的名字流传到后世。布尔里埃纳，你总应该不会相信这些鬼话吧？"

　　"不相信，我从来都不相信这样的谣言。"布尔里埃纳非常诚恳地说。

　　后来，布尔里埃纳根据他对奥坦丝的印象，谈了对这些谣言的看法。在回忆录中，他是这样写的：

　　博阿尔内小姐对第一执政总是感到有些敬畏，有的时候，她与他说话，甚至不由自主地打颤。她甚至都不敢直接向他提出请求，要求他帮自己什么忙，就算是有事相求也总是向我提出，然后由我来向第一执政转告。"小傻瓜，"波拿巴说，"为什么她不亲自来找我？她就这么害怕我吗？还是她认为我不会答应她的请求。"我可以做证，拿破仑对她只有父爱，并没有其他的感情。他同她母亲结婚后，就对她如同对待自己的亲生女儿。我目睹他们的私生活至少有三年之久，在这段时间，我从来没有见到一点可以令人产生疑心的事，也从来没有见到不正当的亲密关系的丝毫痕迹。这些谣言真是太无稽了，这只能说是对第一执政品性的恶意中伤，使人不假思索就会轻易相信的那类中伤。我坦白地宣告，在他告诉我这件事之前，我早就已经知道有这种可恶的指控，我如果有丝毫这种怀疑，当然会对其进行揭露——但那根本就不是事实。他已经去世了，对他的回忆只应限于真正发生过的事，不管是好事还是坏事，公正的史家是绝对不可能把这种责难当作对他的指控！

面对约瑟夫和路易的坚决反对，拿破仑与约瑟芬只好让步了，打消了以小拿破仑为自己的继承人的念头。但他仍然保留把路易之子收为养子，从而使其有可能优先继承的权利。

吕西安获知了这件事之后，也从意大利赶了回来。他与拿破仑之间进行了一场艰苦卓绝的谈判。他对拿破仑说，要是他的孩子受到排斥，那么，他也不会接受进入继承人的行列之中：“我的妻子，我的儿子，我的女儿们，我们是一个整体，谁也不能把我们分开。”

拿破仑与吕西安话不投机半句多，最终竟然彻底闹翻了。直到半夜，拿破仑才回到了卧室里，他重重地坐在椅子上，气呼呼地对躺在床上的约瑟芬说：“看来没有别的办法了，我刚与吕西安闹翻了，我把他赶走了，再也不准他来见我！”

听到丈夫的话，约瑟芬心里暗暗高兴，但是却也不便表露出来，于是就假惺惺地安慰拿破仑：“你是为他好，他竟然不领情，算了……”

拿破仑抱住约瑟芬，把头靠在她的肩膀上，喃喃地说道：“这些人真是太顽固了，竟然反对这样一件利害关天的大事，让我如何是好？看来，我只能一个人去实施这件事了，那也无妨，我自己也可以，而且，我还有你，约瑟芬，你总能让我得到安慰。”

两天以后，吕西安收拾好行李，离开了巴黎，虽然贝尔纳多特一再劝他留下，但他还是回到了意大利。

经过深思熟虑之后，拿破仑作出了决定：如果他以后没有亲生的或认领的后嗣，那么他的继承人就是约瑟夫，约瑟夫之后是路易。约瑟夫将作为大选帝侯，路易作为大司马，两人都是法兰西亲王，皇室殿下。他们从这一特权中可以得到一百万收入，再加上薪金和赠礼，收入不下二百万。拿破仑对待自己的家人一向慷慨大方，他为路易在塞吕蒂街买了一座宫殿，在圣勒买了一座大庄园。约瑟夫则住在圣奥诺雷镇的一座富丽堂皇的别墅里。

因为吕西安和热罗姆不被认可的婚姻和反叛行动，他们被排除在了继承人队列之外。而拿破仑的妹妹们开始只得到一些空头衔，倒是朱莉和奥坦丝，因为丈夫都被封为了亲王，反而摇身一变成了“殿下”。

卡罗利娜对此非常不满，她尤其怨恨的，是拿破仑所表现出来的对小拿破仑的宠爱。有一次，拿破仑抱着奥坦丝的儿子，亲昵地对他说：“小子，你知道吗，或许有一天你能当上国王呢！”

听了拿破仑的这番话，缪拉立刻抬起了头，看着他的大儿子阿希勒，问道：“那么阿希勒呢？”

"阿希勒？"拿破仑笑了笑，说道："阿希勒也不错，以后一定能够当一个好兵！"说着，他就亲热地抚摸着小拿破仑的头发，故意煽动起身边的炉火，他还补充道："不过，乖孩子，我还要再劝告你一句，如果你想活下去的话，可千万不要吃你的表兄妹们给你送来的饭菜！"

虽然这只是一句玩笑话，但是坐在一边的缪拉和卡罗利娜却一直无法忘怀。

即使已经拟定了继承人名单，但是事情还是没有得到彻底解决。在权力与地位的问题上，拿破仑与约瑟夫之间时不时地会出现一些争执。在他们两个人的身上，都有着科西嘉人的浓厚的尊重长子的天性，所以，拿破仑经常会迁就约瑟夫，然而，他有一个原则，那就是，在国家大事上，即使是约瑟夫，也不能对他进行丝毫的干涉。

约瑟夫除了在外交方面曾经作出了一些贡献之外，没有表现出什么独特的才能。拿破仑是一个军事和政治方面的天才，而约瑟夫则充其量只是一个有教养的人物罢了。他在政治方面并没有什么建树，只对文学、谈情说爱感兴趣。他贪图安逸和享受，然而，当他的自尊心受到触犯的时候，他就会变成一只刺猬，这时，就连他那刚愎自用的二弟，似乎也要忍让着他。自尊心强，这是波拿巴一家的共同特点，吕西安、路易以至年轻的热罗姆身上全都有这种倔强的自尊心，这种自尊心使得他们连拿破仑也敢顶撞。

按照拿破仑的计划，他的兄弟们必须退到次要位置，然而，他们却认为，皇朝的建立，主要应该归功于他们在雾月政变中以及政变以后的贡献，所以，拿破仑必须给予他们足够的报酬。

拿破仑清楚地看到，如果这样的话，他的皇朝是不可能得到长久发展的。一个皇朝，只有拥有了一个在宫廷中培养出来的继承人时，才能在法国扎下深根。他曾经坦率地对罗德雷说："我从来不认为我的兄弟们是权力的天然继承人；我只认为他们适宜于防止少数人的作恶为患而已。"

约瑟夫对弟弟的这种态度十分恼火。他发现，虽然他被任命为大选帝侯，而且还当上了亲王，但是这只代表着他拥有主持某个元老院的会议的权力，实际上并没有什么实权。心不甘情不愿的他于是就经常与拿破仑唱反调，甚至还故意耍一些让他焦头烂额的小动作。拿破仑对此火冒三丈，为了阻止约瑟夫继续搞鬼，他建议他的哥哥投身军界，因为如果他对军队一点儿也不了解的话，是不可能被列入到继承人之列的，那些战功赫赫的元帅，也不会受他的指挥。约瑟夫无奈之下只好接受了一个团长的职务，到布伦去接受军事训练。

在这场继承人风波中，约瑟芬的处境既尴尬又为难。

当拿破仑穿着笔挺的军装走过巴黎街头，接受人们的欢呼之时，约瑟芬也得到了元老院封给她的桂冠。这位原来最爱出风头的女人，一下子被捧到了最高点，却突然对这种荣耀失去了兴趣。现在的她，只感觉头晕目眩，甚至连气都喘不过来了。更令她烦闷的是，拿破仑对她却越来越冷漠了。约瑟芬一直生活在离婚的恐惧之中，因为她知道自己已经不可能为拿破仑再生一个孩子了，但是作为皇帝，他又需要有一个后裔，所以，一切似乎是不可避免的。

约瑟芬还知道，早在帝制尚在酝酿之时，拿破仑的兄弟们就已经在苦口婆心地劝说拿破仑离婚另娶。

那时的吕西安虽然装作对权力一点儿也不感兴趣，却不断地为把权力集中到他哥哥手中而费尽苦心，在他看来，要做到这一点，就必须完成三件事：世袭大位，离婚和帝国政府。他的建议得到了约瑟夫和其他人的支持，而且，就连拿破仑本人，考虑到即将建立的帝国的未来，也有过片刻心动。

有一天，约瑟芬哭着对布尔里埃纳说："吕西安这个人怎么会这样！你不知道他对我说了什么无耻的话！他说：'你去温泉是没用的，你应该跟别人生一个孩子，因为你跟他是生不出孩子的！'你想想吧，我听了这样的话，怎么能不生气呢？他还说：'要是你生不出孩子，那么拿破仑早晚有一天会跟别的女人生孩子，那时你必须收养这个孩子，因为总得有个即位的嗣子！这是为你好。'我只能回答他：'快闭嘴吧，先生！难道你以为法兰西能够接受一个私生子的统治？吕西安，你出这样的主意，是要害你的哥哥啊！你真是恶毒！'"

在这样的困境之中，拿破仑表现出了对约瑟芬的关心和恩爱，后来，他没有听从他的兄弟们的劝说和建议，把离婚这件事抛到了一边。然而，命运却仿佛已经注定了他必须离婚不可，因为他们曾经寄予了很大希望的小拿破仑，在1807年的时候不幸去世了。如此一来，可怜的约瑟芬就只能听天由命了。

约瑟芬越来越焦虑，她知道，在整个波拿巴家族里，没有一个人是向着她的。之所以出现这样的局面，当然与她自己的放浪形骸、肆意挥霍脱不了干系。但是现在她已经学乖了，早就收敛了许多。尽管如此，拿破仑的家族成员们对约瑟芬还是颇有怨言，经常在拿破仑面前挖苦她、诋毁她，甚至还有人建议，不要给约瑟芬加冕。

元老院授予拿破仑"法兰西人皇帝"的当天，拿破仑家里热闹得就像水池里的青蛙一样。波拿巴家的家庭成员们全都在沙龙里等待皇帝的归来，迪罗克现在已经当上了宫廷总管，他一个个唱名，通告出席晚宴人的头衔，其中有约瑟夫大选帝侯、路易大司马，以及他们的妻子。

大约六点钟的时候，拿破仑终于回来，他按照每个人的新身份向他们一一致意。此时，他的兄弟们似乎已经志得意满，欧仁倒是非常平常，还像以前一样开玩笑。缪拉和其他十七位将军一起被擢升为元帅，但在他看来，这个官职实在是太卑微了，所以他的神色有些不满。

在餐桌上，卡罗利娜听到拿破仑多次称呼奥坦丝为"路易亲王夫人"，情不自禁地伤心落泪。虽然她不停地喝水来掩饰自己的伤感，但是泪水还是止不住地流了下来。埃利莎比卡罗利娜更善于自我控制，她一直板着脸，眼神强硬，故意对那些新晋的宫廷贵夫人们装出一副高傲的气派和神态。拿破仑注意到了她们的神情，时不时地瞥她们两眼，脸上带着不易觉察的微笑，狡黠的神情似乎带有几分恶意。

总的来说，这一天的晚宴还算平静，但是，到了第二天，只剩下自己人一家吃饭的时候，他的妹妹们终于忍不住爆发了。

卡罗利娜殷勤地在一边为拿破仑递上纸巾，小心翼翼地问道："拿破仑，约瑟芬会成为你的皇后吗？奥坦丝是亲王夫人了？"

拿破仑拿起纸巾认真地擦着嘴，说："这不是理所应当的事情吗？你不是都听到了吗？卡罗利娜，加冕的那天，我希望你，埃莉莎、奥坦丝还有朱莉，去给约瑟芬提裙。"

拿破仑的这个要求对于卡罗利娜来说简直就是侮辱，她的脸一下子涨得通红，她大声说道："不！我绝不做这样的事情！"

拿破仑吃了已经，问道："为什么？"

卡罗利娜撇了撇嘴，略带嘲讽地说道："我真是佩服你，你竟然能够勾搭上一位旧王族的荡妇，还把她娶回家。可是我不了解的是，现在你竟然还要把她加冕成皇后！既然你对这样一个女人都如此厚爱，为什么对自己的姐妹们却那么刻薄？我们被冷落到帝系之外，这还不够，你还要继续羞辱我们，让我们给那个荡妇提裙子！你真是太过分了！我绝不会去给她提裙子，绝不！"

卡罗利娜的这番话彻底激怒了拿破仑，他狠狠地把纸巾摔到了餐桌上，大吼道："你给我闭嘴！现在，你给我听好了，我不是天生的皇帝，也不是从夏尔·波拿巴手中接过的皇位，所以你没有资格对我说这样的话，难道你以为我窃取了你们的继承权？"

拿破仑的话一语中的，卡罗利娜一口气咽不下去，竟然昏倒在了地上。

埃莉莎看到卡罗利娜晕倒了，马上跑了过来，她一边安抚着卡罗利娜，一边大声指责拿破仑："是的，你现在是皇帝了，你当然有权力把我们全都打入冷宫，如果你的心足够狠的话，你还可以像赶走吕西安那样，把我们全都从法国赶出去！我们绝对不敢有任何反抗！但就算那样，我们也不会给那位不知羞耻的伯爵遗孀提裙子！你想都不要想！"

约瑟夫看到这种情景，知道自己必须站出来了，他调和道："不要这样，朱莉和奥坦丝不是也没有拒绝吗？她们可是一个王妃，一个公主。"他的这番话还不如不说，一说反而更加火上浇油了。埃莉莎愤愤不平地大喊道："什么王妃，什么公主！一个是商人的女儿，一个不过是……"

她的话只说了半截，就咽到了肚子里，因为这时约瑟芬就走进了大厅。

约瑟芬款款走到拿破仑身边，故作惊讶地问道："你们在吵什么？刚才发生什么事情了？"

拿破仑把头转向了一边，没有回答，当然他也不知道应该怎么回答约瑟芬的问题。

站在一旁的约瑟夫开始幸灾乐祸起来。作为波拿巴家的长子，他一向痛恨拿破仑的家长作风，一点儿也不尊重他的长子地位。然而他却不敢违抗拿破仑半点，生怕会因此失去自己所拥有的、在他看来还远远不够的恩惠。现在，他看到约瑟芬出来，于是就存心想煽风点火，好看一出好戏。他对约瑟芬说道："是这么回事，刚才……"

他刚要开始讲述刚才所发生的事情，约瑟芬就打断了他。她坐到已经从昏迷状态中醒过来的卡罗利娜身边，亲热地用手拍了拍她的肩膀。但是卡罗利娜却嫌恶地抖了抖肩，似乎不愿意约瑟芬碰自己。

约瑟芬笑了笑，说道："拿破仑一直有个打算，想册封你们为公主，只不过他还没来得及说罢了，对吧，亲爱的？"

拿破仑刚才还担心约瑟芬会发作，现在看到她如此宽容大度，被深深感动了。他借着这个机会下了一个台阶，点点头说道："的确是这样的，只是我还没有告诉她们。明天我就准备在通告中写上授予皇帝的妹妹享用'殿下'这个尊称。"

拿破仑的这番话对埃利莎和卡罗利娜来说，可是一个天大的惊喜，她们不约而同地站了起来，走到拿破仑身边，一边亲吻着她，一边感激地说道："谢谢皇帝陛下！"同时，她们也用眼神向约瑟芬表示了谢意。

其实，刚才约瑟芬在外面已经听到了餐桌旁的那场争吵。她知道自己此时是孤立的，她不能得罪拿破仑身边的任何一个人，相反，她还要抓住一切机会来笼络拿破仑身边的人。所以，刚才她不但没有发火，还趁机表现了自己的宽容大度。

莱蒂齐亚夫人后来也同样尊称"殿下"。她名列前排，但居约瑟芬之后。人们称她为太后。她们都得到优厚的待遇。只有波利娜例外，她嫁给卡米尔·博尔盖泽亲王，已经成了富豪。

然而，尽管约瑟芬向波拿巴一家处处示好，还是没有缓和她与他们之间长久以来积累的仇恨。

1804 年的春天，约瑟夫竟然向拿破仑提议，说在即将举行的加冕典礼上不应该给约瑟芬加冕，这样有损约瑟夫自己的利益，这让拿破仑非常生气。约瑟夫竟然敢议论起他的权利和他的利益来了？是谁赢得权力的？谁应该享受权利？这不仅是对约瑟芬的冒犯，也是对拿破仑的侵犯。

拿破仑果断地拒绝了约瑟夫的提议，最终，约瑟夫还是像其他的兄弟一样，在关键时刻让步了。只不过，他还在参政院会议上威胁说，如果他的妻子被迫在加冕典礼上为约瑟芬提裙裾，他就辞去大选帝侯之职，并且离开巴黎，搬到德意志去。拿破仑可不会任他摆布，他当即通知约瑟夫：他要么作为帝国的第一名臣属，循规蹈矩，要么退隐为民，如果想要进行反抗，那么他会得到自己想要的结果，到那时候，一切就由不得他了。约瑟夫知道，他的弟弟说到做到，于是只好乖乖地放弃了自己的念头。为了顾全他和他妻子的面子，典礼程序单的措辞进行了修改：他的妻子将要为约瑟芬扶披风，而不是为她提裙裾。

加冕礼上的闹剧

虽然元老院已经授予了拿破仑皇帝的头衔，然而，拿破仑仍然不满足，他希望创立查理大帝一样的伟业，成为在欧洲能够一手遮天的皇帝。所以，他要举行一个令整个欧洲都为之瞩目的盛大加冕典礼。

拿破仑的加冕典礼定于 1804 年 12 月 2 日举行。

在这之前，关于加冕的法律手续以及加冕仪式的准备工作，就已经按部就班地开始筹划了。

1804 年 7 月，拿破仑到布伦对那里的军队进行了一次视察。从布伦离开之后，他又去了埃克斯·拉·夏佩勒，这里城市埋葬着查理大帝的遗骸，而且，根据维克多·雨果的一些诗句显示，查理五世还曾经在这里跪下祈祷以求获得这位中世纪英雄的英灵启示。

拿破仑怀着敬畏之心来拜访了这座城市，但他却一丝一毫都没有祈求的心情。因为当人们把这位伟大死者的臂骨赠给约瑟芬的时候，连她也骄傲地回答道，她不愿意使这座城市失去这一珍贵的遗物，而且，她所倚靠的臂膀是和查理大帝的臂膀同样伟大的。然而，这位中世纪君主的徽章和佩剑却被运到了巴黎，给加冕典礼增添了思古的幽情，这使得这一典礼增加了不少色彩，同时，这也暗示了拿破仑效仿查理大帝的野心。

拿破仑沿着莱茵河继续他的行程。他首先来到的是亚琛，他先后参观了三个主教区，沿途视察了科隆和因逃亡分子而闻名于世的科布伦茨，抵达麦茨，他之所以选择在这里留驻，为了尝试着与教廷进行谈判，从而劝诱教皇前来法国为新皇帝加冕，通过教会的批准和支持来巩固他的统治。

拿破仑在外游历了三个月，直到10月才回到了圣克卢。

回来之后，他立刻委派戈发雷利作为特使到罗马去，戈发雷利此行的任务是试探教廷，劝说教皇圣上驾临巴黎，在拿破仑的加冕典礼上为他封以帝号。

自从拿破仑到麦茨进行第一次试探之后，杜伊勒里皇宫与梵蒂冈之间的谈判就一直在进行着。拿破仑请求，更准确地说是要求教皇亲自参加加冕典礼。

庇护七世一想到要加冕的那个人正是杀害当甘公爵的主使者，心里就非常不痛快。然而，尽管如此，如今他也已经是身不由己了。拿破仑曾经向他暗示过，如果他能够亲自驾临巴黎圣母院的话，教会就会得到极大的好处。这使他的心中燃起了希望：是否可以趁这个机会收回他失去的北部属地？然而，后来他却大失所望，拿破仑所谓的"好处"，原来不过是在即将举行的加冕礼中，宗教仪式的作用能够得到很好地展现，而并非教皇心中所想的实际利益。

然而，对拿破仑说来，得到圣油以及教皇的祝福，却是至关重要的事情。只有做到这一点，他才能使那些保王党分子不再怀念他们从来都没有得到加冕的流亡国王。

虽然在他眼中，宗教只是一种可以利用的工具，而不是基于深思熟虑的信仰。但是，他对教会的威力还是非常认可的。他认为，他的权力与教会相结合，是引导社会舆论的最好手段。

戈发雷利出使很快就取得了成功，罗马教皇庇护七世决定奔赴巴黎，为拿破仑皇帝涂油加冕。教皇来巴黎，是当时法国最为轰动的新闻之一。教皇的队伍可谓浩浩荡荡，与教皇同来的，还有七名红衣主教，四名教区主教，两名一级教士，四名高级神职人员，三名秘密布道牧师，两名典礼官，两名指挥卫队的罗马王子以及总监、秘书、医生、信使、卫官和跟班等总共六十余人。

闻听此讯之后，拿破仑立刻下令，法国各地都要以最隆重的方式来欢迎教皇的大驾光临，他自己则提前来到枫丹白露宫迎候圣文。

为了使教皇与自己的会面不会出现任何使彼此感到尴尬的仪式，拿破仑将他们的会面地点安排在了枫丹白露与奈姆斯之间的一条马路上，作为在狩猎途中偶然发生的事情。

走到预定地点的时候，教皇的车缓缓停了下来。马夫把车的门帘掀了起来，教皇向外看去，看到身体结实、全副狩猎服装、脸颊有点泛红的拿破仑正端坐在一匹烈马上，距离自己不过数步的距离。

看到这种情景，教皇意识到，自己也应该下车了。然而，外面刚下过雨，路面泥泞不堪，教皇看看自己穿着雪白丝鞋的脚，又有了一些犹豫。

为了表明新皇帝至高无上的地位，直到教皇在适当的距离站好以后，拿破仑才起身下马，向着年事已高的教皇走了过去，他站在泥泞里，与教皇热情地拥抱。

正在这时，停在一旁的御辇向前行进了几步，看起来，这似乎是因为马夫的疏忽，实际上则是出于精心的设计，甚至就连走多少步都是事先计划好的。这是为了解决礼仪上谁先谁后的问题。为了躲避马车，教皇和皇帝下意识地分开，各自向后退了几步，车子正好在两人中间通过，猛地一下停了下来。几乎是在一瞬间，两扇车门打开了，拿破仑从右门上了车，坐上右边的座位。一名军官则引导着庇护七世在他之后从右边门上车，坐到了第二个位子上。

拿破仑与教皇在枫丹白露宫进行了一次短暂的晤谈之后，凌晨两点，车队从枫丹白露出发，晚上六点的时候顺利抵达了巴黎。教皇到达巴黎的消息，官方并没有向外界透露，唯一采取的措施是命令全体卫队在兵营持枪等命，不得擅自离开。

教皇被安排住在杜伊勒里宫的花神殿。拿破仑特意派人将花神殿布置得跟教皇在罗马的常驻地蒙特卡罗宫一模一样，就连家具和摆设都是一样的。这个殿很大，有一间候见厅，一间餐厅，一个小教堂，一间小客厅、御厅、卧室、办公室、浴室、更衣室，在底层与二楼之间还有五十六个房间备用。大主教、忏悔神父、教廷总管、侍卫长、侍从兼司酒官、秘书、医生、厨师等人都在这个宫中居住。其他红衣主教和高级神职人员，则被安排下榻在旅馆里。

第二天早晨，几乎全巴黎的钟都随着巴黎圣母院的巨钟一起敲响，这钟声宣告了教皇的到来。这个消息在巴黎引起了一场轰动。因为仅仅四年之前，在这个首都，所有圣坛都被推翻了，少数虔信者不得不秘密祈祷，而现在，教会的首脑竟然出现在了这里，怎么能不引起人们的好奇呢？教皇成了公众致敬和普遍好奇的对象。当地的居民们纷纷跑出屋子，从大街小巷向着杜伊勒里宫汇聚，想一睹教皇的真容。

此时，在杜伊勒里宫周围方圆几里的地方都挤满了人，宽阔的花园、平屋顶上、码头和桥上，到处都是人山人海。虽然拥挤不堪，然而在好奇心的驱使之下，人们还是向着教皇大声欢呼着。

花神殿的窗户打开了，年迈的庇护七世走到了阳台上。他穿着白色毛花呢长袍，长裤也是白色花呢的，就连头发也已经苍白了，他的脸上呈现出了一种平静但是却令人敬畏的神态。人们立刻安静了下来，纷纷跪在了地上，很多人甚至激动地哭泣了起来。庇护七世抬起手，慢慢地划着十字。前来朝拜的人越来越多，教皇不得不在窗口出现二十次之多。

如今，在整个巴黎上空都弥漫着一种虔诚、激动与崇拜，这让拿破仑深感震惊。或许还有一些嫉妒的情绪。巴黎人民在欢迎庇护七世的时候，无意识地显现出对一个坚不可摧、永恒不变的政权的热烈欢迎，与之相对比的是，从旧政权脱颖而出的拿破仑政权是如此脆弱和不稳。拿破仑已经意识到了这一点，所以他事先进行了一些安排。有关加冕筹备工作的报道开始充斥在各家媒体的各个版面上，而对有关教皇的报道则一下子精简了下来。老于世故的教皇见到这种情景，不由得加倍地谨慎了起来，不得不拒绝了信徒们提出的过分狂热的要求。

天还没亮，教皇就起床了，在十点之前他一直在做祈祷。皇帝内侍维利、皇宫诏书长吕塞以及御厩总监社罗斯纳尔在旁边服侍。鉴于无法解除市民的好奇心，决定定时打开花神楼厅门。花神楼和陈列馆之间有一条长廊相连，观看的人群可进到长廊里，庇护七世时而在那里出现。

一天，汇集的人很多，教皇沿着长廊走去，抬起手为人们祝福，巴黎市民贪婪地等待圣父的祝福。这时，教皇瞥见躲在后排的一个人，以阴沉、嘲讽的神色凝视着虔诚热忱的人群。教皇断定这是个死不改悔的雅各宾党人，就走到他身边，温和地说："先生，头不要转过去，一个老人的祝福永远不会带来不幸。"这句话说得很有分寸，又十分贴切，立刻引起共鸣。这句话使教皇更得人心，其效果并不亚于教皇进行这次流放式的旅行。在此期间，皇帝对教皇一直是满腹狐疑，深怀醋意。

庇护七世的到来，巴黎人前所未有的热情，都让人们自然而然地意识到，那个令法国举国欢腾，让世界震惊的重大日子马上就要来临了。

此时，整个杜伊勒里宫就像是一个大蜂窝，人们嗡嗡嗡忙得不可开交。所有的事情都在紧锣密鼓地准备着，确定仪式的优先座次，为亲王、公主宫殿命名，拟定仪仗队列的先后次序……达维德在加冕礼仪名册上已经草拟了许多加冕大典用的方案图表，对主要角色的姿态都有明确规定。他与伊扎贝一起讨论服装设计。一大群男女缝纫工人忙着量体裁衣，绣花缀边。拿破仑亲自督阵，几乎每样事情都要他过目，一切必须由他拍板之后才能进行。

加冕前夕，各国贵宾也纷纷来到巴黎，来参加这场不可错过的盛会。此时此刻，整个巴黎的兴趣全都集中在了第二天的大典仪式上了。

然而就在这个时候，皇后约瑟芬在百忙之中却给大家添了一个小小的插曲。

在枫丹白露宫时，约瑟芬向教皇倾诉了她内心的遗憾：她还没有在教堂里正式举行过宗教结婚仪式。她曾经向拿破仑说起过自己的遗憾，但是拿破仑却不置可否，直到现在，他还一再拒绝她的再三请求……

与那个时代大多数人的婚礼一样，拿破仑与约瑟芬的婚礼也没有在教堂里得到过祝福。在此之前，这种行为并没有让约瑟芬感到不快，因为她的丈夫只不过是一个大兵。但是现在一切都不同了，拿破仑成为皇帝了，约瑟芬时常感到自己日益失宠，皇后地位岌岌可危。于是，她想补上宗教婚礼，并且通过这一举措，赢得教皇的支持，从而维护她既得的利益，使她作为妻子的地位在各个方面都能得到保障。

庇护七世看到约瑟芬如此担忧，于是就同意为她和拿破仑补行婚仪，并劝慰她道：

"请放心吧，我的孩子，相信我，我们会作出安排的。"

没过多长时间，教皇就与拿破仑谈到了这件事情，他宣称自己要绝对恪守教会最严厉的信条，如果强迫他为没在上帝面前结合的一对夫妻涂圣油，那还不如将他祭神。他坚持除非立即举行宗教婚礼，否则就不能举行加冕礼。

拿破仑知道是约瑟芬搞的鬼，于是大骂了她一顿。

然而，此时已经是举行加冕盛典的前夕了，蜡烛甚至都已全部点燃了，四周摆满了鲜花，应邀的欧洲各国代表正在前往巴黎的途中，显然，庆典的日期已经无法推迟了，否则，拿破仑就会受到世人的嘲讽。于是，拿破仑只能屈服了。

1804 年 12 月的一天早晨，约瑟芬的房间里设起了一个祭坛。由于庇护七世的特许，当场没有证婚人参加，红衣主教费什为拿破仑和约瑟芬主持了结婚仪式。除了必不可少的一些人在场外，现场没有其他见证人。拿破仑的脸上充满了怒气，约瑟芬则喜气洋洋，激动万分。几个小时以后，当他们坐在五彩缤纷的华丽马车里，满面春风，向人群微笑的时候，谁也不会想到，这两个人竟然在早上刚刚履行了结婚仪式。

虽然拿破仑心中非常不满，但是现在他已经不能对妻子进行指责了，他们两个人被一条新的神圣的绳索捆绑在了一起。拿破仑现在正处于百感交集、心潮澎湃的时刻，每逢这样的时刻，什么事情都好办。而约瑟芬呢，简直无法控制自己心中的激动，喜形于色，眉飞色舞。拿破仑亲手为她试戴皇后的皇冠，明天，她将与皇帝一起接受加冕。她向朱诺夫人谈起这件事的时候忍不住热泪盈眶。

次日清晨，曙光刚刚洒向大地的时候，杜伊勒里宫里就已经人声鼎沸了。那里的人们几乎两天两夜都没有合过眼了。加冕前一夜，宫中更是没有人睡觉，宫中理发美容师太少，人们不得不等、争着，有几位夫人就在扶手椅上睡着了。此时虽然已经是寒冷的冬天，但是皇家銮驾和仪仗队要通过的街道，以及沿途的临街窗户，却全都挤满了看热闹的人，全巴黎的人都倾城出动，想一睹为快。

然而拿破仑起得却有点晚，直到八点钟，他才下床。仆人服侍他穿衣：镶金白丝袜，白丝绒套裤，白丝绒上衣，金丝线刺绣的紫红丝绒礼服，绣有月桂花纹，布满蜜蜂花饰，镶嵌有钻石领扣的紫红色服装显得如此奇特，如此华贵，他穿在身上很不自在，他不由得咒骂起献这些华服的人，而且还为以后的账单发起了愁。

穿戴整齐之后，拿破仑来到了约瑟芬的房间里。约瑟芬很早就起来梳妆打扮了，现在一切已经准备妥当，她是那么漂亮，她戴着发圈，穿着连衣长裙，披着绣有金银间纹的白缎宫廷披风，看上去光彩照人。虽然她已经四十一岁，但是因为她爱打扮，而且手法高超，从外表上看，完全看不出她的年龄。虽然其他人也个个浓妆艳抹，但是与她一比，竟然全都相形见绌。

相比拿破仑与约瑟芬，教皇起得尤为早。凌晨四点，他就起床做祈祷了。按照计划，庇护七世要在八点钟的时候离开花神殿，前往巴黎圣母院，然而当他准备动身的时候，却发现没有骡子。原来，在罗马，当教皇离开梵蒂冈去教堂举行宗教仪式的时候，要让一名随身侍从骑在一头骡子上，手举一个大十字架，先走一步。法国没人知道这个习惯做法，杜伊勒里宫的典礼官也不知道，所以没有准备骡子。

教皇坚持要按照老规矩来办事，于是，杜伊勒里宫的全体驯马师只好四处搜寻，找了半天才找到一头还算干净的骡子。他们赶紧给骡子系上饰带，把他带到教皇那里。

经过这一耽搁，教皇离开杜伊勒里宫的时候已经九点了。一个多小时后，他来到了巴黎圣母院，开始祈祷，等候皇帝的驾到。

此时的巴黎圣母院正门前，到处都是人山人海，六个掷弹兵，加上骑兵队竭力维持着秩序。

教皇在教堂等了足足两个小时。

对跪在那里的人来说，两个小时的时间实在是太长了，他们跪在大殿两边高高的台阶上，一动不动，就像演戏一样，只过了一小会儿，他们就累得精疲力竭了。宽大的教堂里阴冷阴冷的，女士们赤裸着臂膀，承受着极大的痛苦，因为宗教礼规是不允许她们在这个时候搭放任何披肩的。据说，教皇也不得不忍受着低气温的残酷折磨，因为疏忽，忘记为他准备一个脚炉。这样令人难忍的安排更使他显然是一个"屈从的受难者"，从仪式开始到结束，他一直是这个样子。

直到两小时后，拿破仑与约瑟芬才走出杜伊勒里宫。

在众人拥簇之下的皇帝皇后，今天显得格外神采飞扬。銮驾和仪仗队缓缓绕过尼凯斯街和圣奥诺雷街——正是在这些街上，拿破仑在葡月事变那天开始崭露头角——再经过新桥，到达古老庄严的巴黎圣母院大教堂。

所经街道都精心铺了细软的沙子，两边由士兵筑成通道人墙，一路钟鼓齐鸣，礼炮轰隆，圣乐高奏，五十万观众的山呼海啸之声不绝于耳。天气虽然有些寒冷，然而，太阳渐渐拨开迷雾，没过一会儿，就已向大地洒出万道金光。

中午，礼炮响了，前一天早就准备好的巨钟也敲响了。

这个时候，皇帝到达的消息已经如同长了脚一样，被传到了大教堂，皇家随从人员立刻紧急列队，等待迎驾。

新恺撒终于出现在了祭坛上，宫廷大臣和佩带军衔的帝国高级军官走在前面为他开路。今天拿破仑穿着一件红色的天鹅绒大袍，袍子上装饰着金星和白鼬皮饰带，这件衣服非常重，大约有八十斤，拿破仑矮小的身材在这大袍子面前显得更加瘦弱了。拿破仑的脸色有些苍白，但是眼神却一如既往地坚定。

拿破仑向着天主教教皇庇护七世缓缓走去，教皇正在前方和颜悦色地等待着他。拿破仑突然想起了自己悲惨的童年、阿雅克修城的简陋房屋以及最初年代的困窘，忍不住回过头去，对他的哥哥说："约瑟夫，要是我们的父亲还活着，看到我们有今天该多好啊！"

已经等候了很长时间，全身都有些发冷的教皇，立刻准备好了举行加冕之礼。

接下来是长达四个小时的烦琐仪式。管风琴和大提琴不断演奏着意大利作曲家巴埃尔和法国作曲家勒聚厄尔的合唱曲。

首先，教皇给皇帝和皇后额上涂上圣油；然后在做弥撒的适当时刻，他给他们的皇冠、戒指和披风祝福，关于每件物品所象征的美德与力量都念了传统的祷词。

然而，正当庇护七世要给皇帝加冕的时候，拿破仑对他轻轻做了一个手势，让他走开，然后伸手接过皇冠，自己戴在了头上。拿破仑的这个惊世骇俗的举动在庄严肃穆的教堂里立刻引起了一阵轰动，有人同情老教皇面子难堪，有的则钦佩这位伟大统帅具有"高尚而正当的自豪感"，因为他认为他凭借着自己的双手赢来的皇冠应该完完全全属于他一个人。戴上皇冠之后，拿破仑及其随从缓缓地回到教堂中殿的中央，那里设了一个高高的御座。

接着，拿破仑走下阶梯，走向约瑟芬，她正双膝跪在地上，双掌相合，等待着加冕。拿破仑以尊严的姿态，把轻巧的皇冠戴在了约瑟芬的头上，这顶皇冠，使得这位一度经历了暴风骤雨、肆意放纵自己的女人，变成了一位法兰西的皇后了。

在加冕典礼上还出现了一些不和谐的音符。当銮驾和仪仗队正要启行的时候，竟然出现了一桩怪事：可能是因为这部新车上下左右都被装潢得异常富丽堂皇，所以拿破仑和约瑟芬一上去就坐错了位置，不小心坐到了本来应该是约瑟夫和路易坐的座位上。这个差错虽然马上就被改正了，但还是引起了人们的一些反应，有些人认为，这是一个不祥之兆。

经过教堂的时候，拿破仑要叫红衣主教费什，但是却没有叫出声，而是用权杖敲了敲他的后背。这个出乎意料的举动让周围的人全都惊呆了。

后来，人们又再次注意到，当拿破仑与约瑟芬走上通往御座的台阶时，由于皇袍和裙裾实在是太重了，约瑟芬几乎倒栽了下来。之所以会出现这样的场面，是因为替她扶披风的人有意或无意疏忽导致的。约瑟芬在御座华盖下与拿破仑的姐妹们发生了口角。这些人嫉妒心重，脸都变得发青了。于是，皇后上台阶的时候，埃利莎、波利娜、卡罗利娜干脆甩掉了手里拉着的袍子，使她几乎因负重而向后跌倒。

皇后差一点就大出洋相，这让拿破仑大为恼火。他马上斥退了他的几位妹妹。这些公主们，十年来一向胆大妄为，甚至不怕家丑外扬，这一次在拿破仑的怒斥之下，也知道自己差点犯了大错，乖乖地低下了头。

这些预料不到的事情，虽然被那些居心叵测的人观察到了，并添油加醋地进行宣扬。其实只是一些为礼仪忌讳的小缺陷，而且，所有这些不足之处都被富丽堂皇的仪式和伟大人物的气魄所淹没。

拿破仑返回杜伊勒里宫的时候已经是晚上七点了。他经过的大街和凯旋门全都灯火通明，亮如白昼。

教皇坚持履行完毕教堂神甫的职责，在皇帝走后一刻钟才离开巴黎圣母院。他在那里整整待了八个小时！晚上，他还必须出席盛宴。康萨尔维在宴席上注意到，教皇仅"坐在第三席位上"。第二天，他又恢复了原来的样子，一点儿也不讲究排场，态度异常谨慎小心。

当天晚上，拿破仑和约瑟芬单独用御膳。几乎整个巴黎都在谈论着他们的事情。拿破仑今天的心情特别愉快，他希望约瑟芬能够保住皇冠。尽管他已经不再像往昔那样爱她了，但是他的心中仍然为约瑟芬保留了一个位置。用餐时，拿破仑略显夸张地赞美了约瑟芬，让她心花怒放。现在，她的确是爱他的，就像她之前从来都没有爱过他一样。

御膳结束之后，拿破仑与约瑟芬一起接见了宫廷人员，他们是在宫里迪罗克家吃的晚宴。拿破仑走向妇女们，用在他身上并不多见的亲切可爱的口气恭维她们："夫人们，今天你们如此楚楚动人，难道都是为了我吗？"

然而，等到他回到卧室之后，他的脸就一下子阴沉了起来。贴身仆人听到他不停地喃喃自语道："这一切传给谁呢？……"

无论如何，这场世界瞩目的盛大典礼终于拉上了帷幕。

加冕典礼的第二天，在巴黎的部队全部集合在马斯广场上，等待着拿破仑发给他们鹰旗以替代共和国旗帜。在雄伟壮丽的检阅台上，皇帝一身戎装，坐在宝座上。随着一声令下，各路纵队都向宝座靠拢。拿破仑起立，下令分发鹰旗，并向各军团发表了如下演说："士兵们，看看你们的旗帜吧！这些鹰旗永远是你们的集合地点。鹰旗永远在你们的皇帝认为保卫他的宝座和他的子民所必需的地方。誓为保卫鹰旗而牺牲生命吧！誓为能够永远把鹰旗保持在胜利的道路上而鼓起勇气吧！"这番演说之后，军队中欢声雷动，士兵们举着枪，向这位新皇帝欢呼着、跳跃着。在场的每个人无不为军队所爆发出的巨大热情而动容，拿破仑更是激动万分。

这时的教皇，已经完成了拿破仑希望他做的一切。他信心满满地以为，自己能够得到善意的奖赏，于是就带着几分不好意思的神色提出了要求，希望拿破仑把法国的阿维农和意大利的博劳涅以及费拉尔归还给他。然而，令他失望的是，拿破仑似乎听而不闻。

但在其他方面，这位新皇帝还是非常仁慈的，他赠给教皇的礼物价值连城，除了价值十八万法郎的三重冕外，还赠送一套做弥撒用的金器，但教皇未能受用。因为这套金器当时还没有完工，完工之后也没有送给教皇，而是在后来送给了圣·丹尼斯。每位红衣主教都收到一件饰花紧袖法衣，价值一万法郎。送给服侍人员和仆人的钻石价值二十二万法郎。至于散发的鼻烟盒，就更无法统计了。

直到四月底，教皇才离开法国。时隔八年以后，他再度返回了法国。那一次他是作为他曾以上帝名义加冕的人的俘虏，被骑兵护送而来的。当然，这都是后话了。

迪夏泰尔夫人的威胁

在权力的山峰上已经攀登到了顶峰的拿破仑，开始了自己在情欲上的放纵之路。

当上皇帝之后，很多女人想尽办法接近这位权倾天下的男人，其中就有一位叫作德·沃代的夫人。德·沃代是一名宫廷贵妇，她与约瑟芬是很好的朋友，然而她可不是一个端庄的夫人，相反，她满脑子坏主意，而且喜欢惹是生非。她经常打扮得花枝招展，极尽所能地向拿破仑施展她的魅力。拿破仑本来是一个不擅长与女人打交道的人，然而德·沃代夫人的主动却使他放下了戒备。他经常跟德·沃代夫人开玩笑，有的时候，他们表现得非常亲热。

后来，德·沃代夫人越来越放肆，竟然连约瑟芬也不避讳。不仅如此，她还表现得越来越贪婪，从杜伊勒里宫到奥特伊文人区，她做出了一副"宠妃"的模样，到处大摆阔气，大捞油水，很多人前来求见她，给她送上了大把的金银珠宝。

但她像约瑟芬一样，是一个挥霍无度的人。没过多久，她就欠了巨债。拿破仑不得不帮她支付了两次账单。然而自此之后，拿破仑就识破了她的真实面目，逐渐远离了她。后来，德·沃代夫人再向他示好，他总是冷冰冰地拒绝她。

此时，拿破仑的心中已经另有他人，那就是迪夏泰尔夫人。迪夏泰尔夫人是一位不折不扣的美女，她当时只有二十岁，美丽妖娆，身段苗条，绰约动人，令拿破仑心动不已。而且她还有一个灵活的头脑，文笔绝佳，这是拿破仑欣赏她的原因之一。她打动拿破仑的另一个原因是，她能歌善舞，不亚于真正的演员，并且弹得一手好竖琴。

迪夏泰尔夫人虽然出生于一个普通百姓之家，但是却养成了上流社会的习惯，举止大方，善于逢场作戏。她非常了解人情世故，也善于倾听对方讲话，更善于耐心等待。她虽然表面上看起来非常开放，实际上内心却很严肃，是一个外柔内刚的女性。她善于见风使舵，经常参与一些阴谋诡计，甚至为了达到自己的目的而厚颜无耻地进行造谣中伤。

她的丈夫迪夏泰尔先生，是政府参事，同时还担任了造册总管。他的工作做得非常出色，可以毫不夸张地说，他是法兰西行政机构框架的铸造者之一。拿破仑因此对他非常信任。他的年纪已经不小了，再加上工作劳累，对于情欲早就已经非常淡薄了，然而迪夏泰尔夫人却很年轻，所以，从她的丈夫身上，她很难得到满足。

拿破仑与迪夏泰尔夫人早就已经非常亲近了，为了瞒过约瑟芬，拿破仑经常等到宫里的人全都熟睡之后，才与迪夏泰尔夫人私会。为了不让约瑟芬察觉，有的时候，他连鞋子也不穿，悄悄穿过两间套间的通道。

有一次，他的随从贡斯当一直等到天都快亮了，还不见拿破仑回来。他担心这桩丑事会败露，为了避免可能发生的风波，他就去找迪夏泰尔夫人的贴身侍女，让她更加小心一些。然后他惊讶地发现，约瑟芬的一个侍女竟然在走廊上窥视这里的动静。贡斯当大吃一惊，赶紧走过去警告这个女人，让她不要多管闲事，并把她赶了出去。

后来，拿破仑册封迪夏泰尔夫人为宫中八个新的贵妇之一。从那之后，拿破仑与迪夏泰尔夫人偷情就更加方便了。

一开始，约瑟芬对这件事一无所知。但她本能地发现，拿破仑对宫廷贵妇们非常体贴、温存，甚至有些风流。她开始怀疑：难道拿破仑与她们之间产生了私情？

约瑟芬最开始怀疑的是内伊夫人，这个可怜的女人为此受到了约瑟芬的严厉对待。直到后来，约瑟芬才注意到了迪夏泰尔夫人。一切迹象都指向了这个女人——迪罗克对迪夏泰尔夫人总是表现得非常恭敬。拿破仑非常积极地参与约瑟芬在宫中举行的各种舞会、宴会，每当这时，他与迪夏泰尔夫人经常同时消失。每次轮到迪夏泰尔夫人陪着约瑟芬去听歌剧的时候，拿破仑才会到剧场来。

这一切都令约瑟芬愤怒不已。奥坦丝曾经一再劝说她应该小心从事，然而她最后还是沉不住气，她的轻举妄动差点毁了她自己。

一次，他们在圣克卢宫小住，当时，拿破仑住在底层的那套朝向花园的房间里，套间的楼上还有几个小房间，拿破仑禁止任何人走上通向这几间屋子的楼梯。

这天，约瑟芬在宫里举行一个小型的聚会，当她被一群人簇拥着的时候，忽然发现，迪夏泰尔夫人趁着别人不注意的时候竟然悄悄地溜了出去。过了十分钟，她还没有回来。约瑟芬意识到了什么，于是她就到拿破仑的办公室去找他，然而那里连个人影都没有。焦急的约瑟芬只好爬上了那个通往密室的小楼梯，她发现，门被反锁着。她小心翼翼地把耳朵贴在门上，听到了拿破仑与迪夏泰尔夫人发出的声音。

　　约瑟芬气极了，她奋力敲打着房门，并且喊着拿破仑的名字。过了好长一段时间，房门才被打开。果然不出她所料，里面只有他们两个人，屋子里被弄得乱七八糟的，谁都知道，他们在里面做了什么勾当。约瑟芬被气得浑身发抖，她对着迪夏泰尔夫人破口大骂起来。狼狈不已的拿破仑也很生气，他冲着约瑟芬大发了一通脾气。

　　约瑟芬激动地离开了那间密室，回到沙龙后，她把事情原原本本地讲给了德·雷米扎夫人。德·雷米扎劝她回到密室，用温情来平息拿破仑的怒气。

　　思前想后，约瑟芬接受了德·雷米扎夫人的建议。

　　然而，此时等待约瑟芬的却是拿破仑的暴怒。拿破仑冲着约瑟芬大发雷霆，并且还打了她，感到委屈至极的约瑟芬号啕大哭了起来。尴尬不已的迪夏泰尔夫人赶紧走了出去，唤来她的马车，急急忙忙赶回了巴黎。

　　这件事很快就在宫中传得沸沸扬扬。大家各持己见，互不相让。缪拉和卡罗利娜站在迪夏泰尔夫人一边，而德·雷米扎夫人则坚定不移地支持约瑟芬，拿破仑的妹妹们可不想错过这出好戏，也跟着煽风点火，唯恐局面还不够乱。

　　沉浸在愤怒之中的拿破仑对约瑟芬提出了离婚的要求，他还派人把欧仁从外地叫了回来，让他来料理约瑟芬离宫的事情。

　　欧仁回到巴黎之后，拿破仑向他宣布了离婚的决定，并且还谈到了要对约瑟芬进行赔偿。欧仁平静地听他说完了，然后对他说，他不会接受任何东西。如果拿破仑与他的母亲离婚，他会一直跟着母亲，或许他们会回到马提尼克岛。为了安慰他的母亲，他宁愿牺牲自己的一切。

　　拿破仑脸色铁青地听着他的话，然后一言不发地让他离开了。

　　所有人都以为这次约瑟芬一定完了，她的朋友里几乎没人为她说话，就连奥坦丝也不敢发表自己的意见。奥坦丝与路易的感情不太好，如果约瑟芬与拿破仑离婚，从一定程度上来说，她与路易的婚姻也就走到了尽头。为了解放自己，她甚至有些期望母亲离婚。但是她也清楚，这件事其实还有调解的可能，那就是让约瑟芬用温情和眼泪来获得拿破仑的原谅。

　　奥坦丝是对的，最终，约瑟芬的悲伤、沉默与顺从，再一次化解了拿破仑的暴怒。等到一切都平静下来之后，拿破仑又对自己的决定感到有些后悔。尤其是波拿巴家族对能赶走约瑟芬表示出来的狂喜也让他站在了约瑟芬的一边——拿破仑的兄弟姐妹们欣喜若狂地到处散布说，把约瑟芬赶走，是他们多年以来坚持不懈努力的结果。他们竟然如此对待约瑟芬，这使得拿破仑非常生气，于是，他又同情起了自己的妻子。后来，他收回了离婚的决定。

　　但是，无论如何，经历了这场闹剧，迪夏泰尔夫人还是占据了上风。这之后，拿破仑不再掩饰他对迪夏泰尔夫人的宠爱，约瑟芬对此虽然敢怒不敢言，心中的醋意却丝毫没有消减。

德·雷米扎夫人极力想消除约瑟芬的嫉妒，但是一切都表明，她的努力只是白费力气罢了。为了报复迪夏泰尔夫人，约瑟芬还让德·雷米扎夫人写了一份言辞非常毒辣的匿名信，德·雷米扎夫人不想卷入到这件事之中，后来就把这封信悄悄烧毁了。

拿破仑虽然沉醉在温柔乡中，但他还是警觉地发现了迪夏泰尔夫人的勃勃野心。拿破仑经常说，自己真正的情妇是权力。他经过了千辛万苦终于征服了这个"情妇"，怎么会允许别人将她抢走呢？即使是有人不怀好意地窥视了她一眼，他都会感到难以接受。所以，当他意识到迪夏泰尔夫人对于权力也有着一种本能的热衷时，他就开始疏远了她。

为此，他采用的方法非常独特——他竟然向约瑟芬求援。拜托自己的妻子来帮自己斩断与情妇的情丝，这真是一件荒谬至极的事情，但是约瑟芬对此却欣喜不已。

她把迪夏泰尔夫人叫来，向她宣布，皇帝已经再也不想上她的床榻了。并且警告她，不要再用放肆的举止来引诱拿破仑，否则就会对她不客气。

迪夏泰尔夫人没有争辩，只是冷静地看着约瑟芬。

拿破仑后来就不再理睬迪夏泰尔夫人，甚至对她连最起码的礼节都不再有了。迪夏泰尔夫人对此非常伤心，但是却从来没有责怪他。

后来，拿破仑又想起了她，想方设法请求她的原谅。于是，两个人又重修旧好，继续瞒着约瑟芬悄悄偷情。

第十三章

战争风云再起

欧洲大陆的兼并计划

拿破仑的胃口向来都很好，即使是在各种矛盾多发的时刻，他的饭量也丝毫未见消减。然而，相对于他对食物的胃口，他对权力的胃口又要大了很多。这一点从他开始紧锣密鼓地策划对意大利的兼并计划就能够看出。

法国在马伦哥战役和霍恩林登战役接连获得成功之后，奥地利所同意的和平条款规定：

奥地利正式承认西沙尔平、利古里亚（热那亚）、黑尔维谢与巴达维亚等共和国，然而其中有一条明确规定，这些共和国不是附属于法国而是享有独立地位的。

在拿破仑看来，这不过是奥地利的痴心说梦罢了！到现在为止，这些共和国仍然处于法国的监控之下，就连它们的要塞，也被法国部队掌握在手中。

在拿破仑的指示之下，塔列朗把西沙尔平共和国的一些议员贵族们召集到了里昂，与他们进行"协商"，目的是说服他们接受法国宪法。几乎不费吹灰之力，塔列朗就使那些议员们接受了法国的意愿。

这之后，拿破仑就与约瑟芬来到了里昂，在那里，他受到了极其热烈的欢迎，当地政府为他举办了一系列盛大的宴会和游行，拿破仑还兴致勃勃地检阅了驻扎在里昂的部队。

在里昂举行的一次会议上，当一些议员们提出由法国人来担任这个共和国的总统时，一些意大利代表马上提出了反对意见，现场陷入了一片混乱之中。里昂卫戍部队的军官们不得不来到大厅里维持秩序，劝说争吵的双方保持肃静。但是，最终三十人委员会的大多数还是投票选举梅尔齐伯爵作为总统人选。然而，梅尔齐伯爵却拒绝了这一荣誉，他意味深长地提出，假如需要他为国家效力的话，委员会最好还是选拿破仑为他们的元首。梅尔齐说动了其他代表，最终，拿破仑如愿以偿地成为了意大利人的总统，而梅尔齐伯爵则被他任命为副总统。

成为意大利总统，主宰意大利人的命运，只是拿破仑既定计划中的一小步。顺利完成这一步之后，他对那些意大利代表们进行了一番训示：

......以前，有人想要把你们分割开来，然而法国却向你们伸出了援手，使你们不必经受这样的命运。现在，你们在吕内维尔得到了承认。而且，比起以前，你们的疆土也足足扩大了五分之一，我很高兴地看到，如今你们变得更加强大，更加牢固，更有希望了。你们是由六个不同的国家组成的，你们必须联合起来，才能保持这种稳定与富强。......你们完全可以相信，我在选拔你们国家的主要官员的时候，完全不会考虑党派或地区的因素。当然，为什么不设总统一职，那是因为我在你们当中还没有找到一个人能够担任这个职务，这个人在公众舆论中必须享有足够的威望，能超脱地方感情和个人利益，而且对国家曾经作出过重大的贡献，只有这样的人，才能担任这个职务。如果我找到了这样一个人，我会毫不犹豫地将这个职务委任给他......过去，你们的人民只有地方乡土感情，但是现在，他们必须把这种狭隘的感情提升为民族感情。

根据他的这番发言，"意大利"一词就被用来代替了"西沙尔平"。于是，在当时的欧洲地图上，自从中世纪以来，这还是第一次重新出现这个引起外交家的嘲笑但是却启发了19世纪最崇高的爱国主义精神的名字。就算拿破仑在其他方面毫无建树，他在意大利这个半岛上，把四分五裂的各族人民导向共同奋斗、共同生活，激发出他们共同的民族感情，这一点也足以使他获得不朽的荣誉。

西沙尔平问题得到了妥善解决之后，拿破仑又快马加鞭地开始实施他的第二步计划，他成功地在利古里亚共和国制造了一些混乱，为了摆脱混乱状态，这个共和国不得不请求拿破仑去帮助调解。拿破仑乘虚而入，他修改了利古里亚共和国的宪法，并且还派去了法国人总督。虽然英国人曾经对此进行了抗议，然而也无法阻挡拿破仑实施第三步兼并计划的步伐。

1802年9月，法国元老院通过了一道法令，把皮埃蒙特并入法国。这个战略位置非常重要的地区因东部已经并入了意大利共和国，面积已经缩小了很多，五个月来，它一直作为法国的一个军区由一位法国将军临时管辖。如今把它并入法国，就使得恢复萨伏王室这一希望完全破灭了。

皮埃蒙特被吞并后不到一个月的时间里，巴马也重复了它的命运。巴马公国的继承人是西班牙国王的女婿，他已经被授予了伊特鲁利亚国王的尊号。为了换取在欧洲的势力范围，西班牙国王查理四世把整个路易斯安那出让给了法国。然而尽管如此，拿破仑还是继续在巴马驻扎军队，并且在老公爵于1802年10月去世的时候把巴马和它的属地并入了法兰西共和国。

接下来拿破仑的目标是厄尔巴岛。兼并厄尔巴岛，法国就能得到能够优良海港波托费拉约，如此一来，法国对地中海的控制权就得到了保障。厄尔巴岛派了三个人来巴黎觐见他们的新统治者，陆军部长热情招待了他们，不但设宴款待，而且还给他们每个人送上了三千法郎，并且暗示他们在拜见拿破仑的时候可以向他表示厄尔巴岛人们愿意与法国联合的意愿。于是，1802 年 8 月，厄尔巴岛也被并入了法国。

这些成果虽然丰硕，但是却没有使拿破仑的胃口得到充分满足，他的视线开始从亚平宁转向了南德意志。瑞士，是他的下一个目标。

经过了三个世纪的发展，瑞士如今已经被分为十三个州。这些州不但没有统一的宪法，就连民族特性也各有不同。中央各州，又被称为森林各州，仍然保持了古老的条顿族风俗，他们通常召开各自的人民大会来决定事情，每位户主出席大会的时候都会全副武装。在瑞士联邦的其他州所形成的惯例就不那么简单了，尤其相对比较富裕的平原地区是在一些条件较好的市民家族的世袭控制之下。

在瑞士，根本没有一部宪法能够使这些州有效地统一起来。每一个州都自称拥有独立的行政主权，不愿意接受来自联邦议会的任何限制。除了这些主权州外，还有一些地位非常不明确的加盟州，其中有日内瓦、巴塞尔、比恩、圣加仑、阿尔萨斯的古老帝国城市牟罗兹、格里宗三地、纳夏泰尔公国和罗纳河上的伐累。最后还有从属地区：阿尔高、图尔高、提契诺、活州等，这些地区都受各州统治者不同程度的统治。这就是古老的瑞士联邦。

法国革命给瑞士的各个州带来了极大的影响，1798 年沃州人民愤然起身反抗伯尔尼的统治，在他们的请求之下，法国部队进入了瑞士，对中央各州的勇敢反抗进行了镇压，并且把瑞士的主要财库全都抢劫一空。随着法国部队而来的推授宪法者，几乎在瞬息之间，把最地道的法国式的民主制度传播到了瑞士，主权州、加盟州和从属地区的区别全都被取消了，黑尔维谢被组成为一个不可分割的共和国——唯一的例外是伐累将取得独立，而日内瓦与牟罗兹则并入法国。

但是，对于这个情况如此复杂的国家来说，法律只有依靠驻扎在这个国家的法国部队的支持才能继续维持效力。在接下来的整整两年里，瑞士内部不断上演着政治拉锯战，而局势也会随着这场拉锯战而发生变化：先是有利于寡头派（或称联邦派），后又有利于和他们对立的统一派。

后来，一些瑞士代表带着在伯尔尼议会上新鲜出炉的宪法草案来到巴黎，希望拿破仑能够统一这些文件，并且下令将法国驻军撤走。代表们原本希望拿破仑会支持表现出强烈民主倾向的统一派，然而，拿破仑的决定却令他们大失所望。在拿破仑制定的 1801 年 5 月的新联邦盟约里，瑞士被划分为十七个州，虽然瑞士官方代表希望建立起一个强有力的中央集权政府，拿破仑还是赋予了各州当局很大的权力。

对拿破仑提出的这几点，伯尔尼议会中的统一派表示反对，而联邦派则希望维持原议。10 月份，在法国大使与法军的支持之下，联邦派取得了胜利；他们成功解散了议会，撤销了议会最近通过的修正案，还把寡头派党魁雷丁推上了联邦主席（即最高长官）的宝座。

然而联邦派的胜利并没有让他们高兴多久，主张民主制的统一派很快就发动了政变，并且颁布了一部新的宪法，他们在瑞士举行了第一次全民投票。但投票的结果却出乎那些统一派的意料，公民投票的结果非常明确：赞成新宪法的有 72453 票，而反对的有 92423 票。

投票结果并没有使伯尔尼议会的领导者改变主意，相反，他们采用了拿破仑为"保证"荷兰的自由而发明的手法：将那些没有参加投票的 167172 名成年选民都算作是赞成新制度的人。

竞选最后竟然成了废纸，被人肆意篡改，这让瑞士人再也无法忍受，他们马上举行了武装反抗。

实际上，民主派的新宪法会带来什么样的结果，拿破仑早就已经估计到了。但是他并没有立即进行干涉，而是静候良机。

1802 年 9 月的最后一天，这个机会终于来了。拿破仑向瑞士人发表了一项公告，宣布撤销不对瑞士政局进行干涉的决定，并严令联邦派的当局与军队立即解散，各个州派遣代表来到巴黎，接受他的调停。他希望瑞士人能够继续保持这样的希望：他们的国家目前虽然处于危急的处境之中，但是没过多长时间，他们就会得到解放。拿破仑还派拉普将军把同样的命令带到了洛桑和伯尔尼，而内伊则率领早已集结在边境的法国大军进入了瑞士。

拿破仑的这个公告破坏了瑞士的独立，欧洲各国对此愤怒不已。但是尽管如此，大多数国家还是保持了缄默。奥地利因为对普鲁士在德意志的扩张非常恐惧而对此不提抗议，更何况，它还因为这种不干涉而从拿破仑那里得到了一些好处。德意志王室对于法国的势力还有几分忌惮，最终也没有出言反对，而且还向拿破仑邀功一般地透露了瑞士联邦派暗地里向普鲁士求助的事情。俄国亚历山大一世可能是由于受了他与法国签订的关于德意志事务的协议影响，对联邦派也没有表示支持。

只有英国为瑞士的独立事业作出了一些努力。英国政府派了一个叫作穆尔的人到瑞士去与各个州的领袖进行会谈。如果这个领袖断定自己能够成功地进行反抗，就会得到英国的金钱和武力支援。英国政府的这一举动，表明了他们已经打算与法国公开决裂。

穆尔到达康斯但茨之后，发现瑞士人已经打算向拿破仑屈服，于是一刻也不敢拖延，马上回到了英国。英国大臣们看到拿破仑在瑞士确立了霸权，既生气又失落。但是他们也不敢公然与拿破仑对抗，只好作罢。

瑞士的代表们很快就来到了巴黎，在法国首都，他们发现自己只有一条路可走，那就是按照拿破仑的意志来行事，除此之外，他们根本没有别的选择。

拿破仑有的时候对他们一点儿也不客气，他甚至直接威胁那些代表们，对他们说："我告诉你们，我宁可牺牲十万人，也绝不会允许英国干涉你们的内政。如果英国政府为你们说一句话，那你们就一切都完了，我将把你们和法国合并起来。如果英国朝廷稍稍暗示一下，他们怕我会成为你们的联邦主席，那我就当你们的联邦主席。"

1803 年 2 月，拿破仑颁布了一个对瑞士的"调停令"，根据这个"调停令"，瑞士被分成了十九个州，森林诸州保持了它们古老的人民大会，原先的从属地区取得了州的地位与特权，而各市镇州，如伯尔尼、苏黎世、巴塞尔，则获准把它们的旧制度与民主惯例糅合在一起。

海峡两岸的笔墨官司

与温驯而又顺从的欧洲其他各国相比，英国人显得那么野性难驯。虽然他们与法国签订了一个令他们感到颜面尽失的《亚眠条约》，但这并不代表着，他们从此就会对拿破仑唯命是从。现在，英国政府打算采用一种强硬的政策来找回自己失去的面子。

早在《亚眠条约》还没有得到最后批准的时候，法国与英国就已经开始了互相指责。他们在很多问题上都出现了分歧，这些问题有的只是无关紧要的小事，但有的却至关重要，比如两国间的贸易往来问题。英国政府在与法国议和的时候忽略了恢复两国之间贸易关系取得书面保证，而拿破仑或许是因为受到了雅各宾派的贸易保护主义理论的一些影响，又或许是为了向英国施加更多的压力从而迫使他们让步，所以决定最大限度地对英贸易进行限制。

没过多长时间，英国政府就向拿破仑提出了严肃的抗议："英国商品与工业品输入法国遭到了严格的禁止，英国船只进入法国港口也受到极为苛刻的限制。"然而，他们的抗议是如此苍白无力。英国不得不面对这样的局面：伯明翰的五金器皿和库存日益增多的棉、毛织品都无法出口到法国及其附属国，以及刚刚交还法国的殖民地。英国人感到自己再一次被羞辱了。

拿破仑向英国政府提出了驱逐波旁王族出境的要求，但是却遭到了对方的严词拒绝。如此一来，拿破仑就变本加厉地实施禁止对英贸易的政策。

拿破仑还愤怒地向英国政府抗议在伦敦出版的法国流亡者刊物对他进行的人身攻击。其中攻击他最为来劲，并且也最为刻毒的，是佩尔蒂埃主办的报纸《集纳报》。英国政府只好对这些媒体进行了斥责，然而，拿破仑还不满意，他在官方的《通报》上大做文章，猛烈地对那些攻击者进行回击。

这一场在海峡两岸展开的笔墨官司，后来发展到了越来越激烈的程度。英国媒体不停地对拿破仑的独裁专制进行指控，而《通报》则极为有力地进行了反击，它所登载的文章虽然简短，但是却非常犀利，很多人都认为，这有可能是出自拿破仑之笔。

《通报》作为法国官方刊物一向都是语调沉闷、四平八稳的，但是现在却表现出了迥然不同的风格，使整个欧洲都为之震惊。

后来，英国政府是以诽谤罪将佩尔蒂埃提交法院并定了罪，这才让拿破仑稍稍满意了一些。

虽然贸易限制和这场笔墨官司挑起了英国与法国之间的恶感，但是却不足以引发战争。更糟糕的事情很快就发生了。

　　英国政府派惠特沃思勋爵到巴黎去担任驻法大使，惠特沃思以前曾经担任过驻俄大使，他的固执和倔强在国际社会上都是出了名的。要是英国选择的驻法大使是一个随和的人，那么，他们与法国之间的纠葛可能就会得到消除，但是惠特沃思显然只能起到相反的效果。

　　这位倔强的大使在赴巴黎上任之前，收到了英国国王的一个指令，要求他"绝对不能放弃英国过问欧洲大陆事务的权力，只要在他看来这是为英国自己领土的利益或为整个欧洲的利益所必需的。"

　　此时，法国与英国之间的抗议已经越来越尖锐了。英国政府对拿破仑干涉邻国内政进行了抗议，但是拿破仑却强硬地反驳道：要求履行"全部亚眠条约，别无其他"。英国政府很快就对他作出了回应：恢复"签订亚眠条约时欧洲大陆的状况，别无其他"。拿破仑不甘示弱，再度进行还击，他声称法国部队已经从塔兰托撤离了，瑞士是主动向他提出调停请求的，而德意志的事情，并不是什么新鲜的问题。

　　拿破仑希望英国政府能够履行《亚眠条约》，希望英国把荷属好望角和其他殖民地全都归还给荷兰，同时英国军队还要从马耳他岛撤出。然而，英国人却认为好望角等地只能归还给独立的荷兰，所以，法国部队必须从荷兰撤出。因为拿破仑拒绝从荷兰撤退，并且继续对荷兰进行控制，所以英国人就拒不归还好望角。如此一来，法国与英国之间的谈判就陷入了一个无法解开的死循环，谁也不肯主动让步。

　　按照《亚眠条约》的规定，马耳他应该交还给圣约翰骑士团，由他们来进行管理，而英国、法国、俄国则是它的庇护国。然而俄国沙皇亚历山大一世却对此颇有意见。

　　这位年轻的沙皇，总希望能够重振俄国的雄风，但是却又总是左右摇摆，犹豫不决。他优柔寡断的性格，使他多次屈从于他人的强横意志，或者被诱人的计划所蒙骗。拿破仑就恰到好处地利用了他的性格弱点，他打算以土耳其为诱饵，诱使亚历山大一世在马耳他问题上反对英国。

　　最初，亚历山大一世的确上了他的当，然而，当他听说皮埃蒙特和巴马已经被法国兼并，而拿破仑竟然拒绝给予撒丁国王一块比锡那纳大不了多少的地方。他就对拿破仑产生了一些戒心，开始怀疑起他的动机。

　　为了诱使亚历山大一世加入瓜分土耳其的勾当之中，拿破仑提出由法国取得默里厄半岛，而土耳其在欧洲的其他领土可分给撒丁国王维克多·埃曼努尔一世和法国的波旁王族。但这一提议遭到了亚历山大一世的拒绝，他不愿意看到法国人将默里厄占领，因为那样就会使土耳其陷入混乱的局面之中，从而为拿破仑夺取君士坦丁堡提供便利。

　　亚历山大一世看出拿破仑的"土耳其计划"只是一个圈套，于是就通知英国大使沃伦海军上将说，英国最好继续保持对马耳他的控制。

正当拿破仑与英国、俄国两国进行密集的谈判之时，噩耗一个接一个地传来。首先是法国部队在圣多明各岛上惨遭失败，然后又传来消息说美利坚合众国群情激昂，决心抵制法国攫取路易斯安那。此时如果拿破仑继续坚持实现夺取路易斯安那的计划，那么，法国与美国的战争就会一触即发。他的政治头脑，使他本能地避免了这种下策，最终他决定把路易斯安那卖给美国。

为了掩饰他在新大陆的挫折，拿破仑决定向尼罗河及印度河西岸采取进取姿态。1803 年 1 月底，《通报》全文发表了塞巴斯蒂亚尼上校访问阿尔及尔、埃及、叙利亚和爱奥尼亚群岛等地的充满火药味的报告。这份报告立刻引起了法国上下的轰动。然而，它对英国政府的冲击显然更大，因为这表明，法国已经决心要与英国为敌。于是，英国政府立即指示驻法大使惠特沃思，必须坚持保有马耳他。并指示他对法国发表这样一个文件进行抗议，同时宣布乔治三世"在得到令人满意的解释以前，不能对有关马耳他问题作进一步的商谈"。

此时，拿破仑又向惠特沃思提出了一个由英国与法国共同瓜分世界的建议，他问道，"英国在海上拥有霸权，法国在陆地上几乎所向披靡，我们为什么不能携起手来统治世界？"

但惠特沃思对此却似乎不感兴趣，他只是向拿破仑明确表示塞巴斯蒂亚尼关于埃及的言论在英国引起了巨大的震惊。他轻描淡写的态度彻底惹恼了拿破仑，他坚持说，和与战的问题是由英国是否撤离马耳他决定的。惠特沃思这时指出了法国势力在大陆上的扩张，然而毫无作用。拿破仑当即打断了他，说道："如果你指的是皮埃蒙特和瑞士，那么我想那是另外一回事——你根本没有权力在此时此刻谈论这些问题。"

现在，英国政府的那些要员们终于恍然大悟，英国获得和平的条件就是这样：它必须承认法国有权仲裁一切邻国的事务；它不得提出在地中海取得补偿；它还必须容忍别人正式向他宣布，英国是无法独自与法国作斗争的。

一向高傲而又自尊心强的英国人怎么会心甘情愿地接受这样的条款呢？1803 年 3月，英国国王乔治三世对议会发表了这样一番演说："鉴于法国的军事准备及其第一执政新近致立法院咨文的无端挑衅，英国内阁要求组织民兵并增加一万名海军。"

英国的大肆扩军再次激怒了拿破仑，他立刻召见了惠特沃思，对他大发了一通脾气。惠特沃思在自己的回忆录里详细地记录了这次令人不快的会面：

拿破仑问我，是不是我们已经下定决心要打仗。这个问题令我非常为难，我只能果断地回答他，这并不是我们的打算，我们非常懂得和平的可贵。接着，他又问："我非常不理解，既然你们不打算打仗，为什么要这样扩军呢？你们指定的这些警戒措施是针对谁的？在法国各个港口，我没有部署一艘战列舰，这是因为我对和平的珍惜。但这并不意味着我没有能力。如果你们想扩军，我也会扩军；如果你们想打仗，我也会奉陪到底，绝不含糊。如果你们具有这种能力的话，你们尽管可以消灭法国，但是，法国绝不会被吓倒。"我回答说："不，这两者都不是我们想做的，我们希望与法国友好相处。""既然如此，你们就必须尊重条约"，拿破仑说，"不尊重条约的人，是不会有好下场的！他们要为此对整个欧洲承担责任。"他实在是太激动了，不适合再继续这番谈话，所以我没进行答复，他就走回他的房间，口里还一直重复着他最后那句话。

直到此时，英国还寄希望于能够提出更多的条件来换取和平，比如：马耳他仍然接受英国的控制，为了表示补偿，英国将会赔偿圣约翰骑士团因此遭受到的一切财产损失。法国部队撤出荷兰与瑞士。确定厄尔巴岛为法国所有，英国承认伊特鲁利亚国王。除此之外，如果"为撒丁国王和意大利作出令其满意的安排"，那么，英国也会对意大利共和国与利古里亚共和国给予承认。

然而这些条件统统无法获得拿破仑的认可，他斩钉截铁地表示，英国必须放弃马耳他，如果做不到这一点，那么他们之间也就没必要继续谈下去了。塔列朗和约瑟夫都竭力劝说拿破仑改变主意，但谁能让一头狮子放弃已经叼在嘴里的猎物呢？毫无疑问，他们都失败了。

矛盾很快就被激化了。英国政府通知惠特沃思，如果在他收到目前的谈判条件后七天内，仍然得不到拿破仑的同意，那么他就必须离开巴黎。

对于这种急剧的变化，拿破仑感到非常吃惊，而且也十分生气。他原以为英国的阿丁顿首相会因为胆怯而顺从他的意志，没想到竟然遭到了如此坚决而又强硬的抵制。于是，他只好请亚历山大一世来为他们进行斡旋。

亚历山大一世斡旋的结果是，拿破仑同意英国保有马耳他三到四年的时间，然而英国却认为，这个时间至少应该是十年。

拿破仑对这个结果非常不满意，在外交招待会上，他言辞激烈地对英国政府的行为进行了指责和怒骂。因为他打算攻击的对象惠特沃思勋爵没有出席这次会议，拿破仑的烦躁因此更加升级了。回宫之后，他给塔列朗写了一封意味深长的信：

我希望你与惠特沃思勋爵的会谈不要演变成一场无关紧要的闲聊。你应该对他表现出冷淡、含蓄、甚至有些傲慢。你必须让他清楚我们的态度。如果英国照会包括"最后通牒"一词，那么，你应该让他感到，这个词实际上就等同于"战争"；如果英国照会中没有提出这个词，那么你的任务就是设法让他加上这个词，告诉他必须让我们知道自己现在正处于什么样的处境，我们对这种令人焦虑的状态已经感到非常厌烦……会谈结束的时候，你的语气可以稍微缓和一些，约他在给他的政府写报告前再进行一次交流。

然而，塔列朗的谈判同样遭遇了失败。1803年5月的一天，惠特沃思在他提出最后通牒后的第七天，派人去取他的护照，动身离开巴黎，并渡过了多佛尔海峡。随后，英国政府向法国发出了宣战书。

海峡的堂吉诃德

在英国人发出宣战书的第四天，拿破仑发布了一道耸人听闻的命令："因为英国快速舰在布列塔尼沿海对两艘法国商船进行了肆无忌惮地抢掠，所以一切在法国的英国人，只要是年龄在十八岁至六十岁之间的，都将作为战俘被暂时扣押。"这个命令使一万多名英国人遭到了惨无人道的长期关押。

显然，战端已经重启了。然而，首先发生的并不是交战双方的火拼，而是那些夹在法国与英国之间的弱小却又无能为力的小国家。

第一个倒霉的是荷兰。拿破仑强迫荷兰加入自己的阵营中。一边是海上霸王英国，一边是陆地上的主宰法国，谁也得罪不起，所以荷兰左右为难，备受折磨。无奈之下，他只好"脚踏两只船"，一面把大批人力财力献给拿破仑，一面又把船只、外贸和殖民地丢给海英国。

那不勒斯的遭遇与荷兰差不了多少。虽然俄国沙皇不断呼吁尊重那不勒斯的中立态度，但是法国将领圣西尔还是毫不犹豫地占领了这里。他的部队原先驻扎在位于意大利半岛"脚踝"部位的阵地上。为了给这一撕毁佛罗伦萨条约的恶劣行径找一个借口，法国发布了一个公告，宣称既然英国还继续占有马耳他，那么，为了保持平衡，法国就应该占领这些地方，直到英国从马耳他撤军为止。

本来，软弱的那不勒斯国王打算屈从于法国的威逼利诱，然而，主持那不勒斯政府的英国将军阿克顿却拒绝这么做。对于法国大使的一再威胁，阿克顿回答说，法国是一个强大的国家，但是那不勒斯的实力却很弱。武力的确能够使这个王朝屈服，然而，什么东西也不能改变那不勒斯的中立态度。

汉诺威也已经在拿破仑的掌握之中。莫蒂埃率领两万五千名法军迅速占领了这个地方，并且迫使剑桥公爵对其无条件地投降。对汉诺威选侯国的占领使拿破仑一举多得，不但能够省下一大笔军费，而且还能阻止普鲁士对汉诺威的垂涎，英国战舰也因此不能再进入易北河与威悉河。

与此同时，拿破仑以不知疲倦的热情投入到了对英战争的准备工作之中。在他的命令下，法国、荷兰和意大利北部的所有造船厂都开始加快进度建造海军舰艇，从易北河、威悉河、斯凯尔特河、松姆河和塞纳河的两岸——甚至一直到巴黎——都响起了造船工人为加强准备入侵英国制造平底船队而挥舞锤斧的响声。卫护瑟堡港锚地的防波大堤正在热火朝天的加固之中，从塞纳河口到莱茵河口全部海岸线全都变成了马尔蒙口中所说的"铜墙铁壁的海岸"，几乎每一个港湾里，都满满当当地挤着准备入侵英国的小型船艇。

拿破仑还对部队进行了重新改编，其中五万人由苏尔特进行统率，据守在布伦港，三万人由内伊统率，驻扎在埃塔普勒，另有三万人由达武统率，以布鲁日为阵地。这些部队每天都会操练，不断提高自己的战斗力，未来，他们会成为法国大军的坚强核心。正是这支勇猛的部队，后来如同秋风扫落叶一般将俄国与奥地利最为精锐的部队全都击溃了。

不管是建造舰艇、试验其性能，还是改善港口与海岸防御工事，还是编制与操练部队，拿破仑都会时不时地亲自视察，给士兵们和工人们鼓气。在他看来，虽然他已经在法国上下掀起了对英战争的狂热情绪，但是总不如他亲临现场进行视察带给人们的信心更为充足。

通过现场视察，拿破仑对安特卫普产生了浓厚的兴趣。安特卫普位于斯凯尔特河可以通航的河口，正好与泰晤士河遥遥相对，是伦敦的天然对头。于是拿破仑鼓励安特卫普贸易发展，并下令修建一座可以容纳二十五艘战舰及相应数目的快速舰和中型炮艇的船坞。在他的计划中，安特卫普将会成为北海的巨大贸易中心和海军中心。他下定决心，要把安特卫普建设成"一支瞄准英国心脏的上了膛的手枪"。

此时在英国，战争的狂热也已经达到了一个顶峰。曾经一度为法国革命大唱赞歌的英国诗人华兹华斯，用下面的诗句写出了英国人的御敌精神：

再也不谈判了！
英国人已万众一心。
肯特团的战士，
全国都支持你们。
不战胜毋宁死！

相比法国，英国在一些方面具有显而易见的优势。在拿破仑的计划成熟之前，英国就已经对法国宣战，所以，它的准备工作更加充分。而且，英国已经控制了制海权，就算是法国、荷兰和意大利北部的海军力量全都加在一起，英国海军也能对付得了。在战争的最初的几个月时间里，圣卢西亚岛和多巴哥岛向英国舰队投降。还没到年底，伯比斯、德悔腊腊、埃塞奎博，以及几乎全部驻圣多明各的法国部队，几乎都已经投降英国。

英国在英吉利海峡的海军现在充分发挥了自己的威力。英国快速巡洋舰不分昼夜地在海峡上进行巡逻，一旦发现法国船只，就立刻对其进行追击。这有效地封锁了敌方的船舰。纳尔逊虽然已经年老体衰，依然时不时地冒着海上的暴风骤雨在土伦港外严密注视着法国海军的活动。康华里海军上将统率着另一支舰队通常超过十五艘战列舰和几艘较小军舰，在布勒斯特沿海不停地逡巡着。六艘主力舰和二十三艘较小的舰艇在基思勋爵的统领之下，作为中央后备队据守在英国东南部沿海，法国海岸的一切动静都会被传令艇在最短的时间里传递到这里。

在对西海岸进行了一番认真视察之后，拿破仑对自己之前制定的对英计划进行了修订。他打算以布伦和埃塔普勒作为主要的出发港。在布伦以北的安布里陶斯和温麦尔再建造两个辅助港。他还决定建立四个前进基地，每个容纳一个军：在乌得勒支为马尔蒙军，在布鲁日为达武军，在圣奥梅尔为苏尔特军，在蒙特勒伊为内伊军。在布勒斯特，他将会建设第五个基地，屯集奥热罗军，以便在爱尔兰作辅助登陆。

除此之外，拿破仑还要在北海和海峡的所有港口建造两千艘登陆艇，并分别集中于以上所说的四个基地里，由在布伦的布律克斯海军中将指挥。

此时，拿破仑在布伦建设的平底船队已经初具规模，这支庞大的平底船队将会作为法国部队进攻英国海军的主力部队。1803 年 11 月，拿破仑对这支船队进行了视察，他给海军将官冈托姆写信，说北部沿海在不久之后还会增加一千三百艘平底船，这些平底船能够运载十万人，而荷兰船队又可运载六万人。

但海军将领们却苦口婆心地劝说拿破仑，只靠平底船队是不可能在大海上战胜英国海军的。虽然这些平底炮艇在沿海航行的时候的确曾经将英国巡洋舰击败，但是到了海峡中心，远离海防炮火的掩护与支持，情况又会发生极大的变化，到那时，起伏不定的波涛就会使这些没有龙骨的船上的炮火全都失去威力，只能任人宰割。

拿破仑接受了这些内行的海军将领的忠告，放弃了自己最初的方案，因为这个方案，人们送给他一个绰号，叫作“海峡的堂吉诃德”。

渡海远征计划

既然只靠平底船队是不可能战胜敌人的，那么，接下来，拿破仑要考虑的事情就是为这支几乎不设防的平底船队建设强有力的护航力量。

1803 年 12 月，拿破仑再次写信给土伦军港司令官冈托姆，命令他加快建造九艘战列舰和五艘快速舰的进度，并向冈托姆描述了他认为可以确保对英吉利海峡暂时控制的海军联合行动的各种方案纲要，其中胜算最大的两个方案是：

第一种方案是，土伦分舰队于雪月 20 日（1804 年 1 月 10 日）起航，一路驶往到达加的斯（或里斯本）附近海面，在那里他们将会见到罗什福尔分舰队，两只舰队会合之后，不要靠岸，在布列斯特与索尔林格群岛之间继续向前航行，到拉奥格角可以做短暂的停靠，并于四十八小时内驶过布伦港外，然后继续开到斯凯尔特河口（在那里，他们可以获得桅杆、索具和一切必需的物品）——或者直接开到瑟堡也可以。

第二种方案是，罗什福尔分舰队于雪月 20 日起航，于雨月 20 日到达土伦。联合舰队将于风月出发，并于芽月抵达布伦港外——当然，这个时间已经非常晚了。无论如何，赴埃远征军将掩护土伦分舰队出发。一定要做到诱使纳尔逊先开往亚历山大港。

通过这些方案，拿破仑的优势得到了淋漓尽致地展现，但是他的缺陷也被彻底暴露了。他看到了法国对它们的四条海岸线都具有位居中央的有利地位，现在他所做的一切海军调动与政治部署都是为了诱使纳尔逊向土伦以东驶去，这样，法国舰队就可以趁着这个机会集中在英吉利海峡了。

为了达到这个目的，拿破仑通知土伦的军官，说他们的终点是塔兰托和默里厄半岛。他还把一支部队派到了塔兰托，并且还派间谍到科孚岛、默里厄半岛和埃及进行持续不断的阴谋活动。同样也是为了达到这个目的，拿破仑命令那个能干的间谍梅埃告诉德雷克：土伦舰队打算把四万名法国士兵运送到默里厄，而布列斯特舰队及其两百名训练有素的爱尔兰军官的任务则是入侵爱尔兰。

然而，接下来发生的一系列事情，使得拿破仑不得不调整自己的联合行动方案。

1803年年底，拿破仑得到了一个消息：英国马上就要对马提尼克发起进攻，心急如焚的他立刻给冈托姆写信，要求他赶紧派遣舰队司令拉图什·特雷维尔率领土伦舰队去对那个重要的岛屿进行援助，然而，对所载运的部队指挥官塞尔沃尼，却要说这次远征的目的地是默里厄半岛。这样，间谍们就会把这个情况向纳尔逊进行汇报。

不过，狡猾的纳尔逊并没有被他的伎俩所蒙骗。他始终坚守在土伦港之外，一步也不肯离开，如此一来，拉图什·特雷维尔的土伦舰队也就寸步难行了。

不得已之下，拿破仑原先制定的于1804年2月到3月间对英国进行入侵的计划也就只能暂时搁浅了。然而，加冕礼完成之后，拿破仑又兴致勃勃地投入到了对英作战的准备中。

这一次，拿破仑决定让拉图什·特雷维尔率领着一支拥有十艘战列舰和四艘快速舰的舰队趁着敌人不备的时候强行冲出土伦港，与当时在加的斯的一艘法国战舰会合，前往解救被科林伍德封锁在罗什福尔的五艘战列舰与四艘快速舰，然后迅速驶过英吉利海峡，护送平底船队渡海。

可惜的是，骁勇善战的拉图什·特雷维尔将军在接到拿破仑的命令没多久，就去世了。拿破仑痛失一员大将，伤心不已。无奈之下，他只好任命曾经在尼罗河惨遭失败的维尔纳夫为舰队司令。

1804年9月，拿破仑对他的入侵计划进行了一次调整。根据新的计划，他打算派出三支远征部队：第一支远征部队的主要任务是保证法属西印度群岛的安全。第二支远征部队要收复这些海域里的荷属殖民地并且对仍在圣多明各部分地区坚持抵抗的海军进行支援。第三支远征部队的目标则是西非和圣赫勒拿岛。显然，拿破仑希望在非洲、美洲，以及亚洲水域同时发动攻击，从而迷惑英国海军的视线。

果然，当英国海军发现这三支远征队的行踪之后，立刻对他们进行了追踪。趁此良机，冈托姆指挥布勒斯特舰队对爱尔兰发动进攻。拿破仑的打算是，冈托姆逃出康华里的封锁，经过不见陆影的大海，把部队运送到拉夫·斯维利，让他们在那里登陆。

令拿破仑失望的是，冈托姆没能成功地逃过康华里的封锁，仍旧被困在了布勒斯特。拿破仑的计划未能实现。

1804年12月，由于西班牙与英国长期的海上冲突令西班牙再也忍无可忍，西班牙正式向英国宣战。拿破仑抓住了这个机会，开始引诱西班牙加入自己的阵营中。1805年1月，拿破仑与西班牙签订了一项条约，西班牙答应向法国提供二十五至二十九艘战列舰以代替原本应该向他们提供的军费补助金，并在3月底之前可以全部交出。拿破仑则同意保证西班牙领地的完整并为西班牙收复特立尼达。通过这个条约，西班牙的海军力量补充到了法国、荷兰和北意大利方面来。

法国与西班牙建立联盟，使得法国所掌握的海军实力与英国基本相当，甚至还占据了一些微弱的优势。底气更加充足的拿破仑于 1805 年 3 月向维尔纳夫和冈托姆发布命令，命令冈托姆在完成预计的会师之后担任总指挥，并给予他大部分的作战主动权。命令要求冈托姆率领布列斯特舰队在躲开封锁港口的英舰之后，首先开往费罗尔，拿捕港外的英舰，并在得到停泊该港的法、西战舰的增援后，横渡大西洋到马提尼克岛，在预定的集合地点会师。与此同时，维尔纳夫率领下的土伦舰队则驶往加的斯，与西班牙军舰会合后开往西印度群岛。然后，会合在一起的庞大舰队将全速返回布伦。根据拿破仑的预测，这支舰队可能会在 6 月至 7 月之间到达布伦港。

土伦舰队和加的斯舰队迅速向着西印度群岛的方向驶去，纳尔逊来不及思考，立即命令自己的舰队起航对它们进行追击。到 1805 年 6 月，法国舰队与英国舰队之间的距离只有不到一百里了。

在安提瓜岛海面上稍作停留的维尔纳夫听说纳尔逊与自己已经如此接近了，于是就决定返回欧洲。

在西印度群岛，维尔纳夫巧妙地躲过了纳尔逊的追击，然而老谋深算的纳尔逊却看穿了他回欧洲的打算，立刻派出一艘快速双桅船前去向英国海军部进行汇报。所以，1805 年 7 月，英国海军部就已经得到了战争的具体情况，比拿破仑还要早。

直到 1805 年 7 月下旬，拿破仑才从英国报纸上看到，法国舰队正在返航。他满怀期望地想：维尔纳夫现在将会集合他在比斯开湾的舰队，以压倒优势的舰队出现于布伦港外。因为按照他的猜测，就算维尔纳夫不去布勒斯特，而让封锁者与被封锁者在那里继续保持僵持状态，他仍然会比任何可能前来迎击他的英国舰队至少多十六艘舰艇。

但是拿破仑的如意算盘却打错了。因为英国海军部已经提前得到纳尔逊的报告，所以，它及时采取了防范手段。现在，纳尔逊正带领着他的舰队向葡萄牙海岸驶去，康华里得到了有力的支援，统率二十八艘战列舰在布列斯特海面，而考尔德则在菲尼斯特雷角率领一支由十五艘战舰组成的舰队守株待兔一般等待着维尔纳夫的到来。

当维尔纳夫快要达到西班牙的西北部时，他的舰队与一支强有力的英国舰队正面相遇了。在一片浓浓的大雾之中，双方展开了激烈的海战。法国与西班牙的联合舰队很快就落入了下风。到傍晚的时候，能见度越来越低，双方不得不暂停战斗。在此之前，已经有两艘西班牙战舰向考尔德下旗投降。

维尔纳夫马上就要逼近英国舰队了，然而，第二天，考尔德却率领着自己的舰队向北开走了。此时，法国舰队已经不可能到达费罗尔了，于是就开进了维哥湾。

与此同时，纳尔逊率领舰队开到了直布罗陀海峡，在那里，他发现法国舰队并没有通过这个海峡，于是就命令部下们原路向北折回。这一举动使得巴黎官方非常沮丧，纳尔逊给拿破仑写信的时候，失望地说道："这次英国舰队出人意料的会师，无疑使得一切入侵方案暂时都不可行了。"

1805 年 8 月，拿破仑来到了布伦，在那里，他对队列长达十四公里的军队进行了检阅。士兵们士气高昂，这让拿破仑感到胜利在望。他再一次向维尔纳夫发出命令："开航！不要浪费一分钟，率领我集中的兵力进入海峡，英国就是我们的了，我们的一切都已经准备就绪。你只要出现二十四小时，则一切都可完结。"

后来，他才收到维尔纳夫与考尔德交战的消息，维尔纳夫还竭尽所能地把这次海战吹嘘成"打败了英国"。所以，拿破仑更加坚定地认为，维尔纳夫将会按照他命令的精神驶向加的斯，会合当地其他法国、西班牙舰只，然后率领一支拥有大约有六十艘战列舰的巨大舰队返回费罗尔与布列斯特。

途中，他接到情报：英国舰队正在前方拦截联合舰队。优柔寡断的维尔纳夫惊慌失措，急令舰队退往西班牙加的斯港暂避。等他知道这一情报不属实时，一切都已经晚了。这时英国舰队真的赶到了，把加的斯港严密地封锁起来，联合舰队再也无法出海了。

这时布伦大军已经准备就绪，随时可以登上由小船组成的舰队。拿破仑一天又一天地站在悬崖上等待着维尔纳夫的联合舰队。沿海岸向西的所有岗哨上都派驻了参谋军官，以便迅速通知维尔纳夫的到来，好让大家立刻上船。可是，维尔纳夫的联合舰队始终未见踪影。

最终，维尔纳夫带给他的是噩耗一般的消息——他没有按照原计划行事，而是退守到了加的斯港。维尔纳夫万万没有想到，他的退缩竟然会对入侵英国的计划产生灾难性的后果。

当拿破仑听说维尔纳夫像个胆小鬼一样躲到加的斯港时，他简直气得要跳起来，他愤怒地大骂维尔纳夫："真是一支强大的海军，真是一个能干的海军将领！我们之前作出的所有努力、所有牺牲全都白白浪费了！我的计划也化为泡影了！"

第十四章

进军奥地利

来自后院的敌人

与英国的战争刚刚燃起的时候，拿破仑就意识到，要想实现自己庞大的渡海远征计划，首先要维持欧洲大陆的稳定。他一直把欧洲大陆看成是法国的后院，在对英战争如火如荼之时，后院绝对不能起火。

显然，他的敌人英国也意识到了这一点。于是，英国人对欧洲各国的君主们进行了难以抗拒的金钱诱惑，使得拿破仑惊讶地发现，来自后院的敌人，正蓄势待发。

实际上，早在拿破仑与英国关系破裂的时候，俄国、奥地利、瑞典就已对拿破仑产生了警惕，当他们看到拿破仑在对待意大利、荷兰、瑞士以及在剥夺德意志天主教会僧侣诸侯的领地等方面采取的高压政策后，这种警惕就演变成了敌意。只不过，当时他们敢怒而不敢言。

在首相科本伯爵执政的时候，奥地利曾经施行了一条有失尊严的驯服政策，驻维也纳的瑞典大使将其称为"畏惧与希望的政策——既畏惧法国势力，又希望取得法国欢心。"在柏林的普鲁士国王弗里德里希·威廉三世则战战兢兢，如履薄冰，一直保持着中立的态度。哪怕是法国占领了汉诺威，威胁着普鲁士在德意志北部的势力，他的这种态度也没有改变。而俄国沙皇亚历山大一世当时正忙着解决日益激化的国内问题。

只有瑞典国王站了出来，勇敢地表现出了对拿破仑的厌恶。

1803年秋天，拿破仑向瑞典国王古斯塔夫斯四世提出了建立法瑞联盟的建议，然而，令他感到意外的是，古斯塔夫斯四世竟然毫不犹豫地拒绝了这一建议。虽然他在建议中提出，等到战争胜利以后，挪威将会成为瑞典的战利品，而且法国还会给瑞典参加对英作战的每艘战舰优厚的补助金，瑞典国王也丝毫没有动心。

1804年，处死当甘公爵的消息传到俄国之后，亚历山大一世立刻暴跳如雷。他本来就总扮演弱小邦国的保护者角色，特辛条约又把保证德意志体系完整的责任赋予了他，所以，他立刻向拿破仑提出了强烈抗议。

拿破仑对亚历山大一世的抗议一点儿也不放在眼里，他指示塔列朗回复说：法国政府之所以处决当甘公爵，完全是为了自卫，没有任何可以指摘的地方。俄国的抗议使他要问："当英国密谋策划暗杀保罗一世的时候，如果你知道策划这一阴谋的人就在距离俄国边境一里路的地方，难道你不会尽一切努力去把他们抓住吗?"

拿破仑的反问就像一支利箭一样，准确地射中了敌人的"阿喀琉斯之踵"。因为亚历山大一世曾经参与了杀害自己的父亲保罗一世的阴谋之中，本来心里就有鬼，拿破仑巧妙的讥讽直接命中了他。由于他过去宣称保罗一世是因为突然中风而去世的，所以，对于这一侮辱他只能咽到肚子里，没办法进行还击。如此一来，他的心里就更感到窝火了。一气之下，亚历山大一世于1804年夏天宣布与法国断绝一切外交关系。

奥地利因为胆怯和懦弱，则一直保持中立。事实上，弗朗西斯二世和科本伯爵发现，拿破仑需要别人承认他的皇帝称号，而他们也恰到好处地利用这一点来达到在哈布斯堡家族世袭领地跟着改变称号的目的。弗朗西斯二世对于自己头上的这个"神圣罗马帝国选帝"的称号早就已经厌烦到了极点。累根斯堡和法兰克福徒有其表却毫无气场的排场，是查理大帝帝国留下的唯一余晖，那些将他称为"选帝"的邦国们，根本就不理会他的发号施令，使得他的头衔不过是虚有其名罢了。趁着拿破仑称帝的良机，他也将他的领地变成世袭，岂不是就能为自己建筑一个更稳固的安身之所了吗?所以，1804年8月，弗朗西斯二世宣布给自己加上"奥地利世袭皇帝"这一称号。在文告中，他称这么做是援引"20世纪俄国朝廷和法国新君的先例"。

普鲁士的态度与奥地利截然相反，普鲁士国王弗里德里希·威廉三世的实力更为强盛，他的财政收入非常充裕，他统治着一千多万臣民，能够调集大约二十五万全欧洲最具有战斗力的军队。遗憾的是，如今的普鲁士早就已经失去了过去在欧洲所占有的举足轻重的地位。

1804年秋天，当弗里德里希·威廉三世得知拿破仑派人抓走了英国驻汉堡大使乔治·朗博尔德爵士，并且把他押解到了巴黎时，他受到了极大的刺激，并打算采取相应的反抗行动。普鲁士国王是下萨克森的监护者。这次侵犯下萨克森的行动，激起了柏林的愤怒。他立刻写信给拿破仑，要求恢复英国使臣的自由，以此来证明他对普鲁士的"友谊和尊重……是既往关系的肯定，和今后关系不变的保证"。

收到这封信之后，拿破仑对弗里德里希·威廉三世进行了安抚，并表示：尽管英国经常侵犯中立国的权利，而且英国特务还在密谋着要刺杀自己，但考虑到普鲁士国王的请求，他还是决定释放乔治博士。言下之意，我给你面子，那你也要给我面子。

如此一来，组织第三次反法同盟的任务就落在了英国、瑞典和俄国肩上了。

1804年初，瑞典国王古斯塔夫斯四世建议组织一个由一些国家共同参与的同盟。

英国皮特内阁一上台，就对这个建议表示赞同，圣彼得堡与伦敦之间就开始交换关于组织同盟的看法。皮特与外交大臣哈罗比伯爵在 1804 年 6 月 26 日的照会中提出一个重要建议，希望俄国、英国、奥地利、瑞典，可能的话还有普鲁士，能够紧密地结合在一起。

与此同时，古斯塔夫斯四世也对俄国进行了斡旋，通过俄国使节向亚历山大一世提出了建立一个欧洲政治体系的计划，主张欧洲各个国家应该保持独立，并应享有"根据人类神圣权利而建立"的制度。为了达到这个目的，亚历山大一世下决心对拿破仑的权力进行遏制，迫使法国退回到从前的疆界内，以此确保欧洲的和平有一个坚实的基础，也就是均势原则。

皮特和哈罗比伯爵对这些建议表示了支持的态度，这之后，1804 年年底英国与俄国就开始了具体细节的探讨。他们提出：同盟国不论在任何情况下不会单独媾和。英国（据诺沃西尔佐夫说）不仅必须自己出兵，而且必须提供补助金，使各国能动员其有生力量。

英国与俄国的结盟使拿破仑怒火中烧，他向警务大臣富歇发出指示："找人绘制一幅漫画——一个英国人手里拿着钱包，乞求各个国家接受他的钱，这就是整个事情的实质，我们应该这样来指导舆论。"

虽然拿破仑极尽所能地嘲讽那些被金钱所诱惑的欧洲君主们，他还是无法阻止反法同盟的脚步。没过多长时间，反法同盟就初步制定了他们的计划，荷兰、瑞士和意大利要尽快从"法国的奴役"下解放出来，并不断增强自己的实力，以便于以后能够抵挡外来侵略。撒丁国王要恢复他在大陆的领地，还要得到利古里亚（热那亚）共和国。

几乎所有的关键问题上，英国政府与俄国沙皇都达成了一致意见。除此之外，皮特坚持需要制定一套国际法，从而保证欧洲以后不再受到强国的强暴掠夺之苦。

对这个正在紧锣密鼓地筹划中的反法同盟，拿破仑施展出了浑身解数，想要把它扼杀在萌芽状态中。1805 年 1 月，拿破仑向英国国王乔治三世提出了和谈的建议。很多人因此上了当，以为拿破仑真的希望得到和平，实际上，这只是他用来刺探反法同盟各国谈判状况的一种手段罢了。

1805 年 1 月中旬，乔治三世向议会致辞作为答复之后，拿破仑的目的显而易见已经获得了成功。乔治三世说，不管怎样，他也不会撇开目前正在与英国进行秘密会谈的各个国家，尤其是俄国，所以，他不能接受拿破仑的和平建议。

实际上，英国与俄国的谈判已经陷入了一种困顿的状态中。亚历山大一世坚持要求英国出让马耳他岛，并且放松对海军逃兵的严厉缉捕权。但皮特却坚决拒绝了这一要求，因为马耳他是保护地中海各国唯一可以利用的地方，是防止法国侵略地中海东部沿岸地区的一条生命线。至于对海军逃兵进行搜查，只是为了防止英国海军的力量被削弱。

1805 年 4 月，英国与俄国之间的谈判已经到了最后的阶段，也正在这个时候，由于两国关于马耳他岛的分歧无法消除，他们之间的关系几乎濒于破裂。直到七月，亚历山大一世对英国保有马耳他这个问题进行了严厉抗议之后，这个条约才得到通过，后来，它成为了第三次反法同盟建立的基石。

参加反法同盟的各个国家达成了一个一致目标：把法国军队从德意志北部驱赶出去，保证荷兰共和国和瑞士共和国的独立，帮助撒丁国王在皮埃蒙特复位。除了英国的兵力之外，他们总共出动五十万人马。为此，英国要给它的盟国参加战斗的每十万兵员每年一百二十五万镑的补助金。除此之外，反法同盟各国还约定，战争结束后立即召开欧洲会议，力求更切实地制定国际法的各项原则，和确立一种同盟体系。

拿破仑很快就对反法同盟采取了行动。当然，他没有卑躬屈膝地去向亚历山大一世求得和解，实际上，他对俄国几乎进行了一种公开的挑衅。他明明知道亚历山大一世对恢复撒丁国王的领土非常感兴趣，却一再游说这位可怜的国王，说自己将会使爱奥尼亚群岛和马耳他岛回到他的掌握中，以此来补偿他的损失。对于科学岛，拿破仑也如法炮制。他还派特使向波斯国王提议结盟，以遏止俄国在里海沿岸地区的扩张。

对普鲁士，拿破仑采取了怀柔政策。七月底，拿破仑与普鲁士进行了洽谈，同意将汉诺威给它，以此来换取它的中立。

而对奥地利，拿破仑则是费尽心思地去笼络它，这么做是非常必要的，因为奥地利国王于1804年11月与俄国沙皇秘密签订了一个和约：如果拿破仑在意大利再进行侵略活动，或者威胁土耳其帝国的任何部分，奥地利就会对拿破仑宣战。但是，这只是为了防卫，实际上，弗朗西斯二世的要求很低——人不犯我，我不犯人。要是拿破仑不侵害到他的利益，他就不会起来反抗。

拿破仑清楚地认识到了奥地利的态度，所以对弗朗西斯二世一再迁就，甚至对他提出的意大利改变地位的问题，他也采取了宽容的态度。1805年1月，他给弗朗西斯二世写信，说如果约瑟夫·波拿巴放弃对法国皇位的继承权，他就会册封他为意大利国王，这样，法国与意大利这两个政府就会分开，恰恰符合了《吕内维尔条约》的要求。

然而，约瑟夫并不愿意接受意大利国王的称号，1805年1月，他发了一份声明，表示拒绝拿破仑的提议。于是拿破仑就建议路易为他的儿子小拿破仑留下这个王位。疑神疑鬼的路易又开始怀疑起了拿破仑与奥坦丝的关系，在嫉妒心的驱使之下，他果断地拒绝了拿破仑，并且还对他恶言相向。拿破仑一气之下把他赶出了自己的房间。

最终，拿破仑决定自己来兼任意大利国王，并且把欧仁派去做意大利总督。

这一举动令奥地利失去了对他的信任，开始武装起来。

实际上到这时为止，俄国沙皇亚历山大一世也不愿意挑起战争，他还派诺沃西尔佐夫来到巴黎，希望与拿破仑进行谈判。然而拿破仑兼并热那亚共和国的消息，却成为压倒这次谈判的最后一根稻草。得知这个消息后，亚历山大一世立刻下令停止一切与法国的谈判。与此同时，德意志的忍耐也差不多到了尽头。

如此看来，一场激烈的战争已经在所难免了。

乌尔姆激战

1805 年 8 月，拿破仑彻底放弃了渡海远征计划，并打算在俄国援兵赶来之前，对奥地利发起进攻。这一天，他给塔列朗写了一封信：

我一再考虑欧洲局势，现在，我感到采取决定性行动的必要性已经越来越大了。到了四月份，我就会发现在波兰有十万名领着英国薪饷的俄国军队，在马耳他有一万五千到两万英军，在科半岛也会有一万五千俄军。到了那时候，我们的情况就会万分危急了。

一个直取维也纳的计划很快就出现在了他的脑海中。

与此同时，奥地利的意大利方面军统帅卡尔大公也精心制定了一个应对方案。卡尔大公是神圣罗马帝国皇帝利奥波德二世的儿子，出生在父亲任大公的意大利托斯卡纳大公国（也就是现在的佛罗伦萨），年轻时就过继给了姨父切申公爵阿尔贝特·卡西米尔，1790 年进入军队，作为奥地利的军事统帅而活跃于欧洲战场，具有卓越的军事才能。

当时，要想进军奥地利首都维也纳，只有两条路可以走，一是多瑙河谷，二是波河河谷。在 1796 年和 1797 年的战役中，拿破仑曾经选择波河河谷进军维也纳，大获成功。而 1800 年马伦哥之战，也是在波河河谷发生的。

于是，奥地利人就理所当然地认为，这一次拿破仑肯定还会取道波河河谷。为了阻止法国部队的前进步伐，他们把九万多人的主力部队投入意大利，对明乔河上法军占领的战略要地发起进攻，为了对他们进行掩护，还在提罗耳驻扎了三万四千人。大量的兵力被部署在了这些地方，如此一来，在奥地利的其他地区，就只剩下不到两万的兵力了。

奥地利人非常清楚，要想打赢这场战役，要靠俄国部队的支援。他们预计法国部队将会在 11 月到达多瑙河，如果俄国部队在 10 月之前能够抵达因河两岸的话，俄奥联军就能在多瑙河打防御战，在意大利向法国部队发起猛烈进攻。

然而，为了避免万一可能出现的情况，奥地利人在莱茵河一线，也就是奥地利与巴伐利亚的边境集结了另外一支大约拥有六万兵力的部队，由年轻的斐迪南大公指挥。斐迪南大公只有二十四岁，没有什么指挥作战的经验，好在，他的参谋长是五十三岁的老将军麦克。

在奥地利军界，麦克一向享有盛名，他是唯一一个几乎没有吃过什么大败仗的将军。不过，也正因为他的军事才能出众，使得奥地利国务大臣图古特对他非常嫉妒，所以他始终成不了统帅。但麦克在思想方法上经常先入为主，他属于以不伦瑞克公爵为首的"迂回战略"的军事学派。

在即将发生的这次战役中，麦克即以据守一个主控阵地为既定目标而开始作战。他已经在原来实力比较薄弱的乌尔姆要塞和伊勒河一线，选定这样一个阵地，开始指挥奥地利部队向这些有利的阵地移动。

为了使军事上的胜利得到最大的保证，拿破仑首先采取了一系列外交手段。在外交上采取了一系列措施。

1805年8月，他把宫廷大主管迪罗克将军派到柏林去，与普鲁士国王签订了一个秘密和约，在这个和约中，普鲁士国王向拿破仑保证，在以后的战役中，普鲁士会保持中立的态度。而法国付出的代价是割让汉诺威。

这之后，拿破仑又写信给巴伐利亚、巴登、符登堡的三个选侯，希望他们与法国结成同盟。这些实力小得可怜的诸侯们，虽然心不甘情不愿，但还是接受了拿破仑的要求。于是，拿破仑获得了利用他们领土作为战场的权力，并且也为自己的军队补充了四万人的兵力。

在外交方面打好基础之后，拿破仑就向驻扎在布伦的军营下达了命令，要求他们从英吉利海峡岸边出发，穿过整个法国，向着巴伐利亚开进。法国部队从各个方向，以最快的速度直奔多瑙河。

只用了不到三周的时间，这支浩浩荡荡的大部队就神奇地从英吉利海峡开到了多瑙河。部队里的士气非常高昂，那些怀着豪情壮志的年轻军官和士兵们一想到战争马上就要爆发了，纷纷跃跃欲试，他们都想在战场上建立卓越的军功，得到梦想中的荣华富贵。

1805年9月，拿破仑离开布伦，回到马尔梅松，在这里逗留了十几日。在他停留期间，元老院发出告示，下令从1806年1月起，废除革命历，恢复格里历。9月，拿破仑离开圣克卢宫，去与大军会合。两天后，他到达了斯特拉斯堡。在斯特拉斯堡，拿破仑对奥地利阵地的情况进行了了解，此时，由麦克指挥的奥地利军队正在沿着多瑙河前进，意在阻止法军，并会同十万俄军侵入法国本土。他们马上就要到达乌尔姆了。

这个消息令拿破仑兴奋不已，因为他的军队正好处于奥地利军队与俄国军队之间，既能够切断奥地利的主要交通线，又能把他们与正在前进中的俄国军队的联系彻底隔绝。他对身边的将领说："麦克的战役计划已经决定了。"在他的眼中，胜利正在维也纳向着他不停地挥手。

1805年10月，战斗的号角吹响了。法国部队顺利地渡过了多瑙河，对奥地利军队的侧翼进行了包抄。麦克很快就陷入一种绝望的境地，他从来都没想到，法国人竟然会如此神速，但他仍然向西面对伊勒河，期待着法军从这个方向出现。后来，他得到消息，说多璃沃尔特失守，他把这说成是没有人认为可能发生的不幸事件。在他的右翼，金迈尔军正守卫着乌尔姆和多瑙沃尔持之间的多瑙河。

这个时候，斐迪南大公建议，立刻率领部队向慕尼黑撤退，但麦克却没有采纳他的建议。

缪拉率领的部队在马尔蒙和苏尔特两个军的支援下，把金迈尔的部队向南朝着慕尼黑的方向赶去，然后，他转而向西，在韦尔廷根与奥劳伯格指挥的一个拥有二十营兵力的加强师相遇了，这个师是麦克派来对金迈尔的部队进行支援的。

仇人相见分外眼红，缪拉当即命令部队向奥地利军队发起了进攻，敌人根本不是他的对手，很快就被打退，有将近四千人成为了缪拉的俘虏。败北的奥军退向京次堡，法军乘胜追击，在京次堡再次大败奥军。10月，法国部队进入慕尼黑。第二天，苏尔特又率军攻打梅明根，将奥地利军官施潘根堡率领的奥军击溃。到现在为止，整个法国大军已经牢牢地横跨在奥军交通线上，完全掌握了这次战争的主动权。

现在，麦克率领的五万人只能据守在乌尔姆，拿破仑的部队就像一张牢不可破的天网一样，不断地向乌尔姆收紧。

拿破仑非常清楚，如果他现在收网，那么麦克就彻底完蛋了。然而，考虑到俄国部队正穿过摩拉维亚前进，只需要一两周的时间就会到达慕尼黑。为了把他们一网打尽，拿破仑派缪拉带领着一个特别派遣队去乌尔姆对麦克进行围歼。

拿破仑发给缪拉的信表明他对战略细节是经过深思熟虑，并且也是成竹在胸的：

缪拉亲王：

昨天中午，苏尔特元帅已经到达了兰茨贝格。今天，他正带领着部队向梅明根前进，然而，尽管他的速度很快，也要到明天很晚的时候才能到达那里了。我希望你尽可能拖延时间，在后天发起进攻是最合适的，因为那时候苏尔特的三万士兵就可以参加战斗了，这对于你是十分有利的。苏尔特将会迂回攻击敌人的右翼，他必须始终保持机动，这样就可以确保我们取得决定性的成功。这时，你应该带领你的队伍来到亚尔贝克对面，我希望你能派人在尽可能接近你的战线的地方架设一座可以跨越多盾河的桥梁，这样一来，在亚尔贝克的内伊军与我方的其他兵力就能够连为一体……

马上命令你的将领们对武器弹药进行详细检查，并且召回所有护送辎重的人员。所有的辎重车辆都应该送出布尔高以外，停放在田野中，从而保持主要道路的畅通无阻。对骑兵和各步兵军弹药补给点的位置再一次进行确定，并确保每个点上都拥有充足的并且没有被雨水淋湿的弹药。除此之外，你还要为每个军确定其主要的急救站。这里我所说的不是野战医院，因为那些医院必须保持半公里以内的距离随前线部队跟进。你一定要明确一点，这不是一个小冲突或者是遭遇战，而是一次大规模的进攻。敌人的数量可能远比我们想象的要多得多，而且这场战役的成功与否非常重要。

届时，我将亲临指挥。请把我的指挥所设在你认为最合适的地点。明天我就会到达那里。

与此同时，拿破仑还给已经抵达兰茨贝格的苏尔特下达了一系列命令：

我必须告诉你，决战的时刻马上就到了。向你的骑兵和乘骑炮兵发出命令，要求他们向梅明根迅速推进，你必须率领你的先头部队于上午九点之前到达那里，到了之后就马上向该地发起攻击，并限于明天内渡过伊勒河。……要想尽办法夺取位于基尔孟兹的那座桥梁。……与在魏森霍恩的缪拉亲王取得联系。……敌军的士气现在非常低落。我正派马尔蒙军去克龙巴赫，他将于明天到达伊勒河。……击败敌人是不成问题的，但我对你的要求是，决不能让一个人跑掉。

如果缪拉能够严格执行拿破仑的命令，麦克手下的几万人根本不会有一个漏网之鱼。然而，缪拉虽然是一员猛将，但是却几乎没有什么战略头脑。与拿破仑的指示相反，他命令在多瑙河左岸古兹堡附近的内伊军渡至河右岸（即南岸），这就给乌尔姆要塞的东北面留下了一个空隙。

陷入困境的麦克惊喜地发现了这块空隙，于是打算从这里进行突围。

这时，他的一位手下站出来劝说他固守阵地，拿破仑很快就会撤回，因为巴黎发生了反对拿破仑的起义。麦克开始并不相信他的话，直到这位手下向他出示了一张载有巴黎发生革命的报纸，他才打消了内心的疑虑，下决心坚守乌尔姆。但是他没想到的是，他的这位手下其实是拿破仑派到奥地利部队内部的奸细，那张报纸也是法军军营中的印刷机临时赶印出来的。

围攻乌尔姆的时刻终于到来了。

1805 年 10 月，拿破仑向全体士兵发表了一次冗长而又夸夸其谈的演说：

军人们，一个月前我们在海峡沿岸扎营对付英国，但是一个邪恶的同盟迫使我们飞到了莱茵河。……要不是你们眼前的这个敌人，我们今天就已经在伦敦了，我们就已经洗雪长达六个世纪的耻辱并恢复海上自由了。

军人们，明天将是一个比马仑哥大捷辉煌百倍的日子，敌人已被置于马伦哥战役同样的境地。你们在这次会战中的丰功伟绩定将流芳百世。

正当拿破仑在给士兵们奋力打气之时，麦克却陷入了假情报之中。他被这些虚假的战况和消息搞得头昏脑涨，对当前的形势彻底失去了判断能力。

麦克从法军奸细那里又得到了一个情报，说英国部队已经在布伦登陆了，法国已经爆发了一场声势浩大的革命。

麦克一向是一个喜欢听喜不听忧不顾事实真假的人，法军奸细的这些情报让他欣喜若狂，根本顾不上分辨真假。他立刻作出判断，认为法国部队在他后方的活动，只是企图夺路逃回阿尔萨斯的绝望挣扎罢了。于是他死守防线，不但不认真扫荡北路的敌人，反而还派兵对梅明根进行支援，使自己原本就不多的兵力再度被削减。

麦克又得到了另外一个消息：法国将军苏尔特已经把梅明根包围了，内伊在埃尔欣根也屡屡获胜，已经冲过多瑙河，将那里的奥地利军队击溃，并从东北面威胁乌尔姆。其他的法国部队则从东南面进击。然而，即使面对着这样的四面埋伏，麦克仍然以为，这不过是拿破仑的最后挣扎。

正当他沉浸在美梦之中时，内伊和拉纳率领着部队成功夺取了乌尔姆周围的高地，麦克大军陷入了孤立无援的绝境之中。

拿破仑命令手下向乌尔姆发起猛烈炮轰，同时威胁说，如果奥地利军队拒绝投降，他们就会落到雅法土耳其守军那样的下场，任何人都不会得到宽恕。拿破仑迫切希望能尽快结束战斗，因为这个时候法国部队的给养已经快要耗尽了。

麦克被拿破仑的恐吓吓住了，他派莫里斯亲王到法国军营进行谈判。按照常规，莫里斯亲王被蒙上眼睛带进了法国大本营。当士兵们解开他的蒙眼布时，他惊讶地发现，站在自己面前的竟然是拿破仑！莫里斯亲王做梦也没想到，拿破仑竟然已经亲临乌尔姆城下。

莫里斯亲王向拿破仑提出了投降的条件：允许乌尔姆守军安全撤回奥地利。拿破仑忍不住笑了起来，对他说道："你是在开玩笑吗？难道你认为我会答应这样的条件？这真是天方夜谭！看来你还是没有搞清楚状况。你们以为我什么都没听说吗？你们每天都在期盼着俄国军队的到来，但他们现在到哪了？他们连波希米亚还没走到呢！要是我允许你们的部队回到奥地利，那不是放虎归山吗？你们能保证不会去跟俄国部队联合起来，再次与我作战吗？是的，你们当然能够保证，但那不过是蒙骗我罢了。奥地利人骗我已经不是一次两次了，当年在马伦哥，我允许梅拉斯带着他的部队离开亚历山大西亚，他们也是信誓旦旦地向我承诺，说一定会与法国谈判缔结和约，我信了他们的鬼话，但是最终的结果呢？两个月以后，我不得不再次对亚历山大里亚守军作战。所以，我再也不会去信你们所说的话了，你们已经完全失去了信用。如果斐迪南大公也同你在这里，我可以听信他的话，因为他能对条件负责，他不愿意羞辱自己。但是我知道他已经离开乌尔姆并渡过多瑙河，当然我也知道到哪里去找他。"

　　拿破仑的这一席话，听得莫里斯亲王头上直冒汗，再也无言以对。但是，他仍然坚决地表示，除非答应他们提出的条件，否则守军不肯投降。

　　拿破仑瞥了他一眼，说道："既然你非要坚持这个条件的话，那么你就赶紧回到麦克那里去吧，不要在这里浪费彼此的时间了，我是不会答应这样的条件的。我建议你把梅明根的投降书带回去给你的将军看一看，他可以按照同样的条件投降，我不会给他别的条件。我准许你们的军官回到奥地利，但是所有的士兵都必须当俘虏，一个都不能少。我希望你催促他早点作出决定，我不会给他太多时间的，我也没有那么多的耐心。而且，你们也要清楚，时间越长，你们的处境就越糟糕。明天，我的接受梅明根投降的军队即将到此，到那个时候，我们就要决定怎么办。让麦克认清你们现在的形势——他除了按照我的条款投降外，已经没有其他的选择了。"

　　拿破仑用坚定的口吻使莫里斯亲王意识到，他是没有任何商量余地的。他只好灰溜溜地回到了麦克那里，向他汇报了自己可怜的谈判结果。

　　麦克向拿破仑写来投降书，表示愿意接受他的条件。守军获准随带武器、军旗等撤出，送往法国当战俘。

　　拿破仑在近卫军的簇拥之下，率领着自己手下的一批才能出众的幕僚，接受败军的投降。麦克作为败军的统帅，走在最前面，他涨红着脸向拿破仑鞠躬，然后三万步兵和三千骑兵列队来到米夏埃尔斯山麓，在拿破仑面前放下武器。奥地利部队中，有些人怒形于色，多数人无精打采，其他的人扔掉武器，似乎如释重负。

　　乌尔姆激战中，法国部队阵亡五百人，一千人受伤，而他们的敌人，伤亡就要惨重得多了。奥地利军队损失了五万多人，丢失了两千门大炮和九十面军旗，据守在多瑙河地区的奥军几乎全被歼灭，将军都成了俘虏，通向维也纳的大门被打开了。

　　这是到现在为止，拿破仑在自己的战争史上写下的最为辉煌的一页。他以极小的代价给予奥地利的中路大军以毁灭性打击，完全实现了预定的中路突破直取维也纳的战略意图。

奥斯特里茨战役的胜利

就在拿破仑对普鲁士进行威逼利诱时，俄国沙皇亚历山大一世也向普鲁士抛出了橄榄枝，他不断地怂恿普鲁士国王弗里德里希·威廉三世加入第三次反法同盟。

起初，弗里德里希·威廉三世被拿破仑提出的丰厚条件所吸引，拒绝了亚历山大一世的要求。这可惹恼了那位刚愎自用的沙皇，他看普鲁士国王敬酒不吃吃罚酒，就对其施加威胁，说俄军将强行通过普鲁士领土。

谁知道，威廉三世软的不吃，硬的也不吃，他强硬地回应亚历山大一世："如果沙皇这样做，普鲁士将同法国结成同盟以抗击俄军。"

然而，就在这个时候，普鲁士南部传来了一个消息：从汉诺威向乌尔姆开进的法军第一军，为了争取时间到达预定战场，竟然没经过普鲁士的同意，就强行通过了普鲁士的领地安斯巴赫。

领土被侵犯，使得威廉三世一下子暴跳如雷，他对拿破仑这种肆意践踏其他国家主权的行为非常不满。虽然法国第一军的军长贝尔纳多特在拿破仑的授意之下向他提出了很多有利条件，并且竭力表示对普鲁士的友好，威廉三世的怒火还是没有被扑灭。

在愤怒之下，威廉三世开始倒向俄国一边。他邀请亚历山大一世到柏林来进行会谈。亚历山大一世利用这个机会，苦口婆心地对威廉三世进行了劝说，最终，威廉三世终于同意加入反法联盟的阵营。不过，因为奥地利军队在乌尔姆的覆灭、对拿破仑的恐惧和汉诺威的引诱等种种因素，威廉三世没有答应马上出兵作战，只是答应与俄国、奥地利签订波茨坦条约。根据这个条约，普鲁士愿意以武力作为后盾，在法国与反法联盟之间进行调停，如果调停失败的话，普鲁士再从西部发动对法军的进攻。

波茨坦条约签订以后，亚历山大一世心满意足地离开了柏林，直赴奥地利战场，普鲁士则准备向拿破仑提出最后通牒，限法军在一个月内撤出奥地利国境，否则，普鲁士将对法宣战。

1805 年 11 月，普鲁士派出使臣与拿破仑进行交涉，他们给拿破仑的最后期限是12 月中旬。在这期间，十几万普鲁士大军开始向着南部边界集结。

情报很快就被送到了拿破仑的办公桌上，他意识到现在已经到了一触即发的紧要关头，一旦普鲁士十几万大军在法国部队的身后加入了战斗，那么，法国部队就会受到俄国、普鲁士与奥地利的三面夹击。那时，要想取得胜利，付出的代价必定是非常高的。

拿破仑当即作出决定：一定要赶在普鲁士参战之前拿下维也纳，切断在因河一线的俄国部队的退路，在卡尔大公率领部队回到奥地利之前，把这支俄国部队包围，并且将其消灭在多瑙河以南地区。

正当拿破仑紧急调动部队准备向俄国人发起围攻之时，俄军统帅库图佐夫仿佛已经察觉到了拿破仑的计划，他突然采取了一项令人意想不到的措施：在法国部队还来不及展开行动之前，指挥俄国部队迅速撤离因河防线，在克雷姆斯渡过多瑙河，向北实行撤退。俄国部队撤退的时候，把多瑙河上的所有桥梁全都炸毁了，以此来阻止法国人的追击。

俄国部队向北撤退之后，多瑙河南岸地区的奥地利部队就显得更加势单力薄了。趁着这个机会，法国部队长驱直入，一路上异常顺利，几乎没有遭遇任何抵抗。

1805 年 11 月，缪拉带领着他的骑兵军前卫风尘仆仆地赶到了维也纳近郊。法国人的步步紧逼使得维也纳宫廷陷入了惊慌失措之中。奥地利皇帝弗朗西斯二世马上派使者去向拿破仑谈判，但是拿破仑拒绝了他们的求和请求，因为在他眼中，战争还没到结束的时候，还有一场更大、更重要的战役在等待着他。

根据拿破仑的指示之下，缪拉本应对向北撤退的俄国部队进行穷追不舍的追击，将其歼灭。然而，缪拉却被维也纳的繁华所吸引，为了得到第一个进入维也纳的荣耀和名誉，他把拿破仑的命令抛到了脑后，没有追击俄国部队，而是率领骑兵军向东进发，急着抢占维也纳。

缪拉的疯狂举动让拿破仑大为震怒，他立刻给这位不听话的妹夫写了一封信：

我简直不知道应该怎样说你了，你根本不知道敌军的计划，他们并没有固守维也纳，而是在克雷姆斯渡过了多瑙河。你在一无所知的情况下，就违背了我的意图，擅作主张做出了这样的举动，真是鲁莽至极！你就像一个疯子一样！我的计划全被你打乱了，现在，我的部队也被你困在了维也纳！我非常不理解，你明明已经接到了我通过贝尔蒂埃给你下达的命令的，这个命令要求你死死咬住俄军，紧追不舍。你为什么不执行我的命令，反而莫名其妙地朝相反的方向实施强行军追击敌军？你的这种行为真是荒谬！如果你按照我的命令行事，莫蒂埃军也不至于暴露在俄军面前而受到严重的损失。……你为了获得首先进入维也纳的虚荣，竟然足足耽误了我两天时间。作为军人，我们只能在那些充满危险的地方赢得荣誉，进入一座毫无防御的都城有何荣誉可言？

因为缪拉不听军令、擅自行动，法国部队在追击敌人的过程中，浪费了非常宝贵的两天时间。

于是拿破仑进入维也纳，并把他的大本营设在了富丽堂皇的肖恩布鲁因宫。弗朗西斯二世带着皇室成员和亲信臣子们，仓皇向北逃去，最后在摩拉维亚的首都布尔诺落下了脚。

维也纳有二十五万人口，经济繁荣。所以，一直长途跋涉、早已断粮的法国部队在这里得到了充裕的补给。拿破仑命令不必从法国国内输送枪炮弹药，因为他在奥地利军火库里已经找到了他所需要的一切。

在维也纳，拿破仑重新进行了战略部署，他命令骑兵和第四、第五军一刻也不要停留，马上从维也纳出发，北渡多瑙河，对俄国部队进行追击，以弥补缪拉所犯的错误。

维也纳伫立在多瑙河的南岸，要想向北渡过多瑙河，首先要做的事，就是抢占位于维也纳城北的那座大桥。这个任务，交给了缪拉和拉纳。

当时负责防守这座桥的是奥斯贝尔公爵，奥地利军队在撤离维也纳的时候，曾经命令他，一看到法国人出现，就立刻把这座桥炸毁。

在之前作战时，由于几次失误使拿破仑非常不满的缪拉，急于将功补过。他事先巧妙地将一个掷弹兵营隐藏在大桥南端的一片灌木林中，然后和拉纳、贝特朗以及一位工兵军官来到桥头，他们大摇大摆地推倒桥上的木板路障。奥地利守军看到它们之后大惊失色，正准备点燃已经放置好了的炸药，缪拉高声冲他们喊道："不要开枪！你们还不知道吗？我们两国已经达成休战协议，我们是来与守桥长官进行具体谈判的。"

士兵们立刻把这个消息告诉了奥斯贝尔公爵，奥斯贝尔公爵被这个突如其来的消息搞得丈二和尚摸不着头脑，正当他犹豫之际，预先埋伏的法军突然地从灌木林中跳了出来，迅速冲过大桥，以迅雷不及掩耳之势闯入奥地利的阵地。只用了一分钟的时间，法国部队就占领了这座桥，为炸桥准备的炸药全都被士兵们推到了河里，奥斯贝尔公爵连同其他守军也全都成了俘虏。

库图佐夫根本没有料到维也纳大桥会落入法军手里，当他听说了大桥被占的全部过程后，怒气冲冲地指责奥地利军队与拿破仑私下订立了密约，因为只有这样，才能解释这个荒诞的故事。

法国部队不费吹灰之力就开到了多瑙河北岸。现在，俄国人随时都有可能陷入法国部队的包围圈，库图佐夫决定，留下几支后卫部队作掩护，主力部队加速撤退。

在追击俄国部队的过程中，喜欢自作主张、又自以为是的缪拉再一次违背了拿破仑的命令。这一次，他犯的是一个严重的错误。当他率领着自己的骑兵军追到距离摩拉维亚十五公里的一个阵地时，忽然遇到了俄国后卫的拼死阻击。

缪拉想，只凭自己的一支队伍向前冒进，恐怕危险重重，不如等到步兵赶过来之后再行动。于是，他打算玩弄一下权术，对敌人用一个缓兵之计——他向俄国后卫指挥官提出了暂时休战的建议，允许他们自由地向北撤退。俄国人对此当然求之不得，他们果断地答应了缪拉的要求，安全地撤退到了摩拉维亚。

缪拉的愚蠢行为再一次惹怒了拿破仑，他写信给缪拉，大骂他道：

你再一次触碰了我的底线！任何语言都不足以表达我对你的愤怒。你只是我的一名前卫指挥官，在没有得到我的命令之前，你根本没有权力作出休战的安排，正是你的自作主张，毁弃了我的胜利果实。现在我命令你马上停止休战，向敌人进军。告诉那位在协定上签字的俄国将军说他无权这样做，只有沙皇才拥有这样的权力。

俄国后卫本身就是精锐之师，而且抱着必死之心，作战顽强。他们的反击本来就有效地迟滞了法军的前进速度，现在，再加上这个偶然的停战协定，俄国主力部队更是得到了宝贵的撤退时间。

摆脱追兵的俄军退到了奥尔莫茨。与此同时，从俄国本土开来的另一支俄军，在沙皇亚历山大一世的亲自监督下，也赶到了这个地方。从维也纳逃跑出来的奥地利皇帝弗朗西斯二世也跟随撤退的奥地利军队到达了这座城市。如此一来，到11月下旬，俄奥联军停止了撤退，在奥尔莫茨附近占据了有利于防守的阵地。

就在这个时候，俄奥联军司令部出现了严重的分歧。以库图佐夫为首的大多数将领都认为，在奥尔莫茨的九万联军根本不足以与拿破仑的十万大军相对抗，与其硬碰硬，不如撤退，拖延战局，等待更好的时机。等到普鲁士对法宣战之后，再以压倒性的优势，向法国部队发起猛烈进攻，一举将其击败。

但是亚历山大一世却不赞同库图佐夫的建议。亚历山大一世虚荣心极强，但对军事问题却几乎一窍不通，而且对拿破仑的军事才能更是一无所知。在他看来，既然他拥有这么多兵力，为什么还要在这个小城市里像老鼠一样东躲西藏呢？说出去简直会被人笑掉大牙。他认为，法国部队经历了长途跋涉，还进行了这么多场战争，已经是精疲力竭了，在这种情况下，俄奥联军必胜无疑。

拿破仑得知了亚历山大一世的主张之后，立刻惊喜不已，因为他最害怕的，就是俄国部队撤走和拖延战局。因为他必须在普鲁士参战之前结束这场战争。

为了使亚历山大一世这个主战派得到更多的支持，拿破仑决定耍一个小小的阴谋。

拿破仑是一个出色的"演员"，他竭尽所能地扮演一个惊慌失措、软弱无能、尤迫害怕作战的人。他先是命令前哨开始撤退，然后又派自己的侍从萨瓦里去拜见亚历山大一世，向亚历山大求和，并且希望他安排一次与自己的单独会面。

拿破仑的虚张声势果然瞒过了俄国人的眼睛，他们得知法国部队求和的请求之后，纷纷欢呼起来：拿破仑胆怯了！拿破仑的军队被打得筋疲力尽，恐怕用不了多久就要完蛋了！必须趁此机会击败法军，绝对不能放过拿破仑！一时间，在俄军司令部里，到处都充斥着主战的呼声。

亚历山大一世自以为了解拿破仑，他认为，不到万不得已的时候，拿破仑是不会这么低声下气地来求他的。所以，他毫不犹豫地拒绝了拿破仑单独会面的要求，派自己夫人侍卫长道戈路柯夫公爵到法军大本营去与拿破仑进行象征性的谈判。

道戈路柯夫公爵以为拿破仑已经是手下败将，因此，在他面前非常傲慢，态度也特别强硬。拿破仑虽然感到有些不痛快，但是仍然在继续表演着这出戏。

在与道戈路柯夫公爵谈判的时候，他故意装出了一副惊恐不安和悲伤难过的样子。在谈判的最后时刻，他犹犹豫豫地拒绝了俄军提出的让他放弃意大利的条件。这个拒绝不仅没有削弱有关拿破仑信心不足和胆怯的形象，反而更使得他的"表演"看上去更加真实可信了。

回到奥尔莫茨之后，道戈路柯夫公爵兴奋地向亚历山大一世报告了他对拿破仑的印象，亚历山大一世由此更加坚信法国人已经陷入了困境之中。他不顾库图佐夫的反对，当即作出决定：向正在退却的法国部队进攻，把他们彻底击垮。联军认为正在惊慌失措中的拿破仑一定急于退回维也纳，所以决定钉住法军的左翼，而联军主力则向西南进到利塔瓦河谷，迂回到拿破仑的右翼，切断它同维也纳的交通线，并把它压缩到山谷中加以歼灭。

12月，俄奥联军迅速占领了普拉岑高地，在那里做好了全面进攻的准备。

拿破仑朝思暮想、日夜等待的战机终于出现了。晚上九点，拿破仑在对野营部队进行视察的时候，发现俄奥联军几乎全部集中在普拉岑高地和利塔瓦河谷地中，他判断，敌人一定会采取迂回其右翼的战略。

于是，他把自己的部队沿着一条叫作戈尔德巴赫的小河的右岸向东展开，其正面宽十公里。这个阵地位于布尔诺以东十公里的地方，在布尔诺镇和奥斯特里茨村的中途。法军阵线的左翼有一隆起的圆丘可为倚托，正好在布尔诺—奥斯特里茨大道的北边，法国人称为桑屯。法军的右翼位于特尔尼茨的正南，有一连串冰冻的湖泊和戈尔德巴赫河流注的沼泽地可为护卫。不过，法军的中部却在一个地形起伏的高地的俯控之下，俄奥联军以普拉岑村为中心据守于此。

法军阵地的左段，在桑屯圆丘与蓬托维茨之间，由拉纳的第五军和贝尔纳多特的第一军扼守；缪拉的骑兵军，乌迪诺的掷弹兵师和贝西埃尔指挥的近卫军则在其后充任预备队。拿破仑的指挥所就设在这里，它正好在大道南边，离前线大约两公里。不过，从高丘上，他可以看到戈尔德巴赫河谷和对岸的普拉岑高地。

法军防线的右段，从蓬托维茨沿戈尔德巴赫一直延伸到索科尼茨和特尔马茨，由苏尔特的第四军防守，其防线宽达五公里，兵力相对比较单薄。在特尔尼茨以西七公里的雷吉恩修道院有达武的第三军充任预备队，那里根本看不到敌人。

当拿破仑来到士兵们的队伍中时，大家纷纷围拢了过来，把他围了起来，向着他欢呼。一些人用地上的枯草做成了一个个火把，在空中摇晃着。这时，几个老兵要求拿破仑明天不要站在火线上，也不用亲自到战场上指挥战斗，只要以旁观者的身份来观看战斗就可以了。明天是拿破仑加冕一周年的纪念日，士兵们希望用这样的方式来庆祝这个节日。拿破仑没有掩饰内心的喜悦，他激动地说，这是他有生以来最荣耀、最有意义的一夜。

他向全军发布了下述公告：

军人们，现在你们所面对的俄军正打算替在乌尔姆战败的奥地利军队复仇。他们正是你们在霍拉布仑曾经击败过的那些部队，现在却跑到这里来了再次与我们作战。

我们所占据的阵地是牢不可破的，如果敌人企图迂回攻击我军的右翼，那么，他们的侧翼就会完全暴露在我们的面前。我们可以趁着这个机会将他们一网打尽……

这次胜利将会给我们的战役画上一个完满的句号，我们可以住进冬季营房过冬，并将得到国内新建军团的增援。到那时，我们所致力赢得的和平就会使我们向法国人民交上一份完美的答卷，作为军人，我们将无愧于人民，也无愧于自己的天职。

火把的亮光在黑暗无边的夜里显得特别耀眼，远处的奥地利军队也发现了这一景象，他们想当然地认为，这是法国部队掩护撤退的一种伪装。拿破仑于是将计就计，他带领着部队沿着摩拉维亚的一条泥泞不堪的小路，毫不停顿地一会儿前进、一会儿后退，故意放弃普拉岑高地，把自己的左翼暴露在敌人面前，向山谷退却，诱使敌人实行迂回，以便在运动中攻击其侧背。

战争正式打响了。这一天，在奥斯特里茨村以西、维也纳以北一百二十公里的普拉岑高地周围的丘陵地带上，法国与俄国、奥地利展开了一场血腥而又恐怖的大会战。

凌晨，俄奥联军分成了六路纵队：北面的两个纵队由巴格拉吉昂亲王和列克敦斯但亲王指挥，他们横跨布尔诺—奥斯特里茨大道两侧，负责攻击由拉纳的第五军和贝尔纳多特的第一军据守的法军阵线的北段。在这两个纵队之后充当预备队的是康斯坦丁大公指挥的沙俄近卫军。

在中部，柯罗华特的拥有两万五千兵力的奥地利军队负责进攻柯贝尼茨的苏尔特军。联军的主攻方向在普拉岑高地以南，承担这一任务的计三个纵队共三万三千人，由俄国将领布霍夫登指挥。他们负责进攻戈尔德巴赫河畔的苏尔特军的南段，该处现为莱格朗师所据守。

上午七点左右，一轮火红的太阳从东方缓缓升起，在太阳的照射之下，七万三千名士气高涨的法国官兵已经准备就绪，严阵以待。拿破仑从指挥所里看到普拉岑高地几乎已经没有俄国部队防守了，他马上意识到，敌人果然如他预料中一样，犯了放弃中央高地的严重错误。他迅速命令两个师前去占领这个高地，普拉岑高地的失守，使得俄奥联军被切成了两段。

柯罗华特的纵队在行军的过程中突然受到了侧面攻击，一下子乱了方寸，士兵们四散而逃。沙皇亚历山大一世和俄奥联军总司令库图佐夫以及司令部正是跟在这支纵队之后，如此一来，他们就彻底失去了对联军的控制。

在北段，拉纳几乎没有费多大的劲就击退了巴格拉吉昂的攻击。当苏尔特把高地完全控制在法军手中之后，拿破仑令他的左翼向俄奥联军发起全面进攻。

俄国部队一向以作战英勇而著称，这一次，他们也不例外。他们对法国部队发起了一次又一次冲锋，可惜的是，最终还是以失败而告终。

在南段，布克斯盖弗登受到了苏尔特和达武所带领的两支部队的两面夹击。法军大炮的炮火很快把俄奥联军压缩到了狄尔尼兹和察特卡尼之间半结冰的湖泊上。有些地方，湖冰还经得住逃兵走过，但有些地方，因为他们争先恐后地乱挤，再加上炮火的轰击，湖泊上的冰块全都碎了，成团成团的士兵掉进了冰冷的湖水里，有的淹死了，有的被冻死了。

当时的情景非常悲惨，就连战胜者也不忍目睹。还有一些法国士兵想办法去营救那些落水者，这种行为受到了拿破仑的赞扬。

亚历山大一世和弗朗西斯二世看到全军覆没，急忙到处逃窜。原先对他们极尽阿谀奉承之能事的侍从们这时只顾着自己逃命了，把他们丢在了半路上。两位可怜的皇帝只好骑着马各奔生路了。此时正是冬天，气候寒冷，再加上太阳已经落山，他们冻得像筛糠一样，亚历山大一世还忍不住哭了起来。库图佐夫在激战中负了伤，差点成了法军的俘虏。

残酷的战斗终于结束了，在成群结队的元帅、近卫军将军和副官的簇拥之下，在士兵们的高声欢呼声中，拿破仑穿过了广阔的平原，视察着血腥的战场。这一仗，俄奥联军死伤大约为两万七千人，损失了一百五十五门大炮，炮兵几乎全被消灭，余众四散逃命，俄奥联军事实上已经不复存在了。

第二天，法军所有部队都受到了拿破仑的赞扬，他说：

士兵们，你们在这次战斗中的表现是非常出色的，令我十分满意：在奥斯特里茨的激战中，你们完成了我希望你们以果敢精神去完成的一切任务。你们只用了不到四个小时的时间，就把在俄国和奥地利皇帝指挥下的十万军队打得落花流水。没有死在你们剑下的那些人，也在湖里淹死了。……你们赢得了不朽的光荣，所有的荣誉都属于你们，我的雄鹰们。士兵们！我保证，当法兰西的繁荣昌盛所需要的一切都已经完成时，我将带领你们回到我们的祖国，在那里，我将尽我最大的努力保护你们的利益。我的人民一定会热烈地欢迎你们，你们只要说"我参加了奥斯特里茨战役"，他们就会回答说"好一个勇士啊"！法国人民为你们感到骄傲！

奥斯特里茨之战胜利的当天，恰好是拿破仑加冕为皇帝的一周年纪念日。这次战争，为他赢得了欧洲第一名将的桂冠。后来，人们把这次战役称为"三皇会战"。然而，不管是在军事方面，还是在政治方面，奥地利皇帝弗朗西斯二世与俄国沙皇亚历山大一世都显然无法与拿破仑相匹敌。

恩格斯在《奥斯特里茨》一文中作了这样的评论："奥斯特里茨被公正地认为是拿破仑最伟大的胜利之一，它最为有力地证明了拿破仑无与伦比的军事天才。因为，尽管指挥失误无疑是同盟国失败的主要原因，但是他用以发现同盟国过失的洞察力、等待过失形成的忍耐力、实施歼灭性打击的决断能力和迅速摆脱失败困境的应变能力——这一切是用任何赞美之词来形容都不为过的。奥斯特里茨是战略上的奇迹，只要还存在战争，它就不会被忘记。"

接下来，拿破仑要做的，就是等着奥地利的哈布斯堡王朝前来求和了。

当天晚上，亚历山大一世和弗朗西斯二世惊慌失措地逃过了法国人的追击。他们都知道，这场战役已经彻底输了。没过多长时间，弗朗西斯二世就派使节到法国军营，请求与拿破仑会面。拿破仑同意了他的请求。

1805年12月，拿破仑在骑兵卫队的陪同之下，来到了约定好的会面地点——距离奥斯特里茨大约三公里的一座磨坊。弗朗西斯二世也乘坐着一辆马车来到了这里。

一看到奥地利皇帝，拿破仑就跳下马来前去迎接，并且与他拥抱。弗朗西斯二世提出了休战的建议，拿破仑当即同意，条件是要求所有的俄军撤出奥地利，退回波兰。并且绝对不许普鲁士军队进入他的领土。此外还要哈布斯堡王室领地提供一亿法郎的赔款。

俄国部队开始撤退，法国与奥地利签订了停战协定。后来，法国与奥地利又在普莱斯堡签订了一个和约。最后和约的条款为：

奥地利必须把提罗尔和福拉尔贝格两伯爵领地割让给巴伐利亚选帝侯、把布赖施高割让给巴登。其他前奥地利的地域被巴登和符腾堡瓜分。1797年通过坎坡·福尔米奥条约被纳入奥地利版图的威纳托、伊斯特拉半岛、达尔马提亚、科托尔被划给拿破仑的意大利王国。原来的帝国自由城市奥格斯堡和帕绍主教领地的东北部被并入巴伐利亚。1803年被世俗化的大主教领地萨尔茨堡以及贝希特斯加登则作为补偿被并入奥地利。弗朗西斯二世必须承认拿破仑的皇帝地位。巴伐利亚和符腾堡被提升为王国，他必须承认这两个王国以及巴登选帝侯的主权。此外他必须赞同一个拿破仑计划组织由德国诸侯国组成的联盟（即后来的莱茵同盟）。

奥地利与法国单独签订了和约，违反了第三次反法同盟的条约，因为条约规定各国不得单独媾和。如此一来，第三次反法同盟就被瓦解了。

奥斯特里茨会战以后，拿破仑在布尔诺停留了一段时间，对各部队的安营情况进行了视察和监督。在这里，他得到了法军损失的一些数据——总共不到九千人。在他的指示之下，他的副官到医院对伤兵们进行了慰问，并且以拿破仑的名义赏赐每个伤兵一枚拿破仑币。对受伤的军官，则按其级别发给五百到三千法郎不等的慰问金。

这之后，拿破仑动身前往维也纳的肖恩布鲁恩宫。普鲁士的使节豪格维茨已经在这里等候他多日了。豪格维茨原本是代表普鲁士政府前来向法国下最后通牒的，普鲁士政府甚至还指示他：如果拿破仑被联军击败，他有权代表普鲁士公开与俄国、奥地利结盟。

然而，如今法国竟然获得了最终的胜利，他要做的第一件事就是赶快忘掉此次行程的目的，把宣读最后通牒改成了对法军胜利的祝贺。

他微笑着拜见了拿破仑，但拿破仑却愤怒地对他喊道："你竟然向我祝贺？那我可真是要感谢命运之神的眷顾了。我们都非常清楚，原本你是来做什么的。你以为我不知道你的主子在私底下做了什么事情吗？你们自称是我的盟国，竟然允许多达三万的俄国军队经过你们各邦同大军联系，这是什么意思？没有任何理由可以为这种行为辩解，这是公然的敌对行动。如果他公开向我宣战，我倒佩服他，因为那至少说明，他是一个体面的人。那样他就可以为他的各个新盟国效力，而我在作战前就得顾到两头。你们竟然还打算与各方都做朋友，这怎么可能呢？你们必须在他们和我们之间作出一个选择。如果你们已经打定主意跟他们站在一起，我绝不反对。但是，如果你们与我是一个阵营的，那就不能有任何欺瞒和蒙骗。我宁肯要一百个公开的敌人，也不要一个虚伪的朋友。哪里发现敌人，我就向哪里进军。"

拿破仑的这番话，让豪格维茨敏锐地意识到，接下来可能会有一场风暴席卷普鲁士。于是，没有经过普鲁士国王的授权，他就自作主张地与拿破仑签订了《肖恩布鲁恩条约》。根据条约，普鲁士必须与法国结盟，并向英国关闭一切港口。同时，普鲁士须用巴洛特和安斯巴赫两侯国交换汉诺威。

战争局势的惊天逆转使得普鲁士国王弗里德里希·威廉三世被吓得心惊肉跳，他正忐忑不安地等待着拿破仑的处罚。现在豪格维茨代他签订的这项条约，比他预料中的惩罚要轻得多。于是，他也不敢再多说什么，只能对条约的一切都表示同意。

一切尘埃落定之后，拿破仑又开始热心地提高一些小国家的地位，用来巩固他在这里的统治。

奥斯特里茨战役结束后没多长时间，巴伐利亚选侯在出猎的时候就接到法国信使送来的一封致"巴伐利亚及施瓦本国王陛下"的信。这封信发出之前六天，拿破仑已经通过迪罗克正式提出，请巴伐利亚选侯把他的女儿奥古斯塔嫁给欧仁·德·博阿尔内。早在十月份的时候，他们就已经商量过这门亲事，奥斯特里茨战役的胜利使得这门亲事成了定局。

然而巴伐利亚国王对这种联姻大为恼火，他讥讽地说："拿破仑肯定以为我是一个窝囊废，而且认为我的女儿丑陋无比。殊不知奥古斯特美貌无双，并与巴拿王子相亲相爱。"但怨言只能私底下说说罢了，在表面上，他不但不敢有一丝违抗之意，而且还要对拿破仑"谢主隆恩"。

其实，此前拿破仑已经见过这位奥古斯特公主，知道她是一个美人儿。拿破仑之所以会主张这次婚姻，一是因为他对欧仁的关切，二是出于一定的政治目的。欧仁娶巴伐利亚国王的长女为妻，不但有利于拿破仑加强对巴伐利亚的统治，而且欧仁还可以理所应当地得到巴伐利亚的王位继承权。这对新婚宴尔的夫妇在举行完仪式之后，就离开巴伐利亚，作为意大利总督和总督夫人前往米兰就职。

与此同时，拿破仑又安排了热罗姆·波拿巴和符腾堡公主卡塔琳娜的婚事，这回办得可没有那么迅速。原因之一是当事者既属波拿巴本家，拿破仑认为有必要试探一下，看他听话到什么程度。可是，热罗姆这时候已经非常驯服了。他已经抛弃了佩特森小姐，拖了一年半，终于遵从兄长之命，使施瓦本和法国的关系得以加强。

在离开奥地利之前，拿破仑还有最后一件事，那就是对那不勒斯王国进行惩罚。那不勒斯王国本应保持中立国地位，然而那不勒斯王国的波旁王朝与革命后的法国有着不共戴天之仇，尤其仇恨拿破仑，所以趁着拿破仑与俄奥联军作战的机会，他们与英国和俄国拉上了关系，向英国、俄国开放了各个港口。

奥斯特里茨战役之后，拿破仑对那不勒斯王国的波旁王族进行了残酷的清算，他向人们宣布："波旁王朝不再统治那不勒斯了。"法国部队以迅雷不及掩耳之势占领了那不勒斯王国。波旁王室在英国舰队的保护下逃到西西里岛，拿破仑的哥哥约瑟夫被任命为那不勒斯国王。

神圣罗马帝国的覆灭

俄奥联军在奥斯特里茨吃了个打败仗之后，欧洲局势进入了一个暂时的和平时期。

然而，此时普鲁士却开始对《肖恩布鲁恩条约》越来越不满了。1806年1月3日，他们在柏林举行了一次重要的国务会议，决定对已经与法国缔结的《肖恩布鲁恩条约》进行一些修改。议定的主要变动如下：原来拿破仑提出，领土的割让要立即无条件地实行，现在改为全面和平之后才能生效。在这之前，弗里德里希·威廉三世决定暂时占领汉诺威，同时向法国保证北德意志的稳定局面。

这一次，弗里德里希·威廉三世派去与拿破仑进行会谈的特使，还是豪格维茨伯爵。豪格维茨伯爵于1806年1月动身，经慕尼黑到巴黎去。一直过了很多天，普鲁士国王也没有收到他的任何消息，于是，法国大使拉福雷斯特就凭着自己的三寸不烂之舌，对弗里德里希·威廉三世进行劝说，让他以为拿破仑肯定会同意这样的条件。

弗里德里希·威廉三世上了法国大使的当，他决定让军队解除战备，因为如此一来，普鲁士政府每天能够节省大约十万塔莱尔。

普鲁士军队解决战备的消息一经传出，驻扎在巴伐利亚和弗兰科尼亚的法国部队就开始向前推进，另外一些法国部队甚至还渡过了莱茵河。法国部队气势浩荡，但弗里德里希·威廉三世却视而不见。他私底下向乔治三世提出了一个重新安排领土的建议，希望能够通过和平手段来得到汉诺威，而不必割让自己的领土。

然而，此时在巴黎发生的事情却完全出乎弗里德里希·威廉三世的意料。拿破仑对普鲁士修改《肖恩布鲁恩条约》的建议，并没有采取无所谓的态度。豪格维茨刚到达巴黎时，塔列朗千方百计地找借口拖延他与拿破仑会面的时间，实际上，他正是在为法国大使杜福雷斯特施展他的如簧巧舌争取时间。

直到普鲁士撤军的消息传到巴黎之后，拿破仑才于1806年2月接见了豪格维茨。拿破仑清楚，此时的普鲁士已经是"人为刀俎，我为鱼肉"了，所以，他的口气也就变得严厉了很多。

他先是赞扬了一番豪格维茨，给他来了一颗糖衣炮弹："你真是太能干了，如果现在和你谈判的人不是我，而是杜福雷斯特的话，那我恐怕会误以为他被你给收买了。但是，现在我必须坦诚地告诉你，那个条约之所以能够缔结，主要应该归功于你的才智和品德。在我看来，你是欧洲首屈一指的政治家，你应该得到至高无上的光荣。"

正当豪格维茨因为他的这番话而飘飘欲仙之时，他的话锋突然一转，愤愤地质问豪格维茨，在那次会面之前，他本来已经打定主意要向普鲁士开战，正是因为豪格维茨的劝说，他才决定放他一马，并且把汉诺威赠予了他。那么，为什么这个条约在柏林会受到责难呢？为什么法国大使遭到冷遇呢？为什么哈登贝格得宠？为什么国王没有革退那个英国人的走狗？

拿破仑越说越生气，接连几个问句，让豪格维茨毫无招架之力。最后，他斩钉截铁地宣布，如果普鲁士对该条约并未无条件地予以批准，那么，它与法国就已经处于战争状态，因为在它的土地上还有俄国和英国的军队。

拿破仑的恐吓把豪格维茨吓了个半死，等到他几乎什么都肯答应时，拿破仑才提出了最关键的一点：普鲁士要把德意志北海沿岸全部封闭，不得与英国贸易。只有在条约上加上这个苛刻条款，汉诺威才是属于普鲁士的。

豪格维茨胆战心惊地离开了巴黎，把这个消息带回了柏林。弗里德里希·威廉三世此时才知道，自己被拿破仑和法国大使给耍了，但是也无可奈何。因为他现在非常清楚，如果不接受拿破仑的条件，也就意味着，普鲁士必须单枪匹马与法国进行公开对抗。

弗里德里希·威廉三世向来不是一个勇敢的人，所以，他乖乖地作出了让步。国王的懦弱胆小，使得普鲁士人群情激愤，豪格维茨的窗子被人砸了个粉碎。

也就是这个时候，巴黎、伦敦和圣彼得堡就和平问题第一次交换了意见。

1806年春，在经过了十四年的连续战争之后，欧洲大陆上的各个国家，似乎都希望能够得到暂时的安宁。俄国沙皇用武力四处扩张的热情，在经历了奥斯特里茨一役的挫败之后，已经消失得无影无踪。而英国在格伦维尔—福克斯新内阁的领导下，也开始出现了和平的倾向。于是，英国开始向法国进行和平试探，外交大臣塔列朗立刻向福克斯作出保证：法国是希望和平的。然而，双方虽然进行了几次接触，却没有产生真正有效的成果。

很快，英国就发现，为了得到和平，他们需要付出的代价是巨大的。虽然法国人同意将汉诺威归还给英国，但却要求由法国能够占领西西里岛。

正当三国为获得和平而谈判时，拿破仑在南德意志又掀起了一场结束神圣罗马帝国的政治风波。

1806年7月签订的莱茵邦联文件就是结束这个"既非神圣，亦非罗马，亦非帝国"的古老幽灵的死刑执行令。

在当时的德意志，"神圣罗马帝国"已经名不副实了。虽然那些割据的诸侯们还会装模作样地选举皇帝，然而皇帝的威风却早就不复存在了，他就像是一个牵线木偶，任人指挥。帝国议会的事务，大多是调停诸王公使臣的要求，决定谁坐红布席位，谁坐不那么尊贵的绿布席位，或者是在御宴时安排如何进献传统规定的三十七盘菜肴。

法国部队的进犯，使得神圣罗马帝国残存的最后一缕力量也消失殆尽。1806年8月1日，拿破仑通知累根斯堡的帝国议会，说他以及德意志南部和中部各邦都不复承认这个古老帝国的存在了。对此，帝国议会连微弱的抗议都没有发出，就无奈地接受了。皇帝弗朗西斯二世立刻宣布退位，所有选侯和邦君都不再需要对他效忠，从此之后，他就只能退缩在奥地利帝国疆域之内。

就这样，曾经辉煌一时的神圣罗马帝国彻底覆灭了。

拿破仑命令新近结盟的十五位王公接受一部宪法，他们竟然没有一个人发出抗议的声音。这十五位王公包括南德意志各邦的君主，以及首席国务大臣达尔贝格（现称邦君之长）、贝格大公、黑森·达姆斯塔特大伯爵（现称大公）、后手骚家族的两位亲王和七位小邦之主。有些地方废除了日耳曼法律，改行《拿破仑法典》。法国这些邦缔结了紧密的攻守同盟，它们要提供总数六万五千人的军队听从拿破仑的调遣。

第十五章

普鲁士哀鸣

耶拿大战

莱茵邦联问题解决之后，法国与英国签订永久性和约的唯一拦路石，是西西里岛和汉诺威。而汉诺威也是法国与普鲁士的症结所在。

在巴黎谈判时，英国的特派员亚尔默思曾经私底下通知普鲁士大使，说法国外交大臣塔列朗已经答应把汉诺威归还给英国。这个消息传到柏林之后，普鲁士国王和他的大臣们就陷入了惊惧不安的状态中。

不久后，新的消息再次传来：拿破仑打算用一些帝国骑士的领土和富耳达公国（当时属于弗里德里希·威廉三世的亲戚奥伦治亲王）作为诱饵，引诱黑森—卡塞尔选侯加入莱茵邦联，这时弗里德里希·威廉三世才意识到，一切已经无可挽回了。

但即便这样，弗里德里希·威廉三世和豪格维茨还是自我安慰，认为拿破仑会善待普鲁士的。法国大使拉福雷斯特原先已经用花言巧语骗弗里德里希·威廉三世解散军队，现在他又费尽心思地使他对法国产生幻想。塔列朗叫他在柏林放话说："如果法国肯答应把汉诺威归还英国的话，可以同英国达成和议，就像同俄国达成和议一样。"

但是，就在这时，法国外交部拟定了一个条约，这个条约明确规定，法国将会把汉诺威归还给英国。这一点得到了拿破仑的认可。

听到风声的普鲁士大使卢凯西尼给弗里德里希写了一个报告，向他汇报了这件事。这个报告对于弗里德里希·威廉三世和他的幕僚们来说，简直是一个晴天霹雳。具有讽刺意味的是，柏林朝廷刚刚发了一个指示，要卢凯西尼表示对拿破仑无限信任。两件公文，一来一往，刚好错过了，外交上有时就是有这种奇事。

本来对拿破仑非常信任的弗里德里希·威廉三世，一下子走向了另一个极端，他把一切罪责都推到了拿破仑身上。

为了尊严和荣誉，普鲁士终于拔出了它那把锈钝的长剑，战争再度爆发了。

普鲁士的军官们全都热血沸腾，磨刀霍霍，下决心要为祖国所遭受的侮辱、欺骗讨一个公道，要对拿破仑进行报复。普鲁士的军队开始行动起来，一个个团队高唱着爱国歌曲经过柏林和马格德堡，向西方开去。国王和王后骑在马上检阅了集中在马格德堡及其西部地区的军队。

普鲁士紧锣密鼓的备战工作，拿破仑早就已经了如指掌。为了以防万一，拿破仑在 8 月时就在德意志南部集结了将近二十万大军。

弗里德里希·威廉三世发动全国总动员。而后，普鲁士召开了第一次军事会议，会上决定成立两个军团，由布伦瑞克公爵和霍恩洛厄亲王指挥。另建立一支独立军，由布吕歇尔将军指挥。已经是七十一岁高龄的布伦瑞克担任总司令。这之后，普军及其盟国萨克森军开始向南推进。9 月底，他们集结在一条宽一百一十公里的正面上，中路是布伦瑞克指挥的七万多人的第一军团，左路是霍恩洛厄指挥的大约有五万五千人的第二军团，包括萨克森士兵在内。右路是布吕歇尔将军指挥的五万独立军，其中包括两个萨克森师。

拿破仑收到了普鲁士军队正在向着它的南部边界移动的情报，于是立刻征召了五万名新兵和三万名后备军。他给贝尔蒂埃写信，指示他派工兵军官去侦察班贝格到柏林的道路，并且命令各个军团做好集结的准备，在八天之内到班贝格—拜罗伊特地区会合，拿破仑指示：

按照我的计划，八天之内，各路人马都应该在克罗纳赫以远集结。根据我的判断，班贝格边界的集结地距离柏林有十天左右的行程，……我现在最想知道的，是萨勒河和埃尔斯特河在格拉的情况到底怎么样了？……易北河在维滕贝格处的渡口现在又处于什么样的状态？德累斯顿、托尔高和马格德堡等镇的设防是否已经完备？我希望你派人把在慕尼黑和德累斯顿所能弄到的最好的地图都收集起来。除此之外，你还要派情报官去德累斯顿和柏林弄清普鲁士部队这次调动和集结的真实意图是什么。

你在搜集情报的时候务必要慎重，因为现在我还不打算公开与柏林为敌。我之所以希望得到这方面的详细情报，主要是为了防止不测。我认为马格德堡是班贝格与柏林之间的唯一要塞。

不到一星期的时间，他就得到了情报——普鲁士已经打定主意要与法国为敌，所以，他又写信对贝尔蒂埃说：

普鲁士的行动看上去非常奇怪。看来，现在已经到了教训他们的时候了。明天我就把我的马先送走。这几天我将会命令近卫军出发。如果情报是最终普鲁士军队的确准备与我们作战，我将直接前往维尔茨堡或班贝格。

法国大军团完成了初步集结。除此之外，拿破仑的弟弟、荷兰国王路易还有一个大约一万五千人的援军据守着韦瑟尔的莱茵渡口。

拿破仑离开巴黎，并于三天后到达美因茨。

拿破仑将法国部队的大本营设在了班贝格，其交通线为斯特拉斯堡—曼海姆—美因茨—维尔茨堡—班贝格，而前进补给基地则设在福希海姆和维尔茨堡。整个战略集中由缪拉掩护，他的六个骑兵师部署在克罗纳赫—科保—柯尼学芬一线，正对着图林根山林的各个出口。为了恫吓其右后方因河后边的奥地利军队，拿破仑在布劳瑙要塞留下了一支法国驻军，在特殊情况下，这支驻军还能得到南德意志一个巴伐利亚军的支援。

虽然此时拿破仑对敌人的作战计划还一无所知，但是他已经做好了一些应对突发事件的准备。如果普鲁士军队向西南进军，威胁他通往莱茵河谷的交通线，他就可以以优势兵力对它的左侧翼进行打击。相反，如果普鲁士军队打算入侵巴伐利亚从而与奥地利军队会合，那么拿破仑就会对它的右侧翼进行打击，并把它们赶到波希米亚。为了确保莱茵河的交通线万无一失，拿破仑还组建了第八军，由莫蒂埃元帅指挥，驻扎在法兰克福。

事实上，此时的普鲁士根本还没有制定明确的作战计划。普鲁士的诸位将领齐聚在瑙姆堡，商量作战计划。霍恩洛厄认为，应该派布伦瑞克主力军团迂回图林根山，由法兰克福方向前进，以一部守备该山。自己率领部队越过法兰肯森林，经拜律寺、班堡前进；布吕歇尔军则在右翼保持机动状态，取守势。

总司令布伦瑞克与他的意见却有所不同，他认为应该以霍恩洛厄军的一个师对付、牵制拜律寺方向的法军。其余的师与主力会合，越过图林根山，经爱尔富特至维尔茨堡取攻势，切断法军交通线，对他们的营地进行突袭。布吕歇尔军则向法兰克福大道前进，牵制东进的法军。

霍恩洛厄与布伦瑞克的两种方案在会上引起了激烈的讨论。两位将军都认为自己的战略才是对的，互不相让。在座的其他将军，有的支持霍恩洛厄，有的支持布伦瑞克，都纷纷发言。弗里德里希·威廉三世看到这种情景，只好把这两种方案来了个整合：以主力越图林根山，霍恩洛尼越法兰肯山，同时进入南德。

然而，就算这样，双方还是不同意。这个时候，又有人提出了第四种方案、第五种方案。会议一直开了十天，仍然没有讨论出一个令大家都满意的作战计划，只好暂时休会。直到 10 月他们才统一了作战方案，其计划是：主力集结于埃森纳赫—戈塔—爱尔富特一线，并向西南前进；左侧由霍恩洛厄军团掩护，费迪南亲王指挥的前卫从耶拿向南进到萨尔费尔德，陶恩齐恩的萨克森师则向霍夫挺进，吕歇尔军于右翼牵制法军。

拿破仑来到符兹堡，他找来侦察地形的工兵军官，听取他们的汇报。对工兵军官搜集来的情报进行分析之后，拿破仑认为，奥地利军队主要展开在耶拿—埃森纳赫一线，而且他们的左翼是暴露的，只有一支大约两千人的小部队进行掩护。

根据这个判断，拿破仑作出了战略部署：在右翼集中法军主力，以缪拉指挥的六个骑兵师为前卫，向拜律寺和霍夫方向实施主要进攻，大胆迂回普军左翼。同时，以路易指挥的兵力在法兰克福方向牵制普鲁士部队的行动，并充当法军的总预备队。

为了更好地实施这个战略计划，拿破仑把法国部队分为了三路纵队：左路为拉纳的第五军、奥热罗的第普军，沿科堡、鲁多尔施塔特之线开进。中路为贝尔纳多特的第一军、达武的第三军、近卫军和骑兵的大部，沿班堡—科堡—珀斯内克之线开进。拿破仑的大本营随该路行动。右路为苏尔特的第四军、内伊的第六军和巴伐利亚军，沿安贝克、拜律寺、霍夫之线开进。三路纵队在四十公里宽的正面上以平行纵队向前开进，各军都处在可以相互支援的距离内。

负责对右路法军进行指挥的第四军军长苏尔特，在这个迂回普鲁士军队左翼的计划中处于举足轻重的位置。这一次，拿破仑可不想他的部下再犯在乌尔姆战役和奥斯特里茨战役中缪拉那样的错误了，所以，他不厌其烦地向苏尔特解释自己的意图：

根据我的观察，骑兵在拜罗伊特至霍夫之间的地区根本无法展开手脚。我希望你能够熟悉我的作战计划，它会在紧要关头给你必要的指导。我把前进基地设在了维尔茨堡、福希海姆和克罗纳赫。我将把全部兵力分成三路进入萨克森。你率领你的队伍走在我的右路纵队之前，内伊元帅带领的第六纵队距离你的队伍大约有半天的行程，距离内伊军后面约半日行程则是巴伐利亚军一万人，这几支队伍加起来一同有五万兵力。贝尔纳多特元帅的第一军领导我的中路纵队。紧跟在他后面的是达武元帅的第三军以及骑兵预备队和我的近卫军，总兵力大约为七万人。他将经克罗纳赫、洛本施泰因和施莱茨进军。第五军事左路纵队的先头部队，跟在第五军后面的是奥热罗的第七军，他们将经柯堡、格拉芬肖和萨尔费尔德前进，总兵力为四万人。在你到达霍夫的那天，其他各路纵队也都将到达与你平行的位置。我会在中路纵队的最前面。

我之所以将这样巨大的兵力集中在如此狭窄的正面上，并不是为了冒险，这能确保，不管敌人进行什么样的部署，我都能以两倍于敌人的兵力向他发起猛烈的进攻。

对于普鲁士陆军来说，骑兵是他们最难以对付的兵种，为了配合这些骑兵，你还应该把你所掌握的步兵设法构成方阵，如此一来，就更没有什么可畏惧的了。

但尽管我们已经做好了万全的准备，也仍然不能忽视战争中的任何预防措施。你所属的各师必须随时携带三千到五千的挖掘工具，必要的时候可以用它们来构筑防御阵地，在紧要关头，哪怕是一条简单的壕沟也会发挥巨大的作用。

如果你所遇到的敌人不到三万人，那么你可以带领部队与内伊元帅的第六军会合，把你们的兵力合而为之，以优势兵力对其进行围歼；但如果你遭遇的是有充分准备的敌人，并且还设有阵地，那么你就必须谨慎从事。到达霍夫之后，你的最紧要任务是与洛本施泰因、埃伯斯多夫和施莱茨迅速建立联系。

到那时，我将在埃伯斯多夫。你的下一步行动将由你离开霍夫之前所获得的敌方情报来决定，有可能你需要向我的中路靠拢，也有可能你需要继续向既定目标普劳恩前进。

今天我还接到了一个情报，敌人似乎正在向我的左翼移动，因为他们的主力好像被安排在埃尔富特。

我再一次强调，在通往德累斯顿的路上，你搜集到的所有情况都应该经常向我报告，这样我才能及时了解敌情的变化。你很可能以为用二十万人的"营方阵"包围那个地方是一项卓越的成就。但实际上，那是需要某种技巧并采取大量行动才能实现的，所以千万不要掉以轻心。

还没有哪个总司令会如此详细地写信给他的部下解释他的意图，拿破仑的这一举动，完全是吃一堑长一智。

10月，拿破仑收到了弗里德里希·威廉三世给他发来的最后通牒：要求所有法军撤出日耳曼领土，否则，"西西里岛晚钟事件"将会重演。"西西里岛晚钟事件"指的是西西里岛的巴勒摩人民于 1282 年 3 月掀起的反法运动。当时人们以晚祷的钟声为号，群起反抗法国人的专横，这一运动波及全岛。

他们的恐吓没有吓倒拿破仑，他反而把这当成是宣战的最好理由。

很快，法军开始通过人口稀少的图林根地区向北进发，每人携带四天口粮。在符兹堡、班堡和弗赫汉还准备了大约十天的补给量。

缪拉的骑兵前卫在霍夫与陶恩齐恩的萨克森师迎头遇上了。法国骑兵们风卷残云一样向着敌人猛扑了过去，萨克森士兵被他们的气势吓倒了，战斗还没持续多久，他们就仓皇逃窜了。刚退到希莱兹，还没等喘口气，就又遇上了贝尔纳多特的前卫。萨克森师腹背受敌，损失极其严重。

拉纳率领的部队向着萨尔弗尔德城步步紧逼，霍恩洛厄军团前卫费迪南亲王率领的九千人正好驻扎在这个地方。费迪南亲王年轻而且精力旺盛，但是他的致命缺陷是缺乏实战经验，并且刚愎自用。

费迪南亲王不顾一切地命令自己的部下向法国部队发起进攻，然而，因为普鲁士方面兵力有限，很快就被拉纳打垮了。但费迪南亲王仍然不服输，亲自上阵与敌人肉搏，一位法国下级士官冲着他大喊道："上校，投降吧，不然就让你去见上帝。"费迪南亲王听了这种话，气不打一处来，举起刀来就向这位军官恶狠狠地砍去，军官也不示弱，刀尖一下子刺进了费迪南亲王的胸口，他果然去见了上帝！

费迪南亲王阵亡的消息很快就传到了普鲁士，各路军队的士气一下子衰落了起来。而普鲁士军队的初期失败，也使得总司令布伦瑞克慌了手脚。这时，他才惊讶地发现，自己竟然犯了一个严重错误：向符兹堡前进恰好使自己的左面和后方暴露在法国优势兵力之下。于是，他决定立即退到马格德堡和易北河谷，以便掩护浦路谁军队与柏林之间的交通线。右边的布吕歇尔军也奉命退回魏玛，霍恩洛厄军则奉命将兵力集中在耶拿以西的高原上以保护左翼。

苏尔特率领第四军为先导的法军右路纵队到达普劳恩。以贝尔纳多特的第一军为前锋的中路纵队进抵奥巴以北；而左路纵队的拉纳第五军也进入萨尔费尔德。一天晚上，苏尔特曾经给拿破仑送来一个情报，说普鲁士部队正从普劳恩向格拉撤退，这个情报让拿破仑误以为普鲁士军队的主力正在这个地方集中，并准备会战。

然而这之后不久，缪拉的报告就说他的骑兵已经通过了格拉，发现这个地方并没有占领，萨克森军似乎已经向西经由罗达撤在耶拿。这个时候，贝尔纳多特的第一军也到达格拉，而拉纳的第五军则从萨尔费尔德进至诺斯塔特，随后而至的还有奥热罗的第七军。

此时，拿破仑已经把各路纵队成功地集中起来了，然而，对于普鲁士军队的战略部署却仍然是一无所知的状态。

直到午夜，拿破仑在奥马接到的缪拉的报告，才使他对普鲁士军队的行踪有了一点线索。在格拉以北抓获的萨克森军俘虏供称："普鲁士国王在爱尔福特，有二十万人。"后来，法国部队又截获了一些敌军文件，也从侧面证实了这位俘虏的话。从文件中分析，拿破仑估计普军主力在爱尔富特和魏玛之间。

拿破仑给拉纳和缪拉分别写了一封信。在给拉纳的信中，他先是对他在萨尔费尔德取得的胜利进行了祝贺，然后说道：

根据我们截获的信件，我们有充分的证据认为敌人现在已经完全处于晕头转向的状态中。他们不断地磋商、讨论，不知道应该如何应对这种状况。你应该能够看出，我们的部队现在已经集中起来，并且还将敌军通往德累斯顿和柏林的道路完全封锁。现在我们要做的就是消灭敌人，所以我要求，只要碰见敌人就打，将敌人各个击破，不要给他们集中起来的机会。

同时，他还给缪拉写信道：

今天中午之前我将赶到格拉。如果你一直注意我军的态势，就能发现，我正在对敌实施彻底包围。但是，现在我需要获取有关敌人意图的情报。蔡茨的邮局是否能够为你提供一些情报，如果你获得情报的话，请立即通知我。在前进中要大胆进攻你所遇到的敌人，不要心慈手软。达武元帅正将其所有骑兵直接派往瑙姆堡。在骑兵的帮助下，想必你就能够横扫整个莱比锡平原。

苏尔特、奥热罗、内伊、拉纳四军奉命集结在耶拿，准备渡过萨勒河，对正集中在魏玛和爱尔富特之间的普鲁士军队主力进行围攻。同时，拿破仑又给贝尔纳多特军和达武军下达了一个命令，要求他们在听到耶拿的炮声之后，就对普鲁士军队的左翼发起进攻。

拿破仑在距离耶拿不到七公里的地方，收到了拉纳的一个报告，说他已经把这个镇占领了，并且把一支大约有一万两千人的敌军赶向魏玛方向，另有一支三万人的敌军驻扎在耶拿以西靠近魏玛的大路上。一小时后，拿破仑就急匆匆赶到了耶拿，并在这个镇西北的兰德格拉芬山与拉纳会合，他从那里侦察了敌军前哨所据守的阵地，那是一条叫作德恩贝格的长岭，朝北有两公里长，位于克罗斯维茨村和鲁茨罗达之间。

实际上，据守在这个阵地的只有霍恩洛厄的前卫，也就是陶恩齐恩的萨克森师，这个师在霍夫和施莱茨曾两次受到法国部队的痛击。然而，拿破仑却以为敌军可能在第二天向他发起进攻。其他各军尚未到达耶拿，而且还必须在夜间从那里过桥，所以，他立即把近卫军派去支援拉纳。

拿破仑抽空在兰德格拉芬山的临时宿营地补充了一下睡眠，但也只睡了几个小时而已。他口授了下述作战命令：

奥热罗元帅被任命为左翼部队的指挥官，他将率领着第七军驻扎在靠近魏玛的大路上，加赞将军已经把在高原的炮兵阵地尽可以向前推移了。他在高原左段也必须确保拥有足够的兵力，与其纵队的先头部队保持平齐。除此之外，奥热罗将军还应该沿着整个敌军战线在高地下来的各个路口布置零散的小分队。等到加赞将军前进的时候，他就应将他的全部兵力在高原上展开，并等待一个良好的时机向前前进，从而构成整个军团的左翼。

拉纳元帅率领的第五军应该在黎明前将其全部炮兵部署在他们过夜的地方，形成一个强有力的火力线。在岭上需要部署的是近卫炮兵，近卫步兵则应该被安排在高原的后面，排成五列横队，第一列横队由轻步兵组成，据守山顶。

絮歌将军的全部师属炮兵要对位于我们右侧的村庄（克罗斯维茨）进行轰击，以最快的速度将其攻占。

内伊元帅率领的第六军在黎明时应在高原的边沿就位，以做好准备，一旦这个村子被攻克，就马上攀登高原向拉纳元帅的右方前进，然后从那里展开兵力。

苏尔特元帅率领的第四军应该从右方已经侦察过的那条小路展开，并继续留在该地附近构成右翼。

各元帅所部战斗序列均应成两列横队，轻步兵横队不计在内，横队之间的距离不超过二百码。

各军的轻骑兵应置于最适当的位置，以便各军军长可以在合适的机会进行调用。

重骑兵一到达就进入高原上的阵地，并在近卫军之后做好准备。

所有的部队在拂晓时应该确保准备就绪，等待我发出的作战信号。

今天，我们的当务之急是在平地上展开，这之后我们再根据敌人的运动和兵力作出下一步部署，以便把敌人从他们目前所占领但对于我方又十分必要的阵地上驱逐出去。

天刚蒙蒙亮，拿破仑就在一群侍卫的陪同之下，骑着马来到部队中间，检查战斗前的准备情况。这天天气非常寒冷，而且还到处弥漫着浓浓的晨雾。但士兵们的士气还算高涨，拿破仑不断地与他们进行交谈，激励他们，他告诉士兵们：“今天普鲁士军队的处境，就和一年前奥地利军队在乌尔姆的处境一样。”

不管拿破仑走到那里，迎接他的都是欢呼声。这欢呼声穿过了浓雾，一直传到了普鲁士的军营里，让他们个个都感到心惊肉跳。

早上六点，拿破仑一声令下，法国士兵们乘着雾色向前前进。拿破仑万万没想到，此时他们面对的只是担任后卫的霍恩洛厄军团，普鲁士部队的主力早就已经向北撤去了。

战斗刚一打响，法国人就占了上风，霍恩洛厄的几个师没过多长时间就被打得落花流水。拉纳军继续攻击前进，霍恩洛厄命令两万人排成密集的横队，向拉纳军团发起猛烈攻击。

拉纳看到敌众我寡，于是就不再贸然进攻，而是命令部队采取守势。几乎是在一瞬间，法军不见了，只看见一颗颗子弹、一串串炮火从房屋后、从果园里、从断墙边不断朝密集的普鲁士士兵们飞来。

我们可以看到军事史上最出奇最不幸的怪事：一个极为壮观的步兵阵线，在整整两个小时的时间里，站立在开阔地带上，任由敌军无情地对其进行火力扫射，却毫无还手之力，因为他们根本找不到还击的目标。普鲁士军队死伤一片。

霍恩洛厄看到情势已经如此危急了，于是就急忙派人向驻扎在魏玛的布吕歇尔军求援。布吕歇尔的部队距离耶拿只有十公里，但是却迟迟没有赶过来。萨克森师也未能及时投入战斗。

与此形成鲜明对比的是，法军的援兵却接二连三地赶到：苏尔特军团的两个师已经进至拉纳军团的右翼，内伊军团精兵一部也已参战，奥热罗军团第二师进至普军右翼萨克森附近，骑兵军团五个师也将集于战场。

上午十点左右，太阳出来了，浓雾渐渐被驱散，法国士兵们的士气越发高涨了，而普鲁士军队在他们的打击之下，已经奄奄一息，连挣扎的力气都没有。霍恩洛厄不顾一切，把所有预备队都投入了战斗，希望能够撑到布吕歇尔援军的到来。

中午十二点，拿破仑决定发起最后一击。他马上下令将预备队、近卫军、骑兵军全部投入战斗，向已经拼死挣扎的普鲁士军队猛扑过去。对方根本抵挡不住这样的攻势，很快就沿着山坡溃逃。在法国士兵的穷追猛打之下，普鲁士军队死伤者无数。与此同时，扼守魏玛公路的三个萨克森师全都被围歼了。

就算到这时，霍恩洛厄还残存着最后一丝希望——援军如果马上到来，溃散的部队就可以躲在援军后面，从而避免全军覆没的命运。

然而，布吕歇尔将军显然无法体会他的急切心情，他收到求援消息之后，带着自己的部队不慌不忙地向耶拿出发。直到下午两点，他的先头部队才与法军遇上。他们刚刚靠近法军，还没来得及摆开战斗阵势，就被猛扑上来的法国士兵们打得落花流水。只用了十五分钟，法国部队就使布吕歇尔的部队丧失了一半以上的兵力。幸存的普鲁士士兵们纷纷掉转头来，朝着魏玛方向猛逃。在法军骑兵的追击之下，布吕歇尔身负重伤，差点就把命扔在了战场上。

下午四点，法国部队开始成纵队对普鲁士的残兵败将们进行追击。他们不抓俘虏，不听求饶，只要看到普鲁士的军官或者士兵就会杀个不停，溃逃的普军大都成为法军的刀下之鬼。直到夜幕降临的时候，法国部队才鸣金收兵，得意扬扬地回到了耶拿城。

直到这个时候，拿破仑仍然认为，他已经击败了普鲁士军队的主力。

拿破仑回到耶拿城的时候，第三军一个名叫托布里安的上尉已经在那里等候他很长时间了。这位上尉向拿破仑报告说：第三军在奥尔斯塔特击败了由布伦瑞克指挥的普鲁士军队主力五万人，普鲁士国王和他的大本营也包括在内。

拿破仑还以为自己的耳朵出了问题，于是大声对他说："你们元帅把一个人当成了两个人了吧！"

事实的确如那名上尉所说。弗里德里希·威廉三世和布伦瑞克率领普鲁士军队的主力从爱尔富特和魏玛向北撤退，途经耶拿西北二十多公里的奥尔斯塔特。他们决定在这里宿营休息。这时，已经占领了瑙姆堡的达武军接到拿破仑的命令，叫他选择最短路线，尽快抵达耶拿以北的阿波尔达，威胁敌军左翼。达武军立刻行动起来。

当达武先头部队抵达奥尔斯塔特东北的汉森豪森村时，正好与普鲁士主力军队的前卫施美陶的步兵师和布吕歇尔的骑兵师迎面遇上。达武的先头部队马上构成方阵，集中火力射击，接连打退了普鲁士部队的四次冲击。施美陶的步兵师因为受到了法国人的火力阻拦，难以继续前进，于是就与法军形成对峙之势。

十点，达武军后续两师先后赶到，然而，普鲁士军队的后续部队也于这个时候赶到了。普军五万多人从左右两翼猛烈攻击达武的两万多人，达武的处境一下子变得艰难起来。

这时，就在奥尔斯塔特附近的贝尔纳多特军明明知道达武陷入困境，却不肯出手相助。贝尔纳多特与达武一向不和，他觉得去协助达武作战有失尊严。所幸的是，普鲁士军队仍然拘泥于横队密集型的"线式战术"，呆板的方阵很快就受到法军灵活机动的火力杀伤。普军总司令布伦瑞克见法军顽强抵抗，亲率一团榴弹兵冲锋，不想被弹丸击中双眼，造成致命重伤，被抬出战场。普鲁士军队一下子变得群龙无首，各师只好各自为战，很快就处于不利地位，弗里德里希·威廉三世只得下令向魏玛方向撤退，准备与霍恩洛厄和布吕歇尔两军会合，以后再战。

弗里德里希·威廉三世在撤退的途中，正好与耶拿战场上的残兵败将遇上，看到士兵们的惨状，他不禁仰天长叹道：一切都完了！

原本想给拿破仑一个下马威，没想到，在战争刚开始一周的时候，就遭到了彻底失败。弗里德里希·威廉三世只能埋怨自己时运不济，遇上了拿破仑这个强大的对手了。

拿破仑对部下的英勇作战非常满意，对达武以两万人的劣势兵力打败五万人的普鲁士主力部队更是称赞不已。在10月的大会战中，唯一没能赢得荣誉的法军将领是第一军军长蓬特-科沃亲王贝尔纳多特元帅。他在这次战役中的表现受到了拿破仑的严厉谴责。他在拒绝达武关于从瑙姆堡一道向阿波尔达进军的建议之后（该建议显然是皇帝旨意），顽固地坚持前往先前指定的地点多恩堡。尽管那一整天他都可以听到从耶拿和奥尔施泰特这个方向传来的枪炮声，他又正处于两个战场之间，到两地的距离都只有十一公里，但是他却一直消极地在那里枯坐着，一直到下午四点战斗结束。

拿破仑对贝尔纳多特的见死不救非常愤怒，在瑙姆堡他当着一批军官的面说："我要是把他提交军事法庭，他准会被枪决。我不对他说这些，但是他不至于不明白我对他的行为是怎么想的。他有很强的荣誉感，自己不会不知道他的行为是可耻的。"然而，考虑到德茜蕾的缘故，拿破仑最终还没有对贝尔纳多特进行重罚。

攻占柏林

普鲁士军队继续溃退，而入侵者却像洪水一样，奔腾着沿着图林根山谷汹涌而下，在萨克森和勃兰登堡的平原上，他们肆意地泛滥着。道道河川，重重壁垒，在他们的威力之下，都彻底失去了作用。

拿破仑判断，普鲁士军队会向马格德堡撤退，于是，他把法国部队分成三路，开始了战争史上颇负盛名的大追击。

在溃败的过程中，普鲁士军队的人数一天比一天少，而绝望恐惧的心情却一天比一天更加严重。普鲁士败退军队的指挥官美伦多夫在爱尔富特率领着上万人向缪拉投降。缪拉又一鼓作气，策马东进，追击霍恩洛厄的残兵败将。在拉纳军的协助之下，缪拉终于迫使霍恩洛厄在普伦茨劳投降。

拿破仑带领着自己手下的几位元帅得意扬扬地进入了柏林。他摆出最精锐的军队，按分列式进入内城，希望能够给当地人民留下最深刻的印象。

排在最前列的，是近卫军的步兵突击队和轻骑兵，中间是其他队伍，随后又是这些久经战阵的老兵队伍，他们当时已经以那个年代最勇猛的战士而著称。在这些队伍中间，三位元帅簇拥着最为闪耀的人物——拿破仑。

在这一群人当中，朴实的贝尔蒂埃并不引人注目，然而他的可靠与有条不紊，却是法国部队取胜的一个重要因素。

走在贝尔蒂埃身边的是达武。他脸上的表情非常沉着，似乎一点儿也不像刚在战场上取胜的将军，倒像是一个普通老百姓。身材高大的奥热罗就要显眼多了，他在耶拿作战虽然有功，却不足以保持他在斯蒂维耶雷之战所赢得的崇高声誉。随后还有拿破仑非常信赖的副官迪罗克，他跟他的主人一样身材矮小，严肃冷酷，身经百战。他在柏林已经有了一些名声，因为他曾经两次到这里设法加强法国与普鲁士之间的联盟。

然而，最令人敬畏的，还要数拿破仑了。几乎所有人的目光都集中在他身上。他现在已经不像年轻时候那么消瘦了，而是壮实了很多。他那由于不断思索而皱着的眉头和深奥、锐利的眼睛，都让人一见难忘。

柏林市市长恭敬地向拿破仑鞠躬，把柏林的钥匙交到他手中，并请求他赦免柏林。拿破仑下令，商店继续营业，生活照常进行。然后，他来到了柏林市中心广场，这里竖立着腓特烈大帝的半身塑像。拿破仑压低剑头，脱下军帽，向腓特烈大帝致敬，他的部下们纷纷模仿他的行为。

在普鲁士王宫里，拿破仑找到了腓特烈大帝的宝剑、他的颈甲以及勋位绶带和闹钟，他让人把这些东西带回巴黎，交荣军院保存，他说："在缴获的普鲁士国王的珍宝中间，我最喜欢的就是这些战利品。我要把这些东西送给参加过汉诺威战役的老兵，他们将会把这些东西作为伟大军队的胜利和罗斯巴赫战役失败后所进行的复仇的象征珍藏起来。"同一天，拿破仑还命令把腓特烈大帝为纪念法国人在罗斯巴赫的失败而建立起来的纪念圆柱运到巴黎去。

进驻柏林之后，拿破仑命令部队继续对普鲁士军队的残余势力进行追击。这个时候，布吕歇尔和魏玛公爵把四散而逃的败兵们召集了起来，集合了一支大约有两万人的部队，向北逃去。一路上，贝尔纳多特、苏尔特和缪拉对他们进行了猛烈追击。最后他跑进了靠近丹麦国境的卢卑克，丹麦国王出于对拿破仑的恐惧，坚决不准布吕歇尔入境。布吕歇尔只能在那里进行拼死挣扎，最终向数量上占压倒优势的法国部队递交了投降书。

此时，在法国部队秋风扫落叶一般的无情打击下，普鲁士到处都笼罩在绝望和沮丧的氛围之中，很多强大的城堡几乎没有进行任何抵抗，就向法国人投降了。马格德堡是普鲁士最后一个尚未投降的要塞，11月，克莱斯特将军带领全部守军向法军投降，这个号称第一流的强大要塞落入法军手中。

到此时为止，普鲁士战役已经宣告结束，几乎所有的普鲁士城市都被拿破仑控制住了。

拿破仑的心情从来没有像现在这么愉快过。以弗里德里希大王的尚武精神培养起来的普鲁士军队，曾经是欧洲最强大的军队，现在却被他打得四处溃逃。

只用了短短一个月的时间，作为欧洲四大国之一的普鲁士就不复存在了！整个欧洲都震惊不已，德意志各小国更是如同惊弓之鸟，胆战心惊，他们急忙派人到波茨坦宫向拿破仑表示归顺。

此时的拿破仑，彻底陶醉在胜利之中，在他看来，整个世界都已经被他踩在了脚下。

弗里德里希·威廉三世不得不四处流浪，最后躲在了普鲁士王国的边境小城美默尔城。他没想到普鲁士的各个城市竟然那么快就会被拿破仑控制住，他懊恼地抱怨自己，不该不自量力地发动这场战争。他给拿破仑写信，请求休战，但拿破仑却回答他："太晚了！但是不要紧，我希望停止继续流血，准备听取不至于损害这个国家的荣誉和利益的任何条件。"

于是，拿破仑与弗里德里希·威廉三世开始谈判。拿破仑提出的条件是：把易北河以西的地方全部割让给法国。普鲁士赔偿军费一亿法郎。承认萨克森及易北河以西的德意志诸邦加入"莱茵同盟"。普鲁士将华沙、波森交还给法国等。后来又提出将但泽等九个要塞让与法国。虽然条件十分苛刻，然而在军队已经全军覆没的情况下，除了答应这些条件之外，普鲁士国王还有什么道路可走呢？他无奈地暂时承诺了这些条件。

战争的胜利使拿破仑胃口大开。拿破仑在柏林颁布了著名的"大陆封锁令"，强迫整个欧洲大陆屈从自己的意志，同英国在经济上打一场殊死战。

拿破仑在列举巩固航海条例的罪状以后，宣布不列颠群岛处于被封锁状态。禁止同它有任何商业往来，声言法国及其盟国军队不论在何处发现英国的货物或臣民，将分别予以没收和监禁。禁止买卖英国及其殖民地的货物，禁止任何曾靠大不列颠港口的船舶进入法国及其盟国的港口，任何串通违犯柏林敕令的船舶，都将作为合法的战利品加以扣留。总之，凡是法国势力所及之处，都不得同英国有任何交往，否则都被认为是犯罪，是对拿破仑尊严的背叛。拿破仑命令元帅们尽可能逐步完全地占领北海和波罗的海沿岸地方，在那里派上法国税吏和宪兵，以杜绝和消灭走私行为。这个对法国、意大利、瑞士、荷兰和来因邦联都具有约束力的谕旨，构成了大陆封锁体系的基础。

"大陆封锁"一词概括了一切禁绝英国货物进入大陆市场的措施，其目的在于摧毁英国。

不管对他所采用的手段有什么看法，拿破仑所描绘的图画是足够宏伟壮丽的。就算英国控制了海洋，他却统治着大陆。而大陆作为丰饶多产之所，是必然要制服空荡无物的苍茫大海的。当时的认识就是如此，往后可以看到这是似是而非的。但这种想法却强烈打动法国人民的心，以为确有把握迫使他们的世仇俯首屈膝。不仅如此，这还给予拿破仑以强有力的统治机器。不只用来巩固他在法国的地位，而且用来把他的统治扩展到北德意志，以及为完成其创举似乎必需的一切海岸地区。

在拿破仑的淫威之下，欧洲以一种沉默的、惊惧的态度无奈地接受了封锁法令。这一法令使英国和欧洲的联系被暂时割断了，这对擅长借助他人之手发动一次又一次反法战争的英国来说，是一次非常沉重的打击。

在此之前，英国还从来没有跟这么强硬的对手较量过，它向来无往不利的英镑，此时也失去了效力。它唆使别人为自己"火中取栗"的手段暂时失去了活动场所，英国第一次面临着整个欧洲大陆的挑战。

为了从这种困境中摆脱出来，英国再一次去找它的盟友。英国去找了奥地利，然而此时的弗朗西斯二世仍然对奥斯特里茨战役中的惨败心有余悸，而且他也非常愿意看到普鲁士的毁灭，所以拒绝了英国的请求。英国还去找了俄国，英国使者告诉亚历山大一世，如果他愿意与拿破仑斗争从而解救普鲁士，那么英国会给予他财政上的支持。亚历山大一世动心了，于是决定接受这个艰巨的任务。

11月，普鲁士国王弗里德里希·威廉三世在奥斯泰罗德召开御前会议，讨论和约的事情。正当大家因为意见出现分歧而争论不休的时候，传来消息说英国已经说服俄国帮助普鲁士对付法国，俄国军队已在西进之中。

弗里德里希·威廉三世的精神为之一振，他当即把和约扔到了一边，决定拿起武器再战，以雪亡国之耻。12月，普王下诏整顿军队，严惩失职将领。什切青、马格德堡等要塞守将，因不战而降，被撤职查办。作战不力而降、临阵脱逃者也处以严刑。英格尔里本因弃守库斯特林而被处死。普鲁士军民正处于覆军亡国的悲痛之中，听到他们的国王继续作战的决定，也纷纷表示愿意武装再战。

几乎就在同一时间，法国派往各国的间谍把英俄谈判的情况汇报给了拿破仑。拿破仑知道，这一次，自己的对手不再是老迈的普鲁士，而是一个强大的、曾经诞生过彼得大帝的俄国。

然而，尽管如此，充斥在他心中的，不是紧张和惊惧，而是坚定的信心和昂扬的斗志！

弗里德兰大捷

俄国急于报奥斯特里茨失败的一箭之仇，十五万大军浩浩荡荡地开进了华沙。拿破仑也毫不示弱，1806 年 11 月，他向自己的部下们发出了向东挺进的命令。他必须在寒冬到来之前给俄国部队以沉重的打击。如果等到春天再行动的话，俄国人就会组织一支更强大的兵力，那时，奥地利也已经从失败中缓了过来，说不定也会加入其中。

拿破仑命令缪拉统帅达武、拉纳和奥热罗三个军以及他自己的骑兵团，共六万六千人去占领华沙和普罗克之间的维斯杜拉河一线，让他务必要保住布格河、纳雷夫河和乌克拉河上的桥头阵地。这三条河在华沙以北三十二公里处汇入了维斯杜拉河，而华沙城正是进入整个北波兰平原的至关紧要的战略要地。在他的左翼，内伊的第六军奉命渡过维斯杜拉河占领索恩，从而开辟出一条能够直达东普鲁士马苏里亚湖地区的通道。

俄军前卫的指挥官本尼格森看到法国部队步步紧逼，于是决定放弃华沙，向北撤退到纳雷夫河边的普尔塔斯克，等待主力部队的到来。

缪拉在拿破仑的指示下，带领部队向普尔塔斯克推进。1806 年 12 月，拿破仑又命令其他的部队，也就是苏尔特的第四军、内伊的第六军、贝尔纳多特的第一军和近卫军全部越过维斯杜拉河，向乌克拉河一线大举推进。两天后，拿破仑来到了华沙，并在这里建立了一个大本营。

拿破仑把法军分成左、中、右三路，向俄军发起全面进攻。

法国的三路大军气势浩大，令人望而生畏。俄军总司令卡门斯基感到自己的部队有可能会被切断退路，于是就决定向东北方向撤退。然而，他手下的两位将军本尼格森和霍夫顿却不愿意执行这个命令。他们坚持要以纳雷夫河为依托，阻止法军东进。

法军右翼拉纳军对普乌土斯克的本尼格森阵地发起了来势迅猛的攻击，没想到，他们遭到了俄国部队的猛烈回击，几次冲锋都被击退，损失巨大。拿破仑又集中苏尔特、达武、奥热罗三个军向坚守戈维明阵地的霍夫顿发起了勇猛的进攻，霍夫顿军的战斗意志也很顽强，对法军进行了毫不留情的打击。

最终，俄军终于无法抵抗法军持续不断的进攻，无奈地放弃了坚守的阵地。这天的天气十分恶劣，一会儿下雨，一会儿飘雪，整个纳雷夫河谷都变成了一片泥泞不堪的沼泽地，有些地方竟至人陷过膝，马陷及腹，车陷过轴，俄军不得不丢下火炮，向东北方向撤退。法军因损失较大以及道路难行，无法继续追击俄军。

在普尔塔斯克战役中，虽然拿破仑取得了最终的胜利，但是这一仗打得却一点儿也不轻松。法军伤亡超过三千人。第一战就如此艰巨，士兵们的士气一下子变得了低落了起来。拿破仑骑马从他们身旁经过的时候，充斥到耳朵里的全都是抱怨和牢骚之声，再也没有人像在奥斯特里茨时那样向他高声欢呼"皇帝万岁"了。

北方的严冬、泥泞不堪的道路以及低落的士气使得任何进一步的军事行动都无法继续了，于是拿破仑决定让军队就地宿营过冬，等到第二年春天的时候再采取行动。

俄军蜂拥着退到了纳雷夫河上游的沃姆日阿及其以北地区。因为卡门斯基年老体弱，力不从心，亚历山大一世只好免去了他的总司令一职，命令本尼格森接替他的职务。本尼格森看到法国部队已经停止作战，也让俄军宿营过冬。

正当双方相安无事之时，一个突发事件打破了暂时的安宁。内伊的第六军宿营在沃斯特鲁达地区，因为这个地方人烟稀少，所以部队无法就地补给，缺粮缺水严重。为了改善这种状况，内伊擅自作出决定，派出一支部队向北面远处相对比较富饶的地区发动一场突袭。1807 年元月的第一周，内伊开始行动，一下子就深入东普鲁士境内一百多公里。

内伊的莽撞行动令本尼格森误以为法国重启军事行动，于是，他迅速带领六万多人向西挺进，想把内伊赶过维斯杜拉河下游。

1807 年 1 月俄国部队反攻到莫伦根，这一突如其来的反击，使法军左翼和托伦的前进补给基地都陷入了危险之中。贝尔纳多特的第一军立刻向莫伦根开进，挡住了俄军的进攻。

内伊擅自行动惹来的麻烦让拿破仑暴跳如雷，这个时候开战，对于法军非常不利。然而，事已至此，他也没有别的办法了，只能迅速作出反应。

此时，拿破仑发现俄军西进使得它的左翼暴露在南来的攻击之下。于是，他决定摆脱被动局面，主动出击。他下令让贝尔纳多特带领着第一军向后撤退，从而诱使俄军向维斯杜拉推进。而法军的其他部队则经阿伦施泰因北上，把俄军的退路切断。

此时天下正下着鹅毛一般的大雪，法国士兵们在大雪中火速行军，拿破仑的大本营也以惊人的速度向索恩搬迁着，各个部队都如时到达了预定的集结位置，准备对俄军发起攻击。

然而，就在这时，意外再次发生了。贝尔蒂埃派去给贝尔纳多特下命令的信使在送信途中被哥萨克骑兵抓获了，拿破仑的全盘作战计划都被暴露无遗，本尼格森立即意识到自己的处境十分危险，于是，他果断地率领部队向位于东北方向的柯尼斯堡撤退。

拿破仑看到俄国人想偷偷溜走，马上下令部队向北追击。只有贝尔纳多特的第一军留在原地没有行动，因为他根本就没有接到拿破仑的命令。

缪拉的骑兵军和苏尔特的第四军组成的前卫部队终于在一个叫作埃劳的小镇追上了俄军后卫，一场激烈的遭遇战马上被引爆了。俄国人看到大事不妙，马上放弃了埃劳，退回到了他们的主力部队所据守的阵地——埃劳东面的山脊上。与此同时，拿破仑的大军也纷纷赶到了这个地方。

2 月的一个清晨，拿破仑亲自指挥法军作战。他命令苏尔特的第四军和奥热罗的第七军从埃劳发起正面攻击，法国士兵们如猛虎下山一般，勇猛地向敌军阵地冲去，然而，就在这个时候，风雪大作，士兵们几乎睁不开眼睛，根本找不到射击的目标。而他们的敌人现在正好处于顺风的位置，所以几乎没有受到风雪的影响。俄国士兵们把火炮架在山岗上，对在风雪中挣扎的法军进行了劈头盖脸的扫射，法国士兵们一排排倒下，奥热罗也受了轻伤。

他赶紧命令士兵们后撤，就在这时，黑压压一片哥萨克骑兵冲杀过来，对着法国士兵们就是一通刺杀，直打得他们七零八落。

拿破仑看到这种情景，亲自率领部队向敌人发起了进攻。

说这是一场血战，一点儿也不为过。因为天气极度恶劣，双方只能硬拼，火炮在天上飞来飞去，还有很多人直接开始了肉搏。没过多长时间，战场上就已经尸横遍野了。

拿破仑在连续几个小时的激烈战斗中，一直站在最前线。被炮弹打断的树枝和雪块不断地掉落在他身上，但他却丝毫不在意。有一次，一枚炮弹就落在他身边，差点儿把他炸个粉碎。

贝尔蒂埃一直劝说他离开这个地狱一般的地方，但却都被拿破仑拒绝了。后来，贝尔蒂埃回忆说："在我一生中，从来没有像皇上在埃劳那样使我吃惊的，当时他眼看就要被俄军踩在脚下。俄军在进迫，他却屹立不动，只是不断说：'好勇敢啊。'"

站在拿破仑身边保护他的近卫军换了一批又一批，在他的脚下，躺着无数士兵的尸体，但拿破仑却一直没有退却。他的精神使士兵们深受鼓舞。英勇的奥普尔将军策马奔至皇帝面前，大声说道："陛下，等着看我的刀吧，砍敌人的脑袋就像切奶酪一样快！"

战斗持续了一整天的时间，在冰天雪地的荒野里，躺满了尸体和痛苦呻吟的伤兵。此时，拿破仑与本尼格森都有些吃不消了，士兵们在经历了一整天的厮杀之后，也已经到了崩溃的边缘。

就在这紧要关头，达武率领部队如从天降，他们成功地迂回到敌军左翼。俄军受到法军的两面夹击，防线开始动摇。到了夜色已深时，本尼格森终于坚持不住了，率领全军向柯尼斯堡撤退。法军损失惨重，也没有力量再去对俄军进行追击了。

埃劳之战是拿破仑自从指挥作战以来，流血最多的一次战役。八万名法军参加了这场战役，伤亡人数达到了一万五千人。而俄军方面，七万三千人损失了一万八千人，情况也很惨烈。

虽然法军赢得了最终的胜利，但拿破仑心里非常清楚：本尼格森并没有真正被打败，他还拥有一支威力强大、骁勇善战的军队。

第二天，缪拉带着一些没有参加战斗的骑兵对俄国部队进行了象征性的追击，他发现敌军已经在普里格河右岸进入支撑点。于是，拿破仑把法国部队向西南方向后撤了八十公里，在帕萨尔格河、阿勒河和奥穆莱夫河以西宿营过冬。

战斗进入了长达几个月的沉寂状态。在这段时间里，拿破仑重新整编了疲惫不堪的军队，并且进一步巩固了他在所占领的德意志北部的地位。拿破仑撤销了在埃劳战役中损失严重的第七军，提前征召了1808年度的八万名新兵，把其中两万五千人补充到前线各军。

与此同时，他还再次发挥自己的外交手腕，诱使土耳其对俄国发起更有力的进攻行动，亚历山大一世不得不把大批兵力调往与土耳其军队作战的前线。拿破仑还向波斯派去一个使团，希望波斯国王能在俄国东部各省区对俄军进行打击。西班牙也接到了拿破仑的一份文件，文件要求西班牙支援法军一万五千人。

5月初，随着春天的到来，天气情况逐渐转好，拿破仑前线各军开始集中，充分做好战斗准备。

6月，本尼格森向内伊军发起进攻，当时内伊军距离俄军的驻地最近。因为兵力相差悬殊，内伊只能且战且退，一直退到了帕萨尔格河彼岸。拿破仑立刻命令第一、三、四、八军和第五军迅速发动反攻，不但挽回了败局，而且还把俄军赶到了海尔斯堡要塞。

海尔斯堡要塞，是普鲁士经营了很多年的一个重点要塞。6月10日，双方在海尔斯堡进行了一场激战。这场激战是另一场埃劳之战。法国部队连续攻打一天，始终没能取胜，而且还损失惨重。俄军在经过一天的顽强抵抗后，也已经力竭。就在这时，法国的第三第四两军从俄军的右翼向其侧后迂回，准备切断要塞守军与柯尼斯堡的联系。据守在要塞中的俄军看到这个情景顿时惊慌失措，主动放弃海尔斯堡，朝柯尼斯堡退却。

本尼格森带领着部队继续向弗里德兰撤退，这是仅剩的一个能够让他渡过阿勒河的地点了。

弗里德兰是距离柯尼斯堡三十多公里的一个小镇，为了阻止俄军渡河，拿破仑迅即决定夺取这个战略要点。

马伦哥战役的七周年纪念日时拿破仑相信，马伦哥的好运一定会复制到弗里德兰战役中。他向士兵们高呼：这一天，俄军将重蹈奥地利部队的覆辙！法国士兵们的士气一下子高涨了起来。

拿破仑命令拉纳军架起火炮，向俄军发起进攻。拉纳以一万人的兵力顽强地抗击着俄军五万人，他们的强大火力打得俄军毫无退路。到了下午五点，拿破仑率领着第六、第八、第一军和近卫军赶到了，疲惫不堪的拉纳军看到援军到来，欢呼雀跃声一片。

拿破仑随即向各军军长下达了以下命令：

内伊元帅率领的部队作为右翼，从波兹南直接赶往索特拉克，……拉纳元帅居中，从内伊元帅的左侧，也就是海恩里希多夫向左分散开来，把兵力一直部署到波兹南村对面。乌迪诺的掷弹兵突击队暂时被安排为拉纳的右翼部队，但要逐渐向他的左翼进行移动，从而吸引敌人的注意力。拉纳元帅应该尽可能将其属下的各个师疏开配置，从而构成两条强有力的作战线。莫蒂埃元帅率领的部队为左翼，牢牢控制住海恩里希多夫和柯尼斯堡的道路，并从那里分散开来，与俄军的右翼进行对峙。但莫蒂埃元帅不需要向前前进，因为我所安排的整个迂回行动都是以左翼作为枢轴而由右翼实施的。

埃斯佩恩将军率领的骑兵和格鲁希将军率领的龙骑兵应该与左翼的骑兵通力合作，当敌军在我军右翼兵力的强大攻势下被迫后撤时，这几支队伍必须马上乘胜追击，给予敌人最大限度的打击。维克托将军和近卫军的骑兵和步兵组成一支预备队，部署在格隆霍夫、波的克姆和波兹南之后。拉豪塞的龙骑兵师由维克托将军指挥，拉图尔一莫堡的龙骑兵师则由内伊元帅指挥；南苏蒂的重骑兵师受拉纳元帅的指挥，并与拉纳预备军的骑兵协作。

我将和预备军在一起。这次进军由右翼部队牵头。进攻的进展，由内伊元帅掌握，一旦我发布撤退命令，内伊必须严格服从，不得延误。右翼的攻势一开始，凡是我军参战炮兵都应该以恰当的阵列迅速开火从而掩护右翼进攻。

拿破仑对战场进行勘察之后，发现了本尼格森犯了一个致命的错误：俄军急于渡河，五万人全都挤在一条狭窄的河谷之中，而背后只有一座桥梁。同时，这条河流也不利于防御，因为阿勒河逶迤回环，形成了几个突出部，这就使法军炮兵能够纵射俄军阵地的各个地段。

于是，拿破仑把法国部队分成三路，对弗里德兰阵地形成包围之势，然后集中火炮向俄国士兵们猛射。

拿破仑再一次亲赴战场指挥战斗。俄国部队勇猛地进行自卫，他们的炮弹如同雪片一般，落进了法国人的阵地。一次，有一枚炮弹几乎擦着拿破仑的头皮飞过，站在他身边的士兵急忙趴到地上躲避，拿破仑却淡然地对他说："如果这颗炮弹注定会击中你，那你就是躲到地底下也没用！"

虽然俄军表现得非常顽强，然而，总司令本尼格森的致命错误却使他们的顽强全都化为了乌有。面对猛烈的炮火和前来包围的法军，俄军根本无路可逃，只能被挤压在三面环水的河谷里听天由命。

法国人的数千门大炮轰隆隆发出巨响，俄国人的唯一一条渡河大桥被炸毁了。拿破仑站在前线上大喊道："不用两个小时，这里站的就全是法国士兵了！"

俄国人仍然不死心，还在作着最后挣扎。拿破仑命令他的近卫军精锐部队朝敌人开火。法军越战越勇，俄军则精疲力竭，无法继续抵抗，很多人干脆跳进了阿勒河中，溺死者不计其数，幸存的人仓皇向北逃去。

弗里德兰一战，俄军参战四万六千人，损失了一万五千人，法军参战八万六千人，损失了一万两千人。战场上的惨状丝毫不亚于奥斯特里茨战役。

俄军巴格拉季昂部的一位军官高举着白旗，送来了总司令本尼格森请求休战的公函。拿破仑立即表示同意。

瓜分欧洲的密谋

直到此时，亚历山大一世仍然不敢相信自己的失败。几个月来，这位年轻沙皇眼睁睁地看着心中一直怀有的欧洲美梦像一个美丽的肥皂泡一样破碎，悲痛程度可想而知。

当弗里德兰大败的消息传来时，他先是不敢置信，接着感到眼前一片黑暗，仿佛世界末日来临了。

现在，法国人已经打到了俄国的大门口，亚历山大一世的心情简直糟糕透顶。当本尼格森请求亚历山大同意签订和约的时候，他除了答应，还有什么选择呢？

亚历山大一世派洛巴诺夫公爵去拜见拿破仑，拿破仑在与这位俄国使臣谈话的时候，走到了一张欧洲地图前，指着维斯瓦河，对他说："你看，这应该是两个帝国的边界，边界的一边由你的君主统治，而边界的另一边，则由我来统治。"

洛巴诺夫马上明白了拿破仑的意图：他打算把普鲁士消灭掉，而且还要对波兰进行瓜分。

此时在沙弗里，亚历山大一世正忐忑不安地等待着洛巴诺夫的消息。在他周围，围着很多政府人员，他们都像自己的主子一样心惊胆战，生怕拿破仑的部队会突然攻进来。

没过多长时间，洛巴诺夫就回到了沙弗里，他的消息令亚历山大一世稍稍平静了一些：拿破仑同意停战和签订和约。

1807年6月，拿破仑与亚历山大一世举行了第一次会见。

他们的会面是在涅曼河中央的一只浮筏上进行的。如此一来，亚历山大一世不必走到法军所占领的涅曼河岸，而拿破仑也不必走到俄国的涅曼河岸。在法军占领的岸边，密密麻麻地站着拿破仑的近卫军。而在俄国岸边，则站着亚历山大一世寥寥无几的侍卫人员。

亚历山大一世对拿破仑说："我对英国人的仇恨和你一样深，我支持你对他们采取的一切行动。"英国人虽然承诺了会出兵帮助俄国，但是最后却食言了，导致俄国最终遭遇了惨重的失败。对此，亚历山大一世非常愤怒，现在，他对英国已经有了浓浓的恨意。

拿破仑笑了笑，说道："既然这样的话，那么一切就好办了。"

拿破仑与亚历山大一世的会面进行得非常顺利，到分手的时候，人们几乎已经看不出他们是针锋相对的仇敌了。他们谈笑风生的样子看起来就像是两个久别重逢的老朋友一样。亚历山大一世事后对人说："我对他有着极大的偏见，在此之前，我还从来没有对任何人有过这么多的偏见。然而，在经过三刻钟的谈话之后，我惊奇地发现，这些偏见竟然彻底消失了。我真希望我能早点见到他，那样，或许我们之间的误会就不会那么深了。现在，隔阂已经全部都消除了，我们之间也没有了误解。"拿破仑对亚历山大一世的评价也很高："我刚刚见过亚历山大皇帝，我对他非常满意。他是一个聪明人，比其他人向我描绘的更要聪明。"

拿破仑与亚历山大一世的会面虽然只有短短两个小时，但是却急坏了涅曼河岸边的一个人，那就是普鲁士国王弗里德里希·威廉三世。战斗已经结束了，国土依然被占，普鲁士国王心里的伤感已经无以复加了。现在，他只希望拿破仑能够对他宽容一些。他一直等在岸边，等候着拿破仑的召见，但他失望了。

直到第二天，拿破仑与亚历山大一世在浮筏上举行的第二次会议，他才得以出席。

拿破仑对弗里德里希·威廉三世冷若冰霜，他指责他挑起战争，教训他作为国王应该对人民应尽什么职责。弗里德里希·威廉三世只能默默地听着，不敢争辩半句。会面结束时，拿破仑邀请亚历山大一世与自己共进午餐，却对弗里德里希·威廉三世视而不见。

此后，拿破仑与亚历山大一世几乎天天见面，他们轮番举行豪华宴会，有时还会一起骑马巡游和狩猎，普鲁士国王则被完全排斥在外。这之后的历次会议，他也没能参加。这些会议是在提尔西特城专门划出的一个中立区举行的，三国元首的警卫和外交人员都驻在这里。

经过两周的会谈，拿破仑分别与俄国和普鲁士签订了《提尔西特和约》。这个和约对普鲁士非常苛刻。根据和约，普鲁士只留下了"旧普鲁士"、波美拉尼亚、勃兰登堡和西里西亚四个省，其余领土均被割去。易北河以西的全部普鲁士领土都划入了新成立的威斯特法利亚王国，此王国由拿破仑的幼弟热罗姆为国王。普鲁士第二、第三次瓜分波兰所获得的绝大部分地区则组成华沙大公国，由拿破仑的附庸萨克森国王兼任大公。普鲁士的领土支离破碎，面积仅相当于萨克森王国。拿破仑在提尔西特条约第四条中还特别指出，他之所以归还上述四个省，是出于对俄国皇帝陛下的尊敬。普鲁士已失去了强国的地位，沦为德意志一个小邦。和约还责成普鲁士将军队裁减到四万人，偿付法国一亿法郎的赔款。在赔款未偿付前，法军驻扎在普鲁士境内。另外，普鲁士必须参加大陆封锁体系。

与之相反的是，这个和约对俄国却是非常宽容的。俄国不但没有失去领土，还得到前盟国普鲁士的波兰领土比亚威斯托克地区，并获得在瑞典和土耳其行动的权力。根据和约，亚历山大一世承认莱茵同盟，承认拿破仑的兄弟约瑟夫为那不勒斯国王，路易为荷兰国王，热罗姆为威斯特法利亚国王，承认拿破仑对爱奥尼亚群岛的七个岛屿的主权。

1807 年 7 月还签订了一个非常重要的条约，那就是拿破仑与亚历山大一世缔结的秘密盟约。根据这个盟约，法国和俄国两国皇帝互相保证，一方对任何欧洲国家进行任何战争，他方必须进行支持，必要的时候，应该使用其各自拥有的全部力量。再者，如果英国不接受俄国沙皇的调停，或者到 1807 年 12 月 1 日仍然拒不承认各国船舶在海上完全平等，又不归还 1805 年以来从法国及其盟国夺去的土地，那么，俄国将对英国宣战。

如果出现上述不幸的情况，现在结盟的双方将"要求哥本哈根、斯德哥尔摩和里斯本这三个朝廷禁止英国船只进入它们的港口，并对英国宣战。如果这三个朝廷有哪一个拒绝这样做的话，结盟双方将把它看成为敌人。如果瑞典拒绝，则将迫使丹麦对它宣战"。

双方共同对奥地利也要施加压力，迫使它采取同样行动。但如果英国及早媾和，并归还它从法国、西班牙和荷兰夺去的殖民地，那么，英国可以收回汉诺威。同样的，如果土耳其拒绝拿破仑的调停，他就协助俄国把土耳其人赶出欧洲——"只是不能占据君士坦丁堡城和鲁梅利亚省"。

提尔西特和约的签订，为第四次反法联盟敲响了警钟。在这段时间里，拿破仑与亚历山大一世几乎形影不离，竞相表达着自己对过去的敌人、现在的朋友的好意。他们还一起对法国和俄国的近卫部队进行了检阅。当天晚上，拿破仑的近卫军设宴招待了亚历山大一世的卫队，宴会上一直流淌着欢乐而又热烈的气氛。

当这场晚宴结束的时候，法国士兵与俄国士兵互相交换了军装，拿破仑与亚历山大一世目睹这一情景，笑得非常开心。

拿破仑的"波兰夫人"

1806 年 12 月，拿破仑率领法国部队开进了波兰首都华沙。

波兰是一个中欧国家，西面与德国接壤，南部与捷克和斯洛伐克为邻，东部与乌克兰和白俄罗斯相连，东北部和立陶宛及俄罗斯接壤，北面濒临波罗的海。波兰重要的地理位置以及地形导致历史上连年的战火纷争，屡遭外来列强蹂躏，自 1772 年起就被俄国、普鲁士及奥地利所瓜分。到 1806 年，它已经有十三年没有以一个独立国家的身份出现在世界版图上了。

然而，尽管屡遭侵略，波兰人民却从来没有忘记民族的自由和独立，他们曾经无数次反抗过外族的入侵，现在的波兰国歌，就是波兰人心声的回响：

> 只要我们一息尚存，波兰决不灭亡。
> 拿起武器杀退敌人，使我大地重光。
> 前进，前进，东布罗夫斯基！
> 从意大利打回波兰，在你的领导下，军民团结无间。
> 越过维斯瓦河和瓦尔塔河，投入祖国怀抱。
> 拿破仑使我们懂得胜利怎样获得。
> 前进，前进，东布罗夫斯基！
> 从意大利打回波兰，在你的领导下，军民团结无间。
> 正像查尔尼茨奔赴瑞典侵占的波兹南，
> 为了拯救祖国，我们渡海回国作战。
> 前进，前进，东布罗夫斯基！
> 从意大利打回波兰，在你的领导下，军民团结无间。
> 父亲含泪对他的巴霞说：听啊，战鼓响了，
> 自己人的战鼓响了。
> 前进，前进，东布罗夫斯基！
> 从意大利打回波兰，在你的领导下，军民团结无间。

当拿破仑这位一举打败了奥地利、俄国、普鲁士的伟大人物来到华沙的时候，波兰人民深切地感到，这位英气逼人、果敢干练的法兰西皇帝，可能会给他们的民族独立带来一线希望，他们盼望着拿破仑能够重建波兰。所以，波兰人欣喜若狂地涌上街头，热烈欢迎拿破仑的队伍。

然而，天真的波兰人怎么会想到，在拿破仑的眼中，波兰只是一块美味可口的蛋糕罢了，他只看到了这块蛋糕给法国带来的巨大利益，根本看不到波兰人的爱国精神和独立渴望。

1807 年元旦，拿破仑在副官迪罗克的陪同下前往华沙。当他们在一个叫作布洛尼的驿站休息时，当地的民众认出了拿破仑。他们激动万分地挤向拿破仑的马车，向他表示热烈的欢迎。其中，有一个女人冒着被碾压的危险，用力挥动着手臂。她向站在车下的迪罗克哀求，希望他能让她亲眼见一见那位伟大的人。

迪罗克被她们的诚心感动了，于是就把这位女人带到了马车旁，对拿破仑说："陛下，请看看这位不顾一切要见您一面的太太。"

拿破仑刚要说话，那个女人就合起双手，激动地说道："陛下，欢迎您的到来！这

片土地已经期待您很久了，希望您能让这里得到振兴！"

　　拿破仑惊奇地看着面前的这个女人，一下子被她迷住了。他一向都非常喜欢金发女郎，然而，像她这么美丽动人的女人，他还是头一次见到。她深邃的双眸就像纯净的湖泊一样，令拿破仑恨不得沉溺其中。他随手抓起车上的一束鲜花，送给了这个女人，对她说道："请你收下！希望我们在华沙能够再次见到！"

　　这个女人就是拿破仑的"波兰夫人"玛丽·瓦莱夫斯卡。玛丽出生于拉辛斯卡的一个古老的家族，她的父亲曾是波兰戈斯腾的一任领主和总督，她的母亲则来自有名的大户扎博罗夫斯基，然而，到了他们这一辈，这个家族已经日渐没落，而且经济上越来越窘迫。

　　十六岁的时候，玛丽的父亲把她嫁给了一个年龄足可以当她爷爷的老头——阿纳斯塔兹·卡罗纳·瓦莱夫斯基，这位波兰伯爵曾任波兰瓦尔卡总督以及波兰末代国王的管家，十分富有，家族显赫。但是他已经年老体衰，而且经历了两次丧妻之痛，所以性格非常沉郁。

　　在那座虽然富丽堂皇但是却如同死城一般沉寂的瓦勒维斯城堡里，玛丽度过了苦闷的三年。直到1805年她生下一个儿子，这种生活才因为孩子的哭闹和嬉笑声而变得鲜活了起来。儿子是玛丽的欢乐源泉，她希望她的儿子以后能够在一个获得振兴的民族里当一个自由人，因为她的心中始终充满了浓浓的爱国之情。

　　所以，当她得知拿破仑已经征服普鲁士、奥地利和俄国时，她兴奋地简直像个孩子。在经历了一次次生活带给她的打击之后，她把希望寄托在了拿破仑身上。在她看来，拿破仑一定能够把经受了多年奴役的波兰人解救出来。

　　当拿破仑进入华沙的时候，在通往宫殿的街道两旁，几乎每一栋楼、每一个房间的窗口都挤满了人，女人们一个个打扮得妖娆多姿、娇媚可人，纷纷向他抛去飞吻。玛丽也站在自家的阳台上。拿破仑看到了这张熟悉的面孔，向她亲切地挥手致意。

　　后来，拿破仑派迪罗克对玛丽的情况进行了调查，在他的授意之下，迪罗克要求波兰临时政府首脑约瑟夫·波尼亚托夫斯基亲王邀请她来参加舞会。一开始，玛丽拒绝了波尼亚托夫斯基亲王的邀请。

　　但波尼亚托夫斯基亲王把这当成了一项重要任务，他亲自来到玛丽家中，用不容置疑的口吻对她说道："你一定得去，要知道，这说不定是上帝的安排呢！祖国的复兴可能就寄托在你身上！"

　　既然亲王已经这么说了，玛丽知道，再推辞下去，恐怕也太不识趣了。于是，她只好让了步，在为拿破仑举行的晚会上露了面。

　　当玛丽走进布拉查宫时，几乎所有的波兰贵族都高声赞美她。她因为这过分的赞美而不安起来，她知道，自己今天的打扮再普通不过了：白色的缎子裙，外着一件绣花罗纱衣。她连一件首饰都没有佩戴任何首饰，只在那闪闪发亮的金发上插了一片爱神木叶。

　　没过多长时间，拿破仑就走进了宫中，他心不在焉地跟那些前来与他搭讪的人随口说了几句，然后就走到了玛丽身边，对她说："夫人，白色衣服配白脸可不太合适！"

　　玛丽不愿意搭话，只是默默地看着他。拿破仑又压低声音，对她说道："这可不是我期待的欢迎……"

玛丽仍然不说话，拿破仑深深地看着她，过了一会儿，只好离开了。

拿破仑刚走，玛丽身边就围拢了一大批人，有人拐弯抹角地向她打听内情，还有人向她表示亲热。玛丽不喜欢这样的场面，急匆匆避开了那些趋之若鹜的贵族们，回到了家中。

刚一走进门，她就看到了一封书信，信上的字如此刺眼："我眼里只有您，我只赞赏您，我只喜爱您。希望你能尽快给我回话，以安慰这颗难以平静的心。"

玛丽有些恼火，他把她当成什么人了？

此时，为拿破仑亲自送信的"邮递员"波尼亚托夫斯基亲王正在门前焦急地等待着回音。玛丽派侍女对他说："绝无回音。"

波尼亚托夫斯基亲王对玛丽的这番回应非常不满，他当即要求见她，但是玛丽却让他吃了一个闭门羹。波尼亚托夫斯基亲王只好讪讪地离开了。

第二天，玛丽刚刚醒来，拿破仑写来的第二封信就到了。她没有看，直接让送信人把信带了回去。整整一个上午，她家的门铃一直响个不停，前来拜访的人络绎不绝，波尼亚托夫斯基亲王、波兰的很多有声望的贵族、迪罗克……然而，谁都没有得到玛丽的接待。

她的丈夫虽然对自己的妻子为什么突然这么受欢迎感到不解，但还是劝她出来接见一下这些尊贵的客人。他们邀请玛丽参加一个晚宴，拿破仑也会出席。玛丽推说自己身体不舒服，波尼亚托夫斯基亲王只好威胁她说："鉴于民族目前正处于异常关键的时刻，一切都得让步，太太，我们希望您的病痛能在晚宴前消失，要是您不光临，那只能被世人认为是一个不忠的波兰人。"

既然事情已经上升到民族荣辱的高度，玛丽也就不得不听命了。她那丈二和尚摸不着头脑的丈夫，把她送到了波尼亚托夫斯基亲王的情妇沃邦太太家。

沃邦太太是一个法国人，受波尼亚托夫斯基亲王所托，为玛丽介绍一些必要的礼仪细节。对于自己能够承担这样的职责，沃邦太太非常高兴。她不但尽心尽力地教玛丽应该注意哪些细节，而且还为她念了拿破仑所写的那封曾经被拒绝的信：

夫人，为什么您不肯回应我？难道我令您感到厌恶吗？如果这是真的话，我倒是感觉非常失望，因为一直以来我都希望能够得到您的喜欢。难道我误会了您？您开始时对我表现出来的仰慕之情是不是已经逐渐减退？但我对您的爱恋却越来越深。这份爱令我在深夜里久久难以入眠！啊！我恳求，请您给这颗时刻准备献给您的可怜的心几分欢乐、几分幸福吧！想要得到您的回话难道是这么难的一件事吗？我真切地希望您能够回复我只言片语，以安慰我的心。

与这封信一同被送来的，还有签署了波兰临时政府所有成员名字的一封请求信，他们热切地希望，玛丽不要辜负拿破仑的期待：

夫人，您应该也非常了解，小事虽然微不足道，但是却往往成功辅助大业的实现。自古以来，对于世界政治，女人都有着不可忽视的巨大影响……

如果您是一名男子，那么，您或许早就为了祖国崇高、正义的事业而献出自己了。但是，您却是一位女子，我们了解，您完全能够、也会不情愿作出其他的牺牲，因为这种牺牲是异常艰难的。

难道您认为艾丝苔尔是因为对国王阿苏埃鲁斯有着浓厚的爱才与他结合的吗？不，他使她感到恐惧，哪怕他看她一眼，都足以令她昏厥倒地，这一切不都证明了，他们之间的这种结合根本毫无爱情而言？她并不是献身于爱情，而是献身于她的民族，最终，她得到了拯救民族的光荣。我们衷心地希望，您能为了您的光荣和波兰的幸福而贡献自己！

这封言辞恳切的请求信，在玛丽的心中激荡起了一种难以形容的情感。这些在波兰极具名望、被人们视为大人物的人，现在竟然把她看成英雄，甚至对她说，波兰的命运完全掌握在她这么一个弱女子的手里！她怎么能辜负这样的期望呢？玛丽立刻更衣打扮起来，准备去参加晚宴。

玛丽的美丽动人深深吸引了拿破仑，但她的郁郁寡欢更加令他着迷。在波兰，拿破仑已经习惯了那些女郎表现出来的热情与主动，如今，这个曾经在布洛尼向他表示过崇拜之情的女人却对他表现出了截然不同的态度，这令他大为不解。拿破仑心中的热情被玛丽的不从勾了起来，他的欲望也变得越来越强烈。

在晚宴上，当他发现自己手下的两个侍卫官对玛丽的态度非常热络时，他的心中立刻燃起了妒火，马上命令贝尔蒂埃把那两个侍卫官派到了前线去。

玛丽刚走进沙龙，拿破仑就迎了上去，对她说道："我听说您的身体有些不舒服，现在好些了吗？"

拿破仑的问候令玛丽暂时放下了心中的戒备，她立刻向他表示感谢，但是却没多说一句话。

宾客们一一入座，玛丽被安排坐在拿破仑的对面，她的身边是迪罗克。席间，拿破仑兴致勃勃地谈论起波兰，并且向在座的波兰贵族们了解波兰的历史。时不时地，他的眼神就会落到玛丽身上。

晚宴进行到一半时，迪罗克问玛丽，是否还留着拿破仑在布洛尼献给她的那束花？

玛丽轻声回答说，她为儿子留下了那束鲜花。

迪罗克笑了笑，又对她说道："请允许我把更配得上您的鲜花献给您。"

玛丽委婉地拒绝道："我只爱桂花。"

迪罗克的脸上一下子浮现出了尴尬的神情，他只好讪讪地回答说："那好，那我们就去您的家乡采摘桂花献给您。"

拿破仑站起身来，到沙龙去喝咖啡。宾客们看到他离开了餐桌，也都跟着他走了。玛丽回到了沃邦太太家里，没过多长时间，迪罗克就来了，他恭敬、殷勤地向她诉说皇帝的忧愁和他那紧张的生活，希望能用这来拨动玛丽的心弦："您难道就忍心拒绝一个从未遭受拒绝的人的要求吗！他的荣耀笼罩着悲伤，只有您才能给他带去幸福，消除忧伤。"

玛丽感到有些头昏脑涨，忍不住哭了起来。迪罗克只好离开了，走之前，把拿破仑的一封信放在了她身边。

玛丽不愿意看那封信，最后还是沃邦太太帮她把信拆开，并且轻声为她念了起来：

夫人，我深切地感到，现在高贵的情感已经完全占据了我的整颗心，我该怎么做才能让你接受我的这种情感呢？有时，它简直恨不得马上跪倒在您的石榴裙下，但是，崇高的敬意以其无比的力量把这颗心拦了下来，它们将那种强烈的欲望牢牢地控制住了。

啊！夫人，如果您愿意的话，我该多么欢乐……这世间，只有您才能排除我们之间的藩篱，我真心地希望您能够这么做！我的挚友迪罗克将会为您提供有关方便。

啊！来吧！来吧！我向您保证，您的任何愿望都会得到充分的满足。只要您怜悯我这颗可怜的心，我对您的祖国一定会更加热爱。

玛丽本能地还想拒绝拿破仑，但是波兰贵族们的请求信再次浮上了她的脑海，"波兰的命运完全掌握在你的手上"，他们的声音不断地回响着，最后，玛丽只好让步了："好吧，你们希望我怎么做，我就怎么做吧！"

这个好消息很快就传到了布拉查宫。没过多长时间，宫里就派了一辆马车来接玛丽。玛丽昏沉沉地跟着那个人经过一个饰满油画的长廊走进了一个房间，坐在了一把椅子上。

拿破仑向她走了过来，跪在她面前，轻轻亲吻着她的手，对她温柔地说着话。但是玛丽一句也听不进去，她根本不知道拿破仑在说些什么。后来，拿破仑抱住了她，开始亲吻她的嘴唇。玛丽紧张地跳了起来，向门口跑去，但拿破仑的身手更为敏捷，他抢在她前头来到了门口，把她抱回了椅子上。

玛丽的反抗令拿破仑感到惊讶。他没想到她会这么做，也不知道是别人逼玛丽来幽会的。他有些纳闷：她为什么会这么做？难道她是个狡猾的人，故意推托，临时变卦？

但是，当他看到在玛丽苍白的脸上肆意流淌的泪水时，他又忍不住动了恻隐之心。他不再继续行动了，而是仔细地问她出生于什么家庭，在什么地方长大，为什么嫁给一位老头。起初，玛丽不愿意回答这些问题，后来渐渐冷静下来了，就含混不清地说了自己的经历。

拿破仑被她的遭遇而心痛，接着，他说起了自己的一些事情，玛丽认真地倾听着。

时间分分秒秒地过去，门被敲响了，是迪罗克。

拿破仑对他说："这么快就到时间了？好吧，我的可爱又悲伤的小鸽子，快把眼泪擦掉，回家去吧！以后不要再害怕雄鹰，它对你只有充满力量的狂热的爱，它的爱情首先是为了得到你的心。你总有一天会爱上它的，因为它将是你的一切，你听见了吗？"他亲自为她穿上大衣，又让她答应第二天再来，才放她离开。

此时，在与拿破仑进行了一番长谈之后，玛丽的心已经被悄悄触动了。

第二天，她刚刚从睡梦中醒来，就有人敲响她家的房门，为她送来一束香气扑鼻的桂花，与桂花一起被送来的，还有两盒精美的首饰以及一封信：

玛丽，温柔的玛丽，今天我刚一睁开眼睛，就第一个想到了你。你知道我的愿望是什么？我迫切地希望见到你。你会出现在我面前的，对吗？你已经答应了我的请求，请你快来吧，不然，雄鹰恐怕就会忍受不了相思的折磨，会毫不犹豫地飞到你的身边！我的朋友告诉我，晚餐时我能见到你，我真是高兴！请你接受我的鲜花吧，这是特意为你采摘的，希望他的香气能够令你露出笑容。我更希望这束鲜花会成为我们之间的一条神秘的纽带，连接起我们隐秘的关系。即使是在众目睽睽之下，我们也能够沟通我们的心。如果你把手放在我的心上，你会感觉到，这颗心完全只属于你，你也会用手抚摸一下那束鲜花，用来报答我的这颗心！可爱的玛丽，希望你爱我，但愿你的手永远不要离开那束鲜花！

信让玛丽感动，但是首饰却令她愤怒：难道拿破仑以为她是爱财的女子，想用财富来收买她？她立刻让送信的人把首饰退还给了拿破仑。在当天的一次招待会上，迪罗克找到了她，责备她的鲁莽之举，玛丽回答说，她绝不会接受拿破仑给她的任何礼物，她希望从他那里得到的，不是钻石，而是复兴波兰的希望。

迪罗克说："这一希望，皇帝不是已经给了吗？"他又解释说，战后，拿破仑一定会还波兰以自由。

但玛丽摇了摇头，显然对这样的承诺并不满意。迪罗克还想继续说服她，但也无济于事。迪罗克生性正直，而且对拿破仑让他做的这个牵线的角色也非常反感，他同情玛丽，为她担忧。但是也不能忘了拿破仑的警告——别忘了交情，这意味着，如果迪罗克越了界，拿破仑会随时让他离开自己身边。

为了逃避拿破仑的追求，玛丽还曾经想过要离家出走。她给丈夫写了一封信：

阿纳斯塔兹，我的丈夫，如果你意识到我为什么给你写这封信，我相信，你首先想到的肯定是指责我。我请你认真地读完这封信，等你了解了一切情况，你肯定只会谴责您自己。我尽了自己的所有能力，希望能够让你了解全部真相。可惜，你却被虚荣心蒙蔽了双眼，我知道，这里面也有爱国的成分：您不愿看到危险的降临。

昨天晚上，我在床上辗转反侧，久久不能入睡……再过几个小时。你的那些政客朋友会告诉你，是谁将我派到那里去的。我要告诉你的是，我从那里出来的时候仍然是清白无瑕的，我已经答应他今天晚上会再次出现。但是现在我决定不再去了，因为我非常清楚，一旦我踏出这一步，等待我的将会是什么样的命运。

有些人或许会认为我是一个可耻的逃兵，无疑会有人对你这么说的。我希望你能够替我反驳他：在为祖国作出牺牲这一义务上，我还有良心与信念，只有良心与信念才能使我打消了自杀的念头。

然而，写完信后，一个问题却浮现在了她的脑海中：她可以当逃兵吗？与波兰复国的事业相比，自己的这些痛苦又算得了什么呢？

她的内心经历了痛苦的挣扎，最后终于打消了出走的念头。

当天晚上，她又被带到了布拉查宫。这一次，拿破仑看起来非常不满。他闷闷不乐地对玛丽说："你来了，我还以为再也不能见到你了呢。"接着，拿破仑就把心中的愤怒一股脑儿向着她倒了出来，他质问玛丽，在布洛尼的时候为什么会主动见他？那时她为什么会对拿破仑如此崇拜，而现在又表现得这么冷淡？她为什么拒绝他的礼物？难道她是在玩弄他吗？

他越说越气愤，后来忍不住感慨道："你可真是一个地地道道的波兰女人！你的所作所为更坚定了我对你们民族的看法！"

玛丽被拿破仑的大声指责吓得浑身发抖，但是一旦涉及她的祖国，她就会一下子变得坚强起来，她问道："陛下，您到底有什么想法，不妨说给我听一下吧！"

拿破仑毫不避讳地说了自己对波兰人的理解，说他们生性骄傲、多变。他们经常充满激情，但是这种激情却无法保持长久。玛丽就是这样的人，起初，她表现得非常主动，然而，当他被吸引了之后，她却非常冷淡。

拿破仑冲着她低声吼道："你给我听清楚了！我要强迫你爱我！我已经让你的祖国获得了新生，现在，它的独立完全依靠我！我还会继续努力！现在，如果你拒绝我，那么，你的祖国和你的一切希望都会化为乌有！"

拿破仑的怒吼吓坏了玛丽，她一开始还默默听着，后来竟然晕了过去。

当她终于醒转过来时，看到自己身上的衣服已经被扔到了地板上，拿破仑正在她身边不安地看着她，她顿时明白，趁着她昏迷的时候，拿破仑强行占有了她的身体。

拿破仑已经从刚才的兴奋和野性中清醒了过来，当他看到玛丽绝望、充满恨意的眼睛时，他后悔了起来。

自那之后，玛丽就被安排住在布拉查宫的一间卧室里，不允许回家。那段日子里，除了拿破仑，玛丽几乎见不到其他人。她不停地哭泣、哀求，但拿破仑却始终无动于衷。每天晚上，她与拿破仑单独吃晚餐，几乎每次吃饭的时候，她都会提醒拿破仑，不要忘记自己的承诺，她一直没有忘了为波兰而辩护。虽然她承受着沉重的压力，但是却也达到了她的目的，这也为她带来了唯一的安慰：拿破仑答应会复兴波兰。她还了解到，拿破仑已经在逐渐建立民族机构，已经建成的有行政法院、内阁和波兰军队的核心，被选进军队核心的都是出类拔萃的波兰年轻人，他们将会在波尼亚托夫斯基亲王的指挥下，高举自从波兰被分割后一直珍藏的一面伟大旗帜，奔赴前线。

在这段时间里，玛丽对拿破仑的感情发生了潜移默化的转变，从一开始的抗拒，逐渐演变成了爱恋。后来，她离开了华沙，回到了位于波斯纳尼的住处，拿破仑的鸿雁还不断地向她飞来：

你完全可以放心，我给你许下的承诺，全都会兑现，我是一个遵守承诺的人。在我的逼迫之下，普鲁士已经放弃了他们所强占的那一部分土地。再过一段时间，一切自然会实现。只不过，现在实现你全部愿望的时机还没有成熟，我们还需要更加耐心地等待。你应该了解，政治就像是一根绳子，如果你拉得太紧，它就容易断。所以，我们不能操之过急。

另外，我希望你们的政治人物可以多学习一下政治。我深表怀疑，你们的国家眼下到底有几个政治家？当然，我不得不承认，你们之中有很多爱国志士，他们甘愿为了波兰的利益而牺牲一切。他们的身上将表现出你们的勇气与光荣，但这还远远不够，还需要更多的志士仁人。

在他一生之中，这是他第一次向一个女人吐露他的深邃思想。在这之前，虽然他深深地爱着约瑟芬，为她而痴迷，但是他却清楚地知道，约瑟芬不过是一个浅薄的女人（事实也的确如此），要想让她来理解他的政治思想，简直比登上青天还难，所以，他从来不会向约瑟芬说起政治。而玛丽却让他感受到了一种不一样的魅力，这个女人不但有美貌，而且还拥有独立的思想，他愿意与她交流，这种交流是愉悦的。

他还写信给玛丽，向她诉说他对波兰的看法：

我想你应该非常明白，我对你的民族有深沉的热爱，我愿意为她的彻底光复而努力。这也符合我的意愿、我的政治观点。我非常乐于支持她的奋斗，维护她的利益，只要不危害我的义务和法兰西的利益，我愿意尽一切努力。但是你也必须清楚，我们两国之间的距离非常遥远，我今天建立的，明天有可能会被别人摧毁。而我首先要维护的，当然是法兰西的利益，我不可能为了与法国利益无关的事业让法国士兵流血牺牲，也不可能在不必要的时候武装法国人民来拯救你的民族。

玛丽不赞同拿破仑的观点，她大胆与他争辩，在她看来，拿破仑对波兰的历史、社会与生活根本就不了解。他们之间的观点时常对立，玛丽从来不会像其他人那样，对他一味地奉承恭维，只要拿破仑的观点是错的，她就丝毫不让步，最后拿破仑只好妥协了。

在拿破仑的劝说之下，玛丽终于答应与他一起出席宴会。当时在华沙，各种宴会不断，似乎一点儿也没有受到战争的影响。没有玛丽的陪伴，拿破仑感到什么样的场合也索然无味。他希望她能够站在自己身边，让所有人都领略到她的美丽与活力。

那些波兰贵族们，还有拿破仑参谋部的将领、文官们，全都暗暗支持他们的爱情。虽然她极力反对，但是人们都把她当成了皇后。她的谦让、善良与诚挚，赢得了人们对她的赞誉。

后来，拿破仑率军出征与本尼格森作战，在埃劳吃了败仗，战争的连连失利使拿破仑心情抑郁，还染上了胃病，疼痛每天都在折磨着他。身体的病痛让他变得脆弱，更无法忍受孤独。他写信给玛丽，希望她能来看看自己。

对于拿破仑的请求，玛丽感到非常为难。如果她这么做，就势必公开地抛弃她的丈夫、她的儿子，把她背叛家庭与拿破仑偷情的事情暴露在光天化日之下。但出于对拿破仑的爱，她还是答应了他的请求。拿破仑此时所经历的不幸，不正是因为为了波兰打仗而遭受的吗？

在战场上，拿破仑陪她的时间并不多。每天早上，他都要去处理公务，或者检阅部队，玛丽就待在房间里，透过窗户观看阅兵仪式。中午时，拿破仑会回来与她一起吃午饭。午饭后，他需要处理法国的来信、批阅内阁的报告，玛丽则在一边静静地看书。

拿破仑对玛丽的爱越来越深了，他感到自己已经离不开她了。与他与约瑟芬在一起时的那种经常会让他愤怒、嫉妒、发狂的爱情不同，这种爱情是美好的、温暖的、成熟的，但却渗透进了他的心灵中。至于玛丽，她对拿破仑的爱也许还不够深切，但是她却懂得如何了解他，她也能体会他的痛苦、他的孤独。对于拿破仑来说，这种爱情是非常难得的。

1807 年 7 月，拿破仑与亚历山大一世、弗里德里希·威廉三世分别签订了提尔西特和约。这个和约让玛丽失望之极。考虑到俄国的利益，波兰只解放了一部分，建立了大公国。波兰过去的省份有一半仍然被俄国或奥地利占有。

拿破仑对玛丽的失望看在眼里，他千方百计地安慰她，让她耐心等待更好的时机，相信他，不要抛弃他。

战争结束后，拿破仑要回到巴黎了，他希望玛丽能够跟自己一同回去。但玛丽却明确地拒绝了他，她打算到乡村的母亲家里隐居，等待更幸福的日子的到来。

拿破仑放下面子，不断地哀求她说：

我知道，就算没有我，你一个人也完全能生活下去……我清楚，你的心不属于我……但是你善良，温柔，你的心是多么高尚，多么纯洁！你忍心让我失去每天在你身边度过的幸福时刻吗？只有你在我身边，我才能感到幸福，然而别人还以为我是世界上最幸福的人！

这些诚挚的甜言蜜语拨动了玛丽的心弦，最后，她终于答应拿破仑，与他一起到巴黎去。

此时，远在巴黎的约瑟芬，早已听说了拿破仑与他的"波兰夫人"的风流事。这让她陷入到了无尽的狐疑与猜忌中。虽然在别人眼里她还是风韵犹存，但是她自己却非常清楚，现在，她对拿破仑已经失去了吸引力。尤其她放荡、淫乱的早年往事，更伤透了拿破仑的心。如今拿破仑已经成为了法兰西皇帝，而且地位越来越稳固，在他身边时常云集着很多美貌女子，与那些年轻的女人一比，她的容貌就更显得憔悴了，怎么还会吸引拿破仑的眼光呢？

现在，她倒不在乎拿破仑的移情别恋，她在乎的是她头上的皇冠。在拿破仑那里，她日益失宠，再加上，她始终没有给拿破仑生出一个孩子作为皇室子嗣，所以，她的皇后宝座始终处于不稳定的状态，不知道什么时候就会被推倒。她对拿破仑的屡屡出轨无可奈何，只能忍气吞声。

但是约瑟芬也不愿意坐以待毙，她决定争取主动，她给拿破仑写信，向他倾诉了自己的相思之苦，并告诉他，她要去波兰与他相见。

拿破仑显然不希望她这个时候来波兰打扰自己的风流美梦，他给她回信：

你所说的一切都令我非常难过。但是，我建议你最好不要来这里，因为这里的气候实在是太寒冷了，而且道路遥远，非常不安全。我不愿意你去经受一路的风霜险阻。你为什么要来波兰呢？这样艰苦的旅途你根本承受不了。你还是回杜伊勒里宫吧，那里的生活你已经习惯了，这对你的身体也好，同时也是我的愿望……请相信，推迟几周与你团聚，我比你更难以接受，但我必须为你考虑。

约瑟芬知道，现在一切都已经发生了翻天覆地的变化。十年前，拿破仑为了说服她到战场上与自己相聚，曾经给她写了多少炙热的情书啊，但当时的她贪恋着巴黎的繁华，一再拒绝了她的丈夫。如今，她主动提出要冒着风雪严寒，长途跋涉到波兰与丈夫相会时，得到的却是他言不由衷地劝阻。约瑟芬心底非常懊恼，她不甘心地再次给拿破仑写信，告诉他做军人的妻子，就要尝尝随夫亲征的滋味。

但这一次，她得到的还是拿破仑的回避，他的回信令她无法抗拒：

我已经收到了你 1 月 15 日写给我的信。我绝不同意你孤身一人来这里。这一路上，道路非常糟糕——全是泥泞，深的地方甚至能够没过你的膝盖。回巴黎吧，请高兴、放快活些。我马上就会回来的。

你在信中说，你嫁个丈夫是为了跟他厮守在一起。我不知道应该说些什么。我一直认为，妻子是为丈夫而设置的，丈夫则是为祖国、家庭和光荣而生的。或许我的这种想法非常愚笨，但恕我无知，人们总是能从漂亮的夫人那里学到不少东西。

再见吧，朋友。我爱惜你，也请你保重自己。你可以对自己说："这就证明，我在他心目中是多么珍贵。"

此时的拿破仑正与玛丽陷入了热恋之中，不愿意与她有片刻的分离，更不愿意其他人成为他与玛丽之间的阻碍。

约瑟芬只好听从了拿破仑的劝阻。后来，拿破仑与玛丽热恋的消息传到了她耳中，她在写给拿破仑的信中旁敲侧击地表达了她的不满，还说了一些生不如死的话，但拿破仑的回信却非常平淡，似乎一点儿也不在意她。她满心嫉妒，又失望，但也无可奈何。

第十六章

半岛上的烽火狼烟

霸占里斯本

现在，当拿破仑的目光再投入到欧洲地图上时，他的心中就会充满满足感：普鲁士、俄国、奥地利都已经乖乖就范，而意大利、荷兰、西班牙、比利时也早就在他的控制之中。

沉浸在成功喜悦中的拿破仑，开始把一切都不放在眼里，他相信，自己在战略和战术方面都是无可匹敌的，他的部队也是所向披靡的。在他眼中，世界就像是一副钢琴的键盘，可以让他在上面随心所欲地弹奏狂想曲。虽然他已经成为欧洲大陆当之无愧的统治者，但他的野心还远远不止于此，他要成为全欧洲的主宰。现在剩下的唯一敌人就是英国。

拿破仑希望凭借着大陆封锁体系来制服英国，从经济上窒息英国。但是，有个地方却令他无法放心，那就是伊比利亚半岛。

伊比利亚半岛拥有漫长的海岸线，英国舰队将比斯开湾牢牢掌握在自己手中，由此控制了整个大西洋和地中海。岛上的西班牙虽然是法国的同盟国，但却对这个所谓的"盟友"一直貌合神离。葡萄牙只有少数的亲法派，其他人大多都是站在英国一边。

于是，为了将英国完全封锁死，提尔西特和约签订三个星期后，拿破仑就下定决心要征服伊比利亚半岛。拿破仑打算先向葡萄牙下手。

为了保证这个征服计划的顺利进行，拿破仑还采用了一些政治欺诈手段。他与西班牙首相戈多伊进行谈判。戈多伊虽然名义上是首相，其实是西班牙的实际掌权者。谈判达成的最终结果是，法国人取得了通过西班牙领土的权力，其条件是与西班牙共同瓜分葡萄牙，其中一部分作为对戈多伊个人的酬劳。其实，这只不过是一个谎言罢了，拿破仑早就已经决定与西班牙为敌，现在只不过还想榨取它仅剩的一点价值而已。

在他的命令之下，两万法军在巴荣纳集结了起来，准备随时与即将对这个小王国进行威胁的西班牙军队一起行动。

1807年8月，拿破仑接见了葡萄牙使节，向他发出了一个最后通牒。葡萄牙驻巴黎大使发回本国政府的公文详细记录了这个过程：

星期天下午，皇帝与外交使节会面。使臣们全都环绕在他的左右，我也站在其中。皇帝看到我，走上前来对我说："你向贵国朝廷禀奏了吗？是否已经派信使将我的最后决定传达到你们国内了？"——我点点头，说我已经这样做了。他回答说："好，非常好，那么现在贵国朝廷应该已经知道，他们必须在9月1日前与英国断绝关系。他们必须这么做，因为只有这样，才能更快地实现和平。"在当时那种场合，我不便发表我的看法，于是回答说："陛下，我想英国现在一定诚心想与法国媾和。"——"啊，"皇帝回答说，"这一点我们一直是深信不疑的。但是这是另外一回事。至于你们，9月1日之前，必须作出选择——要么同英国、要么同法国断绝关系。"——接着他就转过身去与丹麦使臣说话，再也没有搭理我。

拿破仑以为，在法国与西班牙共同施加的压力之下，葡萄牙一定会听命于他，但是，葡萄牙的所作所为却令他大为失望。虽然葡萄牙政府在拿破仑提出的很多要求上都进行了妥协，然而，对于他要求葡萄牙没收所有英国侨民的财产这一点，他们却严词拒绝了。

为了让拿破仑放弃这个无耻到底的要求，葡萄牙还专门从国库里调拨了一批金刚钻，把它们运往巴黎，赠送给拿破仑和塔列朗以及其他对政府决策有影响力的人。但是，他们的糖衣炮弹在拿破仑身上根本就不管用。一旦他打定主意，谁也别想动摇他的决心。

正在这个时候，英国舰队对哥本哈根进行了炮轰。因为他们听说丹麦将加入拿破仑的大陆封锁体系，所以打算先下手为强。拿破仑听说了这件事之后，暴跳如雷，他决定马上采取军事行动。

1807年10月，在拿破仑的命令下，朱诺率领着两万七千人向葡萄牙挺进。

同年10月，拿破仑给西班牙国王写信，说："过去十六年来，葡萄牙的行为完全是一个无耻的英国附庸，里斯本港口对于他们而言，也就变成了一个取之不尽的宝库。……封锁里斯本和阿波托两个港口正是时候。我预计朱诺将军的军队在11月1日就能抵达布尔戈斯，以与陛下的兵力会合，那时我们就能用武力占领里斯本和整个葡萄牙。以后我与陛下会合商讨该国的处置，但无论如何，宗主权一定是属于你的。"

10月22日，法国正式向葡萄牙宣战。

然而，朱诺率领着士兵一路跋山涉水、翻山越岭，到达里斯本。等到他们终于进城之后，才发现，他们要追捕的目标——葡萄牙王室早就听到了风声，已经逃跑了。

葡萄牙彻底落入了拿破仑的手中，或者说，是被拿破仑以武力霸占了。西班牙兴致勃勃地参与了葡萄牙的瓜分，但是它没有想到的是，不久之后，它也会成为拿破仑刀俎下的"鱼肉"。

现在，拿破仑几乎取得了整个欧洲的控制权，世界上似乎只有瑞典和土耳其还与英国保持着友好关系，于是他决定用武力完成对这两个亲英国家的征服，但出乎他意料的是，一项西班牙问题却差点葬送了他的这个雄心勃勃的征服计划。

西班牙的闹剧

西班牙原本是拿破仑的附属国，一直以来，对待法国，西班牙都采取卑躬屈膝、息事宁人的态度，然而，在他的高压政策下，这个附属国却越来越不听话了。

拿破仑不会去检讨自己的高压政策是多么肆无忌惮，那不是他的风格，他只是下决心要让这些酷爱斗牛的西班牙人变得顺从一些。

西班牙国王查理四世是一个不折不扣的昏君，他意志薄弱，性格优柔寡断，完全受王后及其宠信戈多伊的控制。戈多伊凭借着国王授予他的权力，在西班牙到处胡作非为，把西班牙的经济搞得连连衰退，政局也始终处于动荡状态中。

被欺压的人民对戈多伊非常不满，纷纷站起来反对他。趁着这个机会，王位继承人费迪南公然与戈多伊为敌。但是，他的力量非常微小，根本不足以推翻戈多伊的专制统治。于是，他向拿破仑的侄女求婚，希望能够与拿破仑家族联姻，从而得到法国的支持。但拿破仑拒绝了他的联姻请求。

与此同时，查理四世也向拿破仑求助，这个昏庸的国王认为，费迪南王子之所以与戈多伊为敌，是为了篡权夺位。

父子两个人都希望拿破仑能够支持自己，但他们不知道的是，拿破仑的最终目的是把他们全都除掉，让自己的兄弟登上西班牙王位。

1807年11月，拿破仑在巴荣纳组建了一支新军，这支新军拥有大约三万兵力，杜邦将军担任指挥官。这支部队以支援朱诺部队为理由进入西班牙。接着，蒙塞元帅的第二军也进入西班牙。1808年2月，迪埃梅斯指挥的一个军进入西班牙，并占领了卡塔卢尼亚。到了3月，这个半岛的北部和西部就已经在悄悄地落入了拿破仑的手中。不久，缪拉元帅以皇帝副帅的身份指挥西班牙境内的全部法军。

1808年3月，在拿破仑的授意之下，法国新上任的外交大臣康配尼对西班牙政府说，五万法国部队将开进马德里，他们想取道卡地兹去围攻直布罗陀。缪拉率领蒙塞、杜邦两支大军进入马德里，拿破仑则在巴荣纳亲自指挥这次军事行动。到这个时候，拿破仑在西班牙的军队已经达到了十一万人。

浩浩荡荡的法国大军吓坏了西班牙国王，他打算逃亡。然而，不知是谁走漏了风声，人民听说了国王即将逃亡的消息之后，立刻聚集起来，发生了法军进入西班牙后的第一次暴动。

愤怒的人们蜂拥着来到戈多伊的住宅，把这儿翻了个底朝天，希望能够抓到这个祸害国家的罪魁祸首。戈多伊一直躲了三十多个小时，才悄悄溜了出来，但没走多远，就被人发现了，被痛打了一顿。王宫四周，到处都围拢着怒吼的人们，国王的銮舆都被砸了个粉碎。

为了保全性命，查理四世只好宣布退位。1808年3月，他宣告，因为年老体弱，将王位让与王子费迪南。

这位新国王刚上任的时候，受到了人民的热烈欢迎。然而，六天之后，当缪拉率领法国部队进入马德里的时候，却非常巧妙地回避了承认费迪南为国王的问题。

在缪拉还未进驻马德里之前，他就收到了查理四世的女儿写来的一封信，原来，退位的查理四世又反悔了，说他退位是因为受到了武力威胁，完全违背了自己的意志。

缪拉马上意识到，拿破仑有可能会在这场争端中捞到一些好处，于是就把他请来了马德里，希望他来"解决那些只有皇帝才能解决的问题"。这一次，缪拉终于学聪明了。

拿破仑命令缪拉把查理四世、戈多伊送到巴荣纳，然后出发前往巴荣纳。与此同时，他还派萨瓦里去劝说费迪南，让他到巴荣纳来与自己会面。

1808年4月的巴荣纳非常热闹，查理四世、王后、费迪南、戈多伊以及王室所有亲王全都来到了巴荣纳。父子俩原本应该很亲热，然而查理四世与费迪南这对父子却仇人相见分外眼红，查理四世指责自己的儿子鬼迷心窍，竟然敢篡权夺位，费迪南也毫不示弱，当场与父亲争执了起来，后来，两个人竟然大打出手。

拿破仑派萨瓦里去劝说费迪南，让他把王位还给查理四世，却遭到了费迪南的果断拒绝。他的手下埃斯科伊吉斯和拉布拉多尔不怕冒犯皇帝，警告说，如果对西班牙王位横加干涉，西班牙人将誓与法国永为仇敌。听了这番话，拿破仑一点儿也没发火。第二天，他提出让费迪南当伊特鲁利亚国王，费迪南依然不愿意放弃已经到手的西班牙国王的宝座。

马德里的人民本以为缪拉是来把他们从戈多伊的专制统治下解救出来的，然而，法军在他们首都的所作所为，以及费迪南在巴荣纳受到拘留一事，引起了愤激的情绪，酝酿到了5月，这种情绪终于全都爆发出来了。他们纷纷拿起武器，与法国部队对峙了很长时间。

拿破仑听说了在马德里发生的"叛乱"之后，立刻趁着这个机会向西班牙王室施加压力。他急匆匆地去找查理四世，怒容满面地冲着他责骂了一番，把查理四世给吓住了。于是，这个昏庸的国王又拿自己的儿子当作出气筒，冲他大发雷霆。王后也跟着指责费迪南。一时间，整个房间里，尖叫声、怒骂声汇成了一片。

拿破仑看到自己的目的达到了，于是就给费迪南丢下了一句话：如果不在当天晚上把王位还给父亲，就以叛逆罪论处。然后，就背着手离开了这个混乱的地方。

费迪南面对着父母的责骂虽然面不改色，但在拿破仑的恫吓之下，还是感到有些心惊肉跳。

这场闹剧到此结束了。就在当天晚上，拿破仑与戈多伊达成了一项协定：查理四世同意将西班牙和西印度群岛的王位让给拿破仑，但这些领土必须保持完整，并继续崇奉罗马天主教而不容任何其他宗教存在；给予查理四世贡比涅和尚博尔两处庄园，让他退休，由法国国库付给年俸七百五十万法郎。西班牙王子们也获得类似的待遇。费迪南签字放弃了他的权力，他得到了一个城堡和一份年金。

用这样狡诈的手段，拿破仑几乎不费一兵一卒就得到了西班牙和西印度群岛的王位。但是，这件事尽管做得巧妙，却始终无法洗刷掉不择手段而带来的污点。晚年时，拿破仑曾经对这一行为进行了反思："我承认，下手干西班牙这件事很不好。那样缺德，实在太明显了；那样不讲道义，实在太厚颜无耻了。我下台之后，这件事看起来就很丑恶。要夺取王位当时似乎很堂皇，我可以从中得到许多利益，因此主意似乎十全十美；如今这些表面的东西已经完全剥掉，它的狰狞面目也就赤裸裸地暴露出来了。"

接下来，拿破仑要考虑的事情就是，英国由谁来掌管这个国家？

拿破仑第一个考虑的人选就是哥哥约瑟夫，虽然他脾气怪异，现在对拿破仑也时有不满之心，但拿破仑还是顾念着他们之间的骨肉亲情。然而约瑟夫却拒绝了他的提议，他更喜欢那不勒斯。

失望的拿破仑于是又想到了路易，当时他在荷兰过得不太顺心，也不适应当地的气候。拿破仑向路易提起了这件事，路易却像约瑟夫一样拒绝了他。那么，就只有热罗姆了。但是他的妻子是一个新教徒，笃信新教。或许是为了讨妻子的欢心，热罗姆也谢绝了这个王位。

最后，拿破仑不得不强求约瑟夫，让他接受了这个王位。

对于此次立下了汗马功劳的妹夫缪拉，拿破仑也进行了奖赏。他让缪拉从葡萄牙或那不勒斯的王位中选择一个，缪拉选择了那不勒斯的权杖。

正当拿破仑为自己在西班牙的胜利而扬扬自得时，一场风起云涌的反抗法国侵略者的人民武装斗争迅猛在西班牙各地掀起。

拿破仑起初根本就没有把这些人民武装斗争放在眼里，他看到他的对手是手拿铁棍和长剑的卡塔洛尼亚的手工业工人，是用砍刀武装起来的阿斯图里亚斯的农民，是衣衫褴褛、手拿生锈猎枪的摩林纳山上的牧人。而他呢？拥有骁勇善战的骑兵，拥有火力强大的大炮，他曾经把俄国、奥国和普鲁士的军队打得大败而逃，难道他会怕这些蝼蚁一般卑微的人马？但拿破仑万万没想到，正是这些人，挖掘了埋葬他的大帝国的第一锹土。

拿破仑现在在兵力散布非常广泛的情况下，正试图从五百公里以外的巴荣纳来控制作战。在左翼，一万四千名法军在萨拉戈萨受阻，遭到了西班牙巴拉弗克斯将军的顽强抵抗。在右翼，贝西埃尔已西进至莱昂以对付布莱克的加利西亚军团；在南部，杜邦军在进军加的斯的途中已越过了希拉莫雷纳山并洗劫了科尔多瓦。

虽然遭到了法国部队的严酷镇压，但是那些武装起义的西班牙人民仍然非常顽强，只要还有一口气，他们就会与法国人拼到底。几乎每天，法国人都会遭到西班牙人的疯狂报复。有一次，一支法国小分队进入一个村子寻找食物，他们在一个妇女家里搜出了一些吃的，饥肠辘辘的士兵虽然很想一口气把这些东西吃掉，但是又怕那位妇女会在食物里下毒。于是，法军指挥官就命令那位妇女先吃一些，她毫不犹豫地吞了下去。法国人还不放心，于是又让她用这些食物来喂她的孩子，她也照做了。士兵们这下子放心了，风卷残云一般开始吃了起来。只用了不到半个小时，那位妇女、她的孩子和那些士兵们就全都捂着肚子痛苦地死去了。

西班牙人的爱国之心深深感动了海岸上的英军将领，他们还没有得到政府的命令，就对西班牙人表示了公开的支持。英国国王针对这件事向国会致辞："西班牙民族这样崇高地同法国的篡夺和暴政搏斗，再不能看作是大不列颠的敌人，我承认它是一位天然的朋友和盟国。"很快，关押在英国的西班牙战俘就得到了释放，英国人还为他们配备了武器，把他们送回了西班牙。

除此之外，英国还与西班牙、葡萄牙正式签订了攻守同盟条约，武器和金钱源源不断地向着这两个国家运去。

星火燎原的西班牙抵抗运动使法国部队陷入了泥潭之中。迪埃梅斯军被卡塔洛尼亚山民围困在巴塞罗那无法出战。蒙塞军被巴伦西亚的居民打得直往后退。

杜邦军的损失更为严重，甚至直接改变了整个战局。7月，拿破仑向全军下达了一道指令："我们的唯一要点是杜邦将军。如果敌人夺取了希拉莫雷纳山隘，就很难把他们赶走，所以，我们必须增援杜邦，使其兵力达到两万五千人。"

杜邦在打退了安达卢西亚征募的新兵以后，进入了这个地区的腹地。他的兵力一下子变得分散了起来，四处劫掠来的财物又给这个部队带来了严重的负担，结果被西班牙武装力量团团围住，最后弹尽粮绝，不得不率领两万人在拜兰投降。

在拿破仑的部队被认为是战无不胜的年代，法国人缴械投降的消息引起了整个欧洲大陆的轰动。正陷入困局中的西班牙人纷纷高声欢呼，他们把拜兰大捷看成是新时代的曙光，事实证明，他们是对的。

拿破仑非常愤怒，他气得大声喊叫道："我怎么能够料到，杜邦竟然会做出这样的举动？我一直都很信任他，还打算把他栽培成为元帅。据说他是不希望士兵们继续流血牺牲，才作出了这样的决定。真是荒唐至极！缴械投降还不如让他们手里拿着武器打死了好，好得多。就算是战死在沙场上，也光荣。用不了多久，我们就会给他们报仇的。士兵总是可以源源不断地补充的。但是荣誉呢？一旦丢了就永远不能再得。"他甚至还打算把杜邦交付军事法庭受审，让他受到应有的惩罚。

西班牙军继续向前推进，势如破竹，所向披靡，很快，就逼近了马德里。新国王约瑟夫就在马德里坐不住了，他收拾起行装，慌忙退回埃布罗河上游一线。

1808年8月，英国将领阿瑟·韦尔斯利爵士率领着一支拥有一万兵力的英国部队，悄无声息地在蒙德戈湾登陆。在葡萄牙非正规军的协助下，他向着里斯本进军了。

英国部队在罗利萨附近与法国部队相遇了。经过了一阵激烈的肉搏之后，法国部队被赶出了罗利萨。

四天后，朱诺率领四万四千名士兵赶来，向英军发起攻势，双方展开了一场血战。结果，法国部队损失了十三门炮和两千多名士兵，被迫撤往里斯本。

正当阿瑟·韦尔斯利准备对法国人进行猛追之时，英国政府突然把哈里·伯拉德爵士派来接手指挥。哈利·伯拉德下令停止追击。但更令人惊奇的是，没过多长时间，休·达尔林普斯爵士又被派来成为了新的指挥官。他和他的前任一样，没有对法国人进行追击。

几天后，朱诺派克勒曼来到英国军营，向休·达尔林普斯爵士提出了休战的请求，他提出只要英国部队把他的士兵及随身武器运到罗什福尔和洛里昂之间的任何法国口岸，并允许他们带走个人财物，那么，他就愿意交出弹药、粮秣和战舰。虽然这个时候约翰·穆尔爵士带领一万名英国士兵前来海岸对他们进行支援，但休·达尔林普斯还是同意了朱诺的要求。

8月，休·达尔林普斯爵士与朱诺签订了《辛特拉协定》。根据这个奇特的协定，朱诺的全部军队要用英国船只从葡萄牙运回法国，被封锁在塔古斯河上的俄国分遣舰队在讲和之前要由英国扣留保管，人员则遣送回俄国。

对于朱诺的这种懦弱行为，拿破仑恼火之极，他愤怒地说道："我正要把朱诺送交军事法庭，幸亏英国人已经先我一着，把他送交军事法庭了。这就免得我要忍痛惩罚一个老朋友了。"对于那些失败的将领，他一向都非常严厉，所以，他对葡萄牙方面军的全体军官都十分不满。他们在法国登岸后，被禁止前往巴黎。与他们相比，被西班牙人释放回来的杜邦和他的主要副手的遭遇就更悲惨了。他们刚回到法国，就被监禁了起来。

在严重的打击之下，拿破仑的势力终于动摇了起来。他不但失去了刚刚得到的西班牙和葡萄牙，而且还让英国人在伊比利亚半岛得到了一个永久的立足点。

与亚历山大的两次握手

法国部队在伊比利亚半岛上接二连三的军事失利，使拿破仑开始清醒地意识到自己的处境是多么危险。为了不使法国部队陷入双面作战的困境之中，拿破仑决定向遥远的莫斯科盟友寻求支持。

为此，拿破仑邀请亚历山大一世前来与自己会面，但这场会面一直准备了好几个月，依然没有成行。最后，使得这次会晤非举行不可的是西班牙的起义和奥地利的备战。

1808年9月，拿破仑与亚历山大一世在埃尔富特进行了会晤。这个图林根地区的古老城市，一时间礼炮齐鸣。拿破仑一见到亚历山大一世，就走上前去亲自迎接，并与他热烈拥抱。随后，两位皇帝带着侍从走进已经有一些年头的城门，通过狭窄的街道。

在埃尔富特，拿破仑与亚历山大一世每天上午进行商谈，下午处理政事，晚上参加各种宴会、骑马溜达和观看戏剧。从巴黎召来了法国喜剧院的演员，为两国皇帝和王公贵族上演了高乃依、拉辛和伏尔泰的名剧，尤其是一些寓意与当时情景恰好吻合的剧本。

在观看伏尔泰的《俄狄浦斯》一剧时，当剧中的人物说道"和大人物结交，真是神灵降福"这句台词时，亚历山大一世突然灵机一动，猛地站了起来，握住了坐在他身边的拿破仑的手，他认真地说道："我在此每天都深深感到这一点。"拿破仑也马上向他表示了同样的敬意。

从表面上看起来，这一切都是如此友好、和谐。然而，实际上，两个人都非常清楚：他们虽然需要对方，但是却不能相信对方。拿破仑仍在奥得河上的各个要塞上驻扎着大批法军，又向普鲁士索取无法偿还的巨额赔款，亚历山大一世对此非常不满。他曾经为普鲁士说情，要恢复它的独立，但拿破仑干的却完全是另一回事。而且他也早已看出，虽然拿破仑答应给他"东方"，以此来引诱他，但实际上，他根本就不会让俄国占领君士坦丁堡，甚至拿破仑宁愿让摩尔达维亚和瓦拉希亚留在土耳其人手中，也不愿把它们交给自己。

这时，法国的前外交大臣塔列朗出卖了拿破仑。他一直心怀叵测，此时，当他觉察到亚历山大一世的不满之后，就与他暗中勾结了起来，他想尽办法劝说亚历山大一世抗拒拿破仑的霸权，还曾多次提醒他注意：如果俄国支持拿破仑反对奥地利并帮助他扩张势力，是得不到什么利益的。俄国真正应该做的是，遏制拿破仑，这样不管是对法国，还是对欧洲，都有好处。他在一次酒会上对亚历山大一世说："陛下，您来这里的目的是什么？法国人民是文明的，但其君主却不是这样；俄国皇帝是文明的，俄国人民却不是。所以，俄国皇帝应当跟法国人民联合起来。"

因此，当拿破仑提出让亚历山大一世在奥地利开始军事行动前积极反对它时，亚历山大一世却根本不想去履行这一义务。

拿破仑竭尽所能地劝说他，说除非奥地利承认西班牙的现状，不然的话，英国是肯定不会讲和的……但就算他费尽了口舌，亚历山大一世还是不肯采取任何措施来使哈布斯堡政权低头。

到后来，两个人之间的争论愈演愈烈。拿破仑看争辩无效，于是就大发雷霆。有一次，他竟然摘下帽子扔到了地上，还恶狠狠地踩了一脚。亚历山大一世当即结束了谈判，笑着对他说："您现在真是太暴躁了，而我呢，又是一个固执的人。您对我发脾气，什么也得不到。咱们还是心平气和地讲道理吧，不然我就走了。"说着，他就转身向门口走进。拿破仑只好平复了一下心情，把他叫回来，接着谈。

但是，谈来谈去，双方谁也不愿意妥协。亚历山大一世虽然同意让他的盟友自由处置西班牙，但是却拒绝共同对奥地利施加外交压力。亚历山大一世如此阻挠，令拿破仑非常不痛快，于是他就在普鲁士的问题上给他施加压力。他拒绝从奥得河上各要塞撤回驻军，只勉强答应略微降低对普鲁士的赔款要求，也就是从一亿四千万法郎减为一亿两千万法郎。对亚历山大一世提出的关于土耳其的方案，他也没有进行迁就。

经过旷日持久地辩论之后，拿破仑终于决定让俄国得到多瑙河沿岸的各个省，然而，这是有条件的，那就是，要等到下一年，俄国才能把这些地方据为己有。

如此一来，提尔西特的美梦，再一次被推到了不可预期的未来。

在埃尔富特，为了与更高贵的家族联姻，拿破仑还把他与约瑟芬离婚的事正式拿出来讨论了一番。在此之前，虽然他的兄弟姐妹们还有一些大臣们一直劝说他与约瑟芬离婚，但他却没有认真想过。现在，为了帝国的前程，他必须考虑政治联姻的可能了，那么这件事也就被摆在了台面上。

他让塔列朗向亚历山大一世，看看是否能够允许他向沙皇的一位妹妹求婚。当时，亚历山大一世唯一到了婚龄的妹妹是叶卡捷琳娜，也是他最宠爱的妹妹。两个人年龄相当，从小一起长大，在朝夕相处的岁月产生了浓厚的感情。他们都住在皇宫，但却要天天通信。如果亚历山大一世外出巡视或是出国访问，兄妹俩的书信往来就更加频繁了。

拿破仑的提议让亚历山大一世非常不高兴，他不愿意自己的妹妹嫁给这个"科西嘉疯子"。他委婉地向拿破仑表示，法国提出求亲，盛意可感，他也祝愿建立一个拿破仑皇室。话只说到这个地步。后来，当他回到圣彼得堡之后，就匆匆把叶卡捷琳娜嫁给相貌平常、地位一般且性格懦弱的奥尔登堡公爵。虽然，这桩婚事是皇太后决定的，但是含义如何，谁都了解，特别是拿破仑。

埃尔福特会晤结束了。与亚历山大的第二次握手，虽然历时半个月之久，但拿破仑并没有取得多少成绩，这让他感到很失望，只好闷闷不乐地回国了。

深陷西班牙泥潭

虽然法国与俄国的同盟在形式上依然是有效的，但是却不能再指望它了。拿破仑清楚，奥地利以及其他的附属国，也已经看出了这个同盟的脆弱。好在，亚历山大一世已经承认了他在西班牙所进行的征服，他打算尽快解决西班牙问题，给这个可恶的"脓疮"做一个大手术。

拿破仑的第一个目标是收复马德里以及确保通过维托里亚和圣塞瓦斯蒂安到法国的交通线。他决定由维克多的第一军，苏尔特的第二军和勒费弗尔的第四军组成右翼，向西进行扫荡，把西班牙人全部赶出去。这三军果然不负拿破仑的期望，一路上如秋风卷残叶般地横扫过去，西班牙军纷纷溃退。位于中央的内伊军经布尔戈斯和阿兰达南下，整个运动以位于上埃布罗河谷的洛格罗尼奥地区的左翼为枢轴，在那里两个军统归拉纳指挥。

正当拿破仑积极调兵遣将，准备发起大规模进攻的时候，西班牙的爱国者们开始了无穷无尽的扯皮。西班牙各种正规的和非正规的部队已经达到了将近十二万人，然而，他们的装备却非常恶劣，纪律性也很差。他们的兵力分成五六个独立单位，没有任何集中的指挥或参谋机构。各地方指挥官彼此妒忌，难以合作。这给拿破仑的反攻提供了良好机会。

12月，法国终于攻下了马德里。

进入马德里后，拿破仑为了使约瑟夫的政权在当地获得人心，提出了种种改革，比如废除封建法律和异端裁判所等。但所有的手段都是徒劳无功的，西班牙人根本不屑从他手里领受这些恩赐。

与此同时，英国政府派约翰·穆尔爵士率领三万英国士兵以里斯本为基地，进入了西班牙。穆尔决定向北进击驻扎在位于巴利阿多利德以北卡里昂的苏尔特军，以切断法国的交通线。

当时，双方的力量对比悬殊，苏尔特只有一万八千人，而穆尔的兵力整整比他多了一万人，他还拥有六十门火炮。

穆尔的部队顶着恶劣的天气向北前进，在萨莫拉和托尔迪西拉斯之间渡过杜罗河，在路上还意外地抓获了苏尔特军的一些俘虏。

英军骑兵到达了萨哈贡，在这里遭遇了法国骑兵，经过一场激烈的战斗后，法军败北。正当穆尔准备乘胜前进的时候，拿破仑已经北上的消息传到了他的耳朵里，他害怕法军切断他与葡萄牙之间的交通线，于是立刻命令部队向西撤退。

拿破仑原打算进军塔古斯河谷，把英军一举赶出葡萄牙。但英国人已经进入西班牙的消息打乱了他的计划，于是他决定向西北巴利多利德方向进军，在那里把英国人赶入海里。

他留下约瑟夫国王和第一、第四两军驻守在塔古斯河谷，他本人则于 12 月 22 日亲自率领四万两千人去支援苏尔特。内伊军作为前卫，率先出发，他奉命开向萨拉曼卡和阿斯托尔加，穿过风雪交加的瓜达腊马山，从侧面进攻穆尔。

在法国部队的强势攻击下，英国部队只能加快撤退速度。

1809 年 1 月，拿破仑在阿斯托尔加把战争指挥权移交给了苏尔特，自己则快马加鞭回到了巴黎。因为根据他得到的消息，奥地利有可能在春天向法国发起进攻。他必须要亲自指挥对奥地利的战役。

回到巴黎的拿破仑声称西班牙的事情已经解决了，但实际上，他错了。虽然英国部队的确已经开始登船撤退，但是他们并没有打算放弃伊比利亚半岛。不久之后，英国部队又重新出现在葡萄牙。而西班牙人，更是不愿意屈辱地结束这场反抗。熊熊的反抗烈火仍在燃烧着，拿破仑暂时的军事胜利并没有摧毁西班牙人的顽强意志，各种新的反抗运动都在酝酿中。

此时的拉纳军正在围攻萨拉戈萨城。这座城市已经坚守了几个月的时间。1809 年 1 月，拉纳占领了该城的外围工事，并攻入城中。然而在城中，拉纳又遭到前所未有的英勇抵抗。几乎街边的每一栋房屋，都变成了堡垒，哪怕是一间茅舍、一个马棚、一个地下室都必须经过激烈的战斗才能占领。

这种残酷的战斗在这个已被法军占领的城市中整整进行了三周，法国士兵们不分青红皂白屠杀了一切人，就算妇女儿童也无法逃脱。然而，只要法军士兵稍一疏忽，妇女儿童也会把他们杀死。法军屠杀了两万名守卫部队和三万多名城市居民。

拉纳是一位骁勇的骑兵，他曾参加过拿破仑指挥的所有激烈的战斗，在他的头脑中几乎没有"恐惧"这两个字，然而，他却被眼前可怕的情景震动了，无数具男人、女人和儿童的尸体并排躺在血流成河的街道上，整个城市死一般地寂静。拉纳不无感慨地对身边的人说："这是怎样的一场战争啊！我们被迫要杀死这样勇敢的人们，即使他们是疯狂的人们，这场胜利也只能使人感到忧伤！"

西班牙的战争远远没有结束，英勇无畏的西班牙人民把拿破仑的三十万精锐部队拖进了深深的泥潭之中，拿破仑从此不得不承受由于自己的野心所造成的沉重负担。

第十七章

后院起火

卡罗利娜的野心

不管是在政治上，还是在战争上，拿破仑都能如庖丁解牛一般游刃有余。然而，他却始终无法摆平他那多事的家族。

这一次，他要对付的对象是他的妹妹卡罗利娜。

当拿破仑在西班牙战场上指挥作战时，他的两位老谋深算的部下——塔列朗与富歇悄悄勾结了起来。这两个原本互相提防的政敌，竟然经常一块出游，还多次进行秘密会谈。更令拿破仑担忧的是，他们与缪拉似乎也产生了一种默契。他们正密谋着，趁着拿破仑深陷西班牙泥潭、无暇顾及国内事务的机会，唆使野心勃勃的缪拉一举夺取法国的政权。

缪拉的妻子、拿破仑的妹妹卡罗利娜也参与到其中来。

很久之前，卡罗利娜就已经利用她的美色为缪拉登上皇位而构建起了势力网。她的野心促使她频频向当时担任巴黎卫戍司令的朱诺暗抛秋波。朱诺控制了巴黎管辖区所有的卫戍部队以及各省的武装部队，地位可谓举足轻重。

朱诺对卡罗利娜的真实意图一无所知，面对她露骨的勾引，他很快就无法自持了。两个人经常一起逛花园，一起到郊外踏青，一起到歌剧院看戏。几乎全巴黎的人都知道，他们的公主在偷情。

沉浸在温柔乡里的朱诺并不知道，自己只是这个女人棋盘上的一颗棋子。他还以为，卡罗利娜是被他的魅力所倾倒呢。每天晚上，一离开办公室，朱诺就直接走进了卡罗利娜的卧室。卡罗利娜在看到他的第一件事，总是问他拿破仑是否给他传来了什么消息。于是，朱诺就讨好地把从拿破仑那里得到的消息一五一十地说给她听。

听完之后，卡罗利娜就会装作非常苦恼的样子，为她的哥哥感慨道："我真为他担心！"实际上，她却一直期待着，有一天朱诺为她带来的，是她哥哥的死讯。

在提尔西特时，拿破仑就从萨瓦里那里得知了卡罗利娜与朱诺的出轨行为。当时他正忙于作战，无暇顾及。回到巴黎后，他立刻把卡罗利娜叫到身边，严厉地责骂了她。

卡罗利娜对拿破仑的脾气了如指掌，所以她什么也没说，任由他把心中的怒气全都发泄出来，等到他平静下来以后，就坦白地把自己勾引朱诺的动机告诉了拿破仑。

卡罗利娜的野心令拿破仑大为震惊，但从此，他也不得不对这个妹妹的才能另眼相看。

第二天，拿破仑把朱诺召来，告诉他，自己已经知道了他的越轨行为，把他痛骂了一顿，然后发落到了葡萄牙战场上。当时的拿破仑不会想到，正是自己的这一决定，使得法国部队日后在维米罗战役中被打得一败涂地，从而失去了一举打败英国人的机会。

这件事被平息之后，卡罗利娜和缪拉仍然没有死心，为了使自己的胜算更大一些，他们还勾结了塔列朗和富歇。

这让拿破仑怒火中烧，卡罗利娜只是一个女流之辈，缪拉也不过是一介武夫，但塔列朗和富歇就完全不同了，他们都是不折不扣的阴谋家。拿破仑可以允许他的下属中饱私囊，假公济私，但是却绝对不允许任何人对他的皇位有觊觎之心。

回到巴黎后，他先是把富歇给大骂了一顿，然后就开始恶狠狠地斥责塔列朗：

你简直就是个小偷，你是个人人唾弃的懦夫，你背信弃义！你这么做对得起谁？你把所有人都蒙在了鼓里，你背叛了法国人！……你出卖了你父亲……想当初你第一个提起西班牙之举，但是今天你竟然出尔反尔，又来谴责这一行动！我真是想不明白，你到底要干什么？……你希望得到什么？……如果你有胆量的话，大可以说出来，为什么要做这些偷偷摸摸的事呢？……我真是后悔至极，当初为什么就没有让人把你绞死在卡罗塞尔的栅门上？不过现在也还不晚！……告诉你吧，你的小命……就捏在我手心！我随时都能让你死！

塔列朗只是默默地听着他的责骂，一声也不吭，脸上也没有丝毫羞愧之情。他的这副模样更惹恼了拿破仑，他刚想偃旗息鼓，又忍不住骂了起来。

虽然塔列朗有各种各样的缺点，但是对于拿破仑来说，他还是非常珍贵的。所以，在痛骂之后，他解除了塔列朗侍从长的职俸金，没收了他非法积聚的巨大财产，没有对他进行更严厉的惩罚。这之后不久，拿破仑就好像完全忘记了这回事，又跟他讨论起了政务。

然而，塔列朗的心中却一直没忘记这件事。他把这当成了自己的奇耻大辱，从此以后就恨上了拿破仑，甚至还抓住一切机会反对拿破仑。

玛丽的喜事

1809 年 4 月，如拿破仑预料到的那样，奥地利再次向法国宣战。这场战争一直持续了六个月，最后虽然以法军的胜利而收场，但是经此一役，法国的损失也是极为惨烈的，拿破仑也感到心力交瘁。

奥地利战争结束之后，拿破仑打算放松一段时间，但这时，那令他烦恼不已的婚姻问题再次吸引了他的视线。

加冕前后，他的兄弟们处于世袭嗣子的考虑，曾经多次劝他与已经无法生育的约瑟芬离婚，左右大臣也积极附和，但拿破仑却一再拒绝了他们的提议，那时候，他的心中有小拿破仑。在拿破仑眼中，这个可爱伶俐的侄子就像是他的亲生儿子一样，他希望把强大的实力和世上最好的名称传给这位受他宠爱的间接继承人。

然而，不幸总是突如其来，令人猝不及防。当拿破仑在普鲁士战场上挥斥方遒时，他的小拿破仑却得了假膜性喉炎，被病魔夺走了生命，那时他只有五岁。

小拿破仑的去世使一家人都陷入了巨大的悲痛之中。这也打乱了拿破仑的全部计划，他不得不在直系亲属中另外物色继承人。

离婚的念头越来越多地浮上了拿破仑的心头。

不久之后，一个意外的惊喜，让拿破仑又萌生了希望，玛丽怀孕了！

玛丽来到巴黎之后，迪罗克奉拿破仑的旨意把她安置在胜利街的一幢漂亮的房子里。在那里，玛丽过着与世隔绝的日子，只有拿破仑会出入这栋房子，与她幽会。有的时候，她也会去杜伊勒里宫，两个人经常待在房间里有说有笑。他们并不怕约瑟芬会突然闯进来。那时候约瑟芬的皇后宝座已经岌岌可危了，又怎么敢干涉皇帝的私生活呢？

每天早晨，都有人前来询问玛丽有什么要求。玛丽很少提什么要求。她别无他愿，坚信自己在拿破仑心中处于首要位置，也相信凭着自己对他的爱，他不久将复兴波兰。

拿破仑到奥地利战场上作战的时候，玛丽也跟随他去了维也纳。在维也纳，他们又过上了你侬我侬的甜蜜生活。

在维也纳住了几个星期后，玛丽时常感到有些不舒服，经常想吐，随军医生为她进行了详细的检查之后，高兴地恭喜她，说她已经怀孕了。起初，玛丽感到脑子里非常混乱，因为她现在正处于这样一种尴尬的地位上，孩子出生以后难道要取瓦莱夫斯基家族的姓？她的正牌丈夫、瓦莱夫斯基伯爵会同意吗？

但是她现在已经完全倾心于拿破仑，深厚的爱很快就令她克服了一切忧虑，完全沉浸在了对新生命的期待之中。

她把这个好消息告诉了拿破仑，这让拿破仑兴奋地简直要跳起来。多年以来，他一直期望能够有一个属于自己的孩子，如今竟然梦想成真了，他简直不敢相信自己的耳朵！但是同时他又感到苦恼，因为作为私生子，这个孩子是没有继承权的，他多么希望能够得到一个名正言顺的继承人啊。他甚至请求玛丽把这个孩子出让，在世人面前谎称是约瑟芬所生，但被玛丽严词拒绝了。

如此一来，拿破仑不得不把与约瑟芬离婚的事提上日程了。

在此之前，因为他与约瑟芬结婚多年无所出，所以坊间一直流传着一些传闻，说他没有生育能力。现在他终于可以光明正大地说，这些全都是谣言！他很快作出决定：必须要离婚，而且越快越好。他已经蹉跎了很多年，就连他自己都感到不可思议，为什么在这件事上，他一直表现得如此优柔寡断。玛丽是那么年轻，那么有活力，而且还有思想，更不搞阴谋诡计，也不挥霍钱财，相比约瑟芬，不是一个更好的人选吗？当然，他最终选择的皇后也不会是玛丽，因为现在的他所需要的，是一个能够帮他巩固政权的欧洲皇室之女。

在奥地利战场上，拿破仑一直对约瑟芬的甜言蜜语无动于衷，现在他已经不再像以前那样每到一个地方都给她写信了，信中的语句也不再充满甜蜜，相反，他的态度总是非常冷淡，就连最后的那一句"一切都属于你"似乎都充满了敷衍。

约瑟芬在他身边的时候，他还会想起以前的一些情谊，他也时常感到，他们的命运是紧紧地连在一起的。但现在她不在身边，玛丽取代了她的位置，她带给他的，既有如同约瑟芬一般的温柔，也有约瑟芬所不能给的理解与默契。

玛丽打算回波兰去住。虽然她怀了拿破仑的孩子，但瓦莱夫斯基出于纯洁的爱国精神和高尚的情操，还是原谅了她。他很快邀请她回瓦勒维斯城堡，这样，她的孩子就能降生在她所热爱的故土上。

与约瑟芬离婚

从奥地利战场回来之后，拿破仑开始有意地冷落约瑟芬。他再也不像以前那样对她关怀备至了。现在与他一同出游的，不再是约瑟芬，而是他的妹妹波利娜。打猎时，约瑟芬也不再露面。

然而，虽然已经下定了决心，拿破仑还是不忍心和她谈最关键的问题。他害怕约瑟芬会伤心流泪，更害怕她的沉默与绝望。

但是，该来的总是会来。终有一天，拿破仑决定和约瑟芬摊牌，他有些含混不清地向约瑟芬解释说，为了帝国的前程，他们需要分手，他希望她能够出面要求解除婚约。

可怜的约瑟芬自从加冕那天开始，就一起担心着自己的皇冠有一天会被剥夺。这些年来，她一直为此担惊受怕。如今，这一天终于到来了。她忍不住哭泣了起来。

拿破仑受不了她的哭诉，于是狠了狠心，粗暴地对她说："快别哭了，我是不会心软的。我的心里一直有你，但是政治是没有心肠的，我也没有办法。这样吧，我每年给你五百万，罗马的王权也归你所有。"

约瑟芬没有回答，继续轻声啜泣着。她想起了很多往事，的确，结婚的前几年，她一点儿也不爱拿破仑，在她心中，自己嫁给他，是下嫁，是他占了大便宜。她从来都没有理解过他，甚至还背叛过他。但是，随着时间的推移，随着年龄的增长，她对拿破仑逐渐产生了一种真正的爱。她崇拜他能够取得前所未有的伟大业绩，虽然她觉得这种伟大的业绩到现在还不太稳固。她隐隐约约地对他还产生了一种感激之情，感激他使她参与了这一伟大的事业。当初她还年轻的时候，对于拿破仑所表现出来的英雄气概，她一直是忍受的态度。但是，现在，她已经逐渐老去，却固执地想抓住这一点。

当然，比失去丈夫更令她感到痛苦的，是失去了皇后的宝座。这意味着，离婚之后，她再也不能得到人们的敬意，也不能像以前那样一掷千金了。在她那轻浮的脑袋里，情爱、虚荣、利益总是纠结在一起的，她根本没法把它们分开。

接连不断的招待会、宴会、舞会、音乐会，给拿破仑提供了消愁的好机会。他现在似乎非常乐于参加这样的活动。然而，每天晚上吃晚饭的时候，他还是必须与约瑟芬坐在一张餐桌上。这对于他们两个人来说，都是巨大的痛苦。约瑟芬总是沉默寡言，而拿破仑为了躲避这令人难堪的沉默，总会在办公桌前多读一会儿文件，在餐桌上加快进餐速度。

1809年11月的一天，晚餐依然在沉默无语中吃完。这一次，约瑟芬终于忍不住发泄出了自己内心的痛苦。

关于这一天的场景，当时在场的博塞在他的回忆录中是这么写的：

陛下和皇后相邻着坐在餐桌旁。约瑟芬的头上戴着一顶白色的、巨大的帽子，她的脸颊被帽子遮住了一大半。尽管她竭力掩饰着自己，但我还是发现，她已经经过了一场痛哭。即使是现在，也在极力地强忍着泪水。她看上去那么悲伤，那么失望。

自始至终，餐桌上都笼罩着一种可怕的寂静。几乎没有人说话，大家都不知道应该说些什么。我只听到一句话，那就是陛下问我："现在几点了？"我回答了他，然后，他就站起身来，离开了餐桌。约瑟芬也随之放下了餐桌，蹒跚地跟在他后边。仆人为他们端来了热气腾腾的咖啡，皇帝从他手中接过自己的一杯，摆摆手让我们出去。

我和其他人一样，马上退了出去，此时我的心中充满了不安，仿佛马上就会大祸临头一样。我在靠近皇帝沙龙门边的一把椅子上坐了下来。没过多长时间，我就听到从沙龙里传出一阵撕心裂肺的喊叫声……

听到这阵哭喊声，门卫以为是皇后身体不适，打算推开房门进去查看。我阻止了他。我对他说，皇帝在里面，如果他觉得必要的话，就会喊我们进去。现在既然他没有吩咐，那我们就不应该打扰他们。于是，我们继续站在门边。过了一会儿，皇帝打开门，注视着我，语气生硬地说："进来，博塞，把门关上！"我立刻走进沙龙，发现皇后泪流满面地瘫倒在地毯上，她嘴边不停地嚷嚷着："不，我不活了，活着又有什么意义呢？"皇帝问我："你能不能把她从暗梯送回到她自己的卧室？看来她需要医治一下。"我按照吩咐将我以为已经昏厥了的皇后从地上扶了起来，拿破仑帮着我把她抱了起来。皇帝端起桌上的蜡烛，打开房门，带着我穿过一条漆黑的通往暗梯的过道。

到达暗梯之前，皇帝发现梯子不仅窄，而且还非常陡，很难走。于是，他把一名日夜值班的档案员叫了过来，让他为我举着蜡烛照明，在前面给我带路。他自己则抱起约瑟芬的双腿，和我一起把她往下抬。我们一路上走得非常艰难，好几次都差一点摔倒，但最后总算是安全地下了暗梯，把约瑟芬送到了她的卧室里。我把她放倒在卧室的长沙发上，皇帝拉响了叫铃，把皇后的宫女们全叫到卧室里来。

当我从沙龙里将约瑟芬抱起时，她闭紧了眼睛，也不再哭喊，看上去有气无力，我认为她昏厥了。但是，当我在狭窄的暗梯里被自己身上佩戴的剑碰得步履不稳时，我不得不把她抱得更紧，从而避免将她摔得头破血流。她的背紧贴着我的胸口，头靠在我的肩膀上。当她感觉到我的力量时，突然压低嗓子对我说："你把我搂得实在是太紧了。"于是，我明白，其实根本不用担心她的身体，她一刻也没有失去知觉。

从沙龙到卧室，我一直在为约瑟芬的身体而忧心忡忡，所有的注意力都放在她身上，根本顾不上去注意拿破仑。当皇后的侍女们来到她身边时，拿破仑就离开了卧室，来到一间小会客厅，这时，我看到皇后已经有人照顾了，于是也跟着拿破仑走了出去。他看上去非常焦虑不安。他叹着气将刚刚发生的事情的缘由告诉我，说道："为了法兰西帝国的利益，我不得不作出离婚的决定，但是，离婚对我来说实在是一件残忍的事情……也许约瑟芬会感到我很无情，但我现在也很痛苦，并不比约瑟芬好受……我的良心一直在遭受着巨大的谴责，我的灵魂遭到了玷污……我从来没想到，她竟然会这么伤心……"

他在说这些话的时候显得非常激动，每说完一句，都会不由自主地停顿一下，所以一直断断续续。他的嗓音已经有些干哑，泪水从他的眼睛里源源不断地流了出来。他一向是一个自制的人，只有在真正无法控制自己的情绪时，他才会对一个并非知己和值得信赖的人说出这么多的内幕……

他向我倾诉了六七分钟。后来，或许是因为他发现这样做并不妥当，于是就停了下来，派人把科尔维萨、奥坦丝王后、康巴塞雷斯和富歇叫来。在亲自了解到约瑟芬已经镇定下来以后，他才上楼回自己的房间。

我跟着他一起上楼，回到我的值班室，从地上捡起了刚才为了方便而丢下的帽子。为了防止其他人乱传闲话，我对仆人和侍从们说皇后突然有些精神失常。

此时的拿破仑，看到约瑟芬晕倒之后，真的深受感动，他以为约瑟芬是在痛彻心扉地爱着他，但他根本不知道，约瑟芬的晕倒是装出来的，只不过是为了让他更加内疚罢了。

奥坦丝来到约瑟芬身边，像哄孩子一样安慰着她，等到约瑟芬的情绪终于平静下来以后，她走出门，找到了拿破仑。拿破仑对她说："你母亲现在怎么样了？情绪好一些了吗？你应该告诉她，不要这么折磨自己，这样受伤的只是她。我已经下定了决心，什么事情都无法改变我的决定。如果你打算劝我，那我奉劝你还是算了吧。"

奥坦丝不卑不亢地回答道："我不是来劝您的，陛下。您愿意做什么就可以做什么，没有人会阻止您，也没有人能够阻止您。既然您是为了国家的利益才这么做，那我们还能说什么呢？我们愿意为您作出牺牲。但是，您也不必对我母亲的泪水表示惊讶，你们的婚姻已经有十五个年头了，在这十五年的时间里，她不是第一次流泪了。但是我相信，即使我不劝她，她最后也一定会顺从您的愿望。请您放心，我们将时刻感念着您的恩德离开，绝不会给您添乱。"

原本还在竭力控制情绪的拿破仑，听了奥坦丝的这番话之后，突然卸下了心里的防线，他忍不住哭了起来："为什么？为什么你们都要离开我，你们都抛弃我！难道你们再也不爱我了吗？如果只是为了我的幸福，那我一定会为你们作出牺牲。但是这关系着法兰西的幸福。我别无选择，只能舍弃最心爱的人，作出这样的决定。我宁愿你们骂我，也不愿意听到这样冷冰冰的话！"

这种令人惊讶的感情流露，使拿破仑在日后回忆起来之后感到有一些难堪。但奥坦丝看到他这么痛心，口气随之温和了下来，也不再指责他了。

此后，约瑟芬依然陪着拿破仑出席各种盛大的活动，履行她最后应尽的皇后职责。但几乎在所有的场合，约瑟芬都不得不接受人们探究、好奇的目光。尽管如此，她依旧说话动听、彬彬有礼、举止文雅、笑容满面……

现在约瑟芬还没到最绝望的时候，她在等着欧仁从意大利回来，希望他能够劝说拿破仑改变主意。

12月欧仁风尘仆仆地回到了杜伊勒里宫。他刚一回来，奥坦丝就把事情的经过原原本本地告诉了他。欧仁早就已经习惯了服从，他当然表示同意拿破仑的决定。约瑟芬最后的一线希望也被浇灭了。

当天，拿破仑、约瑟芬、欧仁和奥坦丝四个人在杜伊勒里宫会面。拿破仑神情激动地再次诉说离婚的理由，然后说道："即使约瑟芬与我离婚，也仍然可以保留皇后的称号，我将把马尔梅松别墅赐给你，并且每年还会给你五百万法郎的年金。欧仁可以在意大利获得一块领地。奥坦丝提出与路易分离的请求，我也同意了。无论如何，你们母子的前途将得到充分的保障。"

欧仁和奥坦丝互相对视了一眼，异口同声地说道："陛下，我们愿意陪在母后身边，直到她终其天年。"

拿破仑马上表示了强烈的反对，他动情地对欧仁说："欧仁，如果你认为我对你还有什么意义，或者说我的的确确尽到了父亲的职责的话，那你就不要抛弃我。你知道，我需要你。你妹妹也不能离开我。你母亲也不希望她这样做。如果你坚持要这么做，只会给你母亲带来更深的痛苦。如果你不愿后辈的人到处乱说'皇后是被赶走的，她命该如此'这种闲话，那你就留下吧。她还留在我身边，这足以说明，我们之所以离婚，完全是出于纯政治原因的分离。她的地位难道还不够显赫吗？如此一来，她不就可以得到她为之作出牺牲的民族的尊重、敬重和爱戴了吗？"

约瑟芬赞同拿破仑的话，作为一个母亲她仍然希望孩子们留在拿破仑身边，这样，他们就可以得到更好的前途。她还趁着这个机会开口为欧仁向拿破仑索要意大利王国，然而，欧仁没等她说完，就打断了她："母亲，现在这种时候，我觉得不适合谈这样的事。您儿子绝对不愿意以您的分手为代价，来换取一顶王冠。这对我来说并不是一件好事，而且我也绝对不会接受。"

"我知道欧仁是怎么想的，"拿破仑说，"他做得对，他能这样相信我的感情。"

1809年12月，杜伊勒里宫人声鼎沸，穿着盛装、佩戴各种勋章的国王，内穿丝织紧身服、外加宫廷华丽服装、脖子上挂着金银装饰的王后、公主，派头十足的达官贵人和军装耀眼的元帅、将军在御殿恭候。

随着一声沉闷的钟响，拿破仑办公室的门被打开了。莱蒂齐亚、路易、卡罗利娜，缓缓走了进去，拿破仑和约瑟芬坐在一张大桌子后接待了他们。

拿破仑对着对面的椅子一指，大家都安静地坐了下来。今天的约瑟芬穿得非常素净，白色的裙装上面没有任何装饰，她的身上也没有佩戴任何首饰，与她平日里的风格简直大相径庭。她的脸色虽然十分苍白，但却非常冷静，与此相反的是，拿破仑却显得目光呆滞，双手不停地搓动着衣服上的装饰。

接着，康巴塞雷斯和皇家政务秘书勒尼奥·德·圣让·昂势利走进了办公室。拿破仑站了起来，开始念起一张文书，他先是简要地阐明了离婚的政治必要性，然后又充满感情地赞美了他昔日的妻子："上帝知道这样的决定给我的心里添上了多少痛苦！但是，只要向我表明了这是有益于法国的利益的，我都会以巨大的勇气作出牺牲……我要赞美我可爱的妻子的忠诚和温柔……我要她继续保留皇后的地位和称号，但希望她千万别怀疑我的情感，要把我当做她最好、最亲的朋友。"

说完之后，他就坐了下来，约瑟芬随即念了自己的声明：

"征得我尊严、亲爱的丈夫的同意，我必须声明：鉴于没有任何生儿育女的希望，以满足他的政治需要和法兰西的利益，我自愿向他作出世间从未有过的爱与忠的最大表示……"

那一字一句，似乎都浸泡在痛苦之中。后来，她几乎无法支撑下去了，只好由勒尼奥代她往下宣读：

"我的一切全归于他的恩赐。是他亲自给我戴上了皇冠，在皇后的宝座上，我得到的是法国人民的忠诚与爱戴……解除我的婚约决不会改变我内心的情感。皇上将永远不失我这一个最好的朋友……我们俩都为以祖国利益为重作出这一牺牲而感到光荣。"

约瑟芬听勒尼奥念出了她的心声，拿破仑把她的手紧紧握在。这是一个多么伤感的时刻，就连那些平素里对约瑟芬一直看不惯的波拿巴家族的人，也忍不住流泪了。欧仁站在皇帝身边，伤心得神经质地发颤。奥坦丝则双手捂着脸。

康巴塞雷斯把整理好的离婚笔录放到桌子上，拿破仑看也没看就签了字，他的字迹显得比往常沉重了许多。约瑟芬在下方也签上了自己的姓名。莱蒂齐亚颤抖着也签了字。

仪式就这么结束了。从此之后，拿破仑与约瑟芬将不再是夫妻。奥坦丝搀扶着约瑟芬走出门，欧仁紧跟在他们后面，但刚出门不久，他就晕了过去。

离婚仪式后，拿破仑无精打采地回到了自己的寝室。正当他打算入睡时，约瑟芬突然闯了进来。她的头发乱七八糟的，眼神也有些呆滞，像个木头人一样向床边走来。快到拿破仑身边的时候，她停了下来，轻声哭了起来。拿破仑坐起身来，向她伸出了双臂，两个人长时间地亲吻着对方，拿破仑喃喃地对她说："我的约瑟芬，要坚强一些，我永远都是你的朋友，这一点谁也无法改变……"

第二天一早，拿破仑一副萎靡不振的样子，梳洗的时候，他时不时地叹气。白天，他一直躲在办公室里，谁也不愿意见。他根本无心工作，只是一个人躺在椭圆双人沙发上，头枕着手，久久地眺望着天花板……最后，他决定到特里亚农宫暂住几天，好离开这个令人苦恼的地方，排解离婚的愁思。

等到仆人向他汇报，说车子已经准备好时，他拿起帽子，带着秘书梅纳瓦尔来到了约瑟芬的卧室。

约瑟芬正一个人发呆，不知在想些什么。她一看到拿破仑，就扑进了他的怀里大哭了起来。这是一场痛苦的告别。拿破仑拍着她的肩膀安慰着她，眼圈也有些发红。

后来，拿破仑把她温柔地扶到沙发上坐下，然后把梅纳瓦尔留在她身边，来减轻她离别的悲伤。

等到心情平静以后，约瑟芬依依不舍地离开了杜伊勒里宫，她要搬去马尔梅松宫。她的行装早就已经打包装好了。一大群军官、女伴、仆人混杂在一起，在杜伊勒里宫的大客厅里等着她，向她最后致意、道别。她戴着厚厚的面纱，手搭在一位侍女的肩上，从他们中间走过。

坐在马车上，她最后看了一眼那富丽堂皇的杜伊勒里宫。这是她威力与幸福的见证，但是，从这一天开始，她将再也不能踏进这座宫殿。

纳瓦尔的生活

离开杜伊勒里宫后，约瑟芬一开始住在马尔梅松宫。在这里，她孑然一身，过着孤独的生活，整天以泪洗面。

但拿破仑仍然深切地关心着她，约瑟芬搬出杜伊勒里宫的第一个晚上，他因为担心她的状况，提笔给她写了一封信：

我听说你到马尔梅松宫以后，情绪一直非常低落。我想这也许是因为那个地方到处都留下了我们的情意，你感到触景生情了吧。但我要告诉你的是，这种情意是决不会、也是决不应该改变的，至少对我来说是这样的。约瑟芬，我希望见到你，但是我首先必须得到确切消息：你是坚强的，而不是软弱的。我也有些软弱，这使得我的身体也出现了状况，这真令我难受。

因为担心约瑟芬远离热热闹闹的宫廷，一个人独居会感到孤独，拿破仑还要求他身边的人去探访她，于是，公主、朝臣们络绎不绝地来到了马尔梅松宫。这虽然是出于好意，但这种探访却给约瑟芬增加了负担，她不希望自己成为众人眼中的"可怜虫"，于是只好强打精神招待他们。

拿破仑自己也曾经来马尔梅松宫见她，然而，他们并没有单独相会。拿破仑害怕再次出现之前的那种撕心裂肺的悲伤情景。

回到特里亚农宫后，拿破仑又给她写了一封信：

亲爱的朋友，我今天看到你，觉得你的状况似乎不太好，你看起来更加软弱了。你不应该这样。过去，你总是表现得坚强勇敢，我欣赏那样的你。现在，你必须马上恢复你的勇气，让自己重新焕发活力。你是一个可爱的女人，不应该整天这么死气沉沉，郁郁寡欢。我特别要提醒你注意的是，一定要保重身体，你的身体对我来说是非常重要的，我无时无刻不在关注着你。如果你认为看到你的不幸我会感到幸福，那么你就大错特错了。我怎么会这样呢？我与你一样痛苦。……再见，朋友。好好睡觉，好好休息，记住我对你说的话。

虽然他对约瑟芬已经没有爱情了，但是心里仍然还充满着关爱与友谊，当然，也还有无法排解的内疚之情。约瑟芬看了这封信之后，又哭了起来。这样的关系，不但没有使她感到安慰，反而更令她悔恨，当初为什么没有珍惜那些美好的时光。

1810年元月，新年到来了，拿破仑希望在这个喜庆的节日，约瑟芬能够振作起来。虽然他忙于国事，疲惫不堪，但还是亲自到马尔梅松去探望了约瑟芬。几乎每天早上，他都派人去了解约瑟芬的健康情况，给她送些小礼物，过问能使她开心的事情，预先考虑她用钱的需要。但在过去，他可不会这么大方，相反，他经常会责备她挥霍无度，使她十分苦恼。

拿破仑又写信给约瑟芬：

我昨天再次见到你，心情非常愉快。我赠给马尔梅松宫1810年特别费用十万法郎。这笔款项你可以自由分配，愿意怎么花就怎么花。等朱利安家族的合同一签订，埃斯代夫就会给你送去二十万，你的珠宝首饰费用我也会为你支付，为了避免珠宝商的蒙骗，你的那些首饰将会由总监处估价。这几项合计大约为四十万。除此之外，我还下令按年俸将1810年的一百万法郎送给你的商人处理，用来偿还你的债务。你去好好看一下马尔梅松宫的壁橱里，那里或许还有五六十万法郎，这笔钱也归你了，你可以拿去置办银器或内衣。我已经下令给你送去一套漂亮的瓷器，你可以自己决定具体式样。

他对她一直保持着关爱，时常回去探望她。但没过多长时间，他就又陷入了繁重的工作中。工作向来是他的灵丹妙药，渐渐地，他就从那种愧疚的心理中走了出来，来马尔梅松看约瑟芬的次数越来越少。

拿破仑打算迎娶新皇后时，约瑟芬依然住在马尔梅松。这里距离巴黎只有十五公里，拿破仑感到有些束手束脚，于是，他打算让约瑟芬搬到其他地方居住。他从皇室财产中把纳瓦尔领地拨给了约瑟芬，让她在自己的第二次婚礼期间在那里度过一段隐居的生活。

1810年3月，拿破仑请约瑟芬到纳瓦尔去。虽然他用了"请"，但实际上，这却是一次放逐，他对约瑟芬说："朋友，我把纳瓦尔赐给你，希望你能高兴。这再一次证明了我对你的情谊，你应该这样看。请接受这块领地吧。你可动身去纳瓦尔，至少在那里度过四月份。"

拿破仑再一次令约瑟芬失望了，但她也不能拒绝他的要求。她收拾了简单的行装，然后就上路出发了。

纳瓦尔位于埃夫勒附近，这是一座装潢华丽的城堡，因为屋顶是圆形的，所以当地人都把它称为"圆锅"。但是因为年久失修，所以已经无法住人了。里面连一件家具都没有，墙壁坑坑洼洼，很多墙皮都已经剥落了，细木护壁板潮湿发霉，屋里阴森刺骨，几乎没有一扇窗能够关得上。所谓的"花园"只是一片洼地，四周树木环绕，园内水坑点点，渠道纵横，瀑布错落……看到这种破败的景象，约瑟芬的眼泪忍不住又流了下来，她的仆人们也纷纷为她愤愤不平。

约瑟芬非常不喜欢这里恶劣的环境和气候，她想离开这偏僻荒凉的纳瓦尔，回到马尔梅松宫，于是，她给拿破仑写信：

波拿巴：

你曾经向我作出承诺，永远不会抛弃我。现在我认为又到了你应该表态的时候了。

请你明确地告诉我：我现在是否可以回巴黎？或者我应该继续住在这偏远荒凉的鬼地方？

但此时的拿破仑哪里顾得上她的死活呢。3月，他与新皇后在圣克卢举行了一场盛大的婚礼，4月，他们又在费什主教的主持下，在卢浮宫举行了宗教婚礼仪式。

只有欧仁来这里探望了母亲。他希望母亲是从自己嘴里，而不是通过别人，得知拿破仑与奥地利公主举行婚礼的详细情况。

这个消息令约瑟芬再度陷入了苦闷之中，虽然她早就知道终究会有这么一天，但是，当这一天真的到来时，她还是感到无法抑制的痛苦。她能想象得出继她之后登上皇后宝座的玛利亚·路易丝是如何尊贵至极，光彩照人，那些擅长阿谀奉承的朝臣们又是如何争先恐后地向新人献媚。

虽然拿破仑无暇看她的信，但实际上，远在巴黎的他仍在不动声色地遥控着一切，他注意为约瑟芬创造一些消遣的机会，唯恐她因为深居简出烦闷不堪而离开纳瓦尔。

新皇后对于那个被废黜的旧皇后有着不加掩饰的敌意，而拿破仑对新人又有一些莫可名状的惧怕。所以，被抛弃的旧人，只能自觉地待在纳瓦尔过着隐形人一样的生活。

在纳瓦尔，约瑟芬的生活非常孤寂，只能享受与侍从和宫女们在一起的乐趣。虽然约瑟芬还想延续"皇家"的规矩，来对这些仆人们进行管束，但是因为她本身就不是一个热爱规矩的人，所以，她对这些仆人们一点儿也不看在眼里，任凭他们自由自在地玩耍，有的时候，就算他们大声吵闹，她也不加斥责。

拿破仑对这位过去的妻子依然充满依恋和仁慈，始终保持着与她的情谊。他关心她的生活，事无巨细，他都会亲自过问。虽然已经不再是皇后，但约瑟芬依然过着花天酒地、纸醉金迷的奢侈生活。虽然每年拿破仑都会给她巨额的年金，但仍然无法满足她的花费。

拿破仑曾经劝过她很多次，让她节俭，但根本不起效果。拿破仑在给约瑟芬的信中这样写道："每年请只动用一百五十万法郎，把余下的部分存起来。十年之后，就可为你的孙子孙女积存下一千五百万法郎。到时你就可以给他们一些，对他们有所帮助，这不很好嘛……要是你想让我高兴，那你就按我说的去做，存起一笔巨大的财产……"可是，约瑟芬不但没有像他说的那样积蓄一笔财产，反而还高筑债台，欠下了一百多万！

拿破仑被气得暴跳如雷，他命令财政大臣莫利昂对约瑟芬的账目开销进行核查，然后又无可奈何地赐给她一百万，帮她还债。但从今以后他要约瑟芬应严格开销，账目要准确。"她不能再依靠我为她还债了。"他对莫利昂说，"我再也没有权利给她增加年金了。她家的负担决不能压在我头上……我是要死的，比谁都容易死……"

当莫利昂安慰皇上，说他会去与约瑟芬进行交涉时，拿破仑又不安地对他说："你的语气要委婉一些，可不要让她伤心地哭呀！"

但拿破仑一直非常小心，不让新皇后路易丝察觉到他对约瑟芬的关照。因为路易丝是一个嫉妒心很强的女人。他热切希望两个妻子能长谈一次，但路易丝想都没想就拒绝了。

婚礼结束后，拿破仑还同意约瑟芬回马尔梅松宫。他写信给约瑟芬：

亲爱的：

我已经收到了你写来的信。从你的信中，我读出了你的悲伤。其实你完全不必质疑我的感情。对于你，我永远不会变。我一直把你当成是我最好的朋友。

我不知道你的儿子对你说了些什么。我之所以一直没给你写信，是因为你自己也始终保持着沉默。事实上，我经常想起你，并祝你一切顺利。

你可以回到马尔梅松，如果这样可以让你感到快乐的话。

我很高兴能够了解到你的消息。不过，如果把我们两个人的信放在一起对比一下的话，不知道谁的信写得更亲热？

再见，我的朋友，请你一定要保重自己身体。不要误解我，对待我要像对待你自己一样地公正。

在纳瓦尔那个糟糕透顶的地方住了一个多月后，再回到马尔梅松，约瑟芬感觉自己仿佛回到了天堂。来这里拜访她的人依旧很多，每天都络绎不绝。1810 年 6 月 13 日，拿破仑来马尔梅松探望她，与她度过了两小时。

"昨天，我度过了非常愉快的一天。"约瑟芬写信告诉奥坦丝说，"皇帝来看望我了……他在我身边待了很长时间。我竭力控制自己的情绪，终于没有落泪，当时，我感到就要哭出来……他走后，我又觉得十分痛苦。他一如既往，待我始终很好，很亲切。我希望他能看到我心中对他充满了情谊与忠诚。"

这真是一幅令人感动不已的场景：在统治逐渐衰落的日子里，拿破仑回到自己荣誉的摇篮马尔梅松城堡，偷偷地拥吻曾经伴随自己打下江山的结发妻子，与她一起流着热泪，共同回忆他们过去的美好时光。

第十八章

第二次婚姻

物色新皇后

与约瑟芬离婚之后，拿破仑也陷入了分离的痛苦之中，他只能想方设法消磨时光，到萨托利打猎，在泥泞中行走，打扑克，闲极无聊地敲打玻璃窗。

他的大臣们一致请求，为了帝国的前程，他应该另取一位妻子。这些人中的很多人，命运都是与拿破仑紧密相连的，他们惧怕波旁王朝的复辟，希望拿破仑帝国能够长存，而要做到这一点，拿破仑就必须有一个合法的继承人。

拿破仑也非常清楚这一点，现在，他在欧洲大陆已经得到了巨大的胜利，他与强大的俄国结成联盟，波旁家族和教皇全都被他踩在了脚下，这一切，都使他的野心如同大火一样，越烧越旺。他想向整个世界发出自己的声音，所以他必须撇开一个不能帮助他建立皇朝的妻子。他之所以离婚，就是为了要另娶一个女人，他曾经对他的亲信说过"我要娶一个会生育的肚子"。

但是，选谁为新皇后呢？现在的拿破仑已经不再是十五年前那个穷困潦倒的科西嘉穷小子了，他成了欧洲的主宰，他的权力和荣誉都已经攀登上了一个无人企及的顶峰，他的新皇后必须是一个大国的公主，只有这样的女子，才能与他今时今日的身份和地位相配，也只有这样的皇后，才能帮助他拓展实力，巩固帝国根基。

如今的欧洲，除了法兰西帝国之外，只有英国、俄国、奥地利还能称得上是"大国"。向英国的公主求婚显然是不可能的，法国与英国正在进行着一场殊死战斗，双方联姻的可能性几乎为零。俄国倒是一个不错的联姻对象，它不但势力强大，而且还与法国建立了同盟关系，通过联姻，两国之间的关系就能得到加强。

前面我们已经说到，早在 1808 年 10 月的埃尔富特会晤时，拿破仑就已经向亚历山大一世提出了联姻的请求，但却被亚历山大一世委婉地拒绝了，为了彻底打消拿破仑的这个念头，他回国后就马上把当时唯一达到婚龄的妹妹叶卡捷琳娜嫁了出去。但尽管这样，拿破仑仍不死心，这一次，他派驻彼得堡的法国大使科兰古对亚历山大一世的另一个妹妹安娜进行调查。

不久之后，科兰古奉命正式向俄国安娜公主求婚。

拿破仑的提婚引起了俄国宫廷的巨大骚动。俄国宫廷中的大部分人是不喜欢拿破仑的，俄国的大地主贵族对拿破仑尤其仇恨，这种仇恨随着大陆封锁的加强而增长。他们极力反对这桩婚事。

这一次，亚历山大一世表现得也更加气急败坏，他向母亲求助，询问她："拿破仑若有此意，并前来交涉，应当如何答对？断然拒绝恐会激怒对方，招致无理取闹和敌意相加。对此人一旦遭到伤害可能作出的反应，需要予以充分估计。"

皇太后玛丽亚·费多罗芙娜对当前的形势进行了估计，在给她的女儿叶卡捷琳娜的信中，她吐露了自己的心声：

> 当初我不同意你嫁给拿破仑，是为你让你避免遭难。现在，我仍然不同意与他联姻，我对亚历山大说，我们为你所做的一切，应该作为一项原则……让我们首先考虑同意联姻的可能性，然后看看这样做的后果能给国家带来什么样的好处。一旦联姻，我们就有可能与法国保持长期的和平……但拒绝联姻，局势可能就会产生动荡，后果现在还无法预料……更糟糕的是，拿破仑遭到拒绝以后就会对我们怀恨在心，对我们的恶感只会有增无减……他原本就对我们并不信任，这之后更会百般挑剔，甚至还有可能伺机发动突然袭击。他还会向我国宣布，他曾经几次建议与我国联姻，如果我们同意了他的请求，战祸或许就能避免。当我国百姓知道，法国人的愤怒原来是皇帝和太后的拒绝引起的，恐怕对我们二人就会产生不满。……但我又怎么能舍得我可怜的安奈特呢？即使是为了国家利益，我也不愿意她成为牺牲品。这孩子要是下嫁这个性格乖戾、亵渎神明、无所顾忌、不信奉宗教的人物，她今后的生活会是什么样的呢？我简直无法想象……来到这个恶贯满盈的人物身边，她还有什么指望呢？……我的卡德，想到这一切，我就忍不住发抖。……一边是国家，一边是我的孩子，我该怎么选择？这真是令人为难痛苦。亚历山大又是君主，拒绝联姻会让他为难和遇到不幸……但我作为安奈特的母亲，难道能够眼睁睁地看着我的孩子跳进火炕吗？而且还必须由我来将她推到这个不幸的深渊中？……这个人（拿破仑）与安娜联姻以后，一旦他死了，他身后的一切动乱和恐怖行动就会全部压到可怜的安娜身上。因为我们是不可能期望这个暴君所建立的朝代能够受到众人的尊重。我们就给科兰古的答复措辞进行了商讨，最终作出了如下的决定：我的女儿年龄还小，还没有发育成熟，还不适宜考虑婚嫁之事……

俄国皇室进行了一次讨论之后，慎重地通知科兰古：因为安娜女大公今年只有十五岁，还没有达到适婚年龄，而法国皇帝已经四十，所以双方不宜婚配。然而，为了避免拿破仑因此而迁怒于俄国，他们有意暗示，再过几年，等到安娜法语成熟以后，俄国将会重新考虑这门婚事。

这个答复显然早就在拿破仑的预料之中。他知道俄国人想用拖延战术来打消他的念头。为了避免陷入被拒绝的尴尬境地，拿破仑的目标又转向了奥地利。

一天，奥地利驻巴黎大使梅特涅被召到宫中，接待他的官员旁敲侧击地向他询问，奥地利皇帝是否会同意把自己的女儿玛利亚·路易丝嫁给法国皇帝？梅特涅几乎想都没想，就表明：奥地利同意出嫁年轻的公主。他比谁都清楚，只有借助联姻的机会，才能保全奥地利。如果拿破仑娶了奥地利公主，他就会与亚历山大一世失和，从而将奥地利看成是天然的盟友。奥地利皇帝为了国家的利益，不会不同意的。

直到1810年1月，拿破仑还没有就迎娶哪国公主作出最后的决定。他周围的大臣也各持己见，反对革命的上流社会赞成与奥地利联姻，希望维也纳宫廷借此机会要求惩治那些曾经投票赞成处死路易十六的人。而参加过革命的人则希望与俄国联姻。双方一直为此而争论不休。

后来，拿破仑在杜伊勒里宫举行了一次枢密会议，就聘谁为皇后进行投票，结果，支持各方的票数差不多是一样的，赞成奥地利的四票，赞成萨克森的四票，赞成俄国的三票。拿破仑听各方陈述了支持的理由后，最终选择了奥地利。

俄国皇室虽然不愿意把安娜公主嫁给野蛮的拿破仑，但是当他们知道拿破仑宣布将迎娶奥地利公主玛利亚·路易丝的时候，还是感到有些不快。拿破仑始而提亲、继而变卦的做法，在他们看来，是对俄国皇室的一种公开侮辱。

1810年2月，拿破仑开始草拟婚约。婚约一拟好，立即请求奥地利皇帝批准。奥皇愉快地接受了拿破仑的求婚。在奥国看来，这场婚姻简直是对奥国的一次拯救。人们热烈欢呼，把这件婚事看成是和平的永久保证，人们希望大陆的休养生息再不会被法奥的敌对行动而破坏。商人们纷纷购进奥地利股票，奥地利股票顿时猛涨。

直到此时，拿破仑对玛利亚·路易丝仍然一无所知。她的容貌什么样，曾经有过什么样的感情经历，他都不了解。他只见过她的肖像，但是那肖像实在是太小了，根本看不清她的样子。拿破仑只知道，她是弗朗西斯二世的长女，是原配夫人泰雷兹皇后所生，今年十八岁。

真实的玛利亚·路易丝是这样的：她身材修长，胸脯丰满，有一头柔软的金发。虽然曾经得到天花，但是她的肌肤仍然充满光泽。眼睛有些突出，泛出蓝色的光芒。鼻子又长又直长着一只厚厚的、典型奥地利女人的贪吃的嘴巴。她看上去非常腼腆，脸上经常没有什么表情，显得有些无精打采，笑起来有些孩子气。

她几乎没有什么生活经验，纯洁得就连雄性动物都不养，她养的所有动物都是雌性的，比如母狗、母猫。她很有教养，会画画，会弹琴，颇有一些才艺，还会讲六国语言。她喜欢读书，但她读的书都经过了严格的筛选。

她是在与世隔绝的环境中长大的，温柔、虔诚、充满着爱，但没有个人意志。

玛利亚·路易丝讨厌法国，因为她的姑姑玛丽·安托瓦内特（路易十六的王妃）在法国大革命中曾经深受法国人的折磨与凌辱，她的祖母卡罗利娜·德（那不勒斯王妃）被法国人废黜，她信奉上帝，但法国人把上帝也否定了。

她同样也不喜欢拿破仑。她的家人在提到拿破仑的时候，用的一直是"科西嘉人"的轻蔑称呼。在过去的十几年里，她只在英国漫画山看到过拿破仑的形象，漫画家们把拿破仑描绘成一个五短身材、遍体烂疮、大腹便便的样子，看上去极为可憎。在她眼里，拿破仑这个可恶又可怕的科西嘉岛人是从大革命的鲜血与污泥中冒出来的反基督分子，他侵略其他国家，抛弃妻子，打骂大臣。

　　更令她愤恨的是，拿破仑还曾经先后三次打败奥地利，两次逼得她深爱的父亲从维也纳宫中仓皇而逃，还废黜了她父亲的神圣皇朝的皇位，使她父亲不得不跪倒在地，承受着前所未有的奇耻大辱。每当想起拿破仑，她的心中就会充满恐惧。

　　然而，她父亲为了国家的利益，最终决定牺牲她。弗朗西斯二世不愿意当面告诉她这个消息，只给她写了一封信，然后派梅特涅去看她。

　　路易丝公主问梅特涅："我父亲是什么看法？"

　　梅特涅回答说，皇帝不愿意违背她的意志，但是如果路易丝不答应拿破仑的求婚的话，奥地利有可能面临巨大的危险。

　　路易丝只能牺牲自己，只好答应："看来，我也只能听从上帝安排我的命运。只有上帝最知道如何使我们幸福。但是如果厄运要这么办，我愿意牺牲自己的幸福为国谋利。我认为真正的幸福寄托于恪尽职守，即使内心有百般不情愿，也在所不计。我不再去想这些，我决心已下，虽然那将是双倍的、最痛苦的牺牲。但愿此事永不会发生就好了。"

　　然而，这件事终究已经发生了。因为在奥地利，公主们从来都是可以利用的政治工具。更何况，路易丝是一个单纯、孝顺的女儿。

　　她的兄弟姐妹们纷纷来安慰她，祝贺她成为法兰西皇后，谁也不在乎，她的心中究竟是怎样想的。

　　对路易丝，拿破仑至少有一点是非常满意，那就是，她的母亲生育了十二个子女，而她的祖母和曾祖母都生育了十六个子女！多子多福，是拿破仑现在最迫切的希望了，因为他需要后嗣，需要一个合法的皇位继承人。他希望路易丝能够延续哈布斯堡王室令人惊讶的生育能力，使他梦想成真。

　　拿破仑焦急地等待着派往奥地利的特别大使贝尔蒂埃替他把公主带回来，为了表示对公主的诚意，他还迫不及待地挑选了一些精美的礼品，派人送到哈布斯堡王室。但玛利亚·路易丝把拿破仑赠送的礼物大部分分给了自己身边的人。

　　拿破仑甚至已经开始为自己还没有出生的儿子作打算了，他想把罗马王位赐予他的长子，所以，虽然约瑟芬再三请求，他还是没有给欧仁继承意大利王位的任何希望，为了补偿他们母子，他把法兰克福的那块大公领地赐给了欧仁，甚至还打算让他做瑞典国王。

　　虽然已经做好了迎接新皇后的一切准备工作，但拿破仑的心情还是无法平静下来。有一段时间，他几乎到了无法控制的地步，他拉着皇宫里的御医科维扎尔不放，追问他关于生育能力的问题："男性的生育能力一般能保持多少年？比如，一个六十岁的人与一位年轻女子结婚，他还能生育吗？"

科维扎尔回答他的君主："陛下，有时可以。"

"那七十岁呢？"

御医嘟囔着回答道："也是有可能的。"

拿破仑现在才四十岁，他终于稍稍放了心。

他是那么迫不及待地想看到他的妻子，在巴黎，一遇到在维也纳曾经见过玛利亚·路易丝的人，他就打听个不停。他在桌子上放着哈布斯堡皇室的肖像纪念章，与贝尔蒂埃的副官勒热纳给他送来的一幅肖像素描画细细比较。

他还曾当着塔列朗的面，问一位军官："你看过公主，你觉得她长得怎么样？"

那位军官回答说："她长得不错，陛下。"

"陛下，她身段与荷兰王后差不多。"

"啊，那不错。她的头发是什么颜色的？"

"金黄色的，和荷兰王后差不多。"

"那她的皮肤如何？"

"很白，很有光泽，与荷兰王后差不多。"

拿破仑感到非常纳闷，问道："难道她和荷兰王后长得很像？"

军官急忙回答道："噢，不，陛下。不过，您问我的，我回答的全是实情。"

拿破仑挥挥手让那位军官退下，然后对塔列朗抱怨道："要想从他们嘴里问出几句实话，真是难啊。我知道，我的妻子一定很丑，因为这些混账的年轻人从来都没有跟我说过她长得漂亮，只说什么'不错''很好'！算了，只要人善良就行了，能给我生几个儿子，她就是世界上最漂亮的女人，我会一心爱着她。"

他还曾到皇后的寝宫视察了好几次，亲自为她挑选帷幔、家具和摆饰。

1810年3月，在维也纳一座被人围得水泄不通的教堂里，贝尔蒂埃代替拿破仑完成了与奥地利公主玛利亚·路易丝的订婚仪式。随后，这位公主带着八十三辆马车组成的浩浩荡荡的车队，在卡罗利娜的陪同之下，向法国大地驶去。一路上所经过的法国附庸国，都以令人难以置信的盛大场面欢迎着她，到处都使她感觉到她是欧洲主宰者的妻子，她最初的恐惧心理逐渐被一种自豪感所代替。

这些日子里，拿破仑每天都给她写一封信，他把对皇帝继承人的渴望心情都化为了对玛利亚·路易丝的期盼，他的信写得火热灼人：

您是那么有才华，而且又美丽多姿，我对您仰慕已久，愿意一直侍奉在您身边，我的所有荣华富贵，都愿意与您分享，我已经写信给您的父亲，请求他成全我的爱，请您许配给我。希望您能够接受我的一腔深情。但同时，我也希望，您在考虑终身大事的时候，不要只是出于对父母的顺从。如果您愿意接受我，我的爱将会越来越浓，我会想方设法让你快乐。这就是我的意愿，希望殿下能够明鉴我的一片真心，我热切地等待着您的回复。

您的父亲已经答应了我的请求，允许我与你缔结婚约，这表明陛下对我的器重与关怀。我万分感谢您对我的垂青，您属意于我，就是对我最大的肯定。与您联姻使我非常高兴，也为我此生增添了许多光辉。我热切盼望我们的婚期早日到来。婚后我将会尽自己最大的努力使您幸福。您的幸福与我是息息相关的，正因如此，我更要真诚地让您终生幸福无比。我已经委派贝尔蒂埃将军为我的全权大使，他将会向您献上我的画像，请作为我心头爱恋之情的信物收下。从此刻开始，我对您的爱情将一直忠贞不渝。

您是那么完美，竟然愿意与我结为连理，这充分说明了您对我的信赖，我因此备受感动。现在，每当听到人们大力称赞您的时候，我的心中就不由自主地升腾起一种幸福与自豪。希望您能理解，并能同我一样珍视这种深情！小姐，现在我真想拜倒在您的脚下，把我的敬慕、期望与热爱全都捧给您。希望您能珍惜我这份真挚的感情，并将它当作您的幸福源泉。

来自维也纳的信几乎全都在称颂您的种种高贵品质，这更让我感到欣喜不已。我热切地期盼着能来到殿下身旁，可惜的是，公务缠身，我无法离开巴黎。如果不是受到了这样的羁绊，我真想无所顾忌地、立刻就飞奔到您的身边。但是，我的使命决定了我不能这样做。来巴黎的旅途上，纳夏泰尔亲王将会一路护送您，您有什么要求，都可以直接对他说。我的胞妹卡罗利娜愿意陪伴您，请友善地对待她。现在，我的心里只有一个想法：了解您喜欢什么，并努力得到您的欢心。这将是我此生最大的心愿。

希望殿下在布劳恩或更早一些就能收到这封信。每天我都在计算时间。感觉钟表仿佛停摆了一样，为什么时间过得这么慢呢？在如愿以偿见到您本人之前，我每一天都在忍受着煎熬。我的臣民也跟我一样迫不及待地想看到您。我已经告诉他们，您将成为法国人民温情的母亲。夫人，等你来到这里以后也会发现：他们是热爱您的子女。希望我对您的炙热的感情，能够令您满意，在这一点上您是无可挑剔的。不过我还是迫切地希望知道，您对我是不是也有着一样的情感？请相信我，这世界上没有任何人比我更炽热、更坚贞地爱您。

我已经收到了您的画像。奥地利皇后想得真是周到，特意为我送来了您的一幅画像。从画像上，我就能看到您的美好心灵——那个能够让我和大家都爱戴的心灵。……多想现在您已经来到了巴黎，急切地盼望着您。

我已经收到了您写来的信。在信中，您提到您的身体状况不佳，这让我感到非常忧虑，请您一定要保重身体，好好休息。您的健康对我来说非常重要。自从您答应与我结为连理，您的健康就不再是您一个人的事情了，它与我的幸福也是息息相关的。卡罗利娜向我仔细地描述了您，这激起了我心中无限的柔情。昨天我外出打猎，天气非常好，万里无云，一片晴朗，但是仍然觉得有些无趣。因为现在除了您以外，什么都无法引起我的兴致。我觉得一旦您到达了这里，我就会别无他求。此信是我拜托陆军元帅伊斯特利亚公爵带给您的。他负责统帅皇室骑兵团。在您来巴黎的路上，他同时兼任南锡市总督。奥地利皇帝侍从从维也纳给我写来了一些信件，但在没看到您之前，我不打算对他进行回复。我一定要先看到您，感谢您给了我这样一个幸福的机会：

得到了您——路易丝。我保证会对您一直温存、柔情万千。向您深情致意，并甜蜜地吻您美丽的手。

听说您已经让您的家庭教师回到了维也纳，为的是向我的臣民表示：陪伴在您身边的全都是法国籍侍从。我感谢您如此为我着想，但同时我又很难过。在您父亲和全家作出这么大的牺牲后，又作出了这一让步，您一定感到非常失望。不过，夫人，请不要责怪您丈夫，他愿意想一切办法去减轻您这种痛苦。人生自古伤别离！如果您认为我是一个不近人情的人，不能尽全力为你解除离别之苦，那真是冤枉了我。我盼望您写信给我，告诉我您对此事的想法。我很着急，担心这件事令您感到不快。请相信我，您作出的种种牺牲我都牢记在心中。如果我的柔情和忠贞不渝的爱能够报答、补偿您，那您可以完全放心，您一定能够得到我全部的爱。拉博德刚从维也纳回来，他提到您自从离开圣波尔顿以后曾经多次伤心落泪。您在慕尼黑心情也始终不太好，这让我感到非常不安。因为我希望我的路易丝每天都开开心心，每天是晴朗天，就像她本人那样，永远明媚，鲜艳！卡罗利娜告诉我：您很想知道如何得到我的欢心。夫人，其实您根本不必问她，我会亲自告诉您这一秘诀的。您可能想得非常简单，但确是实情：为我们的新婚而销魂、陶醉吧。每当您感到不快的时候，就请您对自己说：'皇帝会因此而难过的，因为只有他的路易丝快乐幸福时，他才会同样快乐。'

我刚刚把昨天给您写的信发出去，就收到了殿下写来的信。您在信中写了那么多甜蜜的话语，向我作出了令我心醉的爱情表白，实在是令我激动不已。如果此时此刻您就在我身边该多好！我将会把我心中最灼热的爱情语言一一向你倾诉！上午我去打猎，打到了四只野鸡，我将会把它们全都献给我心中的法兰西皇后，为什么我不是您面前的侍从？为什么我不能马上单膝跪地，亲吻您美丽的双手？我深切地思念着您，路易丝。

从这一封封滚烫的信中，我们能看出，这位已是中年的皇帝，再一次迸发出了年轻人一般的热情。

迎娶奥地利公主

1810年3月，玛利亚·路易丝的车队就要到达贡比涅了。当天，拿破仑精心打扮了一番：往身上洒了些香水，用发蜡把自己那一绺传奇式的头发固定在前额上。他还戒了烟，担心烟草熏黑了鼻孔。他还特意在绿色的军装上又披了一件他在瓦格拉姆穿的大衣。他比赌博的人还迷信：他之所以穿这件大衣，是因为多亏瓦格拉姆一仗，他才得到了玛利亚·路易丝。

缪拉也要去贡比涅接他的妻子卡罗利娜，于是拿破仑请他与自己同行。当天下着倾盆大雨，拿破仑与缪拉冒着大雨坐车赶往贡比涅。每到一个驿站，拿破仑的心就更加急切。他坐在飞驰的马车上，仍然觉得车跑得实在是太慢了，恨不得它能直接飞起来。

在香槟省的古尔塞尔村，他们与玛利亚·路易丝的车队相遇了。公主的华丽马车缓缓地在他面前停下了，他让侍从打开车门，向她通报自己的到来。本来心情就十分忐忑的奥地利公主脸色一下子苍白起来，拿破仑拉起她的手，把嘴唇贴上去吻了吻，笑着对她说道："夫人，见到您，我感到非常高兴。"接着，他又拥吻了为他迎亲的卡罗利娜。卡罗利娜下了车，让这位第一次见面的情人独自待在马车里。

玛利亚·路易丝虽然不是一个美人儿，但是长得也不难看。她是一位丰满的姑娘，因为经常面无表情，所以看上去有些迟钝。这一天，她穿了一件白色的裙服，外面罩着一件长长的丝绒大衣，头上戴着一顶看上去略有些不雅的无边软帽，帽上装饰着鹦鹉的羽毛。当这个年轻的姑娘在这个大雨滂沱的夜晚，与一个她原本有些厌恶、惧怕的人单独坐在马车里的时候，她会想些什么呢？他们之间又谈论了些什么？这一切都已经无从追溯了，但是可以肯定的是，拿破仑一定会竭尽所能地讨取这位公主的欢心。

第一面，拿破仑给玛利亚·路易丝留下了很好的印象，他看上去一点儿也不可怕，反倒像一个彬彬有礼的绅士。拿破仑问路易丝："临行之前，您父母说了些什么？"路易丝回答道："他们让我完全属于您，听从您的一切吩咐。"拿破仑对这个回答非常满意。他看路易丝因为长途跋涉患了重感冒，就对她嘘寒问暖，而且还像谈论一个老朋友一样说起她的父亲。惊愕过后，路易丝渐渐变得温顺了起来。她后来对别人说："皇帝作为一名如此令人生畏的将军，是够温柔迷人的了。看来，我一定会很爱他的！"

每到一处驿站，拿破仑和奥地利公主都受到了热烈的欢迎。场面是如此盛大，令人难以置信，到处都是浓妆艳服、珠宝首饰、颂扬恭维、花团锦簇，这一切不由得使这位奥地利公主飘飘然了起来。然而，虽然这一切都让她陶醉，她还是不由自主地联想起了另一位奥地利公主，她的姑姑玛丽·安托瓦内特。

四十年前，玛丽·安托瓦内特也是在法国人的夹道欢迎和一片阿谀奉承声中成为法国王后的。但法国大革命之后，她却遭到了巴黎人的羞辱和折磨。他们像对待仇人一样对待她，她过去的荣耀，把她带进了地狱。如今，她会不会也遭受同样的命运？这个可怕的联想时时刻刻浮现在路易丝的脑海里，怎么也无法摆脱。一到斯特拉斯堡，她就向身边的人打听当年玛丽·安托瓦内特路过这里时曾经下榻过的地方，似乎想离那个地方远一些，以躲避可能的厄运。

在贡比涅，两个可爱的小姑娘向奥地利公主敬献了鲜花，她耐着性子听她们为自己朗诵了一篇热情洋溢的欢迎词。可怜的公主，从清晨就启程赶路，现在已经疲惫不堪，她希望能得到片刻的安宁和休息。所幸，欢迎仪式并没有持续多长时间，很快，她就在两位夫人的陪伴下，回到了自己的套间。

直到夜宵的时候，路易丝才再次露面。宾客满席，但是她一个人也不认识。或许，她曾经听说过这些人的名字，那是因为，在维也纳皇宫里，她的家人们曾经咒骂或者嘲笑过他们。在这样的场合，她可以小心翼翼，保持沉默，也可以抽抽噎噎，轻声哭泣，哪怕她因为激动而晕倒过去，恐怕也不会有人怪罪于她。但是她表现得却非常得体，体现出了一个大国公主的风度。

按照原来的计划，这天晚上拿破仑应该在行宫外的掌玺大臣的府邸下榻休息。但是他却不愿意离开玛利亚·路易丝，希望在当天晚上，就与她结为夫妻。

但路易丝却有一些疑虑：这样做是否合乎教规？拿破仑于是把大主教费什请来劝说她，这才打消了她的疑虑。拿破仑牵着她的手，把她带到了卧室里，然后让卡罗利娜来开导一下她，因为这个纯洁的姑娘在男女情爱方面是一无所知的。

在卡罗利娜履行她的职务时，拿破仑回到了自己的房间，脱下衣服，洒了一点香水，然后穿着一件睡袍，来到了路易丝房中，与她度过了他们名副其实的新婚之夜。

第二天梳洗时，拿破仑问他的内侍，宫里是否已经发现他"破坏了原计划"。内侍笑了笑，说没有被察觉。

拿破仑对路易丝十分体贴，还让侍女把午饭送到床头。整个白天，他都非常高兴，而且也比以前更加和蔼可亲了。晚餐前，他请路易丝与自己一起听音乐会。拉格拉西尼与克莱桑迪尼登台为他们歌唱，由巴埃尔钢琴伴奏。路易丝身着玫瑰色衣裙，显得神采飞扬。她认真地聆听着美妙的音乐，而拿破仑却因为前一天晚上过于劳累，坐在椅子上昏睡了过去。路易丝感到非常有趣，用手肘轻轻碰了碰他，把他叫醒。

第二天晚上，拿破仑依旧在路易丝的房间里度过。他像第一天晚上一样兴致勃勃，而路易丝也逐渐对这种事情产生了兴趣，开始变得热切起来。

奥地利公主虽然看上去非常冷淡，但是她的内心却藏着一座火山。很快，她就对拿破仑产生了热爱，不管是在公开场合，还是私下相处，她都非常关心他，对他体贴备至。她还写信给她的父亲："自从我来到巴黎之后，一直和他朝夕相处，他非常爱我。这份爱令我对他感激不尽，我也诚心诚意地爱着他，希望能够报答他。……有的事是那么令人陶醉，简直难以抵挡。我身体一直非常健康……亲爱的爸爸，皇帝比您还要严格地监督我谨慎用药，所以这一点您完全不必担心。哪怕我只是有一点小咳嗽，他也不允许我在两点钟前起床。"

路易丝与约瑟芬并没有什么相似之处，但拿破仑还是不由自主地对自己的两个妻子进行过如下比较："约瑟芬富有艺术和风度，在她的身上表现出一种成熟女人的魅力。但玛利亚却是一个天真烂漫、单纯没有心机的小女孩。在生活中，约瑟芬的举止习惯始终是那样自然，让人感到如沐春风，非常愉快和陶醉。她总是竭力地表现出自己美好的一面，专心于给人留下良好的印象，每一次，她都能如愿以偿地达到目的而又不让人察觉自己的用心。她能够轻而易举地使用那些能增加她魅力的艺术，并且手法非常巧妙，别人根本想不到那是她刻意而为之，最多只是略有揣测。玛利亚却恰恰与她相反，她从来没有想到做出天真的样子也是有好处的，她是什么样的人，就表现出什么样的特点。约瑟芬从来不愿意表露自己的真实意图，而玛利亚却不知道这个世界上还有掩饰隐讳的技巧，她从不使用任何手段，所有手腕对她来说都是不可思议的东西。约瑟芬虽然很少公开索要东西，可是她什么都想要，而且花钱无度。玛利亚缺什么总是直言不讳地要，虽然对她来说，缺东西的情况非常少见。每当她拿到一件物品，马上会想到应该付钱。不过，话得说回来，她们两人都是温柔的贤妻，都非常爱慕自己的丈夫。"

3月，他们启程前往圣克卢，4月在那里举行了世俗婚礼。第二天，又在卢浮宫大画廊内举行了隆重的宗教婚礼。

这一周的时间对任何女人来说，都是一场严峻的考验。但是年轻的奥地利公主却轻松地应付过来了。在婚礼上，她不但没有表现出激动与不安，反而还巧妙地掩饰了自己内心的真实感受，给人的印象，她是在履行一项简单而又平庸的手续。

当天，玛利亚·路易丝穿着一件华丽的勒鲁瓦式银罗纱裙，长长的裙裾由西班牙、荷兰、威斯特法利亚王后，埃利莎和波利娜公主护持。拿破仑的妹妹们非常不愿意干护持裙裾的事，前一天，波利娜曾经对拿破仑表示坚决拒绝，埃利莎气得都快哭了。但拿破仑不容她们争吵、推辞，不由分辩地说："你们一定要去。"不过，他让卡罗利娜去接皇太后，免除了她做执裙裾这种不体面的事。她一个人在皇太后身后走着，高傲地看姐妹们的热闹。

路易丝头戴沉甸甸的皇冠，脸色绯红，缓慢地向前走去。作为新郎的拿破仑穿着一件西装，一件白缎短外套，一顶饰有白色羽毛的黑色直筒无沿高帽，全身上下珠宝闪亮。

原本应该有二十七位主教出席婚礼仪式，但是有十三位意大利主教缺席了，他们只为了对拿破仑将教皇囚禁在萨沃纳的行径表示抗议。拿破仑看到他们的席位空空的，忍不住怒火中烧，他暗暗下决心，一定要剥夺他们的俸金、职位！他对教廷很不公正而又出于非政治原因的憎恨从此倍加强烈。

最后，午夜时分，新婚夫妇对排列在杜伊勒里宫长廊上的侍卫人员进行了一次总检阅。随后，拿破仑领着新娘向洞房走去。新婚用床已经举行过降福礼仪。人们发现皇帝红光满面，精神焕发。侍卫再一次向他们致礼，然后房门就在新婚夫妇的身后关上了。

这不平凡的一天就这么过去了，对拿破仑来说，这简直是他一生之中最美好的一天。

皇帝的"第二春"

在新环境里，路易丝显得轻松自如。一天早上，她走近拿破仑，主动与他聊起了天，还天真地说道："天哪，这儿离维也纳真是太远了！"拿破仑笑得特别开心。

拿破仑为她安排的宫殿比约瑟芬的要讲究得多，看上去既富丽堂皇，又舒适。因为害怕路易丝会孤独，他还特意让拉纳的遗孀和德·蒙特贝洛女公爵陪伴她。除了这两位女伴之外，拿破仑还在路易丝身边安排了很多以服装颜色命名的侍女，比如红女、黑女、白女，她们除了服饰皇后之外，还有一个重要的职责，那就是挡住来拜访皇后的男人。拿破仑向来都不相信女人的贞节，他已经见过太多轻佻的女子了，所以他要通过这样的方式，来避免有可能发生的任何越轨行为。

有一次，德·蒙特贝洛夫人因为疏忽，把自己的表弟介绍给了路易丝，结果被拿破仑痛骂了一顿。路易丝只能与宫女们相伴，由她们陪着学音乐、绘画或梳妆。

只有在巴黎的梅特涅能够得到与路易丝会面的机会，因为他将会把公主在巴黎的生活状况传递给奥地利皇帝。拿破仑甚至还会亲自把他喊到皇后的房间，让他们自由交谈。

等到谈话结束之后，拿破仑问梅特涅："怎么样？你们谈得还开心吧？皇后是怎么说我的？她觉得在这里过得好吗？当然，你不必向我汇报，这是你们之间的秘密，我不应该问。"

路易丝当然感到幸福之极。拿破仑完全出乎她的意料，他对她是那么殷勤，那么体贴，早就俘获了她的心。这或许还算不上爱情，但也足以表达夫妻之间的温情。拿破仑本就是一个家庭观念浓厚的人，他的这种观念使得他在面对自己十八岁的妻子时，表现出了强烈的保护欲。

在蜜月期，为了路易丝，拿破仑甚至不惜改变自己已经保持了几十年的生活规律。他已经顾不上朝政了，每天早上，他都会在妻子的卧室里待很长时间，帮她梳洗打扮，与她一起吃饭，跟她一块聊天，或者坐在椅子上听她弹奏钢琴、为自己画肖像。他简直像变了一个人一样，身边的人几乎快要不认识他了。要知道，以前吃饭的时候，他只需要六七分钟就能吃完，吃完之后就离开餐桌去忙工作了，但现在，为了陪路易丝，他把狼吞虎咽改成了细嚼慢咽，非要等到路易丝吃完之后与她一起离开餐桌。

如果路易丝想散散步，他也会陪着她在花园小径上信步溜达。他还会陪她打台球，一直打到路易丝累了为止。路易丝想学骑马，拿破仑不愿意让骑术教练靠近她，于是就亲自当她的马术教官，在铺着厚厚的锯屑的跑马场上，跟在她的马屁股后面气喘吁吁地奔跑。为了陪路易丝，很多会面都被他推迟了，别人写给他的信，他也会过好几天才回复。有的时候，会开到一半，有人前来禀报皇后叫他，他就会站起身，直接宣布会议结束，只留下一群吃惊的大臣。

4月，梅特涅给弗朗西斯二世写了一封信，向他原原本本地汇报了路易丝公主在巴黎的生活，他说："她已经彻彻底底地征服了皇帝的心。我所掌握的所有情况都表明，她与皇帝非常契合。皇帝非常爱她，以至于难以掩饰自己的感情。现在，他的一切生活习惯都完全服从于她的欲望和爱好。"

在此之前，工作就是拿破仑唯一的兴趣，他总是投身于繁忙的工作中，然而现在，他却惊奇地发现，他的生活中突然出现了新的乐趣，他不再一味沉迷于工作，而是开始享受这种玩乐的生活。在他被驱逐到圣赫勒拿岛之后，他在回顾自己这几年的生活时说道："以前有人指责我一直沉醉于与奥地利皇室的联姻，皇后再也不把我当作真正的皇帝看待，总之，责备我结婚以后就自以为是地认为自己是亚历山大，是上帝的儿子……这种指责真是无稽，我得到了一位年轻漂亮的好妻子，难道我就没有表示高兴的权利吗？"

这位年已四十的皇帝，竟然在这样一个时刻焕发了"第二春"！

对拿破仑的关切与体贴，路易丝回报的是同样的爱。她对她的叔叔德·维尔茨堡大公说："我不想为他造成任何不安。"只要拿破仑两三个小时没在她身边出现，她就会感到心里有些焦躁，希望快点见到他。

然而，波拿巴家族的人并不喜欢这位新皇后。拿破仑与约瑟芬在一起的时候，莱蒂齐亚曾经对约瑟芬十分不满，但是现在，她竟然百般怀念起了她的那位前儿媳，而对奥地利公主则是爱答不理的。

至于拿破仑的兄弟姐妹们，则背地里给路易丝起了一个外号——"挨了打的大布娃娃"，因为她总是表现出无精打采、心不在焉的神态，令他们感到十分无趣。埃利莎写道："弗尔森之类的男子即使对女人再殷勤，也绝不会把自己的情话说给她这样的人听。她好奇心十足，但在我们眼里她却有些可笑。她有一个奇怪的毛病，经常不知所云地重复别人的话。不知道这是为什么，或许是因为她的头脑过于简单吧。有一次，她从一个毫无教养的仆人那里听来一句话，就学着说大元帅迪罗克是个奇怪的枪手，真是让人笑掉大牙。不过，必须承认的是，她也有优点，这位奥地利公主是一位善良的姑娘，与我们拥吻的时候总是那么诚心。渐渐地，大家也就都习惯了她那令人不太舒服的举止。但愿她能使皇帝幸福！"

不过话又说回来，这群波拿巴家族的人们，又会喜欢谁呢？几乎每一个进入他们家族的人，都会受到指摘，约瑟芬是这样的，路易丝也是如此。他们那鸡蛋里挑骨头一般的挑剔神色，就仿佛他们自己是完人一样！

不管怎么说，这位奥地利公主总算把他们的兄弟与欧洲古老的皇室联成一体了，所以，他们对路易丝不敢表现出像对约瑟芬那样明显的冷淡，在表面上，他们还是装作尊重她的样子。

对拿破仑的这些亲戚们，路易丝也没有什么好感。波利娜风骚淫荡，令她时时感到鄙夷。卡罗利娜则表现出一副高傲的样子，使她本能地远离她。她倒是很喜欢热罗姆的妻子卡特琳诚心相处。卡特琳是位德国公主，跟她有点亲属关系，两人的共同情趣比较多。

拿破仑突然改变了坚持多年的生活方式，没过多长时间，他的身体就受到了影响。他生了疖子，还不停地咳嗽。御医科维扎尔一直在规劝他：你已经是四十岁的人了，不应该像年轻时那样吃那么多，也不要在房事上过于频繁，否则会大伤元气。但拿破仑只把他的话当成耳边风。

不久之后，拿破仑为了让妻子见识一下法国北部的省份以及比利时的优美风光，特意安排了一次旅行，陪同他们出巡的有热罗姆、卡特琳和欧仁。路易在安特卫普加入了他们的行列。华丽的车队冒雨在泥泞的道路上长途跋涉。每到一个地方，当地人都会热烈欢迎他们，有人给他们送上鲜花，还有人发表讲话。

漫长的旅途让所有人都精疲力竭，路易丝对于人们的奉承反应麻木，对欢迎的宴会也感到十分厌倦。在各个城市殷勤出迎的人们眼里，这位新皇后显得"十分腼腆，浑身拘谨，脸上毫无表情"。虽然拿破仑担心她的身体，想缩短她的行程，她却坚持要跟他走遍各地。她在安特卫普写信给卡罗利娜说："我离开他一天就会受不了。"

1810 年 6 月，经过了漫长的旅行之后，他们一行人终于回到了圣克卢，此后，宫廷里又开始了各种五花八门的消遣娱乐活动。市政厅举行盛大的集会，放焰火，办舞会。拿破仑也跳起了瓜得利尔舞。接着，路易丝身体笔挺地坐在观礼台上，而他自己却在大厅里走动，与聚会的人们交谈。

这之后，军务大臣、皇家卫队也不甘示弱，纷纷举行活动。7月，奥地利大使府邸也举行了一场盛会，可惜的是，这场盛会最终以悲剧收场。大使专门派人在花园里修了一个宽敞的舞场。这是一个凉棚式样的舞场，棚顶涂了彩，装饰了珠罗纱、塔夫绸和纸花。乐队欢迎皇帝和皇后入场，拿破仑带着路易丝绕场一周，向前来参加这次宴会的宾客们致意。突然，一阵风刮了起来，罗纱帘被吹起，碰到了插满蜡烛的烛台，大火顿时烧了起来。欧仁马上去向拿破仑禀报，皇帝处乱不惊地带着路易丝走出去。然后，他把已经吓得直哆嗦的妻子扶上马车，一路安慰着她来到了爱丽舍宫。

安顿好路易丝之后，拿破仑又回到了起火的地点。只见大使府已经被熊熊的烈火包围了，四散而逃的人们不断发出尖利的喊声和呼救声。木结构的大凉棚很快倒塌了，吊灯纷纷落地，惊恐的人群拼命挤向唯一的出口。奥坦丝、卡罗利娜、波利娜第一批撤出，欧仁拉着身体肥胖的妻子在拥挤的人群中向外跑。还有一些可恶的人趁火打劫，从跌到的人身上偷首饰，有的时候甚至把手指和耳朵上的肉都给拽了下来。

拿破仑立刻下达命令，指挥人们救火。他还安慰奥地利大使，因为他的大姨子施瓦岑贝尔公主在救女儿们时，不慎被大火吞噬。有好几十人在这场灾难中失去了性命。

直到深夜的时候，拿破仑才精疲力竭地回到了圣克卢，他顾不得满脸满身的烟灰，也顾不得换掉脏乱的衣服，就跑向路易丝的房间，看她的心情是不是已经平复了。最后，他瘫倒在椅子上，就像被抽了筋一样。

贡斯当在自己的回忆录中对这场灾难进行了记录：

发生了这样的事情，我们每个人都感到如坐针毡，惶惶不安。宫内所有人都在为皇帝的安危而忧心忡忡。所幸的是，他最终安然无恙地回来了，但是他的样子看上去非常疲倦：衣服已经被撕扯得有些乱七八糟了，脸经过了长时间的烟熏火燎，已经通红通红，鞋和胳膊也被熏黑了。他刚一进门，就着急地询问起皇后的状况，然后又来到了皇后的卧室，看看她是否还在害怕。对皇后进行了一番安抚之后，他才精疲力竭地回到了自己的房间里，他脱下自己的帽子，一下子扔在床上，一屁股坐进了椅子里，大声叹息道："天哪，当时的情景真是太可怕了！这是我见过的最可怕的舞会！真是噩梦一般！"我给他脱衣服的时候，他向我讲述了那场舞会的一些情况。当时他所表现出来的激动情绪，我在他一生中只见过两三次，就是在他自己遭到一些困难情况时也从来没有这么激动过。他对我说："这天夜里的大火将一个勇敢的女人吞噬了。施瓦岑贝格亲王的妻姐刚想从大厅里逃出去，忽然听到厅里有人在叫她的名字，她以为是她的长女在呼喊她，于是她想都没想就转过身来又冲向了大火。当时地板已经被烧焦了。她刚一踩上去，地板就碎成了一片，她再也没有爬起来。其实这位可怜的母亲听错了！她的孩子们早就被救了出来，已经脱离了危险。人们想尽办法想把她从火海中救出来，但找到她的时候她已经被烧死了。医生多方抢救依然没能挽回她的生命。不幸的公主当时正怀着孕，而且马上就要到预产期了。我建议亲王务必设法抢救孩子的生命。最终，医生把孩子从母亲的尸体中取了出来，可惜的是，那个孩子只活了几分钟就夭折了。"

皇帝讲到这里的时候已经激动得说不出话来。我猜他回来的时候一定需要洗澡，于是早就已经为他准备好了洗澡水。陛下果然洗了个盆浴。经过一番惯常的按摩擦身以后，他的精神似乎好了点。但是我至今还记得，他当时曾表示担心，那夜的可怕事件会是一系列不幸事件的凶兆。这种恐惧的心理一直困扰了他很长一段时间。

在这一时期，拿破仑也无法摆脱政治的困扰。他的警务大臣富歇，私下里与英国人进行了谈判，于是他只能罢免了这位手下。7月，他又得到了他的弟弟路易自动退位逃离荷兰的消息，因为他不满足于总督的职位，想当国王。

路易的所作所为令拿破仑大为失望，他对梅纳瓦尔说："我怎么会想得到，我竟然遭到这个人的侮辱。我曾经像做父亲一样，用我那炮兵中尉的菲薄薪金把他拉扯长大。我同他分餐而食，抵足而眠……他现在上哪儿去啦？逃到国外，叫大家以为他在法国没有容身之地！"

他把这件事告诉了约瑟芬，当时她正在埃克斯温泉。路易的逃跑使奥坦丝得到了解脱，她与母亲团聚了。拿破仑在给约瑟芬的信中写道："我已经把荷兰并到了法国，路易也逃跑了。不过他的这一跑，倒是恰好解放了荷兰王后，你的这位不幸的女儿将带着她的儿子贝尔格公爵回到巴黎……我将很高兴能在今年秋季见到你。请你千万不要怀疑我对你的友谊。"他一直保持着对约瑟芬的友谊，但是现在已经很少会向她表露出来，因为路易丝是一个善妒的女人，他不希望引起不必要的麻烦。

喜得贵子

早在他们去比利时旅行的时候，路易丝就隐约感到自己怀孕了。当她把这个消息告诉拿破仑的时候，他高兴极了，对她更是百依百顺。

然而，医生的诊断却令他大为失望，原来这不过是一场空欢喜罢了。不过真正的好消息很快就传来了，6月底，路易丝终于怀孕了，这一次是确定无疑的。

拿破仑简直心花怒放，从那之后，他更是一步也不愿意离开路易丝身边。再也没有长途的旅行、疲劳的晚会或者跑马的运动了。他们现在只是相伴着看看书、听听音乐会、举行个小小的晚宴。路易丝酷爱看杂耍，看神灯表演，也喜欢看弗朗高尼兄弟的驯兽，于是拿破仑就为她在宫中特意搭了一个马戏场。

后来，拿破仑静久思动，就萌生了去打猎、阅兵的兴致。路易丝可不愿意与他分离，于是就坐在敞篷马车里一路跟着他。有时候，拿破仑希望有一点时间自由活动，于是就建议她去听听音乐，但路易丝却非得让他陪自己不可，要是拿破仑拒绝，她就宁愿待在家里。拿破仑看她赌气委屈的样子，只好顺从了她的请求，乖乖地陪她一起去了。

现在，不仅是在拿破仑眼中，就是在所有朝臣眼中，路易丝也已经具有了举足轻重的地位。社稷的安危，皇朝的久长，都与她肚子里的孩子息息相关。人们再也不会嘲笑她的日耳曼法语，大家无不钦佩，她能脸上毫无表情地"横扫聚会的人们一眼"。

1810年11月，他们给还未出生的孩子举行了一个盛大的洗礼仪式。贝尔蒂埃、迪夏泰尔、蒂雷纳的儿子、博阿尔内家族、加法莱利、拉格朗热、马雷的女儿和最受宠的小"威廉"，奥坦丝的小儿子路易分别当了他的教父和教母。

约瑟芬对此非常不满，因为她最喜欢的小孙子路易，竟然成了新皇后的教子。然而，更令她不安的，是德·雷米扎夫人的来信。德·雷米扎夫人在拿破仑的授意下，劝说约瑟芬不要回到巴黎。因为路易丝有了喜，变得比过去更嫉妒了。拿破仑希望约瑟芬到米兰，到欧仁身边，到佛罗伦萨或到罗马过上几个月，春暖花开的时候再去纳瓦尔。信中还掩饰着一种威胁的意味："这样，要是皇帝以后不像现在这样爱她，也不至于落人笑柄，以便能不失体面地摆脱尴尬境地。"

约瑟芬气极了。当初拿破仑与她曾经甜蜜如斯，现在为了他的新皇后，他竟然要让她过着流亡的生活！她让奥坦丝为自己说情，又百般可怜地哀求拿破仑，拿破仑心软了，只好改变主意，让她自由生活。

与其他的孕妇相比，路易丝的妊娠反应并不严重，只不过偶尔会感到有些恶心。没过几个月，她的肚子就大了起来。拿破仑一向对怀孕的女人不太喜欢，然而对这个孕育着他的宝贝儿子的大肚子却是例外。他似乎一点儿也不怀疑，这个马上就要降生的孩子是个男孩。

他热情满怀地为他的儿子准备好了一切，一项元老院令提前赐给他以"罗马王"的称号。这个称号是多么响亮，多么体面！法兰西帝国的这位骄子与古老的年代紧紧地联系在了一起。他还按照自己想象中的皇太子宫殿为他准备了舒适的住处。拿破仑亲自为未来的儿子挑选宫廷教师，最后，他选择了宫廷最受人尊敬的德·孟德斯鸠夫人为儿子教授知识，而和蔼可亲的奥夏尔夫人由医生选定为他的奶妈。

拿破仑在做这些事的时候，几乎没有征求路易丝的意见。她根本不必为这些事而烦心，一切都由他来安排就足够了。孩子的尿布、被褥和衣着等所有用品早就已经准备妥当了，拿破仑还特意送给她许多珠宝、瓷器、地毯、家具，路易丝全都慷慨大方地分给了自己的兄弟姐妹。

她天真地向亲朋好友们炫耀，自己是多么地幸福。她给儿时好友德·克莱纳维尔夫人写信说："您完全可以想象出，在巴黎这样一个繁华的城市，娱乐活动是多么丰富多彩。但是，我要告诉你的是，尽管如此，我最最愉快的时刻都是在皇帝身边度过的。"她还写信给父亲，邀请他来法国，在信中写道："如果你与皇帝有了进一步交流，您就会完全理解他。他在家里是多么善良、多情，他的心灵是多么高尚。我相信，您也一定会喜欢上他的。我对赐予我如此洪福的上帝感激不尽……"

1810年12月，拿破仑的昔日情人玛丽·瓦莱夫斯卡夫人由波托加太太陪同，由梳妆女官德·吕塞夫人在小客厅正式"介绍"给皇帝，路易丝也在场。路易丝对拿破仑与玛丽的事情一点也不知情，接见玛丽的时候，她表现出了一贯的冷漠。拿破仑执意要他的"波兰夫人"在宫廷占有一席之地，这样他就能更好地为她的儿子准备前程。这个孩子于1810年5月生于瓦勒维斯城堡，取名为亚历山大·科洛纳·瓦莱夫斯基。拿破仑似乎对玛丽有所允诺，以后会把他立为复兴的波兰之王。

拿破仑对玛丽仍然有着深厚的感情，然而，以前的那种狂热的爱，现在已经变成了细水长流的温情。拿破仑害怕引起路易丝的怀疑，只能偷偷到玛丽位于胜利街的住处去。玛丽和儿子到杜伊勒里宫与拿破仑相会的事也就更加隐秘了。只有拿破仑的贴身男仆才了解内情。

迪罗克和科维扎尔一如既往，听从玛丽的吩咐。

拿破仑每月给玛丽一万法郎的费用，玛丽对此并没有什么要求，她对皇帝从来都很少有物质上的请求。他赐给亚历山大帝国的伯爵勋位，两年之后，又赐给了他一笔巨额的长子世承财产。小亚历山大长得非常漂亮，不管是脸部的轮廓、额头还是嘴巴都和拿破仑如出一辙。拿破仑对他非常疼爱，几乎每天都要问到关于他的事情。

玛丽继续过着隐居的生活，与她经常来往的大多数是波兰人。巴黎的上流社会对她一点儿也不了解，这正是她所希望的。她尽可能避免一切抛头露面的活动，以免暴露她和拿破仑的私情。

时钟的指针很快就转到了 1811 年 3 月，路易丝即将分娩。拿破仑心急如焚地等待着这个时刻的到来，整个法国也像他一样，翘首期盼他们的王储诞生。因为还不知道这个即将出生的孩子的性别，所以人们纷纷议论个不停，进行着各种各样的推测。波拿巴家族以及大部分忠诚的大臣们，都热烈地希望能够生一个皇子，以便继承拿破仑辉煌的业绩。

路易丝的叔父维尔茨堡大公也特地从奥地利赶来庆贺她的分娩。宫廷里的各种达官贵人们都在等候着路易丝的出现，她原本是来这里观看为欢迎她的叔父维尔茨堡大公而举行的小型喜剧演出的。

但是，德·蒙特贝洛公爵夫人突然从路易丝的卧室中冲了出来，喜气洋洋地向人们宣布，皇后已经出现了临产前的阵痛。整个沙龙里立刻变得轰动起来，仆人们急忙去通知那些按照惯例在皇太子出生的时候必须在场的各位大人物们。没过多长时间，宫殿里就挤满了穿着华服的人们。

此时，拿破仑正在卧室里扶着路易丝轻轻走动，鼓励她，打消她那担心会"因为生孩子而死去"的惊惧心理。过了一会儿，他把路易丝托给德·蒙特贝洛夫人照看，来到沙龙里，与那些正在焦急等待消息的家族成员们说一会儿话。在他们面前，拿破仑一点儿也不掩饰自己内心的忧虑和不安，他的脸色看上去既紧张又阴郁。

可怜的路易丝难产了，因为孩子胎位不正，先露出脚。在当时，一千例分娩中，大约会有一例像路易丝这样的状况，御医担心无法同时保全母亲和孩子。拿破仑紧张地在屋子里踱来踱去，不停地问："我的天哪，怎么会发生这么可怕的事情呢？我该怎么办呢？会有危险吗？"

当御医问他应该先保谁的时候，拿破仑毫不犹豫地回答说："保母亲，一定要让她活下来。"

他再次回到妻子的房间，路易丝已经知道难产的事情了，她的神色非常悲伤。

拿破仑、德·蒙特贝洛夫人和德·蒙德斯鸠夫人纷纷安慰她。御医用产钳继续帮她生孩子。拿破仑不忍看当时的情景，躲到了隔壁房间。他的心始终悬在半空中，呼吸都变得紧促了起来。

所幸的是，路易丝最终渡过了这个难关，她不但保全了自己，还生下了孩子。拿破仑一个箭步冲到路易丝床边，蹲在床头，拥吻着她。

刚出生的孩子一动不动，就像是死了一般。德·蒙德斯鸠夫人把他抱在自己的膝盖上，用热毛巾给他仔细地擦拭身子，又朝他的嘴巴里喷了一点白酒。大约七分钟之后，孩子终于发出了第一声啼哭。

拿破仑欣喜若狂，他离开路易丝，跑向孩子，轻轻地把他抱了起来，温柔地亲吻着他的额头，然后把他抱到路易丝身边，对她说："好了，他得救了！"

路易丝气喘吁吁地问道："是男孩还是女孩？"

拿破仑长舒一口气，说："跟我想的一样，是个男孩。"

路易丝高兴地拥抱他，他激动地说："我简直难以感觉这巨大的幸福！可怜妻子受的苦太大了！"

贡斯当对皇太子的降生，曾经进行过长篇的追述：

杜布瓦担心无法让母子都平安，这时皇帝对他说："大胆一点，杜布瓦先生，不要紧张，你只要能保住母亲就可以了，我尊重你的意见。"皇帝迫不及待地爬出浴盆，我负责把他身上的水擦干，他随便穿了一件便袍就走进了卧室。他将皇后温柔地揽入怀中，握着她的手安慰她，让她鼓起勇气。皇帝激动得不能自己，只好来到隔壁客厅等候消息。他把耳朵贴在墙上试图听到内室的动静，他表现得非常焦虑。一刻钟之后，杜布瓦先生决定借助外科器械帮助皇后分娩。皇后看到那些冰冷的器械，害怕地说："因为我是皇后，所以必须作出牺牲，对不对？"孟德斯鸠夫人扶着皇后的脑袋，对她说道："不要怕，夫人，勇敢点，你知道我是经历过这种事情的，我可以保证您宝贵的生命不会受到威胁。"

整个分娩过程一共持续了26分钟，这段时间对皇后和皇帝来说都是非常痛苦的。婴儿先露出的是双脚，然后周围的人费了很大的力气才帮助皇后把孩子的头生出来。皇帝在隔壁等着，他太紧张了，苍白的脸色让他看起来像已经晕过去了。孩子终于生出来后，皇帝立刻跑进卧室，非常温柔地搂住皇后，甚至顾不上看一眼自己刚刚降生的儿子。当时人们都以为这个孩子活不了，有人拿出烧酒往孩子嘴里喷了几滴，然后用手心轻轻地拍打他全身，最后用温热的毛巾将其包裹起来，不久后孩子终于发出了他的第一次哭声。

皇帝放下皇后，马上就去拥抱他的儿子。对他来说，这个孩子是命运给赐予他的最崇高的礼物。他简直欣喜若狂，一会儿亲吻孩子，一会儿又去安慰妻子，不知道究竟该先亲哪一个。当他回到自己的房间换衣服的时候，仍然喜形于色，笑容一直在他的脸上，看到我后对我说："哦！亲爱的康斯坦，我们多了一个可爱的胖小子！他可真是来之不易啊！'他对每个人重复这些话。他沉浸在家庭的温暖和喜悦之中，这时我才察觉这个人们一致认为他只热衷于权力和事业的男人同样也会被天伦之乐所感动。"

自从半夜时巴黎圣母院的巨钟和各个教堂的钟敲响以来，直到皇后平安分娩鸣炮宣告为止，巴黎城内一片骚动。居民们纷纷在黎明时涌向杜伊勒里宫。庭院里和沿河大街上人山人海。大家都在焦急地等待第一声炮响。除了杜伊勒里，这种感人的情景同样在附近几个街区上演着。上午九点半，炮声响起时人们全部停下脚步，认真聆听或数着炮声的次数，第二十二响表明出生的是个男孩，人们奔走相告，一片欢腾，众人的热烈情绪无法用语言描述出来。人们把帽子摘下来抛向空中，大家互相热烈拥抱，高呼'皇帝万岁！'一些年迈的军人想到太子将要继承的事业有自己的一份功劳，自己的桂冠能成为政府摇篮的遮阳伞时，都激动得热泪盈眶。

皇帝就在皇后房间的窗帘后，静静欣赏着民众的庆祝场景，表情很激动，甚至眼里都噙上了泪水。他带着这样不平静的心情抱起他的儿子。即使取得光荣的业绩，他也没有流过泪，最辉煌的胜利和民众最真诚的敬意在他的心里也只是泛起几圈涟漪，但是现在，做父亲的幸福在他心里掀起了轩然大波。拿破仑就这样，从一个科西嘉岛上的普通人，成为了一个王国的父亲，他应该知道这一天是他吉星高照的好日子。几个小时后，法国和欧洲其他国家以同样焦急的心情等待着的结果瞬间成了万民同庆的喜事。

上午十点半，布朗夏尔夫人坐着军校的汽车到各地城镇和乡村去宣布皇帝的儿子罗马王降生的消息。

这个喜讯通过电报传到四面八方，下午两点半，我们就收到里昂、里尔、布鲁塞尔、安特卫普、布雷斯特和帝国其他大城市发来的回电。不难想象，这些回电肯定也表达了和巴黎一样欢庆的心情。

群众还在不断地涌向杜伊勒里宫的各个大门，他们纷纷打听皇后及可爱的皇子殿下的情况。拿破仑为了满足民众的心愿，派遣了一名内侍一天不间断地在大房间外的第一个厅里值班，负责接待来访者，并宣布御医每天发布的两份健康公告的内容。数小时后，几位刚任命的特别信使也上了路，将他们负责将皇后分娩的消息送到其他国家的国王王宫去。皇帝把这个使命授予了他身边的青年侍从，信使们分别到意大利议会和米兰及罗马市立法团报喜。即使处于战争中，各个城市和港口也被命令像巴黎一样鸣放礼炮，舰船高挂彩旗。巴黎举行的庆祝晚会非常盛大，也非常热闹。城里各户人家的房子上自动挂起了彩灯，如果有人想从表面想象来推测人们对这件事的想法，那么很简单，看看巴黎最偏僻的房子里亮如白昼的灯光就可以知道答案。塞纳河水面上是船夫们举行的各种欢庆活动，河岸上也是人山人海，他们的欢乐气氛一直持续到深夜。三十年来，我们的人民经历太多令人激动的重大事件，也庆祝了无数伟大的胜利，但仍然用极大的热情来表现对这件事的态度，就好像他们是第一次庆祝节日，或第一次遇到令人鼓舞的变革似的。城里的各个剧院也响起了歌声，颂词飞扬，人们不只是用这种充满诗情画意的方式来纪念1811年3月20日这个日子。一位素有教养的人告诉我说，来到杜伊勒里宫的诗人们受到了皇帝赏赐的一笔十万法郎的特别款项。

3月20日晚上九点，皇帝在杜伊勒里宫的小教堂里为罗马王进行了简单的洗礼。但是，这也是十分隆重的。拿破仑坐在教堂殿内中央的一把椅子上，各位亲王、公主簇拥着他，一顶华盖被侍从举在他的头上，一张跪凳放在他前面。在祭台同圣殿栏杆间的白色天鹅绒地毯上放着一个花岗岩座石，放圣水的洗礼缸就放在这上面，它是一只华丽的镀金的圣罐。皇帝神态庄重，但同样有伟大的父爱流露出来。皇帝看到自己可爱的儿子，仿佛看到他已经长大成人并从自己肩上分去一半重负似的，他知道这个孩子将来一定会接替自己，继续管理帝国。当拿破仑走向洗礼缸让孩子受洗的时候，圣殿内一片肃穆，人们充满着虔诚的敬意，与外面熙熙攘攘的人群形成鲜明的对比，就在这个时候，巴黎的居民正从四面八方赶到杜伊勒里宫附近来观看烟火和辉煌的灯火。

贡斯当的记录，充分说明了皇太子的出生在整个法兰西帝国引起了多么大的轰动。

当天晚上，巴黎响起了一百零一声礼炮声，拿破仑靠在微微振荡的玻璃窗上，听着那轰鸣的巨响，忍不住流下了眼泪。

他立刻派欧仁去纳瓦尔，把罗马王诞生的消息传递给了约瑟芬。拿破仑这么看重她，令约瑟芬非常高兴，她真诚地向他表示了祝贺。拿破仑立刻给她回了一封信："我的朋友，你的信我已经收到了，非常感谢你的祝贺。我儿子长得又胖又结实。我希望他能够好好成长。你真应该瞧一瞧他，他的胸部、嘴巴和眼睛长得都很像我。我希望他将来能够完成命运赋予他的使命。"

他的字里行间，洋溢着他的自豪，他的快乐，他的兴奋，他对未来的信心，还有对那个刚刚出生的孩子的热爱。

这之后的很长一段时间里，拿破仑嘴上说的每件事都与孩子有关，似乎现在他的心里只能容得下这个孩子了。每天他都会去看望他很多次，经常向孟德斯鸠夫人和科维扎尔详细询问他的健康状况。有的时候，他还会叫人打开襁褓，看看孩子赤裸的身体。他喜欢看他那圆滚滚的四肢，他还会低声唱歌给他听，装出一副怪模样来逗他，有时也会轻轻地拉他的耳朵。

路易丝也非常喜欢自己的儿子，然而她却没有亲自照顾她。当孟德斯鸠夫人把他抱到她身边时，她根本不敢抱他，也不敢抚摸他，生怕会把他弄疼。在这位奥地利公主看来，由另一位女人来抚养这个孩子是再自然不过的事情，她自己就是在奶妈的照料下长大的，她的兄弟姐妹们无一例外。不过，她对不能哺育儿子这件事仍然感到有一些遗憾，但是也没有做出什么举动来打破皇室的一贯规矩。路易丝与德·蒙特贝洛公爵夫人在一起散心，看书、写信、绣花、玩智力游戏、品尝糕点或糖果、制作维也纳式的巧克力、上帕埃尔的钢琴课、在伊萨贝或普吕东的指导下画画。剩余的时间，她观看正式的阅兵式或陪伴皇帝。

自从路易丝生孩子以来，拿破仑又过上了婚前的自由生活。他开始睡在自己的卧室里，单独用餐，像以前一样，把所有的时间都用在了政府公务、召见下属、主持内阁会议和检阅部队上。工作再一次占据了他的心，他又开始像以前一样，工作到深夜。当时的政治局势也的确令他担忧。虽然帝国表面上盛极一时，但危机正在酝酿中。贸易和工业出现了萧条的情况，人们担心缺粮。西班牙之战动用了军队最精英的部分，而反对沙皇的战争不久之后可能就会爆发。

1811年4月，拿破仑来到圣克卢宫，与已经在这里住了一段时间的妻子相会。路易丝在这里过得比在巴黎更加轻松自如，简直"乐不思蜀"了。

拿破仑喜欢圣克卢宫的湖光山色，但没待几天，他就带着玛丽到西部去旅行了。这趟出行非常劳累，生产后一直没有得到完全恢复的路易丝开始发起了低烧，甚至还有些脱发。她变得不爱说话了，显得闷闷不乐。实际上，她也没得什么大病，只不过旅途的劳顿引起了身体的不适罢了。

相比路易丝，拿破仑的心情却异常愉快。他想方设法，让路易丝对她出游的地区感兴趣。他谈笑风生，逗她开心。在瑟堡参观一艘军舰的时候，他在舰上抱起路易丝，装出要把她扔到大海里的样子。路易丝面无表情地说道："您要是愿意的话，就扔吧！"拿破仑哈哈大笑了起来。

每天，拿破仑和路易丝都会通过近卫军司令贝尔西埃和德·孟德斯鸠夫人得到关于孩子的消息。回宫以后，看到孩子健康的小脸蛋，他们高兴极了。

1811年6月，拿破仑在巴黎圣母院为小罗马王举行了一场洗礼，这是法兰西帝国最为豪华的一场仪式，为了办好这个仪式，拿破仑投入了将近两百万法郎。奥地利皇帝弗朗西斯二世和西班牙国王约瑟夫为孩子的教父，皇太后莱蒂齐亚和奥坦丝王后为教母，费什大主教为洗礼的主祭。

拿破仑喜欢他的孩子，吃饭的时候，他经常让人把"小国王"抱来，把他放在自己的膝盖上，轻轻摇晃着他，有时还会把他扔到半空中再接住。他让他摸自己的十字勋章和剑鞘，用调味汁喂他，弄得他满嘴都是，甚至还给他喝过几滴尚贝尔但产的红葡萄酒。德·孟德斯鸠夫人看到他闹得实在过分的时候，就会站出来维护孩子，说"孩子还太小"。拿破仑只好马上乖乖地把孩子送到她手里。

拿破仑非常敬重德·孟德斯鸠夫人，作为男人，他高度赞扬她端庄严肃、彬彬有礼、谨慎细致；作为父亲，他又无限感激她对儿子的悉心周翔照顾。他对她格外尊重，接受她的任何建议。她只要开口说一句，就会马上封为女公爵，但她对于名利似乎没有过高的期望，始终没有提出这一要求。

这位女教师也无愧于他的敬重。她是一个正直的人，虔诚得有些呆板教条。她受法国旧时代的影响太深，对拿破仑和现在的法兰西帝国也许并不喜欢。然而，只要她接受了某项任务，她就会全心全意、兢兢业业地去完成。拿破仑深知这一点，所以才会放心大胆地把自己的继承人托付给这位保皇思想十足的妇人。

德·孟德斯鸠夫人与约瑟芬的关系也很亲密，经常与约瑟芬书信往来。

一天，德·孟德斯鸠夫人奉拿破仑的命令带着罗马王去逛已加代勒。约瑟芬正好也在那里。她荣幸地获准看一看这个孩子——他的出生曾经使整个欧洲都被轰动。

罗马王被带到了约瑟芬面前，这位善良的女人一看到拿破仑的儿子就表现得异常兴奋。她激动得流下了眼泪，深情地凝视着他，然后又把他抱在怀里，以难以形容的温情将他紧紧搂在胸前。

当时在场的人只有德·孟德斯鸠夫人，所以，约瑟芬可以以这种温情的方式来充分表达自己的感情。她喜欢这个孩子，只是因为他是拿破仑的儿子，而不是因为他是诌媚者所说的恺撒之子或者是某个伟人的后代。约瑟芬的泪水滚落在孩子身上，像母亲对孩子一样跟他说些儿童听得懂的话，想赢得婴儿的喜欢。

德·孟德斯鸠夫人隔很长时间才会来拜访她一次，约瑟芬对此感到非常伤心。但是，孩子总是会一天天长大的，等到他会说话了，他就会学舌，要是模仿会见时的某句失慎的话，要是他对这种见面留有一点记忆或做出某件微不足道的事来，都会引起路易丝的怀疑，要知道路易丝对约瑟芬一直怀着嫉妒和排斥之心。

拿破仑不允许这种有可能会损害到他的家庭幸福的会面继续存在，所以他命令这样的探望还要减少，最后就干脆中断了拜访。

不久之后，拿破仑与路易丝又起驾出巡，去荷兰和莱茵河畔旅行。回到杜伊勒里宫后，他们就开始了繁文缛节的宫廷生活。

1811 年的最后几个星期里，杜伊勒里宫的气氛变得越来越沉闷，人们仿佛都在不安地等待着什么，整个欧洲和法兰西一时发僵了。每个人都预感到，或许会有什么不同寻常的大事发生，但究竟是什么呢？谁也不知道。有一天，拿破仑看着罗马王，自言自语地说："可怜的孩子，我将给你留下多少混乱不堪的事情！"

1812 年 1 月，德·蒙德斯鸠夫人抱着罗马王来到了拿破仑的办公室。他的小手正捧着一小束鲜花。他正在长牙，脸色不是那么红润，可五官端正，相貌漂亮。大大的脑袋，高而突出的额头，两只眼睛像路易丝，不过比她还要深蓝。他鼻子微微翘起，一张典型的奥地利人的嘴巴，但很漂亮。小罗马王生性活泼，爱热闹，长得比一般孩子都要结实。拿破仑百看不厌地看着他的脸蛋，高兴地注视着他那小伙子的神态。

1812 年初，为了活跃宫里的气氛，拿破仑在杜伊勒里宫举行了一次盛大的游乐活动。皇室成员们演了一出类似神话讽刺剧的戏。波利娜身着印度细布内长衣，头戴金冠，身上装饰着最漂亮的博尔盖泽玉石，在剧中担任"罗马"角色。"法国"角色由卡罗利娜扮演，她身着紫红色的外套，头上插着光彩夺目的三色羽饰，宫廷的年轻人分别扮演男神、女神、精灵、光阴、星星，伴着著名的剧作家德普莱奥规定的节奏扭动，蹦跳。举止风雅的夏泰尔伯爵夫人装扮成了一名山林水泽的仙女。

这场别开生面的演出令拿破仑非常高兴，他赏给了"演员们"每人十万法郎。狂欢节的最后一天，又举行了化装舞会。路易丝把自己打扮成了圭亚那的科镇人，头戴饰银红绒高顶软帽，身着金扣蓝色紧身褡，花边头巾和衣袖，红衣裙，薄纱罩衫。夜里十二点，她又换了衣装，一身科拉半岛农妇的打扮，身着饰金绣花珠罗紧身上衣，外加绿缎长裙。德·蒙特贝洛夫人装扮成坎帕尼亚农妇，德·巴莎诺夫人为蒂洛尔妇人，德·罗维高为兰德人，迪夏泰尔夫人成了巴斯克人，菲利浦·德·塞居尔夫人一身阿尔萨斯人打扮，德·蒙特莫朗西夫人打扮成汉堡人，德·加斯迪格里奥纳夫人化装为波兰人，德·莫特马尔夫人装扮成科西嘉人。奥坦丝主持了一种"秘鲁"游戏，声称再现征服美洲的那段辉煌历史。奥坦丝的情夫弗拉奥以及波利娜的"侍从骑士"卡洛维尔满身金饰和羽饰，身着色彩斑斓的印加服，看上去非常英俊。

拿破仑则穿了一身蓝色的化装长外衣，戴着一副灰色的面具。德·蒙特贝洛夫人身后跟着玛利亚·路易丝，她装作不小心的样子撞了一下拿破仑，对他说道："先生，您难道没看到跟在后面的是一位可怜的意大利老太太吗？她可经不起你的折腾，快点给她让开路吧！"

"太太，您可要睁大眼睛看一看，是谁撞到了谁？明明是您撞到了我。"拿破仑也配合着说道，"我只是为了保护自己。"

直到凌晨两点，化装舞会才告一段落。意犹未尽的人们又来到内阁大厅聚餐。路易丝玩得非常开心，后来她写信给她的妹妹莱奥波尔迪纳说："我们在巴黎有很多娱乐活动。在维也纳，根本想象不出这里的生活是多么快乐，人们是多么喜欢吃喝，喜欢化装舞会。"

但是，令拿破仑头疼的是，与俄国的战争几乎是箭在弦上，不得不发。他已经集结了大规模的部队，准备用武力来征服莫斯科。聚会的时候，他有时会陷入沉思之中，或者歪着头考虑事情。路易丝看到这种情景，从来不去打扰他。

后来，拿破仑觉得杜伊勒里宫的气氛实在是太难受了，于是就搬进了爱丽舍宫，在那里，他可以一个人独自散步，独自静下心来思考。周末的时候，他会回到杜伊勒里宫做弥撒、会谈、节俭宾客。3月底，拿破仑又住到了圣克卢宫。此时，这里已经不再举办盛大的娱乐活动，只有音乐会、小型演出和打猎。打猎时，拿破仑总是策马飞驰，这样他紧张的脑袋才能得到片刻的放松。罗马王身体不太好，被领到默东，原路易十四之子的城堡休养。每星期，拿破仑与路易丝去看望他两三次，或他来圣克卢宫与父母相见。

1811年5月的一天下午，德·孟德斯鸠夫人带着小罗马王回到了圣克卢宫。第二天，拿破仑和路易丝就要出发去奥地利了，这一次，他们要离开儿子很长时间。拿破仑依依不舍地把孩子抱在怀里，一直在逗他，他对小罗马王说："你这个小笨蛋啊，怎么还不会喊'爸爸''妈妈'呢？这可不像我，像你这么大的时候，我早就动手把约瑟夫打得哇哇乱叫了！"他把孩子抛到半空中又接住，这是小罗马王最爱玩的游戏了。

"我们来数一数，八颗，先生，您已经长了八颗牙了……"他笑着对罗马王说。

路易丝紧接着又添了一句："他眼睛长得和他妈妈一模一样。"

"是啊，多么美丽的眼睛。"拿破仑不失时机地恭维自己的妻子，然后对的·孟德斯鸠夫人说，"孟德斯鸠夫人，我们把我们的宝贝托付给您了。"

他亲自把孩子抱进车子，看着德·孟德斯鸠夫人带着他离去。他的眼睛里噙着泪花，双手在微微发抖。

拿破仑也没忘记他的另一个孩子亚历山大。离开巴黎之前，他在杜伊勒里宫特意会见了玛丽，他交给她一项法令，这个法令规定，小亚历山大每年可在那不勒斯王国领取十七万法郎的长子世袭财产。此后，玛丽就带着小亚历山大去了华沙，她想目睹波兰的彻底解放。

安排好一切之后，拿破仑就带着路易丝和一大队人马，浩浩荡荡地来到莱茵河畔，穿过了德国的一些小公国，受到了亲王们十分尊敬的欢迎。他们每经过一个城市，都是礼炮轰鸣，牧师们高唱选美感恩歌，部队集合等候检阅。晚上，各家各户灯火通明，人民大众在四周一片葱绿的广场上载歌载舞。

在德累斯顿，路易丝见到了她的父母。父母见了面。等到和女儿单独在一起的时候，弗朗西斯二世就急切地问她："你过得好吗？"路易丝笑着指了指她赠给继母玛丽·路托维卡的数不清的首饰和衣装。玛丽·路托维卡是个心肠狠毒的女人，对拿破仑充满敌意，但当面却大加奉承。她一大早就来打玛利亚·路易丝那豪华的装饰的主意，索取首饰、衣裙和妇女的各种饰物。玛利亚·路易丝坚信自己是世上最富有的人，慷慨地把很多东西赠送给了她的继母。

盛大的欢庆活动一直在进行着，但人们的心中却始终蒙着一层令人不安的云雾。拿破仑就要出发去指挥大军了，他与玛丽温柔地拥吻告别。"我痛苦、悲伤。"他的妻子写道，"我尽量控制自己的感情，但只要他一天不在身边，我就痛苦、悲伤一天。"

这是拿破仑与路易丝的第一次长时间分离。为了排解这种相思之苦，路易丝到布拉格父母身边住了一个月，接着走一站停一站，慢慢回到了圣克卢宫。回到巴黎后，她发现罗马王已经长大了，都可以自己独自行走了。拿破仑也在思念着他的儿子，他让宫廷画匠给孩子画了幅肖像。画毕，宫廷总监博塞马上乘快马给拿破仑送去。

第十九章

帝国的顶峰

最辉煌的时代

虽然拿破仑宣称，他从来都不相信命运，但是，现在他所创造的这一系列辉煌，已经不得不让他相信，他就是那个茫茫宇宙间最为闪耀的星。

当他加冕称帝的时候，大臣们就已经纷纷议论起了他的命星，假如真的有"命星"这一说的话，那么，现在，拿破仑的命星已经到达了最顶峰。

他娶了欧洲大陆最古老的王朝的公主为妻，教皇和奥地利皇帝的气势都已经被他打下去了。意大利和莱茵邦联都对他感恩戴德，承认他的统治为这些弱小的国家的确带来了不少好处。自从埃尔富特会晤以后，亚历山大一世就一直对他亦步亦趋。瑞典在法国和俄国两位皇帝的淫威之下，已经乖乖顺从。土耳其之所以能够残存着，是因为拿破仑认为还不到瓜分它的最佳时机。虽然英国人还没有被最后征服，但拿破仑却很有信心地期待着它的实力迅速枯竭，大陆封锁体系已经初见成效：1810 年底，年息三厘的统一公债，市价已经跌到了原来的百分之六十五，在英国，平均每月有二百五十家企业宣告破产。

为了对英国进行最后一击，拿破仑还派兵把他那不听话的弟弟路易从荷兰国王的位子上赶了下去，他把荷兰并到了法兰西，然后又占领了奥尔登堡、贝格北部、威斯特法利亚和汉诺威、以爱劳恩堡这几个地区和不来梅、汉堡、卢卑克三个城市，如此一来，海岸封锁制度就得以扩展到荷兰施泰因边境。

如今，荷兰、德意志甚至整个欧洲的商人们，都不得不按照拿破仑签署的法令去申报他们所拥有的殖民地商品，并且向他缴纳关税，如果有人胆敢违反这个法令，他们的财产就会被没收。这种严厉的做法，引起了斯图加特、法兰克福和伯尔尼等地人民的激烈反抗。

但拿破仑并不把这些人的反抗看在眼里，他依然我行我素。他下令把在什切青查获的殖民地产品全都没收，因为那些都是用美国船运来的英国货。他还一再叮嘱欧仁和缪拉，对殖民地货物一定要征收重税，这样，他们的国库才能充实起来，才能为复兴商业提供充足的资金。奉他之命，热罗姆也必须在威斯特法利亚严格实行特里亚宵宫颁布的关税税率，并提醒普鲁士和来因邦联，对殖民地产品征收这样的重税，它们就可以获得几百万法郎，"而损失则将由英国商界和私贩分担"。

这个说法暴露了拿破仑在这方面的天真。那些官员们在漫长的边界上监视着十多万私贩，本来就已经非常困难了，哪里还分得清这些产品是来自哪里的，然后分门别类征税呢？要按照他的要求去做，那他既必须培养一大批海关官员，而且他们还必须像拿破仑一样精力旺盛、不知疲累！

事实上，拿破仑一向轻视商人，在他看来，那些商人都是一些没有信仰也没有祖国，只知道赚钱的人。他像管理军队一样管理商业，他还幼稚地以为，没收私货和寓禁于征，国库收入就会增加。禁止外国货进口，民族商业就能迅速建立起来。现在所进行的商战，所有损失都会由英国人来承担，而欧洲大陆的消费者则不会吃亏。

拿破仑还颁布了特里亚农税则，希望通过这个税则，能够阻止英国殖民地产品进口。就算达不到这个目标，也要在这些货物身上捞一大笔税款。他竭尽所能地对欧洲大陆的商人进行恫吓，使他们不敢接受任何英国工业品。1810 年 10 月 18 日，他在枫丹白露颁布敕令，规定所有这样的货物都要没收，并当众烧毁。五周后，又成立了特别法庭，以便贯彻这些谕旨，并审判所有违犯者，不管是当场捉住的私贩，还是出于无心、偶然出卖兰开夏棉布或孟加拉丝织品的店主。

然而，这些措施所带来的后果很快就显现出来了，在法国、德意志和意大利全境，物价突然上涨。原棉每磅卖到十到十一法郎，糖高达七法郎，咖啡大约为八法郎。换句话说，平均大约十倍于当时伦敦的市价。在巨大利益的诱惑之下，很多商人都铤而走险，纷纷投身到走私活动之中。

为了对付拿破仑，走私者们把能用到的所有法子都用上了，船夫和妇女、狗和棺材，都成了走私的工具。在汉堡附近，利用棺材走私这个办法有一阵子很成功。后来法国当局见沿河一个郊区办丧事多得出奇，产生怀疑，查看了运棺材的车子，才发现里面装满了一捆捆的英国货。

为了走私的便利，商人们通常以硬币通货来进行交易，或者干脆实行原始的以物易物，不然的话，他们是不会货物脱手的。当时在法国和德意志，货币经常会被熔成金条银条，这样更便于与英国做交易。就这样，千方百计，贸易仍在进行，即使是英法两国之间的直接贸易也没有完全停止过。

本质上，拿破仑仍然抱有在当时已经非常落后的重商主义，为了刺激出口，把农产品运往英国他也赞成，只要有工业品同船运出。这种农产品出口的特权，他不但授予法兰西帝国的臣民，而且还授予意大利王国的臣民。问题是英国不要敌国的工业品。由于粮食和干酪非带有一定数量的丝织品和布匹不能向英国出口，所以只好装一些上船，使法国海关官员满意，过后把它扔下海。有工业品输往英国，拿破仑虽然对此引以为豪，可是不消说，出口是限于一些看起来很漂亮而其实毫无价值的东西，制造这些东西只有一个目的：喂鱼。

拿破仑仍然秉持着这种过时的、幼稚的政治经济学思想，恰恰给英国人留下了一线生机。那时候，英国的人口迅速增长，即使是丰收的年份，小麦也只是够吃而已。1809年和1810年，因为天气恶劣，收成特别差，粮食短缺严重，所幸的是，拿破仑对商业自有奇特的想法，英国才得以在1810年冬天从普鲁士和波兰、甚至从意大利和法国得到足够的粮食供应，度过那个艰难的年头。

但是，无论如何，至少从表面上来看，拿破仑的政权在1811年比以往任何一个时期都要稳固。这一年的3月，他还生了一个儿子。儿子的降生，终于解决了困扰他已久的皇位继承人问题。他授予孩子以"罗马王"的称号，这就规定了孩子的历史使命。因为他的目的是使人想起神圣罗马帝国曾经用过的"罗马人之王"那个称号。

拿破仑渴望着在一个比查理大帝的帝国更为辽阔并且确定世世代代传下去的帝国中，恢复古老的选商尊严，以巴黎为首都，罗马为陪都，将来每一代皇帝都要在罗马进行第二次加冕。此外，为了不再发生中世纪那种皇帝与教皇对罗马最高权力之争，以免使人类受到烦扰，他干脆把教皇原有的统治权抓在自己手里，完全根据伊拉斯特斯的观念规定教皇的地位，由帝国拨款供养教皇，并且要教皇在两个地方设立教廷，"一个必须在巴黎，另一个在罗马。"

教皇虽然已经被拿破仑囚禁了，但仍然拒绝认可拿破仑发出的上述谕旨和其他谕旨。拿破仑先前靠善于处世地签订了的教务专约而获得的声望，现在因为他违背了其中的很多条款，又如此粗暴地对待教皇这么一个已经毫无自卫能力的老人而丧失掉了。庇护开除了拿破仑的教籍，这是事实，但那是为了惩罚拿破仑所犯的并吞教皇所属各邦之罪。看到一个威力无穷的皇帝，竟把一个对巩固他的权威起过巨大作用的人关起来，这件事使得舆论界大起反感。当然，这些反感当时只能深深藏在众人的心中，无人敢发出声音。

现在，一切似乎都有利于拿破仑这个新查理大帝。世界上从未见过像拿破仑那样强盛的帝国，他在罗马王出世的时候，有足够的理由可以向世人欢呼："法兰西最辉煌时代已经到来了！"

祸起萧墙之内

作为一个科西嘉人，拿破仑身上一直存在着浓厚的家族观念。他对他的几个兄弟有着血浓于水的亲情，但他强硬的性格却使他与他们之间经常产生矛盾。

他曾经寄予厚望的弟弟吕西安，因为婚姻关系早就已经与他反目成仇，而约瑟夫、路易和热罗姆，虽然都被册封为国王，却始终不愿意做他的牵线木偶，完全听命于他。

约瑟夫本来就不愿意离开那不勒斯，是在拿破仑的强迫之下，他才到西班牙来当国王的。但现在，西班牙已经成了他的地狱。虽然他想尽了办法，依然不能平息这个富有斗牛传统的民族的熊熊怒火。他虽然拥有出色的外交和行政能力，然而在军事方面他却一窍不通。拿破仑手下的那些悍将们，根本不听他的指挥。在西班牙，他连一个好觉都没睡过，几乎每天都在担惊受怕之中。

拿破仑一直关注着西班牙的局势，他曾经亲自指挥作战，将这里发起武装反抗的民众们击溃，把入侵的英国人赶跑。就算是他身在奥地利前线的时候，也不断地向在这里作战的将领们提建议。阿瑟·韦尔斯利将军率领英国人进入西班牙的时候，他在维也纳还写信给克拉尔克将军，告诉他应该如何应对英国部队：

你需要派一位参谋到西班牙，内伊、莫蒂埃和苏尔特三支部队将会组成一个军团，由苏尔特来进行指挥。这三个军应该联合起来，并肩战斗，对英国部队进行穷追猛打，直到把他们赶下海去。我之所以选定苏尔特作为指挥官，是因为考虑到他的资历比较深。这三个军总共应有五六万人。如果能够迅速组成这样一支兵力，英国部队被打败是指日可待的。西班牙的事情也可以就此了结，但是他们必须协同作战，不得分散兵力。

可惜的是，这个命令还没有生效，韦尔斯利就在塔拉韦拉击败了维克托和塞巴斯蒂亚尼。

西班牙战争陷入了泥潭之中，这不但激怒了西班牙人，也激怒了新上任的国王约瑟夫。拿破仑借口西班牙必须自己筹措军费，把北方四省置于法国将军的统辖之下。这些人根本不受约瑟夫的支配，那个广大区域的一切税项都由他们征收。5月19日，拿破仑又从约瑟夫为数不多的辖区里划出布尔戈斯和瓦利阿多里德。

如此一来，西班牙的大部分就被分割成了无数个专区，实际上，这些地方虽然名义上还属于西班牙，但实际上已经成了法国的管辖领域。

拿破仑根本没想到这么做的后果：它使驻扎在西班牙的法国将领们互相倾轧，并愈演愈烈。也使西班牙人觉得这是祖国即将被瓜分的先兆。事实上，他们的确猜对了。拿破仑确实有意把比利牛斯山脉到埃布罗河这一带都并入法国。在他看来，征服葡萄牙的意义在于，约瑟夫能在西方得到领土，这也是他给他丧失北方几省的一种补偿。

在任命约瑟夫为西班牙国王之前，在巴荣纳，拿破仑曾经向他发誓，会一直保持西班牙的领土完整，现在，约瑟夫就以此为理由来反对对西班牙的切割。

这个傀儡一般的国王，既受到了西班牙人的反对与鄙夷，又遭到了拿破仑出尔反尔的背叛，再加上那些法国将领们的不屑一顾，这一切都使他感到忍无可忍。1811年5月，约瑟夫来到巴黎，向拿破仑提出要辞去西班牙国王的职务。

拿破仑害怕这件事传扬出去会成为家族丑闻，于是就好言劝慰他的哥哥，答应把法国派出的军政长官所征得的税收的四分之一分给他，这才劝得约瑟夫继续回去当那备受煎熬的西班牙国王。

约瑟夫虽然对拿破仑非常不满，然而，作为兄长，他所拥有的宽容使他并没有把这种不满爆发出来，公开与拿破仑对抗。可是，他的三弟路易，就完全不同了。

最初，路易并不愿意当荷兰国王。当拿破仑给他下达这个任命时，他提出了所有理由来进行反对。尤其是他当时的身体状况比较差，荷兰的气候会使他的健康进一步恶化。但拿破仑却异常严厉地逼迫他到荷兰去，甚至还对他说："做国王而死去，也比做亲王而活着强。"

路易没有其他路可走，只好接受了这项王冠。他带着奥坦丝去了荷兰，不过奥坦丝不太喜欢荷兰，在那里没有久住。

路易到了荷兰之后，以仁政治天下，深受臣民的爱戴。现在，荷兰也必须参加拿破仑的大陆封锁体系，路易认为荷兰是个商业民族，如果完全割断同英国的商业联系，则荷兰的经济就会遭到彻底破产。而且这种经济上的大灾难在荷兰发生得远比其他地方要早，因为自从英国把荷兰所有的殖民地抢走以后，荷兰的贸易在很大程度上依靠向英国出售商品和从英国得到殖民地的商品。因此，路易对于荷兰沿海与英国人进行的走私买卖不闻不问。

拿破仑得知这件事之后，非常生气。1809年底，他把附庸国的君主都召到巴黎，路易也在其中，他要求这些君主们为"窒息"英国而牺牲自己。法兰西帝国的这些高级仆从们都唯唯诺诺，俯首听命，只有路易一人不愿成为拿破仑的同路人，他顶撞说："荷兰已经厌弃被法国当作玩物。"拿破仑对此大发雷霆，他警告说：如果荷兰不听话，就将它并入法国。

后来，拿破仑派了一些警察看住他的弟弟。路易经常在警察们的监视下，孤独地住在巴黎。

后来，他终于被批准回到荷兰。他立刻到各个省去，对由于大陆封锁而引起的民间疾苦进行考察。封锁的铁腕压制了本来已经日益繁荣的荷兰各省的贸易和工业部门。路易本来就是一个多愁善感的人，如此一来就更加无法忍受拿破仑对荷兰的祸害了，他决定向拿破仑进谏，想帮助荷兰避免遭受整个毁灭的命运。

1810年3月，他给拿破仑写信：

如果你希望扩大法国的实力，在海上获得和平，或者对英国进行打击，那我告诉你，指望着封锁体制之类的手段是不可能达到你的这些目的的。这样做只会毁掉你亲自创建的王国，削弱对你十分忠诚的各个盟国，蔑视各国最神圣的各项权利以及国际公法要求各国必须遵守的各项原则。我认为，你应该笼络他们，使他们成为法国的朋友，尽可能巩固和增强你的各个盟国，加强与他们之间的友好关系，让他们成为你的坚强后盾。毁灭荷兰远不是袭击英国的办法，相反，这样做反而会因为工业和财富全都逃避到英国而使英国的力量更加加强。袭击英国的好方法有三个，一是使爱尔兰脱离英国，二是占领东印度群岛，三是进行实地进犯。后两种方式是更为有效的，然而，没有海军是无法实现的。使我吃惊的是，你竟然试都没试就放弃了第一种方式。按照优惠条件获得和平是比损害本国和友邦以图造成敌国更大的伤害要可靠的方式。

这封信引起了拿破仑的强烈不满。在这个时期，人们除了回答拿破仑的问话之外，谁也不敢对他多说半句话，更别说反对他了。只有康巴塞雷斯作为他在执政府的老同僚，还保留了在公开场合进言的特权。但是，在拿破仑与奥地利公主结婚以后，康巴塞雷斯的这项特权也随之被剥夺了。

拿破仑认为路易的统治过于软弱，他本应该加强管制的地方，反而想去收买人心。在英国部队远征瓦尔赫伦岛失败以后，他曾经痛斥路易，责怪他不应该让英国舰队出没于斯凯尔特河上，因为在那条河里"英国舰队应该只碰到铁一般的礁石"，"斯凯尔特河对法国，就如泰晤士河对英国一样重要"。

然而，尽管如此，在拿破仑看来，路易最主要的错误，是使英国货物仍然得以输入荷兰。

拿破仑已经下了禁令，凡是到过英国港口的美国船只，都不被允许进入荷兰港口，但这些命令在路易那里都被压了下去，没有得到实行。拿破仑于是对他警告说，就不准荷兰驳船进入斯凯尔特河和莱茵河。但就算以此来威胁路易，也完全没有起到他预想中的效果。路易仍然坚持他一贯的做法，对荷兰商人非常和善容忍，而拿破仑的话，不管是劝告也好，威胁也罢，他就是不听。

路易的强硬态度终于惹恼了拿破仑，在收到路易上述信件两个月后，他写了一封措辞严厉的回信：

我认为我们之间应该是坦诚的。我了解你内心的情绪以及你对于相反意志可能会说的一切。毋庸置疑，现在荷兰的确是处于一种困难的境地。我相信你迫切地希望帮助荷兰摆脱困境，这是你，也只有你，才能做到的。

你的所作所为如果能够引导荷兰人民相信，你的所有决定都是在我的影响下制定的，你的所有情绪都与我是一样的，那你才能受到拥戴，受到尊重，才能得到重建荷兰所必须的权力。在你的朝廷上，以我的朋友和法国的朋友来推荐一个人的时候，荷兰才会处在一个天然的地位上。我清楚地知道，你从巴黎回去以后，没有为实现这个目标做任何事。你是否曾经想过，你的行为会造成什么样的后果？你的臣民一直处在法国和英国之间摇摆不定的状态，他们并不喜欢这样的状态，宁愿投入法国怀抱并要求与法国联合也不愿意继续维持这种动荡不定的状态。你是了解我的个性的，我会一直朝向我的目标勇往直前，既然如此，你为什么还会做出那样的举动？我不怕失去荷兰，没有荷兰对法国来说没有什么影响，但是荷兰却不能没有我的保护。如果在我一个兄弟统治下却只是指望我能够维护其福利，荷兰人在他们的君主身上看不出任何我的影响，对你的政府的一切信任都会被瓦解。我可以这样说，正是你，亲手毁坏了你的王朝。荷兰为法国效力的唯一途径，就是爱护法国，爱护我的荣耀。如果你做到你应该做的，荷兰将会成为我的帝国的一部分，那样，我也会更加珍视荷兰。我把你安置在荷兰王位上是认为安置了一名法国公民，但你采取的措施却违背了我的愿望。

现在我只能禁止你前来法国，并且占领了你的一部分领土。你的所作所为已经充分说明，你是一个不合格的法国人，在荷兰人看来，你也不如之前的统治者，奥伦治朝使他们获得了国家的地位以及多年的繁荣和荣耀。这才是荷兰人希望得到的东西。对于荷兰人，这是很明显的：你来到荷兰，使他们丧失了在一个舒默潘涅克或者奥伦治亲王当政的时候不至于损失的东西。我认为你应该表现为一个法国人和皇帝的兄弟，只有那样你才能维护荷兰的利益。但是你的命运已经注定了，你是不可救药的，你会驱走还在左右的几个法国人。热情和忠告对你已经无法起到什么作用了——你必须用威胁和强迫来对付。你下令举行的祈祷更能揭露你灵魂的情绪。从你一意孤行的道路上回转来吧。继续做一个诚心诚意的法国人，不然的话，你的百姓会毫不犹豫地摈弃你。你将成为他们嘲笑的对象，并且不得不离开荷兰。国家应该以理性和政策来进行治理，凭幻想的计划是不可能的，那是低下和毒辣手段的产物。

当这封信还在路上的时候，拿破仑又得知了一个消息：在阿姆斯特丹发生了一次小规模的斗殴事件，罗歇福考伯爵的马车夫因为受到一名阿姆特丹市民的侮辱而感到自尊心受到了极大的伤害，于是就与那名市民发生了争吵，继而大打出手。要不是王宫卫队及时出手干预的话，恐怕后果不知道会怎样，因为事情具有法国人与荷兰人之间的民族纠纷性质。

拿破仑把这件事也迁怒于路易，接下来，他又写了一封最粗暴的信函给路易，同时还向他宣称，这是写给他的最后一封信。

没过多长时间，一支法国部队在特·勒佐公爵的指挥下开进荷兰，这位部队指挥比路易本人更像国王，他威胁说要占领阿姆斯特丹。

路易看到自己的王权这么脆弱，于是就毫不犹豫地作出了一个决定：放弃这个名不副实的王权。

他既然已经下定决心，于是就向荷兰王国立法机构致送咨文，解释他为什么要退位。他的领地是由于以前称作家族联盟的关系而与帝国联系在一起的，当他看到一支武装部队侵入到他的领地上时，他却无计可施，这的确令人心酸。

路易向立法机构致送咨文以后，就发表了退位诏令，其中提到了他的王国的不幸状态，他将这归咎于他哥哥对他本人没有什么好感。他宣称他已经畏缩而不作努力或牺牲，因为已经表明这对于结束万分痛苦的状态是不会起到任何作用的。最后，他认为他本人是法兰西帝国与荷兰之间继续误解的不幸原因。

之后，路易又发表一项宣言与荷兰人民告别。退位之后，他隐居在托普立茨矿泉，在那里过着宁静的退休生活。

拿破仑接到路易退位的消息后，暴跳如雷。他没想到，路易竟会以这样的方式将自己一军，把自己推入到不可挽回的地步。他气急败坏地颁布了一个特别法令，把荷兰并入法兰西帝国，并将其分为若干省份，各派地方长官治理。这时，又传来了汉撒同盟城市汉堡、不来梅、卢卑克走私猖獗的消息，拿破仑一怒之下，把这些城市也合并到法兰西帝国里。不久，拿破仑又以同样原因赶走了奥尔登堡公爵，奥尔登堡的领土进入了法兰西帝国的版图。

路易听说拿破仑不遵守他的退位条件，反而把荷兰并入法兰西帝国，又对这种专制行为发表了一封抗议书，但警察却严禁这封抗议书的流传。

拿破仑对于路易胆敢以强硬措辞抗议他的王国与帝国的合并感到气愤，命令他立刻返回法国，最终，路易是以皇室高官和法国亲王的身份被召回的。但尽管如此，路易仍然认为不该服从这次传召，拿破仑气得简直要爆炸了。虽然他还信守永不写信给他的诺言，但是却命令皇帝和路易丝新近成婚后法国派驻维也纳的大使奥托先生发给路易一封信：

> 皇帝要求我写信给陛下，向你传达以下命令：
>
> 所有的法国亲王和皇室成员都有义务留在法国，不经过皇帝的允许，谁都不能擅自离境。荷兰帝国联合之前，皇帝允许您居住在波希米亚的托普立茨。他要求您不得迟于12月回国，不然的话，将以违反帝国宪法和不服从皇族首脑来论罪。
>
> 陛下，我逐字完成皇帝托付给我的任务，并派出大使馆的重要秘书以保证这封信被送到了您的手中。希望陛下接受我深切的致意。

就这样，这一对性格与行事方式截然不同的兄弟，完全闹崩了。在这之后，路易与拿破仑的关系一直没能得到改善。拿破仑的个性实在是太霸道了，他根本无法忍受任何人的违拗，哪怕这个人是他的亲兄弟。而路易也不愧是波拿巴家族的一员，他似乎也天生便具有那种顽强执拗的个性，从而最终导致了兄弟之间兵戎相见的惨剧。

突如其来的王冠

这十几年来，拿破仑对爱情的看法已经完全改变了，现在他已经不再专一，也不再忠诚，他会抓住一切机会，去占有那些他喜欢的女人。他已经开始享受寻欢作乐的乐趣，并且把这当成是一种放松。但不管他在情感方面如何堕落，在他的内心深处，总会为一个女人留下一个位置，那就是他的初恋情人德茜蕾。一想起德茜蕾，他就会想起初恋时的甜蜜与温馨，想起少年时那种单纯而又干净的心境。

然而，现在德茜蕾却要离开他了，她要去那冰雪皑皑的斯德哥尔摩，做该死的瑞典王妃。

这一切都要从贝尔纳多特得到的那顶突如其来的王冠开始说起。

1810年6月，拿破仑在杜伊勒里宫举办了一场盛大的舞会，受邀参加这个舞会的都是当时巴黎最权贵的人，贝尔纳多特和德茜蕾也收到了邀请信。因为贝尔纳多特在拿破仑的政府中一直备受冷遇，而德茜蕾又生性娴静，不喜热闹，所以两个人一直坐在一个安静的小角落里聊天，时而抬头看看他人的翩翩舞姿。

当《马赛曲》奏响的时候，随着一声"皇帝、皇后驾到"传令声，拿破仑与路易丝一同走进了舞厅。

这是德茜蕾第一次见到路易丝。当她看到路易丝在众人面前的自然仪态时，她不由得感慨道，这是一位真正的公主，从她出生那天开始，她就已经习惯了在众多眼睛的盯视下依然保持着良好的仪态。当路易丝走到德茜蕾面前，被介绍与蓬特—科沃王妃相见时，德茜蕾盯着面前的这张娃娃般的嫩脸，脸上充满了青春活力和不施浓妆的天然健康，更是从心底感叹道：这是一个多么单纯的女孩！虽然她对约瑟芬也没有什么偏见，但是她仍然感到，相比约瑟芬，路易丝显然更适合法兰西皇后这个角色，而且做得也比她更加得体。

贝尔纳多特早就已经厌倦了这个晚会，德茜蕾看到他百无聊赖的样子，体贴地问他："我们回家吧？"

贝尔纳多特被妻子的善解人意打动了，他深情地看了她一眼，然后点点头，与她一起向门口走去。这时，塔列朗突然出现在他们面前，他兴奋地对贝尔纳多特说："我一直在找你，亲王，这些瑞典先生们想让我把他们介绍给你。"

这时贝尔纳多特才看到，在他身后，站着几个穿着瑞典军装的军官。塔列朗为他介绍道："这是布腊黑伯爵，是他们驻巴黎大使的助手。这位是里德上校，代表他们的国王来向皇帝和皇后致以问候。这位是默尔纳男爵，他的堂兄曾是你在吕贝克时的战俘。男爵从斯德哥尔摩来，今晚才到巴黎。他带来了不幸的消息。"

贝尔纳多特礼貌地向着那几位军官致意，然后笑了笑，问道："是什么不幸的消息？"

那叫作默尔纳的军官说道："克里斯田王子在一次突发事件中不幸逝世。你知道的，他是我们的王储，瑞典的下一个国王。"

贝尔纳多特叹了一口气，说道："这真是个坏消息，我很遗憾。"

塔列朗问道："那谁会代替他的位置？新王储选出来了吗？"

三个瑞典军官同时看向贝尔纳多特，似乎欲言又止的样子。但他们终究还是没有说什么，默尔纳男爵说："议会将在8月21日举行会议，选出新王储。"

接下来又是一阵令人难受的沉默，似乎谁也不知道下一个话题应该说什么。贝尔纳多特只好向他们告辞了。

临走之前，默尔纳问他："难道你不想给瑞典国王陛下带什么信儿吗？"

贝尔纳多特认真地看了看这三个人，然后把视线落在了布腊黑伯爵脸上，他一字一句地说道："布腊黑伯爵，您出身贵族，请告诉你的朋友们，我的蓬特－科沃封号是不久以前才得到的。我的父亲和母亲都是贫苦的人，以前我也只不过是一个普通的士兵。我请你们现在务必不要忘记这一点。因为以后……"他深深吸了一口气，然后又接着说道，"因为以后，你们必须忘记这一点。再见，先生们。"

当贝尔纳多特与德茜蕾走出皇宫时，塔列朗已经在外面等着他们了，他对贝尔纳多特说道："亲爱的亲王，上帝赐给了我们舌头，是为了让我们用它来掩盖我们的思想，但你的思想却对瑞典人敞开了。"

德茜蕾替丈夫回答道："亲爱的塔列朗，在大革命之前，您曾经当过罗马教会的主教，教会一直教人们说话要诚实、坦白，是不是？难道这有错吗？"

塔列朗讪讪地笑了笑，说道："不知道瑞典新王储会选中谁，我听说了几个可能的人选，其中有克里斯田王子的弟弟，有丹麦国王，他的妹妹是克里斯田王子的妻子，瑞士还有上一世国王古斯塔夫的一个儿子，全都乳臭未干。当然，可能这几个人一个也选不上，议会或许还有其他的打算。晚安，亲爱的朋友。"说完，他就坐着马车离开了。

回到家以后，作为舞会的插曲，贝尔纳多特与德茜蕾很快就把这件事给忘了。

然而，三个月后的一天晚上，当德茜蕾上床准备睡觉的时候，贝尔纳多特突然闯进了她的房间。他举着烛台，穿着他最挺拔的一身军装，脸上充满了喜色。他对德茜蕾说："快，我心爱的德茜蕾，马上起来，你需要打扮一下。"

德茜蕾纳闷地问道："怎么了，贝尔纳多特？现在已经很晚了，你在做什么？"

贝尔纳多特没回答她的问题："快，穿上你最漂亮的衣服，我去把奥斯卡叫醒，他应该也在场。"

德茜蕾仍然一头雾水，但她还是按照贝尔纳多特的指示，穿上了一件黄色的缎礼服，又把头发梳理整齐，戴上贝尔纳多特送给她的一条古老的金项链。

正当他梳妆打扮之时，贝尔纳多特再次走了进来，催促他道："快，你要快一些，不能让他们等太长时间。"

"他们？是谁？到底是怎么一回事？"德茜蕾更加不解了。

贝尔纳多特说道："这或许是我一生中最为辉煌的时刻，等一会儿，你就知道了。"说着，他就挽着德茜蕾的胳膊，与他一起走出了门。奥斯卡已经在门外等着他们了。

他们一家三口缓缓地走下楼梯，还没等走到客厅，就听见有人在喊："殿下到！蓬特-科沃亲王和王妃，他们的儿子奥斯卡王子。"

他们走进客厅，只见客厅里已经挤满了穿着瑞典军装的军官们。有一些军官的衣服已经脏兮兮的了，马靴上也沾满了泥巴，看上去他们经历了长途跋涉。

贝尔纳多特对其中一位军官说道："古斯塔夫·默尔纳，是我在吕贝克时的战俘，对吗？很高兴再次见到了你，我很高兴。"

之前已经见过一面的默尔纳向前走了一步，向他鞠了一躬。他从口袋里掏出一封信，交给贝尔纳多特，对他恭敬地说道："王储殿下……"

王储？德茜蕾的心一下子剧烈地跳动了起来。贝尔纳多特却显得平静了很多，他双手接过了那封信。

默尔纳接着说道："这是瑞典国王给您写的亲笔信，经过瑞典议会的讨论，您被选为瑞典的新王储。卡尔十三世国王陛下愿收您为他的养子，希望能尽快在瑞典见到您。"他实在是太疲劳了，旁边的一位老先生不得不扶住他的胳膊，为他提供一些支撑。他向贝尔纳多特表示自己的歉意："请原谅，我骑着马一连跑了好几天，没有休息。"

接着，他提高了一点声音，说："下面让我来为王储殿下介绍这几位先生。"贝尔纳多特点了点头。

他首先介绍的是他旁边的那个老先生："这位是冯·埃森伯爵，我们驻巴黎的大使。"老先生的身体硬挺挺地鞠了一躬，脸上一点儿表情也没有。

贝尔纳多特向他点点头，说："你曾经是波美拉尼亚总督，对吧？冯·埃森伯爵。我的皇帝征服它的时候，你勇敢地捍卫了它。"

"这位是里德上校。"默尔纳接着介绍，"这位是布腊黑伯爵。"

"我们不久前刚见过面。"贝尔纳多特亲切地说。

介绍完毕之后，贝尔纳多特深吸了一口气，说道："我接受瑞典议会的邀请，为成为卡尔十三世国王陛下的养子而感到无上的骄傲。我感谢陛下和瑞典人民对我的信任，我保证竭尽全力为他们和他们的国家效劳。"

瑞典人全都向他鞠了深深一躬。

贝尔纳多特开始读默尔纳送来的那封信，这时，冯·埃森伯爵走到他身边，对他说："我有责任禀告殿下一件事：王储必须是瑞典公民，你同意加入瑞典国籍吗？我必须得到你的答复，才能向斯德哥尔摩写信。"

贝尔纳多特的脸上露出了笑容，"那是自然，瑞典国王不可能收法国公民为养子的。明天，我将奏请我们的皇帝恩准我加入瑞典国籍。"

事情都已经说定以后，贝尔纳多特拿出了珍藏已久的美酒，与大家共饮。大家都斟上酒以后，布腊黑说："王储殿下，等到了瑞典以后，将学会一个瑞典词——'斯科尔'，意思是'为您的健康！'"说着，他就高高举起了酒杯："让我们为了王储的健康……"

这时，贝尔纳多特打断了他的话："先生们，我们为瑞典国王陛下的健康干杯！"

他们脸色庄严地慢慢喝着，突然，不知道谁说了一句："也为他的养子——查尔斯王储的健康干杯！"说着，大家都高喊着"斯科尔"，又干了一杯。

把瑞典人送走之后，德茜蕾有些激动地问贝尔纳多特："为什么你会同意他们的请求？我们为什么要加入瑞典籍？"她还没从刚才的震惊中缓过来。

贝尔纳多特耐心地说道："请听我说，德茜蕾，我们必须都加入瑞典籍，你、奥斯卡和我。我希望得到皇帝的允许。你同意吗？"

德茜蕾美丽的眼睛里已经充满了泪水，她什么也没说，也不看他。

贝尔纳多特知道她热爱法国，于是劝她说："好吧，德茜蕾，如果你不同意的话，我就不奏请了。但是，如果不加入瑞典国籍我就无法成为王储了。所以，我需要听到你的回答，这很重要。你同意吗？"

德茜蕾抬头看着自己的丈夫，她知道，对于贝尔纳多特来说，瑞典王位有多么重要。现在，她怎么能成为他的阻碍呢？她哽咽着说道："我同意，贝尔纳多特。"

贝尔纳多特继续柔声问她："那你愿意带着奥斯卡跟我一起去瑞典吗？"

德茜蕾看着他，有些不情愿地点点头。

当天晚上，德茜雷彻夜未眠。她感到，一切都变了，就连她的丈夫，也变成了她不认识的样子。

第二天，当德茜蕾从昏睡中醒来的时候，已经是下午了。她问侍女："我丈夫呢？"

侍女回答道："他正在书房里与几位瑞典先生议事。"

德茜蕾一个人走到花园里，看到奥斯卡正在与昨天那位年轻的布腊黑伯爵玩耍。德茜蕾走过去，对那位伯爵说："我想跟你谈谈，伯爵，请问你现在方便吗？"

布腊黑伯爵点点头，德茜蕾问道："我丈夫与谁在书房里呢？"

布腊黑伯爵抬头看了一眼书房，回答说："冯·埃森伯爵在那儿，还有里德上校。今天，他们就要动身赶回瑞典了，有些事情必须与王储殿下说清楚。默尔纳也在，但是他先不走，你丈夫选他为王室侍从了。"

德茜蕾本想找一些话作为开场白，但是她搜肠刮肚，也想不出应该说什么，于是索性开门见山地问道："伯爵，请您坦白地告诉我，为什么瑞典国王会选我丈夫做王储呢？"

布腊黑伯爵说道："我们的国王已经没有其他子嗣了，我们一直钦敬你丈夫的品行，无论是作为军人还是作为汉诺威总督，他都表现得非常出色，我们认为，他会是一个合适的王储人选……"

德茜蕾打断了他的恭维，犀利地问道："你们把之前的古斯塔夫国王废黜了，并且宣布他疯了，请你告诉我，他真的疯了吗？"

布腊黑伯爵把视线从德茜蕾脸上移开，说道："的确是这样的。他满脑子都是一些疯狂而又不可思议的主意。他父亲的思想比他还要疯狂，想让瑞典恢复往日的威风，成为一个伟大的国家。所以，他决定进攻俄国。所有的贵族和将军们都劝他不要这么做，他大为恼怒，不但不听他们的劝谏，甚至还竭力说服议会支持他。"

德茜蕾问道："议会？议会里有贵族吗？"

"没有，议员们大多数都是农场主和商人，他们认为古斯塔夫国王的疯狂计划可以使他们得利，于是就想尽办法怂恿他打仗。古斯塔夫国王果然上了当，然而，他在战争中接连吃了好几个败仗，根本没有给议会带来任何利益。但他仍然要钱，想再挑起新的战争，瑞典根本担负不起这笔高昂的军费。后来，贵族们就把他谋杀了。他就死在冯·埃森的怀里。"说到这里，布腊黑伯爵停了停，后又说："他的儿子古斯塔夫四世的疯狂比他有过之而无不及，竟然以为他能同时征服俄国和法国。谁都知道，这是根本不可能的事情。"

德茜蕾见他停了下来，就对他示意让他继续讲下去。

"你知道发生了什么事，俄国人从我们手中夺走了芬兰，你的丈夫——蓬特·科沃亲王夺走了波美拉尼亚，如果他愿意的话，他本来还可以继续占领瑞典本土的。"

德茜蕾笑了笑，说道："但是他不愿意。疯国王斯塔夫四世怎么样了？"

布腊黑伯爵看着远处的花园，继续说道："殿下，我们是一个历史悠久的民族。这些战争破坏了我们的国家。我们已经血流成河，遭受了巨大的损失，但我们不愿意灭亡。我们的将军决定把这个国王也废掉，他们把他囚禁在自己的城堡里。然后，由他的叔叔取而代之，面南登基。"

"我明白了，"德茜蕾若有所思地说道，"但是，您还是没有告诉我，为什么你们会选中我的丈夫？"

布腊黑伯爵说："他占领吕贝克的时候，默尔纳和其他一些军官曾经当过他的俘虏。他请他们去吃饭，用地图和事例告诉他们斯堪的那维亚的未来应该是什么。他们喜欢他的见解，回到斯德哥尔摩后就把这些想法向国王进行了汇报。从那时起，很多人就开始认为，你丈夫可以救瑞典，他能给我们带来和平，给我们的国家带来繁荣富强。"

德茜蕾接着问道："我还有一个问题，伯爵，你们的国王真的想收我丈夫为养子吗？"

"国王不愿意，他把他所有的堂弟、表弟以及丹麦王子们的名字都提出来作为候选人，但是没用，最后他只能屈从于议会的建议。"

德茜蕾还想再问一些问题，默尔纳从房里走了出来，对她说道："王储殿下请你到书房去。"

一走进书房，德茜蕾就被惊呆了。裁缝们正在为贝尔纳多特量体裁衣。他看到德茜蕾，高兴地问她："怎么样，你喜欢我的瑞典军装吗?"

军装是深蓝色的，金肩章光芒闪闪。德茜蕾点点头："是的，我喜欢它。"

贝尔纳多特又对她说："明天十一点我要去晋见皇帝，你和奥斯卡跟我一块去。"

第二天十一点，贝尔纳多特一家准时来到了拿破仑的书房。在场的人惊奇地看着贝尔纳多特的瑞典军装。他们谁也没有跟他说话，大家都知道他们是为什么而来的，也知道拿破仑肯定会暴跳如雷。

以前德茜蕾来拜见拿破仑的时候，拿破仑总会站在房间的中间迎接她，但这一次，拿破仑没有站起来，仍然坐在书案后面。贝尔纳多特向着他弯腰鞠躬，德茜蕾也行了屈膝礼。拿破仑仍然没有动，眼睛一直盯着贝尔纳多特，里面充满了怒气。

一阵沉默之后，他突然跳了起来，冲着贝尔纳多特喊道："你怎么敢穿着这种衣服站到你的皇帝面前? 贝尔纳多特元帅!"

贝尔纳多特面不改色地说道："这是瑞典军装，陛下。"

拿破仑更被激怒了，他指着那身刺眼的军装说："你是法兰西的元帅，怎么敢穿着瑞典军装来这里?"

贝尔纳多特用平静的语调说道："如果这身军装让陛下生气的话，我只能说对不起了。但是，对于这次拜访来说，瑞典军装似乎是最合适的服装。如果陛下恩准我的奏请，我就再也不能穿法国元帅服了。"

拿破仑尖声说道："你要抛弃你的祖国了吗? 元帅! 你别忘了，你是怎么得到今天的荣耀的? 是那些与你一起出生入死的将士们为你铺平的道路! 你不再为是一位法兰西元帅而自豪了吗?"

"法国需要你这样的人，"拿破仑接着说道，"我以前就曾经这样对你说过，贝尔纳多特。很久以前，当我未经你允许从埃及撤回时，你要枪毙我。你总是忠于职守，贝尔纳多特。我再重复一遍：法国需要你这样的人。现在我依然这么说!"

但贝尔纳多特脸上的表情却表明了，他心意已决。拿破仑也明白这一点。等到心情平静下来之后，他喃喃地说道："我不明白为什么瑞典人选中了你。但他们毕竟这么做了，因此我——你的皇帝批准你接受他们的邀请，如果……"他停了停，眼睛直直盯住贝尔纳多特，"如果你保留法国国籍和法国元帅军衔的话，就这些!"

贝尔纳多特说道："如果这样的话，我就只能告诉瑞典国王，我无法成为瑞典的王储。因为瑞典人民要求王储是瑞典公民，陛下。"

拿破仑刚刚平息的心情一下子又激动了起来，他凶狠地说："一派胡言，贝尔纳多特，我的三个兄弟都是国王，但他们仍然是法国人!"

贝尔纳多特根本没法回答他的话。拿破仑离开书桌，怒气冲冲地在房间里来回大步踱着，两手紧紧背在身后。

突然，他在德茜蕾面前停下了脚步："王妃，你知不知道瑞典王室的人都是疯子? 卡尔十三世，还有他前面的两个国王，都是疯子。难道你的丈夫也疯了吗? 他要你和你的儿子都变成瑞典人！你竟然同意这样的请求？你也不想当法国人了吗？我实在是想不明白，在我眼里，你一直是一个爱国的人，怎么会跟他们一起疯呢？"

"这不是他的意愿，陛下，"德茜蕾温柔但坚定地说，"是瑞典人民的要求。"

拿破仑又走到贝尔纳多特身边，说："你想脱离法国军队，我不能同意，如果战争再打起来，我需要你和你统帅的瑞典军队。"

贝尔纳多特想都没想，就拒绝了拿破仑的过分要求："不，这不可能，我不能把瑞典军队置于陛下的指挥之下。"

拿破仑狠狠砸了书案一下，"不行，它必须与我们一起同英国作战，但是在你的指挥下，而不是由我指挥。你觉得呢？"

拿破仑希望贝尔纳多特在成为瑞典王储之后，能够把瑞典拉入法国战争。他接着说道，"如果你是这样想的话，那我就接受你的请求，我祝你在瑞典生活愉快！"

接着，他拿过一张斯堪的那维亚地图，摊到他的膝盖上，对贝尔纳多特指了指他身边的位子："坐到我身边来，贝尔纳多特。"他们在一块制订战斗方案时都是这么坐在一起的。

拿破仑说道："所有的欧洲国家都做了保证，不与英国通商，只有瑞典仍然与它有贸易往来。英国的货物在哥德堡卸下来，然后再从那里秘密运往德国。"塔列朗跟着补充了一句："还运往俄国。"

拿破仑看了一眼塔列朗，继续说道："是的，不幸，我的朋友——俄国沙皇对他的许诺总是那么健忘。从瑞典进入莫斯科的货物太多了。你要解决这个问题，贝尔纳多特，不要让瑞典同英国通商。如果必要，你还要跟他们打仗。"

贝尔纳多特看着那张地图，但是却什么也没说。

拿破仑步步紧逼："难道你反对这个计划吗？法国能把希望寄托在你身上吗？告诉我，我需要你的回答。"

贝尔纳多特终于开口了："我将全力为瑞典的需要效劳，这一点你大可以放心。"

拿破仑又追问道："那么法国的需要呢？"

贝尔纳多特站了起来，说道："法国政府和瑞典政府现在正在协商，如果这个协商产生了应该产生的结果，我想，法国和瑞典的需要将是一致的。"

这不是拿破仑想要的答案。但他没有再与贝尔纳多特争执。他拿起笔来，对贝尔纳多特说道："现在有两份文件，我一签署这份文件，你和你的妻子、儿子将不再是法国人了，而如果签了那一份，你就不再是法国元帅了。你愿意让我签吗？"

贝尔纳多特坚定地点了点头。随后，拿破仑分别在两份文件上签了字。

第二十章

兵败俄国

挑战亚历山大

拿破仑的权力攀升到了顶峰，他开始把手伸向其他国家。他不但为自己设计了一条轨迹，而且还希望欧洲的其他君主们也能够按照他的计划向前行进。这几年来，奥地利的弗朗西斯二世和普鲁士的弗里德里希·威廉三世都变得谨小慎微，不敢有一丝一毫的越轨行为，其他的一些小国家更是噤若寒蝉。只有亚历山大一世，不那么听话，总是蠢蠢欲动，想挑战他的权威。

自从提尔西特和约签订以来，拿破仑和亚历山大一世虽然竭力表现对彼此的亲热和友好，但是有一点两个人都心知肚明，那就是，法国与俄国之间由来已久的矛盾并没有彻底消除，这两个大国之间的冲突几乎是无法避免的。

法国与俄国的矛盾首先表现在对土耳其的争夺上。在提尔西特和爱尔福特，拿破仑曾经大方地表示，愿意把摩尔达维亚和瓦拉几亚送给亚历山大一世。然而，没过多长时间，拿破仑就改变了以往对土耳其的看法。

1811 年，俄国与土耳其之间发生了一场战争，俄国连连取胜，土耳其不得已之下向俄国求和，割让摩尔达维亚和瓦拉几亚。但就在这个时候，拿破仑派密使去与奥地利大使梅特涅会见，怂恿奥地利出兵塞尔维亚，并且表示，法国不会帮助俄国。这个消息传到土耳其之后，他们立刻转变了对俄国的态度，开始强硬起来，还取消了割地求和的计划。眼看着快要到嘴的鸭子飞了，亚历山大一世简直气了个半死。

亚历山大一世还打算把土耳其从欧洲赶出去，占领君士坦丁堡。但拿破仑对此却强硬地表示反对。他决不能允许亚历山大一世越过巴尔干山脉一步。有一天，拿破仑指着土耳其地图上的君士坦丁堡，非常激动地大声喊道："君士坦丁堡！君士坦丁堡！

决不能给他！这是世界帝国！"

在波兰问题上，法国与俄国也是矛盾层出。拿破仑对波兰的态度一直非常暧昧，这让亚历山大一世烦恼不已。在提尔西特和约中，拿破仑虽然曾经与亚历山大一世达成一致，同意不对波兰进行重建，然而他却把波兰地区组成了一个华沙大公国，而且还有意恢复波兰原来的疆界，把立陶宛、加里西亚和乌克兰的一部分也合并进去。

这可不是俄国人想看到的结果。如此一来，拿破仑就有可能会夺走他们在三次瓜分波兰中所得到的领土。亚历山大一世曾经用带有一些威胁意味的语调来要求拿破仑，希望他不要进一步扩大华沙大公国，更不要重建波兰，却遭到了拿破仑的严词拒绝。他愤愤不平地说道："用这样的语调是什么意思，难道想打仗？……我绝不会宣布波兰王国永远不会重建去败坏自己的声誉。"

拿破仑迟迟不肯从普鲁士把部队撤走，也引起了亚历山大一世的愤怒。这个时候，俄国已经把力量延伸到了波罗的海、黑海和波兰，在多瑙河也已经有了一个立足之地，但它还不满足，还打算伸出另一只脚横跨中欧，为确立对德意志的霸权发动攻势。为了实现自己的目标，拿破仑必须从普鲁士撤军，但对于亚历山大一世的这个强烈要求，拿破仑却当成了耳旁风。他甚至还无视俄国的阻挠，将奥尔登堡吞并了，并且放逐了奥尔登堡大公，这位大公正是亚历山大一世的妹夫。

而拿破仑对亚历山大一世的愤怒，则主要来源于他对大陆封锁体系的阳奉阴违。当初他之所以会对奥地利进行抑制，反而去联合俄国，出发点正是为了更有效地对英国实施大陆封锁。然而现在亚历山大一世却把他们的提尔西特时的承诺当成了一纸空文。

拿破仑要求亚历山大一世拒绝英国船只进入俄国港口，但亚历山大一世是怎么做的呢？他默许了英国商船，满载着英国货品走私进入俄国。这些英国船只打着美国、瑞典、西班牙和葡萄牙的，甚至法国的旗号光明正大地开进了俄国港口。要是亚历山大一世能没收这些货物，那已经在做最后挣扎的英国，可能就会向拿破仑举手投降。但亚历山大一世一再拒绝他提出的没收英国货物的请求，原因是俄国海关根本无法辨别这些船是否伪造了中立国的证件。这些英国货物从俄国流进了德意志、奥地利、波兰和欧洲大陆各地，如此一来，拿破仑的大陆封锁也就形同虚设了。

1811年1月，俄国又实施了一个新税率。这个新税率能够大幅度地提高了法国输往俄国商品的进口税。亚历山大一世的这一行为，明显是针对法国的。拿破仑一下子怒火中烧。也就是在这个时候，他第一次公开谈论起了对俄战争："亚历山大采取这样的行动，我可以理解为是对法国的挑战。他必须赶快停手，不然就会在这条道路上越走越远。如此一来，战争也就难以避免了。形势的发展由不得他，也由不得我。真到了那个时候，也顾不得法国和俄国的利益了。……"

此时，拿破仑已经意识到，法国与俄国之间这场战争终究是要到来了。

尽管如此，亚历山大一世仍然不为所惧，继续自行其是。拿破仑决定给他一点颜色看看。1811年8月，正好赶上拿破仑的生日，在外交使团招待会上，他针对波兰问题向俄国发出了挑战。他向俄国使节高声说道："我不是一个愚蠢的人，难道你们以为我相信了你们的花言巧语，以为使你们苦恼的是奥尔登堡问题？我看最为关键的问题是波兰。你们说是我在支持波兰的密谋。但这反而让我觉得，你们想要攫取波兰。这是绝对不可能的，别以为你们的军队驻扎在巴黎的蒙马特尔区就能让我害怕，我是不会退缩的，即使一寸华沙领土、一个村庄、一座风车我也绝对不会让出来。"

拿破仑的这番话，对于那些渴望民族自由的波兰人来说，是一个极大的振奋。然而对亚历山大一世来说，却是一个明确的挑战。

他开始着手进行对法作战的准备工作，他首先开始四处拉拢自己的盟友，先是向瑞典伸出了橄榄枝，他早就知道贝尔纳多特与拿破仑之间存在矛盾，所以趁着这个机会，他把贝尔纳多特拉进了自己的阵营中。接着，他又极力拉拢土耳其。暗地里，他还开始与英国人进行接触，希望得到他们的帮助，后来英国向他作出了允诺：如果法国与俄国之间开战，那么英国一定会站在俄国一边，向他提供力所能及的支持。

外交上的胜利使亚历山大一世心中有了底气，他又开始扩充军备，储存军粮，以备应付拿破仑的挑战。

欧洲外交战

与此同时，拿破仑也开始了一场欧洲外交战。他心里非常清楚，要想打败俄国，不能只靠法国的力量，必须要把整个欧洲都绑到自己的战车上来。

对奥地利，拿破仑几乎不用担心。他与路易丝的婚姻，使得法国与奥地利之间形成了一种天然的盟友关系，奥地利皇帝肯定不会给法国添乱。

但是普鲁士，拿破仑心中总有一些隐隐的担忧。这个曾经被法国人再三凌辱的国家，现在似乎已经摆明了要反抗他的专制统治。普鲁士的爱国者们提出了全民起义的主张，但是胆小懦弱的普鲁士国王却不同意他们的计划。最终，在拿破仑进行了各种外交威胁之后，弗里德里希·威廉三世战战兢兢地表示了顺从。

1812年2月和3月，拿破仑分别与普鲁士和奥地利签订了同盟条约。条约规定，奥地利必须出三万名士兵帮助拿破仑作战，普鲁士则须出两万人，同时还要交两千万公斤稞麦、四千万公斤小麦、四万多只羊、七千万啤酒供军队使用。

在欧洲，有两个国家不曾受到法国的束缚，那就是瑞典和土耳其。这两个国家是俄国的近邻，拿破仑计划北联瑞典，南结土耳其，南北同时夹攻俄国，所以，他迫切期望与这两个国家结盟。

然而瑞典却不像拿破仑想象中那么听话。此时，在瑞典掌握实权的是王储贝尔纳多特。拿破仑想借着这个关系来恢复传统的法瑞联盟，但是他却低估了贝尔纳多特对他的抗拒程度。

贝尔纳多特在向拿破仑请求退出法国籍时，在他的威逼利诱下，始终不肯答应作出永不和法国打仗的承诺。这正是因为他已经清楚地看到，在以后法国与俄国的战争中，瑞典将会扮演一个非常重要的角色。当拿破仑向瑞典提出要建立联盟关系时，贝尔纳多特的要求是：如果拿破仑帮助瑞典得到挪威，那么，瑞典就会站到法国一边。

1811年2月，拿破仑严词拒绝了贝尔纳多特的要求。他威胁贝尔纳多特说，瑞典必须马上加入大陆封锁体系，否则，法国部队就会占领瑞典的领地波美拉尼亚。

这样的威胁并不足以使贝尔纳多特低头。他宁愿放弃瑞典在德意志境内的这块为他们带来了很多麻烦的属地，也不愿意与法国结盟而遭到英国的海军攻击，从而影响海上贸易。

拿破仑的威胁反而把瑞典推进了俄国的怀抱。拿破仑没有满足贝尔纳多特的要求，亚历山大一世却满足了。他答应支持瑞典吞并挪威，作为交换条件，瑞典在即将到来的法俄战争中将会对俄国进行支援，反对拿破仑。

瑞典站到了俄国的阵营中，也就意味着，贝尔纳多特，这位曾经的法国元帅，将会在战场上与他原来的统帅法兰西皇帝兵戎相见。这是德茜蕾最不愿意看到的一点。实际上，那顶突如其来的王冠，不但使拿破仑与贝尔纳多特站到了对立面，而且还在德茜蕾与贝尔纳多特之间造成了无法弥补的感情裂痕。

当德茜蕾跟着贝尔纳多特来到瑞典时，瑞典的一切对于她来说都是陌生的。她不知道自己是不是能够适应斯德哥尔摩阴冷潮湿的气候，更不知道，那里的人民是否愿意接受她这个王妃。所幸的是，瑞典人所表现出来的热情，使她忐忑不安的心得到了一丝慰藉。当她看到夹道欢迎的人们兴奋的笑脸，听到震耳欲聋的礼炮声时，她竟然油然产生了一种骄傲感。

但这种骄傲并没有持续多久。瑞典的寒冷是德茜蕾要经受的第一关。斯德哥尔摩的冰天雪地，使德茜蕾感受到了彻骨的寒冷。在她离开巴黎之前，拿破仑曾经送给她一件貂皮大衣。然而，这件昂贵漂亮的大衣也无法为她抵抗斯德哥尔摩的寒意，反而为她带来了一些麻烦。看到她整天穿着那件貂皮大衣，贝尔纳多特大发醋意。

除了无法适应瑞典的生活，德茜蕾更无法适应的，还是王宫中冷漠的气氛。她从小就生活在一个温馨的家庭中，正是在这种欢乐友好的氛围中，她才养成了善良、真诚的性格。但瑞典王宫的氛围与她之前所经历的一切环境都不同，这里不但有繁复的礼节，而且还到处充斥着虚伪与冷漠。这比斯德哥尔摩的寒冷更让人难以忍受。

当德茜蕾风尘仆仆地来到瑞典王宫时，宫中的人们对这位鼻子被冻得发红、因为长途跋涉头发也凌乱不堪的王妃大失所望。在他们的想象中，王储的妻子应该是一位美丽动人的女人。德茜蕾的坦率和直接也让他们非常不适应。有一天，德茜蕾因为受不了这里的孤独，与孩提时的好朋友佩尔松外出游玩了一天。瑞典宫中的人对此议论纷纷，认为她实在是太不守规矩了。

第二天，瑞典王后请德茜蕾与自己一起喝茶。接到王后的邀请之后，德茜蕾感到有些受宠若惊。因为王后似乎有些不太喜欢她，一向都很少搭理她。

德茜蕾并不知道是自己昨天的举动惹恼了王后，还兴致勃勃地前去王后的宫中。

王后正在与王太后说话，看到她来了，语气非常冷漠地说道："坐下吧！太太。"

德茜蕾的到来使整个房间里的气氛一下子凝重了起来。一时间，大家都沉默了下来，似乎一根针掉在地上都会被听得一清二楚。没人搭理德茜蕾，这让她感到非常尴尬，只好大口大口地喝着茶，以掩饰自己的不安。

王后一直紧盯着德茜蕾喝茶的动作，情不自禁地摇了摇头，对她说道："孩子，我叫你来，是想跟你谈一谈。"

听了王后的话，德茜蕾赶紧放下了手中的茶杯，抬起头来看着她。

王后严肃地问道："你认为你很好地履行了瑞典王妃的职责了吗？"

德茜蕾听出了王后此言中的责难，涨红着脸说道："我没有经验，所以我也不知道我应该怎么做。我知道我有很多做得不好的地方……"

王后打断了她，说道："在瑞典人民心目，王妃一直是优雅的代名词。但是，你带给他们的却是失望。亲爱的，你这样是不行的，即使你过去没有经验，现在你也必须在最快的时间里学会怎么待人接物。比如，王妃怎么能只带一名随从外出游玩呢？这样会引起别人的流言蜚语。如果你要出去玩，至少也应该有一位侍女跟在你身边。"

说到这里，德茜蕾才恍然大悟，原来王后把她叫来是兴师问罪的。王后对她昨天的行为非常不满。她解释说："我想您或许误会了，佩尔松是我的好朋友，我们从很小的时候就认识了，我的丈夫也非常信任他。我们经常一起出去玩，这没什么。"

王后冷冷地笑了一声："王储是你的挡箭牌？看来王储也应该学学应该怎么来调教自己的王妃了。"

德茜蕾沉默着，什么也不说。

王后继续说道："另外，在宫廷集会上，王妃应该落落大方地与他人交谈，可是你呢？你一直站在一边一言不发，这怎么可以呢？"

德茜蕾有些愤懑地回答说："那些向我表示友善的人，我也会向他们报以真诚的微笑。但是有一些只会对我冷嘲热讽的人，我认为，保持沉默就已经是最大的敬意了。"

德茜蕾低下头去，再也不想看到王后那张冷冰冰的脸和王太后脸上若隐若现的嘲讽笑容。然而王后到现在仍在喋喋不休，她又教起了德茜蕾应该如何走路、如何落座、如何穿衣打扮、如何与人交谈、如何待人接物，说着说着，她的声调就越来越高了。

德茜蕾一直默默地听着，没有接话。但王后接下来的话却令她不得不开口了。王后说："我们都不喜欢佩尔松这个绸缎商，请你以后不要再跟他往来了，也不要再买他的绸缎了。"

德茜蕾没想到王后连她交朋友的事情都想插手，她猛地抬起头来，说道："我非常感谢您教我这么多事情，我会牢牢记住您的教诲的，以后也会尽力注意。但是我认为您不应该干涉我与朋友之间的友情，佩尔松是我的好朋友，我绝不会因为成为王妃，就与过去的朋友一刀两断。"

王后不耐烦地说道："友情？一个绸缎商怎么有资格与王妃成为朋友呢？这简直是对王室的侮辱！"

德茜蕾回击道："很抱歉，我的父亲也是一位绸缎商，现在我哥哥也在经营着同样的生意。"

"既然这样的话，那你就必须忘掉这一切，王妃！"王后提高了语调，大声说道。

泪水一下子从德茜蕾的眼睛里涌了出来，她努力控制住了自己的情绪，说道："太太，请问我现在可以离开这里吗？我感觉身体有些不舒服。"

王后高傲地看着她，说道：“你当然可以离开，谁也不会阻拦你。但你一定要记住，王储现在是什么身份，你是什么身份，你要尽一个王妃的本分。至于其他的那些乱七八糟的事情，你都要尽快忘掉！”

原本德茜蕾一直默默地忍受着王后的欺压，但是听了这番话，她再也无法控制自己的怒气了。她站起来，向前走了两步，对王后说道：“刚才您对我说，让我忘记我的父亲和哥哥，忘记我的出身，但是却又希望我记住我的丈夫，太太，这就是您所说的王室成员应该具备的优雅得体吗？如果这就是王室的处事原则，那么现在我必须告诉你，我谁也不会忘记。现在的马赛早就已经春暖花开了，再过一段日子，我就回法国去，以后不必劳烦太太再去教导我应该忘掉自己的父亲了。”

王后诧异地看着突然爆发的德茜蕾，问道：“你要回法国？这是什么时候的决定？”

“我刚刚才作出的这个决定。”德茜蕾冷冰冰地回答道。

王后又追问道：“那你在法国有王宫吗？”

德茜蕾笑了笑，说道：“我在法国没有王宫，我也不想住在到处都冷冰冰的王宫里。”

王后急急说道：“不行，你不能到法国去，你没有王宫，这不符合瑞典王妃的身份！”

德茜蕾回答道：“在法国我并不是王妃，只是一位绸缎商的女儿，所以，我根本就不用去在乎什么王妃的地位和身份！那里的人们也不会因此而指责我。”说完，她就转身跨出了屋门。

离开王后的宫殿后，德茜蕾径直来到了贝尔纳多特的书房。她哭着向贝尔纳多特请求：“贝尔纳多特，请你允许我回法国吧，我想回家，我再也不想待在这里了。”

贝尔纳多特不知道发生了什么事情，急切地问：“你怎么了？”

德茜蕾把在她的王后宫中的遭遇原原本本地讲给了贝尔纳多特，贝尔纳多特听了以后一言不发，过了一会儿，他急躁地说道：“你应该待在这里，这里才是你的家！你放心吧，到夏天，我们会搬到另一个美丽的城堡去。那时你就不必跟她生活在一起了。”

“不！我不想待在这里了，我一定要走！”德茜蕾坚决地说道。

贝尔纳多特劝她：“德茜蕾！我们必须承认，王后是对的，你的确不像其他王室成员那样有风度，但这没关系，你可以学习。用不了多久，你就能做得更好。我现在还有很多重要的事要办，我不能再因为你分心了。你知不知道现在世界上发生了多少事！整个欧洲都在讨厌拿破仑，就连俄国都打算与他打仗。拿破仑非常清楚这一点，所以他肯定会先发制人，去打俄国。而亚历山大一直在寻求我的帮助，因为他知道我了解拿破仑。”

德茜蕾惊讶地问他：“那你打算怎么办？你决定帮助俄国，去攻打法国吗？”

贝尔纳多特摇摇头，说：“不，你必须清楚，拿破仑并不代表法国。法国不想吞掉整个世界，然而拿破仑却想这么做。我们必须打倒拿破仑，这是为了维护欧洲的和平，也是为了维护法国的真正利益。你不能回法国，因为一旦拿破仑对我恼羞成怒，那么连你也不能幸免。"

德茜蕾轻声说道："不会的，他不会这么做的。他曾经伤害过我，不会再次伤害我的，再说，如果他敢伤害我，约瑟芬和朱莉也不会答应的。我想过了，如果我离开瑞典，王后会更加信任你。你就能得到更多的权力去做你想做的一切。"

贝尔纳多特把妻子紧紧地搂在怀里，喃喃地说道："我爱你，我和奥斯卡都需要你。况且欧洲马上就要变成一个大战场了，一旦你走了，想要回来就不是那么容易了。"

临走之前，德茜蕾从布腊黑口中得知，亚历山大一世为了拉拢贝尔纳多特，特意给他写来一封信，让他把德茜蕾休掉，娶他的妹妹为妻。但就算是这样的消息，也没有动摇德茜蕾回法国的信念。但令她痛苦的是，她的丈夫将注定要卷入拿破仑与亚历山大之间将开始的决斗，她感到了一种前所未有的恐惧。

失去了瑞典的有力支持，拿破仑还想拉拢土耳其，结果依然遭遇了失败，俄国与土耳其已经重归于好了，他们签订了同盟和约，俄国由此避免在南线分兵作战。

1812 年 4 月，俄国要求拿破仑将法国在普鲁士和西里西亚的驻军撤走，拿破仑断然拒绝了，并且开始集结大量部队。

拿破仑几乎集结了在欧洲历史上堪称最强大的兵力：

老近卫军：由勒费弗尔指挥，拥有四万兵力。

青年近卫军：由莫蒂埃指挥，拥有四万兵力。

第一军：由达武指挥，拥有七万兵力。

第二军：由乌迪诺指挥，拥有四万两千兵力。

第三军：由内伊指挥，拥有四万兵力。

第四军：由欧仁指挥，拥有四万五千兵力。

第五军：波兰人，由波尼亚托夫斯基指挥，拥有三万五千兵力。

第六军：巴伐利亚人，由圣西尔指挥，拥有二万二千兵力。

第七军：撒克逊人，由雷尼埃指挥，拥有一万六千兵力。

第八军：威斯特伐利亚人，由朱诺指挥，拥有一万六千兵力。

第九军：德意志人，由维克托指挥，拥有三万二千兵力。

第十军：普鲁士人，由麦克唐纳指挥，拥有三万二千兵力。

第十一军：预备队，由奥热罗指挥，拥有五万兵力。

奥军：由施瓦岑贝格亲王指挥，拥有三万二千兵力。

骑兵预备队：由缪拉指挥，拥有三万八千兵力。

共计：五十一万人

整个军团包括四十个步兵师和二十五个骑兵师。

5 月，拿破仑和皇后路易丝离开巴黎，直赴前线。此时，法国大军已经分成几路经过德意志各国，向波兰前进，并且逐渐向维斯瓦河和涅曼河集中。

1812 年 6 月，拿破仑到达了立陶宛，在那里，他签署了对大军的命令："士兵们，第二次波兰战争开始了。第一次波兰战争是在弗里德兰和提尔西特结束的。在提尔西特，俄国发誓与法国结成永久联盟，并且发誓与英国作战，现在，它破坏了自己的誓言。当法国的雄鹰没有再渡莱茵河而让我们的盟国听凭俄国去支配的时候，俄国对自己的奇特行为竟不作任何解释。俄国劫数难逃，它的命运应该完结了。它是否认为我们已经蜕化了？难道我们已经不是奥斯特里茨战场上的士兵了吗？它让我们选择，要么接受耻辱，要么勇敢作战！我们的选择是不会引起怀疑的。所以，前进吧，渡过涅曼河，把战争带到俄国领土上去。对法国军队来说，第二次波兰战争将成为光荣的战争，正如第一次波兰战争一样。而我们往后缔结的和约将赢得它的保证，将结束五十年来俄国对欧洲事务施加妄自尊大的影响。"

冒险开始了。在这场冒险中，拿破仑或成为整个欧洲的统治者，或彻底垮台，他再一次孤注一掷了。

博罗迪诺的生死决战

1812 年 6 月，天刚露出曙光，拿破仑就带领着他的大军渡过了涅曼河。涅曼河上一片死寂，岸边广阔无垠的土地上，看不到一个人影。士兵们都为不经抵抗就顺利渡过涅曼河而兴奋不已，但拿破仑的心中却浮现出了隐隐的担忧，他担心的是，俄国人会放弃俄属波兰，以此来诱敌深入，等到法国部队离开后方基地时，再对他们进行攻击。

拿破仑的担心是对的，俄国人作出的战略部署正是这样的。根据法国间谍的情报，俄国人在涅曼河前线一共部署了三支部队，一支是巴克莱指挥的第一方面军，司令部设在维也纳，拥有兵力十五万，是此次战役的主力部队。其右翼是维特根斯泰因将军指挥的部队，驻防波罗的海沿岸。左翼则是由多赫土洛夫指挥的部队，驻防在格罗德诺市郊。第二支部队是巴格拉吉昂指挥的第二方面军，司令部设在沃耳科威斯克，拥有五万兵力，据守格罗德诺——穆查维克河一线。第三支部队则是由普拉托夫率领的八千哥萨克骑兵，部署在格罗德诺地区。不过，三天前，在维尔纳的俄国部队就向着德里萨大营撤退了。

拿破仑马上派乌迪诺、内伊率领部队去对巴克莱的部队进行追击，其他部队则继续向前前进。法国部队几乎不费一兵一卒就进入了维也纳。然而，远征的艰巨性也在这个过程中显现了出来，因为长途跋涉、缺少草料再加上恶劣的天气状况，一万匹军马在进军路上被活活累死了。士兵们也难逃厄运，很多人在寒冷和疾病的侵袭之下倒下了。

拿破仑得到消息，俄国巴格拉吉昂将军率领的第二方面军也已经从沃耳科威斯克撤往尼古拉耶夫。拿破仑派达武迅速前去追击。

在维也纳，拿破仑一直等了十八天，每天都在望穿秋水一般等待着各个军团的消息，每次看到各个军团派来的信使，他都会焦急地问他们战况如何，然而，令他失望的是，法国人到现在还没有遇上过俄国部队，更别提打仗了。

巴克莱和巴格拉吉昂的部队仍在撤退。巴克莱已经放弃了德里萨大营，撤退到了威特斯克，巴格拉吉昂也已经撤到了明斯克。随着法国部队的猛追，俄国人还加快了撤退速度。拿破仑想在这两路俄国部队会合之前把他们分别消灭，于是不停地催促自己的部下们快马加鞭，尽快追上俄国人，与他们痛痛快快地打一仗。

7月，法国的前卫部队终于在奥斯特罗夫诺近郊追上了巴克莱的后卫部队，两国部队在那里进行了一场激战。法国部队付出了很高的代价才把这支顽强的敌军打败。

第二天，继续追击的法国部队在威特斯克追上了俄国的主力部队。俄国部队看到法国人追了上来，马上将大量骑兵散开，像潮水一般向法国的轻步兵团冲了过去。在骑兵面前，步兵几乎完全失去了杀伤力，没能坚持多久，就退了下去。所幸的是，有一支轻步兵连躲开了骑兵的砍杀，躲在灌木丛中、房屋里，向俄国骑兵进行猛烈的扫射。骑兵们纷纷被子弹击中，一个个倒栽葱一般从马上掉了下来，剩下的人不得不撤退回营。战斗整整持续了一整天，拿破仑也一天没有下马背，他预测，一场期待已久的大会战将于明天清晨进行。

但拿破仑的预测是错误的。天刚刚亮，趁着曙光，法国士兵们到处搜索俄国人的身影，但是他们惊讶地发现，敌军已经消失得无影无踪。俄国部队放弃了威特斯克，继续向后撤退。拿破仑失望透顶，立刻要求士兵们到各个方向上对敌人的踪迹进行搜寻。但是，令人惊奇的是，谁也不知道俄国部队究竟是从哪条道路上撤退的，因为他们所到的每条道路上，都有车马经过的痕迹。

法国士兵们在当地找不到一个人，就连当地的农民，也不知道跑到哪里去了。后来，好不容易抓到两个农民，从他们嘴里，法国人得知，四天前，俄国的主力部队就已经离开了这里。拿破仑冥思苦想了一个多小时，终于发出了新的命令：向斯摩棱斯克进发，趁着巴格拉吉昂还没有与巴克莱会合，对他们发起攻击。

这个时候，法国部队的情况已经越来越糟糕了。炎热的天气和高强度的急行军，使士兵们不堪重负，有很多人生病。马匹也成批成批地倒下。精心准备的大量军需物资，因为当地人的偷窃和不小心遗失，也已经损失了很多。粮食供应出现了危机，士兵们不得不饿着肚子。有人向拿破仑建议，应该就地休整一下，但拿破仑却把这些意见忘到了一边。在他的眼中，为了实现目标，就必须要牺牲，他下定决心，不惜一切代价达成目的。

巴克莱和巴格拉吉昂分别率领着两路俄军通过不同的道路向斯摩棱斯克疾驰而去，法国部队最终也未能在他们会合之前将其消灭。

8月，拿破仑离开威特斯克，他急迫地想赶到斯摩棱斯克，在那里与敌人决一死战。在威特斯克，他只留下了一支力量非常单薄的驻军和一些伤病员。三天后，拿破仑率领法国大军逼近了斯摩棱斯克。

拿破仑的愿望终于如愿以偿了，在斯摩棱斯克，法国部队和俄国部队展开了激烈的炮战。法国部队竭力守住和夺取前沿阵地，尽可能向敌城逼近。守城的俄国人非常顽强，他们一次又一次地打退法国人的进攻。虽然法国士兵们使出了浑身解数，但他们最终还是只拿下了斯摩棱斯克的近郊，未能占领市中心。

战斗再一次打响。这一次，拿破仑亲自带着三十门大炮对一座进城的必经桥梁进行了轰击。俄国人的抵抗依旧非常顽强。直到夜色深沉之时，法国部队的炮火仍未停息。突然之间，城里冒起了一片火光，爆炸声接二连三地响起，震耳欲聋。火势越来越大，整个夜空都被映得通红。到后半夜，火势才稍稍弱了一些。凌晨，拿破仑派出的侦察兵向他汇报：俄国部队把军火库炸掉了，还放火烧了整座城，然后就撤离了斯摩棱斯克，如今的斯摩棱斯克，已经成了一座空无一人的空城。

敌人再一次从他眼皮底下溜走了！拿破仑的怒火一下子烧了起来。他思前想后，决定改变计划，向莫斯科进军，在那里与他们决一死战。

俄国人不停向后撤退，他们按部就班，没有丝毫惊慌和匆忙。每到一个地方，都会放火烧城。所到之处，全都化为了灰烬。沿着被烧坏的道路，法国坚持不懈地追击，每天凌晨三点就开始跋涉，一直到晚上十点才能休息。拿破仑认为，敌人正陷入困境之中，他们不可能每一次都逃脱，所以必须紧追不舍，才能不放掉任何一个攻击他们的机会。

在俄国部队撤退的过程中，巴格拉吉昂不怀好意地给彼得堡写了一个封信，说国防大臣巴克莱有意把"客人"向莫斯科的防线引去：

敌人没有遭到任何抵抗，他们的攻势非常猛烈，但是我们却只顾着向后撤退。我不明白，这究竟是为了什么。在军队里和全国上下，很多人都认为，我们中出现了叛徒。我一个人就能单独守卫住俄国……战胜敌人本是非常容易的事情，但为什么我们竟然会让敌人长驱直入！这真是荒唐！我们应该在全线展开攻势，部署骑兵侦察队，然后发起总攻！只有这样，我们才能赢得荣誉和光荣。……撤退一百公里虽然是有益的，但是我们怎么能撤退五百公里？那简直是不堪设想的……

我猜测大臣（指当时为国防大臣的巴克莱）已经向您呈上了放弃斯摩尔棱斯克的报告。这个消息实在是令人沮丧。全国上下都已经陷入了绝望之中。我们怎么可以如此轻易地放弃主要阵地呢？……我以我的全部荣誉作担保，拿破仑原来已经陷入重重包围之中，处境非常险恶。他本来或许会丧失一半兵力，并且也无法攻下斯摩尔棱斯克。……这真是俄国部队的奇耻大辱，是他本人（指巴克莱）的耻辱。我认为他已经没有脸面再苟活在这个世上了。……这根本不是交战。只一味撤退，最终会把敌人一直引到莫斯科城下……我认为正确的做法是，迅速集结至少十几万兵力，这样一来，当拿破仑抵达莫斯科的时候，我们国家就会全力以赴，迎击敌人。背水一战，不胜利毋宁死，我一直是这样认为的！……您的那位大臣（巴克莱），在朝廷任职的时候可能是一个不可多得的干练之才，但作为将军，恕我直言，他实在是低能、可憎。但是政府竟然会把国家的命运托付给这样一个人。我真是绝望、狂乱……俄国，我们的祖国，她对我们的怯懦又会作出什么样的反应呢？为什么要将如此可爱的祖国托付给无赖呢？难道祖国的儿女对她只有蔑视和厌恶之情吗？……与其同巴克莱一起担任指挥，我倒宁愿只做一名普通的士兵！

这封信就像一颗小石子一样，在俄国宫廷里引起了一片涟漪。亚历山大一世不停地追问巴克莱：为什么不把斯摩棱斯克战斗进行到底？为什么要撤退？为什么不加抵抗就交出俄国？撤退并不是亚历山大一世所期望的行为，他害怕拿破仑一旦在战场上取得胜利，不但会变本加厉地施行和巩固大陆封锁制度，而且还会在他占领的地方将农奴制消灭。

俄国公众的指责也越来越尖锐，亚历山大一世决定撤掉巴克莱。但是谁来接替他呢？当时几乎所有的大臣都把目光投向了库图佐夫，他与土耳其靖和成功，为俄国立下丰功伟绩。他质朴、勇敢，深受战士们的热爱和拥戴。俄国贵族们认为，他忠于祖国，是个真正的俄国人，而教士们则认为，他尊敬教会，是一个虔诚的信徒。

但亚历山大一世却并不喜欢库图佐夫，他虽然任命库图佐夫为帝国枢密官，并且还把尊贵的亲王殿下的称号授予了他，但是，在内心深处，却对这个重视礼仪的粗壮老头颇有一些恶感。这主要是因为，亚历山大一世把奥斯特里茨大败的责任推卸给了库图佐夫。然而，在现在这个紧要关头，他也不得不抛下自己的个人偏见，将其任命为最高统帅。

库图佐夫是一位颇具军事才能的将军，他在战场上具有超强的远见卓识。他非常清楚，巴克莱指挥俄国部队向后撤退是对的，拿破仑即使再厉害，也绝对不可能指挥部队在一个距离自己国家几千公里而且充满敌意的大国里进行长期的战斗。恶劣的天气、粮食匮乏、长途跋涉的劳累，都有可能会成为压倒这支大军的最后一根稻草。当然，库图佐夫也明白，即使这样做在战略上是对的，亚历山大一世也绝不允许他不经过战斗就把莫斯科放弃。不战而退的策略已经断送了巴克莱，使他声誉扫地，还落了一个因不称职而被解职的下场。他必须放弃这一策略，否则也会重蹈巴克莱的覆辙。所以，虽然他认为这场战斗是完全没必要的，但他也不得不做好在莫斯科附近与法国人进行大会战的一切准备工作。

当拿破仑得知，俄国总司令已经从巴克莱换成了库图佐夫，顿时喜形于色，他太了解库图佐夫了，他对身边的人说："瞧吧，库图佐夫为了讨好他的主人，讨好那些贵族们，一定会不顾一切地与咱们决一死战。这样，不用两周，俄国首都就会陷落，军队也会毁灭。亚历山大恰好帮了我一个忙。"

9月，库图佐夫向亚历山大一世汇报说：阵地最终选在莫扎伊斯克前方的博罗迪诺村。博罗迪诺村距莫斯科大约一百二十公里，扼守着通往莫斯科的要道。它位于科洛查河北岸，地处新斯摩棱斯克大道旁，科洛查河与另一条小河沃伊纳河汇合于此。这里还有另外两条支流，在大道以南与其平行的是斯托尼茨河，在沃伊纳河上游一点汇入科洛查河的是谢苗诺夫卡河。科洛查河从博罗迪诺向北流入汹涌的莫斯科河，这一流域内两岸陡峭险峻。

博罗迪诺阵地正面宽大约 8 公里，前沿位于马斯洛沃、戈尔基、博罗迪诺、谢苗诺夫斯科耶一线。右翼在马斯洛沃村附近，紧靠莫斯科河。左翼与难以通行的乌季察森林相连。中央以库尔干纳亚高地为依托。后方有森林和灌木林，便于隐蔽配置军队和实施机动。库图佐夫还在阵地上构筑了完备的工事，这样就能迫使法国部队在对其不利的地形上与俄军交战。

与此同时，法国部队开到了博罗迪诺附近，因为拿破仑已经得到了俄国部队在这里进入阵地的消息。在博罗迪诺，拿破仑登上了一块高地，居高临下地俯瞰双方的阵地。他一眼就看出，俄国人在向法军主阵地发起进攻之前，必须先摧毁舍瓦尔季诺棱堡。于是，他火速派一支法国部队向瓦尔季诺棱堡发起进攻，并派两支骑兵部队给予支援。法军的突然进攻令俄国人措手不及，不到一小时，这个棱堡就落入了法国人之手。拿破仑命令步兵列成方阵坚守阵地。天黑以后，俄军打算利用夜间混乱夺回阵地，没想到却遭到法军方阵的猛烈射击，俄国的胸甲骑兵被炮火和滑膛枪打得人仰马翻，不得不从阵地上退了下去。

拿破仑的心中一直有隐隐的不安，他时不时地观察俄军阵地，他担心的是，瓦尔季诺棱堡失陷会使俄国主力部队撤走，他已经被俄国人的撤退给闹得非常烦心了。虽然他渴望占领莫斯科，但是却不愿意不经过激战就得到莫斯科，因为他的目标是要消灭俄国部队的有生力量。

第二天天还没亮，拿破仑就骑上战马对前沿阵地进行了巡视。此时，他忽然产生了一丝犹豫：究竟是应该在右翼进行大规模调动以包抄敌人的阵地呢？还是利用刚刚夺来的棱堡向敌人的中军主力发起攻击呢？

正在这时，达武走上前去，要求允许他率领自己的军队和波尼亚托夫斯基亲王的波兰军，从侧翼进攻俄军左翼和后方。达武认为，他只需要四万人就能闪击俄军的这一薄弱防区，并迅速取得决定性胜利。这种战术本来应该受到拿破仑的青睐，然而他在经过认真考虑之后，却拒绝了这个行动计划。最终，他决定实施第二个攻击方案，因为他觉得第一种方案有可能打草惊蛇，使库图佐夫像他的前任一样向后撤退。

最后制定的作战方案是：达武率第一军进攻巴格拉吉昂棱堡（在拿破仑的印象中，那里只有两个而不是三个筑垒阵地）；在达武左翼，内伊的第三军在朱诺的第八军的紧密配合下，以近卫军为后方部队，从拉耶夫斯基棱堡北面的谢苗诺夫斯卡娅村攻击俄军防线。这样，法军的整个进攻重心是在约两公里的战线上打击俄军左翼和中央。欧仁的第四军和第一军第三师在科洛查河北岸作战，其任务是摧毁博罗迪诺村，然后利用三座特制的浮桥渡河，向拉耶夫斯基棱堡进军。骑兵由缪拉全权指挥，他在达武的后方集结了三个骑兵军（第一、二、四军）。从右翼迂回攻击俄军的唯一措施是派波尼亚托夫斯基的第五军沿老斯摩棱斯克大道从侧翼包抄俄军左翼。

法军炮兵（共有五百八十七门火炮，但配备到各炮兵连的火炮数量仍然有些不足）的任务是，战斗一打响，就对俄国部队实施大规模的炮轰。战斗开始的前一夜，法军已经把两个炮兵连部署在舍瓦尔季诺东北面的高地上，准备炮轰巴格拉吉昂棱堡。这两个连各有二十四门火炮。第一军炮兵司令佩内蒂将军又从其他部队抽调了六十二门火炮，对这两个连进行增援。这些火炮主要用来压制俄军的炮火，而索尔比耶将军（指挥近卫军的后备炮兵）则利用近卫军的榴弹炮猛轰俄军堑壕。一旦法军右翼和俄军交火，第三军的四十门火炮将一齐向拉耶夫斯基棱堡开火。炮兵在作战中将起举足轻重的作用。

这一天，俄国与法国非常默契地没有开战，拿破仑下令让士兵们充分休息，并发给他们充足的口粮，为明天的大决战进行准备。然而，他自己却是一整天都没有下马，一直在前沿阵地监视俄国部队的动静。

当天下午三点，拿破仑忽然怀疑俄国部队正在悄悄撤退，于是就迫不及待地打算发起进攻。但是，派到各地的侦察兵却向他汇报，俄国人还留在阵地里，这才让拿破仑放下心来。

灿烂的太阳一早就在东方升起了，广袤的大地都被镀上了一层金光。拿破仑望着头顶高悬的太阳，兴奋地大喊道："这是奥斯特里茨的太阳。"他希望博罗迪诺一战能够延续奥斯特里茨的好运，把敌人打个屁滚尿流。

接着，他向集结完毕的士兵们发起演说，尽力调动他们的情绪："士兵们！这是你们盼望已久的战斗。胜利就靠你们去夺取了。你们一定能够赢得胜利。胜利将给你们带来富足和舒适的冬营，并使你们能早日凯旋。像在奥斯特里茨、弗里德兰、威特斯犯、斯摩棱斯克那样去战斗吧！让你们的后代用骄傲的口气来谈论你们今天的勇敢行为吧。让他们这样说到你：他参加了莫斯科城下的那次伟大的会战！"

正在这个时候，有人给他送来了罗马王的肖像，拿破仑亲吻着儿子的画像，心中的斗志更加强烈了。

战斗终于开始了。

凌晨六点，佩内蒂率领着自己的炮兵团率先向俄军开炮，法军的进攻时间比原计划晚了一些，因为那两个在夜间部署的炮兵连由于火炮射程不足，不得不临时调整位置，找一个更有利的地方。俄军炮兵迅速对法国人进行了回击。炮战接连进行了数小时，整个战场上都弥漫着炮火与硝烟，能见度很快就下降了，给双方的近战增加了困难。

随着炮兵开炮，法国的先头部队也开始进攻。欧仁亲自率领士兵们向博罗迪诺村的俄国部队发动攻击，没过多长时间，俄国人就被击退了，因为退得匆忙，都没来得及拆毁科洛查河桥；然而，他们的反扑也是迅速的，很快俄国人就以猛虎下山之势夺回了博罗迪诺村。接着，俄军接到退回主阵地的命令，这一次他们拆毁了科洛查河桥。欧仁在村中留了一个师的兵力和部分骑兵。大约上午九点半，他率领剩下的部队渡过浮桥，进攻拉耶夫斯基棱堡。

与此同时，达武率领的第一军，也向着巴格拉吉昂棱堡挺进。拿破仑希望法国部队所向披靡，然而，俄国炮兵巧妙设防，向法军射出一排排炮弹，法国士兵们纷纷倒下。更为不幸的是，这个时候，俄军步兵也投入了战斗，将无情的子弹射向挺进中的法军。达武的坐骑被击中，他本人也被震伤，不得不离开战场。内伊率领着三个师团勇猛地冲进了俄军的钝角堡，但很快又被俄军赶了出来。内伊不甘罢休，对钝角堡发起一次又一次进攻，然而，毫无进展。

此时正在司令部指挥作战的库图佐夫意识到，他犯了一个严重的错误：兵力部署太偏重右翼，而左翼兵力不足。于是他命令巴戈武特将军率领第二军绕道俄军后方，支援左翼中央。但就在这支部队准备行动之际，法军又向巴格拉吉昂棱堡发动了更加猛烈的进攻。战斗相当激烈，法军先后攻占了两座棱堡，但在进攻第三座棱堡的时候却受到了重挫。在关键时刻，缪拉亲自上阵指挥，终于把阵势基本稳定了下来。

中午十二点，拿破仑对他的战略部署进行了重新调整，他集中了四万五千兵力和四百门大炮，对巴格拉吉昂的钝角堡再次发起进攻，巴格拉吉昂也丝毫不示弱，迅速调来了六百门大炮与法国人对轰，一时间，战场上硝烟弥漫，地动山摇。然而，就在法军冒着弹雨进行第八次冲锋的时候，巴格拉吉昂不幸被法军一枚炮弹击中，造成致命重伤，被人抬出了战场。俄国部队顿时群龙无首，开始出现了退却之势。

但是，此时的法国部队也已经无力再对俄军进行追击，差不多所有的部队都失去了他们的指挥官，师长们有的在战场上阵亡了，有的身负重伤，骑兵团和步兵团的战斗力也大幅度下降了。为了对俄国部队进行彻底打击，缪拉和内伊向拿破仑提议动用预备队和近卫军，但拿破仑却拒绝了他们的提议，他非常明白，在远离法国几千公里的他国领土上作战，不管怎样都不能把最后的精锐部队全部用光，否则，一旦发生事变，他就只能束手就擒，根本没有应对之力。

这引起了近卫军将士的不满，他们不愿意眼睁睁地看着自己的战友在战场上丧命，很多士兵都大声埋怨起了拿破仑，认为他的决定是错误的。但拿破仑仍然认为，要是让这些老战士牺牲在俄国大炮之下，那才真是冒险的举动。近卫军是全军的中坚，日后在大退却中就看出它的可贵了。

夜色逐渐加深，双方都已经疲惫不堪，很多地方还没等接到命令就自动停火了。趁着这个机会，俄国部队有条不紊地撤出了阵地。拿破仑命令炮兵们继续向撤退中的俄军开火，大批士兵在炮火中倒下，然而，没有一个人站出来举手投降。拿破仑被激怒了，他几次对贝尔蒂埃说："这些俄国人宁愿像机械人一样战死，也不愿活着当俘虏，这对我军是极为不利的。这些要塞都要用炮火夷为平地。"

就这样，堪称这个世纪最惨烈的一场战斗结束了。当天晚上，拿破仑接到报告，他的四十七位将军在这场战役中被打死或打伤，四万名士兵不幸牺牲。俄国方面的损失也异常惨重，五万八千名士兵在战场上丢掉了性命，失去了二十二名高级军官。

第二天一大早，拿破仑开始对整个战场进行巡察。这天的天气出奇得差，暴风骤雨一直不停，拿破仑看着战场上堆积如山的尸体，陷入了可怕的沉默中。一些还没有断气的伤员用尽最后一丝力气从地上仰起身子，想引起战友们的注意，以便他人前来抢救。拿破仑听见伤员的喊声，一下子发作了，大声指责那些负责撤走伤员的人磨磨蹭蹭，办事不力。

巡察完毕之后，拿破仑默默掉转马头离开了战场。当天晚上，他久久都不能入睡，他知道，虽然法军以这么惨重的代价赢得了这场战役的胜利，然而，仍然没有给俄军主力以歼灭性的打击，战略任务远未完成。

第二十一章

莫斯科的挣扎

莫斯科大火

刚结束博罗迪诺激战，拿破仑就马不停蹄地率领着法国部队继续向前进发，他们要赶往莫斯科，在那里赢得期待已久的荣耀。

9月，大军经过长途跋涉终于来到了莫斯科。当他们放眼向这座城市望去时，眼前的景象是如此美丽：在阳光的照射下，一座巨大的城市闪闪发光。自从博罗迪诺会战以来，拿破仑一直保持着沉默，很少开口说话，但现在，莫斯科近在咫尺，迫使亚历山大一世缔结和约的目标马上就要实现，拿破仑心中的忧虑一下子一扫而空，博罗迪诺战场上的恐怖情景，也被莫斯科的秀美景色而取代了。他信心满满地说："和平就在莫斯科。一旦我军胜利地进占他们的首都，就会迫使我的兄弟亚历山大看清形势，同时也逼迫俄国的贵族们正视现实。他们将会重新考虑是否要把战争拖延下去。如果我解放了俄国的农奴们，那将使俄国的巨大财富遭到毁灭！"

然而，当法国部队开进这座城市时，他们却几乎连一个人影都看不到。只有少数一些狂热分子，仍然还妄图保卫克里姆林宫，想与法国人进行最后的挣扎。但军队、官吏、贵族、商人以及人民大众都走光了，军需品也早就已经被烧掉或运走。就连被关在监狱里的犯人，也被莫斯科总督罗斯托普钦给放掉了。

显而易见，库图佐夫早就打算放弃莫斯科了。

在博罗迪诺遭遇败局之后，库图佐夫带着部队撤到了莫斯科。在郊区的一个营地里，他召开了一场军事会议。他向手下的将领们缓缓地说，自己决定放弃莫斯科，因为只有这样才能挽救他们的军队。

现场的气氛一下子沉闷了起来，库图佐夫坚决地说道："我知道，我个人将为这个决定付出代价，但是我是为祖国的利益作出牺牲的。我命令撤退。"

将领们心中虽然感到有些不情愿，但理智却告诉他们，这或许是唯一能够保全部队的道路了。大规模疏散很快就开始了。军队的撤离，使当地人民陷入了绝望之中，那些贵族们眼见情况不妙，纷纷开始逃离莫斯科，接着，商人、公务人员也加入了逃亡的队伍之中。一时间，在莫斯科的道路上，只能听见滚滚的车轮声。

莫斯科城里原本有大约二十五万名居民，只用了几个星期的时间，这个数字就变成了一万五千名。只有那些躺在医院病床上不能行走的重伤员、刚刚从牢里放出来的罪犯还有一些一文不名的穷人们留了下来。

拿破仑入住克里姆林宫。这座繁华的宫殿，现在已经显现出了一种破败的景象，到处都笼罩着沉闷静谧的气氛。下午三点，拿破仑骑着战马，对克里姆林宫和教养院进行了一番视察，然后又对莫斯科的两座主要大桥进行了查看，最后，他神色疲惫地回到了克里姆林宫，住在亚历山大一世曾经住过的房间里。

晚上八点钟，正当拿破仑在为下一步的计划而冥思苦想之时，一位手下突然闯了进来，焦急不安地向他汇报："起火了！"莫斯科的城郊突然蹿起了巨大的火苗，熊熊的烈焰从四面八方往中心地带蔓延，火势越来越大。

拿破仑赶紧安排部队去灭火，费了九牛二虎之力，这场大火终于被扼制住了。但是这场大火并没有引起拿破仑的重视，他以为，这是部队点燃篝火不小心失火导致的。

然而，两个小时后，在距离克里姆林宫最远的一个街区又发生了火灾。这次火势相比之前要大得多。法国部队马上进入了戒备状态，几个正在往易燃物上点火的俄国警察和农民被当场捉住了，在法国人的拷问之下，他们不得不承认，莫斯科总督罗斯托普钦命令他们在一夜之间烧毁全城。

大火越烧越猛，很快就从一个街区烧向了另一个街区。面对着灼人的烈焰，法国部队束手无策，因为莫斯科人在撤离之前，就把灭火器材全都毁掉了。

火势疯狂蔓延的时候，场面变得更加混乱。法国士兵们为了找到粮食，竟然不顾危险，冲进了着火的建筑物里。地窖里早已挤满各个兵种的法国士兵……随时都会有新冲进院子的士兵高声喊叫快出来，因为整幢建筑物都已经陷入了火海之中。

满大街都是到处乱窜的士兵、随军酒贩、囚徒、妓女。他们一边躲火，一边冲进路边的民居里，贪婪地看到什么拿什么，有人披上用金线和丝线织成的料子，有人毫不选择地往肩上披上各种最贵重的皮货，几乎每个人身上到带着一大批战利品。

对于这些法国士兵来说，纪律早就已经成了一纸空文。虽然拿破仑一再强调军纪，但是却收不到任何效果。面对眼前的一切，拿破仑的脾气变得更加暴躁，经常对周围的人大发雷霆，有时又在几个钟头里保持死寂般的沉默。

莫斯科刮起了西北风。这场西北风掀起了更大的火浪。人们把一切能用的工具都用上了，扫帚、铁桶、甚至树枝……他们奋力地扑打着从天而降的火星，用水浇湿房顶的横梁，想使大火停下脚步。像在战场上一样，拿破仑再一次亲自参加了战斗。身边的士兵们深受鼓舞，一个个奋勇争先，不惜冒着生命危险，与熊熊烈火进行顽强的斗争。

然而，此时谁也无法阻止大火的蔓延。在西北风的继续发威下，这场持续了一天一夜的烈火，已经逐渐扩展到了更广阔的地区，法军进驻的北区和西区已经全都被烈火吞噬，豪华的剧场和大型建筑物都笼罩在浓烟之中。

　　几乎所有人都陷入了绝望之中，很多人都以为，世界末日已经来临了。谁也不知道，这场大火究竟会烧到什么时候。

　　克里姆林宫也未能幸免于难。面对狂暴的火海，拿破仑面色苍白。经过长时间的沉默后，他不禁感叹道："多么可怕的景象！这是他们自己放的火……多么大的决心！怎样的人啊！这是野蛮人！"

　　被烧成一片废墟的克里姆林宫已经无法住人了，拿破仑不得不把司令部搬迁到城外的彼得罗夫宫。当他和随从人员手忙脚乱地离开克里姆林宫时，宫殿外侧的门已经被烧透了，火星和灰烬不断地往他们身上落，浓烟不但呛人，还差点使他们窒息。拿破仑的灰色礼服被大火烧了好几个洞，头发也被烧焦了一些，然而，他已经顾不上这些了，他带领着一行人，勇敢地穿过烈火、灰烬、废墟，终于在夜幕降临的时候，赶到了彼得罗夫宫。

　　烈火蔓延的势头仍然不减。直到黄昏时候，下了一场雨，火势才得以减弱。这场大火一直持续了四天，莫斯科城的四分之三被烧毁，六千多幢房屋全都在火海中化为灰烬，莫斯科总督罗斯托普钦的住宅也被烧成了焦土。

　　在大火之前，罗斯托普钦在通往他的住宅的一个指路牌上贴出布告，布告上写着："八年来，我建设了这块土地。在这儿，我同全家人一块过着幸福的生活。在你们到来的时候，我公寓里总数为一千七百二十位的房客正在离开这里。对我来说，我宁愿烧掉自己的房屋也不愿让它受到你们的玷污。法国人！在莫斯科，我放弃了两幢公寓，连同家具，价值共计五十万卢布，但你们所看到的只能是灰烬。"当时，拿破仑并没有把这当成一回事，以为这只不过是莫斯科总督的威胁罢了，甚至把这张布告当成挖苦总督先生的笑料。现在回忆起来，却不由得感到心惊胆战。这场大火让他了解到，俄国人民与法国人的斗争的决心有多大。

　　无数灾民从莫斯科逃亡到圣彼得堡，他们夸张地渲染着法国人的暴行。俄国上下所有人都认为，拿破仑进攻俄国，是为了消灭俄国的力量、传统和宗教。莫斯科城里的大教堂被法国人当作马厩使用，原先的圣洁之地竟然成了畜生的安乐窝，令俄国人惊诧得面无人色。就连一向温和的伊丽莎白皇后在给母亲的信中也忍不住自己的怒气：

　　我们美丽的古都现在成了一片废墟，那些野蛮人在那里安顿了下来。我们的人民宁肯把心爱的东西全都烧毁，也不愿意让它们落到敌人的手中。法国人在莫斯科不断地烧杀劫掠，做尽了坏事。现在，俄国部队已经绕过莫斯科周围，驻扎在敌人的必经之路上，并对他们的交通运输进行破坏。拿破仑虽然已经进入莫斯科，但很快他就会发现，他的所有期望都将落空。他本来希望能够见到莫斯科人，但是人们早就已经撤离。他本打算从这里获得补给，但他在莫斯科什么也找不到。他本来想以此来击垮俄国人的士气，使我们都陷入低落、沮丧的情绪中，但是他错了，他激起的是我们更深的仇恨和复仇的愿望。他在俄国的领土上每前进一步，就离毁灭的深渊更接近一点。

我们拭目以待，看看他将会怎样度过寒冬！

面对着进犯自己家园的法国侵略者，俄国上下都表现出了同仇敌忾的勇气和决心。美食家们不再饮用法国酒，保姆们在给孩子讲故事的时候，把拿破仑描述成了一个怪物、巫师，而他手下的那些士兵们，也全都成了面目可憎的魔鬼。在上流阶层，流行着一种为拿破仑发明苦刑的游戏。人人都变身为虐待狂，想出了各种各样的疯狂招数。

此时，拿破仑面临的局面也变得日益艰难。大火烧毁了一切，几乎每栋房屋都被烧成灰烬，士兵们只能住在地窖里。当然，对于那些习惯了行军打仗的士兵来说，住地窖并不是什么难事。法国人面临的最大困难是，粮食供应成了问题。

莫斯科人在撤退这个地区之前，什么也没给法国人留下，更别说粮食了。最开始两周，拿破仑还没有意识到这个问题，让他的大军吃喝了一阵，但是没过过久，面包、面粉和肉食就越来越少了。虽然法国人几次到别处掠夺，但也没有得到足够的补给，士兵们不得不过着挨饿的生活。

十月很快就过去了，法国人的处境越来越艰难。拿破仑意识到，现在的最好出路是与亚历山大一世缔结和约，然后带着自己的军队体面地撤出俄国。他可不想在莫斯科度过即将来临的严寒冬天。于是，他开始千方百计地把自己"热爱和平"的愿望传递给亚历山大一世。

拿破仑找到了莫斯科教养院的院长图托尔明先生。图托尔明先生是个善良的人，他对待教养院的孤儿们就像对待自己的孩子一样，当大家纷纷从莫斯科撤离时，他把大部分孤儿遣散后，自己则勇敢地留了下来。拿破仑率兵进入莫斯科之后，图托尔明请求他保护教养院的房屋和留在莫斯科的养育者，拿破仑答应了。

作为俄国皇后的慈善机构的一个负责人，图托尔明的话具有一定的权威性，也能在彼得堡各个阶层中产生一些影响。拿破仑派人把图托尔明叫来，热情地与他谈话，图托尔明为他的慈善机构得到了保护而向拿破仑表示了感激，拿破仑则向他保证，说进行这场战争完全是出于政治动机，而不是个人仇恨，和平才是他希望达到的目标。图托尔明请求允许他写一份关于教养院的报告给皇后，拿破仑马上答应了他的请求，并且说出了自己的真实用意："我请你还给亚历山大皇帝写一点，我仍像以前那样尊敬他，说我希望媾和。"图托尔明的报告刚刚写完，笔墨都还未干，拿破仑就派人把他的信使送过了法军岗哨。

图托尔明的信被顺利地送到了亚历山大一世手中，在亚历山大一世看来，拿破仑提出媾和要求，说明法国人已经到了山穷水尽的程度。他只是笑了笑，却没有给拿破仑任何回复。

亚历山大一世的沉默令拿破仑大为震惊，他原以为，已经被战争拖累很久的俄国人会抓住这个机会结束战争，没想到，亚历山大一世却没有对他进行反馈。已经习惯了在被征服国家的皇宫里下达和平命令的拿破仑，这一次却没有得逞。他颇为不满地说道："很难看出由于仇恨所产生的动机能妨碍我们双方达成谅解。我们到达了俄国古老的首都，从军事观点看，不管多么有利，可不签订一个初步和平协议就离开这里，会被人看成是一种政治上的失败。整个欧洲在注视着我们，他们会把我们在明年春天肯定会获得的胜利判断为我们今天的失败。如果那样，后果将不堪设想。"显然，如今的他感到进退两难。

但是，没过多长时间，拿破仑就恢复了信心。经过认真分析，他认为，亚历山大一世之所以对他的提议沉默以待，是因为害怕法国人在谈判中提出的条件过于苛刻。于是，他打算再一次向亚历山大一世传递信息，让他知道，他将与俄国签订一个最宽大的、最轻松的、最光荣的、最不侮辱人的和约。如此一来，俄国人难道还会放弃这个有利时机吗？

他自信满满地亲自给亚历山大一世写信，表示愿意让俄国对土耳其，包括君士坦丁堡自由行事，他对这地方原是一直不肯放手的，还暗示波兰问题也可以按照沙皇的意见解决。这一次，给他送信的是俄国驻德国外交官的弟弟。

拿破仑向这位俄国军官说出了自己关于法俄和解的一些想法，并且向他发牢骚说他们的皇帝现在正被一些坏人所左右，根本不了解他对和平的渴望。俄国军官颇有礼貌地回答他：只要他的部队仍然驻扎在莫斯科，双方达成和解就是一件不可能的事。但尽管如此，他还是会想方设法把拿破仑的信交给亚历山大一世。

虽然亚历山大一世对拿破仑提出的建议非常动心，但是他并不愿意这么没骨气地从拿破仑手中接过他"施舍"的胜利果实。他深信，烧毁莫斯科是拿破仑所为，所以他决定，只要还有一个法国兵站在俄国的领土上，他就绝对不会跟拿破仑谈判。正是他的决心最终挽救了欧洲。他一度还担心拿破仑会进攻圣彼得堡，但现在他已经逐渐看出，放弃莫斯科，是救了他的帝国，引拿破仑走向灭亡。

所以，对于拿破仑提出的媾和建议，亚历山大一世给他的回应仍是沉默。

正当拿破仑在为说服亚历山大一世答应与他媾和而绞尽脑汁时，库图佐夫却在加快速度重整他的部队，为即将到来的反攻做准备。为了扩充兵力，库图佐夫命令征集十八万新兵。因为俄国人现在的抗战热情已经越来越高涨了，所以征兵的进度非常快，没过多长时间，他手下就拥有装备精良的八万步兵和三万五千万骑兵以及作为后备军部署在莫斯科周围的二十万民团。炮兵的大炮也增加到了二百一十六门。

看到兵力日益强盛，英国将军威尔逊认为，此时已经到了发动袭击的好时机了，于是他一再请求库图佐夫对法国部队发起进攻。但库图佐夫却拒绝了他的请求，他还宣称，如果有意抛开他而自由行动，那么双方一旦交火，一切都会化为乌有。

仇恨法国人的莫斯科总督罗斯托普金看到库图佐夫一直按兵不动，以为他有意避战，顿时怒火中烧，他给亚历山大一世写信，指责库图佐夫是个"神志不清的老妇人"，无所作为，却还以为自己正在行动，他建议"把这个昏庸愚钝的廷臣撤职"。

其实，亚历山大一世对库图佐夫一直不行动也颇有非议，罗斯托普金的信几乎完全说出了他的心声。但是他知道库图佐夫在军队中很有威望，所以又不能贸然革掉他总司令的职务。这段时间，他又收到了拿破仑的一封信，信中显示出，拿破仑此时已经明白自己正处于劣势地位：

亚历山大，我的兄弟。我很遗憾地看到，原本精美绝伦的莫斯科城已经荡然无存。是罗斯托普金毁了这座美丽的城市，他竟然狠心地将它付之一炬。起火后，我们逮捕了四百名纵火犯，经过我们的审问，他们对自己的罪行供认不讳，并且交代，是莫斯科军政总督和警察署首长给他们下达了命令，让他们放火烧城。纵火犯全都已经被枪决了……我虽然与陛下作战，然而内心却并没有对陛下的怨恨。战争开始前后，陛下只要递送一封短笺就足以让我改变主意，甚至能使我作出拒绝进驻莫斯科的决定，我愿意为了陛下而牺牲自己的利益。陛下如果仍然顾念旧情，请尽快给我回复。

亚历山大一世的一再沉默令拿破仑失望之极，他把前驻俄大使科兰古叫到自己身边，让他去彼得堡会见亚历山大一世，与他缔结和约。

科兰古毫不犹豫地拒绝了这个任务，他苦口婆心地劝拿破仑，这样做是下下之策，不断重复媾和建议除了让沙皇意识到法国部队信心不足之外，没有其他的益处。他为拿破仑分析苦守的困难之处："冬天是一个巨大的困难。首先我们缺少仓库；您的炮兵缺少马匹；您的伤病员缺乏运输的车辆；您的士兵穿得也很可怜，每个人都需要一张羊皮、一副结实的皮毛手套、一顶有护耳的帽子、暖和的袜子、结实的靴子，这样，士兵才能免于冻伤。这一切，您都无法向他们提供。我们的马还没有一匹掌上钉了防滑铁，它们怎么能拉大炮呢？还有您的通信联络问题。陛下，我还能举出许许多多的项目。现在天气还好，但是，一个月后会发生什么样的状况呢？半个月后会怎么样呢？天气转冷也许根本不需要那么长的时间。"

他还坦率地告诉拿破仑：俄国人宁愿牺牲莫斯科来保全实力，说明他们已经下定决心抗战到底。而且随着天气逐渐变冷，俄国人的有利机会就会更多，亚历山大一世是不可能在莫斯科这个废墟上与法国人签订和约的。

这番话惹恼了拿破仑，他的脸马上沉了下来。但他依然还想说服科兰古接受他的任务，他说，他已经得到了从彼得堡传来的情报，俄国人正在惊慌失措地收拾东西，准备迁都，最贵重的东西已经送往内地，有的甚至送到英国。亚历山大一世对当前的形势束手无策，因为经过了几次战争，他的军队中的有生力量已经被大幅度削减，而且士气日益低落。法国部队已经做好了进军彼得堡的充分准备，亚历山大一世现在的处境非常尴尬，他一定愿意接受和谈的建议。

但是，虽然拿破仑费尽了口舌，科兰古仍然不愿意听命行事。最后，拿破仑只好退一步，既然他不愿意去彼得堡，就把他派到库图佐夫的统帅部去吧！科兰古固执地拒绝了他的第二项任务，拿破仑激动地直骂他是懦夫、胆小鬼。

既然科兰古不愿意去做这个出力不讨好的差事，拿破仑只好派征俄战争开始前的驻俄大使洛里斯托纳先生去库图佐夫的统帅部，向俄国部队提出和平建议。

俄国部队在撤离莫斯科之后，驻扎在巴赫拉河左岸、莫斯科西南的塔鲁丁诺布设阵地。缪拉率领着他的骑兵军在他们的南部设置了一道屏障，对俄军的一举一动进行监视。10月，洛里斯托纳作为法国特使来到了俄军司令部。

洛里斯托纳的到来使俄国人非常惊诧。库图佐夫原本打算到前哨阵地去会见洛里斯托纳，但是俄国将领和英国代表威尔逊一致反对他这么做。威尔逊甚至还声色俱厉地告诫库图佐夫，如果他胆敢这样做，军队就会拒绝服从他的命令。库图佐夫只好让步，最终在大本营接见了洛里斯托纳。

洛里斯托纳问道，这场奇特的战争，这场闻所未闻的战争将无休止地继续下去吗？他说："我的主啊，皇帝真诚希望结束这场使两个伟大而宽容的民族兵戎相见的争端，并且是一劳永逸地结束。"

库图佐夫回答道："关于这个问题，我现在还没有得到任何指示。从我走上战场的那天起，我一次也没有听说过'和平'这个词。……如果现在我推动双方的和解，就很可能会被视为第一个推动妥协步骤的人，那样，我又有什么脸面来面对俄国人民？而且我也一定会受到后代的指责。众所周知，现在俄国人民的情绪已经非常激昂……"

洛里斯托纳是为求和而来，但库图佐夫却拒绝了与他进行关于媾和或休战的谈判。洛里斯托纳要求他给自己发放安全通行证，以便前往圣彼得堡，与沙皇本人探讨谈判的可能。但库图佐夫毫不犹豫地拒绝了他的要求，只答应会把拿破仑的建议传达到沙皇那里。

库图佐夫如实地将这件事汇报给了亚历山大一世，谁知道，亚历山大听说这件事之后，却非常激动，认为库图佐夫擅作主张，他大喊道："区区一个陆军元帅竟然敢不经请示就私底下与拿破仑的全权代表会面！他怎么敢作出这样的决定？"他给库图佐夫写信："您从我这里得知的一切消息，我想您发出的全部指令，都足以让你相信，我的决心是不可动摇的。当前，敌方的任何建议都不足以令我停止战斗和忘记为受辱的祖国复仇这一神圣义务。"

洛里斯托纳再次与库图佐夫进行谈判，最终还是未能如愿。

现在，库图佐夫认为反击的最佳时机已经到来了，这一次，他决定主动出击。

俄国部队向法国人发起了突然袭击。在距离莫斯科六十五公里的地方，他们与缪拉的骑兵军进行了会战，歼灭了三千法国士兵。所幸的是，在此之前，拿破仑就已经认识到，他的和平愿望只不过是一个空想罢了，于是下决心从莫斯科撤退，如此一来，他的主力部队就避免了与库图佐夫的一场血战。

死亡大撤退

在莫斯科，拿破仑一直停留了三十多天。他的求和建议一直得不到亚历山大一世的响应，再加上寒冬马上就要来临了，他最终决定从莫斯科撤出。此时法国部队的兵力不到十一万人，火炮五百六十九门。他们分成八路纵队在宽阔的大道上行军，后面跟着无数装满粮食和各种掠获物资的马车和货车。军队和车队排成了一条漫长的行列，一直到夜幕降临之时，这条长长的行列仍然没有完全走出莫斯科城门。

一场寒流猝不及防地到来了，地面上全都结满了冰。马匹事先没有钉上防滑铁，接二连三滑倒在冰上，很多马再也不能站起来。无奈之下，士兵们只好在它们还活着时就把它们宰杀了，以充当军粮。到了晚上，天气变得更为寒冷了，一些拉车的马因为没有御寒措施，都被活生生冻死了，没有拉车的马，弹药箱和马车就变成了累赘，士兵们只好把它们全都扔掉。

法国部队经过艰难跋涉，终于到达博罗夫斯克。库图佐夫得到这一情报之后，马上命令主力部队向着距离博罗夫斯克不远的莫洛亚罗斯拉维茨开进。第二天凌晨，法国前卫与俄国前卫在莫洛亚罗斯拉维茨相遇，双方在这里展开了一场血腥的拼杀。战斗一直相持不下，一直持续了几个小时仍然无法分出输赢，双方只好调动增援部队参加战斗。中午，拿破仑赶到战场上，他希望库图佐夫这次能够把全部兵力投入到战斗中，这样，他就能把俄国部队彻底打垮。

战斗持续了整整一天的时间，法国士兵和俄国士兵不断地攻占莫洛亚罗斯拉维茨阵地，这个阵地先后八次易手，双方损失都非常惨重。最后，俄军撤出了阵地。

战后，拿破仑带着手下的将领们对战场进行了巡视，此时，一个问号浮现在他的脑海里：库图佐夫既然牺牲了那么多的人来保卫阵地，为什么不坚持到底，反而到最后时刻选择放弃阵地呢？难道他的主力部队仍在巧妙地躲避法军吗？如果法国部队在莫洛亚罗斯拉维茨的那一边仍然无法找到集结的敌军，那么，接下来应该选择哪一条战线撤退呢？

为了解开这些谜团，他特意召开了一次军事会议，然而，会议上虽然大家讨论得异常热烈，最终还是没有得到任何可靠的答案，因为法军对敌人的战略一无所知。

第二天一大早，拿破仑派人把科兰古找来，向他连声抱怨说："我们为什么这么倒霉？每一次，我们都把俄国人打得落花流水，但最后我们收获了什么？什么都没有！"他在办公室里来回踱了半个小时后，烦躁地说道："我必须亲自到战场上去侦察一下，我必须了解敌人的真实意图，他们到底是打算集结起来与我们决一死战，还是已经下定决心要撤退？可恶的库图佐夫，他根本不算是将军？他连痛痛快快打一仗的勇气都没有！"虽然科兰古一再劝说他等天亮以后再行动，然而他却早就已经迫不及待了，还是马上出发了。

拿破仑带着贝尔蒂埃、拉普等几位法国将领，在十二名近卫队士兵的护卫下前往前沿阵地。没走多远，一群端着枪的哥萨克人就大声嚷嚷着向他们冲来。近卫队士兵立刻挡住了他们的道路，此时天还乌漆墨黑，什么都看不清楚，拿破仑只听见刀枪的撞击声和士兵们的砍杀声。这声音最初离拿破仑有点距离，但后来却越来越近，几位冲破了近卫队士兵防线的哥萨克人把拿破仑团团围住，打算将他拿下。

摆在拿破仑面前的似乎是一条绝路，要么被杀死，要么被俘。所幸的是，在这千钧一发之际，近卫轻骑兵及时赶来，看到皇帝被围困，他们的斗志立刻被激发了出来，一拥而上，把哥萨克人一举打退。脱离危险回到军营后，拿破仑命令军医给他一瓶烈性毒药，以便在遇到被俘危险的时候服用。

视察完阵地后，拿破仑再次召开了军事会议。贝尔蒂埃、缪拉等人坚持认为应该放弃决战。拿破仑考虑到既然俄军主力部队在像莫洛亚罗斯拉维茨这样的坚固阵地上也不愿与法国部队作战，那就更不可能在别的什么地方发起战斗了，于是，他同意了元帅的意见，临时调整撤退路线，由向南撤退改为向北撤退，然后转向西，重走他们向莫斯科进军时所走的那条熟悉的路线。

但拿破仑没有预料到的是，这个决定给他带来的将会是致命的打击。在当时，那位已经习惯了撤退的俄国总司令库图佐夫已经决定，如果拿破仑的大军继续进攻，他就会马上下令让俄国部队撤出战斗。拿破仑失去了一次结束战争的好机会，而且还给了俄国重整旗鼓的时间。

回师北上，使法国部队原来就已经严重匮乏的补给更加捉襟见肘。现在，库图佐夫的部队并不急着发动进攻，而是与法国部队平行前进。双方一直没有交火，库图佐夫在等待时机，他坚信，疲劳、纪律松弛、补给匮乏，将会一步步削弱法国部队的战斗能力。

此时，法国部队的情况确实不容乐观。饥肠辘辘的马步伐沉重地拉着车子，一天至少要奔跑十四个小时。车队只能在大道上前进，因为离开大路，他们就无法得到补充和给养。车子上的伤员们没有药和绷带，只能忍受着疼痛的折磨。这些伤员们都被安置在车子的上座、前部、行李后面或者草料堆里，甚至还有一些人被放到了顶篷上。道路并不平坦，马车经常会颠簸起来。几乎每一次颠簸，都会有伤员被摔下来。但是，人们似乎根本看不到这些伤员，更没有人对他们施加援手，因为谁都不敢停下马车，否则就会掉队，一旦掉队，等待他们的只有死亡。后面的马车们无法躲开那些伤员，只好从他们身上碾过。很多伤员没有在战场上失去性命，反而死在了自己人的车轮之下。

途经博罗迪诺战场的时候，情景更是令人不忍多看一眼，三万多具没有人埋的尸体仍然躺在他们曾经激战过的地方，成为乌鸦和野狗们的食物。当法国部队穿过战场时，一群又一群的乌鸦被惊起，发出刺耳的响声，仓皇飞上天空。那些死去的人们被乌鸦啄食得奇形怪状，面目全非。所有的法国人都被这样的情景惊呆了，难道战争给他们带来的就是这样的结果？厌战的情绪在每个人心里酝酿着，很多人开始咒骂起了发动这场残酷战争的人。拿破仑意识到了这种消沉情绪给部队带来的巨大恶果，于是一再命令士兵们加快进度，尽早离开这个地狱一般的地方。

虽然一路历经艰难困苦，但到现在为止，天气一直都非常暖和，一向迷信的拿破仑认为，这是上天给自己的眷顾，接下来，一定会有好运降临。

然而，还没等好远降临，一场灾难就突如其来的到来了。11月6日，冬天的第一场暴风雪飘飘扬扬地下了起来。寒冷冻死了很多人，积雪淹没了大地，剩下的士兵们也经常迷路。除了老近卫军外，法国部队秩序一下子混乱了起来，几乎不成样子，整营整营地瓦解，三五成群，四处劫掠。

撤退已经变成了一个不折不扣的噩梦。天上飘着鹅毛一般的大雪，狂风不停地肆虐着，不断卷起空中和地面的白雪扑打着法国士兵们的脸。因为马匹不够，辎重车和大炮不得不跟在队伍后面。地面已经结上了厚厚的冰，马匹纷纷摔倒在地，不能再继续前行。大军缓慢地行进在通往斯摩尔棱斯克的大道上，沿途到处都是正在腐烂或者是已经风干的尸体。此时，法国部队的兵力已经锐减到了六万五千人，能够作战的人数不过五万人。

拿破仑虽然也正经历着寒冷与缺衣少粮之苦，但他仍然像以前一样以自己为榜样来激励士兵们。他不骑马，也不坐车，一连几个小时在雪地里像普通士兵一样扶着一根拐杖步行，他不时地与士兵们交谈，给他们打气，说部队将会在斯摩棱斯克冬营，再坚持一会儿，疲乏的日子很快就会结束，斯摩棱斯克有足够的物资供应军队。绝望中的士兵们听到了这番话，心里都重新燃起了希望，一张张因为疲乏劳累和营养不良而变得憔悴发黄的脸都出现了一丝生气，大家都纷纷幻想着，到达斯摩棱斯克之后有多么幸福。

斯摩棱斯克的美好前景也使拿破仑本人深深陶醉，然而，就在这个时候，信使为他带来了一个不幸的消息：在巴黎，一场政变突然爆发。一位被关押在巴黎监狱里的共和派将军马莱成功越狱，他在巴黎搞了一场传奇式的政变。他纠集一小撮追随者，逮捕了几个官员，假传元老院关于恢复共和政体的文告，宣布拿破仑已经在俄国被俘，使巴黎一度陷入了混乱之中。所幸的是，由于他的阴谋过于拙劣，已经败露了，被逮捕后，军事法庭将他判处了死刑。

虽然政变未遂，但是这个消息却使拿破仑大为震惊，他大喊道："看，如果我们留在莫斯科，那会怎么样。"可惜的是，他看到的只是他的将领们无所谓的表情。在对警察们的玩忽职守和无能发了一通牢骚之后，重回法国的念头第一次涌上了拿破仑的脑海中。他激动地对手下的将领说："难道已经到了这个地步了吗？我的政权就那么不牢靠，一个人就能造成危害，而且这个人还是个囚犯？如果说在我自己的首都，三个冒险分子大胆一击就能动摇我的皇冠，那么我的皇冠在我头上就没戴稳。真是祸不单行，这里的事最好终结，我不能到处分身。我必须回巴黎去，我到巴黎要重新发动公众舆论。我必须得到人员和金钱，几次重大的成功和胜利就能恢复一切。"

但不管怎样，眼前他首先要做还是带领大军撤退。

现在，斯摩尔棱斯克已经成为每个人最热切向往的地方。士兵们一想到在那里有充足的食物和水，可以不必忍冻挨饿，可以睡一个安稳觉，就兴奋不已，这种信念支撑着他们疲惫不堪的身体继续向西走去。

到了斯摩尔棱斯克以后，他们才发现，这里只不过是另一个地狱罢了。那个城市现在已经变成了一片废墟，既没有住的地方，也没有吃的东西，因为所有的物资都已经被先头部队一扫而空。士兵们的精神支柱一下子倒塌了，许多人跌倒后再也无力爬起来，以致活活被冻死。马匹大量死亡，整队骑兵不得不下马步行。拿破仑下令烧毁一切车辆，以便让残存的马拖运大炮，可最后大炮也不得不丢弃一部分。

法国部队在斯摩尔棱斯克停留了五天，不幸的消息再次传来：从法国赶来增援的巴拉格·迪利尔军团奉命占领从斯摩尔棱斯克通往耶尔尼亚的大道上的阵地，然而，这个军团的前卫在奥热罗将军的指挥下，只在拉彻沃占领了一个很脆弱的阵地，不久之后，就遭到俄军的围攻，不得已之下，奥热罗将军率两千多人向俄军投降。法军不仅失去了一支急需的生力军，而且还失去了极其宝贵的粮食储藏。

与此同时，欧仁军团在与哥萨克人的战斗中也遭受了巨大的损失，威特斯克被俄军占领。另外，一支俄国军队从土耳其向别列津纳开进，打算在那里堵住法军的退路。

更糟糕的是，拿破仑在斯摩尔棱斯克停留的这几天，使得库图佐夫得以趁机赶上，与法军主力部队平行。

噩耗一个接一个地向着拿破仑涌来，他不得不彻底放弃在斯摩棱斯克冬营的计划。

他必须在俄军截断渡口之前通过别列津纳河，不然的话，他有可能遭遇全军覆没。

在困境中的拿破仑仍然在为士兵们打气，他对身边的人说："我采取的每一个措施，都是为了增强部队的实力。库图佐夫在行进中很可能被拖垮，他将越来越远地离开他的预备队，他将被丢在一个已被我们用光吃光的乡村里。在我们的前面，仓库里有大批物资供应，而俄国人却会在那儿活活饿死。"但是，现在人们已经不再相信这些鬼话了，斯摩棱斯克已经让他们吃尽了苦头。

到了别列津纳河，情况更是万分危险。渡过别列津纳河的唯一桥梁在波里索夫，拿破仑相信，他的波兰部队一定会尽自己的最大努力保住这座大桥，因为这座大桥关系到整个大军的生死存亡问题。当然，为了以防万一，他也已经作了最坏的打算，他对科兰古说："如果我们能够渡过别列津纳河，我就能控制局势，因为我将得到两个新军团，再加上近卫军，就足以打垮俄国人。假使我们不能渡过河去，我们就得试一试手枪的威力了。你同迪罗克商量一下，在没有交通运输条件的情况下，要是我们不得不冲出敌人的封锁，我们能随身带些什么。我们必须准备事先就破坏一切带不走的物资，免得丢给敌人作战利品。我宁愿在战斗的间隙用手抓饭吃，也不愿把我的纹饰餐叉留给敌人。去同迪罗克商量一下，看看他的部门有哪些东西是要处理的，这事要保密。我们还一定要让您和我的武器都处于良好状态，因为我们可能不得不参加战斗。"

然而，令他失望的是，他的波兰部队虽然拼死守卫那座至关重要的大桥，却终究敌不过哥萨克骑兵，只能眼睁睁地看着他们把这座桥炸毁。

这个消息令拿破仑绝望之极，如此一来，法国部队撤退的唯一一条道路就被切断了，而库图佐夫的主力部队距离法国部队也只有一天一夜的路程了，正以黑云压顶之势向他们猛扑过来。更糟糕的是，因为向来过分自信，他在第聂伯河畔就已经把架浮桥用的船只毁掉了，现在没法渡河了。这条别列津纳河虽然平时不算大，但这时河水暴涨，连接两岸只有半融解的冰层。此时拿破仑可谓走进了死胡同，进不得，退不出。

但即使是在这样的绝境之中，拿破仑也没有被吓倒，他开始表现出一位英雄在与残酷的命运进行斗争时所具有的那种超凡的勇气和决心。哪怕只有一线生机，他也不会缴械投降，他仍然会选择拼一拼，寻找出路。

经过一番绞尽脑汁地思索之后，他向部队下达了一系列命令：乌迪诺军团在波里索夫上游十五公里的斯土江喀架桥渡河。维克托军团在波里索夫东北方对付俄国维特根斯泰因军，以掩护架桥。达武、欧仁军团担任后卫，对库图佐夫的主力部队进行警戒，徐徐后退。为了迷惑俄国部队，拿破仑还派遣了另一支部队在别列津纳河下游假装要从那里渡河。

在下游的那支法国部队果然引起了俄国人的重视。驻扎在别列津纳河右岸的俄国齐恰果夫将军马上重点防备下游渡河点，只留下大约五千兵力在波里索夫对上游的情况进行监视。

正当俄国人在河的下游大肆巡逻时，法国工兵们却开始了在上游的架桥工作。工兵们冒着严寒，站在没过胸部、漂着浮冰的河水中开始架桥。找不到架桥的支架和木板，他们就从当地的民房上拆取。聚集在岸边的人越来越多，各个兵种都有，士兵和军官混杂在一起，一个个衣衫褴褛，面色憔悴。拿破仑在岸边的一间小房子里，不停地踱来踱去，几乎一夜都未曾合眼。第二天一大早，他就出现在架桥现场，有时和士兵们随便说着话，有时目不转睛地看着工兵们架桥。他知道，生死存亡就系于一线了。

下午一点，在工兵们的辛勤劳动和牺牲之下，两座大桥终于完工了。法国先头部队以迅雷不及掩耳之势开始了渡河行动。乌迪诺军首先上到了右岸，把在右岸驻扎的俄国部队击退，接着又占领了塞姆宾，使得法国部队在右岸终于有了一片立足之地。

法军主力部队开始渡河。这时，俄国人才发现自己上了拿破仑的当，立刻快马加鞭赶了过来，但是为时已晚，此时法国的大部队已经上了岸，只留下维克托军团还在左岸。

俄国各部队开始联合作战，齐恰果夫军在右岸对乌迪诺和内伊军团进行猛烈攻击，维特根斯泰因军则在左岸向维克托军团发起进攻。但是，俄国部队的攻击明显缺乏锐气，再加上库图佐夫率领的主力部队没能及时赶到别列津纳河边加以支援，俄国人围歼法军的计划最后只能落空，已经到达极限的法国人竟然神奇地逃过了一劫。

正当维克托军团将进攻的俄国部队击溃打算过桥的时候，突然从一个角落里涌出了一万多名被哥萨克骑兵追击的掉队士兵。他们看到河上的桥，立刻喜出望外，不顾一切地冲上前去，想要过河。原本井然有序的渡河计划一下子被打乱了，别列津纳河堤顿时一片混乱。维克托一再对他们发号施令，但这些已经崩溃了的士兵们此时眼里早就没有了纪律，逃生才是最重要的事。没办法，维克托只能要求部下们用武力将这些人阻挡在桥头，为军团的正规部队过桥提供空间。

趁着这个机会，俄国部队对维克托军团又发起了一次进攻。大炮轰隆隆地响着，桥头上的人山人海顿时被炸开了一个口子，原本就惊慌失措的士兵们更加恐惧了，纷纷夺路而逃，数不胜数的人们再一次冲到了桥上。

只听"轰隆"一声巨响，临时搭建的、原本就不太结实的桥一下子塌了，桥上的人纷纷掉进了冰冷的河水里。人们尖叫着冲向另一座桥，此时，桥上已经堆满了死人，但所有人都视而不见，踏着他们的尸体一步步走了过去。人群越来越密集，只有那些最勇猛的人，才能挤到桥上。有些健壮而能游泳的人们干脆放弃了这种无谓的挣扎，纷纷跳进河里泅渡，但因为河上漂浮着很多冰块，河水冷得能把人冻僵，最后还是丧生河中。

一时间，咒骂声、哭喊声、怒吼声、垂死的哀怨声、落水者揪心的呼救声，响成了一片，汇聚成了一场狂怒的暴风雨在咆哮。很多人因为绝望，或痛不欲生，自投于河或葬身火海，了结他们的痛苦。

为了避免俄国军队渡河追击，确保法国的主力部队顺利撤退，还没等那些掉队士兵渡过河，拿破仑就下令将桥炸毁，后来赶到的一万名掉队士兵，不是死在了自己人的炮火之中，就是掉落进河水里被淹死、冻死了。

抢渡别列津纳河的情景真是令人惨不忍睹。后来，冬天的泛涨退落后，在这条河道上浮出了大约一万两千具尸体，只是看看这些人的各种奇形怪状的死法，就足以让人猜到这场灾难是多么可怕。

渡过别列津纳河之后，拿破仑认为，最坏的情况已经过去了，在维尔纳和科夫诺贮存的粮食衣物足以让他的部下们度过这个寒冬。于是，他开始为回国做准备。此时，一个问题摆在他面前：究竟是把部队的指挥权交给欧仁还是缪拉？他征求科兰古的意见，科兰古建议他选择欧仁，因为缪拉在战场上虽然骁勇善战，但是却缺乏坚强的个性和建立秩序的观念，而且也没有远见来拯救和重建这支残存的队伍。除此之外，他还拥有无法满足的虚荣心。但是拿破仑一再权衡，最终还是决定把指挥权交给缪拉，因为他知道，自己的这个妹夫是不会在欧仁帐下听令的，如果把指挥权交给欧仁，缪拉很可能会在一气之下离开部队。

拿破仑在一次会议上向他的将领们宣布了自己即将回国的决定，他的部下们纷纷表示反对，因为他们担心，拿破仑一旦离开部队，这支已经残破不堪的部队就会彻底垮掉，只有拿破仑才能给这支奄奄一息的部队充足的士气和信心。

拿破仑只能耐心地向他的部下们解释，他之所以要回国，不是因为他胆小，也不是因为他懦弱，而是因为那里更需要他。如果没有他，谁也无法采用紧急征兵方法征集三十万新军来对付敌人。最终，他的部下们被说服了。拿破仑还要求他们将他离开部队的消息保密，避免对士气造成影响。

当天晚上，拿破仑带着自己的一些亲信，坐着雪橇，秘密踏上了回国的路程。

这次远征俄国的战役，以法国部队的彻底失败而结束。法国损失了四十万人、十七万五千匹军马和一千门大炮。原先得意扬扬地跨过涅曼河要征服俄国的几十万大军，到12月中旬，只剩下两万被饿得半死、冻伤了脚趾、连武器都不知丢在了哪里的残兵败将。而奥地利和普鲁士提供的辅助军团，在撤退的时候却几乎毫发无伤。除此之外，这支大军的其他部分，不是躺在了无人收尸的战场上，就是在俄国的监狱中备受折磨。

普鲁士军的司令官约克将军与驻扎在陶拉格的俄国部队签订了停战协定。奥地利军的统帅施瓦岑贝格亲王也单独与俄国部队统帅齐恰果夫上将签订了停战协定。1813年1月，缪拉在率领部队到达波森（波兹南）之后，突然想起，他是那不勒斯国王，于是就把部队指挥权交给了欧仁，轻松地回到了自己的国家。

在返回巴黎的路上，拿破仑与科兰古讨论起了这次攻打俄国失败的原因，他说："亚历山大烧毁俄国的城镇，甚至烧毁莫斯科，简直是一种愚不可及的行为。既然他如此信赖冬天，为什么还要用火呢？他有武器和军队可以打仗，可是在不打仗的军队上白白花那么多的钱，这不是发疯吗？一个人在同敌人战斗时，不应该再摧残自己。库图佐夫的退却事实上是愚蠢的。把我们毁灭的原因是俄国的冬天。我们是气候的牺牲品，那时的好天气欺骗了我。假如我早两个星期撤出莫斯科，那我的军队一定早到了威特斯克。要是我那样做，那就应该是我去嘲笑俄国人和亚历山大了，那他就会后悔之前没有与我进行谈判了。我们的一切灾难取决于那十四天以及人们没能执行我的命令去征召波兰的哥萨克人。"

此时的拿破仑非常平静，他没有自责，也没有痛苦，只是如同一位输掉了棋局的象棋高手，趁刚刚输了的这局棋和力图取胜的下一局棋之间的休息时间，对自己的错误进行分析。他并不认为这场战争的失败是因为敌人太强大，对亚历山大一世，他仍然抱着轻视和鄙夷的看法，也不是因为他发动的这场战争在政治上不合时宜，而是因为恶劣的天气以及波兰人没有按照他的命令去征召军队。

不管怎样，从此之后，拿破仑历经千辛万苦集结起来的法国大军团，作为一支战斗力量已经不再存在了。而他新缔结的盟友，或许明天就会变成敌人，他的法兰西帝国，如今看来，已经是岌岌可危了。

战争中的温情

在俄国战场上，拿破仑几乎每时每刻都在思念着自己的妻儿。不管前线的战争多么紧张，他总会抽出时间来给路易丝写信：

亲爱的，你2日写给我的信我已经收到了。你的身体非常安康，这个消息令我非常高兴。为什么睡不着？你现在最需要的就是睡眠了。你去布拉格是件好事，这对你应该会有很多好处。这里非常炎热，就像意大利一样，天气一热，人们就会不由自主地暴躁起来。请代我向你的几个妹妹和弟弟问好。小罗马王长得很棒！你对他的情况肯定了解得比我要多。一个小时后，我就要赶到但泽去，前线现在非常平静。昨天还对近卫军进行了视察，他们的士气非常饱满，斗志昂扬。再见，我心爱的路易丝。我跟你一样迫切地希望团聚那一天的到来。三个月的别离已经让我肝肠寸断，我希望以后能够跟你厮守在一起，再也不分离。一千次地吻你。你没再提到你心脏的毛病。请你再次来信的时候，谈谈这个，我很担心。

亲爱的路易丝，我已经抵达了但泽，这一路非常不容易，到处都是尘土，呛得我咳嗽不断。我派了一个信使专程去柏林，信从那里再转给你。这样你就能在第一时间得知我的行程了，不用因此而忧心忡忡。明天（8日）、9日，甚至10日我都需要待在这里。希望你身体健康很好，跟你的几位妹妹在一起过得愉快。代我向她们问好。你知道的，因为你，我对她们非常关注。请向你的父亲转告我对他的尊重，以及他在我心中所激起的敬爱之情，并且对他说，他完全可以信任我。转告皇后，我拜倒她的脚下。再见，温柔的爱人，一切都属于你。

自从4日你前往波西米亚的时候给我写来一封信后，我再也没接到你的信。不知道今晚能不能收到几封？希望听到你的好消息。今天早晨两点，我骑马外出，直到中午才回来，吃过饭后午睡了两个小时。下午我去检阅了部队。我的身体很好，不用担心。小罗马王看起来很结实，不久之后就要断奶了。希望你能及时了解他的情况。我多么想早点见到你！虽然现在的生活非常忙碌，但我总感觉仿佛缺了一些什么，心中总是怅然若失。可能是因为我已经习惯了那种平静的生活，更习惯了每天都与你在一起。再见，我的心上人，请你照顾好自己，心情放愉快些，知足常乐，这就是令我高兴的秘诀。

我的猜测是正确的，一下子收到了你的四封来信，其中一封是在我来这里的半路上收到的，其他三封则是今天早上收到的。听说你还没有收到我的信，我感到很惊讶。有两封是寄交我在德累斯顿的公使，委托他转交给你的。你与几个妹妹和叔叔见面一定非常愉快，请向他转达我对他的敬意。我想你已经给克拉利亲王送了礼物，感谢他让你借住在他们家了吧？这是规矩。如果你还没有送礼，在离开布拉格的时候一定要补上。孟德斯鸠一定已经给这一家人送了该送的东西，但是你的心意也应该表达一下。你要慷慨大方一些，各处都应该大量馈赠。我已经为奥地利皇后的女嫔们准备了礼品，其中送给拉桑吉斯夫人的，大约为五万里佛。你也应该送她一件同样价值的礼物。我还要嘱咐你一句，不要送给她们一些鼻烟盒之类的东西，太不得体，而且也不够气派。你可以送镌刻上你名字第一个字母的戒指，这些戒指的价值应该在一千二、两千、三千、六千里佛不等。请将我的意思告诉大管家。给过去所有侍候过你或当过你老师的人，馈赠一些金钱。孟德斯鸠应该已经给了你6月的零用钱，你可以大量花钱，不要在乎。对你父亲和娘家人一定要殷勤周到一些。向皇帝转达的敬意。务必打听一下过去君主路过布拉格的时候，对地方官吏、贵族等该遵守什么样的礼节。在你离开布拉格的时候，看看能给布拉格市送些什么，作为你这次巡游的纪念。再见，我的路易丝，你是知道的，我对你的心是多么真挚。我要知道你健康快乐，告诉我，你的伤风是不是已经治愈了？另外，千万不要让别人在你面前谈论法国和政治，也不要主动和别人谈起这个话题。

我已经收到了你11日写来的信，非常高兴得知你的感冒已经好了。你一定要照顾好自己。驯马师亚当是不是应该到了你那里？如果他来了，你就可以同你父亲按辔徐行，而不必过于劳累了。我很遗憾地听说奥地利皇后得到了一场病，她应该更加注意她的身体，不要伤神，伤神就容易伤身。很感谢你叔叔和几位妹妹的好意。我很健康，今晚打算动身前往韦劳，在那里我将会检阅一些部队。虽然奔波，但还不算劳累，我应付得了。你对每个人都应该保持友好的态度，可以向他们慷慨馈赠。我听说那里的每个人都喜爱你，看到她们对你深怀好感，对此，我非常高兴。另外，你不要忘了给奥地利士兵中经济拮据的家属、寡妇以及残废军人一些施舍和赠款。再见，我温柔的爱人。一切属于你，请不要忘了替我问候你的父皇和母后。

因为时间紧张，我只能给你写几行字。梅内瓦尔在但泽生病了，不停地发烧，看上去非常难受。但你不必担心，我的身体仍然非常健康。我现在每天都跟士兵们混在一起，检阅、指挥他们。今天下午我将会出发前往古比宁。再见，我心爱的路易丝，我实在是太想念你了。今天没有收到你的信，令我非常难受，昨天也没有，希望明天能收到一封。我的爱人，希望你一切都好，万事如意！

已经收到你13日写来的信。听说你身体状况不太好，心情也很低落，这让我非常难过。感谢你父亲想方设法都你排忧、解闷，让你高兴。你在信上没有提起你的其他几位叔叔，不知道他们什么状况，打算来看望你吗？我的身体状况还可以，我经常在马背上，这对我的健康有利。最近我收到了有关小罗马王的好消息：他不断地成长，现在已经开始学习走路了，身体也不错。可惜的是，我一直期待的事情落空了，只能等待秋天了。希望明天能收到你的信。再见，我的路易丝，希望你快乐些，为了你健康，一定要放宽心，记住，世间本无事，庸人自扰之。

一小时后我就要再次出发了，我心爱的路易丝。你一定会好奇我要去哪里，这次我是去维尔科维斯基检阅部队的。我很高兴地收到了你 15 日写来的信。信中你说你要为你叔叔的管家授勋章，我并不反对。请告诉我他的姓名和国籍，并告诉我他是否愿意到海外供职。我听说罗马王长得很好，这让我很是欣慰。亲爱的，你是知道的，我深深地爱着你，真希望能够每天每夜和你厮守在一起，现在我已经养成这甜蜜的习惯了！我们再坚持一下吧，我想，用不了多长时间，我们会重温一切的。再见，我的路易丝，爱那个如此热爱你的丈夫吧。

24 日凌晨两点我已经顺利地渡过了涅曼河，晚上我们再接再厉，又渡过了维利亚河。现在，我已经成为了科夫诺的主宰。我们没有经过激烈的战斗，刚来到这里，我就掌握了整个局面的主动权。我的身体状况很好，只是这里太过炎热，感觉有些难熬。刚刚收到你 16 日写来的信。非常感激皇帝对您的爱抚和体贴。请代我向他问好。我建议你给大学送一些书和版画，这将使他们很高兴，而且你还不必费什么钱。我有很多藏书和版画。再见，我的爱人，一切属于你。

一连好几天我都没有收到你的信，这让我惶恐不安。不过我遥祝你健康。你是不是已经回到了法国？一路上可还顺利？我很健康，如果你见到小罗马王，替我多吻吻他。爱我，我的爱人，你千万不要怀疑我对你的深情。我的公务也很顺利。再见，我的路易丝。

亲爱的路易丝，你完全可以按照自己的意见来赠送礼物，我同意。我公务顺利，身体也很健康。这里的天气状况很糟糕，有时会刮起狂风，有时会下大暴雨，既不刮风也不下雨的日子，又会热浪滚滚。不过我倒是非常高兴地发现，庄稼的长势非常好。我真羡慕你，你马上就可以亲吻小罗马王了，请你为我吻吻他。告诉我，他是否已经牙牙学语？再见，我的爱人，你知道我多么爱你。

已经收到了你 7 月 8 日写来的信，从信中我知道你今天（19 日）应该已经抵达圣克卢。请为我吻一吻小罗马王，告诉我这些日子他变了吗？开始学走路了吗？还有，他发育得如何？我身体很好。在这一点上，我感觉自己比在巴黎的时候还结实些。我的事情也一直称心如意。唯一令我感觉有所缺憾的是，我亲爱的路易丝竟然无法待在我身边。不过，得知她正与我儿子在一起，我仍然非常高兴。巴黎人再次见到你一定非常开心。再见，我的路易丝，一切都属于你。

这几天很糟糕，每天都在下雨，而且气候也越来越闷热。我仍然率领着部队不断地向前挺进。亲爱的，请你放心，我不会两天都不给你写一封信的。这几天，我每天都给你写信，可是从昨天开始，我就没见到信使，因为我进军的速度实在是太快了，他可能跟不上。今天晚上我将会阅兵。你应该已经到达巴黎并且身体很好吧？吻你，吻小罗马王。

刚刚收到你 19 日写来的信。听说小罗马王发脾气了，并且还高呼爸爸求救？这让我很高兴，看来，他还记得我，并且信任我。你认为满意的皇室管家和侍从，可以留下来。这里一连好几天炎热难忍，高温真是令人痛苦。我爱你，希望明天能得到你及儿子的种种消息。

　　我收到了你 7 月 25 日写来的信，很高兴你说巴黎不像这里这么炎热。小罗马王开始说话，长知识，一定为你增添了不少生活的乐趣。听说他是个喜欢调皮捣蛋的臭小子，贪吃，而且爱嚷嚷。我想象他的样子，感觉心中非常愉悦。我的健康状况非常好，这一点你完全不用担心。这里马上就要开镰收割庄稼了，大概不出八到十天吧。听说你已经习惯了充分利用时间，你的议程表也被安排得满满的。我感到非常欣慰。这是可贵而又必需的，也是你一大优点，一定要继续保持下去。再见，我的路易丝，请你一定要保重身体。

　　我实在是想不通，为什么你两天都没有接到我的信。我每天都在给你写信！可能是信使还没有到巴黎？你可以增加接见的人数，女士、男性都可以接见，让他们进宫，你不妨每晚都接见数人。名单上的人数我感觉还不算多，请把拉瓦莱特其夫人及其他十多位人士都列入你的接见名单。你的看法我不是很赞同，女人确实是比男人更加情绪化，不像我们这么理性。很高兴，你提供了我儿子的好消息。我身体很好。

　　拿破仑给妻儿的信，是战争中为数不多的温情片段。他深爱着远方的妻子，牵挂着她的身体、她的社交、她的喜怒哀乐。在战争中的繁忙时刻，他还会不厌其烦地告诉她应该如何与他人相处，应该送给亲朋好友们什么样的礼物，应该怎样给教皇写信。

　　但与此同时，拿破仑又担心与自己分隔两地的路易丝会像约瑟芬一样放荡淫乱，他特意派了一些人对路易丝的一举一动进行监视，一旦有什么情况，就要马上向他汇报。他实在是被女人伤透了，唯恐自己再一次被背叛。

　　路易丝体谅他的思子之情，经常会找画师来为小罗马王画画，把他的肖像送到拿破仑那里。每当看到儿子的肖像，拿破仑都会欣喜若狂，还经常邀请手下的军官们来欣赏，他得意地对他们说，要是小罗马王今天已经十五岁了，那他们看到的就不会是他的肖像，而是他本人。他深信虎父无犬子，但是同时又感觉有些担忧，虽然他久经战场，但是却不希望他的儿子也到战场上去感受这种残酷。

　　在莫斯科及返回巴黎的路上，他的信继续如雪片一般向路易丝飞去：

　　过去我对莫斯科一无所知，据说它有五百个宫殿，跟巴黎的爱丽舍宫一样金碧辉煌。其中一些宫殿是按照法国的风格来进行装饰的，非常豪华，令人咋舌。这里还有皇宫、营房和设备齐全的大医院。然而，这些我都没能看到，因为在四天的时间里，这座城市被完全烧毁了。这里的房子大多是木质结构的，着火以后就会劈劈啪啪地像火柴棍一样被烧得精光。你一定很好奇是谁这么丧心病狂，告诉你吧，是可恶的莫斯科总督和俄国人，战败以后他们恼羞成怒，精心地策划了一次纵火行动，这座美丽的城市就这样被付之一炬。那些破坏者们竟然把水泵和消防设备全都拆除了，使我们根本无法扑火，只能眼睁睁地看着大火烧啊烧。二十万孤苦无依的穷苦百姓只能流离失所。当然，军队还能得到充足的供应。士兵们到处搜寻贵重物品，很多人因此发了财。在这片混乱中，人们肆意地掠夺着一切东西，就像疯了一样。莫斯科损失巨大，在以后很长一段时间里，这里的商业可能都会一蹶不振。我的感冒已经痊愈了，现在身体很好。

刚刚收到了你9月4日写来的信。我一直是每天给你写信的，所以，你说你竟然有时一整天都收不到我的信，我很惊讶。你信中描述的小罗马王的可爱之处，让我非常欣喜。我一有空就会认真地看热拉尔为小罗马王画的画像。他的确画得很好。我想你已经写信给你父亲了吧？我的身体很好，不用挂念。

你9月7日的信我已经收到了，那天正是莫斯科战役打响的日子。此时你应该已经获悉了这一伟大事件。这里的一切都非常好，炎热的天气已经结束了，现在这里温度适宜，非常舒适。我们已经将那些放火烧城的人全都处决了，他们不得不中止了对我们的骚扰。城市的四分之一幸存了下来，但其余的四分之三却不幸全都被烧毁了。现在的莫斯科城，到处都是残垣断壁。我的身体很健康。请你一定要保护身体，要保持愉快的心情。替我吻小罗马王，吻四下。你在信中提到的有关他的一切，都让我非常愉快，但同时也让我更加思念他了。

刚刚收到你9月8日的来信，听说巴黎的天气状况很糟糕，不知道你的身体有没有受到影响？我已经同意拨给你所需的款项，你可以把这笔钱付给你的红衣女侍。我的身体很健康。现在这里的天气已经变凉，不过还能忍受，还没到寒冷的程度。请为我保重你的身体，并为我亲热地吻吻小罗马王。这个小傻瓜怎么突然不认识他的保姆了呢？他真是一个调皮鬼！

你9月16日写来的信我已经收到了，信中你动人地描述了你的近况，我仿佛亲临其境，激动不已。得知你的身体很健康，我很高兴，这正是我最为挂念的事情。如果你想让我高兴一些，那你就每天快快乐乐的。只要得知你是愉快的，那我的心情就会十分愉快。但你如果是悲伤的，我就会因此而着急不已。你说你很盼望我们团聚的那天，亲爱的，我的心情又何尝不是如此？我跟你同样渴望这一天的到来。不用怀疑我对你的爱情。我的幸福就在于与我最心爱的路易丝朝夕相守。替我吻小罗马王三下。爱我，永不用怀疑……

读了你9月17日写来的信，我很高兴。你在信中详细地讲述了新歌剧院是多么富丽堂皇，让我也心向往之。但是我纳闷的是，你为什么不去听歌剧呢？那会让你高兴的，如果你去听歌剧，只要认为演出足够精彩，你就可以给脚本作者、芭蕾舞编导和乐曲谱写者赠送金钱。我的身体很好。这里的天气渐渐变得寒冷起来，所幸的是，几乎每天都有太阳。

9月19日的信已经收到了，你说你喜欢安特卫普的全景画，我也是。我们两个在这方面的默契令我非常高兴。其实，莫斯科大火也是绘画的好素材，画出来应该很是惊世骇俗。为什么你没有去歌剧院观看《得救的耶路撒冷》？我听说这出歌剧非常精彩。如果你去看了，一定会很喜欢，它会带给你美的享受。我希望你多到外面去走走。现在这里的天气跟巴黎一样，晴空万里，就像枫丹白露的艳阳天。亲爱的，我急切地想与你团聚。这一点你一定要深信不疑。现在，除了与你朝夕共处外，我已经没有其他的乐趣了。你要经常写信给你的父亲。派特使给他送信劝他加强施瓦岑贝格军团，这支军团会为他带来荣誉的。再见，我心爱的。一切属于你。

9月29日的信已经收到了。听说你的身体已经恢复了健康，我很欣慰。信中你所说的关于儿子的各种逗人的事情，都增加了我对他的思念。我很想现在马上见到他。为我吻他两下。我发现你们在巴黎的人很难伺候。你们想马上读到《大军公告》，哪怕只晚几个小时就会着急得如同热锅上的蚂蚁。但愿你在第二天就能收到，请在下封信中告诉我这件事。听说最近你的心情还不错，我很高兴。更高兴的当然是能见到你。如果你怀疑我对你的满腔爱恋，或者认为我对你的思念没有那么深，那就太不公平了。再见，我的路易丝。一切都属于你。

亲爱的路易丝，现在我正在去冬季宿营地的路上。今天的天气很不错，但恐怕没过多久就会变天。莫斯科已经被烧为灰烬，在我最终的部署里，它已经不再被当成军事阵地，我打算将它放弃，几天后我就会撤走驻扎在这个地方的部队。我的身体状况很不错，在战场上的事情也很顺利。博伏亲王股骨被敌人用矛刺伤了，不过他的精神还可以，没有任何危险。你要找亲王的一个朋友把这件事告诉亲王的母亲。他是在前锋部队与哥萨克交锋时受伤的，他表现得非常勇敢。为我吻小罗马王三下。我的路易丝，一切都属于你。

已经两天没有得到你的音信了。我曾经对你说过，我的军队在进军中。如果你有两三天没有收到我的信，不用紧张。我的身体很健康，事情也非常顺利。在发布了炸毁克里姆林宫的命令之后，我就离开了莫斯科。被大火烧得一干二净的莫斯科虽然已经到处都是断壁残垣，废墟一片，但要守住它我不得不部署两万兵力，这会影响到我的军事行动。这里的天气很晴朗，清晨至下午两点经常会有雾，然而没过多久就会放晴，阳光灿烂，暖洋洋的。晚上的时候月色很好，令人沉醉。这样的好天气还是很少见的。亲爱的路易丝，请你快乐一些，保重你的身体。吻小罗马王三下。

从莫斯科返回巴黎途中，他经过了华沙，在这里，他突然想改道去看望一下自己的情人玛丽·瓦莱夫斯卡。科兰古一再劝说他，说时间宝贵，不容许一点一滴的浪费。后来，他得知玛丽已经去了巴黎，于是就改变了主意。

到德累斯顿后，他在法兰西公使府邸终于睡了一个好觉。萨克斯国王听说了之后，立刻赶来拜见他，他在床上接待了这位国王。当国王看到他那已经坏得不能再用的雪橇后，马上赠送了他一辆豪华的滚轮马车。这使他接下来的行程舒服了很多。

行走在普鲁士的土地上，拿破仑意识到危险随时都有可能发生，如果有人认出了他，并且把他抓住，那么他一准会被关进"伦敦的铁笼子"。但是，这些危险对于他来说，都只不过是过眼云烟罢了，他根本不会被吓倒。

到了埃尔富特，他的滚轮马车又换成了一辆双篷四轮马车，拿破仑终于能够在马车上伸开身子休息休息了。在车上，他高兴地给科兰古念起了路易丝和德·蒙德斯鸠夫人的来信，然后骄傲地问道："我有一个好妻子，对吧？"他丝毫不掩饰自己的自豪之情，此时的他根本就不像是一个刚刚经历了战场上的血腥战役的皇帝，而是一个普通的、对妻子充满爱意的丈夫。

回国的途中，他给妻子买了不少礼物，戒指、珍珠、宝石、项链，应有尽有。他还特意分了一些给科兰古，让他送给他的情人德·加尼齐太太。

经过了整整十三天的长途跋涉，拿破仑终于回到了巴黎。

12月，他回到了杜伊勒里宫，仆人们一开始根本没有认出他来，还以为他是讨钱的乞丐，敷衍地打发他。后来，他们才意识到，面前的这个头戴破旧的貂皮帽、胡子已经好多天没刮、脸上脏兮兮的男人是他们的皇帝。

十二点左右，路易丝在剧院里看完戏后回到宫中，她刚走进卧室里，拿破仑就从床上鱼跃而起，一把抱住了她。路易丝先是惊恐万分，当她看到眼前这个人正是自己思念已久的丈夫时，也忍不住紧紧地抱住了他。当拿破仑沉沉睡去时，路易丝抚摸着他的乱发，给了他一个深深的吻。

回到巴黎后，拿破仑每天都忙于工作，等着他处理的事情实在是太多了，现在，他感到帝国的根基并不像他想象的那么牢固。马莱发动的政变，使得法兰西帝国差点毁于一旦。他痛苦、愤懑，但他也知道，与其沉浸在这样的情绪之中，不如想一想如何解决这些问题。这时，他突然产生了一个念头：效仿罗马的恺撒大帝，让儿子登基，请教皇为皇后加冕……

他到枫丹白露宫拜访了被他软禁在这里的教皇，向他表示了安慰。最初，教皇被他说动了，但后来因为遭到了主教们的一致反对，他又改变了主意。

于是拿破仑把路易丝册封为摄政皇后，他想通过这种方式来联合奥地利，使它紧紧地站在法国这一边。

他一边征集新兵、重新组建部队，一方面大搞庆典，举行一连串的招待会。他想通过歌舞升平的盛世景象蒙蔽法国人民和欧洲，但是却没能得逞。尽管他一再掩饰战争的失败，但在巴黎城，人们还会议论纷纷。英国人也没被他的假象所欺骗，他们拼命拉拢胆小的普鲁士国王，终于，到了春季的时候，普鲁士加入了英国的阵营，这使拿破仑的心里又压上了一块沉甸甸的石头。

在这暗淡无光的日子里，拿破仑只能从儿子的身上寻找快乐。小罗马王现在已经长大了，他活泼、可爱，虽然脾气像波拿巴家族的人一样有些暴烈，但心地却很善良。拿破仑有时会带着儿子到河边散步，让他接触一下巴黎市民。阅兵的时候，他也会特意带上儿子，让他在窗边观看。他还带着儿子去加塞尔竞技场看皇家卫队。

为了逗小罗马王开心，他还特意让人给儿子做了好几套小号的军装。小罗马王穿上军装之后，显得非常精神，就像是一个天生的军人一样。现在儿子已经表现出了对军事的热爱，他最常玩的是一匹灰色的玩具军马，爱不释手，玩坏了，修补好再玩。他还玩旗帜、军号和军鼓。

虽然备受宠爱，但小罗马王也没有恃宠而骄。一天，他兴致勃勃地跑进了拿破仑的办公室，当时，拿破仑刚刚开完内阁会议，大臣们还没有完全散去，有几个人还站在一起议论国事。小罗马王径直向着父亲跑了过去，拿破仑忽然用严肃的声音对他说道："站住，你还没有问候呢，你应该先做什么？"

小罗马王立刻醒悟过来，马上转过身子，向那些大臣们鞠了一躬，然后把小手放到嘴前，给他们送了个飞吻。拿破仑经常把小罗马王带到自己的办公室里来，儿子似乎很喜欢这个新奇的地方。在办公室里，拿破仑经常和他一起搭积木，那些积木与一般的积木不同，都经过专门的雕刻，上面写着军呀，师呀，任小罗马王想象，启发他的指挥才能。玩得累了，儿子就在拿破仑膝下睡着了。

拿破仑还特意抽时间到马尔梅松宫探望了约瑟芬，每次去都没有惊动路易丝。路易丝虽然对奥坦丝很友好，但是对约瑟芬却始终怀着深深的敌意。约瑟芬一直希望能重返杜伊勒里宫，就算只是做一些小角色，她也愿意。但拿破仑却告诉她放弃这个念头，这是不会实现的。

约瑟芬喜欢孩子，她一再请求拿破仑把小罗马王带来与她见一面，一开始，拿破仑一直推辞，后来，他看拗不过约瑟芬，于是就把儿子带到了马尔梅松宫。约瑟芬一看到罗马王，眼泪就忍不住要往下流，但她还是忍住了。她把小罗马王抱到自己的膝盖上，与他一块玩游戏，高兴得就像是个孩子。德·孟德斯鸠夫人来领孩子的时候，她恳请再让他玩一会儿。和孩子告别时，约瑟芬的心里非常难过。从那之后，她再也没有见过小罗马王。

不过，虽然见不到小罗马王，她倒是可以经常接待小亚历山大·瓦莱夫斯基。她把玛丽请到了自己宫里，慷慨地送她儿子甜食和玩具。以前对玛丽的嫉妒已经完全烟消云散了，她们就像是一对好朋友一样，友善地交往。

命运就是这么不可思议，当她与拿破仑并肩而站的时候，她不在乎他，经常惹怒他。如今他们分手了，她却再次关注起了这个当初她不曾欣赏过的男人，为他的一切牵肠挂肚。她甚至还爱屋及乌，对玛丽的爱就是如此，因为拿破仑曾经爱过这个女人，所以她也愿意和她交往。

第二十二章

欧洲风云突起

情敌的仇恨

贝尔纳多特与拿破仑之间一直有着很深的芥蒂。不过，因为拿破仑心中对德茜蕾一直有着深深的歉意，所以他对贝尔纳多特尤其照顾，不但将他封为元帅，而且还给了他亲王的称号。

然而，对拿破仑所做的这一切，贝尔纳多特却一点儿也不领情。在他看来，自己能得到这些荣誉，并不是拜拿破仑所赐，而是自己凭借着才能与实力争取来的。

他不喜欢拿破仑，甚至还一直把他当成是自己的情敌，尤其是当他看到拿破仑对德茜蕾的关爱，再看到德茜蕾看拿破仑时的那种独特的眼神，他的内心就会燃起熊熊的妒火。

从外表上看，贝尔纳多特十分稳重，再加上严谨的行事风格，他看上去似乎与世无争。但事实也并非如此，在他的内心深处，一直隐藏着极大的野心，只不过他总是会巧妙地把这野心给掩饰起来。当他被选为瑞典王储之后，他的野心就如同脱缰的野马一样，自由地奔腾了起来。

当拿破仑在俄国战场上遭遇惨重失败后，贝尔纳多特马上看出，此时正是埋葬拿破仑的绝佳机会。他迫不及待地找到莫罗，说服他加入自己的阵营中，指挥反抗拿破仑的民族战争。

刚刚回到巴黎的拿破仑完全没有意识到，自己以前的这位老部下，现在已经向他拔出了剑。他还打算通过德茜蕾来向贝尔纳多特施加影响，从而使瑞俄同盟瓦解。

德茜蕾已经从瑞典回到了巴黎，在这里，她重新过上了安宁的生活。她很少抛头露面，每天在花园里修剪花草打发时间，有的时候给贝尔纳多特和奥斯卡写写信。

自从瑞典与俄国结成同盟之后，她在巴黎的日子更加孤寂了。因为她的丈夫已经成了法国的敌人，人们纷纷对她避而远之，就连经常到她家里来拉家常的姐姐朱莉，也在约瑟夫的干涉下，很少再登门了。德茜蕾不知道这样的日子还能持续多久，也不知道拿破仑会怎么处理自己仍旧住在巴黎这个问题。

　　1812 年 12 月的一个晚上，德茜蕾正坐在房间里看报纸，忽然听到楼下传来了马车的声音，到了她家门口，马车停了下来。

　　德茜蕾非常纳闷：这个时候，谁会来呢？正当她左思右想之时，突然响起了一阵敲门声。

　　德茜蕾让仆人去告诉敲门的人，她从不在深更半夜接待客人，让他们找一个恰当的时候来。仆人知道自己的女主人一向是自尊自爱的，于是就领命而去。

　　但令德茜蕾惊讶的是，过了一会儿，楼下传来了一阵杂乱的脚步声，仆人竟然没有请示她就把客人带到了客厅里。是拿破仑！

　　当时的拿破仑脸上胡子拉碴的，双眼暗淡无光，就像刚逃荒回来一样。头戴着一顶貂皮帽子，肩膀向下垂着，看上去累极了。要不是仆人已经向她通报过，德茜蕾恐怕一时半会都认不出他来。他的侍从科兰古坐在他旁边的一个沙发上，闭着眼睛像是正在熟睡一样。

　　德茜蕾惊讶得简直要叫了起来。

　　拿破仑向她解释道，他们在路上走了十三天，几乎一天都没睡个好觉，现在在巴黎，还没有其他人知道他们回来了。他还没回宫，想先跟德茜蕾聊一聊。

　　拿破仑没有跟德茜蕾叙旧，而是向她描述了战场上的恐怖情景：在通向法国的道路上，到处都是法国士兵们的尸体。他们的尸体躺在那皑皑白雪上，根本没有人为他们收尸，只能任由乌鸦啄食。可怜他们虽然成了乌鸦的食物，但他们自己临死之前却没有吃过一顿饱饭！

　　德茜蕾想安抚拿破仑的情绪，于是为他倒了一杯酒，拿破仑喝下之后，心情才稍微平息了一些。他这才说出了自己的真实来意：请德茜蕾说服贝尔纳多特，请他站在法国这一边，使瑞典与法国结成盟国。为此，拿破仑将每月付给瑞典一百万法郎，直到把敌人消灭殆尽。而且他还会把芬兰给瑞典。他可以使瑞典成为一个伟大的国家，但是如果贝尔纳多特拒绝的话，那他就会使瑞典变成一个牺牲品。

　　拿破仑的态度斩钉截铁，德茜蕾看到了一个完全不一样的他。最后，拿破仑要求德茜蕾给贝尔纳多特亲自写信，告诉他自己的要求，并且还要德茜蕾亲自把贝尔纳多特的回信交给他。他还告诉德茜蕾，如果贝尔纳多特拒绝了他，那她必须马上离开法国。

　　然后，他就带着科兰古离开了这里。

　　德茜蕾一个人愣愣地发了好一会儿呆。

　　第二天，德茜蕾就给贝尔纳多特写了信，没过多长时间，她就收到了一封回信。在信中，贝尔纳多特向她倾诉了自己的思念之情，但针对拿破仑所提的瑞法联盟之事，他只轻描淡写地回了一句："现在，全欧洲的人都在看着我，我要仔细思考一下，不能随便就给你答复。"

奥斯卡已经长成一个大孩子了，但是作为一个孩子，他仍然无法理解成年人的世界，不懂什么该说，什么不该说，在他给妈妈的信中，他写道："我好想你，妈妈。我在斯德哥尔摩也不是每天都快乐的。比如爸爸新结识的一个叫乔治的法国小姐就令我不快，那位乔治小姐被爸爸请到了我们的城堡，通宵跟爸爸谈什么巴黎。一向因工作弄得不善言辞的爸爸一直在笑。这件事让王后很不开心，还埋怨我说，如果你母亲懂事就不会离开瑞典了……"

从儿子的信中，德茜蕾知道了丈夫不愿意让自己知道的事情，一时间，她的心中百感交集。她把自己关在卧室里好长时间，也许她哭过，侍女们都看到了她红肿的眼睛。

没过多长时间，贝尔纳多特又给德茜蕾写来一封信，这封信是他给拿破仑的正式复信，就连德茜蕾也无权打开，她只能将这封信原原本本地交给拿破仑。但是布腊黑伯爵给了她一个副本，他还要把这个副本发给瑞典的各家报纸。

贝尔纳多特信中所写的内容令德茜蕾大吃一惊。信上所用的措辞非常激烈："多年来，欧洲人民一直期望能够获得和平。然而现在我们知道，如果不打败你，这个愿望根本没有实现的可能。瑞典将会为实现这一目标尽自己最大的努力，到那时，法国也就有望与欧洲共享和平了。你发起的战争已经夺去了数不胜数的法国优秀儿女的生命，人们不禁要问，法国以这么高昂的代价换来的到底是什么？"

德茜蕾战战兢兢地把信送到了拿破仑的书房。果然，不出她所料，拿破仑看了这封信之后，立刻面色大变。他先是沉默了一会儿，没过多长时间，他猛地抬起头来，紧紧盯着德茜蕾。当他的目光落到德茜蕾胸前佩戴的鲜花上时，他的口气一下子变得有些恶狠狠："太太，你不觉得自己这样做有些过分吗？您给我送来这样一封信，竟然还会佩戴鲜花！真是令人难以理解！难道您是在为您的丈夫已经下定决心与他的祖国为敌而感到高兴？"

德茜蕾缓缓说道："不，陛下，您误会我了，您让我给我丈夫写信向他传达您的要求，我照做了，并且我也把他的回信送给您了。虽然我知道，我这么做会令我丈夫感到不快。在这之前，我已经读了副本，知道您看到这封信以后，一定会大怒，也知道以后我可能就不能继续住在法国了。所以，我特地来向您告别，为了表示我的敬意，我戴上了鲜花，因为我希望您把最后这一愉快的时刻保留在记忆之中。"

屋里的空气一下子凝固住了，变得异常沉闷。站在一旁的科兰古和富歇都吃惊地瞪起了眼睛，他们想，皇帝一定会大嚷大叫起来，他通常都是这样来表达自己的愤怒的。

然而，令他们意外的是，拿破仑却非常平静地说道："先生们，请在这里等候一小会儿，我要与王妃殿下单独聊一聊。"

说着，他就示意德茜蕾跟着他来到了里屋的小书房，他走到窗边，默默地看着窗外，轻声说道："我从莫斯科回来的那个晚上为什么先见你？现在告诉你吧！我饥饿、寒冷、疲惫不堪。因为，我需要你。"

德茜蕾摇摇头，说道："事实不是这样的，陛下。您当时到我家里来，并不是找德茜蕾·克拉里的，而是来找瑞典王妃的。因为，您希望她的丈夫帮您打仗。"

拿破仑沉默了一会儿，夜色已经降临了，德茜蕾只能看清他的脸，却看不见他的表情。过了一会儿，拿破仑缓缓说道："不，我是想见你，只有你，我的欧仁妮。但是我当时实在是太疲乏了，以至于说话文不对题。我本打算与你一起聊聊在马赛的美好时光，但当时我却只顾着说贝尔纳多特了。"

说起贝尔纳多待，拿破仑仍然妒心如火："你知道吗，亚历山大一世主动提出要你的丈夫娶一位俄国公主，你是否知道他还向他许以法国王位吗？"

"法国王位？贝尔纳多特是绝对不会接受的！"德茜蕾惊叫了起来，她不想再待在这里了，她的心情越来越糟："我可以走了吗？陛下。"

拿破仑走到她身边，静静地凝视着她，温柔地拉起他的手，放到自己唇边，说道："我本应该把你送出法国的，但是作为皇帝，我不能这么做。但是，欧仁妮，请你记住，我仍然像以前一样爱着你，我真是嫉妒贝尔纳多特，我甚至还嫉妒那个一直跟着你身边的金发瑞典小伙子。"

德茜蕾缓缓地把手从他的嘴唇上抽了回来，转身向着门口走了过去。

"德茜蕾。"

拿破仑再一次柔情地唤德茜蕾。

德茜蕾回过头来深深地看了拿破仑一眼，她知道，这或许是他们的最后一次见面了。从此之后，她还会再见到他吗？命运总是爱捉弄人，现在，竟然让她的丈夫与她昔日曾经深爱过的人变成了仇敌，她该怎么办呢？

普鲁士的复仇

在征讨俄国之前，在拿破仑的威逼利诱之下，普鲁士加入了法国的阵营中。但是，对拿破仑，普鲁士总有一些心不甘情不愿，他们的反抗之心，似乎随时都会发展成燎原之势。

当拿破仑从俄国战场上战败而归时，普鲁士的爱国者们一个个心花怒放，看到了脱离法国的希望。

这个不可一世的征服者终于铩羽而归。普鲁士的爱国者们欣喜若狂。

1812年12月，普鲁士将军约克（他统率着过去在麦克唐纳领导下在库尔兰作战的普鲁士兵团）迫不及待地与俄国人缔结了陶拉格协定，规定这个兵团应占据梅默尔和提尔西特一带，使之成为中立区，等待弗里德里希·威廉三世下达命令。

弗里德里希·威廉三世默默观望了几周，一直密切关注着事情的动态。然而他的手下们，却一直撺掇着他再启战端，只不过，不是跟俄国人打仗，而是跟法国人决一死战。

普鲁士首相哈登贝格想方设法使那些在柏林的法国人相信，普鲁士愿意与法国和平相处，但私底下，却与德意志的爱国者们策划反法行动。为了骗过拿破仑，他还对约克与俄国人缔结和约的行为进行了指责，但背地里，却派人秘密去约克将军进行抚慰。不仅如此，为使国王摆脱在柏林仍占上风的法国势力，他说服了国王前往布莱斯劳，借口是要为拿破仑再招集一支军队。

哈登贝格两面三刀的做法成功地蒙骗住了拿破仑，拿破仑以为普鲁士已经乖乖地顺从了自己，所以，当弗里德里希·威廉三世提出要去布莱斯劳的时候，拿破仑也理所当然地以为，他确实是为了召集他要求普鲁士提供的三万人兵团而奔波忙碌的。

当普鲁士人正在酝酿着一场反抗活动时，拿破仑的眼前却罩上一层纱，他对普鲁士的所作所为没有一点儿怀疑，并且坚定地认为，普鲁士是法国的忠实盟友，他们的国王也会听命于他。

普鲁士国王弗里德里希·威廉三世一离开柏林，就赫然发现，自己已经被一股无法抗拒的民族独立洪流所裹挟，根本无法脱身。作为普鲁士的统治者，他的内心当然也存在着爱国热情，与那些最积极的爱国者相比，他的这种热情也毫不逊色。然而，对于与法国作战要付出怎样的代价，他却比那些爱国者们要清楚得多。

与法兰西帝国相比，普鲁士只是一个拥有四百七十万人口的小国，还能算是掌握在自己手中的要塞不过五六处，不管是在战时，还是在和平时期，都要受到法国军队的欺压，以至于贸易、信贷，早就成了记忆里的事情。

不错，现在俄国人正打着友谊的旗号向普鲁士伸出橄榄枝，然而，俄国人就可信吗？提尔西特和约的沉痛回忆，令弗里德里希·威廉三世已经看透了亚历山大一世的真实面目，他再也不会盲目地去信任他了。

而且，经过了这一年的战争，他的军队虽然死伤不如法国那样惨重，却也是元气大伤，即使有年轻的普鲁士新兵补充，要靠这样的部队去对付拿破仑的虎狼之师，恐怕也只是天方夜谭。

正当普鲁士国王在小心翼翼地做着摆脱拿破仑控制的尝试之时，普鲁士的一些坚定的爱国者们，却冲进了一个国家最为神圣的外交和国政的领域之内。在国外逃亡的施泰因，率先对拿破仑开火了。

1812年，他在俄国发表了一番犀利而又大胆的言论。他指出，要想推翻拿破仑，唯一可行的方法就是发动整个德意志起来共同反抗他。如果继续待在华沙而不思进取的话，那么，来年法国就会再一次发起进攻。所以，为了俄国的安全，必须把法国人驱逐到易北河以外，并使德意志人重整旗鼓，来反对他们所深恶痛绝的那个人。

施泰因的这番话，深深地触动了沙皇亚历山大一世的心。他迫切地希望推翻拿破仑在德意志的统治地位，只有这样，俄国才能一劳永逸地解决波兰问题，而不必看拿破仑的脸色行事。

亚历山大一世早就对库图佐夫的那种只知撤退、只求在俄国境内作战的战斗方式心怀不满了。法俄战争中，虽然库图佐夫指挥部队取得了胜利，但亚历山大一世仍然对他的作战方法持有保留意见。有一次，他竟然对英国将军威尔逊说，他对库图佐夫的军事才能一点儿也不钦佩，之所以授予他各种各样的荣誉称号，只是为了表达"对莫斯科贵族的敬意"。

亚历山大一世希望在欧洲继续扩大战局，以便把法国人彻底击败，但是库图佐夫却一再主张停战，他认为，军队已经身经百战、疲惫不堪，不应该再被拖到国外，既然这场战争本来就是为保卫俄国而进行的卫国战争，那么，到此时就应该已经结束了。

但亚历山大一世完全听不进他的意见，他已经下定决心，要把这场战争继续到底，直到将拿破仑消灭。施泰因支持他的这一观点。现在，普鲁士爱国者们最为关心的，莫过于解放和恢复普鲁士了。只有亚历山大一世把法国这个战争的策源地摧毁之后，他们才能实现这一点。

1813年1月，亚历山大一世以沙皇的名义将由俄军占领的普鲁士各地区临时接管。几天之后，施泰因来到了科尼希斯贝克。在那里，他召开了东、西普鲁士等级会议，也就是省议会，会上热烈通过提供军需品来建立一支国民军以及作为最后一线防卫力量的国民后备军。这种做法，在普鲁士历史上是开先河之举。施泰因竟然事先没有经过国王的批准，而且完全无视国王的批准权，就召开了等级会议，这简直是耸人听闻的。

实际上，施泰因之所以这么做，是因为他已经看到，只有民众的大力推动，才能够克服国王与朝臣的惰性。

弗里德里希·威廉三世来到了布莱斯劳之后，当地立刻掀起了一股爱国热潮。这位谦逊甚至有些迂腐的国王马上被这股热情所感动了，他简直不知道应该怎么做才好了。然而，他还是及时作出了反应，允许首相哈登贝格于1813年2月发出号召，征集志愿兵来"加强原有的国防军队"。

普鲁士国王的号召含糊其词，没有具体说明这些志愿兵的用途是什么，到底是为了支援拿破仑，还是为了对付拿破仑？很多人都开始思考这个问题。有一位叫作施特芬斯的大学教授也像所有真正的爱国者一样，反复对这个重大问题进行思考。

后来，他终于听到了自己内心的声音——"你必须对拿破仑宣战。"在他的课堂上，他向学生们高亢地发表了演讲，希望学生们能够加入自己的队伍中，去参军，去向拿破仑开战。最后，他不但自己报名入伍，还带动了二百名布莱斯劳大学学生和二百五十八名柏林大学学生参军。在他们的激励之下，在这个国家的每一个地方，人们都争先恐后拿起武器，其热情可与1793年法国人民踊跃应征军人的热情媲美。贵族和学生、教授和农民、诗人和商人都扛起了枪。就连家庭主妇们，也都把她们微薄的积蓄或珍爱的饰物献给了祖国。

此时，整个普鲁士的心都已经偏向于民族独立这一边，人们都不愿意再当帝国扩张的工具，他们真正想要的，是独立，是自由。

此时弗里德里希·威廉三世心中的天平虽然也已经倾向于俄国这一边，但他还是有所疑虑，他已经无法信任俄国人了，因为俄国人似乎主要是急于迫使普鲁士与法国交战，而对处理两国边界问题避而不谈。

然而，对普鲁士来说，东部边界却是至关重要的问题。如果俄国霸占着整个华沙公国，那么，普鲁士各邦在东面所受到的威胁，绝不比他们在西面受到的法国人的危险要小。

亚历山大一世似乎已经打定主意要把整个波兰据为己有，他对普鲁士派来的特使说，整个萨克森归普鲁士所有，但俄国必须保持占有全部波兰领土。如果这个承诺最终兑现，那么，俄国的军旗几乎就可以插到奥得河边了。而且，根据普鲁士大使在俄国的感受，亚历山大一世似乎对维斯杜拉河下游以东的一整块普鲁士领土都垂涎三尺。既然如此，他们会真的还普鲁士以自由吗？

　　此时的俄国正迫切需要普鲁士向他们伸出援手，弗里德里希·威廉三世深知这一点，所以他向亚历山大一世提出，如果普鲁士与俄国一起对拿破仑作战，他就必须收复提尔西特和约签订时割让的比亚威斯托克城及其辖区外原普属波兰的全部领土。

　　权衡再三，亚历山大一世决定对弗里德里希·威廉三世让步。1813年2月，他在俄国与普鲁士在卡利什签订的条约中答应，让普鲁士保有它目前的全部领土，并使它获得"从统计、财政和地理意义上来说"同它1806年以来失掉的领土相等的地方，还加上一块能够把普鲁士本部同西里西亚省连接起来的领土。

　　按照亚历山大一世的命令，俄国主力部队离开一直驻扎着的维尔纽斯，向边境急行军，进入华沙大公国。看到俄国人戴着"解放者"的面具到来，波兰人不知道，此时自己究竟是为法国人的离去而庆幸，还是为俄国人的返回而悲伤？不管怎样，什么都不能破坏波兰的独立。

　　波兰贵族恰尔托雷斯基为曾协助拿破仑进军莫斯科的同胞的命运而担忧不已，他特意给亚历山大一世写信，请求他原谅这些人，他还建议任命他那只有十五岁的弟弟米哈伊尔大公为波兰国王。

　　1813年1月，亚历山大一世给他回信，信中随处可见智慧之语：

　　我从来都不知道什么是复仇。一直以来，我都习惯于以德报怨。我已经向我的将领下达了严格的命令，要求他们也贯彻我的这一原则，视波兰人为他们的朋友和兄弟……我愿意坦白对您说，虽然我可以自由地发表我的见解，并且在这一方面占有优势，然而，即使我对波兰的见解能够占据上风，要使其获得认可，仍然需要克服很多困难。首先我们应该面对的是俄国的舆论。我国人民早就对波兰军队有所怨言，而他们在我国的所作所为，对斯摩尔棱斯克和莫斯科的破坏，以及在我国各地造成的巨大灾难，使我国人民对波兰又增添了新的愤怒。其次，如果我现在对波兰问题表明我的态度，那么奥地利和普鲁士很可能会投进法国的怀抱。我必须尽可能地避免这一点的发生，尤其是这两个国家已经明确向我表达了友好的善意……所以，我认为，应该由您来证实我有理由偏爱波兰人以及他们所珍视的见解。您完全可以相信我，并且相信我的性格和方针，如果您愿意，我不会让您失望的。……但我还必须向您指出，有一件事已经决定，那就是米哈伊尔兄弟是不可能被接受的。不要忘记到现在为止，立陶宛、波多利亚、伏兴尼亚一直将它们视为俄国的省份。任何理由都不能说服俄国同意这些省份由俄国统治者之外的君主进行治理。

　　在波兰问题上，亚历山大一世仍在打太极拳，他以避免惹怒柏林和维也纳为理由，再次把波兰问题的解决推到了很久之后。事实上，亚历山大一世早就有所决定，在他看来，既然俄国已经打败了拿破仑，那么华沙公国就应该归俄国所有。

在卡利什，亚历山大一世的司令部所在地，维特根施泰因和以布吕歇尔为首的主要军事将领，都主张，一定要打到易北河彼岸去。而库图佐夫却仍然抱着保守的看法，对那些主战派将领们的狂热大为不屑。在他看来，行动之前，应当调集增援力量，并让军队有时间休整。他大声疾呼："现在就向易北河进发，那简直易如反掌，问题是我们怎么回来，给打得溃不成军吗？"

最后，亚历山大一世坚持继续作战。

1813 年 3 月，亚历山大一世亲自率领着军队出发。他向军队发布命令，宣称："我们捍卫信念，反对无神论，捍卫自由，反对暴政，捍卫人道主义，反对野蛮行径。"

一个星期之后，俄国部队在斯泰诺附近越过奥得河，进入萨克森。当地的居民们夹道欢迎他，向他欢呼，还为他送上了一顶桂冠，但亚历山大一世却借花献佛，把这顶桂冠送给了库图佐夫，对他说："桂冠应该属于您。"他似乎想用这样的方式，来弥补他之前对这位老将军的不敬。

长途跋涉彻底摧毁了库图佐夫的身体，他本就已经年迈，再加上染上了重病，于1813 年 4 月去世。库图佐夫死后，亚历山大一世原本打算自己出任总司令，与一向亲自指挥作战的拿破仑比试一番。但后来，或许是因为担心受挫使自己的声誉受到损害，他还是放弃了这个念头，任命维特根斯泰因取代库图佐夫。

摇摆不定的维也纳

继贝尔纳多特之后，普鲁士也与俄国人达成了军事同盟。现在，在这个古老的国家里，几乎每个人的心中都充满了反法的热情。

普鲁士备战和背叛的消息传来之后，拿破仑虽然感到有些吃惊，但是却并没有因此而惊慌失措。最开始的时候，他以为这不过是普鲁士的一时反复，于是打算进行强硬干涉以使他们屈服。

拿破仑给驻扎在德意志的欧仁写信说：

你可以在柏林一直待着，能待多长时间就待多长时间。为了确保法国部队对这里的统治地位，你应该更加严厉一些，必要的时候可以杀一儆百。不管是村庄还是城市，即使是柏林，只要有人敢挑战你的权威，你就把它烧掉。

欧仁写给他的报告非常含糊，拿破仑根本无法获取有效的信息，他不得不从英国报纸上获得关于他在德意志的驻军的消息。

他又给已经退到了维腾贝格的欧仁写了一封信：

我现在不能给你下达任何命令或指示，因为我已经看到，实际上你根本就没有履行你的职责。你从来都不向我呈送详细的战斗情况和兵力报告。不仅仅是你，就连你的参谋人员也都对我守口如瓶。我该从哪里获取信息？我现在对你的情况一片茫然，就连指挥各军的将军到底是谁？他们现在在哪里？我都毫不知情。对你们目前的军事态势我一无所知，也不明白你的炮兵状况到底怎么样。我就像置身于一片黑暗之中，得不到丝毫情报。你让我怎么对你的部队发号施令？

与此同时，拿破仑还打算争取奥地利的支持。现在，俄国与普鲁士、瑞典已经结成了一个强有力的同盟，那么在未来的战役中，奥地利支持谁，成了一件至关重要的事情。

从目前的情况来看，奥地利似乎还想坚持与法国的联盟，在维也纳，梅特涅是一个颇具权势的人物，他对拿破仑几乎百依百顺。当然，这并不是因为他喜欢拿破仑，而是因为他和他的国王一样，都把拿破仑看成是维持奥地利秩序的支柱，他能帮助奥地利遏制俄国在土耳其和波兰的势力扩张。从他个人的角度来说，支持拿破仑也能为他自己谋取到一些利益。

当然，盯住奥地利的不只是拿破仑，英国也是其中一个。英国曾经派使臣来奥地利进行外交活动，这位叫作沃波尔的外交官用尽了所有外交手段，终于使奥地利感到，自己从英国能够得到巨大的利益，如此一来，他们就把目光转移到了已经失去了的提罗耳、伊利里亚和威尼西亚等地区，看到了收复他们的希望。

当拿破仑发现沃波尔在维也纳的时候，立刻勃然大怒，梅特涅识趣地马上把这位英国人送走了。

到目前为止，奥地利暂时保持着中立的态度。弗朗西斯二世与亚历山大一世缔结了一个休战协定，然后又派一位大臣到巴黎去，说明奥地利愿意为促成俄国与法国之间签订全面和约而充当中间调解者。

1813年4月，拿破仑离开巴黎上战场之前，曾经与奥地利的新任大使施瓦岑贝格亲王见过一面。这位大使带嘲讽地对拿破仑进行了言不由衷的恭维，说他在1812年打了一场漂亮战。然后，他装作一副真诚的模样，向拿破仑提出了调停建议。

此时拿破仑对奥地利仍存在一定的戒心，他的回答也是小心翼翼的：战争对法国来说没有任何好处。要他付出血的代价，将比莫斯科战役更高。然而，要达成任何和解，英国是一个巨大的障碍。俄国看起来也想决一死战。所以，无论如何，他都不可能采取主动。

他还向施瓦岑贝格说了一番颇有深意的话："如果我签订屈辱的和约，那就等于倒台。我是个新兴的人物，我对公众舆论必须多加注意，因为我需要公众舆论的支持，法国人有超凡的想象力，他们爱荣誉，爱刺激，而且容易激动。你知道波旁王朝倾覆的起因吗？那是从罗斯巴赫之役开始的。"

为了稳住奥地利的阵脚，拿破仑还派了一位大臣到维也纳去，这位特使的任务是，劝说奥地利在俄国、普鲁士对法国开战的时候，向法国支援十万兵力，为了表示对奥地利的感谢，拿破仑将把西里西亚省送给它。至于普鲁士的剩余部分，拿破仑计划把二百万人口划拨到萨克森，把弗里德里希·威廉三世赶到维斯杜拉河下游以东地区，只给他留下一百万人口。

然而，老谋深算的弗朗西斯二世对拿破仑的口头承诺一点儿也不感兴趣，他希望法国与俄国开战之前能够保持均势，这种形势对奥地利是最有利的。但拿破仑既然不愿意接受这种状态，他就只能采取其他方法了。

四天后，弗朗西斯二世向俄国、普鲁士两国通报，将会进行武装调停。此时的拿破仑却还信心满满地等待着奥地利的回话，他满以为，用西里西亚作为礼物，一定会使奥地利军队同他的军队以及波尼亚托夫斯基的波兰军队并肩作战。他显然低估了奥地利：他们没有吞下西里西亚，也根本不想出兵。他们只想在跷跷板上摇摆不定，哪边势力强一些，就会倒向哪一边，以使自己得到最大化的利益。

吕岑大会战

虽然奥地利的态度仍然摇摆不定，但是拿破仑已经没有时间再等了。从前线传来的消息对法国十分不利，欧仁的军团根本阻止不了俄国和普鲁士的前进步伐。拿破仑决定尽快赶到前线。

拿破仑为1813年战役制定的战略是，以其左翼，也就是欧仁指挥下的"易北军团"阻滞俄国部队的行动。同时在弗朗科尼亚重新组建一支被称为"美因军团"的打击力量，这个军团需要穿过图林根森前进，在萨勒河一线展开，并且在那里与易北军团会合，两军形成合力，向东横扫，把俄国部队一举从萨克森和东普鲁士的领土中赶出去。

1813年3月，拿破仑的大军团整编完成，第一军由达武指挥，第二军由维克托指挥，第三军由内伊指挥，第四军由贝唐指挥，第五军由劳里斯顿指挥，第六军由马尔蒙指挥，第七军由雷尼埃指挥，第八军是波尼亚托夫斯基的波兰军，第九军是奥热罗指挥的巴伐利亚人，第十军由拉普指挥，第十一军由麦克唐纳指挥。

这十一军总共包括四十一个步兵师和十一个骑兵师。除此之外，在莫斯科撤退中损失较小的近卫军被改编为两个师，由莫蒂埃和贝西埃尔指挥，总共有一万两千名步兵，三千名骑兵和六十门火炮。

"美因军团"由第三军、第四军、第六军、近卫军和一个骑兵军组成，一共拥有八万五千兵力，在数量上远远超过当时在奥得河一线集结的、大约有五万兵力的俄普联军。

1813年4月中旬，按照拿破仑的预定计划，美因军团穿过图林根森林，沿着1806年10月耶拿战役开始的时候法国部队所走过的同一道路向北前进。

拿破仑把一切事情安排妥当之后，动身离开巴黎，三天后到达了美因茨。位于莱茵河左岸，正对美因河注入莱茵河的入口处。这里是法国右翼部队的主要补给基地。在美因茨，拿破仑停留了一周左右，对部队的后勤进行了视察。但是这里的工作并不令他满意，他气急败坏地给法国财政大臣莫林伯爵发去一封信：

我们的财政体制已经完全乱成一团，真是太糟糕了。我不得不浪费很多时间去清理这团乱麻，还不得不跟一些低级官员打交道。原本，这些事情都是可以避免的。

我早就已经告诉过你，美因军团与易北军团一定要完全分开，各个军团都应该设立各自的军需官。你只要多花一些心思看看地图，就知道马格德堡的军需官现在投身于激战之中，根本没有时间考虑美因茨的事情。我们这里的问题不是缺少金钱，而是缺少健全的体制。

拿破仑来到了魏森费尔斯，在这里，他组建了军团的大本营，并且还从贝唐的第四军抽调出了两个师，建立了第十二军，任命乌迪诺为指挥官。

在此之前，拿破仑已经下令欧仁带领着他的易北军主力向南转移，在哈雷和梅泽堡之间萨勒河下游的左岸集中。所以，到这一天，美国军团与易北军团胜利会师，先头部队随后跨过萨勒河，向莱比锡开去。

此时，俄军总司令维特根施泰因正在把他的主力部队向莱比锡以南二十五公里的皮高附近的埃尔斯特河集中。他猜测，拿破仑第一个打击目标是莱比锡，所以，他打算等到法国部队渡过萨勒河后对其右翼发起攻击。俄普联军可用的兵力有三万五千名俄国士兵、三万三千名普鲁士士兵，还有一部分兵力在克莱斯特率领下据守莱比锡。

由此可见，在数量上，拿破仑的军团占有绝对优势。

此时，双方部队都在以坚强的决心和高涨地士气向西挺进。最终，他们在吕岑这个历史上著名的古战场相遇了。

1813 年 5 月，法国部队在梅尔西堡至魏森费尔斯之间约二十公里的正面上渡过萨勒河，之后，分成两路大军向俄普联军推进。内伊的第三军和贝西埃尔近卫骑兵为右路纵队前部，马尔蒙的第六军殿后。右路军团的任务是对当面的俄普联军进行正面攻击。左路纵队从梅泽堡前进，以麦克唐纳的第一军为前锋，劳里斯顿的第五军殿后。左路部队的任务是直取莱比锡，迂回俄普联军的右翼，并切断敌人通向东方的退路。贝唐的第六军和乌迪诺的第十二军在两个纵队之后跟进，其任务是维持两个军团的联系，保障接合部的安全。这一行军序列是拿破仑营方阵战略路线的出色范例，这样的排兵布阵使得法国部队随时可以与正面之敌或翼侧之敌进行遭遇作战。

法军的右翼部队刚刚渡过萨勒河不久，就在里巴赫小溪与俄普联军的前哨遇上了，一场遭遇战马上爆发。俄国部队第一次炮火齐射就射中了目标——指挥近卫骑兵的近卫军军长贝西埃尔被击中了，不幸牺牲。他是与拿破仑一起跟随先头部队渡河的，当时正和拿破仑在一起。正直、坦诚的贝西埃尔战亡，使拿破仑深感悲痛。

双方都没有恋战，所以战斗很快就草草收场了。这一天中，再也没有发生什么激烈的战斗。到夜幕降临的时候，拿破仑已经随着内伊的前卫部队抵达了吕岑南北一线。与此同时，美因军团的其他各路人马都已经陆续到达了吕岑西南魏森费尔斯地区。

吕岑是一个位于莱比锡西南大约二十公里的古老小镇，历史上，曾经在这里发生过很多次战役。1632 年 11 月，古代战争史上非常出名的吕岑会战就发生在这里，瑞典国王——著名的统帅古斯塔夫·阿道夫就是在此处丧生的。

再往北去，欧仁的先头部队、麦克唐纳的第十一军已经到达了马克朗斯泰特，最左端劳里斯顿的第五军已经快要接近莱比锡了。

这时，维特根施坦因指挥着俄普联军也已经在吕岑东南的皮高及其附近地区集中起来了。法国部队骑兵匮乏，所以没能对这个方向进行有效的侦查，对俄普联军的行动几乎一无所知。然而俄普联军对法国部队的一举一动却是了如指掌的。

虽然拿破仑并不知道俄普联军主力部队的确切位置，但是，为了确保美因军团后续各路人马向吕岑靠拢时的安全，他发布了一道命令，要求第三军向吕岑东南方向的皮高和次维考方向派出兵力进行搜索。同时，命令第三军的主力占领吕岑东南八公里左右的拉纳、卡加等村落，并在那里组织防御。

然而，遗憾的是，内伊没有完全执行拿破仑的命令，或者说没有时间对这个命令进行落实。他只把自己五个师中的两个师派往上述村落组织防御，而把其他的三个师留在了吕岑。更令人遗憾的是，他派出的搜索部队，竟然只是敷衍了事，根本没有积极执行搜索任务，导致他们竟然没有发现距离法国部队只有五公里的俄普联军！

当天上午十一点，会战正式打响。法国部队刚刚开始生火做饭，俄普联军突然从天而降，对他们发起了进攻。冲在最前面的，是几位意志顽强的普鲁士将领以及他们指挥的三万三千名普鲁士士兵，相比普鲁士人，维特根施泰因和他统率的三万五千名俄国人斗志就比较差了。

俄普联军的计划是：在吕岑以南约八公里的地方，渡过一条名叫弗洛斯格拉本的小河，猛攻法国先头部队占据的格罗斯格岑、拉纳和斯塔西德尔等村庄，并横切拿破仑向吕岑和莱比锡进军的路线，将吕岑和莱比锡之间的法军切断联系，使法军陷于混乱而溃散，从而在吕岑以东将被切断退路的法国部队一举围歼。俄普联军的这一招非常高明，直接把刀尖指向了法国部队的要害部位。

俄普联军突然发难，对拿破仑来说，是一个没有预料到的突变。他没想到，俄普联军竟然会在这一天发动进攻，而且是在这个方向发动进攻。他原来以为战斗会在更北面一点的莱比锡附近爆发，所以上午九点，他就离开了吕岑，前往易北军团的第五军驻地。上午十一点，他在欧仁和内伊的陪同下，已经快要感到莱比锡了，忽然听到南面传来了隆隆的炮声，知道事情不妙，他当即下令：正在开往莱比锡的各个部队，除已经接近该城的第五军外，统统掉转头来向吕岑开进。同时，美因军团留驻在魏森费尔斯附近的第六军和第四军，也必须第一时间向吕岑靠拢。随后，他自己也跑马飞驰，赶回吕岑，亲自指挥作战。

战斗很快就在吕岑南面和东面全面铺开，双方战斗非常激烈，格罗斯戈斯岑和卡加等几个小村庄屡屡易手。局势对法军极为不利。当时在俄普联军总部的卡斯卡特勋爵对法军的阵势进行了如下描述：

这个地方没有树木，士兵们也就失去了掩盖。更糟糕的是，这里有山有谷，地形非常复杂，随处可见低洼曲折的羊肠小道和湍急的河流，它们纵横交错，给作战带来了极大的困难。那些小道通常要走近才能看见。法国部队部署在位于一道长山脊背后的一连串村落里，在他们前面有一条非常不显眼的小道，在左边则是一条虽然很小但是却可以漂浮木材的小溪。现在，他们正焦急地等待着同盟军的逼近。法国部队有很多大炮。旷野上的炮兵阵地并不孤立，大群步兵排成了方阵，随时等待着支援他们。他们的作战计划，是用炮兵和步兵攻击格罗斯格申村，同时以一支强大的骑兵从敌人右翼抄过这些村庄，插入敌方阵线，从而切断村庄里敌军的后援。……担任这次攻击的普鲁士后备军骑兵队，以极大的勇敢执行任务，但他们要进到低洼小道，就遭到密如雨点的大炮葡萄弹和滑膛枪弹的射击，无法穿过。

显然，法国人已经下定了决心，要不惜一切代价牢牢守住那些村庄，所以，战场上就形成了一个据点多次得而复失、攻守双方都付出极大代价的局面。我们的骑兵曾经多次企图突破法国部队的战线，有几次甚至还成功地突入方阵，砍倒步兵。然而拿破仑很快就从莱比锡那边调来了大批的军队，并集中了他所有的后备力量，趁着天色已晚，向同盟军右翼发起了进攻，以几组不断向前推进的大炮进行火力支援。这个作战运动的灵活性，使我军部队的右翼最靠近中军的几个旅不得不改变阵线。因为我们左翼的全部骑兵都奉命转移到右翼来打退这次进攻，我以为还有希望看到拿破仑及其全军一起毁灭。然而，在骑兵到达之前天就已经完全黑透了，除了炮火的闪光之外，我们几乎什么也看不到。

当时，内伊的第三军和整个法军都处于非常危险的境地。特别是第三军，由于受到了俄普联军优势兵力的持续进攻，死伤无数，有生力量大幅度削减，但是，在内伊的指挥之下，他们仍然顽强地坚守着阵地。

拿破仑对敌情进行了侦查之后，马上作出了变被动为主动的战略调整，力争给联军一个杀手锏。他给第三军的命令是：不管付出多么巨大的代价，也要守住阵地，一定要把俄普联军困在第三军的阵地之前。

同时，他还下令让马尔蒙的第六军和贝唐的第四军迅速向第三军靠拢，在它的右翼投入战斗，攻击联军的左翼，命令麦克唐纳的第十一军加速前进，在第三军的左翼投入战斗，攻击联军的右翼；命令欧仁率领易北军团其余各路部队向东前进，直插到敌人的侧后方，把敌人的退路整个切断。如此一来，法国部队在战术上就形成了一种有利态势——只要正面能把敌军牵制住，左右两翼的钳形攻击必将很快发生效果，并一定能够挫败俄普联军。

拿破仑发布命令的时候，第六、第四和第十一军都位于距离战场比较远的位置，把它们调上前线需要有相当长的时间。所以，当时保证胜利的重中之重是，已经持续战斗了几个小时，而且损失惨重的第三军必须牢牢守住阵地，要在两翼攻击部队展开之前抗住敌人的连续冲击。

拿破仑深知此事生死攸关，于是再一次站上前线，为士兵们做榜样。他不避风险，亲自在战斗最激烈的地方督战，以自己的英勇无畏精神为士兵们打气鼓劲。第六军军长马尔蒙后来写道，就拿破仑的一生来说，这一次在战场上所冒的个人危险，可以算是最大的。他当时一再地暴露着自己的身体，鼓舞第三军的士兵反复冲锋。

拿破仑身先士卒的无畏行动，把第三军士兵内心中的勇敢与顽强全都激发了出来。后来，有一位曾经目睹法国部队作战的人说，任何负伤人员走过皇帝面前的时候，都会向他敬礼，并高呼万岁，即使是那些缺肢断腿的人，甚至于几小时内就会必死无疑的人，也都完全一样。

就在这场大战进入白热化阶段时，亚历山大一世与弗里德里希·威廉三世正好赶到了，战场上枪林弹雨，炮声隆隆，左右人士纷纷敦促沙皇退避，但他却回答："这里的枪弹不会射中我。"并且一直留在战场。

整整一个下午，战斗都在激烈地进行着，你进我退，杀得难解难分。第三军伤亡越来越严重，开始出现了无法支撑之势。下午五时三十分，第四、第六和第十一军终于赶到了战场，并按照拿破仑的命令向俄普联军的两翼发起进攻。拿破仑还命令德劳特将八十门大炮集中使用，重施瓦格拉姆战役故技，朝着俄普联军中央猛烈轰击，终于在他们之中打开了一个缺口。这之后，十六个营从缺口发起进攻，有力地从正面配合了两翼攻击部队的行动。

如此一来，因为持续作战而疲惫不堪的俄普联军也就没有力气再组织有效的反击了。在此同时，法国部队的第五军也攻占了莱比锡，俄普联军的后方交通线和退路完全处于第五军的威胁之下。

夜深了，双方都已经筋疲力尽。俄普联军方面，伤亡一万人，但没有人被俘，也没有损失一门大炮，最大的损失是折了一员大将，普鲁士将军沙恩霍斯特伤重致死。他是布吕歇尔的参谋长，曾经为重建普鲁士的陆军作出了重大的贡献。法国部队损失了一万八千人，大部分都是第三军的，还有五门大炮和八百名战俘落在了布吕歇尔手中。

天色已深，双方于是在战场上就地扎营，然而俄普联军因为已经用光了子弹，而且听说洛里斯托纳已经把克莱斯特赶出莱比锡，因为害怕被包围歼灭，所以决定趁着夜色深沉之时向德累斯顿方向撤退。

为了夺取胜利，法国部队付出了昂贵的代价，然而，却没有获得拿破仑意想之中的决定性胜利。尽管如此，拿破仑对这场战役还是进行了高度评价，认为新兵获得了战火的洗礼，经受了考验。

战斗的第二天，拿破仑以很不平常的语气向部队颁发了嘉奖令：

将士们！你们的表现令我非常满意，我感到了由衷的喜悦！你们没有辜负我的期望！因为你们自觉服从命令，英勇作战，完成了所赋予的一切作战任务。你们打垮了俄皇亚历山大和普鲁士国王指挥的俄普联军。你们给法国光荣的鹰旗增添了新的光彩。吕岑会战将高踞于奥斯特里茨、耶拿、弗里德兰和莫斯科诸战役之列……我们要把那些鞑靼人毫不留情地赶回他们也许永远走不出来的严寒地带。让他们永远待在他们坚冰覆盖的不毛之地，过着奴隶般的、野蛮的生活，在那里，人类堪与野兽同伍。

当然，拿破仑对他的部队也并非百分百满意，他对欧仁指挥的易北军就非常恼怒，1813 年 5 月，他要求贝尔蒂埃向欧仁转达自己的不满："你必须要告诉欧仁亲王，他的行军速度实在是太慢了，他的纵队所占领的空间又比其他的部队要大得多，这会对整个军团的行动造成阻碍。他的部队车辆也太多，而且丝毫没有纪律性，真不知道他是怎么管理他的部队的。他必须严格执行规定，领先的师在行军的时候绝对不能携带行李，否则就会造成很大的麻烦。"最后，拿破仑因为实在无法忍受欧仁的带军方式，解散了易北军团，把欧仁送回了意大利。

包岑之役

把欧仁赶走以后，拿破仑重新调整指挥系统：组建了一个新的左翼集团，由内伊指挥，包括内伊自己的第三军、维克托的第二军、劳里斯顿的第五军、雷尼埃的第七军和塞巴斯蒂安指挥的一个骑兵军，共约十万人。拿破仑亲自指挥主力部队，包括贝唐的第四军、马尔蒙的第六军、麦克唐纳的第十一军、乌迪诺的第十二军、莫蒂埃的近卫军以及拉图尔莫博指挥的一个骑兵军，共计十万余人。

1813 年 5 月，法军的主力部队开进了德累斯顿。亚历山大一世和弗里德里希·威廉三世是当天早晨才撤离这座城市的。拿破仑是以胜利者的身份进驻这个地方的，德累斯顿的政府当局专门组成了一个代表团来欢迎拿破仑，拿破仑严肃地对那些代表们说：

你们不愧为我心目中征服了的国家的代表。在盟军占领你们的城市期间，你们的所作所为我是一清二楚的。我知道你们装备了一批敢死队，把他们武装起来反对我，你们的慷慨连敌人也大为吃惊。我知道你们是怎么辱骂法国的，也知道今天你们隐藏或销毁了多少恶毒攻击的文章。我不是不知道俄国皇帝和普鲁士国王进入贵城时你们欣喜若狂的神态。你们的宅第至今仍悬挂着花朵。不过，我想原谅这一切。为你们的国王祝福吧，因为能够拯救你们的是他。我只是看在他的面子上才原谅这一切。请你们派人去请他到你们中来。我的副官迪罗克将军将担任你们的长官。

于是，拿破仑恢复了弗雷德里克·奥古斯塔的王位，在俄普联军占领时出逃的萨克森国王又重新回到了自己的首府。

奥地利皇帝弗朗西斯二世听说了吕岑战役法军获胜和拿破仑进入德累斯顿的消息之后，立刻派人来拜见拿破仑，主动提出与法国结盟。奥地利的条件是：如果拿破仑撤销华沙大公国，放弃 1811 年并入法国版图的领土，并把伊利里亚和同意大利接壤的大部分边境地区归还给奥地利，那么奥地利就愿意与法国缔结联盟关系。

拿破仑果断地拒绝了他的岳父，并且对他的特使说道："我不要你们的武装调停，不要以为我不知道你们的用意，你们不过是想浑水摸鱼罢了。靠洒玫瑰水是不可能得到新的省份的。你们第一步是向我要伊利里亚，然后就要威尼斯省，然后是米兰地方，然后是托斯卡纳，这终于会使我与你们作战的。最好是现在就开始吧。是的，如果你们想从我这里得到土地，那你们必须流血。"

驻守在德累斯顿的法国部队受到了据守在易北河右岸的俄国后卫部队的顽强抵抗，敌人的意图令拿破仑摸不着头脑，他给内伊写信说：

我现在正在大力搜集骑兵，我已经给拉图尔莫博将军大约有一万两千人的四个师。近卫骑兵有四千匹马，还有希望随时得到大量的增援。但我到现在为止还没有看出普鲁士军队的真实意图。他们到底想干什么？的确，俄国人正在向布雷斯劳撤退，然而，普鲁士是不是也会像他们宣称的那样向布雷斯劳退却？还是会冲向柏林来掩护他们的首都呢？后一种可能性似乎更大，然而我现在也不能确定。这是我现在急于弄清楚的事情。

俄普联军在经历了几场激烈的后卫战后，一边战斗一边撤退，最终退到了德累斯顿以东五十五公里的包岑附近。包岑位于施普雷河上游，在那里，俄普联军占领了一个牢固的设防阵地，这个阵地还得到了东西五公里远处沿山脊平行修筑的第二道防线的增援，由此，他们将沿河一线牢牢控制住了。

拿破仑猜测在包岑必有一战，于是就下令全军向这里进发。

在对俄普联军的阵地进行视察之后，拿破仑最终决定以乌迪诺的第十二军、麦克唐纳的第十一军和马尔蒙的第六军发起正面攻击，对包岑附近的俄普联军左翼部队形成牵制，同时由内伊直接指挥四个军，在包岑以北的克里克斯渡过施普雷河，然后向普雷蒂茨地发起攻击，牵制俄普联军的右翼。

法国部队一举拿下了包岑镇，但是没能把俄普联军从丘陵地带赶出来。第二天的战斗相比第一天要激烈万分。英国代表洛上校（后为赫德森爵士），后来对当时的情景进行了描述：

他（拿破仑）始终站在其他人前面大约五十步的地方，在一位元帅的陪同之下到处走来走去，一直走了大约一小时。他穿着一件佩带一颗星的普通制服，头上戴着一顶朴素的帽子，不过这帽子与他的元帅和将军们所戴的有羽毛装饰的不同，拿破仑的帽子显然要简单得多。他的后备队就在他的左后方，按照骑兵连和步兵营排列成队，看起来就像一支以营为单位的大纵队，人数为一万五千到两万之间。他从高处退下以后，我们看到，有几个营被抽调出来，安排到了他的左方，空缺的位置很快由从后面调过来的其他营进行补充，所以，后备队的人数看来并没有什么变化。……前来攻击我军右翼的部队继续前进，其余的部队面对我军的中军，站在面向我方阵地的半山坡上，他们在架设于山脊的大炮掩护下，对着我军的骑兵发起了挑战。……然而，那一部分军队始终没有向前推进。他们的主要目标，似乎是包抄我军的两翼，尤其是右翼。

拿破仑当时正在运用他一贯使用的老战术，用大炮和火枪对俄普联军行攻击，一直打到法国部队能够进行最后一击。

在包岑战役中，最为关键的一击是包围俄普联军的北翼部队。内伊率领着巨大的军团向俄普联军发起了猛烈进攻，虽然过程艰难，但最终还是把敌人全都打退了。普赖蒂茨村落入了法国人的手中，俄普联军的交通线一下子被暴露在了敌方攻击之下。

当天傍晚，俄普联军又开始撤退，法国部队本想趁着他们撤退对他们进行最后的攻击，然而俄普联军却毫不示弱，凭借着从各个山头发出的猛烈炮火，将法国人的这一计划粉碎了。

第三天的情形也大致如此，俄普联军有条不紊地进行后撤，同时利用一切有利位置向法国人发起炮轰，没有让一名士兵或者是一门大炮落入法国人的手中。

拿破仑愤怒不已，他大喊道："这是什么战斗？对方竟然没有死伤、没有战俘？"他的话音刚落，俄普联军的一枚炮弹就落到了他的部下们所在的地方，拿破仑的副官迪罗克被当场炸开了胸膛。

拿破仑急匆匆地赶到了迪罗克身边，他正奄奄一息地躺在地上，内脏都流了出来。拿破仑明白，迪罗克已经救不回来了。看到他痛苦的样子，拿破仑马上抱住迪罗克，想安慰他，但是却不知道说什么。迪罗克的神志还算清楚，他对拿破仑表示了感谢，并且把女儿托付给了他，祝愿他得到胜利与和平。拿破仑的心中已经完全被悲伤占据了，他握着迪罗克的手，想给他力量。

但迪罗克却请求他离开这里，他说道："快走吧，陛下，我不希望您看到这样的场面，也不希望留给您最后的印象是这样的，请让我体面地死去。"

拿破仑沉默了很久很久，最后说出这么一句："迪罗克，还有另一个世界，我们将在那里重见。"

迪罗克忍着痛做出了微笑的表情，回答说："是的，陛下，但那是很多年以后的事情了，要等到你战胜了你的敌人们，实现了你的国家的一切希望之后。"

此时，战斗正酣，拿破仑不得不离开迪罗克，走到门槛时，他不小心被绊了一下，一直强忍着的眼泪终于失控了，一下子流了下来。

那天晚上，拿破仑谁也没有见，一个人独自坐在营地里伤怀。此时，人们才看到这位伟大的人物脸上露出了极其罕见的悲伤表情，整个战场上的气氛都变得庄严肃穆。

拿破仑与迪罗克相识于土伦之战，从那之后，他们之间就结下了深厚的友情。不管拿破仑是默默无闻的士兵，还是声名显赫的皇帝，迪罗克都能与他畅谈无忌。不管是在战场上，还是在日常生活中，迪罗克都为他鞍前马后处事周详。他不但是拿破仑的副官、元帅，更是他能够共享理想与事业的伙伴。但如今，这个人却再也没了。

拿破仑曾经向路易丝透露了自己内心的伤感："他是我二十年的老朋友。我从来没有因什么事责备他。他的死是军队最大的、不可弥补的损失。"

后来，拿破仑将迪罗克去世的那块地买了下来，在那里为他立了一块纪念碑，上面写着："迪罗克将军，拿破仑皇帝的宫廷大元帅，被炮弹击中，光荣的战死于此，他是在他的挚友——拿破仑皇帝的臂弯中去世的。"以此纪念他的这位长久相伴的真正的好朋友。

包岑之战，不但使拿破仑失去了一位最为忠诚、最为亲密的战友，而且也使法国部队损失了一万三千名士兵。俄普联军的损失大约为两万人。

第二十三章

生死攸关的六十天

"西班牙脓疮"

正当拿破仑在德累斯顿加紧训练军队，准备做拼死一搏时，西班牙问题再次爆发了。

实际上，这个被他称为"西班牙脓疮"的问题，早在他出征俄国的时候就已经初现端倪了，那时候，他抽走了西班牙军团中的一部分力量，而阿瑟·韦尔斯利，也就是后来被称为威灵顿公爵的英国将领，已经来到了比利牛斯半岛。

远在俄国，拿破仑根本无暇顾及西班牙的战事，所以西班牙局势的恶化也就成了理所当然的事情。

西班牙战场上的法国将领们互相猜疑，都不愿意服从约瑟夫的指挥，所以兵力很难集中。而在此之前，拿破仑之所以能够取得无数次伟大的胜利，靠的正是集中优势兵力、各个击破的战略。

因为马尔蒙轻举妄动，法国部队在萨拉曼卡一败涂地，要是他能沉得住气，再晚几天发动进攻，那他就能得到约瑟夫一万四千人的支援，赢得战争胜利也就指日可待了。

萨拉曼卡的消息传到约瑟夫耳朵里后，他向苏尔特下令，要求他撤离安达卢西亚，从而使兵力集中起来，但苏尔特却一直拖着不肯执行他的命令。等到约瑟夫、苏尔特和絮歇终于集中了兵力向马德里进军的时候，阿瑟·韦尔斯利已经撤退了。法国部队只好紧追不舍，企图逼迫阿瑟·韦尔斯利应战，但却没有得逞。最终，阿瑟·韦尔斯利摆脱了追兵，撤退到了罗德里戈城。

当拿破仑终于抽出时间来关注西班牙局势时，他特意为约瑟夫制定了一个行动方案，至少可以使他的权力不至于那么快就被推翻。陆军大臣克拉尔克将军先后写了两封信给约瑟夫，向他传递拿破仑的意图。之所以让他来做中间人，是因为拿破仑与约瑟夫这对倔强的兄弟现在几乎已经完全断绝了通信。在后一封信中，克拉尔克比较详细地说明：必须趁着英国部队还没有出动的机会，马上采取行动，以扑灭北部各省不断蔓延的造反火焰。信中要求派遣两支法军（北路军和所谓"葡萄牙方面军"）执行这个任务，并对约瑟夫说，他的南路和中路军队暂时足以遏制英军，使其无法推进。

克拉尔克在信中给约瑟夫规定作战总方案如下："皇帝命令我向陛下再三申言：必须首先驻巴利阿多里德，并将司令部设在该处。必须从该处派出军队到布尔戈斯公路及其适当地点，以加强或支援北路军。马德里，甚至巴伦西亚，都是这个体系的组成部分，但只是你们极左翼的据点，不是集中兵力固守的地方……要占领巴利阿多里德和萨拉曼卡。竭尽全力去绥靖纳瓦拉和阿拉贡西省。保持与法国的交通往来迅速而安全。时刻准备采取攻势——这些就是皇帝对这次战役的训示，一切作战行动都应该以这些原则为依据……"

两星期之后，克拉尔克要求约瑟夫马上出兵向罗德里戈城进发，以此来威胁英国部队，使他们以为法国人将要入侵葡萄牙。约瑟夫的另一个任务是向马德里和托莱多征收巨额军饷。实际上，要求法国部队守住马德里，最重要的目的就是榨取军费。

可惜的是，虽然拿破仑的作战方案非常完备，他却忽略了一点：一旦信使被俘或者绕道而行，就会造成信件的延误。克拉尔克于1813年1月的第一封紧急公文，直到2月才送到西班牙。但约瑟夫正漫不经心地执行这些命令时，3月，第二封信件又到了。不得已之下，他不得不对军队的部署进行调整，如此一来，要想粉碎西班牙的北部的叛乱，就势必要从其他分部调集兵力，那么，对付阿瑟·韦尔斯利的兵力客观上就被削减了。

延误再一次发生了。那些被抽调出来的兵力，一直到3月底才被派到西班牙部队，结果，这项任务还没完成，阿瑟·韦尔斯利就已经开始反攻了。

很多人指责约瑟夫反应迟缓，但实际上，他当时在西班牙的处境非常尴尬。他是一个不折不扣的"暴发户"，却置身于世界上最高傲的贵族之中。他这个国王不过是名存实亡，但还要在这个注重威仪的民族面前硬撑着装出一副君王的高贵样子。他是个善良的统治者，希望能够赢得民心，却在拿破仑的逼迫之下，不得不向穷苦大众们横征暴敛。他是懒散爱享受的人，却要在战场上勤勤勉勉地指挥作战。他根本无法承受这样的重任：要镇住一个国家，要驾驭那些暴躁的法国元帅，还要把阿瑟·韦尔斯利困在一隅。

如果杜罗河一线的法国部队由一位能干的将领去指挥，那么，拿破仑的战略很快就能收到效果，然而，一切都不能重来。如今，西班牙战场的司令官是儒尔当。他是约瑟夫的副官长。他现在已经五十一岁了，身体状况大不如前，出现了很多健康问题，让他去领导那些如同脱缰野马一样的将领，支撑起一个岌岌可危的王朝，是非常冒险的事。他已经力不从心了。

正当法国人在西班牙举步维艰的时候，在阿瑟·韦尔斯利的支持下，西班牙爱国者的力量却越来越壮大。在这位英国将领的努力下，西班牙与葡萄牙各个部队的战斗力大大提高。再加上英国援军陆陆续续赶到这里，很快，阿瑟·韦尔斯利就在5月初调集了将近十万大军，向东进发。

现在，拿破仑最感兴趣的是西班牙的北部和东北部，他的要求很简单，那就是牢牢控制住埃布罗河以北各省，不让英军接近杜罗河一线，同时在北部和东北部建立法国的统治。至于他的哥哥约瑟夫在西班牙是否能够坐稳宝座，他似乎并不在乎。然而，令他失望的是，恰恰在杜罗河一线，法国部队的兵力非常薄弱。这薄弱的防线，根本无法阻挡阿瑟·韦尔斯利的进攻。

阿瑟·韦尔斯利佯装向好几个地点发起进攻，迷惑敌人的视线，同时他还准备了一支强大的兵力，从托尔梅斯河和埃斯拉河的浅水处涉水突进。他成功地做到了这一点。

正当约瑟夫和儒尔当缓慢地在莱昂集结军队的时候，阿瑟·韦尔斯利已经用他强大的左翼对法国的各个阵地进行包抄，逼迫法国部队放弃了一个又一个据点。虽然这些据点都有很多河流做天然屏障，然而，托尔梅斯、埃斯拉、杜罗、卡里昂和皮苏韦尔加等大小河流，根本无法阻止阿瑟·韦尔斯利的前进步伐。

法国部队只好仓皇向后撤退。法国在西班牙大势已去，败局已经无法挽回了。

在西班牙战役中，阿瑟·韦尔斯利的军事才能得到了淋漓尽致的发挥。他在六个星期的时间里率领部队挺进了八百多公里，跨过了六条河流，趁着西班牙爱国者在敌后进行反抗活动的有利形势，连连出击，给法国部队致命的一击。在这场战争中，法国人丢失了一百五十一门大炮，拿破仑为在半岛作战而储备的军需物资也全都丧失殆尽，就连西班牙本身也已经保不住了。

惨败而归的约瑟夫，急急忙忙地向后撤退。他没有回到西班牙，而是惊慌失措地逃回了法国。

后来，约瑟夫对他的妻子朱莉说，他宁愿一直做一个平民百姓，也不想做一个每天忙于朝政、劳心劳力的国王。那种虽然看上去光鲜亮丽的生活实际上动荡不安，令人厌烦。的确，这就是约瑟夫的性格，懦弱、懒散而又感性，如果拿破仑能够早一点认识到他的哥哥不堪大任，把西班牙的艰巨任务交给更合适的人，恐怕如今的"西班牙脓疮"早就已经被治愈了。

此时，拿破仑才意识到用人不当给自己带来的严重后果。他命令苏尔特立即从德累斯顿赶到巴黎，找到克拉尔克，然后两人一同去见康巴塞雷斯。苏尔特被任命为副总司令，他需要在西班牙重整旗鼓，复兴这里的事业。

停战六十天

拿破仑决定乘胜对俄普联军进行追击，直接进入柏林，敌军不得不且战且退。1813 年 6 月，拿破仑占领了布雷斯劳，然而，此时法国人的处境非常艰难，他们正身处在一个对他们充满敌意的国家里，交通线过度延伸，弹药匮乏，伤员也不断增加。虽然他们紧靠着奥地利边境，但这位盟友现在已经变得越来越强硬，要是他们突然倒戈，转向俄普联盟的话，那法国部队就会马上陷入绝境之中。

双方都需要喘息的时间。于是，法国、俄国、普鲁士三国接受了奥地利首相梅特涅策划的调停建议，在普列斯维茨达成休战协议，休战期限为 6 月底，后又延至 8 月。

很多将领都认为不应该签订这个休战协议，但拿破仑却是这样想的："这次休战对我的胜利进程带来了极大的影响。我之所以作出这样一个决定，主要是出于两个理由，一是我的骑兵现在很匮乏，这带来的直接后果就是令我难以实施强有力的打击。二是奥地利对法国表现出了敌对态度，使我不能轻举妄动……所以，我认为，休战应该持续到整个 6 月份和 7 月份……如果有可能的话，等到 9 月我会实施一次决定性的打击。我希望到那个时候，我已经处于一种足以将敌人完全击溃的有利态势。"

但是，虽然拿破仑已经意识到签订停战协议的必要性，他也不得不承认，这个时候签订停战协议非常冒险。在签约后一个小时他说："如果盟国对协议不怀诚意，这次停火对我们将是致命的。"

实际上，一切正在拿破仑的猜测之中。

奥地利清楚，俄国沙皇亚历山大一世与拿破仑一样，有着称霸欧洲的熊熊野心。他们想趁着调停的机会，迫使拿破仑向奥地利作出一些让步，从中捞取更多的好处。

1813 年 6 月，梅特涅千里迢迢赶到德累斯顿，前来拜见拿破仑。两个人刚一见面，拿破仑就劈头盖脸地将梅特涅大骂了一顿："你竟然还有脸来见我？你说，你们是打算与我为敌吗？这就是说，你们都是些不可救药的人！对于你们这样的人来说，教训根本就没有任何作用！俄国人和普鲁士人不顾惨痛的经验教训，竟然敢在最近一个冬天所取得的胜利之后向我贸然发起进攻，那我就毫不客气地痛击他们，让他们再尝尝失败的滋味！你们也想挨打吗？好，如果这是你们的愿望的话，我会满足你们的。我决定 10 月在维也纳与你们见面。"

梅特涅没有动怒，而是心平气和地再次向拿破仑提出了上次所提的那些与法国结盟的条件，这让拿破仑暴跳如雷："你还敢提那些条件？我知道你们打的是什么算盘！你们奥地利人想把整个意大利都吞下去，你们的俄国朋友想把波兰据为己有，普鲁士想要萨克森，英国人早就对比利时和荷兰流口水了……如果我今天向你让步的话，明天，你们就会向我张开血盆大口！但是，我必须告诉你们，为了达到这些目的，你们需要动员千百万人，让几代人都流尽鲜血！这是你们必须付出的代价！"

拿破仑向来是一个不肯让步的人，在他看来，这是对自己的一种侮辱。他对梅特涅说："你们的君主一出生就已经拥有了王位，即使经历了几百次失败，他仍然可以心安理得地回到自己的都城。然而我却不行，因为我是士兵出身，在所有人眼里，我就是一个暴发户。一旦我不再强大并且不再受人敬畏，那么，我的统治根基就很可能会动摇。所以，我需要荣誉和光荣，我绝对不能以一个被侮辱者的姿态出现在我的人民面前。"

梅特涅给他的回答是："既然如此，恐怕战争将会一直继续下去。这对你也不利，我刚才从你的团队旁边走过，我发现，你的士兵们都是一些孩子。你几次提前征兵，把一些尚未发育成熟的人征入军队，难道不是竭泽而渔吗？当这一代被现在的战争消灭了以后，你是不是还打算提前征兵呢？是不是还要征召更年轻的人入伍呢？"

这番话彻底惹怒了拿破仑，他脱下自己的帽子，把它恶狠狠地摔到了桌子上，大喊道:"你不是一个军人,根本无法体会战争的残酷!你们不是住在军营里,所以你们也不习惯于在必要的时候轻视自己和别人的生命。但是对我来说,二十万人又算得了什么?法国人,那些你在这里想保全他们生命的法国人,是绝对不会因此而埋怨我的。我的确在俄国损失了二十万人,其中有十万人是优秀的法国士兵,对于这些人的牺牲,我也感到非常遗憾。但其余的人,那都是意大利人、波兰人、德意志人。"

梅特涅仍然不为所动,继续坚持自己所提出的条件,拿破仑大吼起来:"好!你竟然还要固执地坚持你那荒谬的意见!你说说,英国给了你多少钱,让你扮演这个角色来反对我?好吧,让战争爆发吧!再见吧,我们在维也纳再见吧!"

梅特涅与拿破仑的会面毫无所获,最终奥地利的摇摆不定结束了,他们开始向俄国一边倒去。没过多长时间,俄国、普鲁士和奥地利三国就在俄普联军的军营里签订了对法秘密条款,其中规定:奥地利正式加入联军;如果拿破仑在7月20日仍不接受奥地利的条件,奥地利就公开对法宣战,三国都不单独对法媾和。与此同时,瑞典也正式加入了联军。

虽然奥地利早就已经秘密投入了俄国的怀抱,但拿破仑却一直被蒙在了鼓里。最初,他对奥地利一直怀有期望,还不断地给路易丝写信,除了向妻子传递思念之情外,也希望她能够给他的岳父弗朗西斯二世做做工作,阻止奥地利参加联盟。

拿破仑在信中写道:

经过了四十个小时的长途跋涉,我于16日半夜到达了这个地方。我现在只能草草给你写一封信。我的身体健康,不用担心。今天没有收到你的信,不知道你的身体怎么样,现在在做些什么?我在战场上很忙碌,有很多事情等着我去做。

刚刚收到你15日写来的信,它深深地感动了我。你的字里行间充满种种善良、甜蜜的思绪和情感。我迫切地希望你是快乐的、健康的。你知道的,我的幸福需要你的健康。我希望你给你的父亲每周写一封信,并把军务详情寄他一份,转告我对他本人的热爱。我现在很不错,一整天都在马背上视察我的碉堡要塞。

今天的天气非常糟糕,我受了一点凉,感觉有些感冒。不过今天晚上睡一觉,应该就可以恢复健康。巴黎跟这里的温度应该相差很大。听说小罗马王很可爱,并且他很爱你,这对我来说这是一个好消息。我想他已经忘记了我,虽然孟德斯鸠夫人写信说他还记得我。替我吻他两下。你应该能够得到维也纳的消息吧,有信使嘛。如果你得到了什么消息,一定要第一时间告诉我。明天早晨我要去埃尔富特。军务出现了一些进展,萨克森国王去了布拉格,在易北河与威悉河之间发生了一些小冲突,但法国部队获得了胜利。

已经收到你21日写来的信,我很吃惊,弗朗西斯爸爸竟然说和平完全取决于我。在过去的四个月里,他一直没有得到俄国同意谈判的答复。请向他转达我的意思,写信告诉他,不能把一切罪责都推到我身上,不是我不要和平,是对方还没有同意谈判!然而,如果有人打算不通过谈判就把种种条件作为投降书强加到我的身上,那我是绝对不可能接受的。告诉他小心点,不要让自己卷入到战争中。因为,如果大家要的都是和平，就必须着手谈判。3个月前我就已经告诉过他，我打算谈判，他迟迟不给我回复。路易丝，你必须让他知道，这个国家是不会允许俄国和英国欺凌她，或把屈辱、可耻的条件强加于她的。我拥有强大的部队，这足以使我保护我们的国家。而且，如果法国人民知道有人因为怕得罪英国而打算牺牲法国，那我就会得到源源不断的士兵，要多少有多少。将你的信通过奥地利人带去，这样才能确保绝密。

刚刚收到你的信。你可以告诉孟德斯鸠夫人，下次任命女侍从官时，第一个将推荐她。写信给弗朗西斯爸爸，告诉他，不要因为他妻子对我们的仇视而受到影响。这对他来说可是致命的缺陷，是一切灾难的源头。伊斯的利亚公爵的死令我感到痛苦不已，这对我来说真是一个不小的打击。他原本不应该跟着侦察兵出去，但是出于好奇他却作出了这样一个错误的决定。第一颗炮弹就将他击毙。请送信安慰他可怜的妻子。我身体不错。请派人告诉意大利总督夫人，总督身体健康。

4月30日的信已经收到。从你的信中得知小罗马王和你的身体都很健康，我感到非常欣慰。我的身体也很好。最近我正在对敌军进行追击，我正在穷追敌军，他们已经溃不成军，只能落荒而逃。弗朗西斯爸爸不应该抽回他的部队，他打算以此来威胁我吗？这件事做得实在是太不厚道了。你应该派人把弗洛雷先生请来，告诉他："他们企图怂恿我的父亲反对我们，这是错误的。我召见你来，是希望你写信给他，皇帝已经做好了充足的准备，他掌握着百万大军，随时都可以对敌人进行打击。如果我父亲对皇后言听计从，听信她的谬论，那么最终只会给自己带来灾难。他根本不了解法国，不了解法国人对皇帝的爱戴，不了解这个国家的活力、能量。请转告父亲，作为他疼爱的女儿，作为关心他、热爱奥地利的女儿，我必须提醒他，如果他任人摆布，不到9月，法国人可能就会进入维也纳。他将失去一个深深爱着他的人的友谊。"你自己也给他写一封亲笔信，说出这层意思。我们主要是为了维护他的利益，因为我早就已经猜到了会发生什么样的事。我确实已经做好了准备。

已经收到你3日的信。从那之后你应该已经得到了很多好消息吧。我已经控制住了易北河两岸！明天我们将会继续对敌军进行跟踪追击。我军频频传来好消息，我们赢得了一个又一个胜利。俄国人和普鲁士人丢尽了脸，被打得溃不成军。为我感到骄傲吧，我的爱人。

刚收到你的信，你说你为我的辉煌战绩而兴奋不已，这真是我的荣幸。最近我的各种事都非常顺利。但我遗憾地发现，人们在把你的弗朗西斯爸爸引入歧途。千万不要相信梅特涅，他是一个不折不扣的阴谋家。我已经派意大利总督到意大利去组织我的军队。一个月后我将在那里组建起十万大军。不妨通过拉瓦莱特派信使到维也纳你父亲那里去。

已经收到你11日写来的信。我的健康状况不错，只是最近的天气有些炎热。我读了你给你父亲的信，写得非常好，非常得体。你父亲看来是在恫吓我。今晚我召见了布勃纳将军，对他谈了我的想法。我希望他们会掂量一下，好自为之，无论如何，你都不必过于着急。他们会挨一顿狠揍的。再见，我的路易丝。像我爱你那样地爱我。

刚刚收到你 19 日写来的信，我听说你和儿子都很健康，我很欣慰。小罗马王应该已经长大了很多，也会说很多话了吧。找画师来为他画一幅像，寄给我看看。我希望乌尔岑一役会使维也纳内阁的野心有所收敛。为对付意外，我已在意大利征募了十二万兵力。这就是我之所以派意大利总督去那里的缘故。再见，我的路易丝。我身体很好。一切属于你。

今天我在德累斯顿周围树林里散步，足足走了有二十多里路，直到晚上十点才回到军营。梅特涅今天下午来到德累斯顿。我倒要看看，他打算对我说些什么，弗朗西斯爸爸还要些什么。他仍在向波希米亚增兵，我则在加强意大利的兵力。代我吻一下我的儿子。

我与梅特涅进行了一番冗长的谈话，令我感到十分疲倦。不过我身体还很好。你谈到小罗马王好妒忌的性格，让我忍不住笑了。我真想看看他。为我吻他三下。你在植物园看到大象了吗？那一定非常有趣。我希望过几天能谈判媾和，我希望和平早日到来，但那必须是体面的和平。

我已经收到了你的信。你在信中所说的一切都令我快乐、喜悦。他们说，小罗马王是个小调皮。我真想见见他，哪怕一天也好，但是现在我还做不到这一点，这真令我感到沮丧。我想和平会议将于 7 月 5 日前在布拉格召开。前几天见到梅特涅，他给我留下的印象是一个城府非常深的阴谋家、权术家，他只会给弗朗西斯爸爸出一些馊主意、坏主意。这个人一定不能重用，他只会坏事，而且缺乏头脑。祝万事如意。

深爱丈夫的路易丝自然愿意听从他的安排，但是她却没能从父亲那里得到想要的回答。

8 月初，路易丝长途跋涉来到美因茨，与拿破仑相聚。拿破仑已经预感到，与维也纳的关系很可能要破裂，他希望借他与奥地利皇帝女儿的结合恫吓一下弗朗西斯二世。除此之外，他也想让路易丝知道，就算奥地利对法国宣战，他对她的爱也丝毫不会受到影响。

为了尽可能拖延时间，为加强军队争取更多的时间，拿破仑在不正式承担任何义务的条件下，终于答应由奥地利进行调停。1813 年 7 月，俄国、普鲁士、法国三国全权代表应梅特涅的邀请来到布拉格，进行和平谈判。

这场会议从一开始就非常滑稽可笑。那时在场的只有俄国特使安斯德特和普鲁士特使洪堡。而俄国派来的特使是在阿尔萨斯出生的，这使拿破仑很不高兴。在停战问题上发生的种种困难，又给了拿破仑一个无疑是求之不得的机会，得以继续拖延谈判。

梅特涅向法国派到布拉格的特使纳博纳指出，如果问题不能在 8 月上旬以前以友善的方式解决这个问题，这样儿戏地拖延下去，必将导致战争。然而，他的话一点也不起作用。

科兰古也恳求拿破仑抓住这个机会缔结一项安全而体面的和约。但是仍然没有起到效果。

最后，因为双方都没有表现出什么诚意，这场谈判最后没有达成任何意愿。

六十天的停战，使拿破仑得到了很多好处。九周的训练使他的新兵有了脱胎换骨的改变。现在，他的军队从巴伐利亚和伊利里亚方面，以及从德累斯顿北面新近构筑的营垒威胁着奥地利。他的骑兵正在恢复过去的威力。缪拉响应了他的紧急召唤，克服了长期的动摇，来到德累斯顿军中。

特别值得注意的是，法国部队现在已经牢牢控制住了易北河这道天堑。拿破仑觉得自己军事上处于有利地位，实力雄厚，信心十足，这无疑使他更加坚定地认为休战是一个正确的决定。很多元帅们都提醒他：远离法国实在是太危险了，奥地利一旦宣布对法作战，就可以把他和莱茵河隔断，萨勒河，甚至莱茵河才是更安全的防线。然而，此时的拿破仑如同被鬼迷住了心窍，完全听不进别人的意见。

他认为，同盟军的战线伸得这么长，是不可能做到长期协同合作的。所以，他把自己的希望寄托在他们的错误上。比如，如果同盟军在法国部队壁垒森严的易北河和莱茵河防线之间冒险狂进，他就可以进兵彼希米亚，从背后将他们打垮。

然而，拿破仑自己也犯了一个错误：他低估敌人的数量和能力。同盟国经过极大努力，现在已经拥有大约五十万武装起来的兵员，分布在奥得河和易北河岸附近，或正从波兰和匈牙利开来。在休战期间，英国向俄普联军提供了两百万英镑的援助，利用这笔钱，俄普联军进一步扩大了联盟。而且，在贝尔纳多特的建议下，亚历山大一世把莫罗将军请来了。自从被拿破仑驱逐出法国之后，莫罗一直在美国流亡。他曾经是拿破仑手下的得力干将，对拿破仑的作战方法了如指掌，他刚一来，就给亚历山大一世一个非常有用的建议——"不要进攻拿破仑本人所在的那部分军队，只去进攻元帅们"。

根据莫罗的建议，7月，俄普联军在莱亨巴赫会议上制定了对拿破仑作战的新战术：不管在什么样的环境下，都不要冒险单独与拿破仑亲自率领的主力交战；如果在战场上单独与拿破仑亲自率领的主力遭遇，必须马上退却，一直等到联军兵力集中之后再来作战。

一切准备就绪，俄普联军于是于8月废除了休战协定，奥地利正式向法国宣战。

德累斯顿拉锯战

一场更大规模的战争轰轰烈烈地爆发了。

1813年8月的一天，六十天休战后的第一场大战在德累斯顿打响了。

德累斯顿位于德国东南方，易北河谷地，南面离捷克边界三十公里，北面距离柏林两百公里，离西北方萨克森州莱比锡一百公里。这是一个美丽的城市，在历史上，德累斯顿曾经长期是萨克森王国的都城，拥有数百年的繁荣历史、灿烂的文化艺术，和无数精美的巴洛克建筑，被称为"易北河上的佛罗伦萨"。

德累斯顿是法国部队的重要补给基地，为了摧毁法国人的粮食储备，俄普奥联军趁着拿破仑率领主力部队向德累斯顿东南方的斯托尔本前进的机会，派十五万波希米亚军向这座城市发起进攻。此时，守卫德累斯顿的只有圣西尔军的三万兵力。

面对着十五万大军的大肆进攻，德累斯顿城岌岌可危。圣西尔火速写信给拿破仑，说敌人即将发起猛烈进攻，对能否守住这里没有把握。

拿破仑接到急报之后，马上率领主力部队连夜赶回德累斯顿，并且发出四封公文，命令近卫军和一切能调动的部队援助圣西尔。天还没亮，近卫军就冒着雨水、踏着泥泞继续前进，只有旺达姆一个军团奉拿破仑的命令暗中迂回到了俄普奥联军的背后。

星夜兼程，拿破仑终于回到了德累斯顿。拿破仑的到来给早就已经陷入悲观绝望之中的守城将士带来希望。在将士们的欢呼声中，拿破仑开始部署一场持续三天三夜的可怕战役。当天晚上，拿破仑一夜都没有合眼，他一边在屋子里大步走来走去，一边口授一道道命令，直到东方露出了一线曙光。

拿破仑回到德累斯顿的消息，使亚历山大一世感到胆战心惊，但是那个以前一贯胆小如鼠的弗里德里希·威廉三世，变得强硬了起来，他一再拒绝任何要撤退的主意。施瓦岑贝格的侦察因此得以按时在四点钟开始。然而，到那时，法国部队在经过了暂时的休整之后，已经做好准备迎战了。

1813年8月，普鲁士部队凭借着皮尔纳公路边的"大公园"的有利地势，打算把据守在这里的圣西尔军赶跑。但是，虽然他们的士兵们英勇无畏，却始终敌不过法国部队的大炮，没过多长时间，他们就被猛烈的炮火打得七零八落，不得不败退下来。

位于他们右边的俄国部队，此时也遇到了一点麻烦。他们站在半山坡上，居高临下向法国部队扫射，掩护奥地利军攻占了两个碉堡。然而，几乎在一瞬间，从城郊开来的法军预备队就拼命冲了上来，把那些被占领的碉堡夺了回来。

第二天的战斗依然非常激烈。从早上开始，德累斯顿就下起了瓢泼大雨。然而，虽然天气非常差劲，俄普奥联军却没有退却，冒着大雨向法国部队发起了进攻。

虽然他们的意志非常顽强，但拿破仑却也毫不示弱。他的兵力虽然比俄普奥联军要少，但是却占据了内线，分布在大约五公里的地方。而俄普奥联军的凹形阵线则比法军的战线整整涨了一倍，左翼和中军又被普劳恩的峡谷和溪流切断了。所以，拿破仑可以非常轻松地从内线运用优势兵力，对同盟军这条长而薄弱的阵线的任何一处发动攻击。他准备进攻俄普奥联军的侧翼，在那些地方，他的进攻方法就能得到淋漓尽致的利用，取胜的把握更大。

大雨毫不留情地浇在了卡茨巴克河岸和德累斯顿城下的战士身上。此时，威力巨大的滑膛枪彻底失去了用处，只能发出几声微弱的噼啪声。于是，士兵们只好赤手空拳攻击对方。但在大雨之中，这种肉搏似乎也起不到什么作用。

倒是大炮，依然发挥了中流砥柱的作用。双方互相用大炮炮轰，法国部队的一个一个野战炮组突然向亚历山大一世及其一群随从人员开火，有一颗炮弹恰好落在了莫罗的身边，击中了他的双腿。

在此之前，莫罗正在指责联军指挥官的无能，他愤怒地对施瓦岑贝格说："真是活见鬼，先生，难怪这十七年来，您一直打败仗！"然后，他转身向亚历山大一世说道："陛下，您的这位将领会把一切都断送了的。"亚历山大一世一边听着，一边蹀步，正当他走出大约几步时，一颗炮弹从天而降，落在了他刚刚站立的地方，他因此幸免于难，而仍然站在那里的莫罗却不幸被击中了。

是因为贝尔纳多特的野心和仇恨，莫罗才被拉到联军阵营中，然而，此时他竟然因此而失去了双腿。亚历山大一世对此非常伤心，他一向都非常敬重这位前法国元帅。

正当亚历山大一世为莫罗而伤感不已之时，拿破仑决定向俄普奥联军的左翼发起至关重要的一击。这支左翼部队与俄普奥联军的主力部队被险要的普劳恩峡谷分割了，所以孤立无援。

拿破仑向维克托下令，要求他率领两万士兵，与联军的左翼部队正面交战。然后又要求缪拉带领一万骑兵，悄悄地从易北河畔迂回过去，对这支部队的侧翼和后卫进行突然袭击。

法国部队的攻势异常猛烈，维克托和缪拉的骑兵队伍在战场上形成了横扫之势，打垮了联军左翼部队的阵线，敌军的一万两千名与主力隔绝的步兵不得不放下了武器。

左翼部队惨败的消息和皮尔纳以西群山中传来的旺达姆的大炮轰隆声，使亚历山大一世、弗里德里希·威廉三世和施瓦岑贝格决定向波希米亚撤退。然而，他们还在中段和右翼依然做出一副顽强对抗的架势。单从战场上来看，到黄昏时，法国部队与俄普奥联军仍然在进行着势均力敌的对峙。

当天晚上，侦察兵发现了俄普奥联军正在撤退。拿破仑得知这个消息后，立刻命令马尔蒙和圣西尔直逼敌人后卫，缪拉则沿着西边的弗赖贝格公路进行追击。然而，他们的追击只不过是做做样子罢了，因为经历这场大战，法国士兵们也已经劳累不堪，急需休息了。拿破仑也没有采取进一步行动。

对正在撤退中的敌军没有像往常一样进行穷追猛打，说明拿破仑的领导能力和战略能力已经出现了衰退的迹象。此时的拿破仑，看上去已经完全忘记了他以往战争中一向奉行的全力击溃敌军主力的信条，相反，他开始重视起一城一地的得失。就在他取得德累斯顿大捷后不久的夜里，他口述了一份冗长的备忘录：

我必须在这两个作战计划之间作出一个选择：

第一个方案是利用战胜奥地利的有利形势，向布拉格继续挺进，然而令我为难的是，我很难先到达布拉格，而且这是一个坚固的设防城市，很难被攻破。另外，如果波希米亚发生叛乱，我很有可能会陷入一种非常困难的境地。我虽然能够据守布拉格到海岸一段的易北河，然而它实在是太长了。只要有一点突破，通往威斯特伐里亚的大门就几乎被完全打开了，我就不得不退回到我的版图内最为薄弱的部分。

第二个方案是进军柏林。进军柏林将会使我获得一项重大战果。可以使汉堡到德累斯顿一线得到保护，而我将居于这条防线的中心，这样一来，俄国部队与普鲁士部队就会被分割开来。而且我们也可以在柏林找到大量食物，尤其是马铃薯，食物的补充有利于我们在战争中的胜利。这样就可把这场战争打下去。这场对奥地利的战争只能以十二万人在德累斯顿和霍夫之间采取守势，这将给我军提供一个整编的机会。

德累斯顿战役是一次胜利，但这也是他在外国土地上的最后一次胜利，如同包岑会战一样，这场战役也没有得到决定性的成果。

旺达姆的惨败

正当法国士兵们尽情地享受着德累斯顿大捷的喜悦时，一个噩耗传到了德累斯顿——旺达姆军惨遭失败，全军覆没。

在率领主力部队赶回德累斯顿的时候，拿破仑命令旺达姆带领三万八千人去完成一项任务，那就是，夺取皮尔纳及其以西的高原。这片高原控制着通向波希米亚的特普利茨的三条公路。其中最好的一条在诺伦多夫处翻过厄尔士山脉，从山峡可以到达库尔姆。另一条经过津瓦尔德山口。第三条在两者之间，然而却更加难以通行。

拿破仑原本打算亲自率领比这多一倍的兵力去完成这个任务，但是战况突变，使他不得不改变计划。他要求旺达姆在皮尔纳以西或西南布阵，切断敌人的退路。

接到拿破仑的命令之后，旺达姆从施托尔彭出发，经过了两天的疾驰之后，终于绕到了俄普奥联军的后面。

符腾堡王子欧仁奥斯特曼伯爵率领一支俄国部队向他们发起进攻，希望拦住他们的脚步，但是却无济于事。这支俄国部队被法国人打得落花流水之后，只好向诺伦多夫山口撤退，在库尔姆村后面据守坚固的阵地。

他们的处境越来越危险，然而，如同久旱逢甘霖一般，亚历山大一世和弗里德里希·威廉三世的军队如同天兵一样，及时赶到。俄国沙皇和普鲁士国王在翻过津尔瓦德山口之后，听到东方响起了轰隆隆的炮声，于是就赶紧率领部队前来支援。在两支大军的合力反击之下，旺达姆的部队被打退了。

此时，克莱斯特指挥着一个普鲁士军团，正在拼力向着三道关隘中的中间一道进发，1813 年 8 月，他接到了弗里德里希·威廉三世的命令，要求他必须马上翻过山岭，转向东面，对奥斯特曼的部队进行支援。

这件事是完全不可能的，因为当时的关隘里已经塞满了马车和大炮。正当克莱斯特绞尽脑汁思考如何完成任务时，他手下的一位参谋向他提出了一个大胆的建议：马上转入交叉小路，插到旺达姆后面。这个冒险的计划很快就得到了执行。

于是，当旺达姆正在向着库尔姆后面的俄普奥联军发起猛烈攻势的时候，一支普鲁士部队却从诺伦多夫山头蜂拥而下，从背后向他发起了袭击。虽然遭遇两面夹击，但法国部队还是英勇奋战，希望能够脱离险境。

骑兵们连连冲上陡坡，突击普鲁士部队，一部分人杀出去了。四千名步兵坚守在一个天然壁垒里，直至弹尽粮绝，幸存者才投降。还有很多人冲进树林里，有些非常幸运地逃脱了，回到自己的队伍，有些则被克莱斯特的后卫打死。旺达姆不惧死亡，拒不投降，向新来的进犯者猛烈冲锋，奋战到底，一直到筋疲力尽才被俘。

这支将近四万人的部队，几乎全军覆没，大炮也全都落入了敌军手中。

旺达姆的惨败，使拿破仑的整个战略计划都被破坏了。当旺达姆坚持作战的时候，在德累斯顿的拿破仑，正在起草那份论述进军柏林与布拉格各有什么益处的备忘录。

他决定实行前者，因为这样能够把普鲁士的民族运动镇压下去，并且同达武以及驻守库斯林和什切青的法军联系起来。

在他看来，奥地利在德累斯顿以南被打得七零八落，弗朗西斯二世一定已经吓破了胆，或许会作出求和的决定，于是他私底下还向他的岳父提出了建议。然而，旺达姆的惨败却使他的这个美梦完全破灭了。

这之后的几个星期里，拿破仑一直采取了守势。在德累斯顿与埃尔茨之间的平原上，法国部队和俄普奥联军彼此对峙，双方都派出了强大的侦察部队，采取一些方式来探悉对方的意图。拿破仑亲自赶到前线进行视察，对部队的警戒状况非常不满。他发布了如下军令：

> 我充分了解了轻骑兵团执行警戒勤务的状况，这令我感到非常不快。戈布尔赫将军指挥的第一骑兵军，负责掩护全军侧翼，却没有设置任何警戒，几乎所有的战马都没有受到有效的管束。如果严格按照军法来处理，这种玩忽职守的行为应该被处以极刑。我还发现一个骑兵警卫班长在皮尔纳附近执行警戒任务的时候竟然松缰放马，这个班长必须马上被降为士兵。

> 凡是负责保卫部队翼侧的骑兵将领违反现行的命令，忽略警戒，使部队暴露在敌人的突然袭击之下，就必须送交军事法庭审判并处以死刑。

接下来该采取什么样的行动，拿破仑一直摇摆不定。他逐渐意识到，虽然他在吕岑会战、包岑会战和德累斯顿战役中接连取得了胜利，然而，事实上，他已经输掉了整个战役。现在，战争的主动权已经从他的手中转移到了联军手中，他们现在所拥有的资源远比法国部队要充足得多。他很难决定到哪儿去过冬。1月，易北河即将封冻，哥萨克骑兵和普鲁士骑兵可以畅行无阻。驻汉堡、马格德堡和维滕贝格的法军以及什切青、库斯特林和法兰克福各处奥得河上的桥头阵地都将有被切断的危险。德累斯顿东部地区的补给日益短缺。部队的口粮减少到每人每天八盎司面包、八盎司肉和三盎司大米。

这些切实存在的困难，促使拿破仑考虑从德累斯顿撤往供应状况相对比较好的莱比锡。同时他还开始为自己的撤退路线的安全而忧心忡忡。9月他特意派了一名军官给维尔茨堡的奥热罗送去一份密码文件，要求奥热罗立即将第九军推进到科堡和耶拿一带以掩护萨勒河上的渡口。

过了一段时间，一个糟糕的消息再次传来，10月，巴伐利亚国王与奥地利国王弗朗西斯二世签订了和约，他和奥地利谈妥，巴伐利亚国王划拨了三万六千名士兵归奥地利调遣；作为交换条件，奥地利必须保证巴伐利亚享有完全主权，如果将来要他不得不把任何地区交还哈布斯堡王室的话，那么，奥地利必须承诺给予他们充分的领土补偿。

这个消息对于拿破仑来说，真是雪上加霜。现在，不管他是否已经想清楚，他都必须向莱比锡撤退了。

第二十四章

穷途末路的抗争

莱比锡之战

成功女神在德累斯顿战役中向拿破仑抛下最后一个微笑后，似乎已经远离了他。从那之后，法国部队的数次战役全都吃了败仗：麦克唐纳军东击西里西亚军，在卡地兹失利；北攻柏林的乌迪诺军被贝尔纳多特的北路军击败，不得不向威丁堡仓皇逃去；内伊军的七万人在德里维兹被布吕歇尔击败，局面变得不可收拾。

俄普奥联军在接二连三地击败了麦克唐纳军、旺达姆军、乌迪诺军和内伊军之后，向着莱比锡进发，在这里，著名的莱比锡战争爆发了。

与现在一样，那时的莱比锡已经发展成了繁华的商业城市，它位于莱比锡盆地中央，在于艾尔斯特河、普莱泽河和帕尔他河交汇处，大部为平原，南部属厄尔士山山前地带。易北河流经东北端，穆尔德河流经中部。

拿破仑的法国部队大约仍有十九万人，被联军压缩在莱比锡附近，处在一个三面环河的狭小地域之内，被迫采取防御。1813 年 10 月，联军对法国部队已经形成了夹击之势：南面为联军主力，也就是施瓦岑贝格指挥的波希米亚军，左翼为维特根斯泰因部队，中央为黑森王子军，右翼为巴克莱军和预备队，西北为布吕歇尔的西里西亚军，北面为贝尔纳多特的北方军。联军总共二十二万人，还有本尼格森所率的援军正在行进之中。此时，从北面、东面、南面向莱比锡会聚的七条大道均被联军封锁。西南方向上尚敞开着一条唯一的退路，经过一座石桥，穿过艾尔斯特沼泽地，沿上萨勒河谷可达埃尔富特、戈塔和美因茨。

虽然只有一座石桥，根本无法满足法国大军的需要，但这却没有引起拿破仑的足够重视。他只是口头上要求士兵们再建几座桥，但最终，这些桥也没有搭建起来。这一点，参谋长贝尔蒂埃也要承担一定的责任，多年以来，他已经养成了一种教条的习惯，没有拿破仑的书面命令，他就不会行动。但拿破仑这一次恰恰没有给他下达这样的命令。之所以会出现这样的局面，或许也是因为，在整个战役中，拿破仑都没有想过要撤退，他希望拼死做最后一搏，只是没有找到合适的机会罢了。

1813 年 10 月，随着俄普奥联军方面发出的三声号炮，被称为"民族会战"的莱比锡战役正式拉开了帷幕。此时，天上正下着淅淅沥沥的雨，联军的四个攻击部队，冒着雨，在炮火的掩护之下，向莱比锡发起了进攻。

联军的攻势非常猛烈，很快，正面法军第一线部队就出现了动摇之势。拿破仑本来打算等到第三军赶来之后再发起进攻，但是现在已经等不到那时候，于是十一点，他果断地向全军发布了进攻命令。

在呛人的硝烟中，缪拉带领一万两千名骑兵和紧跟在他们后面的步兵，从山脊上猛扑了下来，向联军的中央阵地发起攻势。一向以英勇顽强而著称的缪拉，仍然不减雄风，挥舞着武器冲在最前面，一万两千把发着寒光的战刀紧跟其后。大军向敌人冲去，几乎所向披靡，一连冲散了敌方两个营的步兵，缴获了二十六门火炮。

缪拉的进攻使联军一下子陷入了混乱境地，在一旁督战的亚历山大一世、弗里德里希·威廉三世和弗朗西斯二世全都被吓得跨马逃跑，生怕被法国部队生擒。

可惜的是，在经过一阵狂风式的奔驰之后，缪拉的骑兵很快就筋疲力尽了。这时，联军调来预备队反攻，法国部队由于步兵作战不力，不得不放弃了一部分已经夺占的阵地。

与此同时，北面也发生了激战，马尔蒙受到了严重挫折。在拿破仑的指示之下，他向莱比锡撤退，走到默克思的时候，遭到了约克军团的猛烈进攻。在这个村庄及其东面的奥伊特雷茨什之间，马尔蒙进行了顽强抵抗。布吕歇尔希望能够将马尔蒙的整个军团都俘获，于是就一位手下骑马向贝尔纳多特报信，请求他的支援。可惜的是，瑞典王储的军队距离这里太远了，布吕歇尔的援军迟迟不来。经过激烈拼抢之后，默克思村经过多次易手。最后，布吕歇尔把马尔蒙从这里赶了出去，并且缴获了五十三门法国火炮。

马尔蒙本来是有获胜的希望的，只要内伊军能够及时支援他，法国部队就完全能够将布吕歇尔打败。在这之前，贝尔蒂埃让他相信，一旦联军向他发起进攻，内伊军就会对他进行驰援。然而，当马尔蒙陷入布吕歇尔的围攻之中时，内伊正在以造成排山倒海之势，击溃施瓦岑贝格的右翼。所以，他只派出一个师的薄弱兵力掩护马尔蒙的右翼，自己则带领其他的各个师向南前进，根本顾不上马尔蒙。

虽然马尔蒙也消灭了约克军团两万一千人中的八千名士兵，但是，就交战的兵力相对来说，这一场战斗可以算得上是拿破仑历次战争中伤亡最惨重的一次了。

双方都没有开战。拿破仑带着缪拉和其他将领们对昨天的战场进行了巡察，当他看着战场上密密麻麻的尸体时，不由得陷入了沉思之中。正在这时，有人向他报告：在北面，贝尔纳多特的六万北方军正从哈勒进兵增援布吕歇尔。本尼格森带着四万一千名俄国后备军来到东面附近。科洛雷多的奥地利军团也开到了。

拿破仑意识到，俄普奥联军已经对法国形成了合围之势，如果继续打下去，恐怕法国部队就会寡不敌众，于是他心中产生了撤退的念头。然而，他又担心撤退会在军队中引起混乱，使士气低落，于是，就实施了一个缓兵之计。

拿破仑派人将昨天俘获的奥地利将军梅韦尔德带来，与他谈了一些与奥地利议和的问题。梅韦尔德说，他知道奥地利现在还是希望媾和的，如果拿破仑为了全世界和法国的幸福而同意媾和的话，和约马上就可以签订。

最后，拿破仑将梅韦尔德等被俘军官释放了，并要求他们把自己的休战条件带回去：法国部队退往萨勒河后方，俄普联军退往易北河后方，奥地利部队退于波希米亚，萨克森保持中立。

然而，亚历山大一世、弗里德里希·威廉三世和弗朗西斯二世并没有理睬拿破仑的休战提议，因为莫罗在临死之前特意叮嘱他们，一定要坚持打下去，绝对不能与拿破仑媾和。更何况，现在的战局对俄普奥联军有利，怎么能轻易放弃马上就要到嘴的鸭子呢？

战争仍在继续。此时，联军的总兵力已经达到了二十九万五千人，几乎比法国部队整整多了一倍。

俄普奥联军分成六路，从东西南北四个方向围攻莱比锡。联军优势兵力的攻击令法国部队几乎无法招架，不得撤离了一些难以坚守的阵地。

下午三点，正当法国部队加紧收缩兵力、联军步步进逼的紧要关头，在防守莱比锡东北蓬恩斯多夫的第七军中，竟然有两个萨克森旅和一个炮兵连，一共约三千人，带着十九门火炮向俄普奥联军投降了。这些火炮立即起了作用，掉转来打法军。拿破仑听到这一消息后，马上带领部分近卫军疾驰赶来增援，挽回了战局。但这也只能稳住一时。法国部队终归寡不敌众，逐渐被俄普奥联军挤压到莱比锡城里及其近郊。在北面和东北面，马尔蒙和内伊同样被压倒。最糟糕的是，炮弹越来越少了。

傍晚的时候，拿破仑在营帐里向贝尔蒂埃口述了自己的作战命令。就在这个时候，两名炮兵指挥官急匆匆赶来，向他们报告：炮弹快打完了。

拿破仑的脸色一下子变得惨白，他知道，大势已去。于是指示贝尔蒂埃向大军下令撤退。贝尔蒂埃马上照做了。或许是因为好几天没能合眼，还是过于疲劳，在口述完命令之后，拿破仑竟然躺在板凳上睡着了。将领们站在他身边，默默地看着他熟睡的面孔。

士兵们声嘶力竭的呼喊声、伤员的痛苦呻吟声以及军队撤退的车轮声交织在一起，不断地传入拿破仑的营帐。没过多长时间，他就醒了过来，立即赶往莱比锡城内。

法国部队从各个方向上撤了回来，全都汇聚到了莱比锡城，向西面唯一的出口林德瑙大桥退去。几乎每一条街上，都挤满了密密麻麻的撤退部队，而且，密度每小时还在增加。

此时，普鲁士军队和瑞典军团已经突入了北郊，奥地利军团也从南面向莱比锡赶来。逃亡的人越来越多，弹药车、马队、炮兵、牛羊、伤兵和随军小贩等等，都拥挤在一起，成了一股难以区分的人流，大家都要在那条逃命的窄路上争个立足之地。敌军不断地向莱比锡城里发射炮弹，每一发炮弹落下来，都能听到无数受伤人的悲惨呼号声。

在经历了接二连三的巨大打击之后，拿破仑仍然没有惊慌失措，一直保持着往常的平静。他在几位随从的陪同下，与混乱的人流一起走上了林德瑙桥，似乎周围的毁灭景象与他根本就没有什么关系。过桥之后，他在林德瑙附近的一个磨坊里休息了片刻，他要等待法国部队全部过河，然后再继续随军西撤。

正当拿破仑在磨坊里闭目养神时，突然从远处传来了巨大的爆炸声。拿破仑立刻站了起来，猜测着究竟发生了什么事情。不久后，缪拉跑了进来，向他汇报：林德瑙桥被炸毁了，麦克唐纳所率的后卫部队两万多人仍然被阻隔在河对岸。

拿破仑听完之后，立刻大吼了起来："难道这是在执行我的命令吗？"

原来，拿破仑曾经向守卫这座桥的守军下达命令，只要联军追来，就马上将其炸毁。当布吕歇尔的少数骑兵沿河向林德瑙方向迂回时，接连响起的枪声吓得守桥工兵心惊肉跳，他们误以为敌人的大队追兵已经赶来了，于是就惊慌失措地引爆了预先放置好的炸药，炸毁了法国部队唯一的退路。结果，大批部队被阻隔住了，无法过河。

此时，敌军的大部队已经赶到，法国士兵们无路可逃，又不愿意被俘，纷纷跳进了河水里，麦克唐纳也纵身跳河，所幸的是，他水性较好，一鼓作气游到了河对岸，而其他的那些士兵们却大多数被淹死了。波尼亚托夫斯基军长，这位前两天才被提升为元帅的波兰亲王，也葬身鱼腹之中了。没来得及跳河的官兵，包括洛里斯托纳、雷尼埃两位军长在内，还有二百六十门大炮、八百七十辆弹药车全都成了俄普奥联军的猎物。

当天的悲惨情景，到此时，已经发展到了顶峰。

站在河对岸，拿破仑痛苦地凝视着那恐怖的景象，连连叹气。然而，留给他的时间不多了，他必须赶紧整顿自己的队伍。老近卫军还在，还是像原来一样顽强，并且保存了他们的一百二十门炮，但青年近卫军却只剩一些残兵。当他经过那些疲惫而又饥饿的士兵面前时，很多人都愤怒地看着他，有些人甚至还低声发出了咒骂。

虽然法国部队已经溃不成军了，但拿破仑依然坚决地带着这支部队开赴莱茵河。他们在魏森费尔斯渡过萨勒河，进入爱尔福特。在这里，缪拉与拿破仑告别，回到了那不勒斯。

马上就要到达法兰克福了，这时，四万名巴伐利亚士兵挡住了他们的去路。德劳特指挥五十门火炮投入战斗，很快就把对方打退了。

此时，法国部队还剩下十二万人左右。第二阶段战役开始的时候，他有一千三百门火炮，现在只剩下不到两百门了。

这段时间内，拿破仑写给妻子路易丝的信中的话，除了亲热的夫妻间问候与思念之情的倾吐外，他多是报喜不报忧。显然，在他的妻子面前，他不想把莱比锡的错误归于自己，也不想因莱比锡的失败吓坏了自己娇小的妻子，仅选几封如下，可见一斑：

你应该能够从通报中获知战场上的情况。弗朗西斯爸爸还算有头脑，没有像亚历山大皇帝和普鲁士过完那样亲自出阵。他们两个人败得很惨，只能仓皇撤退了。我的健康状况很不错。再见，我的路易丝。希望明天能够收到你从布拉格发出的信。

这几天，我打了好几个漂亮仗，给施瓦岑贝格亲王和亚历山大皇帝带来了沉重的打击。弗朗西斯爸爸的部队恐怕还没有经历过这么狼狈的战斗吧，他们简直不堪一击。几乎不费吹灰之力，我们就把他们打得屁滚尿流。我们还生擒了两万五千名停虏，缴获三十面军旗和许多门大炮。现在，我把这一切都呈献给你。我的身体很健康。但愿你在瑟堡玩得愉快。两天没有收到你的信，我热切地希望着它们的到来。

已经有三天的时间了，我都没有收到你的信。因为敌人的游击队骚扰我军的后方，并且把我们的交通线都切断了。我相信，这个局面会很快结束的。我的身体很好，事情也很顺利。

我已经到达了法兰克福，马上要赶到去美因茨。昨天（30 日），我在汉瑙给巴伐利亚和奥地利军带来了沉重打击。他们有六万多兵力，有六千人被停虏。我们还缴获了一些军旗和几门大炮。他们真是太愚蠢了，以为凭借这点实力就能阻击或切断我。我的身体很好，感觉自己从来没有这么结实过。再见，我的路易丝，替我亲吻小罗马王。你 23 日、24 日及 25 日写来的信都没有收到，因为信使失踪了，不过 26 日、27 日、28 日的信使在美因茨，估计一小时后就能见到他了。

我已经收到了你 10 月 30 日的来信。你和小罗马王身体都很健康，这令我很欣慰。我看巴黎的人实在是有些过分惊惶。从实力上来说，我的部队绝对优越于敌军，他们将会比预料更早地被击溃。请你一定要保持镇静、愉快。去尽情地笑那些惊慌失措的人吧！

今天早晨我通过电报给你写信，告诉你我已经安全地到达美因茨。听说你已经恢复了健康，我很高兴。你在信中所说的关于儿子的一切，都让我快乐无比。我很想看看他。看来他很听话。代我吻他一下。

已经收到你 11 月 3 日写来的信。如果路易作为法兰西亲王回来，那我将会一如既往地热情接待他，忘记他所发表的对我的诽谤。然而，如果他是以荷兰国王的身份回来的，那我就必须要对他采取一些必要的严厉措施了。我的这个弟弟是个笨蛋。你应该怜悯我，我有这么一个糟糕的家庭。而我，曾经给了这一家每个成员以荣华富贵的啊！现在我在重组军队，一切都在向着好的方向转变。

莱比锡战役之后，拿破仑第一次意识到，他的法兰西帝国已经陷入了岌岌可危的困境之中。他的哥哥——西班牙国王约瑟夫已经被英国人和西班牙起义者赶出了伊比利亚半岛。他的弟弟——荷兰国王热罗姆也愤然出走。达武在汉堡被俄军和普鲁士军围困。法军在荷兰的权力也在开始动摇。他决定回到巴黎，去挽救这场无法挽回的败局。

最后一根稻草

1813 年 11 月，拿破仑风尘仆仆地回到了久违的巴黎。

当他满面灰尘地走进杜伊勒里宫时，正在客厅中焦急地等待着战报的路易丝，一眼就看到了丈夫，她激动地大叫了一声，马上站起来扑进了拿破仑怀里。

拿破仑用结实的臂膀牢牢搂住妻子，连声说道："我的路易丝，我终于见到你了!"

路易丝的眼泪忍不住流了下来。

拿破仑给她把脸上的泪水擦掉，笑着对她说道："真是傻瓜，应该高兴啊。"

回到巴黎的拿破仑一直沉浸在与妻儿重逢的快乐之中，虽然他非常希望一直享受着这种天伦之乐，然而，整个欧洲的局面和国内形势的日益严峻根本不允许他这么做。

这一次拿破仑回国，法国人没有对他表现出以往的热情。一路上，没有了鲜花，也没有了欢呼声。他们都已经厌倦了战争，对发起战争的那个人当然也就不会有什么好感，更何况，他不但发起了战争，还大败而归。

法国将领们也表现出了厌战的情绪。在以前的战争中，他们打了一次又一次的胜仗，不但捞取了大量的财富，而且还在法国人民发出的敬佩钦服中满足了军人的自尊心。可是如今接二连三地惨败，让他们开始为自己的命运而担忧：有一天，自己是不是也会像那些在战场上殒命的同事们一样，再也无法回到巴黎了? 现在，他们更愿意在和平的环境中，用自己以前在战争中捞来的钱财过奢华富足的生活，而不愿到战场上去卖命了。拿破仑飞扬跋扈、霸道蛮横的性格，也让他们忍无可忍。

趁着这个机会，富歇和塔列朗又开始谋划起了反对拿破仑的行动。他们在朝野上下，到处游说，说法国现在已经陷入了四面楚歌的绝境之中，这完全要归咎于拿破仑。他们用金钱、用权势、用武力诱惑或威逼那些有发言权的官员们，一时间，他们网罗了大量党羽。富歇和塔列朗还与缪拉再次勾结在一起，暗地里与英国人有了联系。

拿破仑感到自己周围已是危机重重。军队有生力量的削减，也使他备感失望。这一次的失败与以前的任何一次战役都不同。一年前，当他征讨俄国失败而归时，虽然也损失了四十万部队，然而，其中一半都是外籍兵。这一次，他在战争中失去的几乎全是法国兵，是法国全体作战兵员中的生力军。

现在拿破仑终于开始反省他在 1812 年、1813 年的战争中所表现的盲目、冒进与轻敌了，他私底下对科兰古说："这一切都是我的错吗?"

一直以来，科兰古都是拿破仑最为忠实的部下，就算是在极为困难的处境中，他也始终对拿破仑忠贞不渝。这时，他坦诚地向拿破仑表示，出征俄国本来就是一个巨大的错误。

拿破仑此时也已经意识到了这一点，他想到了与同盟国议和。但是科兰古知道，敌人是不会在这个时候同意与法国议和的，他向拿破仑指出，即使他们答应议和，法国要付出的代价也是非常大，很有可能，法国将会失去自己的主权。

这对拿破仑来说是异常痛苦的，因为他所做的一切都是为了法国，他不能在自己的手中把法国拱手奉给英国和俄国的。如果他这样做了，那些跟随他流血牺牲的士兵们也是不会答应的。

不过，科兰古说联军不会同意议和，是一个错误的估计。现在，梅特涅正在到处活动，策划新的和平运动。这一次，他还得到了英国的赞成。

1813 年 11 月，梅特涅在法兰克福两次与圣埃尼昂男爵会面，他是科兰古的连襟，以前曾经担任法国派驻魏玛的使节。梅特涅向他保证，同盟国，尤其是英国，是有节制的，它们的愿望是在均势原则基础上建立持久和平。法国必须完全放弃对西班牙、意大利和德意志的控制，回到其自然疆界即莱茵河、阿尔卑斯山和比利牛斯山以内。

在第二次会面时，英国驻奥地利大使阿伯丁勋爵和俄国外交大臣涅谢尔罗杰伯爵也出席了，他们对梅特涅这些话表示认同。俄国人还信誓旦旦地向他保证，说普鲁士也赞成。阿伯丁又宣称，英国准备放宽航海条例，放弃它已经夺取的许多殖民地，希望以此来实现持久和平。

对梅特涅的这些建议，拿破仑只给出了一个含糊的答复，说愿意考虑，他提出，在曼海姆召开全欧会议。他让外交大臣马雷为自己写信回复梅特涅，马雷在回信中写了一句最终造成不良后果的话："所有国家，无论从大陆的角度或从海上的角度看，都得以独立，以此为基础的和平，向来是皇上（拿破仑）所企求，也是其政策的始终不渝的目标。"

对于同盟国递给法国的最后一根稻草，拿破仑竟然采取了如此漠视的态度，真是令人匪夷所思。或许这是因为他根据经验判断同盟国并没有什么诚意，但实际上，他的这个判断完全是错误的。

梅特涅之所以如此积极地推动双方议和，当然不是因为同情法国，而是为了维护奥地利的利益。奥地利并不希望法兰西帝国被消灭，因为如此一来，亚历山大一世就会成为第二个拿破仑，完全把握欧洲事务的主宰权。他也不愿意普鲁士借着这个机会迅速强大起来，这会给奥地利带来很多麻烦。他希望保住法国，使其对俄国形成牵制，以此来保持欧洲各国势力的均衡。

梅特涅给科兰古写了一封信：

……圣埃尼昂先生会将我与他之间的谈话转述给你。坦白说，我并不认为这些谈话会发挥什么作用，我之所以这么做，只是为了尽自己的责任罢了。法国如果想要签订和约的话，绝不会有比目前提出的这个和约更有利的了。各个国家今天愿意缔结这个和约。如果他们在军事上遭到了失败，那明天他们也会愿意签订和约。但是如果他们取得胜利呢？他们就会获得更加宽广的视野，到那时，一切也就不好说了。同盟国大军压境，可能有利于法国政府组织庞大的军队。文明世界由此受到的影响，现在还无法预料。然而，拿破仑皇帝是不会讲和的。我对此深信不疑，直言不讳。但我更高兴看到是我自己错了。

梅特涅虽然是一个老谋深算的老狐狸，但是这封信中的每一句话，却都是发自肺腑的。当然，这封信也不是他一个人的主意，在发信之前，他还让阿伯丁勋爵看过，得到了他的支持。

然而，虽然这位英国勋爵同意梅特涅的做法，英国内阁却提出了反对意见，内阁给阿伯丁勋爵写信说：

我们与法国签订和约，有一个前提，那就是把法国圈在它古时的疆界之内，不然的话，我国民众肯定不会赞成的。……但是，和约如果能在拟议的基础上缔结并且得到圆满的履行，我们仍然准备与盟国一起，冒一冒和平的风险。我们无意对法国的内政进行干涉，虽然我们非常想看到它由更为平和的人掌握。然而我认为绝对不应该促使盟国草率地去完成一件不妥当的事。如果他们坚持要那样做，我们只好顺从。然而在这种情况下，就应该使人看得出来，是它们自己要那样做的，与我们的本意无关。……我必须特别提醒你留意安特卫普，为了我国安全，必须要把这座兵工厂彻底摧毁厂。让它留在法国手里，就无异于将永远保持战时建制的负担加在大不列颠身上。

从这信中我们可以看出，英国人希望法国缩在1792年的边界之内，只有在这个基础上，才能与拿破仑议和。如果这个条件无法实现的话，至少也要让比利时脱离法国的统治。

普鲁士的态度比较模糊，哈登贝格、施泰因等爱国者坚决反对法国继续控制莱茵地区，哈登贝格听到梅特涅在法兰克福向拿破仑提出的建议之后，在日记上愤怒地写道："不经过我同意的媾和建议——莱茵河、阿尔卑斯山、比利牛斯山，简直就是混账！"但弗里德里希·威廉三世却希望跟着亚历山大一世的步伐走。

俄国沙皇亚历山大一世已经想好了，要与拿破仑议和，并且要与他缔结一个使他永远都没有复仇之力的和约。他希望有一天率领着自己的近卫军开进巴黎，在那里显示自己的宽容与仁义。这样，他们的虚荣心就能得到最大的满足，这种渴望因为对拿破仑的恐惧变得更为强烈。

虽然亚历山大一世和弗里德里希·威廉三世都对不占领巴黎就与拿破仑议和感到有些不满，然而，奥地利和英国却赞成这么做，梅特涅又充分发挥了他的活动能力，所以，到最后，主和的意见仍然占据了上风。

尽管同盟国提出的媾和条件非常苛刻，然而却也不是完全不能讨价还价。科兰古希望拿破仑能够认真地与同盟国议和，但是，令他失望的是，他的皇帝压根就不愿意接受这么屈辱的和平。他不愿意放弃皮埃蒙特、利古里亚（热那亚）和荷兰。然而，对梅特涅和阿伯丁在法兰克福所提出的在法国自然疆界的基础上实现和平的建议，他最后还是半推半就地表示愿意接受，可惜的是，已经为时过晚。

取代马雷担任外交大臣一职的科兰古于1813年12月重新写了一份接受书，这一次，他的信比马雷要清楚得多。然而，在他写信的前一天，同盟国已经撤销了原来的提议。之前他们就曾经说过，如果法国不迅速接受这个提议，那么他们就会马上将其撤销。

现在几乎所有的国家，甚至包括奥地利都倾向于让法国困守在1792年的疆界之内，然而这对于拿破仑来说，仍然是一个机会，只要他接受这一建议，奥地利和英国肯定会命令他们的军队停止前进，尽管亚历山大一世和弗里德里希·威廉三世仍然心有不甘，但也不能明确地提出反对意见。

但是，拿破仑却拒绝了最后一根稻草。他不愿意屈辱地接受这些苛刻的条件，事实上，他到现在仍然没有彻底绝望，还在等待着东山再起的机会，他相信，只要法国给予他充分的支持，他就能再一次赢得胜利。现在这个机会就来了。

12月，同盟国向法国民众发出这样的号召："我们并非要打法国，而是要摆脱你们政府套在我们各国身上的枷锁。我们本来希望在踏入你们国土以前就求得和平，现在要到你们国土上去求得了。"

他们本打算用这个宣言来激起法国人对拿破仑的痛恨，但他们错了。

一旦同盟国越过莱茵河，这场战争也就与拿破仑无关了，而是成了对法国革命的讨伐。比利时和莱茵河边界，是拿破仑尚未闻名于科西嘉和普罗旺斯之外的时候，由迪穆里埃、儒尔当、皮什格鲁和莫罗等人赢得的。当这些"神圣的国土"受到威胁的时候，法国人就不可能袖手旁观，他们开始严整队伍，一致对敌。

现在，人们又重新拥护起了拿破仑，因为同盟军已经渡过莱茵河，法国又一次处于危难之中，法国需要拿破仑。

拿破仑下令征召一支庞大的国民自卫军，要求为正规军提供更多兵员，命令东方各省将适龄男子全体征召入伍。这一次，没有人抱怨，所有适龄男子都踊跃报名。

除此之外，拿破仑还展开了外交攻势。

他先是想通过拉拢西班牙来消除四面受敌的困境。他向西班牙的流亡国王费迪南示好，表示愿意承认他为整个西班牙的国王，只要英国和法国两国的部队从西班牙撤出。然而西班牙摄政府却马上宣布，费迪南的一切行为都是无效的。拿破仑的如意算盘一下子落空了。

意大利给了他重重一击。他的妹夫令他伤透了心。1814 年 1 月，缪拉与奥地利结盟，答应出动一个有三万名那不勒斯兵的军团支援它，奥地利则保证他安享王位并获得一块罗马教皇的领土。

为了阻止缪拉，拿破仑决定利用他曾经一手推翻的宗教势力。他把被囚禁在枫丹白露宫的教皇释放，并派人把他送到了罗马。然而，教皇却不愿意违背自己的意愿，拒绝听从他的命令。

缪拉背叛法国之后，丹麦也步其后尘。在贝尔纳多特大军的压力下，这个小小的王国只好同英国和瑞典媾和，答应把挪威让给瑞典，而在德意志方面获得补偿。英国则割让了赫尔果兰岛。

现在的局势就是这么艰难：在莱比锡惨败后三个月内，法国的所有盟国都背弃了拿破仑，而且除了丹麦外，现在都要跟他打仗。

施瓦岑贝格在朗格勒、肖蒙、奥布河上的巴尔之间部署了十五万兵力。布吕歇尔则带领着大约八万兵力，在圣迪济埃渡过马恩河，向布里埃纳靠拢。

战火已经烧到了法国，拿破仑必须离开巴黎，再次为法国而战了。

法国保卫战

1814 年 1 月，拿破仑在杜伊勒里宫举行了一次军事会议。杜伊勒里宫，这个拿破仑曾经目睹巴黎下层民众是如何羞辱路易十六的地方，如今另一个王朝又摇摇欲坠了。然而，从那些诌媚的朝臣以及军官们脸上，谁也看不出，这个王朝如今已经走向末路。他们纷纷向拿破仑表示，愿意继续向他效忠。

拿破仑在路易丝皇后的陪同下，牵着穿着国民自卫军军服、未满三岁的儿子罗马王，严肃地走到了大家面前。他向这些老部下们说道："诸位先生，国民自卫军的各位军官，看到你们在我周围，我很高兴。今晚我要出发前去指挥军队。我离开首都时，放心地留下了我的妻子和寄托有各种希望的我的儿子。我把珍爱仅次于法国的一切全留给你们忠诚守卫，托付给你们照料了。"

虽然他的声音依旧像以前那么洪亮，但是脸上却看不到往日的自信与志得意满了。接着，拿破仑任命皇后玛利亚·路易丝为摄政王，并且宣布，如果自己去世，他的儿子罗马王应该在母后的摄政下立刻即位。

在拿破仑的一生之中，最爱的人莫过于他的儿子罗马王了。他把自己所有的期望都寄托在了儿子身上。这天晚上，罗马王依旧像以前那样，与拿破仑一起玩耍。小小的他还无法理解，什么是离别。罗马王睡去之后，拿破仑走进他的房间，久久地看着他，然后轻手轻脚地走了出去，踏上了征程。从那之后，终其一生，他都没能再看到自己的儿子。

拿破仑来到法国部队的集中地夏龙，在这里，他七拼八凑，终于凑了一支大约拥有八万五千人的部队，其中大部分是新兵。他决定用这支部队首先去打击对巴黎威胁最大的布吕歇尔军团。

拿破仑亲自指挥部队对普鲁士军团作战。很快，约克军团就被打败，紧接着，法国部队又前去迎击布吕歇尔的部队。布吕歇尔带领部队来到布里埃纳，他打算在二十四小时之内与正在向着巴黎进发的奥地利主力部队会师。为了庆祝即将到来的胜利，普鲁士人在布里埃纳大吃大喝起来。

布吕歇尔早就已经得知了拿破仑率兵前来与自己作战的消息，然而他却并不把这当成一回事。拿破仑那支刚刚组织起来的、几乎全都是新兵的部队，在他眼中就像是一个笑话。他们怎么可能穿过埃克拉龙和蒙蒂耶昂附近的沼泽地带赶到这里作战呢？真是开玩笑。

但是，令他震惊的是，此时拿破仑已经来到了他的眼皮底下，而且还把布里埃纳团团围住。正当普鲁士人频频举杯时，突然之间，宴会厅的一扇窗户被炸飞了，餐桌上的吊灯也被炸成碎片。接下来，就是响成一片的炮声。此时，法国部队的几个营已经从花园的围墙上攀爬而上，进入了普鲁士部队驻扎的城堡。普鲁士官兵们一点儿防备都没有，全都惊慌失措了起来。那些原本围坐在一起喝酒的将军们全都乱成一团，一窝蜂向门口涌了过去，打算弃城逃跑。

布吕歇尔和他的军官们沿着林荫路仓皇而逃，谁知道，却与法国士兵们迎面撞上了。布吕歇尔想方设法脱身了，但他的军官们却没有他那么走运了，不是被活捉了，就是被打死了。

夜色已经很深了，但惊心动魄的混战还在进行着。普鲁士士兵先后两次冲上城堡，但是法国的四百名新兵始终坚守阵地。与此同时，布里埃纳镇里的阵地也差不多全都落入了法国人手中。最终，拿破仑占领了布里埃纳，布吕歇尔率领着自己的残余部队逃之夭夭。

布吕歇尔的残部投奔了奥地利主力施瓦贝格军，两路部队集结在拉罗蒂埃，亚历山大一世、弗里德里希·威廉三世和弗朗西斯二世都带来了后备军，联军人数达到了十二万人，他们准备与拿破仑一决雌雄。

激战再次打响。拿破仑站在拉罗蒂埃河前的阵地中心，镇定而又冷静地指挥着自己的部队顽强抵抗敌军的冲击。炮弹的碎片不时地落在拿破仑身边，但他却一点儿也不在意。部下提醒他，部队的命运与他的命运紧密相连，希望他到安全的地方，但拿破仑却拒绝了他："不，让我待在这里。难道您不知道我们的日子已经屈指可数了吗？"

这一仗打得异常艰难，在数量上占据绝对优势的联军三次包抄了法国的侧翼部队，把法军的几个营从拉罗蒂埃河边击退。到了傍晚，七千名法国士兵已经战死或丧失战斗力，然而拿破仑仍然不肯认输，他固执地守在这块似乎已经输定了的战场上，期待着援军能够早点赶来为他解围。可惜的是，援军一直没有来。最终，拿破仑只好下令撤退。

法国部队的处境越来越危险，俄普奥联军正在以万夫莫敌的气势向法国首都巴黎开进。拿破仑在进行了左思右想之后，终于决定在谈判中让步，接受同盟国的条件，以此来保住自己的皇位。大家连夜忙碌起来，起草了各种信件。

然而，当人们把所有的信件送来请他签名的时候，他却突然改变了主意。原来，早上七点的时候，侦察兵为他送来了一些关于联军的消息，他发现，联军犯了一个巨大的错误，他们竟然分兵进军巴黎。他决定抓住这个机会，扭转战局。

联军之所以分军进攻巴黎，是为了行军和供应方便。布吕歇尔取道塞赞纳，以一列纵队成梯形向西北推进，指向巴黎。施瓦岑贝格则向正西方向取道塞纳河岸的巴尔和桑，然后沿着塞纳河谷经过枫丹白露以达巴黎。拿破仑决定利用敌人的这一错误给敌人以沉重的打击。他命令维克托和乌迪诺去拖住较弱的施瓦岑贝格，自己则率领主力部队对较强的布吕歇尔军发起猛烈进攻。

拿破仑亲自率领四万五千人向布吕歇尔的中间梯队奥尔苏费耶夫军发起了进攻，法军优势兵力的突袭，使这个只有五千兵力的中间梯队慌了手脚，没过多长时间就全军覆没了，就连指挥官也成了俘虏。法国部队取得了完全胜利，士气大振。

拿破仑继续对已经孤立的第一梯队萨肯军进行攻击。战斗整整持续了一天，最终又以拿破仑的胜利而告终。拿破仑一口气把萨肯残军向北赶过了马恩河。

接二连三的胜利，使拿破仑重新找回了自信，脸上忧虑和焦急的神情一扫而光。现在，他又成了那个百战百胜的常胜将军了。

这些辉煌的战绩令拿破仑欣喜若狂，他想起远在巴黎的妻子和儿子，他要让她们来分享这一份喜悦！实际上，他离开巴黎后就一直给路易丝写信，他不想让她脆弱的心理过于阴郁，他希望让她快乐坚强起来。

正当拿破仑准备乘胜追击时，施瓦岑贝格逼近巴黎的消息忽然传来。不得已之下，他只好掉过头来去对付施瓦岑贝格军团。在吉涅、南吉斯、蒙特罗、梅里，拿破仑一连打了好几次胜仗，只把施瓦岑贝格军团打得抱头鼠窜。

联军看到拿破仑如此威猛，不由得想起了那些在法国部队的攻击下仓皇而逃的悲惨历史了，他们担心，拿破仑已经完全恢复了往日的神勇。于是，他们向拿破仑提出了停战要求。但正处在胜利顶峰的拿破仑怎么会轻易休战呢？他果断地拒绝了联军的停战要求。他决定在战场上向亚历山大一世、弗里德里希·威廉三世报仇，但是，对于他的岳父弗朗西斯二世，他却有着不同的看法。他想趁这个机会拉拢奥地利，分化同盟国。

拿破仑不但让路易丝劝说弗朗西斯二世，他自己也给岳父写信，表明如果奥地利真正希望欧洲实现均势，他愿意忘却过去，在法兰克福条件的基础上媾和。弗朗西斯二世给拿破仑复信了，其中的措辞表明：拿破仑的打击使反法同盟更加牢固了。

联军在肖蒙召开会议，各国一致达成协议：任何一方都不许同拿破仑单独媾和。就在这次会议上，同盟国签订了一个为期二十年年的共同对付法国的条约。英国再次为联盟国提供了五百万英镑的战争补助费。

但是，拿破仑在战场上的神机妙算始终让联军闻风丧胆，他们怎么也想不出，应该如何粉碎拿破仑的进攻与抵抗。

这时，拿破仑的一个大胆的军事行动却给他们提供了机会。拿破仑在取得一系列胜利以后，命令马尔蒙和莫蒂埃指挥一万七千人对敌军进行正面阻击，自己亲自率领四万名法国主力部队直插联军后方，进攻联军与莱茵河的交通线，迫使联军向莱茵河撤退。

联军的一些颇具军事才能的将领马上发现了拿破仑的这一冒险行动具有致命的缺陷，那就是，通往巴黎的道路畅通无阻。亚历山大一世的亲信波佐·迪·博尔戈对沙皇说："战争的目的是在巴黎。如果你们想战斗，你们就有被消灭的危险，因为拿破仑打仗始终都比你们打得好。他的军队，虽有不满情绪，但是受荣誉感的支持，只要拿破仑还在他们的身边，他们会一直战斗到最后一个人。不管他的军事威力受到多大震动，它还是十分强大的，超过你们的威力。但是，他的政治威力已被消灭了，时代已经变了。军事专制制度在革命后的第二天被当作好事情接受下来了，但现在已经在舆论中死亡了。应该力求用政治方法而不是用军事方法来结束战争。只要你用手指碰一下巴黎，拿破仑就会被推翻，这样，你就折断了你不能从他那里夺来的宝剑。"

在博尔戈的影响下，联军作出了一个决定：利用拿破仑远离在外，直接向巴黎进军。

第二十五章

第一次退位

英雄末路的悲怆

1814 年 3 月，同盟国大军分成两路，声势浩荡地向巴黎进发。他们只留下了一万骑兵，用来监视拿破仑的行动。

当时，他们通往巴黎的唯一阻碍是势单力薄的马尔蒙军和莫蒂埃军。虽然他们英勇顽强地抵抗，但是面对着二十万联军，他们的力量实在是太微小了，如同螳臂当车一般。最后，两军不得不节节败退，最终，联军俘虏了两千五百人，缴获了五十门大炮。

此后，联军没有经过什么抵抗就渡过了马恩河。他们到达了邦迪，随时可以向巴黎发起进攻。

巴黎人在隆隆的炮声中醒来，每个人都慌了手脚，不知道发生了什么事情。此时，联军正像潮水一般从各个方向涌进了巴黎。

巴黎守军进行了几个小时的抵抗，但终究寡不敌众。各处的抵抗都没有什么希望了。莫蒂埃在东北面受到很大压力。在克利希城门，蒙塞和他的国民自卫军只是为荣誉而战。当天下午，马尔蒙眼看自己薄弱的防线已经被敌人包抄过去，在贝尔维尔可能会被截断后路，于是发出了休战的请求。约瑟夫原来就已经被授予了权力，一旦战局无可挽回，就可以请求休战。于是，经过一整天的浴血战斗，这座伟大的城市在不失体面的条件下投降了。

远在特鲁瓦的拿破仑听说了联军突袭巴黎的消息后，马上带领部队向巴黎前进。走那条经由特鲁瓦和枫丹白露、联军根本没有防备的大路，使弗朗西斯二世和梅特涅根本无法从第戎往巴黎送信。他赶到了枫丹白露，在这里，他得知战斗已经在巴黎打响，马尔蒙和莫蒂埃已经撤退，并且与敌军进行了谈判。这个消息令拿破仑暴怒不已，他疯了一样喊道："所有的人都成了无头苍蝇了……快走，应当到巴黎去！只要我不在，人们总是干出蠢事来……多卑鄙的行为啊！竟然投降了！晚了四个小时啊！要是我早到四个小时，一切都可以得救！"

暴怒之后，他又恢复了一贯的泰然自若，他命令科兰古马上到巴黎去与联军议和，尽量拖延时间，他自己则快速地调集所有留在联军后方的部队，打算对巴黎进行大胆一击。他相信只要科兰古的谈判使联军在三四天以内不采取任何决定性的政治措施，他还是能够拯救巴黎的。

此时，拿破仑的意志依然非常顽强，他一定要前进，他要撕毁投降书，打败敌军。

联军进入了巴黎，那些保王党分子此时表现地欢天喜地，他们在大街上游行，兴高采烈地高呼"打倒波拿巴！""波旁王室万世不绝！"而其他的巴黎人却表现得非常冷淡。

亚历山大一世发表了下列宣言："各国君主宣告不再同拿破仑或他的家族的任何成员打交道。他们尊重法国在合法君主政体下存在的领土完整。他们将承认并保证法兰西国家可能选用的任何宪法。因此，他们要求参议院尽速任命一个临时政府处理国家事务并准备符合人民愿望的宪法。"

当科兰古前来与联军议和时，他遭到了果断地拒绝。亚历山大一世对科兰古说，法国已经被拿破仑弄得筋疲力尽，现在这里再也不需要他了。

看到亚历山大一世已经下定了决心，科兰古马上赶到枫丹白露，劝说拿破仑退位，把皇位让给他的儿子。但拿破仑拒绝了，在他看来，与其这么做，不如冒险一搏。他知道，总数差不多还有九千人的老近卫军和青年近卫军，对那些胆敢侵犯巴黎的人都充满了深深的敌意，报仇之心是如此强烈，他们迫切地渴望着打到巴黎去，夺回首都。

1813年4月，拿破仑收到亚历山大一世的一份口头照会，声称除了有关他私人和家庭的事务之外，同盟国不会再与他进行其他方面的谈判。他当时在埃松一线对马尔蒙大喊：处境已经如此艰难，这一仗是非打不可了！他还建议马尔蒙渡过塞纳河袭击同盟军，却忘了，还有一条马恩河拦在前面，而那条河上所有的桥梁都在联军的掌握中。

马尔蒙早就已经看出，他的皇帝现在已经越来越喜欢不切实际的幻想，除非亲眼所见，否则他是不会相信那些困难的存在。所以，当保王党人向他伸出橄榄枝的时候，他就决定投靠到波旁王朝一边。他早就已经背叛了拿破仑。

拿破仑对他的军队进行了检阅，他用坚定的语气鼓舞他们的士气："士兵们，敌人比我们早了三天，现在他们已经占领了巴黎。我们必须把他们从巴黎赶走，从法国赶走。一些可恶的法国人，一些我们曾经宽容过的流亡贵族打起了白旗，投入了敌人的怀抱。这都是一些卑鄙无耻的人！他们将会为自己的新罪行付出巨大的代价。现在摆在我们面前的只有两个选择：要么战胜，要么战死。我们必须誓死捍卫我们的三色旗，二十年来，这面旗一直指引着我们走在光荣辉煌的大道上。现在，是我们保卫它的尊严的时候了！"

拿破仑的这番话令士兵们群情激昂，他们不停地高喊着："巴黎！巴黎！"

然而，元帅们对于拿破仑的这个决定却显得有些犹豫不决。他们认为用这一小支部队去攻击庞大的联军，相当于以卵击石，根本不会得到胜利。除此之外，他们的妻子儿女都留在巴黎，拿破仑的这一举动只会加快巴黎的毁灭和居民的死亡。于是，元帅们纷纷聚集在麦克唐纳周围，请求他前去阻止拿破仑的疯狂决定。

麦克唐纳带着他那疲惫的军团刚刚来到，在众人的支持之下，他去了枫丹白露宫。他刚一进门，拿破仑就迎上来说："事情怎样了？"

麦克唐纳沮丧地回答说："陛下，实在是太糟糕了。"

"糟糕？那么你的部队现在士气怎么样？"

"我的士兵们现在非常低落，巴黎的事情令他们惊恐不安。"

拿破仑又接着问："那你的部队不能参加向巴黎的进攻吗？"

麦克唐纳劝道："陛下，别想这样的事。如果我对部队下这样的命令，他们很可能不服从。"

拿破仑激动地说道："那么该怎么办？我不能继续坐以待毙了，我还有实力和拥护者。据说联军不再同我打交道，好吧，没关系，我要向巴黎挺进，我要报复巴黎人的变心和参议院的卑鄙。这些凑合起来的等待波旁王室返回的政府人员都该死，因为他们的目标就是那个。可是明天我要率领我的近卫军向杜伊勒里宫进发。"

麦克唐纳静静地听着他的话，等到他的情绪终于稍稍平静了一些，他说道："看来您还不知道巴黎发生了什么事情。"说着，他拿出一封关于参议院已经废黜皇帝的信给拿破仑。

拥有钢铁一般顽强意志的拿破仑终于体会到了英雄末路的悲怆。在科兰古和麦克唐纳的劝说之下，他终于决定退位，并且拟定了一个退位公告：

同盟各国既已宣称拿破仑皇帝为重建欧洲和平的唯一障碍，拿破仑皇帝恪守自己的誓言，宣告愿意退位，离开法国，甚至献出生命，以谋祖国的利益，这个利益是同皇太子的权利、同皇后摄政的权利以及同维持帝国的法律分不开的。

写完后，拿破仑对元帅们说："各位先生，你们满意了吗？"

说完，他就像一只困兽一样，在房间里不停地踱着步，走了好几个来回后，他一头栽倒在沙发里，用手拍着大腿，喊道："废话，先生们！我们别管那些，明天进军吧，我们会打败他们的。"

内伊和麦克唐纳竭力使他认清现实，但是他根本听不进去他们的话。等拿破仑发泄完愤怒的情绪之后，他从沙发上站了起来，疲惫地对部下们说："退下。"

元帅们退下之后，拿破仑逐渐恢复了平静。他决定让科兰古、内伊、麦克唐纳三人作为专使前往巴黎，谈判小罗马王继位、皇后摄政一事。

这是拿破仑仅存的一线希望了，他认为，即使弗朗西斯二世不喜欢他这个女婿，他对自己的女儿和外孙总是有一些感情，更何况，路易丝摄政，更有利于维护奥地利的利益。

他知道亚历山大一世倾向于让波旁王朝复辟。这主要应该"归功"于塔列朗。塔列朗早就已经投靠波旁王朝了,他一面说服亚历山大一世恢复波旁王朝,一面召集议员,让他们投票表示推翻拿破仑皇朝,恢复波旁王朝。他在巴黎上蹿下跳,唆使元老院和市议会及保王党大肆活动,为波旁王朝的复辟摇旗呐喊。

六十四名元老院议员紧急集会,选举产生了以塔列朗为代表的临时政府。在市政厅内,省议会和市议会同声谴责拿破仑的所作所为,并投票通过下述动议:"省、市议会宣布正式拒绝服从拿破仑·波拿巴,并表示最热烈地期望由路易十八恢复君主政府。"

元老院议员们将拿破仑罢免了之后,亚历山大一世就接见了他们的代表。然而他仍然强调,一定要在"巩固自由"的基础上建立法国政府。实际上,他一点儿也不同情波旁王室,只不过是向他所谓的"人民意志"低头罢了。

紧接着,亚历山大一世又接见了科兰古、内伊和麦克唐纳,他们一致恳求亚历山大一世接受摄政政体,让三岁的罗马王统治法国。他只用短短几句话就驳斥了科兰古:摄政政体办不到,拿破仑必须无条件退位。科兰古离开之前,亚历山大一世对他说:"向他(拿破仑)保证,退位后,我们会为他提供与他等级相称的生活待遇。告诉他,如果他愿意住在我的领土内,他将受到优待,虽然那些地方的荒芜是他造成的。我永远记得我们两人之间的友情。他也可以占有厄尔巴岛或者其他什么地方。"

此时拿破仑对巴黎发生的一切都一无所知,他只知道,自己必须退位。然而,不管怎样,他都不愿意把自己的国家和事业交给那个讨厌的波旁王朝。小罗马王——拿破仑二世,当儿子出生的时候,作为父亲的他是多么兴奋,他曾狂呼:"本朝最辉煌的时代开始了!"现在,他只有一个愿望,那就是让儿子来继承他的大业。

绝地求生

1814 年 4 月的一天,内伊、麦克唐纳和科兰古行色匆匆地回到了枫丹白露宫,他们向拿破仑汇报了出使巴黎的经过和结果。

对于亚历山大一世的拒绝,拿破仑早就预料到了,所以他既没有暴跳如雷,也没有伤心欲绝,只是对他的部下们说道:"我完全体会到你们为我所做的一切以及你们为我儿子请命的热情。他们要我完全而无条件地退位,很好。我再次授权你们代表我行事,一切都拜托你们了。"

这天晚上,拿破仑一刻也没有合眼,前半夜,他一直在房间里焦躁地踱步,后来,他找来科兰古,与他进行了长谈。此时拿破仑已经得知了他的得力干将马尔蒙投靠联军的消息,对于马尔蒙的背叛,拿破仑感到愤怒不已,他对科兰古说:"这个倒霉的人不会知道什么在等着他,他的名字已经蒙受了耻辱。请相信我,我不是在想着自己,我的生涯已经结束了,或者接近结束。然而,如果现在我能统治那些被弄得疲惫不堪的、准备献给别人的心灵,我将会多么满足啊!……我想到法国,如果这些傻瓜不出卖我,我将在四个小时之内恢复它的伟大,因为,请相信我,联军待在现在的位置上,即以巴黎为后方，面对着我，那是要毁灭的！如果他们退出巴黎以避免这一危险，那他们就再也不能回到那里去了。……这个倒霉的马尔蒙使这个美妙的结束成为不可能了。当然，他有继续作战和奋起的方法。各处都有消息传到我这里来，说在洛林、香巴尼和布尔戈尼厄，农民消灭了一些单独的敌军队伍。如果波旁王朝的人出现的话，天知道什么东西会跟在他们的后面。波旁王室——这是外部的和平，内部的战争。请看他们一年后会把国家变成什么样子！……然而，在目前，需要的不是我，而是另外的某种东西。我的名字、我的形象、我的剑，所有这一切都引起恐惧。必须投降了。我去召见元帅们，你会看见，当我使他们脱离困难的境地，让他们像马尔蒙那样做，同时又不失去荣誉的时候，他们会高兴的。"

东方刚刚露出曙光，拿破仑就把元帅们召集到身旁，向他们宣布退位的决定。他写了正式退位书：

同盟各国既已声称皇帝拿破仑是确立欧洲和平的唯一障碍，忠于其誓词的皇帝拿破仑宣布，他和他的后代放弃法国和意大利的王位。为了法国的利益，他愿意牺牲个人的一切，甚至生命。

随后，内伊、麦克唐纳、科兰古三人将这份退位诏书送往巴黎。此时，亚历山大一世和他的盟友们正在焦急不安地等待着拿破仑的答复。一直到现在，他们还害怕这只被困在牢笼里的雄狮会冲破铁槛，向他们张开血盆大口。当他们接到退位诏书之后，一直悬着的心终于落了下来。

他们马上让元帅们把同盟国的条约定本转交给拿破仑签字。同盟国的条件令拿破仑痛苦万分，他们把厄尔巴岛划给他，把巴马、皮亚琴察和瓜斯塔拉三个公国划给他的皇后及其后嗣。拨给他二百万法郎作为年金，夫妻各半。他们将保留皇帝和皇后的称号，但是他们的儿子将称为巴马公爵。等等，波拿巴家族的其他成员则分享二百五十万法郎的年金，这一笔和前一笔款项均由法国支付。允许四百名士兵跟随他前往厄尔巴岛。对于欧仁，将在法国以外给予"适当的基业"。

拿破仑不愿意接受这样屈辱的条件，所以，一连几个小时，他都没有在协定上签字。然而，此时反抗已经失去了意义，他的几个部下，乌迪诺、维克托、勒费弗尔，最后还有内伊和贝尔蒂埃，全都投靠了保王党人，就连士兵们，也开始动摇了。

然而，尽管如此，他依然在进行着激烈的心理斗争：作为法兰西皇帝，他怎么能够从同盟国手里接受钱财呢？他怎么能看到他的法兰西帝国，现在变得如此渺小呢？

一度，拿破仑还期待着能够与妻子、儿子团圆，在厄尔巴岛或在意大利过着显贵般的生活。但接下来的消息却差点击毁了他的信念：他的妻子路易丝已经去了朗布伊宫，准备接受同盟国的帮助。拿破仑知道路易丝十分软弱，也许用不了多长时间，她就会被奥地利控制。

拿破仑绝望了，从此之后，他再也看不到路易丝了，也看不到他们的儿子了。一想到这，他就产生了自暴自弃的念头。两个星期来，每过一天，总有一个幻想要破灭。他本来打算自己退位，让儿子继承自己的皇位，但是却没能如愿。他以为能跟儿子团聚，但是别人却把他夺走了。士兵们全都军心动摇，将领们一个个弃他而去。同盟国的那些君主们现在可以任意揉捏他，他们想尽办法让他出丑……

拿破仑心灰意冷地在协定上签了字，然后，他拿出了在征俄战争中从医生那里要来的毒药，毫不犹豫地吞下了它。

毒性很快就发作了，身边的侍从们不知道发生了什么事情，打算去找医生，但拿破仑却阻止了他们。痉挛的发作越来越强烈，仆人们不再听他的劝阻，跑出房间叫来了医生。医生一看拿破仑的样子，就马上明白了过来。

最终拿破仑还是没死成，他抱怨医生给他的毒药药性不强，请求他再给他一些，但医生怎么会答应这样的请求呢？拿破仑拒绝服用解毒剂，痛苦一直持续了很长时间才结束。在剧烈的抽搐中，拿破仑说了这么几句话："要死去是多么地困难啊！而在战场上死去又是多么容易啊！为什么我没有在战场上被打死！"

他要求他的仆人们不要把这件事向任何人提起，自杀并不是什么光彩的事，尤其是对他这样一个人来说。更糟糕的是，这还可能给他的儿子带来麻烦，他必须尽自己所能保护小罗马王。至于退位，他没有为自己提出条件。但为亲眷们，为所有和他亲近的人，包括手下的仆人，他都详细地一一提出条件。玛利亚·路易丝和小罗马王将得到巴马公国。约瑟芬每年可以得到一百万法郎的年金。波拿巴家族的所有亲王、公主都得到了丰厚的一份财富，欧仁在国外获得了一座豪华的府邸。在拿破仑代表（麦克唐纳和科兰古）的强烈要求下，亚历山大表现慷慨，拿破仑成了厄尔巴岛的君主，年俸两百万。他可带走原卫队的一个营的人马，"以保证他的荣誉和安全"。

这几个月以来，虽然玛丽·瓦莱夫斯卡一直没有与拿破仑见面的机会，但是她一直在思念着她的情人。当她知道拿破仑在枫丹白露宫过着痛苦的生活时，她主动来到这里看望他。拿破仑把她请进了房间，但是却一直在一个人想心事，几乎把她忘在了脑后。于是，那个痴情的女子只好坐在一边，静静地看着他，一直坐了好几个小时。

清晨，玛丽终于拖着僵硬的身体离开了枫丹白露宫。因为担心被路易丝知道，她趁着天还黑着就悄悄钻进了自己的马车里。她不希望引起路易丝的妒忌，因为这有可能会导致路易丝对拿破仑的报复。她爱拿破仑，一切事情都从他的角度来考虑。

她离开之后，拿破仑才想起了她，他痛苦地说："可怜的玛丽，她会以为被遗忘的……我做得真不该。可我要想的事太多了！"

没过多长时间，玛丽给他写了一封信，拿破仑马上给她回信，告诉她，等他把一切安排好，他希望能和她再见一面。

同一天上午，拿破仑还收到了路易丝的一封信。路易丝在信中写道：

我希望自己能保护你，使你免遭不幸，希望能够帮助你……我们之间相隔千里之远，我对此深感痛苦，只要见不到你，我的痛苦就会一直存在……我时刻想念你……一想到你现在的悲伤处境，我就感觉心都碎了……我请求你永远不要怀疑我作为忠诚的伴侣你的一片真心。

路易丝的性格一向软弱，拿破仑虽然也曾想让她去说服弗朗西斯二世，但却从来没想过从她那里找到支撑自己事业的支点。就算他现在正陷入痛苦与绝望的状态中，他也愿意独自承受，他是一个真正的男子汉，就在他最痛苦的时刻，他还一再安慰这个软弱的女人：

我已经收到你4月1日和4月2日的信，希望你的疲劳能够被今天布卢瓦的消息驱散。我很担心你的健康状态，怕你思虑太多，总把事情想得过于严重而让自己经受不住，你的身体是我一大心事。我希望你能鼓起勇气。保重身体。亲吻你以及我们的儿子，一定要永远相信我对你的爱恋之情。

审计员硝拉维契尼刚刚抵达，我也收到了由他带来的你的消息。你可以：1. 留在布卢瓦。2. 向我这派遣一个你愿意派来的人，一切由你自作决定。3. 发表公告，召集会议，就像巴黎临时政府做过的那样。4. 给你的父亲写一封态度强硬的信，把你和我们的儿子托付给他照顾。并且派卡多尔公爵去维也纳。告诉你父亲，是时候由他来帮助我们了。再见，吾爱，多多保重，一切属于你。

已收到你7日的信。很高兴，你的身体健康比我想象中好。忧愁最是伤人啊！而你最近操心太多了。现在我们已经达成停火协议，俄国沙皇的一个副官将去接你并护送你来到我身边。但是，在此之前，我已经派人告诉你，要你留在奥尔良，因为在科兰古和盟国迟迟没有谈妥协议细节以前。我自己都一刻也不想留在这里。俄国人提出愿意让我持有对厄尔巴岛的主权，所以我必须留在这个岛上。而你得到了托斯卡纳，以后由我们的儿子继承。这将使你我同在一起。而且，只要你愿意，你可以住在令人愉快的、有利于你身体健康的国度里。但施瓦岑贝格却以你父亲的名义反对这一做法。看来你的父亲是我们的敌人。因此我不知道他们到底作出了怎样的安排。我感到非常愧疚，我除了能分担你的不幸之外，一无所有。如果不是担心你难以承受或者更加痛苦，我都想死在这里。如果孟德斯坞夫人愿意一直照料罗马王并将其带大，她可以这样做。

不过，她不用无止境地奉献自己。我估计梅斯格里尼夫人将要返回巴黎。不知公爵夫人有什么打算。但，我想她愿意先陪伴你。你应让人拨一百万的款项给约瑟夫国王。给路易国王、热罗姆国王、我母亲皇太后、波利娜公主、埃利兹公主分别一百万，总共六百万。请立即下令让有关部门付款。让我的几个妹妹去马塞几尼斯，现在就上路，让她们取道里慕尔。这样，希望能够减少你的难堪。你的枢密官和大臣们可以返回巴黎。在你马车上给自己和小罗马王分别带上一百万金币。请拟订一份减少宫廷成员的计划交给我，只需要留下那些愿意在宫廷里服务而且必需的人员。你需要两个侍候的宫女就够了，旅行起来也方便带上她们。博阿尔内和阿尔多布朗迪尼随后就会来，他们的薪俸请照常支付，包括那些将随你远行的人员的薪水，请一直支付到7月1日。我们将乘宫廷马车队或骑马旅行。

再见，我温柔的路易丝。我为你难过。请给你的父亲写信，让他把托斯卡纳归于你的名下，至于我自己，除厄尔巴岛外，别无他求。再见，我钟爱的。我怜惜你。吻你以及儿子。

接到你的来信，我感受到了你的种种烦恼，我唯一受不了的就是看到你悲伤痛苦，请振作精神，鼓起勇气，渡过困境。今晚我会告诉你已经达成的协议和安排。给予我的是厄尔巴岛，而你和儿子得到的是巴马、皮亚琴察和瓜斯塔拉。也就你的领地有四十万人口，每年收入为三百万到四百万。当你开始厌倦厄尔巴岛、开始厌倦我的时候，至少还有一幢宫殿、一个美丽的国度供你居住。有一天你一定会厌倦我的，因为我年龄比你大，你现在还这么年轻。梅特涅在巴黎，我不知道你的父亲在什么地方，或许你在半路上遇到了他。如果你注定不能得到托斯卡纳，请他将卢卡公国，玛萨、卡拉拉和附近地区交给你，使你的公国有个出海口。我将派富勒去筹办行装什物。等到这里的事情一结束，我就去布里阿。

我们可以在那里团聚。我们一同取道莫兰、香贝里去巴马，然后在拉斯培西亚乘船。一路上由阿尔多布朗迪尼护送你。我同意你对小罗马王所作的所有安排。如果波贝尔夫人来，她将是照顾教导罗马王的最佳人选。我身体很健康，还有充足的勇气。如果有幸得你同甘共苦，能以与我共患难而感到幸福，我就是锐气不减当年了。再见，吾爱。我想念你，你的忧伤压得我心情沉重，愁绪难遣。一切属于你。

上午刚收到你11日的信。对于你的烦恼，不安和健康状况我感到万分心痛。请告诉我，你认为我们同去巴马的计划合适吗？你可以从那里再去卢卡或比萨的矿泉。可以事先问问科维扎这两个矿泉哪个更合适。博塞将递交此信。你还可以接到我今晚准备写的另一封信。科兰古今晚应该会回来，待他回来后我将再给你写信。我身体健康，意气昂扬！你为什么不能像我一样勇敢呢？我真想分给你一点我的胆量和勇气。你的来信充满着你的柔情爱意，使我深受感到，它们给予我慰藉！我希望我的信也能像你写的那样动人。我得给梅内瓦尔写一信。再见，我钟爱的路易丝。我所有的不安都是因为你，我自己倒无所谓。一切属于你。

已接到你的玉札。我赞同你去朗布依埃，在那里你会与你的父亲团聚。在我正逢厄运的时候，这应该是你唯一的慰藉了，这几天以来，我一直在盼望这个时刻。你的父亲被引入歧途，竟然如此虐待我们。

不过他对你和儿子仍然会是慈爱的父亲。科兰古已经到达这里。昨天我已在保证你儿子命运的条约上签了字，并将其寄给了你。别了，温柔的路易丝，你是我在人世间最亲爱的人。我所遭遇的磨难和挫折之所以令我痛苦，皆因为它们使你不幸。希望你终生爱着你的丈夫。吻你的儿子一下。再见，我的路易丝。一切属于你。

既然上帝（过去我一直误解其意志）作出的裁决不利于我而有利于我的敌人，加上没有兵力、金钱和军火，我再也没有违抗它的能力去作战，我也不能使其屈从于我的意志。我不得不屈从于武力……

我为你选择的做法感到高兴：不应该在别人窃据的皇帝宝座下等待你的父亲到来。我们可以被那些曾经竭力抬举我们的人贬黜，但我们永远不能妄自菲薄，贬低自己……

我不知道你的未来是什么样的，但是无论是吉是凶，我很难相信命运还允许我们在一起。每次想到这里，我便五内俱焚。在上天给予我的所有惩罚中，最最残酷的，莫过于你离我而去……，我只想责备你一点：为什么你在过去不能给我劝诫，不能帮我出出主意？你害怕我，而你却说爱我！

巴荣带来了你 4 月 18 日的信。我将派他回到你身边进一步打听消息；接着他将去布里阿找我。

我明天晚上准备在布里阿过夜。他将告诉我你和亚历山大皇帝会晤的详细过程。对于你要去接受这样的访问，我表示同情。幸亏他这个人倒是既机智而又圆滑老练，我估计他只会捡好听对你说。不过我真的为你去接见普鲁士国王感到委屈。即使不是有意的，他也可能对你说一些不合时宜的话。非常抱歉，你明明应该去那些矿泉的，而你现在却远离它们。总之，希望你善自珍重，用无愧于你的地位和身份的坚定、勇敢的信念来面对不幸。再见，亲爱的路易丝。一切属于你。今晚我将派小孟德斯鸠去你那里。

应小孟德斯鸠的母亲的要求，我特派他回去，并委托他带上这封信。他会告诉你我的情况。明天早上九点我将启程，晚上住在布里阿。希望晚上在那里能收到你的信。我将沿纳维尔莫朗、里昂和阿维农一线而行。

对于几天都接不到你的信我感到非常遗憾。我希望你鼓起勇气，保证你和我的身份及生命的荣誉，请无视最近的厄运带给我们的严重打击。亲吻我们的儿子，请照顾好他。再见，我温柔的爱人。终此一生都属于你。

在拿破仑最为绝望，甚至想自杀来了断自己的一生时，他依然坚持写信给他的妻子，希望她能"快乐起来""坚强起来"，然而，他注定要失望的。路易丝最终也没能来看他。她原先已经准备出发了，但是她的父亲却不准她来，她只好打消了这个念头。

路易丝毕竟是一个软弱的女人，一直以来，她只习惯于从丈夫那里得到荣耀和安慰，却从不懂得自己也应该为丈夫的命运承担一份责任。

再见法兰西

动荡不安的战争局势，令德茜蕾的心备受煎熬。当同盟军攻占巴黎，贝尔纳多特作为胜利者与她重逢时，德茜蕾不知道自己应该因为拿破仑的失败而感到痛苦，还是为丈夫的胜利而欢呼雀跃。

德茜蕾虽然与贝尔纳多特在一起生活了多年，却始终没有看清他的真实面目，不知道在他庄重严肃的外表下面，隐藏着多么可怕的野心，更不知道，他现在所说的那些冠冕堂皇的言辞，其实只不过是为了掩饰他对拿破仑的仇恨与嫉妒。对他来说，报复拿破仑和实现个人野心这两者是不可兼得的。如果他公开做了前者，那么就一定会遭到法国人的鄙视和仇恨。所以，他把莫罗拉进了自己的队伍中，让他在前面冲锋陷阵，而他自己，却躲在莫罗的背后煽风点火。

这种鬼鬼祟祟的行为早就已经引起了同盟国各国君主的不满，就连亚历山大一世对他也有了一些牢骚。于是，贝尔纳多特只好把自己的野心精心地藏起来，与塔列朗一起，为波旁王朝的复辟而四处游说，如此一来，至少还能狠狠地打击拿破仑，以满足他的病态心理。

然而，不管此时的巴黎正在发生着什么，拿破仑都已经无暇顾及了。现在的他内心非常平静，就像被一场大暴雨冲刷过的天空一样，他重新找到了安宁。

当然，有的时候他也会伤感不已，尤其是当他在枫丹白露生活期间，除了他的情人玛丽曾经来探望过他之外，他的亲人们，没有一个来这里看他。他的母亲莱蒂齐亚被舅舅费什带到了罗马，约瑟夫、热罗姆、波利娜和奥坦丝统统都把他忘了。他的仆人也抛弃了他，有的人在离开之前还乘机捞了一把，偷走了他的一些贵重东西。现在他身边只有几位对他忠心不二的朋友，马雷、科兰古、德鲁奥、贝特朗、康布罗纳。

1814 年 4 月，拿破仑在枫丹白露宫与近卫军告别，他动情地对一直追随着他的部下们说道：

将士们，许多年来，你们跟随我南征北战，创造了一个又一个辉煌的战绩，事实已经证明，你们是勇敢和伟大的。但我却要离开你们了，我是为了法国人民退位的，我不愿意让法国人民在自己的家门响起炮声。我退位之际，希望你们在享受和平安宁之时，不要忘记继续为法国人民效劳。我们虽然要分别，但我的心会跟你们在一起为了法国而生！再见了，我的孩子们！我会想念你们的。

说到这里，他已经无法自抑，眼泪直流。他一一拥抱着他的将士们，而将士们也哽咽着拥抱了他们的皇帝。

最后，拿破仑回头看了一眼他所热爱的这片土地，向它深情地告别：再见，法兰西！他忍住热泪，踏上了马车，头也不回地向着他的目的地——厄尔巴岛出发了。

第二十六章

流放厄尔巴岛

流放之路

拿破仑与近卫军告别之后，离开了枫丹白露宫，在俄国、奥地利、英国、普鲁士各国的监护使和一千多名骑兵的簇拥之下，向着厄尔巴岛进发。

跟随他一起出发的有贝特朗、德鲁奥、财务官帕吕斯、波兰少校热尔兹马诺弗斯基、一名财产管理人、一名秘书、两名宫廷军需、一名医生、一名药剂师、两名厨师、两名随身男仆、一名铁匠、六名仆人、跟班和马车夫。负责把他送往厄尔巴岛的是俄国将军亚历山大·苏沃洛夫、奥地利将军冯·科勒、普鲁士将军瓦尔德布·特吕卡瑟斯以及英国上校尼尔·坎贝尔爵士。

途中，拿破仑先后经过了布里亚尔、纳威尔、罗阿那，每到一个地方，都会受到当地人民的热烈欢呼。一路上，他的心情非常平静，一点儿也看不出沮丧与失落。

然而，过了里昂，迎接他的欢呼声就逐渐变成了带有敌意的叫喊声。在瓦朗斯，他竟然遇到了他过去的老部下奥热罗。他亲热地拉着奥热罗的胳膊，问："你这是要到哪里去？"

奥热罗回答说要去里昂，然后对他表示了问候："陛下，您还好吧？你这是要去哪里呢？"

拿破仑摇摇头，说："我打败了，现在要去厄尔巴岛，或许会在那里度过我的余生。"

奥热罗直截了当地对他说道："陛下的狂妄野心断送了法国的前程，也使无数士兵作了不必要的牺牲。"

奥热罗的话令拿破仑非常生气，他把头上的帽子摘下来，愤怒地扔在奥热罗脚下，然后登上了马车。

里昂之后，所经过之处，当地居民的敌意越来越浓。拿破仑到达阿维尼翁驿站，一群怒气冲冲、拿着武器的人守在他的必经之路上，想阻止他继续前进。他们大声喊着："打倒暴君！他不配活着！"在骑兵的护卫之下，拿破仑才得以安然通过阿维尼翁。

在奥尔贡的经历也令人非常不快。在拿破仑到达这里之后，当地人就把他的画像悬挂在广场上的一棵树上，上面涂满了猪血，还打着巨大的叉号。拿破仑的马车越来越近，当地人马上奋不顾身地冲了过来，用石头和木棍敲击他的马车。马车寸步难行，拿破仑只好下车，在人们的怒吼声中观看自己的肖像被烧毁。外国代表们对拿破仑的遭遇也深感同情，于是他们加快了换马的时间，使他尽快到达目的地。

快要到达距离奥尔贡的下一站王族桥时，拿破仑预感到，在那里，他可能会遭到人们的暴力骚扰，于是就让贝特朗代替自己坐在那辆马车里，而他自己则穿着一件宽大的蓝色宽袖外套，戴着一顶圆帽，骑着马，扮演起了驿夫的角色，身边只跟随着一名驿站马车夫。

这位其貌不扬、风尘仆仆的"驿夫"骑着马在路上奔腾时，根本没有人注意到他。他是那么不起眼，人们根本没有料到，他竟然是皇帝，就在不久之前，他还在礼炮声和欢呼声中，通过凯旋彩门，进入一座座城市。

在拉卡拉德的一个供运货马车夫歇脚休息的客栈里，他与老板娘进行了交谈。老板娘问他在路上有没有遇到拿破仑，因为告示上说他要从这里经过。拿破仑轻轻地摇了摇头。老板娘一边说一边激动了起来，她断言，这个"魔鬼"不会活着到达他的厄尔巴岛，假如他在到达登船港口的路上没有被杀死，那么最好在航行途中被扔进大海，喂了鱼虾。

过了一会儿，她在石磨上磨起了刀，把一把菜刀磨得十分锋利，得意地让拿破仑用手指试刀尖，冷笑着对他说："看！我磨得多快！要是一会儿有人想用，我倒是不介意借给他，这把刀肯定会干脆利索！"

拿破仑不解地问道："你为什么这么痛恨这位皇帝，他做了什么事情？"

老板娘高叫了起来："难道你还不知道吗？就是因为这个魔鬼，我的儿子，我的侄子，还有那么多的年轻人才送了命！"

老板娘的这番话深深地触动了拿破仑，他一动不动地坐在那里，沉默着，就像是一座雕像。半个小时后，他的车队赶来了，外国代表们走进餐厅，发现拿破仑的眼光里蓄满了泪水。老板娘听到他们叫他"陛下"时，才知道自己眼前的这个人正是那个"魔鬼"，她一下子被吓得魂不守舍。

拿破仑到来的消息很快就传得沸沸扬扬，为了亲眼看到他，很多人从距离这里两公里外的埃克斯赶了过来。客栈前的小路上挤满了人，拿破仑只好在客栈了待了整整一天，哪怕是夜里，也不敢出门。

拿破仑来到布伊杜城堡，在那里，他见到了久违了的妹妹波利娜。波利娜一看到他就忍不住哭泣了起来，她激动地亲吻着哥哥的手，抚摸着他的脸。这场兄妹久别重逢的场面几乎感动了周围的所有人。波利娜坚持要和他一起去厄尔巴岛，拿破仑同意了她的请求，并且为能在岛上有一个忠诚的人交交心而感到幸福。

第二天，在波利娜的坚持下，拿破仑出发到圣拉斐埃尔，在那儿与随行人员一起登上了"无畏"号战舰。

海上的艰苦航行一直持续了四天。四天后，他们抵达了厄尔巴岛的波托费拉约港。当地居民们得知他的消息后，自发前来欢迎他，因为他们以为他带来了巨大财富，将会把他们的小岛建成一个美丽的天堂。

在拿破仑出发来到厄尔巴岛之前，还有一支队伍踏上了同样的行程，那就是他的老卫兵队。

战败的拿破仑众叛亲离，他的妻子、兄弟似乎都已经忘记了他，从前的元帅们和辉煌时期的亲密战友们在竭力说服他退位后，都不辞而别。就连一直跟随他的贴身男仆，也在偷了他的一些财物后仓皇而逃。唯一对他忠心耿耿的，就是他的老卫兵队了。他的最后一支队伍，在他流放厄尔巴岛的历史中，书写了辉煌的一页，为他打了最漂亮的一仗。

这些老兵们，没有得到过什么功名利禄，也没有像其他人一样在战争中大发横财。他们曾经跟着拿破仑踏遍欧洲的每一个地方，忍受着饥饿和寒冷，风餐露宿，过着没有食物、没有衣物、也没有栖身之处的生活。然而他们却始终忠诚于皇帝，从来没有想过要背弃这位英雄末路的皇帝。当他们得知，拿破仑要在他的卫队中挑选"四百名军官、士官和士兵的志愿军"，以组成他在厄尔巴岛上的卫戍部队时，就争先恐后地向他请求，一定要让自己与他一起分享流放的荣誉。因为申请的人实在是太多了，拿破仑根本无法抉择。

关于此事，还曾经发生过一个小小的插曲：一天，当拿破仑在花园里独自散步时，一位穿着军装的骑兵走了过来，对他说道："陛下，我真切地希望您能为我主持公道，我服役已经有二十二年的时间了，我以前得到过一些勋章，然而，我却发现，在卫戍队的名单上并没有我的名字。我认为这是对我的一种侮辱！如果谁想亏待我或者歧视我，我会用鲜血来告诉他，这是绝对不被允许的。"

拿破仑惊奇地问道："你愿意跟我一起走？你可要想清楚，那里的日子可一点儿也不好过。"

骑兵坚定地点点头，回答道："皇帝，这不是愿意不愿意的问题，我希望得到的只是我的权利和荣誉。"

拿破仑继续劝他："但是你想过吗？一旦你跟我去了那里，就必须离开你的亲人，而且也不得不放弃晋升。"

"我会主动要求向您推迟给我晋升……其余的一切，我都可以放弃……至于亲人，将军，二十二年来，您已经成了我的亲人。如果您还记得的话，我在埃及的时候就是您的号手了。"

拿破仑和蔼地说道："好吧，你到我这儿来，我的孩子，我会把你的名字加上去。"

最终，为了避免发生争吵、斗殴和绝望的举动，拿破仑不得不把这支卫戍队的人数增加了一半。

1813 年 4 月，拿破仑离开枫丹白露宫的一周之前，这支卫戍队带着拿破仑的装备和军需先行出发了。六百名默默无闻但是却注定会永垂不朽的老兵，在康布罗纳将军的率领下，迈着矫健而又坚定的步伐，开始了这次长达三百公里的英勇远征。

他们泰然自若、庄重严肃地穿过敌军占领的城市，这支令人望而生畏的部队，使农民们最后一次呼喊"皇帝万岁！"人们目瞪口呆地看着这支伟大的队伍经过自己的小镇，那些原先趾高气扬的外国士兵们也纷纷躲开，因为他们的英勇与骄傲会让他们相形见绌。

他们从篷德博瓦赞进入萨瓦省，经过尚贝里、蒙梅里昂、圣让·德莫里那纳和朗斯勒布尔，登上瑟尼峰，始终护卫着四门大炮，二十七辆马车和皇帝的坐骑。谁也不知道，这些勇士们在征途上过着怎样的生活。他们不知道自己要被带到世界的哪一个角落里去，对于他们的目的地厄尔巴岛，他们一无所知。但他们却说："我们不知道我们要去哪里，但我们知道我们将和皇帝在一起，这就足以使我们心满意足了。"

经过了长途跋涉，他们终于到达了波托费拉约港。

拿破仑亲自赶到码头迎接他们，他高兴地站在队伍最前面，与那些忠诚的老兵们倾心交谈着，他拥抱了康布罗纳，对他说，他们终于团聚了，一切都过去了。

厄尔巴岛的国王

厄尔巴岛是位于意大利中部托斯卡纳大区西边海域的一个岛屿，面积大约为二百平方公里，只有一万多人口。从中世纪起，这个小岛曾经分属比萨、热那亚、西班牙、意大利等国。这个岛盛产金枪鱼等多种水产品。岛中群山巍峨，奇峰林立，最高峰达到海拔一千多米，气势壮观，而且山上多是野花蔓生，果枝累累，是一个很有情调的小岛。

根据拿破仑与同盟国签订的《枫丹白露协定》，他可以保留帝号，但是活动范围及主权都被限制在这个小岛上。

1814 年 5 月，当他乘坐船只靠岸的时候，厄尔巴岛上的所有地方官员都前往迎接，并将城镇的钥匙交给他，向他表示欢迎的诚意。当地老百姓对拿破仑的到来也表示热烈的欢迎。

对于一个曾经拥有过欧洲霸权，在最豪华的宫殿里生活过多年的人，厄尔巴岛的条件实在是太差了。所幸的是，拿破仑从来都不太在意物质生活，最开始几天，他对岛上的生活还是比较满意。

拿破仑选中了位于这座岛上最高处的"磨坊"别墅作为自己和家人的住处。这幢别墅是由佛罗伦萨地方统治者梅迪奇于 1724 年修建的。拿破仑从法国请来木工、泥瓦匠、画家和装饰匠，把它整修成名副其实的别墅"宫殿"，住在里面既舒适又安全。他把自己的客厅、图书室、卧室等安排在一楼，让妹妹波利娜和母亲一起居住在楼上。

在厄尔巴岛，他组建了一个微型国家，修缮了海港，还组织了一支小舰队。他开辟公路，整顿铁矿的开采，开发当地的矿产资源。在他的督促之下，由六百名近卫军士兵组成的卫成部队仍然保持着每天训练的习惯，他们的体魄更加健壮，斗志也始终旺盛。他还组建了一个随从班子，贝特朗出任大元帅，德鲁奥为军事总督，康布罗纳为近卫军司令，佩鲁斯为总监督员。四名内侍从地方显贵中选定，还另外挑选了三十五名仆人和一百匹马。

每天早上，拿破仑都会骑着马在岛上的小路上奔驰，身后跟着几位军官。在这里，他的活动比以前任何时候都频繁。

拿破仑经常会在岛上举办一些聚会，出席的宾客并不多，为了烘托气氛，拿破仑特意邀请了五十多名当地有产阶级和商界的妇女，她们的穿着土里土气，举止也非常生硬，好在，有几位女士长得还算清丽动人。拿破仑庄重地在这批他幻想中的显贵们中间踱来踱去，与那些"尊贵"的客人们交谈，仿佛又回到了过去在杜伊勒里宫的生活。

拿破仑尽自己最大的努力，在这个破败的小岛上营造出过去皇室的气派，用来取悦陪着他来到这里的母亲和妹妹波利娜。

在厄尔巴岛，拿破仑与母亲莱蒂齐亚在一起的日子多了起来。傍晚，他经常带着母亲乘坐马车欣赏海边的风光，然后陪着她一起吃晚饭，晚饭后还会陪她玩一会儿纸牌。夏天炎热的时候，拿破仑还与莱蒂齐亚一起到马西亚纳避暑，住在山下的一个小村庄里。

莱蒂齐亚太太不管是在走运还是在落难的时候，都一如既往地保持着淡定谨慎的处事风格。她在身边对拿破仑是个安慰。这位面容严肃、双目一动不动的老人现在是唯一能理解他的亲人，然而，遗憾的是不能给他带来他十分需要的活动和欢乐。她整天都沉默着，很少说话。

波利娜，曾经在帝国时代以轻浮而又放荡著称的"珠光宝气的公主"，竟然放弃了意大利的奢华，来到厄尔巴岛陪着拿破仑过着寂寞的生活。她崇拜她的哥哥，愿意与他一起分担苦难。

但是拿破仑对她的管束依然非常严厉，他不允许波利娜佩戴钻石，因为这对于厄尔巴岛的普通平民来说，实在是过于闪耀了。他希望波利娜穿色彩鲜艳一些的衣服，一旦她穿黑色或者白色的衣服，他就会要求她换衣服。在拿破仑举办的各种宴会里，波利娜都是当之无愧的焦点，很多男人都向她大献殷勤，拿破仑经常因为这训斥她。然而，实际上他对波利娜是非常满意的，是她的陪伴，帮自己从孤独与寂寞中解救了出来。

在厄尔巴岛，拿破仑曾经有过几次小小的艳遇。一位在厄尔巴岛服役的意大利军人的妻子首先进入了拿破仑的视线。她长得娇俏动人，但是却天生轻佻，很快就得到了拿破仑的欢心。不过，她与拿破仑之间的关系并没有持续多长时间，不久之后就结束了。后来，拿破仑又喜欢上了贝里尼夫人，她不是个美人，但是却自然有一种风流的气质，而且她的凡丹戈舞和霍塔舞跳得出神入化。

厄尔巴岛的单调生活，很快就令拿破仑感到厌倦。他更加思念起他的妻子和儿子，他给路易丝写信，希望她早点来与自己相聚，然而，他没等来路易丝，却等来了他的波兰夫人玛丽·瓦莱夫斯卡和他们的儿子小亚历山大。

玛丽先是派弟弟拉辛斯基来厄尔巴岛请求拿破仑允许她前来探望。玛丽的请求深深打动了拿破仑，他一直后悔在枫丹白露宫没有好好招待她。最终他答应了玛丽的请求，但是要求她在来的路上一定要格外小心，以免走漏了风声，如果路易丝知道这件事之后，可能会从中作梗。

1814年9月，拿破仑来到马西亚纳，在那里接待了玛丽。玛丽带着小亚历山大在码头上登陆，贝特朗把她接到了拿破仑的住处。拿破仑亲热地亲吻着玛丽的手，然后又高兴地亲了亲他的儿子。虽然他与小亚历山大相处的时间并不多，但是他对他的舐犊之情却丝毫不减。

拿破仑仔细地打量着小亚历山大，他比小罗马王大一点，两个人长得非常像。小亚历山大的眼睛像玛丽一眼湛蓝纯净，他的头发是金黄色的，一圈圈挂在肩上。但是他的脑袋却与拿破仑如出一辙，只要一看到他那没有光泽的面色和嘴巴，就知道这一定是波拿巴家族的人。

拿破仑的波兰夫人已经变了，她现在已经二十八岁了，成了一个成熟的妇人。她清秀的面孔变得饱满了，性格也更加坚强了。她对拿破仑的感情也发生了变化，不再是一种崇拜式的爱，而是在温情中饱含着怜悯与同情。在他尽享成功的荣耀与幸福之时，她在距离他很远的地方默默地看着他，但是在他落难的时候、众叛亲离的时候，她的心反而与他更近了。

玛丽向拿破仑请求，让她留在他身边。但是拿破仑却毫不犹豫地拒绝了这个请求，因为她在岛上会引起丑闻。玛丽失望地离开了厄尔巴岛，启程前往那不勒斯。拿破仑请她帮忙给缪拉带个口信。此时，他已经原谅了缪拉的背叛，他知道人的软弱，也知道缪拉还能为他出力。但是，他希望缪拉等待命令，不要轻举妄动。

玛丽在来厄尔巴岛的时候带来了她的所有首饰，临走之前，她想把这些首饰留给拿破仑，但是他却坚决拒绝了，他不愿意接受玛丽的"施舍"，相反，他还给了玛丽一张六万法郎的支票，以供她在路上的开销。

温柔善良、美丽可爱、有思想、有担当的玛丽·瓦莱夫斯卡，拿破仑的波兰夫人，才是真正值得拿破仑去爱的女人。当路易丝与别的男人鬼混在一起拒绝履行自己作为妻子的职责时，玛丽却始终对他保持忠诚，并且不远千里赶到厄尔巴岛来探望他。而此时，他的妻子——路易丝皇后，又在做什么呢？

路易丝的变节

在厄尔巴岛，拿破仑一直热切地期盼着路易丝能够带着儿子来与自己相聚，他希望能亲自将儿子抚养长大。

在离开枫丹白露前几个小时，他还曾经无限眷恋地写信向路易丝告别：

我今天将要启程离开枫丹白露宫，晚上在布里阿投宿，明天早上就不在圣持罗佩停留了。博塞将把这封信带给你。他会告诉你关于我的一些情况，并证明我的身体状况还不错。但愿你身体也很健康，能和我早日团聚。孟德斯鸠今天早上两点动身，现在应该已经到达了。昨天没有收到关于你的任何消息。希望宫廷人侍长（博塞）今天晚上就能回这里来，能带来你的一些消息，再见，亲爱的路易丝！请相信你丈夫的勇气、坚贞和对你的爱。

但是路易丝并没有收到这封信。

一到厄尔巴岛，他又急切地给路易丝写信：

我们在海上航行了四天，一路上风平浪静，毫无波澜。我没有任何不舒服的状况。现在我已经安全到达了厄尔巴岛。这里的风景还不错，秀丽、迷人。住房条件很一般。这几个星期我会让人盖起一幢新居来。一直没有收到你的信，这是每天令我最伤心的一件事了。我的身体很健康。再见，亲爱的。你虽然距离我有千里之遥，然而我的心却紧随我钟爱的路易丝。爱抚地吻我儿。

护送拿破仑来厄尔巴岛的奥地利将军冯·科勒离开这座岛时，拿破仑又委托他给妻子带回一封信：

跟我一道来的冯·科勒将军马上就要启程回国了，他与我相处得很愉快。我委托他当我的信使，将我的这封信带给你。请写信给你父亲，请他代我感谢科勒将军。他非常体贴、友好。到这里已经有五天的时间了，我让人翻修了一处非常精美的住处。在我的新居里有一个花园，空气非常新鲜，三天后我就会搬到那里去住。这个小岛气候很不错，岛民也很友好。唯一的遗憾是我们现在通信不太方便，不知道你现在好不好。自从上一封信以后，我一直没有收到关于你的信息，对你非常想念。再见，亲爱的，亲吻我的儿子。请永远不要怀疑我对你的爱。

拿破仑一再催促路易丝动身来厄尔巴岛，他对路易丝说，他可以到托斯卡纳矿泉治疗，如果她在葡萄丰收的季节来，他还会教她如何做葡萄酒。

我已经收到了你的第 8 号信及 6 月 22 日的第 11 号信，其余的恐怕已经被遗失了。得知你和小罗马王的身体都很健康，我很欣慰。我觉得你应该早一些来托斯卡纳。那里有质地很好的矿泉水，一点儿也不比埃克斯和萨伏的矿泉差。来托斯卡纳，你会得到很多好处，这里靠近巴马，你可以跟儿子在一起，不用麻烦任何人。如果你打算去埃克斯，那你就在那里治疗一个疗程，然后来托斯卡纳治疗。我身体还不错，对你的爱恋坚贞不渝。遥望大海彼岸，真想与你相聚，向你亲口倾诉我对你的爱。

我经常在给你写信，亲爱的，你应该也如同我一般吧？可是，自从收得你离开维也纳数天所写的一信后，我再也没有收到过你的任何一封信，也没有关于儿子的音信。是有人在搞鬼吗？这种行径真是愚蠢、恶毒至极。我的母亲皇太后已经来到了我这里，她的生活起居都很好。我的身体也很健康。我已经为你准备了一套房间，希望 9 月收获葡萄季节，你能来这里。谁都没有权力阻止你来这里与你的丈夫团聚。这一点我对你已经写得很明白。因此，快来这里吧，我已经盼望了很久，日夜都渴望看到你的身影。今天，我不再多写了，这封信都不知能否到达你那里。波利娜公主将于 9 月中旬到达这里。

几天后是你的命名日，我衷心祝福你。同时也也要谴责他们的行为。竟然不让一位妇女和孩子给我写信，这种做法真是太令人鄙视了。

我已经收到了你编号 19，日期为 8 月 10 日的信。我想你应该已经收到我后来的信。

我住在这里的一处隐士隐居处，海拔足足有两千英尺，从四个方向都可以俯瞰地中海。我的住处四周全都种满了粟树，房子就在粟树林中，风景很不错。皇太后住在村子里，海拔大约一千五百英尺、环境也很优美。我身体很好。每天我都会去打猎，以此来消磨时间。想见到你，也想见见我儿子。

然而，现在的路易丝虽然还会想起拿破仑，但是她给他写的信却越来越稀疏了。

对拿破仑建议路易丝到托斯卡纳温泉的事情，维也纳方面果断地拒绝了。他们不愿意拿破仑享受天伦之乐，他们希望他在厄尔巴岛尝尽孤寂之苦。路易丝被他们提出来的一些借口说服了。

现在，在路易丝身边，又出现了一些追求者。1814 年 4 月，梅特涅把一个叫作奈珀克的奥地利将军派到路易丝身边做她的侍卫和监护人。奈珀克屡经沙场，并因受伤而失去了右眼。他善于辞令，懂音乐，有一副好嗓子，颇得女人喜爱。梅特涅之所以选中他，正是希望凭借他的魅力吸引路易丝，使她忘掉她的丈夫。

起初，路易丝对奈珀克非常冷淡，但没过多长时间，她就被他的机智和聪明吸引了。他了解整个欧洲，几乎无所不懂。他是那么体贴，为她调绘画的油彩，散步时替她提包，唱歌时为她弹钢琴。很快，路易丝就陷入了他精心设下的情网之中。

在奈珀克的强大攻势下，1814 年 9 月，路易丝终于委身于他。与奈珀克有了苟且之情后，路易丝作出了明确的选择，她不想再与拿破仑见面，她抛弃了丈夫的荣誉，甘愿与奈珀克一起在奥地利过着见不得人的生活。在奈珀克的建议之下，她还断绝了与拿破仑的书信往来，1815 年 1 月，新年之际，路易丝给拿破仑写了最后一封信：

我希望你今年会受到更多好运的眷顾，你至少可以在你的小岛上平静度日。为了所有像我一样爱你、亲你的人的幸福，你应该在那里长年安居。你的儿子拥抱你，他要我祝你新年快乐，并说他从心底爱你。他经常会提起你，他又长大了不少，体魄像你一样健壮。这个冬天他曾经生过一场病，我马上请医生弗朗克来。他安慰我说，只是受了一点风寒而已，有点发烧。没过多久，他就痊愈了。儿子的意大利语学得不错，现在还懂一些德语。我父亲对他非常喜爱，孩子也挺喜欢他，祖孙两个经常在一起玩……

从那之后，拿破仑再也没有收到她的只言片语。但拿破仑却没有怪罪于她，他天真地以为，路易丝处于梅特涅的监视之下，无法脱身，所以才来不了厄尔巴岛。他是那么强烈地想念他的妻子和儿子，此时，他的脑海中产生了一个想法，这个想法越来越清晰……

约瑟芬之死

被困在厄尔巴岛一隅的拿破仑，在这些日子里，已经经历了太多苦难。他不得不忍受着与妻子、儿子别离的极度痛苦。而约瑟芬的死，也给他带来了深深的打击。

六月中旬，约瑟芬去世的消息传到了厄尔巴岛。奥坦丝和欧仁没有给他写报丧信，拿破仑还是从热纳带来的一张报纸上得到这个消息了。一连两三天，他都把自己关在屋子里，不愿意见人。因为担心路易丝生气，拿破仑没有为他的前妻服丧，然而他内心的痛苦却丝毫没有因此而削减。在他的一生中，约瑟芬一直占有独特的地位，他将永远深切地怀念她，直到生命的最后一刻。

但是他不知道的是，约瑟芬再一次故伎重演，放纵了自己放荡的本性。

在法兰西帝国倒塌之时，约瑟芬离开了马尔梅松宫，投奔了她的女儿。现在，人人都在为自己的命运而担心，约瑟芬也毫不例外，她一心只担心自己的前途。

俄普奥联军开进巴黎以后，失去拿破仑庇护的约瑟芬一直生活在惊惧之中，她担心离婚之后拿破仑支付给她的优厚年俸在帝国灭亡之后就会被取消，她担心复辟的波旁王朝会收回她所拥有的宫殿，使她只能四处流浪、找不到地方栖身。

所幸的是，一切都不像她想象的那么糟糕，在那些同盟国的君主们眼中，拿破仑与她离婚，实际上是对她的一种抛弃，所以，她是拿破仑的受害者，所以，波旁王朝和联军不但没有为难她，还给了她极大的照顾，允许她继续住在马尔梅松。

出于对这位拿破仑前妻的好奇，俄国沙皇亚历山大一世到马尔梅松拜访了约瑟芬，之后，普鲁士国王、普鲁士王子、英国王子、俄国王子、德国王子等纷纷前来探望。波旁王朝的贵族们也来向她大献殷勤，并告诉她，她可以一直拥有纳瓦尔城堡，也可以一直住在马尔梅松宫。她在得势的时候曾经帮助过的一些流亡贵族、保王党人，也对她感恩戴德。

约瑟芬感到自己一下子变得年轻了起来，她又恢复了过去的那种放荡，向同盟国的君主们四处抛媚眼。虽然她已经徐娘半老，但是风韵犹存，那些皇帝、国王、王子们为她神魂颠倒。

亚历山大一世成了约瑟芬最重视的贵客，她知道，现在只有亚历山大一世才能为她提供可靠的庇护和靠山。

亚历山大一世第一次拜访约瑟芬的时候，就被约瑟芬迷住了。当亚历山大一世看到她是如此风姿绰约、美丽动人，他忍不住动了心。他殷勤地吻着约瑟芬的手，对她说道："夫人，您真是风华绝代。我来到巴黎之后，几乎每个人都对我说，要是我想看到法国最美的女人，就应该到马尔梅松去。现在我来了，但是我发现，他们全都骗了我。"

约瑟芬惊讶地看着他，脸上有一丝失落的表情。亚历山大一世捕捉到了这一丝微妙的表情，他哈哈一笑，接着说道："您根本不是法国最美的女人，而是全欧洲最美的女人！他们竟然把你的美名只局限于法国，那是不公平的。"

约瑟芬开心地笑了起来:"您真是太会恭维人了,我可当不起。我会让您失望的。"接着,约瑟芬就把奥坦丝介绍给了亚历山大一世,现在,奥坦丝已经与路易离婚了。

奥坦丝向亚历山大一世温柔地屈膝施礼,她看起来非常激动,还有一些紧张。

当天晚上,亚历山大一世在约瑟芬的陪伴下吃晚饭。此时他才发现,这位前法国皇后不愧是一个天生的尤物,她不但秀色可餐,而且还经常会说一些废话惹他发笑。亚历山大一世不停地看着她那在薄而透明的细布绣花衣服下若隐若现的丰满胸脯,以及她裸露着的细腻肩膀。虽然她已经不年轻了,但是魅力却一点儿不比那些年轻女人小。他情不自禁地向约瑟芬说着恭维的话,希望她能够垂青于自己。

晚饭结束后,约瑟芬提议一起到花园里散散步。她挽着亚历山大一世的胳膊,对他说道:"生活是多么奇怪呀,我还记得拿破仑从提尔西特回来后第一次谈起您时的情景。您知道,我当时厌烦得要命。我对政治从来也不感兴趣,而他却没完没了地同我谈论那些政治问题。我猜想,一个人同他的妻子谈论这些问题,这是很自然的。但我那时候并不是这么想的。他说了您什么,我还记得很清楚,陛下。他说:'你会喜欢他的,我亲爱的。'不管怎么样,我确实喜欢您。您不感到这很奇怪吗?"

当她再说这番话的时候,她的脸上一丝笑容也没有,相反,她看上去非常悲伤,不知道是不是因为想起了很多往事。

亚历山大一世温柔地说道:"我很高兴你这么想,夫人,如果你不喜欢我,我会感到非常苦恼的。有一件事,我一直不明白。"

约瑟芬抬起头来,不解地问他:"是什么事情?"

"我永远也不能理解他怎么能够离开你。"

亚历山大一世的话让约瑟芬愣了一下,她耸了一下肩膀,罗纱围巾从她的肩头上滑了下来,她说道:"我永远不能理解的,倒是他为什么能和我一起生活了那么长一段时间。"

接着她又问道:"那个贱女人不肯和拿破仑一起去厄尔巴岛,而是回到了她父亲那儿,这是真的吗?"

"是的。"

约瑟芬尖刻地说道:"这实在是太奇怪了呀!一位哈布斯堡皇朝成员应该更懂得什么叫忠诚,而不应该像缪拉、内伊和所有其他人那样抛弃他。当然,她从未爱过他,但她知道那个罗马国王对他意味着什么。他应该得到更好的报偿。"

亚历山大一世对她说道:"不要再去指责内伊和其他的将军们了,夫人,如果他们不尽力争取和平的话,法国就全毁了。"

约瑟芬知道此时说这些有些不合时宜:"也许是这样,请您原谅,陛下。作为一个女人,我看不清这些事情。……我不知道他在厄尔巴岛将怎么打发日子!"

亚历山大一世安慰她:"厄尔巴岛是一个不错的地方,他仍然保留着皇帝的头衔,还可以完全统治那座岛,他在那里会找到一些乐趣的,你完全不必为她担忧。"

约瑟芬笑了一下:"他会的。他总是很乐观,总是使别人相信他能够创造奇迹,因为他对此是那么自信。现在一切都完了,波旁王朝又复辟了。我想,这是一个错误。

他们真的该上断头台，他们那么愚蠢……"

他们沉默了一会儿，亚历山大一世突然说道："你说生活很奇怪，我太同意你的看法了！拿破仑被打败了，但他现在比他在成功时有了更多的朋友——这中间也包括你，夫人。他过去曾那样可耻地对待过你。而我，作为一个胜利者，我发现自己被一群阴谋反对我的人包围着！"

约瑟芬说道："包围在你身边的人，一定有塔列朗，您一定要小心他，他是个可怕的阴谋家，总是反对任何人，说真的，他的心和他的脚一样是歪的。还有谁呢，陛下？"

"奥地利人。"亚历山大一世回答道。

约瑟芬看着他，说道："我想，他们肯定是因为害怕您。他们曾经对拿破仑感到惊惧，现在，他们又害怕您，因为您将他们打败了。"

她对亚历山大一世露出了微笑，亚历山大一世简直要醉倒在那个迷人的笑容里，他忍不住吻了她的手一下。

"陛下，您这么年轻，现在，世界已经完全属于您了，就像过去是属于他的一样。……我从来也不理解，为什么男人们对这样的事情是如此关心。但现在我已年老，足可以对此表示遗憾。我错过了一位妇女千载难逢的机会。我曾被当代最伟大的人物爱过。然而，我太愚蠢了，我未能珍惜他对我的爱情。我失去了他，这是我应该得到的报应，但我决不能原谅自己。"

亚历山大一世握住她的手，急切地说道："夫人，请您允许我来保护您吧，我向你保证，你可以继续原来的待遇，荷兰王后和她的孩子们也可以。请您给我这个机会吧！"

这当然是约瑟芬求之不得的，她笑着说道："您真是个好人，陛下，您比拿破仑要好多了，他不喜欢我花钱，经常因为这向我发火。但是，花钱是我的乐趣，现在，我又欠下了一笔账。"

亚历山大一世向她保证："从今天开始，您不会再欠账了，这些事情全都交给我吧。"

这之后，亚历山大一世就成了约瑟芬的保护人，他要求法国国王将奥坦丝封为圣勒女公爵，约瑟芬还请他为欧仁求情，让他当王室总管。路易十八会见了欧仁，对他非常友善，但是，他想成为王室总管，这显然是不可能的。对此，欧仁到并不在意，只要能让他当亲王，他就已经足够满意了，最后他获得洛伊希滕贝公爵的称号。

在亚历山大一世的要求之下，路易十八还邀请约瑟芬到杜伊勒里宫来。这对她来说可是一个大惊喜，四年半前，当她哭泣着离开杜伊勒里宫时，她以为她再也回不到这里了。如今，她竟然得到了这样一个机会。

然而，她最终还是没能实现这个愿望。

那天她与亚历山大一世在花园里散步时，天很冷，她穿得又非常单薄，不小心着了凉，当天晚上就发起了高烧，还不停地说着胡话。后来她被诊断出肺炎，从此卧床不起。约瑟芬的病情发展得非常迅猛，1814 年 5 月，她的生命终于走到了终点。

第二十七章

复辟

波旁王朝复辟

当拿破仑这位过去曾经在欧洲叱咤风云的王者在厄尔巴岛过着孤苦寂寞的生活时，欧洲的那些大大小小的人物们全都长出了一口气，开始上蹿下跳，演出了一幕幕精彩绝伦的闹剧。

波旁王朝的继承人普罗旺斯伯爵，趁着这个机会，向亚历山大一世提出了复辟波旁王朝的要求。

虽然亚历山大一世一开始的确是想在法国建立一种共和政体，然而，这个好大喜功的专制沙皇对人民主权这一类的事实际上并不怎么感兴趣。在塔列朗和其他波旁王朝的支持者的游说之下，他就不再反对波旁王朝的复辟了。然而，他很快便发现，对他的这一天大的恩赐，波旁王室实际上并不领情。

1814年4月，路易十八到了贡比涅。临走之前，他给英国摄政写信，这封信在伦敦《泰晤士报》上发表了：

我的家族之所以能够恢复祖先留下的王位，首先应该感谢的是我们伟大的上帝；第二个应该感谢的，是殿下您的高见，应该感谢英国这个光荣的国家以及贵国人民的坚定。

在信中，他连一个字都没提起俄国，更没提及亚历山大一世。虽然俄国曾经非常慷慨地收容他避难，亚历山大一世曾率领着军队为打倒拿破仑而进行浴血奋战，然而，在昔日的普罗旺斯伯爵看来，这一切似乎都不值得一提。他虽然长期流亡国外，过着颠沛流离的生活，但是却仍然保持着波旁王朝那令人厌恶的高傲感，竟然认为同盟国为他所做的一切都是理所当然的事，根本不需要感谢。

亚历山大一世担心他的傲慢会惹怒法国人民，于是就给他写了一封信，劝他照顾法国部队的微妙感情：

现在，如果您不想造成新的动荡，那您就应该知道，您现在所面临的问题是，如何保持安宁和稳定。国家民族已经表达了他们的意志，又有反对党派和游移不定的看法，在当前的这种情况下，只有采取克制的态度，才能获得最终的胜利。所以，希望陛下能够倾向于主张维持和加强法国现有机构，尽可能表现出自由主义的看法，这对您维持法国的局面有极大的好处。

但他的这封信并没有引起路易十八的重视，他的回复非常空泛，没有什么实际内容。

在贡比涅，亚历山大一世与路易十八有过一次会面。路易十八以居高临下的态度接待了他，他甚至不屑站起身来，而只是挥手向罗曼诺夫家族的继承人表示赐座。亚历山大一世讲话的时候，他表现得似乎非常厌烦。

晚餐时，路易十八首先走进了餐厅里，当他看到侍者打算给亚历山大一世先递菜的时候，他竟然不顾体面地喊了起来："请先给我！"

等到他们的会面结束后，仆人带着亚历山大一世来到了为他准备的住处，他们穿过了阿图瓦伯爵、昂古莱姆公爵和贝里公爵的华丽套房，又走过阴暗曲折的走廊和又高又陡的楼梯，最后终于到达了终点——路易十八为亚历山大一世准备的房间竟然只是总管住处的普通房间！

亚历山大一世原本打算在这里过夜，看到这种情景，马上怒气冲冲地派人备车，连夜赶回了巴黎。

这次经历让亚历山大一世明白了，虽然他打了胜仗，但在这位"基督教的首席王侯"面前，他仍然是无足轻重的。后来，他曾经说过："路易十四全盛时期，如果在凡尔赛宫接待我，情况也不会更为不堪。简直可以说好像是他刚刚让我恢复了王位，他的接待似一盆凉水迎头浇下……我们是北方的蛮族，但在我们那里，会更讲究礼仪。"

第二天，他在与大臣们谈话的时候，有人说希望波旁家族回到法国以后"应能改正错误"，亚历山大一世驳斥了他的话，说道："你以为他们会改正吗？可笑，他们已经无可救药了。"他还断言："这些人是不会长久的。"

然而，尽管他的心中如此不满，他还是必须与他所讨厌的路易十八周旋，他向波旁王室提了一个条件：返回巴黎以前，路易十八必须接受元老院已经投票通过，并且规定实行英国式的议会君主制的宪法。

路易十八接受了他的条件，1814 年 5 月，他在圣多昂发表声明，虽然没有表示同意元老院议员草拟的宪法，但是却承诺，将会赐予国家以基本自由、全国代议制以及法律面前的平等。这说明，在法国将不会再形成绝对君主制，同时他也拒绝了与王朝观念水火不容的人民主权。对此，亚历山大一世倒是感到非常满意。

路易十八正式进入了巴黎。路易十八原本以为巴黎人会夹道欢迎他的归来，但令他失望的是，他所受到的欢迎远远不如亚历山大一世。他住进了杜伊勒里宫，耳边到处都是人们对亚历山大一世的赞扬，他不快极了，于是就对亚历山大一世横加嘲笑，说他是"小巴黎王"。

这之后，亚历山大一世移居到爱丽舍宫，他对路易十八越来越厌恶，同时，他也为拿破仑感到遗憾。有人曾经向他建议，让他的妹妹安娜与波旁王朝的贝里公爵联姻，他毫不犹豫地拒绝了，他认为路易十八不会在那个位置上待太长时间。

路易十八与同盟国签订了一项协议，根据这个协议，法国不得占有1792年以后征服的土地，而应退回到昔日王朝的地理疆界之内。法国人对此怨声载道，他们纷纷议论，说"路易十八是乘坐囚车从外国返回的"。

路易十八执政以后，流亡国外的法国保王党分子也都先后回了国。这些以前一直娇生惯养的贵族，他们所盼望的只是恢复革命前的种种特权，这些特权能够让他们享受不劳而获的幸福。除此之外，就是对革命党人进行疯狂的报复。而他们的总代表路易十八也不准备兑现自己的诺言，他在短期内把一万多名军官免职，将无能的贵族安排在高官显职上，领取丰厚的薪水。他免除了教会学校的一切租税，并使教会不受政府管辖，继续向人民课收"综合消费税"。他还给被枪杀的保王党分子树碑立传，追封因谋杀拿破仑而被处死的卡杜达尔为贵族。

路易十八和他的亲信们在极力地恢复旧制度、旧秩序，取消一切革命成果。经过革命洗礼的法国人民很快认识到，路易十八回国不是来解放他们的，而是来建立一个新的专制制度。拿破仑统治下的专制政府，至少还能给法国带来荣誉和活力，而路易十八的专制统治，则显得腐化和无能，只知道压迫百姓。波旁王朝开始不得人心，尤其是那些遭到冷遇的将军们更加怀念拿破仑了。

此时亚历山大一世对塔列朗的态度也发生了一些变化，他认为塔列朗不是一个可以信赖的人，因为他为了满足自己的野心，不惜牺牲自己的祖国和朋友。

塔列朗得知亚历山大一世对自己已经有了一些看法之后，马上写信给他：

在陛下离开法国之前，我竟然没来得及去拜见您，真是令人遗憾。但请您一定要相信，我对您怀着满腔的敬意和爱戴之情，希望您能原谅我的不妥之处。……对于陛下所执行的天命，我早就已经看得非常清楚，并且也明白您的出发点一直都非常高尚。正因为这样，我虽然是一个法国人，却心甘情愿地为您效劳。您执行这项天命，一丝不苟，可以说，所有的功劳都应该属于您……您是法国的救世主，也是您不辞辛劳亲身进入法国结束了专制主义……我们既然曾经遭受过这样的浩劫，又有哪个人敢于自诩能够在短时间内洞悉法国人的性格？……然而，一般来说，法国人不管是过去，还是将来，都容易带给别人这么变幻不定的印象，这种特点定能使他们的君主在短期内迅速赢得广泛的信任。而我国君主也绝对不会滥用这种信任。

然而，他的信如同石沉大海，亚历山大一世根本就没有加以理会，更别提给他回信了。

1814年11月，战胜拿破仑的欧洲四大强国俄国、英国、奥地利、普鲁士在维也纳讨论欧洲善后问题。身着华丽礼服的国王、贵族、外交家们，胸前佩戴各色勋章，一边举杯痛饮，庆祝太平，一边又为战利品的分配不均而争吵不休，甚至达到了剑拔弩张的地步。

俄国想占领波兰的全部，它要求把拿破仑时期的华沙大公国和俄属波兰合并起来，建立一个王国，由沙皇统治。普鲁士支持俄国的要求，并要求合并全部萨克森领土，以补偿它让给俄国原属普鲁士的波兰领土。英国和奥地利坚决反对。英国不愿俄国过于强大而向欧洲西进。奥地利不愿将加里西亚—克拉科夫和维斯瓦河一线让给俄国，也不愿普鲁士因合并萨克森而更加强大。

这样，维也纳会议的四强形成了两个对立阵营，即俄国与普鲁士为一方，英国与奥地利为另一方。塔列朗权衡利弊，决定加入英国与奥地利一方。1815 年，英国外交大臣卡斯尔雷亲自拟定了一个对付俄普的同盟条约，梅特涅和塔列朗都加入同盟，各国答应出兵十五万。塔列朗高兴地写信给路易十八说："陛下，反法同盟已经永远解散了。"

此时，不管是路易十八，还是亚历山大一世，都没有想到，他们所畏惧的那个人，现在正在为逃离厄尔巴岛而做着准备，他想再一次恢复往日的威力。

逃离厄尔巴岛

拿破仑从来都没有把厄尔巴岛当成是自己生命的终点，从他到来的那一天开始，他就一直在思考如何逃离这里。

几个月以后，从战争与政治中脱身出来的拿破仑开始对自己的一生进行全面的审察和回顾。他曾经对自己的部下们谈起他的错误：在布拉格会议上没有与联军议和，那是他的错误。当时他自恃有过人之才和可用之兵，所以犯了轻敌的失误，最终导致一切无法挽回。

即使远在厄尔巴岛，他也时刻关注着法国和欧洲的局势。

他从报纸上知道，同盟国对于法国的处置不算苛刻。1814 年 5 月 30 日签订的《巴黎和约》，使法国得以保留比 1792 年的时候稍大一点的版图。英国已经放弃了它所征服的大部分法属殖民地，只有毛里求斯、多巴哥和圣卢西亚岛除外。

然而，法国却失去了尼德兰、莱茵地区和意大利，这让那些曾经为争取这些地方而卖命的士兵们大为不满，他们对软弱无力的波旁王朝一直怨声载道。尤其是那些从俄国、奥地利和普鲁士放回的士兵们，他们遭到了波旁王朝的遣散，而且只给他们发了一半的军饷，远远不能满足他们的生活所需，所以，对波旁王朝的愤怒就像种子一样，在他们心中渐渐发了芽。

农民，尤其是那些在革命中占有了贵族土地的农民们，也同样对处在不安的状态之中。波旁王朝复辟后，那些贵族们纷纷收回了他们的土地，农民们得不到任何补偿。

大陆封锁体系也因为拿破仑的战败而瓦解了，英国商品如潮水一般涌进了法国，法国商业受到了严重的挤压，很多商人都面临着倒闭的风险。

如今，对波旁王朝的愤怒和不满已经在法国各个阶层中酝酿起来，将士们开始怀念他们心中依然伟大英明、曾与他们同甘共苦的皇帝了，商人们开始怀念拿破仑时代的财源昌盛了，农民们开始怀念拿破仑时代的土地自主了，知识人士开始怀念拿破仑时代的自由民主气息了，几乎所有人都开始怀念起了拿破仑时代的大革命精神。

与此同时，原先牢固的同盟国，为了争夺利益，也差点走到了撕破脸的地步。那些战胜国们企图恢复被拿破仑打破的旧秩序，随意安排欧洲各民族的版图和主权。要求统一的德意志人——梅特涅称之为"统一派"——拒绝使祖国隶属于奥地利及其仆从的所谓联合。比利时人强烈反对荷兰人的统治。而处境最为尴尬的是意大利，它在拿破仑统治时期发现了自己本质上是个统一体，现在却再一次被昔日的统治者瓜分。所以，当哈布斯堡王朝在威尼斯和米兰建立统治，而其宗室又在摩德纳、巴马和佛罗伦萨执掌政权的时候，整个意大利半岛都掀起了一阵狂风暴雨。

局势重新陷入了混乱之中，此时，各个国家对远在厄尔巴岛的拿破仑都感到同样的不安，他们害怕，这个暂时被囚禁起来的雄狮，有一天会挣破牢笼，向欧洲席卷而来。最为害怕的是路易十八，他曾经多次在公文中提出，应该把拿破仑从厄尔巴岛迁到距离巴黎更远的亚速尔岛。这个建议被梅特涅果断地拒绝了。

虽然因为信息闭塞，对于当时的国内国外局势得不到清楚的了解，但是拿破仑却敏锐地意识到，在他离开之后，欧洲形势已经发生了翻天覆地的变化。于是，他开始寻找时机逃离厄尔巴岛。

当然，他这么做也是为了自保。他听说波旁王朝并不打算放过他，正在计划着将他劫持或者刺杀，以绝后患（实际上并没有这么一回事），而且波旁王朝也没有遵守诺言，枫丹白露协定中声称要支付给他的年俸，他到现在一分钱也没有看到。这使他的经济陷入了危机之中，现在他每年都要支付一百万法郎来维持他的部队，但他的全部收入加起来，也不到五十万，根本入不敷出。

拿破仑的蠢蠢欲动，当时负责监视他的英国人坎贝尔已经有了一些预感。他认为，拿破仑有可能重新燃起了回到巴黎的念头，他特意给他的上司写信，说出了自己的隐忧。在信中，他说：

拿破仑说，因为法国人目前正在遭受着前所未有的屈辱，所以，如同法国革命一般的暴动很可能将会在近期发生。在法国，几乎所有人都认为，莱茵河是法国的自然疆界，任何事情都不能改变这种看法。民族精神一旦被激发起来，变成实实在在的行动，就会像大潮一样，无法阻挡……目前的法国政府实在是太软弱无能了。波旁王室应该尽快开战，以期巩固自己的王位。收复比利时并不是一件难事。法军只是对那里的英国军队有所畏惧，对其他人，他们根本不会放在眼里。

然而，这位英国人的预警并没有引起英国政府的重视。

几天来，拿破仑一直在考虑离开厄尔巴岛的事，但是他没有向任何人透露这个计划。后来，等他把一切事情都想清楚之后，他才向贝特朗和德鲁奥说出了自己的计划。贝特朗马上表示赞同，他不愿意一直被困在这个小岛上，希望终有一天能回到法国。但德鲁奥却更加谨慎，他认为，这么做不管是对拿破仑还是对法国都非常危险。不过忠心耿耿的他很快就被拿破仑说动了。

临行前，拿破仑嘱咐母亲和妹妹在波托费拉约安心等待他的消息，等到一切尘埃落定之后，他会派人来接他们。

拿破仑的逃离计划正在按部就班地进行着。他派人把他乘坐着来到这里的双桅船漆成英国船一样，以逃避英国人的搜查。幸运的是，1815 年 2 月，英国政府派来监视他的"鹚鹕"号战舰因为一些事情去了托斯卡纳，要过一段时间才能回来。

拿破仑率领着一千多名官兵，在波托费拉约登上那艘双桅船和六艘比较小的船，趁着微风，他们的船迅速离开了厄尔巴岛。

等到英国战舰回来以后，才发现大事不妙，那只他们妄想圈住的雄狮，已经挣脱了樊篱，远走高飞了！

不可阻挡的拿破仑狂飙

在接近普罗旺斯海岸的时候，拿破仑对他的部下们说："我不放一枪就能到达巴黎。"

这番话在当时看来几乎是痴人说梦，他在前往厄尔巴岛的路上，差点儿被阿维尼翁和奥尔贡的反对分子杀害，现在，他怎么可能不费一枪一弹就通过这个保王党势力控制的强大省份？

然而，事实却证明，拿破仑所言不虚。

1815 年 3 月，拿破仑的船队在儒昂港登陆了。海关卫兵们很快就认出了拿破仑，他们没有逮捕他，而是向他脱帽致敬。拿破仑以他惯有的洪亮声音向当地士兵发表了著名演说，他说道：

士兵们！虽然我在流放之中，但是我却听到了你们的声音。你们在呼唤我！所以，现在我已经在法国登陆了。

你们的统帅——在人民的欢呼声中被拥戴为君主，曾经带领你们赢得无数荣誉的统帅，现在回来了！快加入他的队伍中来吧，与他联合在一起吧！请把波旁王朝的旗帜扔掉！那面旗帜早就已经被我们的民族所废弃，在过去的二十五年来，它所起到的唯一作用是纠集那些反对法国的敌人们。展开那面在我们伟大胜利的日子里曾经迎风飘扬的三色旗吧！再次拿起你们在乌尔姆、奥斯特里茨、耶拿、埃劳、弗里德兰、莫斯科曾经举过的鹰旗吧。……是你们在过去的岁月中维护了法国人民的民族尊严和利益，今天我依然呼唤你们，人民也依然在盼着你们重新聚集在鹰徽旗帜下，为法国的自由民主而努力。

现在，我们必须忘掉，我们曾经是欧洲大陆的主人，然而，无论到了什么时候，我们也绝对不允许让别人来干涉我们的事情。……你们以及你们的子孙的地位、财产和光荣，都与这场战争息息相关，再也不会有比那些波旁王爷们更大的敌人了。他们是外国人强加给我们的，是我们势不两立的敌人！

士兵们，你们现在应该团结在你们统帅的旗帜周围！他所追求的，是与你们的利益、你们的荣誉完全一致的目标！我们站在同一条战线上。胜利很快就会来到我们面前。象征着法兰西荣誉的鹰徽，将从一个尖塔飞向另一个尖塔，一直飞到巴黎圣母院的最顶层。等到胜利到来之后，你们就可以光荣地向人们展示你们的伤痕，夸耀你们的成就。你们将成为这个国家的救星。等到你们老去的时候，依然可以指着三色旗对人们豪迈地说："我把因为敌人在巴黎的出现而使那里沾染上的污垢给洗净了。"……我们今天能在一起消灭干预我们民族自主的敌人，将来，我们就可以自豪地说——是我们捍卫了法国的利益，是我们洗清了法国的耻辱，是我们完成了法国帝业的最后辉煌！这辉煌将永远记在法国士兵的功劳簿上，永远记在法国人民的心中！荣誉永远只属于最勇敢的士兵们！属于我们的祖国法兰西！

士兵们向拿破仑热烈欢呼，他们满心欢喜地加入了拿破仑的行列。

在格勒诺布尔，当地的指挥官曾经扬言要把这伙"匪徒"一网打尽，但是，当保王党队伍一看到拿破仑近卫军，就自乱阵脚，全都转身向后跑去。

拿破仑站了出来，向他的士兵们下令，要求他们把枪倒转，枪口向下。保王军有个军官大声喊道："是他，快开枪！快开枪！"然而，谁都没有开枪。拿破仑对那些与他对峙着的士兵们说道："士兵们，你们当中有哪一个想杀死自己的皇帝的话，可以这样做。来吧，我就在这里。"

他的话音刚落，"皇帝万岁"的欢呼声就一下子迸发了出来，几乎所有士兵都涌向了这个军队的偶像。

拿破仑回头对贝特朗和德鲁奥说："大功已经告成，十天后，我会进入杜伊勒里宫。"

不久之后，一位叫作拉贝杜瓦的年轻贵族带着他的部队前来投奔拿破仑，这之后，很多人纷纷效仿他，投到了拿破仑的帐下。在里昂，阿图瓦伯爵和麦克唐纳仓皇逃命，士兵、工人还有当地的农民们以狂热的欢呼迎接他们过去的领袖。在这片欢呼声中，还夹杂着对波旁王朝的声讨："把波旁王室送上断头台！打倒教士！"

1815 年 3 月，拿破仑颁布了一系列笼络人心的敕令，宣布波旁王朝的统治已经结束，解散元老院和咨议院，召集帝国"选民代表团"到巴黎开大会，叫作"五月棱场大会"。他还宣布白旗为非法，命令佩带三色帽花，解散人所痛恨的"王室卫队"，废除封建头衔，没收波旁王侯的领地。

这之后，他率领着刚刚集结起来的一万四千人向巴黎进军。内伊——他过去的老部下——率领着六千士兵前来阻挡他，在临行之前，他向路易十八保证，一定会把拿破仑关在牢固的铁笼子里带回巴黎，然而现在，他的心里却有了新的想法。正当他举棋不定的时候，拿破仑给他写来一封信，对他说，他会像博罗迪诺战役后那样受到欢迎。

拿破仑的信鼓舞了内伊。内伊将自己的部队集合起来，向士兵们宣布拥护拿破仑。士兵们全都欢呼了起来。

波旁王朝此时才意识到，拿破仑的威力有多大。内伊的投诚，使他们最后的希望破灭了。路易十八及其朝廷来不及收拾行李就仓皇离开巴黎，向里尔逃去。

拿破仑所到之处，到处都是成群结队的农民，他们热烈欢迎拿破仑的归来，从枫丹白露到巴黎的必经之路上，全都挤满了人，他们都渴望着亲自向皇帝表示敬意。拿破仑向人们热情地挥着手。当天晚上天黑以后，他进入了巴黎。

巴黎，这个曾经带给他无数荣耀的城市，他终于回来了。他住进了杜伊勒里宫，此时，波旁王朝的短暂统治好像已经一去不复返了。

拿破仑在逃离厄尔巴岛的那条双桅船上对战友们说的一番话，详细地描述了当时法国的情况："并不是因为历史上有什么先例才使我不顾失败的危险采取这么大胆的行动。然而，我考虑到出其不意，或许会增加胜算，考虑到民众的激动情绪，考虑到人们对同盟国的愤恨，考虑到士兵对我的拥护与爱戴，总之，考虑到在我们美丽的法国仍在滋长的一切有利于拿破仑的因素，我最终决定破釜沉舟，背水一战。"

事实的确如此。拿破仑并不是只知道在战场上打仗的鲁莽将领，他善于判断时局，善于把握形势，当他找到了一个合适的机会时，他就会像一场风力强劲的龙卷风一样，席卷整个法国。

面对着这场不可阻挡的拿破仑狂飙，贵族们只能悄悄地躲在一边叹息："魔力——拿破仑有魔鬼般的魅力，人们几乎都无法抗拒他的号召，只要他举起旗帜，人们马上就走火入魔般地跟他挥戈跃马。"

拿破仑也颇自豪地说："我是凭着法国人民和军队士兵的信任被重新迎接来的。我没有动用一枪一炮，没有依靠缪拉的帮助。我知道人民和军队依然没有忘记我，依然敞开胸怀来拥抱我。"

百日王朝

巴黎人的欢呼声可以用"震天动地"来形容，这个他们曾经无比愤怒和不满的皇帝，现在竟然收获了如此多的爱戴与拥护。当天晚上，乔治小姐满腔热情，身着饰有紫罗兰花纹的裙服，出现在掌声雷动的宫殿小剧院，登台为这位伟大的法国人演出。拿破仑回到巴黎的当天，前来拜访他的人就络绎不绝。他过去的老部下们，几乎全都回到了他身边，康巴塞雷斯、达武、德克雷、马雷……就连老谋深算的富歇也在其中。拿破仑与他们热情而又亲切地交谈，就仿佛他从来没有离开过巴黎一样。

奥坦丝和朱莉也赶来拜访拿破仑，然而，对她们的态度，拿破仑就要冷淡得多了，尤其对奥坦丝，他几乎冷若冰霜。他自认对她不薄，但她竟然在自己流放期间没有表示过一点儿关心，就连她的母亲去世，也没给他发来报丧信。

对约瑟芬，拿破仑倒是没有什么抱怨，他想了解约瑟芬去世的所有细节，于是特意把照顾约瑟芬的医生叫来，向他询问约瑟芬的死因。

医生并没有向拿破仑说出约瑟芬与俄国沙皇亚历山大一世的交往，而是说了谎，说约瑟芬是因为不安、忧伤而去世的。

拿破仑以为约瑟芬是在为他的处境而忧伤，顿时激动地说不出话来，过了很久，他才喃喃地说道："好妻子，可怜的约瑟芬，她对我是真心相爱。"若是已经在地下长眠的约瑟芬听到这句话，不知道会不会感到汗颜。

给拿破仑带来最大痛苦的是路易丝。他之前的秘书梅纳瓦尔向他揭露了事情的真相。梅纳瓦尔用尽可能委婉的语句，向拿破仑透露，路易丝自觉自愿地投到盟国君主的保护伞下，把孩子托给父亲，一心一意地与奈珀克甜蜜相处。他还说，这位奥地利公主在赶走他的时候，还厚颜无耻地请他代自己向拿破仑提出要求，要求拿破仑同意和和气气地分手，因为这件事已经无法挽回了。

真相是如此残酷，拿破仑的脸色一下子苍白了起来，他没有想到，他心爱的妻子竟然会在他的心头戳上最严重的一刀！如今，儿子被软禁，妻子被引诱，现在他即使冒险一场，又是为了什么呢？但尽管如此，他仍然愿意拼死一搏。

在逆境之中，他总是更加努力奋斗，当然，这也是因为，他的心中始终抱有一线希望：如果他能够取胜，就一定可以使同盟国松开手中的猎物。到那时，即使无法挽回他的妻子，至少，他还可以与儿子团聚！

在这之后，为了保护自己的尊严，也为了前途着想，拿破仑一直把路易丝的耻辱行为埋在心底。平时在提起她的时候，也不会愤怒地指责，而是仍然保持着一丝情分和尊重，说她之所以没有回到巴黎，是因为她父亲一直阻挠着她。他之所以在这样的情形下仍然维护着路易丝，或许是因为在他心底，还保存着对路易丝的爱。

拿破仑竟然逃离了厄尔巴岛，回到了巴黎。这个消息震惊了整个欧洲。同盟国的君主们最担心的事情终于发生了，他们马上放弃了彼此间的争夺，再一次联合在一起。1815年3月，八个同盟国公布了一项联合声明，声明指出："拿破仑违反了确定他定居厄尔巴岛的协议，破坏了给他保留的唯一合法的称号……使自己置于法律保护之外，并在全世界面前表明，同他既不能讲和平，也不能休战。"

第七次反法同盟正式成立，他们决心要彻底将拿破仑打垮，使他再也无力东山再起。

重返巴黎的拿破仑知道，同盟国是不会对他的所作所为袖手旁观的，他抓紧每一分每一秒来进行帝国政权和大军的重建。他首先组织起政府和配备各主要部门的领导人。马雷再次担任国务大臣，德克雷负责海军，戈丹负责财政，莫利昂被劝说重新掌管国库部，达武则勉强同意担任陆军大臣。卡尔诺被说服，担任内务大臣。萨瓦里拒绝负责警务部门，拿破仑也不坚持。他再次起用富歇担任警察总监。虽然拿破仑非常清楚富歇曾经出卖过自己，是个两面三刀的阴谋家，然而，富歇也有着其他人所不可替代的特点。他掌握着别人不知道的保王党人情况，他还可以在拿破仑与雅各宾派之间进行沟通，使雅各宾派团结在自己周围。

与此同时，拿破仑还在法国进行了广泛的政治和社会改革。他曾多次声明重建的帝国与过去的不一样，它的主要任务是保证法国人民的和平与自由，法国再也不谋求对欧洲的任何统治权，但坚决反对外国对法国的任何形式的干涉。

1815年4月，他在巴黎颁布了一个《帝国宪法补充条款》，他在此条款的前言中指出：

在他按照法国人的意愿主持政府工作的十五年时间里，曾经根据国家的实际需要、人民的期望以及过去的经验，在不同时期对宪法进行了一些修改，然而由于当时他的注意力更多地投放在欧洲联邦巨大体系的建立方面，所以国内制度不得不被推迟，尤其是保护公民自由权制度的建立。现在，他的唯一目标是"通过增强民众的自由来增进法国的繁荣。……通过这种方式使公众自由、个人安全最大限度地与使外国人尊重法国人民的独立和帝国威望的那种力量和仲裁作用结合起来"。

虽然拿破仑一心希望他重返巴黎带给法国人民的是自由，然而，实际上，他带来的却是硝烟或枪声。同盟国拒绝了他所提出的一切和平建议。联军的实力非常强大，为了应付他们，拿破仑不得不加速进行重建帝国大军的工作。

正在这个时候，拿破仑偶然在路易十八的办公室里发现了1月英、奥、法三国签订的对付俄普的同盟条约的副本，他立刻派人把这份公文迅速送给正在维也纳的亚历山大一世，希望这份公文能够离间反法同盟。

果不其然，亚历山大一世接到这份秘密条约以后，气得脸色发白。当梅特涅来拜访他的时候，他黑着脸把梅特涅的这份杰作递了过去，即使是精明老练的梅特涅，看到这份文件，也不由得惊慌失措了起来。然而，拿破仑急速送来的这份公文除了造成戏剧性的效果外，并没有达到拿破仑的预期效果。亚历山大一世还是要与英奥联盟来打垮拿破仑。在他看来，法国所带来的威胁要远远超过英国与奥地利的秘密联盟，如果不趁早彻底打垮这个高举大革命火炬的拿破仑，他就会再一次动摇封建社会秩序的根基。

战争已经一触即发了。在短期内重建一支能够抵抗联军入侵的大军已经成了拿破仑首先要做的事情。在路易十八统治法国的十多个月当中，为了经济上的目的，也为了收买人心，曾经大批地裁减军队，而且还取消了拿破仑时的征兵制。拿破仑重新掌握政权之后，因为同样的原因，也不敢贸然恢复征兵制，只能命令将那些过去受过军事的训练的人员重新征召入伍，他估计，组成二十万大军是不成问题的。

现在，令他头疼的是缺乏有能力的指挥官。麦克唐纳、乌迪诺和圣西尔等他过去的老部下拒绝为他效劳，4月他又下令将马尔蒙、维克托、佩里格隆、奥热罗和勒费弗尔从元帅名单上清理出去。由于朱诺神志失常，达武已经担任了陆军大臣，而在马赛担任军区司令的马塞纳，现年五十七岁，已经年老体衰，不适合服现役。曾跟随拿破仑出生入死的总参谋长贝尔蒂埃已离开法国，退居普鲁士。所以仅剩下苏尔特、内伊、莫蒂埃、絮歇和布律纳可作为战场指挥官。最终，拿破仑指派苏尔特元帅为参谋长，但是，他没有料到的是，这是一项很不幸的选择。苏尔特虽然是一位非常优秀的指挥官，在奥斯特里茨战役中曾有着卓越的贡献，但是他的个性却是疏懒而无条理的，作为一个参谋长，他远不如谨慎的贝尔蒂埃。1815年4月，拿破仑任命格鲁希将军为元帅，这位将军当时四十八岁，是一位优秀的骑兵将领，在对俄作战中表现突出。

至于缪拉，虽然他率领骑兵响应了拿破仑，并于5月化装成水手前去谒见拿破仑，但因为他对自己的背叛，拿破仑最终还是决定命令他按兵不动。然而，鲁莽的缪拉再一次违背了他的命令。他因为受到了奥地利人的威胁，生怕丢失他的那个王国，于是就草率地出兵攻占中部意大利。可惜，他手下的军队如同一盘散沙，接连吃了好几个败仗，最后在托伦蒂诺被奈珀克战败，他本人乘一艘三桅小帆船，在普罗旺斯海岸偷偷登陆。拿破仑对他的举动极为恼怒，一气之下，不准他进巴黎，他只能蜷缩在土伦。

因为缪拉的轻举妄动，拿破仑失去了手中的一个秘密武器。

拿破仑颁令组建四个新军团（北方军团、摩泽尔军团、莱茵军团和阿尔卑斯军团），北方军团是主力军团，由拿破仑本人亲自进行指挥，用它充当打击的拳头。该军团共有十二万五千人，拥有三百四十门火炮，下辖五个步兵师，四个骑兵师以及近卫军。他还组建了三个"观测军"保卫侏罗、瓦尔和比利牛斯边境。其中北方军团为主力军团，将由拿破仑亲自指挥。它由四个军（第一、二、三、六军）和三个骑兵师组成。

拿破仑以超过一般人的旺盛精力和高效能的组织天才，终于在很短的时间里组织起一支规模浩大的帝国大军。到1815年5月底，他所征集的正规部队已经达到了二十八万四千人。

第二十八章

滑铁卢之殇

最后的战役

反法同盟的七十万大军很快以铺天盖地之势向法国压来。联军打算以绝对优势对拿破仑进行四面合围，一举压垮刚刚组建起来的法军。

拿破仑知道，以三十万兵力对抗七十万大军，无异于以卵击石，于是，他打算提前走上战场，趁着联军还没有完全集结和统一行动之前，以攻为守，首先击破阿瑟·韦尔斯利和布吕歇尔两个军团，然后掉头向东开进，对俄奥两国军队进行痛击，从而彻底粉碎联军围歼法军的企图。

1815 年 6 月，拿破仑的北方军团开始向比利时边界开进。他们的行军速度如此之快，经过八天的长途跋涉，全部人马已经来到了位于联军鼻子底下的莫伯日、富尔米、希梅地区。

拿破仑离开巴黎，中午到达了拉昂。在这里，他发现参谋长苏尔特犯了一个致命的错误——骑兵军的四个师没有接到行动命令，还安闲地留在驻地。拿破仑立即下令，命骑兵全速赶往法军的集中地区。

阿瑟·韦尔斯利和布吕歇尔对法国部队的调动一无所知，拿破仑决定趁着两军还没有对战之时，把自己的主力部队插入到联军的两个军团中间，将他们的联系割断，使其无法互相支援，然后逐渐将其歼灭。

拿破仑把大本营设置在了法国与比利时边界附近的博蒙特。他下令全军分成两路，在第二天天亮之前越过边界，向布吕歇尔军发起进攻，迫使布吕歇尔军团后退，再围歼孤立突出的阿瑟·韦尔斯利军团。

拿破仑的进攻马上就要拉开帷幕了，然而此时，联军对此仍然毫无察觉。阿瑟·

韦尔斯利还以为拿破仑仍然待在巴黎呢。普鲁士军团的前哨发现前面有很多营火在不停地闪动，于是汇报给了布吕歇尔，但布吕歇尔却并没有把这当成一回事。法军第四军中一个叫包弗蒙特的师长带着部分参谋人员向普鲁士军团投降，把拿破仑的实力和计划和盘托出，布吕歇尔才意识到自己现在的处境已经非常危险。但是他并没因此而感到惊慌，他相信，凭借自己的实力和阿瑟·韦尔斯利军团的支援，完全能够对付拿破仑的进攻。

一场大战开始了。

内伊率领的左翼部队如同风卷残云一般，很快就占领了哥西里斯，然而格鲁希的右翼却进展非常缓慢，只推到了吉里一线。内伊害怕孤军深入会遭到优势敌人的围歼，于是就开始犹豫不决，最后，他放弃了全力冒进的计划，只安排了一个骑兵师的兵力继续向卡特尔布拉斯进攻。

格鲁希的右翼部队攻占了吉里后，继续向前推进，布吕歇尔军仓皇之间迎战，根本来不及制定战略计划，被打得节节败退。只用了一天的时间，布吕歇尔军团就被压缩到圣阿曼德、华格尼里、利尼、桑布里费一线。形势变得对法军非常有利。

当布吕歇尔军在法军的威胁之下步步后退的时候，阿瑟·韦尔斯利还完全陶醉在安逸舒适的生活中，他根本没有想到，拿破仑竟然会主动采取攻势行动。他收到布吕歇尔发来的请求增援的急件，但是他错误地估计了当时的形势，所以未能立刻向布吕歇尔靠拢。

阿瑟·韦尔斯利认为，拿破仑进攻布鲁塞尔的危险依然存在，所以，他的当务之急是确保经蒙斯到布鲁塞尔的道路的安全。晚上十点，他向部队下达命令，要求他们家去对布鲁塞尔方向的防御。

命令下达之后，他就离开了司令部，参加了一位贵妇举办的宴会，在那里，他一直玩乐到凌晨，蒙斯部队送来的一份报告惊醒了他的美梦——这份报告说法军全部转移到沙勒罗瓦方向，蒙斯附近已经找不到法军的踪影。

到现在，阿瑟·韦尔斯利才恍然大悟，知道自己上了拿破仑的当！他马上命令部下向卡特尔布拉斯方向行动，占领该村的公路交叉口，阻止法军的进攻。如果有可能的话，就在那里与法军会战。

几乎在同一时刻，拿破仑向法国部队下达了一个命令：内伊指挥他的部队继续向卡特尔布拉斯进攻，近卫军和骑兵预备队随后跟进，随时准备支援。占领该地后，寻找合适的机会向布鲁塞尔发起进攻，争取将布鲁塞尔拿下，从侧后包围阿瑟·韦尔斯利军团。格鲁希指挥右翼原有部队，继续向当面的普军进攻，占领桑布里费，迫使敌人向耿布劳斯方向撤退，从而使敌人两个军团之间的距离更加拉大。

上午十一点，右翼第三军已经完成了初步的攻击部署，但是第四军却一直没有赶到。原来，因为苏尔特的疏忽，第四军昨天晚上露宿在桑布尔河两岸，距离太远，所以一时到不了。直到下午一点，第四军才急匆匆赶到。此时，普鲁士军团已经有三个军大约八万人集中到了利尼村附近。

拿破仑看到布吕歇尔将主力部队集中在这个地方，不由得喜出望外，他迅速对原来的计划进行了调整：改变首先歼灭阿瑟·韦尔斯利军团的计划，迅速集中现有的五万兵力进攻布吕歇尔军。

下午两点，总参谋长苏尔特向内伊发出通知：

敌人已在桑布里费与布莱之间集中兵力，格鲁希已于下午两点三十分用第三和第四军发动攻击。陛下的意图是要你先击退前方的敌军，然而来支援右翼并协助包围敌人。

拿破仑具有充足的信心，只要内伊按照他的指示行事，不用三个小时，普鲁士军团就会全军覆没。

进攻正式开始了。两个骑兵师以倒八字队形向联军的阵地发起了进攻，很快，普鲁士军团的左翼部队就被缠住了。战斗进行得异常激烈。普鲁士军团接连打退了第四军的好几次冲击，法国士兵们毫不气馁，再一次发起冲锋，终于，这一次他们成功地占领了利尼村。然而，普鲁士军团马上进行了反冲击，情况越来越危急。

拿破仑心急如焚地等待着内伊的支援，却迟迟没有等来。此时的内伊处境也很困难。因为内伊在前一天的犹豫不决和行动迟缓，致使阿瑟·韦尔斯利以一部分兵力抢先占领了卡特尔布拉斯。现在他的第二军已经被阿瑟·韦尔斯利军团的两万人死死缠住，根本无法脱身。

战场上的局势越来越紧急，拿破仑知道，坐等援军到来，无异于坐以待毙，于是他亲自督促法军发起一次又一次冲锋，八万名普鲁士士兵被拖得死死的。拿破仑决定出动近卫军进行最后的冲击。

此时，天气已经变得异常闷热，正在落山的太阳时不时地被一片片的乌云遮住。没过一会儿，大雨就瓢泼而下，勇猛的近卫军冒着大雨发起冲击，很快占领了利尼村。

布吕歇尔眼睁睁地看着自己好不容易夺回的阵地再一次落到拿破仑手下，气得直冒烟，他亲自率领三十二个骑兵中队，向近卫军发起了反冲击，想从他们手中夺回利尼村。在这场混战之中，布吕歇尔的坐骑被流弹击中，当场倒地身亡，布吕歇尔被摔在了地上。此时，法国士兵们已经从四面八方围拢过来，布吕歇尔的副官赶紧把元帅藏起来，然后在一些骑兵的保护之下，把他从包围圈里救了出来。

因为防线已经被完全切断，元帅也被摔得遍体鳞伤，普鲁士军团只好在夜幕的掩护下全线撤退。此时，已经连续两天激烈作战的法国士兵们也无力对他们进行追击，只好放任他们退去。

利尼之战虽然以法国部队的胜利而收场，但拿破仑却对这一仗打得实在是太不漂亮了。在他看来，要不是内伊的部队行动迟缓，没有及时前来支援，他一定会在利尼将普鲁士军团全歼。而现在，普鲁士军团只是被击败了，却没有被消灭。

实际上，内伊也有自己的苦衷。在利尼会战的同时，内伊与阿瑟·韦尔斯利也展开了一场激战。内伊军向卡特尔布拉斯接连发起了很多次进攻，但因为寡不敌众，全都以失败而告终。正当他打算再一次发起进攻时，传令官送来了拿破仑的命令，要求内伊的第一军前去支援右翼部队。因为这道命令是拿破仑用铅笔草草写成的，字迹非常潦草，所以传令官在宣读的时候，竟然把"华格里尼"错读成"汪格尼斯"。

一字之差，谬以千里。华格里尼位于利尼西北五公里处，汪格尼斯则是利尼以南五公里的一个小村子。

第一军的指挥官戴尔隆立刻指挥军队掉头向汪格尼斯赶去，结果最终未能为拿破仑提供有效的支援，反而闹了一场乌龙。

内伊率领着手下的一万人再次向敌军发起了攻击，此时英荷守军兵力已经增加到了三万余人，后续的援军还在源源不断开来，再加上阿瑟·韦尔斯利的亲自指挥，内伊的进攻再一次遭遇了失败。

侦察员向拿破仑汇报，说阿瑟·韦尔斯利的部队仍留在卡特尔布拉斯的阵地上，似乎没有动静。拿破仑马上决定，调转兵力，进攻阿瑟·韦尔斯利。他率领近卫军和第六军向马尔拜斯前进，想从左翼攻击英荷联军，配合内伊部队对其进行围歼。

实际上，侦察兵打探到的消息并不准确。当天凌晨两点，当阿瑟·韦尔斯利得知布吕歇尔战败的消息之后，他看到自己的左翼已经完全暴露，随时都有被法国部队迂回包围的危险，于是决定向布鲁塞尔南面二十二公里的滑铁卢地域撤退。这时，普鲁士军团的传令官送来布吕歇尔的急件，布吕歇尔告诉阿瑟·韦尔斯利，他们已经撤退到了华费里，如果阿瑟·韦尔斯利与拿破仑决战，那他将收拢部队前来支援。于是，英荷联军开始撤退。他们在树林的掩护之下，在骑兵的警戒下，一队一队地逐次撤走。

令人震惊的是，法国部队对这一行动竟然一无所知。

内伊接到拿破仑下达给他的让他无论如何也要拖住英荷联军的命令之后，由于没有及时发现英荷联军的撤退迹象，所以只派出了一小股部队出击，想以此来缠住敌人。中午，苏尔特的书面命令又被送达，苏尔特告诉他，拿破仑正率领部队向马尔拜斯进发，这支军队可以对他进行支援，他必须马上进攻防守卡特尔布拉斯的敌军。然而，苏尔特的命令并没有得到内伊的重视，尽管苏尔特在信中的措辞十分急迫，内伊仍然从容不迫地命令他的部队按时吃午饭。

下午一点，拿破仑带领着第六军和近卫军终于抵达了卡特尔布拉斯东南的马尔拜斯。他原本以为这里会呈现出一片厮杀的景象，但是却惊讶地发现，卡特尔布拉斯方向一片宁静，就像战争从来都没有在这里发生过一样。

他立刻亲自带领先头骑兵直奔卡特尔布拉斯，出现在他面前的情形令他勃然大怒——内伊的部队竟然还停留在弗拉斯尼斯，正在悠然自得地休息呢！至于阿瑟·韦尔斯利的部队，他们早就已经撤出了阵地，逃之夭夭了！

拿破仑强压下激动的情绪，命令所有部队立即出发，追击阿瑟·韦尔斯利的部队。直到下午两点，内伊的第一军才慢腾腾地从后面赶了上来。拿破仑再也压制不住内心的怒气，狠狠地责骂了戴尔隆，说他毁了法国。然后，他离开乘坐的马车，骑上他的战马，率领两个骑兵团，朝英荷联军的后卫部队追去。

此时，天空中布满了乌云，似乎正在酝酿着一场大雨。果然，就在拿破仑的骑兵快要追上敌军的后卫部队时，一场大雨从天而降。大雨将法国将士们的视线完全遮住，他们根本看不到敌人在哪里，尤其是骑兵的行动受到了极大的限制，不得已之下，他们只能沿着公路向前追击，否则，马匹随时有可能会陷入泥泞的土地中。

拿破仑被淋得浑身上下都湿透了，灰大衣上不停地淌着雨水，帽子被暴风雨打得不成样子。半个小时以后，暴风雨终于暂时平息了。英荷联军的后卫部队虽然跑得丢盔弃甲，非常狼狈，最终还是成功地逃脱了法国部队的追击，并且在滑铁卢以南进入他们的主力部队已经占领的阵地。

拿破仑打算趁着敌军仓促占领阵地的机会，一举将他们的防线冲破。他向四个炮兵连下令，要求他们用火力来压制敌军，同时，还命令第四骑兵师发起进攻。然而，此时的英国部队已经占据了居高临下的有利位置，在他们的火炮扫射下，法国部队没多久就败下阵来。

拿破仑后悔不已，因为内伊的懒散疏忽，他已经失去了一个良好战机！

拿破仑在李客劳农庄过夜。这天夜里，他一直睡不着，他担心阿瑟·韦尔斯利会趁着天黑偷偷溜走。凌晨一点，他干脆起床了，在贝特朗的陪同下，踏着泥泞不堪的小路，穿过一排排躺在地上宿营的士兵，走到靠近敌人的前沿，亲自察看敌军的动向。当他看到阿瑟·韦尔斯利的军团依然驻扎在那里时，才放下心来。

滑铁卢惨败

滑铁卢是一个古朴而又宁静的小镇，这里到处都是一望无际的田野，上面种满了郁郁葱葱的庄稼，小麦、大麦、大豆、豌豆、马铃薯、萝卜等如同一块绿色的地毯一般，将整个大地覆盖着。一直以来，这里都呈现出一种安宁、祥和的气氛。但是不久之后，这种宁静的气氛却被打破了。

阿瑟·韦尔斯利向法国部队发起了进攻，他没有预料到，这场战役会给他带来怎样的辉煌与荣耀。

阿瑟·韦尔斯利把阵地设在布鲁塞尔以南约二十二公里、滑铁卢以南约三公里处的一片丘陵地带上，以圣杰安山高地为主阵地，站在这座高山上，整个战场都可以尽收眼底。阵地右翼的霍高蒙特别墅是阿瑟·韦尔斯利防御的重中之重，他把最为骁勇善战的英国近卫军安排在这里。而荷兰军和其他盟国的杂牌部队则被安排在了相对不那么重要的中央和左翼阵地上。在左翼的最外端，英国的骑兵旅严阵以待。同时，在中央阵地后面，也就是圣杰安山与前沿阵地之间，还有一支强大的预备队，联军的大多数火炮都被部署在这里。

拿破仑在了解到联军阵地的部署之后，决定集中主力首先对联军防御薄弱的中央阵地发起进攻，抢占圣杰安山，一旦这里的防线被突破，接下来再向两翼扩大战果就比较容易了，而且还可以把敌人一分为二，各个击破。为此，拿破仑制定了一个作战计划：假装攻击霍高蒙特别墅，迷惑敌军的视线，从而牵制敌军兵力，为中央阵地的突破提供充足保障。

此时，双方的兵力分别为：拿破仑集中了七万两千人的兵力，并配备火炮二百四十门。阿瑟·韦尔斯利的兵力则是六万八千人，拥有火炮一百六十门。

拿破仑制定的进攻时间为上午九点，然而，天公不作美，当天，淅淅沥沥的小雨一直下到了八点。拿破仑在对各处部队进行视察时，一位炮兵军官向他建议说，最好将进攻时间推迟三个小时，因为雨刚才停下，地面非常湿滑，这会影响骑兵和炮兵的战斗力，一旦炮弹陷入泥中，那么威力就会大大消减。拿破仑接受了这个建议。

十一点三十分，法国部队的八十门大炮同时向英军阵地发起猛烈的轰击，会战正式打响了。担任佯攻任务的第二军第六师奉命出动，向霍高蒙特步步紧逼。指挥这个师的是拿破仑的弟弟热罗姆。热罗姆虽然已经三十多岁了，但是在指挥作战方面却没有积攒下什么经验。他带领军队两次冲锋，占领了霍高蒙特南面的一片树林。按照拿破仑的计划，攻击到此就已经结束了，下一步是巩固他们所占领的地盘，从而进一步牵制和吸引更多的敌军。

军长雷耶也多次向他下达命令，要求他对霍高蒙特别墅的主体的进攻。但愚蠢的热罗姆却不舍得放弃这个看上去轻而易举就能拿下的霍高蒙特别墅，竟然违抗了拿破仑和雷耶的命令，率领部队继续发动毫无必要的攻击。他们的几次冲锋都被打退了，伤亡惨重。

无奈之下，雷耶只好派一个旅去搭救皇帝的弟弟，如此一来，攻击霍高蒙特的兵力竟然达到了一万两千人！虽然法军十倍于英军，但英国近卫队依然进行顽强的抵抗，一次又一次地将法国部队的进攻打退。法国部队陷入了完全没有意义的苦战中，不但没有按照拿破仑计划的那样将英国的主力部队吸引过来，反而起到了完全相反的效果——自己的兵力被拖了进去。

下午一点，拿破仑在用望远镜向敌人的后方和侧翼进行观察的时候，忽然发现在东北方向大约十公里的地方出现了一支正在接近的部队。正当他纳闷之时，法国侦察兵押来了普鲁士军团的一个骠骑兵上尉。从这个上尉的身上搜出了一些文件，这些文件表明，拿破仑在望远镜中观察到的那支部队，是普鲁士军团第四军的前卫，他们正准备前来攻击法军右翼。上尉承认了这一事实，然而他却狡猾地隐瞒了在第四军后面还有第一、第二军的情况。

拿破仑赶紧下令，让两个骑兵师和第六军火速赶到圣南贝特去，阻止普军向滑铁卢前进。

下午一点左右，法国部队的全面进攻开始。第一军从左至右一线排开，左翼为第一师，在轻骑兵旅的支援下，进攻敌军中央阵地正前方的拉海圣庄园，其余三个师进攻敌军的左翼。法军从四面围攻拉海圣庄园，人数处于劣势的拉海圣庄园守军几次呈现出支撑不住之势。阿瑟·韦尔斯利站在联军主阵地上的一棵大榆树下心急如焚地观战，他立刻派出一个营前去增援，不料这个营在前进的路上就被法国骑兵给冲散了。

不过，因为拉海圣庄园的主体是一个十分坚固的砖石建筑物，所以，守军可以龟缩在里面进行顽强的抵抗，法国部队虽然火力旺盛，一时也难以攻下。

与此同时，其他三个师凭借着优势兵力和强大的炮火，攻击进展非常迅速，很快就占领了前沿阵地。登上丘陵顶部的法国部队被这轻易得到的胜利冲昏了头脑，他们不断地欢呼着，拥抱着，早就把战斗队形忘在了一边。

正当他们得意忘形的时候，隐蔽在山脊北侧反斜面上的一个大约拥有四千人的英军步兵师，突然从树丛后面冲杀出来。法国部队被打了个措手不及，开始败退。英军乘胜追击，六个骑兵团越过中间山谷，一直冲上了法国部队的进攻出发地，摧毁了他们的部分炮兵发射阵地。

拿破仑看到情况如此危急，立刻抽调了两个骑兵旅对他们进行支援。法国骑兵们居高临下，如同猛虎下山一样向已经筋疲力尽地英国骑兵杀去，只把他们打得人仰马翻，仓皇而逃。

在霍高蒙特和拉海圣两个阵地上，法国部队都陷入久攻不克的尴尬境地，这使得大军无法向纵深推进，拿破仑开始担心起来。下午三点三十，法国部队再一次向这两个阵地发起进攻，拿破仑下定决心，不管付出什么样的代价，都要在敌人的援军赶到之前，将这两颗钉子拔掉！面对法军凌厉的攻击，两地的守军损失严重，弹药也快要耗尽了，但他们仍坚持不肯放弃。

正在这个时候，内伊突然发现敌军中央阵地上的守军正在向阵地后面撤退，他粗心地认为，英国部队已经开始撤退了，于是没等到拿破仑的命令，就不顾敌军两个阵地还没有被攻下的危险，命令一个骑兵师和部分近卫骑兵大约五千人，对中央阵地发起了冲击。骑兵们的攻势非常猛烈，没过多长时间，联军全部火炮就被俘获了。

阿瑟·韦尔斯利看到这种情景，马上调集步兵，排成严整的方阵对法国部队实施反冲击。法国骑兵被打退了，原先俘获的火炮，现在又成了攻击他们的武器。

拿破仑看到法国骑兵的冲击被击溃，于是不顾苏尔特的劝说，将骑兵的全部预备队投入到了战斗中，对敌军阵地发起第二次大规模的进攻。一时间，战场上马蹄声不断，尘土遮天蔽日。此时，阿瑟·韦尔斯利也加强了防御力量，英军炮兵不断进行猛烈的射击，步兵也充分发挥了排枪的火力，结果，法军一连五次大规模的冲击全被打退，损失惨重。

英国部队的损失一点儿也不比法国部队小，拉海圣的守将向阿瑟·韦尔斯利求援，他无可奈何地说："在这种情况下，让大家都牺牲在自己的岗位上！我已经没有援军了。不过，即使牺牲到最后一个人，我们仍然要坚持到布吕歇尔的到来。"

经过一阵拉锯战之后，法国部队终于攻占了拉海圣。内伊马上将一个炮兵连调到那里，继续突进，最终占领了英军中央阵地的部分地段。

正当法国部队开始对英国部队的主阵地进行猛攻之时，布吕歇尔带领着三万普鲁士士兵赶来了。而法国部队的援军格鲁希军却迟迟没来。如此一来，战场上的力量对比一下子发生了巨大的变化。

最后的冲击开始了，战场上的景象如同史诗一般壮观：大约四千名身经百战的近卫军官兵组成了一个排列极为严密的进攻方阵，与内伊的部队一起，向敌军阵地挺进。内伊的坐骑被敌军的炮弹击中了，他从地上艰难地爬了起来，继续身先士卒地带领部队向前进攻。法国部队很快就突破了联军的防御，冲到了山顶上的英军阵地。

胜利近在咫尺了！然而就在这个时候，只听阿瑟·韦尔斯利一声令下："近卫军，起立，准备战斗！"从山后突然冒出了两个营的英国近卫军，他们在距离法国部队只有大约五十步的地方，向他们猛烈开火。

这是一场悲壮的场面，法国官兵们一排排地倒了下来，只用了一分钟的时间，拿破仑旗下最为骁勇善战的近卫军，就丢下三百多具被打得千疮百孔的尸体，向后退去。

战争局势一下子发生了大逆转，其他地段的英国部队积极地对主阵地进行支援，普鲁士军团的两个军则更加猛烈地向法军右翼发起进攻。两面受敌的法国部队一下子乱了阵脚。阿瑟·韦尔斯利意识到，现在已经到了全线反击的时刻了，于是，他骑着战马来到阵前，向他的士兵们发出了进攻的信号。四万名英国和普鲁士官兵们从山上直扑了下来，法国部队溃败而逃。

阿瑟·韦尔斯利把追击的任务交给了布吕歇尔，在联军的猛追之下，法国士兵们到处乱窜，这天晚上，法军残部七次准备扎营，又七次被布吕歇尔追上，一直在不停地奔命。

拿破仑和他的几位元帅一起，在晚上一点左右逃到了卡特尔布拉斯。在这里，拿破仑试图收拢部队与追敌较量一番，然而，还没等他的部队集中起来，追兵又赶到了。拿破仑退到沙勒罗瓦，他再一次试图收拢部队与敌军一决雌雄，就在这时，传来了格鲁希失踪，部队全部覆灭的消息，拿破仑彻底失望了，他放弃了再次决战的念头，悄悄地向巴黎退去。

滑铁卢一战，法军死伤两万五千人，被俘虏八千人，其余大部分逃散了。阿瑟·韦尔斯利军团死伤一万五千人，布吕歇尔军团死伤七千人。滑铁卢小镇的田野里，到处都躺着横七竖八的尸体、无人救助的伤兵，绿色的平原变成了血的海洋。

全完了，一切全完了！

拿破仑的心中充满了绝望，他没有想到，此生的最后一场战役，竟然以这样的方式画上了一个句号，荣耀从此再也不属于他。

第二次退位

1815 年 6 月，拿破仑仓皇回到了巴黎。他原打算在这里重整旗鼓，然而，此时巴黎的局势却让他明白，一切都已经来不及了。

元老院和立法院已经背叛了拿破仑，他们宣布法兰西处于危险中，拿破仑必须退位，只有这样，才能保证国家的安全与和平。

然而，法国人却不是这么想的。人们都在大声疾呼：坚决反对皇帝退位，坚决保卫巴黎。在大街小巷上，不时有游行队伍高呼："皇帝万岁！打倒叛变者！拥护皇帝或者死亡！不需要退位！要皇帝和国防！打倒议会！"老百姓们是如此愤怒，他们恨不得把所有贵族都打死，因为他们是站在拿破仑这一边的。

拿破仑的弟弟吕西安（此时他们已经和好），建议他像当年在雾月政变所做的那样，将元老院和立法院全都解散，重新征召军队，准备再战。然而拿破仑却清楚地意识到，此时已经不再是雾月了，现在，时代不同了，他所依赖的资产阶级已经完全抛弃了他，他不愿意把普通百姓与资产阶级对立起来，不希望看到自己所深爱着的法兰西发生内战，最终，他接受了议会的决议。

拿破仑再一次签署了退位诏令，内容如下：

法兰西的民众们！在这场旨在维护国家独立的战争刚刚打响的时候，我曾经寄希望于一切努力、全部意志都能与国家所有的官厅联合一致。这种联合的成功就是我敢于挑战那些列强的根基，这种联合给了我底气，让我能够藐视那些列强们所发出的一切公告。但是现在，形势发生了变化。面对法国敌人的憎恨，我愿意作出牺牲。现在我唯一的希望是，他们能够像声明中所说的那样，他们的确是抱着真诚的态度来对待我的国家，他们的仇恨只是针对我个人的！现在，我的政治生命已经完结了，我宣布：我的儿子将会以拿破仑二世的称号成为法兰西人的皇帝。现任的各位大臣将暂时组建起一个政府会议。我对于我的儿子的关心，促使我恳请国会以最快的速度按照法律建立起摄政制。为了国家的安全，为了民族的独立，法国人必须联合起来。

元老院和立法院接到了拿破仑的退位诏令后，为了表示对他的最后敬意，特意派了一个委员会前去向他致谢。拿破仑最后一次穿上了法兰西黄袍。在各位大臣的陪同下，他平静地接待了前来致谢的委员会。

他虽然看上去有些憔悴，但是眼神却依旧坚定，情绪仍然得到了很好的控制。他还提醒大家，他的退位是有条件的，他必须将皇位让给他的儿子小罗马王，也就是拿破仑二世。

但是委员会却拒绝了他，此时拿破仑已经看出，他的儿子是不可能继位了。他尊严而有礼貌地送走了这个委员会。拿破仑再度登位时期——"百日政权"到此告终。

拿破仑退位之后，议会任命了一个五人执政委员会，由卡尔诺、科兰古、富歇、格雷尼埃和基内特组成，其中三个曾参与处死国王，富歇被选为主席。拿破仑得知以后，愤怒地说：他竟然让位给包括一个卖国贼和两个乳臭小儿的督政府。可见，拿破仑眼看这么快又恢复到雾月政变以前的局面是何等愤怒。他的愤怒是理所当然的。空论家逼迫退位，已经是非常可恨了，偏偏接替他的人是富歇，那就更是不可饶恕的侮辱了。

但这个侮辱还不够。联军逐渐逼近巴黎，拿破仑屡次写信给富歇，表示愿意指挥士兵防卫巴黎，然而得到的回答是请他赶快离开巴黎前往罗什福尔港，那里备有两艘巡洋舰运载他去美国。

不得已，拿破仑只好踏上了一段未知的旅程。

经过了几天的长途跋涉，拿破仑终于到达了罗什福尔港。临时政府请求阿瑟·韦尔斯利向拿破仑发放赴美护照，但因为没有得到英国政府的命令，阿瑟·韦尔斯利拒绝了这一请求。

临时政府又打算像1794年那样唤起士兵们的士气，然而，他们失败了。士兵们全都不愿意打仗，因为他们已经没有了皇帝，也没有统帅。

这时，苏尔特和格鲁希的残军已经被英国部队和普鲁士部队赶到了巴黎城下，经过了一番毫无意义的抵抗之后，法国部队总司令达武与联军缔结了休战协定，法国向联军投降，法国军队撤往卢瓦河以南。同盟国各国随即通知临时政府，他们的职权已经履行结束，路易十八在不久的以后将重新执掌政权，临时政府自行解散。路易十八再一次住进了他祖先的王宫。

因为英国舰队将所有大洋的出口都牢牢地封锁了，所以，拿破仑只能一直停留在罗什福尔港。正当他一筹莫展的时候，巴黎发来了命令，告诫他只有当邻近海面上没有英国舰队时才能出海。然而，英国人已经做好了战斗准备，时刻巡逻在海港的出口。

拿破仑知道硬闯是没有用的，于是就派身边的萨瓦里公爵和拉斯加斯伯爵前去会见英国舰队的梅特兰舰长，向他询问是否准许他去美洲的两艘巡洋舰通过。梅特兰舰长在"别列洛风"号上接见了拿破仑的使者，他毫不犹豫地拒绝了拿破仑的建议。他说："有什么保证可以说，拿破仑皇帝现在到美洲去，而不会重新回来，又使英国和整个欧洲遭受新的流血牺牲和物质损失呢？"

萨瓦里回答说："1814年第一次退位和现在的第二次退位有很大的不同，现在他是完全自愿地退位的，虽然在滑铁卢之战后他还能当皇帝和继续作战。皇帝坚决永远退隐去过私人的生活。"

梅特兰说："如果是这样的话，那么为什么皇帝不去英国，不把英国当作自己的藏身之所呢？"

拿破仑向英国摄政王发出了一封信：

尊贵的殿下：

因为受到了分裂我的国家的各种派系以及欧洲列强的肆意践踏，现在，我已经不得不结束我的政治生涯。现在的我就像是泰米斯托克尔（古希腊雅典统帅，他曾在战败后到雅典的敌人波斯国王那里寻找栖身之所）一样，我诚恳地向您请求，希望能够在英国得到一个立足之地。我希望您能允许我将自己置于英国法律的保护之下——我真诚地请求殿下，请求我最坚强、最难对付，但同时也是最宽宏大量的敌人的保护。

此时，拿破仑已经决定，要在英国度过他的余生。拿破仑登上了"别列洛风"号。他坚定地对梅特兰舰长说："我是来把自己置身于贵国君主和法律的保护之下。"

然而，就是他的这一最终愿望也得不到满足。英国政府将最后决定通知了他：他不得在英国登岸，而要立即转往圣赫勒拿岛。除了将军的身份之外，不承认他有其他称号。

拿破仑非常平静地看了英国政府的来信，然后以非常安详的态度与和善的面容开始宣告，他拒绝被当作俘虏送往圣赫勒拿岛。他坚持自己有权被当作一位主权君主，而不只是一位将军。

但是，一位末路英雄的抗议声，此时已经无人愿意倾听了。

最后，他只能默默接受英国人给他的安排。这位倒台的皇帝获准挑选四名军官以及十二名仆人一同前往圣赫勒拿岛，他挑选了贝特朗、蒙托隆、拉斯加斯三位伯爵以及古尔戈将军随行。拿破仑开始了再一次流放历程。

第二十九章

孤岛挽歌

圣赫勒拿岛的囚徒

经过了六十七天的航行，拿破仑终于抵达了圣赫勒拿岛，当他在船上用望远镜观察了这个荒凉的海岛后，说道："这不是什么好地方。当初，我留在埃及就好了，现在已是整个东方的皇帝了。"

出现在他眼前的，是一座荒凉、瘦瘠的海岛，到处都笼罩在一片灰暗的颜色之中，很难令人相信，这样的地方会有草木生长。岛上到处都是阴森森的悬崖峭壁和堆起的火山岩，仿佛一个天然牢狱。

船上的人都被这番景象吓坏了，一个女人喃喃地说道："这必定是魔鬼从一个世界飞到另一个世界去的时候拉下来的臭屎堆。"就连那些英国人，也为他们的国家竟然还有这样一块土地而感到不可思议。

英国海军上将科伯恩首先上岸，过了几个小时，当他返回的时候，身边多了一个人，这就是圣赫勒拿岛的总督马克·威尔克斯上校。在战舰上的休息室里，拿破仑会见了威尔克斯。威尔克斯向拿破仑介绍了这座他已经统治了两年的海岛的各种情况，很快，拿破仑就掌握了他将被隔离的这座海岛的完整信息：

圣赫勒拿岛是1502年由葡萄牙人发现并占有的，现在则归英国东印度公司管理。它距离南非的开普敦大约有两千七百公里，距离南美洲两千九百公里，距离英国六千四百公里，离它最近的陆地，是一千一百公里之外的亚森欧岛——也是空阔的大西洋上另一个属于英国的火山岩小岛。英国人之所以会选择这个地方当作拿破仑的流放地，正是因为它所具有的孤立位置，可以说，在这里，拿破仑插翅难逃。

圣赫勒拿岛并不大，只有十六公里长，十一公里宽，岛上有四千人口，其中包括一千名驻军。现在，因为拿破仑的到来，驻军的人数已经增加了三倍。岛上的居民来自很多地方，有不到八千名欧洲人，其他的都是黑人、中国人和东印度水手。

这里的经济非常落后，开酒店是主要的营生。因为这座海岛位于英国通往南非和印度的航线上。来往远东的船只，都要到圣赫勒拿岛来补充淡水，在这里逗留几天。因为燃料、工业品、肉类都要从海外运输进来，所以岛上的生活成本非常高。

在1815年10月的《圣赫勒拿岛大事记》上，记载着"拿破仑·波拿巴和某些国家级要犯"乘着诺桑伯兰号到达海岛的情况，那上面的记录就是那些法国人登陆时的实况的真实写照。

为了杜绝拿破仑逃跑的任何一个微小的机会，英国人对拿破仑采取了异常严厉的警戒方法。他们在拿破仑锁住的朗伍德别墅周围划出了一块周长大约为二十公里的范围，拿破仑在这个范围以内可以自由活动，不需要任何人的陪伴。但是，一旦走出这个界限，他就必须由一名英国军官陪同着，否则就不允许出入。晚上九点以后，不得到允许，拿破仑是不能擅自离开别墅的，不凭口令任何人都不得随便进出。

朗伍德别墅周围都布置了很多岗哨，巡逻兵来回不断。岛上每个登陆地点，甚至类似登陆地点都设有哨兵，连通向海面的每条羊肠小道上都布置了岗哨。在海岛附近的海域，有两艘英国战舰不断巡游。外国船只不准在海岛附近停泊，如果有船只因为遭遇了重大灾难而不得不在此停泊的时候，也不准任何人上岸，英国战舰将会派一名军官和一队人马上船，对船上人的一举一动都进行严密监视，防止他们与岛上发生联系。

圣赫勒拿岛上的每一艘渔船都编了号，每天傍晚日落的时候在一名海军少校监督下抛锚停泊。日落后，任何船只不准下海，只有英国战舰上放下的巡逻艇整夜在岛旁巡游。值日军官必须在二十四小时内两次查明拿破仑所处的实际位置。

除此之外，英国总督还与岛上居民约法三章："居民们应提高警惕，提防企图帮助或鼓动波拿巴及其随从潜逃的阴谋诡计；未经总督或海军少将许可，不得同将军及这些人接触或通信，违者将被驱逐出境，并视其罪行判处劳役。"

一个习惯于指挥千军万马、在战场上纵横驰骋的人，突然间被囚禁在这个远离大陆和世人的荒岛上，在英国总督吹毛求疵的监督下生活，其精神上的折磨和痛苦可想而知。拿破仑不甘心顺从英国人加给他的种种限制，更不愿忍受孤独寂寞、无所事事的囚徒生活，他经常歇斯底里地大叫："海岛阴森恐怖，令人毛骨悚然，我们像被关在监狱里。我们应当大声疾呼，进行控诉。"

从1815年到1821年间，拿破仑曾经多次向英国政府提出抗议，但英国内阁一直听而不闻，拒绝给他任何答复。

天国的召唤

这位天才的军事家和政治家如今身陷囹圄，即使有再大的才能也无法发挥出来。他就像是一只被剪断了翅膀的雄鹰一样，只能痛苦地在圣赫勒拿岛度过孤寂的余生。

或许是因为长期的心理压抑，他竟然染上了胃病，健康状况每况愈下。1820年末，他的病情更加严重了，他不得不忍受着来自胃部的剧烈疼痛。精神也越来越差，现在，他经常一连几个小时保持沉默，一句话也不肯说。

1821年1月，他开始尝试着用体操来克服胃病的折磨，但是却发现这根本无济于事。3月，他的胃病发作得越来越频繁了，发烧、呕吐、胃部及肩部疼痛使他苦不堪言。有一天，在他洗完澡的时候，突然晕倒了。随后几天，从前那些反复出现的症状：心悸，衰弱，脉搏忽升忽降，双脚冰冷疼痛，肝部疼痛，肩部背部疼痛，干咳，牙齿松动，舌苔变厚，严重口渴，皮肤发疹并变成黄色，身体发抖，耳聋，怕光，呼吸困难，作呕——所有这些症状都凶猛地扑到了他的身上。

此时的他开始意识到，自己已经没有多少时间了，于是，他对身边的人说："在过去的那些日子里，我是拿破仑。但是，现在我一无所有，我的体力、我的智力都离开了我。我不能再活下去了。"

他不愿意服用英国医生为他开的药，他疯狂地喊道："我不吃药，既然英国要我的尸体，我不愿让它久等，我现在用不着毒药就可以死去。"

4月，拿破仑开始口述他的遗嘱。虽然病痛不断地折磨着他的身体，他还是对遗嘱字斟句酌，反复推敲。他认为君主的遗嘱首先应是一份政治文件。这份遗嘱中有评论、有解释，还有谴责：

我是在天主教教徒的虔诚信仰中来到这个世界的，到现在我身在其中已经五十多年的时间了，如今，我依然是在它的怀中离开这个世界的。

我希望我死后，我的骨灰能够被埋葬在塞纳河畔，在那里，我将置身于我所衷心热爱的法兰西人民之中。

我对我最心爱的妻子，玛利亚·路易丝感到非常满意，她有无数理由令我满意。为她，我始终保留着我心中最温柔的情感，就算最后一刻，这种情感也不曾逝去。我恳求她，帮我照顾、保护我的儿子，使他不必遭受那些在他成年以前就已经包围着他的各种伤害。

我要给我的儿子一个告诫，希望他永远都不要忘记，他生来就是一个法国王子，也希望他永远不要让自己成为那些压迫、欺凌欧洲人民的统治者手里的工具。他绝不应该与法兰西为敌，也不能以任何一种行为伤害我们伟大的祖国。我希望他能记住我的座右铭——"一切为了法国人民"。

我过早地离开这个世界，要归因于英国寡头政府和其爪牙的暗杀。法国人民会为我报仇的，这一天很快就会到来。

我的儿子不应只考虑为我的死而报仇的事。他应利用这个机会有所作为……要竭尽全力实现和平治国……我不得已用武力征服欧洲，而今天必须说服他。愿我的儿子从我播下的种子里冒出新芽，使法兰西土地上的一切繁荣因素蓬勃发展。我的儿子应是具有崭新思想和事业心的人，要继承和发扬我已经取得辉煌成就的事业。用法律更新人们的思想，在各地建立新的政权机构。消除封建残余，保证人的尊严，促进经济繁荣，以稳定联邦形式统一欧洲……

在法兰西仍然繁荣富强之时，曾经遭受了两次肆无忌惮地入侵，这应该归罪于马尔蒙、奥热罗、塔列朗的背叛。但我仍然愿意宽恕他们，希望法兰西的后代也会像我一样。

我要感谢我伟大的母亲，感谢我的兄弟们，约瑟夫、吕西安、热罗姆、波利娜、卡罗利娜、朱莉、卡罗琳娜，他们曾经给予了无数同情和关心。我原谅路易在1820年的时候散布的关于我的各种流言蜚语。

我从来都没有承认《圣赫勒拿手稿》和其他以"格言、言论"等等打着我的名义的著作，人们过去六年一直都想将它们出版，然而，那些并不是在我一生之中一直坚守的准则。我之所以派人拘捕和审判当甘公爵，是因为他自己曾经承认过，他在巴黎招揽了六十个刺客。逮捕他，是出于维护法兰西人民的安全、利益和光荣的目的。即使是在其他类似的情况下，我依然会采取相同的行动。

关于财物的处置，我的决定如下：

1. 我的箱子、命令以及其他物品（清单A），比如我的书籍、餐具、马鞍、马刺、行军床、礼拜盘、我经常穿的衣服留给我的儿子。希望这份来自父亲的小小遗产，能够带去我对他的爱，更希望他把这视为珍贵的东西。

2. 我把教皇庇护六世赠送给我的古代浮雕遗赠给霍兰夫人。

3. 我赠予蒙托隆伯爵两百万法郎。在圣赫勒拿岛的六年里，他对我进行了悉心照顾。这既是对他的感谢，也是对他定居圣赫勒拿岛所经受的损失的一种补偿。

4. 我赠予贝特朗伯爵五十万法郎。

5. 我赠予马尔尚四十万法郎，他不仅是我的首席侍从，更给予了我一位朋友的贴心服务，我希望他能够迎娶我的老近卫军中任意一位军官的寡嫂或女儿。

6. 赠予圣丹尼斯十万法郎。

7. 赠予诺维拉斯十万法郎。

8. 赠予皮尔隆十万法郎。

9. 赠予阿沙布五万五千法郎。

10. 赠予克尔索两万五千法郎

11. 赠予钱德勒两万五千法郎。

12. 赠予拉斯卡斯伯爵十万法郎。

13. 赠予拉瓦莱特十万法郎。

14. 赠予首席军医拉雷十万法郎——他是我所见识过的最有德行的人。

15. 赠予布雷赫将军十万法郎。

16. 赠予德鲁奥将军十万法郎。

17. 赠予康布伦将军十万法郎。

18. 赠予莫顿迪韦内将军的孩子十万法郎。

19. 赠予死于林尼的吉拉德将军的孩子十万法郎。

20. 赠予沙特朗将军十万法郎。

21. 赠予高尚的特拉沃将军的孩子十万法郎。

22. 赠予老拉曼将军十万法郎。

23. 赠予里尔伯爵十万法郎。

24. 赠予德·巴斯特利卡伯爵十万法郎。

25. 赠予克劳塞将军十万法郎。

26. 赠予德·蒙那瓦里男爵十万法郎。

27. 赠予马吕斯的作者阿尔诺十万法郎。

28. 赠予马尔波上校十万法郎——我命令他继续写作，用他的笔来保卫法军的荣誉，并驳斥那些诽谤者与背叛者。

29. 赠予比尼翁男爵十万法郎。我命令他写下 1792 年到 1815 年的法国外交史。

30. 赠予埃梅里军医十万法郎。

31. 以上的这些金额将从我在 1815 年离开巴黎的时候所存的六百万及其利息中支出，这笔钱将由蒙托隆伯爵、贝特朗、马尔尚和银行经理算清。

32. 剩下的存款将作为退役金分送给滑铁卢战役的伤员以及曾在厄尔巴岛服役的部队军官与士兵，由蒙托隆、贝特朗、德鲁奥、康布伦和拉雷军医决定其分配比例。

32. 这些遗赠——如果受赠者已经去世——就由他们的寡妇和孩子们来继承。如果无人继承，则回归我的财产主体。

关于我的私人财产：

我的私人财产的账目可以从司库处那里得到，总数应该达到了两亿法郎，主要包括：

1. 我十四年来存下的储蓄，每年的利息差不多超过一千二百万法郎，如果我没有记错的话。

2. 我的投资收益。

3. 我的宫殿的家具，比如 1814 年的，包括在罗马、佛罗伦萨和都灵的宫殿。这些家具都是用我私人的钱购买的。

4. 我在意大利王国的住所的收益，比如餐具、珠宝、家具、化妆品等都是我的财产。账目将由欧仁亲王以及该住处的管家提供。

5. 我把我私人产业的一半赠送给从 1792 年到 1815 年一直跟随我为了法兰西的光荣和独立而战斗的军官和士兵们，其分配比例与他们的职务成正比。另一半赠予以下城镇和地区：可能遭受了入侵的阿尔萨斯、洛林、勃艮第、法兰西岛、香槟森林和多芬。一部分应预留出来，十万法郎赠予布里昂城，十万法郎赠予梅里镇。

我委任蒙托隆伯爵、贝特朗和马尔尚作为我遗嘱的执行者。现在的这份遗嘱，完全出自我之手，并且由我亲自签名和盖章。

清单（A）

1. 我在朗伍德曾经使用过的祝圣器皿。

2. 我的武器，也就是我在奥斯特里茨曾经佩带过的剑、在索别斯基使用过的佩剑、我的匕首、我的阔剑、我的短剑以及我的两把凡尔赛手枪。

3. 我的金化妆匣，我在乌尔姆、奥斯特里茨、耶拿、埃劳、弗里德兰、洛鲍岛、莫斯科、蒙米里尔的早上都曾经使用过它。希望它在我的儿子眼中是非常珍贵的。（已经在 1814 年寄存于贝特朗伯爵处）

4. 以上物品我委托贝特朗伯爵进行照管，在我的儿子满十六岁的时候请送到他手中。

5. 三个红木箱子，第一个里面装的是三十三个小滑雪匣和糖果匣。第二个里面装的是我的武器、两副单片眼镜、四个 1815 年 3 月 20 日在杜伊勒里宫路易十八的桌子上找到的盒子。第三个箱子装的是三个饰有我习惯使用的银章的鼻烟壶，以及各种化妆用的物品。

6. 我在所有战役中曾经使用过的行军床。

7. 我的战地望远镜。

8. 我的化妆匣，我的制服每样一件，一打衬衫，我的每种礼服的一整套，和大体上每件在我化妆中所使用的物品。

9. 我的洗手台。

10. 一个在朗伍德的时候我所使用过的小闹钟。

11. 我的两个表和用皇后的头发编织而成的链子。

12. 以上这些物品交由我的马尔尚来保管，并指定他在我儿子满十六岁的时候送给他。

13. 我的奖章橱。

14. 我的餐具以及我在圣赫勒拿岛用的塞夫勒瓷器。

15. 以上物品我请蒙托隆伯爵进行照管，在我儿满十六岁的时候送给他。

16. 我的三套马鞍、马勒和马刺。

17. 我的鸟枪，到第五号。

18. 以上物品我委托我的侍从诺维拉斯对其进行照管，在我儿满十六的时候送给他。

19. 从我的图书馆挑选出的最常用的四百本书。我委托圣丹尼斯照管它们，在我儿满十六岁的时候送到他手上。

20. 我所使用过的任何物品都不应该出售，剩下来的应在我的遗嘱执行者和我兄弟间划分。

21. 马尔尚应该保存我的头发，并用其做成一件手链，每件加上一个小金别针，将其赠送给玛丽亚·路易丝皇后、我母亲以及我的每位兄弟、姐妹、外甥、外甥女、红衣主教。较大的赠予我的儿子。

22. 马尔尚将把我的一对金鞋扣赠予约瑟夫亲王。

23. 一小对金膝扣赠予吕西安亲王。

24. 一个金别针赠予热罗姆亲王。

25. 赠予皇后我的银床头灯。

26. 赠予红衣主教小钢制化妆匣。

27. 赠予欧仁亲王镀银的蜡烛枝架。

28. 赠予波利娜公主一个小奖章橱。

29. 赠予那不勒斯王后一张小土耳其地毯。

30. 赠予霍顿斯王后一张小土耳其地毯。

31. 赠予热罗姆亲王一个古军刀的把手。

32. 赠予约瑟夫亲王一件刺绣的、带有防护衣和小衣的深红丝绒披风。

33. 赠予吕西安亲王一件刺绣的、带有防护衣和小衣的深红丝绒披风。

5月4日晚上，是拿破仑临死之前的最后一夜。死神已经逐渐向他逼近，他不停地痛苦呻吟着，直打呵欠，显得异常痛苦。他喃喃自语："谁在后退……军队首领……冲锋……"这天夜里，圣赫勒拿岛上突然掀起了最猛烈的风暴，狂风将大树拔根而起，刮走了小屋，震动了朗伍德别墅。第二天，当晨光照亮了狭小的房间时，风暴平息了，拿破仑的身体已经僵硬得如同一座横卧的雕像，眼角边似乎还挂着一颗泪珠。不过，医生仍然能够摸到他那一息尚存的脉搏。

下午五点五十分，一声炮响划破长空，太阳落山了，拿破仑终于停止了呼吸。

哭泣着的仆人马尔尚把一件拿破仑曾在马伦哥战役中穿的灰色大衣盖在他的身上。然后，总督和军官们走了进来，向拿破仑低头致哀。

四天以后，圣赫勒拿岛上的人们为这位逝去的英雄人物举行了葬礼。在礼炮的轰鸣声中，棺木缓缓地下葬在圣赫勒拿岛上的托贝特山泉旁。拿破仑，这位一度叱咤风云、有功也有过的盖世英雄，将在这纯净的山泉旁，安静地长眠。

荣耀终将到来

拿破仑去世的消息很快就传播开来，只用了一周的时间，这个消息就传遍了整个欧洲。那些曾经在与拿破仑的战争中多次尝到失败滋味的各国君主们全都松了一口气。不过，在欧洲各个国家的帝王中，没有一个比法王路易十八更感到宽慰的了。这个衰弱的、不得人心的国王，是拿破仑在滑铁卢最后失败后，由外国军队扶持起来继承他的家族的王位的。拿破仑曾经在二十年的时间里使欧洲的贵族政治坐卧不安，最初，是他作为一位朝气蓬勃的年轻的将军在法国大革命的时期，接着便是他作为法兰西第一帝国皇帝主宰着欧洲大陆的时期。在这二十年里，他率领着他那支所向无敌的、征服了整个欧洲、打垮了各个封建王国的军队，把法国革命的火种带给了欧洲各国。如今他终于死了，各国的君主们可以希望，革命的思潮也会随着他的死亡一起被埋葬了。

那些一直期盼着拿破仑能够卷土重来，把他们从悲惨的生活中解放出来的人们却感到异常悲痛。然而，他们却不能公开地表达自己的这种悲痛。所有公开对拿破仑进行悼念的人们，全都遭到了波旁王朝的迫害，有的人甚至还被判处了监禁。

住在巴马的玛利亚·路易丝，过去的奥地利公主、法国皇后，是从报纸上看到了拿破仑去世的消息。当拿破仑被流放之后，玛利亚·路易丝没有跟随他一起去过流亡的艰苦生活，而是带着小罗马王来到了巴马，并且再嫁了。现在，当她得知自己曾经的丈夫去世的消息后，她为他举行了一个小小的悼念仪式。并且，她拒绝了他人的好心劝告，在仪式上宣布了死者的名字。8月15日是拿破仑五十二岁的生日，就在这一天，路易丝的悼念仪式如期进行。在仪式上，他的儿子和继承人小罗马王为他流下了热泪。

拿破仑的母亲莱蒂齐亚此时住在罗马，她听说了拿破仑的死讯之后，简直不敢相信自己的耳朵。在很长一段时间里，她都坚持认为，那只不过是一个假消息罢了。早在几年前，有一位自称消息非常灵通的人劝说她相信了一个荒谬的说法——拿破仑实际上根本就不在圣赫勒拿岛，他早就被安排住在一个谁也不知道的偏僻角落。所以，她怎么会相信自己的儿子在圣赫勒拿岛去世的消息呢？

然而，事实终究无法改变，当她确认了拿破仑的确已经去世之后，她悲痛至极，一度昏厥了过去。莱蒂齐亚沉默了一段时间，后来，她写信给英国外交部长卡斯尔雷，希望他能允许儿子的尸体回到法国。但是卡斯尔雷对她的请求置若罔闻。

莱蒂齐亚还给德茜蕾写了一封信，向她通报了拿破仑去世的消息。此时，瑞典国王卡尔十三世已经寿归正寝，贝尔纳多特理所当然地继承了瑞典王位，成为新的瑞典国王。身为瑞典王后的德茜蕾得到这个不幸的消息之后，眼泪马上流了下来。她对她的副官说，她想在拿破仑的墓前种一些花草，来表示对他的悼念，让他把所需要的款项提交给英国大使。

拿破仑去世之后，波拿巴家族的人也先后离世。不久之后，约瑟夫、埃莉莎、波利娜相继去世。而拿破仑的母亲莱蒂齐亚也在1836年2月死去，终年八十六岁。

1830年，七月革命爆发，拿破仑所愤恨的波旁王朝也终于走向了穷途末路，取而代之的是"七月王朝"国王路易·菲利普。路易·菲利普虽然与波旁王室存在着血亲关系，然而在政见上却大相径庭。这位信奉"平等"的国王决定不再阻挡那看来是无法抗拒的拿破仑洪流，于是便在旺多姆圆柱顶上重新竖立了一尊拿破仑的塑像，一股前所未有的拿破仑热就在法国席卷起来。

十九年之后，路易·菲利普国王派他的儿子儒安维尔亲王到圣赫勒拿岛迎回了拿破仑的遗骸。

十多个年轻健壮的男子用铁铲、镐头刨掉拿破仑墓上的一层松土，掀起一块块压在上面的保护石板，用尺丈量起了墓穴。

墓室的轮廓终于露了出来，亲王、总督、士兵、百姓，不约而同地围了上来，很多人都忍不住失声痛哭。九点二十六分，最后一块石板被掀开了，墓室内桃花心木的棺材虽然潮湿，但完好无损。医生首先跳进墓室，洒氯水消毒。神父边洒圣水，边祈祷。接着，十多名心怀崇敬的年轻人起出灵柩，开棺验尸。

棺盖被打开了，众人的心一下子跳到了嗓门上，有人在不停地叹息着，有人已经开始小声啜泣。医生轻轻地将裹着尸体的白缎子拽开，只见拿破仑安详地躺着：头部硕大，天庭开阔；脸色惨白，肌肉松软；双目紧闭，睫毛稀落；鼻梁挺直，惹人喜欢；胡须犹长，微呈蓝色；嘴唇咧开，白牙外露；下巴未变，魅力犹在；骨骼完好，下肢略损；指甲见长，无须见怪；靴子开缝，脚趾可见；衣帽鞋袜，依然如故。

拿破仑的遗体被运回巴黎那天，巴黎几乎万人空巷，所有人都争先恐后去迎接这位伟大人物的遗骸。昔日的拿破仑帝国元帅蒙塞如今已是八十七岁的老人，他一直焦急地盼望着这位统帅的归来，他反复对医生说："大夫，请让我多活几天，我一定要等皇上回来。"现在这位老人正坐着轮椅守护着皇帝的灵柩，默默地流泪。当葬礼进行到尾声时，他激动地说："这样一来我可以死而瞑目了。"

拿破仑最终被安葬在位于塞纳河畔的荣军院，从此之后，他静静地躺在这条美丽的河流边，守卫着他深爱着的法兰西。

参考文献

[1] 埃米尔·路德维希. 拿破仑传 [M]. 陕西：陕西师范大学出版社，2009.

[2] 拿破仑·波拿巴. 拿破仑日记 [M]. 北京：中国言实出版社，2013.

[3] 韦红. 拿破仑传 [M]. 湖北：湖北长江出版集团，崇文书局，2009.

[4] 马骏. 马骏点将：拿破仑 [M]. 北京：中华书局，2012.

[5] 福尔. 拿破仑 [M]. 北京：时代文艺出版社，2013.

[6] 金泽灿. 拿破仑全传 [M]. 湖北：华中科技大学出版社，2013.

[7] 司汤达. 拿破仑：男人中的男人 [M]. 江苏：江苏文艺出版社，2008.

[8] 夏征难，石瑛. 大家精要：拿破仑 [M]. 云南：云南教育出版社，2009.

[9] 马良. 拿破仑（名副其实的荒野雄狮）[M]. 北京：蓝天出版社，2011.

[10] 汤素兰，朱自强. 中国孩子的好榜样——传奇英豪拿破仑 [M]. 吉林：吉林文史出版社，2008.

[11] 鲁特维克. 拿破仑 [M]. 北京：国际文化出版公司，2011.

[12] 吴定初，黄萍. 拿破仑：奇迹创造者 [M]. 四川：四川出版集团，巴蜀书社，2013.

[13] 范景峰，薛立胜. 法国大革命的利剑：拿破仑 [M]. 吉林：吉林人民出版社，2011.